배움 중심 수업

| 강충열 · 정광순 공저 |

LEARNER-CENTERED INSTRUCTION

학지사

이 책을 읽는 분들께

학교의 교실을 방문하면 교사는 가르침(교수)이라는 행위를 하고, 학생은 배움(학습)이라는 행위를 하고 있는 현상을 볼 수 있다. 이는 가르침과 배움이 동전의 양면처럼 동시에 일어난다는 것을 의미한다. 그런데 실제로 교사는 가르쳤는데 학생은 배우지 못한 경우가 허다하다. 왜 이런 현상이 발생할까? 교사가 수업을 할 때 학생의 배움을 고려하지 않고 가르치면 이런 일이 일어난다. '배움 중심 수업'이라는 말은 학생의 배움이라는 경험의 질을 최적화하자는 취지를 담고 있다. 이는 교사의 실천적 수업 경험을 성찰적으로 반성할 때 가능하다.

'배움 중심 수업'이라는 말은 학계보다는 학교라는 교육의 현장에서 생긴 용어이며, 개념이다. 이 개념은 이론적이고 경험적인 연구를 기초로 해서 나온 것이라기보다 현장에서 교사들의 실천에 대한 통찰 및 성찰을 기반으로 해서 나왔다. 그렇기 때문에 한편으로는 현장에서 교육 경험을 공유하고 있는 교사들이 배움 중심 수업을 더 쉽게 공감하며, 이 개념을 더 빨리 널리 확산하는 데 영향을 미친 것으로 보인다. 다른 한편으로 현장에서 교사들은 배움 중심 수업에 대한 이론적인 이해가 약한 편이고, 심지어 오해도 적지 않은 편이다.

배움 중심 수업에 대한 대표적인 오해로 보이는 것이 세 가지 정도 있다. 첫째, 배움 중심 수업을 새로운 이론이라고 생각하는 오해이다. 그러나 배움 중심 수업은 새로운 교육 이론이나 철학을 배경으로 한다기보다 지금까지의 이론 및 연구를 배경으로 한다. 둘째, 교사의 설명식 수업은 배움 중심 수업에서는 하지 않는다고 생각하는 오해이다. 그러나 배움 중심 수업뿐만 아니라 모든 수업은 교사의 설명을 배제할 수 없다. 다만, 배움 중심 수업에서 교사의 설명은 학생의 학습 원리와 조화를 이루어야 할 것이다. 셋째, 배움 중심 수업은 교사의 개입 없이 학생이 온전히 주도해서 자유롭게 학습하는 것이라고 생각하는 오해이다. 그러나 수업은 분명 교사가 개입해야 하며, 그래야 학생에게 최적의 학습이 일어난다. 배움 중심 수업을 연구한 결과들에 의하면, 교사가 완전히 주도하는 설명식 교수보다 그리고 학생이 완전히 주도하는 발견학습보다 교사가 학습의 방향이나 힌트를 제시하면서 학생이 주도적으로 학습하도록 할 때 학생이 지식을 보유 및 전이하는 데 더 효과적이라고 밝힌다.

저자는 이 책을 우리 교육 현장의 배움 중심 수업에 대한 현상을 보면서 집필했다. 교사들이 배움 중심 수업을 이해하는 데 도움을 주고, 학교에서 배움 중심 수업이 더 잘 정착할 수 있기를 소망한다. 배움 중심 수업은 학생들이 학교의 수업을 통해서 행복할 수 있도록 하는 최선의 길이다. 시몬스(Simmons)는 학교의 영어 표현인 'school[희랍어로는 scholē이다. 본래 레저(leisure)를 뜻한다]'은 "학교란 즐거운 곳이라는 의미"를 담고 있다고 한다. 그러나 우리나라의 초·중·고등학교 학생들은 학교 수업이나 학교생활을 즐거워하지 못하고 있는 편이다. 한국의 학생들은 OECD 국가 중 수학, 읽기, 과학에서 학업 성취도가 최상위권이지만 행복 지수는 최하위권이라는 보도가 있다. 이에 대해 미국 평론지 『The Atlantic』은 2013년 12월 3일 보도에서 "Korea, for example, boasts the best math scores in the world, but also has the least-happy students(예를 들어, 한국의 경우 전 세계에서 가장 높은 수학 성적을 자랑하지만 학생들의 행복도 조사에서 가장 불행한 것으로 나타났습니다)."라고 평했다(2018년 2월 28일 Naver 검색).

우리는 학생들의 행복을 빼앗는 무리를 해서라도 성적을 올리면서 그 대가로 무엇을 얻었는가? 이렇게 좋은 성적을 낸 아이들이 입학하는 우리의 대학은 경쟁력이 있는가? '2016 QS 세계 대학 평가 학과별 순위'에 따르면 국내 대학 중 세계 10위 내에 든 학과가 한 곳도 없다. 소위 우리나라의 'SKY 대학'이라는 곳도 세계무대에서는 경쟁력 있는 대학이라고 보기 힘들다는 의미이다. '우물 안 개구리일 뿐이다.'라고 비판하기도 한다. 상대적으로 싱가포르, 홍콩, 일본의 주요 대학들이 학과별 Top 10에 줄줄이 이름을 올리며 영미 권역의 일류대들과 어깨를 나란히 하는 것과 대조적이다(2018년 2월 28일 Naver 검색). 각 분야에서 우리는 노벨상 후보들을 얼마나 가지고 있는가? 1901년에서 2015년까지 아시아권에서 노벨상은 중국이 12회, 일본이 24회, 인도가 13회에 걸쳐 수상했다. 우리나라는 김대중 대통령이 노벨 평화상을 받은 단 한 번뿐이다(2018년 2월 28일 Naver 검색).

우리는 무엇 때문에 초·중학교 학생들의 행복을 희생시켜 가면서 성적에 매달리며 그들을 '달달 볶아' 왔는가? 학생들의 행복과 학업 성취는 반비례할 수밖에 없는 것인가? 아니다. 오히려 반대이다. 행복교육은 학업 성취도 높다. 바른 인격을 갖추는 기본이나 토대에 학업이 빠질 수는 없다. 듀이(Dewey)는 학생들의 학교에서의 현재적 삶은 미래를 위해 희생해야 할 것이 아니고, 오히려 학생들이 현재적 삶을 충분히 즐기며 탐구할 때 미래를 가장 잘 준비할 수 있다고 본다. '그때 그곳'보다는 '지금-여기'에서 배우는 것 자체가 행복해야 한다. 인본수의 심리학자 로저스(Rogers)도 사람은 행복해야 자아를 실현할 수 있고, 자아를 실현하는 사람이야말로 이웃과 국가 발전에도 기여할 수 있다고 본다.

최근 우리나라 교육부나 교육지원청은 너 나 할 것 없이 '행복교육'을 말한다. 행복교육은 말로 하는 것이 아니라 학교 수업이 학생의 배움을 중심으로 할 때 비로소 가능하다. 수업은 멀리 떨어져 있는 교육부나 교육청의 관료들이 하는 것이 아니라 교사와 학생이 한다. 수업은 교사와 학생의 학교 삶이다. 때문에 학교교육을 개혁하는 궁극적인 목적 또한 학교 삶이며, 가르침과 배움을 경험하는 질 향상의 문제이며, 교사나 학생의 행복에 있다. 이것이 학교에서 배움 중심 수업을 해야 하는 이유이다. 그리고 이 중책은 교사에게 의지할 수밖에 없다.

2019년
연구실에서 강충열

차례

03 /
배움 중심 수업 이론: 학습의 개별화 원리 · 147

04 /
배움 중심 수업을 위한 지원 전략 · 171

01

가르침과
배움의 관계

배움 중심 수업을 이해하려면 그 핵심 단어인 배움(학습)과 가르침(교수)이 지닌 의미 그리고 배움과 가르침 양자 간의 관계를 알아야 할 필요가 있다. 왜 수업이 배움을 위해 존재하는지를 이해할 수 있어야 한다.

1. 학습

1) 학습의 의미

배움의 다른 말이 학습이다.
학습에 대한 정의는 여러 가지이지만 거의 모든 정의가 다음의 두 가지 특징을 띤다.

(1) 행동의 비교적 영구한 변화
학습이란 행동의 비교적 영구한 변화 또는 그 변화를 이끄는 잠재력의 변화를 포함한다 (Green, 1969; Hergenhahn, 1988; Shuell & Lee, 1976). 즉, 학습을 했다고 정의하려면 행동의 비교적 영구한 변화가 있든지 또는 적어도 그 행동을 할 잠재력이 변해야 한다. 변화라는 것은 학습 후에 학습자는 학습이 일어나기 전에는 할 수 없었던 어떤 일을 할 수 있게 되는 것을 뜻한다. 그리고 이런 행동의 변화 또는 잠재력의 변화는 일시적이지도 않고 고정적이지도 않다.

학습은 외현적인 행동으로 나타날 수도 있고, 그렇지 않을 수도 있다. 이런 외현적 행동을 수행(performance)이라고 하는데, 학습을 직접 관측할 수는 없으나 수행은 직접 관찰할 수 있는 행동이다. 수행의 변화를 관찰하면 학습이 일어났다고 추정할 수 있다. 그러나 학습을 했다고 해서 반드시 그것이 수행으로 나타나는 것은 아니다. 리처드슨(Richardson, 1972, p. 172)의 사회과 수업에서의 짝 짓기 연구에 나타난 교사와 학생의 대화를 보면 알 수 있다.

> 교사: 여기 카드가 있단다. 그런데 각각의 카드는 반으로 구분이 되어 있어. 윗부분에는 직업을 나타내는 사람 그림(소방관, 우체부 등)이 그려져 있고, 아랫부분에는 그 직업과 관련된 물체(소방차, 우체통 등)가 그려져 있다. 직업을 나타내는 사람과 그 직업을 나타내는 물체를 연계하여 짝을 맞추어 보자.
>
> 학생: (시간이 얼마 지나지 않아서) 여기 다 했어요.
>
> 교사: 그래? 어디 보자. (짝이 맞는 것을 확인하고는) 어떻게 이렇게 짧은 시간에 짝을 맞출 수 있지?
>
> 학생: (의기양양하게) 아주 쉬워요. 이 두 짝은 찢어진 부분이 똑같이 빨간색이잖아요?

이 학생은 직업인과 직업을 대표하는 물체와의 관계를 학습한 후, 학습한 것을 기초로 수행을 한 것이 아니라 나눠진 카드의 색깔로 짝을 찾은 것이다. 이렇듯 수행은 학습을 했다는 것을 담보할 수 없는 경우도 있다.

슈엘과 리(Shuell & Lee, 1976)에 의하면 학습과 수행은 차이가 있을 수 있으나 그 차이는 항상 같은 방향으로 나타난다. 또 수행은 학습을 결코 초과할 수 없고, 학습보다 항상 적다. 달리 말하여 우리는 우리가 아는 것 이상으로 수행할 방법이 없고, 아는 것 모두를 수행할 수도 없다는 것이다. 우리가 수행 변화의 양을 정확하게 나타내기는 어렵지만, 수행을 교사가 다룰 수 있는 단 하나는 객관적 요인이고, 평가의 관심사는 어떻게 하면 학습과 수행의 차이를 줄이는가 하는 것이다.

이렇게 학습을 행동 또는 행동 잠재력의 변화로 보는 정의는 학습을 관찰할 수 있는 현상으로 다루도록 하기 때문에 과학적 탐구를 가능하게 하는 이점이 있으나 행동의 변화는 기껏해야 학습의 한 증거가 될 수 있을 뿐이고, 학습의 필요조건 또는 충분조건이 되지 않는다(Green, 1969). 예를 들어, 은행 직원이 고객의 돈을 횡령하기 시작하였다고 생각해 보자. 이것은 행동의 변화이다. 이 사람을 횡령하지 않는 직원이 배우지 않은 새로운 어떤 것을 배웠다고 말하기는 어렵다. 그저 새로운 어떤 것을, 즉 횡령하기로 마음먹은 증거일 뿐이라는 것이다. 따라서 행동 변화는 새로운 어떤 것을 학습했다는 충분한 증거가 되지 않고, 또 행동 변하는 학습의 필요조건도 될 수 없다. 왜냐하면 사람은 어떤 것을 배웠으나 배운 것을 실행하거나 나타내 보이려는 마음을 먹지 않을 수도 있기 때문이다.

학자들의 학습과 수행에 대한 이런 관점들을 볼 때, 배움 중심 수업을 하는 교사들은 학생들의 학습을 평가할 때 수행의 변화를 보는 수행평가를 중시하되 학생들은 학습한 것을 수행으로 보이지 않을 수도 있음에 유의해야 한다.

(2) 경험의 결과

학습이란 행동이나 수행의 변화가 생리적이거나(예: 성숙) 일시적인 상태(예: 질병, 약물, 또는 피로 등)라기보다는 경험의 결과이다. 즉, 학습을 일으키게 하는 것이 경험이다. 이 경험은 강화 받은 경험이나 강화 받지 않은 경험 모두를 포함한다.

이 말은 유전적인 행동을 경험의 결과로 보지 않기 때문에 학습에서 제외한다 (Hergenhahn, 1988; Shuell & Lee, 1976). 좀 더 구체적으로, 첫째, 반사적인 행동의 결과는 학습에서 제외한다. 예를 들어, 코가 간지러우면 재채기를 하는 것, 무릎을 건드리면 갑자기 다리가 올라가는 것, 뜨거운 물건을 만졌을 때 즉시 손을 떼는 것과 같은 반사 행동들을 학습의 결과로 보지 않는다. 둘째, 본능적인 행동의 결과도 학습에서 제외한다. 비록 본능적인 행동은 반사 행동보다 복잡하지만 학습한 것은 아니다. 예를 들면, 새들이 둥지를 짓고 때가 되면 이주하는 행동, 곰이 동면하는 행동, 동물들이 이성과 짝짓는 행동 등은 학습으로 보지 않는다. 카나리아 어미가 멧종다리의 새끼를 기를 수는 있어도 멧종다리가 노래를 부르도록 가르치는 것은 어렵다(Wallace, Goldstein, & Nathan, 1990). 셋째, 성숙에 의한 행동도 학습에서 제외한다. 때가 되면 이가 나고, 말을 하고, 걷는 등의 행동은 학습의 결과가 아니다. 아메리칸 인디언 중의 하나인 Hopi 족은 아이를 낳으면 생후 1년까지 대부분 요람에서 키우며 걸을 기회를 거의 제공하지 않지만 다른 여러 나라의 아이들과 비슷한 나이에 걷기 시작한다(Wallace, Goldstein, & Nathan, 1990). 그러나 본능적인 행동이 과연 완전히 유전으로 결정되는가 아니면 얼마간의 학습이 포함되는가에 대해서는 아직 논쟁 중이다.

아울러 질병, 약물, 피로 등으로 하는 일시적인 행동이나 행동 잠재력의 변화는 학습으로 보지 않는다. 그러나 얼마나 오랫동안 행동이 지속되어야 학습일 수 있는가에 대해서도 아직은 의견의 일치를 보지 못하고 있다.

학습을 경험의 결과로 보는 학자들의 관점들을 살펴볼 때, 배움 중심 수업을 하는 교사들은 수업을 통해 얻게 될 학생들의 경험을 중시하고, 그 경험이 학생 개개인에게 의미 있는 경험이 되도록 해야 한다는 시사점을 얻을 수 있다.

2) 학습의 기능

손다이크(Thorndike, 1931, p. 3)는 "인간이 자신을 변화시킬 수 있는 힘, 즉 학습능력은 아마도 인간에게 가장 인상적인 것이다."라고 말한다. 즉, 그는 인간을 다른 종(種)들과 구별하는 중요한 특징 중 하나를 학습능력으로 본다. 이런 학습은 몇 가지의 주요한 기능을 한다.

첫째, 학습은 인간의 생존에 필수적이다. 유기체가 생존하기 위해서는 평형 기제와 반사 행동이 필요하다. 평형 기제는 우리 몸에 온도가 높아지면 자동적으로 땀을 흘리게 하여 체온을 낮추고, 우리 몸에 온도가 너무 낮으면 몸을 떨어 체온을 높이고, 혈당이 너무 낮으면 간은 혈당이 정상 수준으로 회복될 때까지 핏속으로 당분을 분비하여 생존에 도움을 준다. 반사 행동은 먼지나 세균이 몸에 들어오면 재채기를 하고, 날아오는 물건에 대해 눈을 깜박이고, 음식물이 입에 들어가면 침이 나오게 하는데 이것 또한 인간의 생존에 도움을 준다.

그러나 평형 기제와 반사 행동은 생득적인 것으로 인간은 후천적으로 학습하지 않으면 생존해 나갈 수 없다. 즉, 학습이란 인간이 환경에 적응하는 데 쓰는 주요한 도구로서 인간은 어떤 환경이 생존에 도움을 주며, 어떤 것이 유해하며, 어떤 것이 중립적인지를 배워서 이에 대응하는 방법을 습득해야 생존할 수 있도록 해 준다(Hergenhahn, 1988).

둘째, 학습은 개인과 사회 발전에 기여하도록 해 준다. 사람마다 행하는 복잡하고 풍부하고 독특한 행동들은 개인이 학습을 통해 습득한 결과들이다. 따라서 학습은 개인의 성장과 발달에 중요하고, 사회 구성원으로 살 수 있는 능력을 개인이 완성해 가도록 해 준다. 가네(Gagnè, 1985, p. 1)는 이를 다음과 같이 설명하고 있다.

인간의 기능, 적절한 인식, 추론 등을 다양하게 개발하고, 인간은 희망, 포부, 태도, 가치 등을 발달시키는데, 이를 사람들은 일반적으로 학습이라고 한다.

더 나아가 학습은 사회를 위해서 한 시대의 사회 문화가 축적해 온 지식을 새로운 세대에 전달해 사회의 발전을 유지시켜 줄 뿐만 아니라 새로운 발견이나 발명을 그 위에 세움으로써 지속적인 발전을 이끌어 니기게 해 준다.

셋째, 수업과 관련해서 학습은 학생들의 현재적 행동을 이해하는 도구로서 역할을 한다(Hergenhahn, 1988). 대부분의 인간의 행동은 학습된 것이기 때문에 학습의 원리를 알면 왜 학생들이 현재 그런 행동을 하는지 이해할 수 있다. 적응 행동뿐만 아니라 부적응 행동을 이해하게 하며, 바람직한 행동은 더욱 고무시키고, 바람직하지 못한 행동은 수정할 수 있도록 해 준다. 그리고 수업에 사용하는 각종 교육 프로그램을 개발하는 원리를 제공한다.

넷째, 학습에 대한 지식은 교실 수업에서의 문제를 진단하는 데 도움을 준다. 학업 성취가 낮은 학생들은 종종 낮은 자아개념을 가지고 있고 부적절한 학습 전략을 사용하는데, 와이너(Weiner)의 귀인이론이나 밴듀라(Bandura)의 사회인지이론, 문제해결에 대한 이론, 비고츠키(Vygotsky)의 사회역사적 이론은 이런 문제들을 진단하는 데 도움이 된다.

다섯째, 학습에 대한 지식은 교수를 계획하는 안내자 역할을 한다(Gredler, 1992). 예를 들어, 가네의 학습이론은 정보를 수용하고 처리하고 저장하는 아홉 가지의 단계를 제공한다. 이 지식은 교수의 단계로서 사용할 수 있기 때문에 교수를 계획할 때 안내한다. 그리고 피아제(Piaget)의 인지적 구성주의는 학생들의 논리적 사고의 발달을 수월하게 해 줄 수 있는 교실에서의 실제 행위들을 마련할 수 있도록 도움을 준다.

여섯째, 학습이론들은 현장 연구들을 평가하는 데 사용할 수 있다. 예를 들어, 어떤 연구에서 친사회적 행동을 신장시키기 위한 모델을 적용하고 사후 검사를 한 결과, 학생들은 모델을 모방하려는 행동이 부족한 것으로 나타났다. 이 경우 연구자는 밴듀라의 이론은 어떤 사회적 상황에서는 적용이 되지 않는다고 평가할지 모르지만, 밴듀라의 이론은 학생들은 자신들이 학습한 모든 것을 실행에 옮기지 않는다는 것도 이야기한다. 또 왜 그런 경우가 생기는지를 이야기하고 있기 때문에 연구자의 해석에서 어떤 측면이 잘못되었는지를 지적해 줄 수 있다.

이렇듯 학자들이 제시하는 학습의 기능을 살펴보면 학습에 대한 지식은 교육의 실제에 직접 적용될 수 있음을 시사한다. 그러나 실제로 교육은 이런 학습에 대한 지식을 잘 활용하지 못하고 있다. 이를 멜톤(Melton)은 다음과 같이 진술하고 있다(Taba, 1962, pp. 76-77 재인용).

학교 현장에서는 학습에 대한 지식을 교육 실제에 직접 적용하지 못하고 있다. 이것은 마치 물리학이라는 순수과학 지식을 엔지니어링이라는 응용과학에 그대로 응용하지 못하는 것과 유사하다. 교육은 학습에 대한 과학을 사용할 필요가 있음에도 불구하고 실제로는 학습에 대한 과학을 직접 응용하지 못한다. …… 학습자와 학습에 대한 지식은 교육과정을 결정하도록 한다. 교육과정이란 근본적으로 학습에 대한 계획이기 때문이다. 교육과정 계획이란 학습의 목표와 그 목표를 습득하는 방법에 대한 것으로, 주요한 세 가지를 결정한 결과이다. 첫째는 내용의 선정과 정렬, 둘째는 이런 내용을 다루면서 내용만으로는 성취할 수 없는 목표를 달성하도록 하는 학습경험의 선택, 셋째는 학습의 최적 조건을 계획하는 것이다. 이런 결정들은 학습자와 학습에 대한 지식을 알지 못하면 하기가 힘들다. 어떤 시기에 무엇을 가르쳐야 할지 아는 것은 학생들의 발달에 대해 알려진 것들을 참조하도록 한다. 다양한 연령대의 특징적 사고 패턴에 대한 지식은 어떤 특정 내용을 언제 가르치는 것이 가장 적절한 것인가, 그런 학습경험을 어떻게 계열화할 것인가, 가르칠 것을 어떻게 학습경험으로 변환할 것인가 등을 결정하도록 돕는다. 우리가 지능이 어떻게 작동하며 어떻게 계발할 수 있는지를 안다면 우리는 교육과정 내용을 아동의 요구와 능력에 맞춰 조정할 수 있을 것이다. …… 개인 발달에 관한 지식은 목표 설정, 교육내용 조정 등 교육과정을 개발하는 데 도움을 줄 수 있다.

우리나라는 국가 수준에서 교육과정을 결정하고, 교과의 지식적 위계를 설정하고 있다. 그러나 교육과정은 학생들의 경험의 질을 향상시키기 위해 존재하는 것이기 때문에 앞으로 학습자들의 발달적 특징과 그들이 학습하는 방법에 대해 알려진 지식들이 교육과정 결정에 반영하는 연구를 할 필요가 있다.

배움 중심 수업을 하는 교사들은 국가 교육과정의 이런 점을 이해하고 교실 수준의 교육과정 개발 및 수업을 진행하고, 각종 교수학습자료나 프로그램을 개발하는 데 있어 학생들의 발달적 특징과 학습에 대한 지식을 활용하고, 이를 위한 전문적 지식을 개발하는 데 꾸준히 노력해야 할 것이다.

3) 학습의 유형

학습은 단일하지 않다. 학습 자체가 다양하고 학습하는 방법도 여러 유형이 있다. 가네(1984, 1985)와 슈엘과 리(1976)가 분류하는 학습의 유형을 살펴본다.

(1) 가네의 학습 유형

가네(1984, 1985)는 인간이 행하는 각종 수행과 기능을 분석하여 학교에서 학생들이 학습해야 할 학습의 유형을 다섯 가지로 제시하였다. 각 유형은 서로 다른 종류의 인간 수행을 대표하고, 서로 다른 방법으로 학습된다.

① 언어적 정보(verbal information) 학습이디

사물이나 사건, 그 종류에 대한 이름(예: 장미, 사자 등의 이름), 둘 이상의 사물이나 사건 간의 관계에 대한 구술적 또는 기술적 진술[예: 콜럼버스(Columbus)는 1492년에 미국을 발견했나, 사각형은 4면이 있다 등], 의미 있게 연계된 산문이나 운문[예: 국기에 대한 맹세, 햄릿(Hamlet)의 독백 등], 조직화된 지식체들(예: 창조에 대한 성서 이야기, 쓰레기 처리에 대한 지방법령 등)을 학습하는 것이다. 언어적 정보는 어떤 것을 선언하거나 진술하는 능력을 의미하기 때문에 선언적 지식(declarative knowledge)이라고도 한다.

② 지적 기능(intellectual skills) 학습이다

일상적인 생활 기능(예: 수표책 정리하기, 저녁 뉴스 분석하기, 말하기, 듣기, 쓰기의 규칙을 적용하기 등), 수학 기능(예: 계산 규칙 사용하기, 문장제 문제 해석하기, 해결 결과를 검증하기 등), 언어에서 주어와 동사를 일치시키기 등 다양한 범위를 포함하는데, 학교교육에서 기본적인 동시에 가장 널리 영향을 미치는 유형이다.

지적 기능 학습은 서로 구별되는 네 가지 기능으로 변별 학습(discrimination learning), 개념 학습(concept learning), 규칙 학습(rule learning), 고등 규칙 학습(higher-order rule learning) 또는 문제 해결 학습(problem solving learning)으로 구성된다.

변별 학습이란 사물을 구별 짓는 특징(모양, 크기, 색깔 등)에 대해 변별적으로 반응하는 학습이다. 개념 학습이란 어떤 개념을 구성하는 사물이나 사건을 확인하는 학습이다. 구체적인 예(예: 삼각형)를 직면함으로써 학습하는 구체적 개념 학습이 있고, 구체적인 예로 학습할 수 없고 어떤 분류 규칙(예: 자유, 애국심 등)을 학습함으로써 습득하는 정의된 개념 학습이 있다. 규칙 학습이란 어떤 관계에 대해 반응하는 학습으로, 예를 들어 5+2, 9+4 등에서 각 정수를 더하는 학습이다. 고등 규칙 학습은 문제 해결 학습이라고도 하는데 어떤 문제를 해결하기 위해 하위 규칙들을 종합하여 적용하는 학습이다.

③ 움직임 기능(motor skills) 학습이다

옷 입기, 던지기, 조음하기 등 단순한 것에서 글이나 상징을 프린트하거나 쓰기, 로프 건너뛰기, 평행봉에서 수평잡기, 테니스하기 등 복잡한 기능들을 포함하는데, 이 모든 기능 학습에서 공통적으로 중요한 것은 행동의 부드러움, 정밀함, 타이밍이다. 움직임 기능은 연습을 통해 향상시킬 수 있고, 교사의 피드백을 포함하여 환경으로부터의 피드백을 통해 기본 움직임을 반복하는 것이 학습에 필수적이다. 피드백은 부정확한 수행과 정확한 수행의 차이를 알려 주는 운동감각적 단서(kinesthetic cues)를 확인시켜 준다.

④ 인지적 전략(cognitive strategies) 학습이다

기억하고 사고하는 것을 통제하는 기능을 학습하는 것으로 자극에 대해 주목하기, 저장을 위해 정보를 부호화하기(encoding), 기억할 정보의 덩어리(chunks)의 크기를 조작하기, 전략을 탐색하기, 정보를 조직하기, 적절한 정보나 지적 기능을 선택하기 등을 하는 학습이다.

가네는 인지적 전략의 유형으로 세 가지를 제시한다. 첫째, 과제 특정적 전략(task-specific strategies)으로 과제의 내용에 따른 특정 전략이다. 예를 들어, 미국 주의 이름을 학습하기 위해 기억술을 사용하기, 뺄셈의 정답을 점검하기 위해 역산하기 등이다. 이 전략은 유용하지만 적용하기에 제한점이 있고, 빨리 학습할 수 있으며 연습을 한다고 큰 이익을 가져오지는 않는다. 둘째, 과제 일반적 전략(task-general strategies)으로 과제 내용에 관계없이 두루 적용이 가능한 전략이다. 예를 들면, 문제의 공간을 제한하여 해결하기, 과제를 부분으로 나누어 해결하기, 문제를 역으로 풀어 나가기 등이다. 셋째, 집행적 전략(executive strategies)으로 전략을 선택하는 전략이다. 예를 들어, 문제 해결에 사용한 전략들을 검토하고 선택하고 무시하고 버리고 변화시키는 능력이다.

⑤ 태도(attitudes) 학습이다

취할 행동을 선택하는 능력이다. 가네는 태도는 행동을 조정하는 추론적 내적 상태로서 인지적 측면으로 태도와 관련된 아이디어나 명제이고, 정서적 측면으로 그 아이디어가 동반하는 감정이고, 행동적 측면으로 행동에 대한 준비도나 경향성의 세 가지 측면을 지니고 있다고 보았다.

태도의 중요한 특징으로 두 가지를 들고 있다. 첫째, 특정한 행동을 결정한다기보다는 취할 행동들의 군(classes)을 형성한다는 것이다. 예를 들어, 개인은 책을 읽고 싶다거나 예술작품을 만들고 싶다거나 하는 태도를 형성한다는 것이다. 둘째, 태도 학습의 효과적인 방법에 대하여 아직도 밝혀지지 않은 것이 많다는 것이다. 그러나 분명한 것은 교사의 지시만으로는 학습하기 힘들다는 것이다. 예를 들어, "해로운 약물을 피하라."라는 교사의 말은 학생들의 태도 형성에 미치는 영향이 매우 약하다. 또 정서적 호소나 논리적 설득도 비효과적이다. 이런 것보다는 교사의 모델링이 더 효과적이다. 학생들이 모델을 존경스럽고 강력하고 믿을 만한 사람으로 지각하면 모델링이 효과적이고, 모델의 행동이 강화 받는 것을 보면 학생들은 그 모델의 행동을 모방할 가능성이 높아진다. 이런 측면에서 볼 때 교사나 TV에 나오는 연예인이나 정치인들을 통한 모델링은 매우 영향력이 있다.

(2) 슈엘과 리의 학습 유형

슈엘과 리(1976)는 여덟 가지로 학습 유형을 제시하는데, 가네와 마찬가지로 유형마다 학습하는 방법이 다르다고 보았다.

① 신호(signal) 학습이다

행동주의 이론 중 파블로프(Pavlov)의 고전적 조건화설에 따른다. 여기서 학습이란 자극과 자극의 연합이다. 조건 자극(중성 자극)과 무조건 자극을 반복적으로 짝 지어 조건 자극에 의해 자연적 반사나 반응이 유도되도록 능력을 갖는 학습이다. 자극이 반사나 반응에 대한 신호의 역할을 한다고 해서 가네는 신호 학습이라 명명하였다. 반사나 반응 중에서 많은 것은 의식적 통제를 거의 받지 않는데, 이것들이 신호 학습의 핵심적 부분을 차지한다.

신호 학습은 인간이 사물이나 상황에 대해 정서적으로 그리고 무의식적으로 반응하는 것을 설명할 수 있다. 교실에서 얻는 정서 학습의 예로, 시험 걱정, 학교에 대한 싫증, 특정 교과에 대한 회피, 타인 앞에서 말하는 공포, 학습 그 자체에 대한 부정적 태도 등이다. 이는 관련 사물이나 상황이 실패, 부끄러움, 과도한 좌절 등 부정적 경험을 동반할 때 학습된다. 이런 과정은 자기 지속적 사이클(self-perpetuating cycle)을 가지게 되어 부정적 감정은 눈덩이처럼 커지게 되므로 교사는 긍정적이고 생산적인 감정을 유도하는 건설적인 학습 환경을 마련함으로써 이런 부정적 사이클을 끊어야 한다. 인간의 정서 학습은 직접적 인과관계가 없는 자극에 대하여 형성하는 것이므로 매우 비논리적인 측면이 많다.

② 자극-반응(stimulus-response) 학습이다

스키너(Skinner)의 조작적 조건화에 따라 어떤 자극하에서 반응한 것이 강화를 받음에

따라 학습이 일어난다. 사람이 환경 속에서 노출된 자극에 자의적이고 특정적인 반응을 하고, 그 반응은 강화를 받아 학습하는 경우이다. 강화는 개인의 어떤 동기나 욕구와 관련이 있어야 한다. 따라서 배고프지 않은 사람에게 음식은 강화가 되지 않는다.

③ 연쇄(chaining) 학습이다

개별적인 자극-반응이 함께 조합되어 일련의 연쇄적 행동을 형성하는 학습으로서 자극-반응 학습을 기초로 형성된다. 가네는 이를 기능 학습(skill learning)이라고 언급하였다. 연쇄 학습이 이루어지려면 개별적 자극-반응 단위들의 계열을 설정하고, 능숙한 수준에 이르기까지 연습을 시키고, 바른 반응이 나올 때마다 즉시 강화하는 일이 필요하다.

④ 언어적 연합(verbal association) 학습이다

한 자극-반응 단위(한 물체의 관찰이나 어떤 자극의 지각)를 다른 자극-반응 단위(물체의 명명 또는 언어적 반응)와 연계하는 학습이다. 이는 복잡한 학습의 기초가 된다. 사물을 명명하기, 사람의 이름과 얼굴을 연계하기, 한국의 수도가 서울이라는 것을 학습하기, 정의 암기하기, 문장들을 암기하기(예를 들어, 시 암송) 등이 그 예이다. 언어적 연합 학습은 이미 학습된 자극-반응 단위들 간의 특정한 연계를 포함하고 있기 때문에 연쇄 학습과 비슷하지만, 반응이 동작이라기보다는 언어적이라는 점이 다르다. 언어적 연합 학습은 연합시킬 단위들을 인접시키고, 연계 연습을 하고, 정확한 반응에 피드백을 해 줌으로써 일어난다.

⑤ 다중 변별(multiple discrimination) 학습이다

여러 가지 언어적 연합을 동시에 학습하는 것으로, 학습자는 자극들과 반응들 사이를 여러 번 구별해야만 한다. 학급 내 모든 학생의 이름 학습하기, 50개 주의 수도 학습하기, 외국어 단어를 번역하기 등이 그 예이다. 다중 변별 학습이 이루어지려면 여러 가지 언어적 연합 각각을 습득해야 한다.

⑥ 개념(concept) 학습이다

서로 다른 자극에 같은 반응을 하는 능력, 즉 분류 능력이 필요하다. 개념은 구체적이거나 추상적일 수 있다. 개념 학습이 이루어졌는지를 알려면 교사는 학생이 분류를 하도록 예들을 새로 제시해야 한다. 예들이 새롭지 않으면 개념 학습과 언어적 연합, 다중 변별, 자극-반응 학습과 구별하는 것이 불가능하다. 개념 학습은 예(examples)와 예가 아닌 것들(non-examples)을 인접시켜 제시하고 그것을 변별할 때 정확성에 대해 피드백을 해야 한다.

⑦ 원리(principle) 학습이다

규칙 학습(rule learning)이라고도 부르며 둘 또는 그 이상의 개념을 조합하는 학습이다. 예를 들어, '둥근 것들은 구른다.' '가스는 열이 가해지면 팽창한다.'라는 개념의 조합이나 '모든 사람은 동등하게 태어났다.'라는 추상적 개념은 둘 다 원리 학습의 예이다. 원리 학습은 적절한 개념들을 인접적으로 회생(contiguous recall)하도록 적절하게 계열화하는 일을 필요로 한다.

⑧ 문제 해결(problem solving) 학습이다

이전에 배운 규칙들이 새로운 상황을 다루는 데 사용되는 학습으로서 문제가 해결되고 과거의 규칙들이 새로운 규칙들로 조합되도록 하는 것이다. 문제 해결 학습은 다양한 학습을 포괄하는 고등 수준의 학습이다. 문제 해결을 하다 보면 학습자는 정보를 습득하고 적용하는 다양한 전략, 적절한 정보와 부적절한 정보의 구별, 적절한 해결을 시사하는 단서와 징후를 확인하는 등의 활동을 한다. 문제 해결 학습의 경우에는 대개 외적 강화가 필요하지 않다.

가네와 슈엘과 리의 학습 유형 분류학이 배움 중심 수업을 하는 교사에게 주는 시사점은 학습은 그 유형이 다양해서 교사는 어느 하나의 교수법만으로 지도해서는 학습자의 학습에 효과적일 수 없기 때문에 학습할 대상에 따라 교수법을 달리해야 한다는 것이다.

4) 학습의 원리

힐가드(Hilgard, 1956, pp. 486-487)는 학생의 학습에 영향을 미치는 기술적인 원리 열네 가지를 제시하는데, 배움 중심 수업을 하는 교사는 이를 잘 이해하면 수업 및 교육과정, 교수학습자료 개발에 적절히 반영할 수 있다.

첫째, 학습자의 능력이 학습에 영향을 미친다. 누가 무엇을 배우느냐를 결정할 때 학습자의 능력을 고려하는 것은 매우 중요하다. 영리한 사람은 덜 영리한 사람이 학습할 수 없는 것을 학습할 수 있다. 그리고 일반적으로 나이 든 학생은 어린 학생보다 더 빨리 배운다. 성인이 되면서(나이가 들면서) 학습자의 능력은 무엇을 학습하는가에 따라 변화한다. 즉, 학습의 종류에 따라 특정 연령의 학습자의 능력에 미치는 영향이 달라진다.

둘째, 동기를 가진 학습자가 더 잘 학습한다. 동기 유발된 학습자는 그렇지 못한 사람보다 더 쉽게 배운다. 적절한 동기는 학습 욕망이나 성취 욕구와 같은 일반적인 것과 어떤 보상에 대한 열망이나 어떤 위협적인 처벌 회피와 같은 특정한 것으로 구성된다.

셋째, 과도한 동기는 학습의 효과를 떨어뜨린다. 너무 강한 동기(특히 고통, 공포, 근심)는 정서적 상태를 흩뜨려 놓기 때문에 과도한 동기는 중간 정도의 동기보다 과제에 따라 학습에 미치는 효과가 떨어진다. 특히 어려운 분별을 포함하는 학습에 있어 그러하다.

넷째, 학습에서는 보상이 처벌보다 더 효과적이다. 보상 통제하에서의 학습은 대개의 경우 처벌 통제하의 학습보다 더 낫다. 즉, 성공에 의해 동기 유발되는 학습이 실패에 의해 동기 유발되는 학습보다 더 낫다.

다섯째, 내적 동기를 유발하는 학습이 외적 동기를 유발하는 학습보다 더 좋다.

여섯째, 실패는 성공으로 이어질 것이라는 정보를 제공해 줄 때 효과적이다. 학습자가 실패를 인내하도록 하기 위해서 그 실패 경험이 다시 성공으로 나아가는 정보를 제공해 줄 필요가 있다.

일곱째, 현실적인 목표 설정이 비현실적인 목표 설정보다 좀 더 만족스러운 향상을 가져온다. 너무 낮은 목표 설정은 노력하지 않게 하고, 너무 높은 목표 설정은 실패를 예비하게 한다.

여덟째, 학생의 개인적 학습의 역사는 교사의 지원 여하에 따라 방해받거나 향상된다. 예를 들어, 학생이 교사의 권위에 대해 어떻게 반응하는가는 그 학생의 학습에 영향을 준다.

아홉째, 능동적인 학습자의 참여는 강의나 영화와 같은 수동적인 학습보다 더 효과적이다.

열 번째, 의미 있는 학습자료와 과제는 학습자에게 의미 없거나 학습자가 이해하지 못하는 자료나 과제보다 더 수월하게 학습하도록 한다.

열한 번째, 기본 기능은 과잉 학습(overlearning)을 통해 자동화되어야 된다. 개별 사실을 암기하는 일은 반복 연습을 통해 자동화하는 것 외에는 대체할 다른 방법이 없다. 예를 들어, 콘서트를 위한 피아니스트의 연주 기능은 반복적으로 과잉 학습을 하는 수밖에 없다.

열두 번째, 훌륭한 수행의 성격에 관한 정보, 자신의 실수에 대한 지식, 성공적인 결과에 대한 지식 등은 학습을 도와준다.

열세 번째, 학습자가 스스로 관계를 발견하거나 다양한 과제에서 원리를 적용하는 경험을 하게 되면 학습한 것은 새로운 과제로 전이가 더 잘된다.

열네 번째, 간격이 있고 분산된 재생은 정보를 오래 기억하는 데 더 효과적이다.

힐가드가 제시하는 열네 가지 학습 원리의 상당 부분은 41년이 지난 후 APA(American Psychological Association, 1997)가 개발한 14개의 학습자 중심 교육 원리(Lerner-Center Principles)에 포함되었다(2장 4절 참조). 이후 APA의 14개 학습자 중심 교육 원리는 미국 교육의 새로운 패러다임으로 제시되었다.

2. 교수

1) 교수의 의미

배움과 대비되는 가르침은 다른 말로 '교수'라고도 한다. 교수란 크게 볼 때 "성장을 도와주거나 조형하는 노력"(Bruner, 1966, p. 1), "학습을 돕기 위한 인간의 노력"이다(Gagnè & Briggs, 1979, p. 3)이다. 좀 더 상세하게 말하면 "학습의 과정에 영향을 주고 학습을 증진시키는 계획된 외적 환경 조건들을 제공하는 행위"이다(Gagnè, 1974, p. 5). 그러나 가네는 외적 환경 조건들을 종국에는 학습자의 내적 통제 과정으로 처리하는 것이기 때문에 외적 조건 자체가 학습을 발생시키는 것이 아니고 학습자의 내적 과정을 지원할 뿐이라고 했다. 따라서 학습자는 교사가 제공하는 외적 환경 조건들에 반응하고자 하는 정서적 요인들이 작용하지 않으면 학습하기 어렵다. 슈엘과 리(1976)는 교수란 교사, 학생, 환경이 통합된 전체를 이루는 역동적 상호작용으로, 이 상호작용에는 교사와 학생이 지닌 인지적 요인과 정의적 요인이 관여하고 있고, 이 두 요인은 상호 영향을 미치며 별도로는 거의 존재하지 않는다고 보았다. 즉, 교수에는 순수하게 다루는 인지적 내용만 존재하는 것이 아니고 그것을 다루는 교사와 학생의 정서적 상태가 필연적으로 관여한다는 것이다.

교수 또한 학습과 마찬가지로 단수적 활동이 아니라 여러 유형의 집합적 활동이다. 그린(Green, 1969)에 의하면 교수(teaching)에는 조건화(conditioning), 훈련(training), 교화(indoctrination), 수업(instruction)의 네 가지가 포함되는데, 이들 간의 관계를 연속선상에서 배치해 보면 [그림 1-1]과 같다.

교수란 조건화, 훈련, 교화, 수업이라는 활동을 포함하는 포괄적이고 연속선적 개념이다. 이들 하위 활동들 간의 구별은 분명하거나 정밀한 것은 아니다. 각 활동은 옆에 위치하

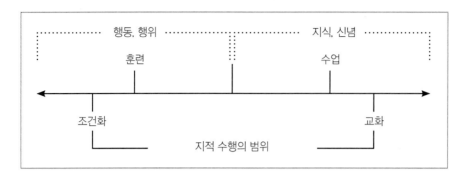

[그림 1-1] 교수의 연속성 개념

고 있는 활동과 중복성이 있다. 그러나 이런 집합적 활동 중 교수라는 개념에 좀 더 중요한 활동은 훈련과 수업이다. 이를 이해하기 위해서는 네 가지 활동 간의 차이를 설명할 필요가 있다.

① 훈련과 교수는 밀접한 관련이 있다

그 이유는 교수가 습관 영역의 학습을 포함하고 있다면, 훈련은 그 습관 형성의 한 방법이기 때문이다. 따라서 우리는 훈련을 시키고 있을 때 교수를 하고 있다고 말하는 것은 일면 타당하다. 그러나 그린(1969)은 이 둘이 같은 것이 아니라 훈련이라는 말을 교수라는 말로 대체하여 사용할 수 없는 상황이 있다고 본다. 예를 들어, 동물들을 훈련할 때 우리는 동물들에게 교수한다고 이야기하지 않는다. 이런 구별을 하는 이유를 그린은 다음과 같이 진술하고 있다(1969, p. 5).

> 교수란 그 행위가 일어날 때 지능적 활동, 즉 설명을 하고 이유를 대며 질문을 하고 증거를 제시하고 그 중요성을 저울질하고 규칙이나 원리 및 사실들의 정당화를 요구하거나 수용하는 등의 활동이 일어나지만 동물 훈련에서는 이런 활동이 없기 때문이다.

따라서 훈련이라는 개념이 교수라는 개념에 가까울 수 있는 경우는 앞에서와 같은 지적 특성을 나타내는 행동을 포함하는 경우에 한정한다. 그러므로 지적 표현을 많이 포함하고 있으면 있을수록 훈련은 교수에 좀 더 닮아간다.

그러나 훈련이 지적 표현과 멀어질수록 조건화에 가깝고 교수와는 점점 멀어진다. 예를 들면, 파블로프의 실험에서처럼 개가 벨 소리만 들어도 침 흘리는 행동을 할 수 있도록 만들 수 있는데, 이 경우를 조건화라고 한다. 조건화 행동에는 지능적 수행을 포함하지 않는다. 따라서 훈련은 조건화보다는 교수의 개념에 더 가까워진다.

② 수업과 교수는 더욱 밀접한 관계를 맺고 있다

우리가 '수업을 하다(giving instruction)'라고 말할 때 그것은 '교수하다'를 다른 말로 표현한 것일 뿐이다. 즉, 교수라고 말할 수 없는 수업은 없어서 이 둘은 동의어라고 할 수 있다. 왜냐하면 수업은 그 핵심이 어떤 종류이든 대화의 양식을 포함하고 있으며, 그 목표는 이유를 대고 증거를 대고 정당화하고 논쟁하고 설명하고 결론을 내리는 것 등을 포함하기 때문이다.

훈련은 습관이나 행동양식의 습득에, 수업은 지식과 신념의 습득에 좀 더 밀접한 관계를 가지고 있다. 훈련은 사람들로 하여금 하는 행동에 대해 이해하는 노력이 약하더라도 어떤 행동을 훈련시킬 수 있지만, 수업은 논리적으로 그 행동에 대한 이해 없이는 불가능하다. 따라서 수업은 항상 참과 거짓의 문제를 포함하고 있지만 훈련은 그렇지 않다. 바로 이런 이유 때문에 수업은 지식과 신념의 문제와 관계가 있고, 훈련은 습관이나 행동양식의 습득에 더 관계가 있다.

교수는 진리의 추구가 핵심이고, 수업 또한 그렇기 때문에 수업은 교수에서 핵심 개념이다. 그럼에도 불구하고 수업과 교수는 같은 것이 아니다. 왜냐하면 수업 외에 이루어질 수 있는 교수의 경우가 무한정할 정도로 많기 때문이다. 즉, 수업은 교수의 일부이다. 이런 맥락에서 앤더슨(Anderson, 1995)도 교수는 교사의 학생과의 상호작용 또는 행동을 지칭하나 수업은 하나의 잘 정의된 프로그램이나 전략을 지칭한다고 구분하고 있고, 가네와 브리그스(Gagnè & Briggs, 1979)도 "교수란 교사와 학생 간의 직접적인 상호작용이며, 수업이란 문서화된 재료, 그림, TV, 컴퓨터, 기타 미디어를 통해 학생의 학습행위를 돕는 것들을 포함한다."라는 말로 둘을 구분하고 있다.

③ 교화는 종종 수업의 한 방법으로 간주한다

우리가 어떤 신념이나 철학을 공개적으로 주장할 때 그것은 교화이며 수업의 한 방법으로 간주될 수 있다. 그러나 교화는 수업과는 대화의 양식에 차이가 있고, 그 결과 진리 문제에 대해 서로 다르게 관계한다. 수업의 대화 양식이 논쟁, 추론, 설명 등의 성격을 덜 띠게 되고, 진리의 이해에 덜 지향적이 되면 소위 교화라는 개념을 닮는다.

④ 교화와 조건화의 관계는 신념과 습관의 관계와 같다

교화는 어떤 것을 믿게 하는 것이고, 조건화는 어떤 것을 하도록 하는 것이다. 그리고 조건화가 지적인 행동의 표현을 목표로 하지 않는 것과 같이 교화 또한 지적인 믿음의 표현을 목표로 하지 않는다. 조건화는 바람직함이나 희망 여부와는 관계없이 어떤 행동양식을 확립시키기 위해 사용되는 활동으로서, 조건화가 되면 동일한 자극에 다르게 반응하고자 하는 소망이 있더라도 사람들은 같은 반응을 한다. 따라서 조건화는 비지적인 행동 방법이고, 이와 비슷하게 교화 또한 신념의 진리 여부, 설명, 증거와는 관계없이 어떤 신념을 단순하게 확립시키고자 하는 비지적인 신념 획득 방법이다. 따라서 교화는 모종의 대화를 포함하지만 수업 활동의 핵심이 되는 대화의 종류는 아니다. 따라서 교수의 대화가 진리 추구와 덜 관계할수록 그 대화는 수업 개념과는 멀어지고 오히려 교화의 개념에 더 가까워진다.

배움 중심 수업을 펼치고자 하는 교사는 교수에는 이런 여러 유형의 활동이 있으며 교수가 지니고 있는 본질적 성격, 즉 '지성적 의사소통'이라는 개념에 가까운 것이 훈련과 수업이라는 것을 이해하고 학생들을 지도할 때 주로 이 두 가지를 사용하는 데 보다 관심을 둘 필요가 있다.

2) 수업의 성격

앞에서 살펴본 바 수업은 학생들의 배움을 위해 매우 구조화된 상황에서 일어나는 지성적 의사소통 활동으로 교수의 핵심 개념이다. 이런 맥락에서 슈엘과 리(1976, p. 6)는 "수업이란 한 개인이 학습자로 하여금 어떤 바람직한 목표를 성취하도록 하기 위하여 학습자의 환경을 구조화함으로써 의도적으로 학습에 영향을 주는 상황"을 일컫는다. 슈엘과 리(1976)는 수업을 학습과 관련하여 몇 가지 성격을 지니고 있음을 지적하고 있다.

첫째, 학습은 수업이 없이도 일어날 수 있다. 학습은 수업이 아닌 다른 상황, 친구, 가정, 지역사회의 비구조화된 상황에서도, 예를 들어 TV 프로그램, 상담, 부모의 가르침, 또래의 상호작용, 기타 여러 사람(목사, 극작가, 의사, 법률가 등)의 가르침 등을 포괄하여 얼마든지 일어날 수 있다.

둘째, 수업은 학습 환경을 구조화하는 것이다. 수업은 학습 환경을 학습재료, 학습자의 특질, 학습의 원리에 적절하게 조직하고 구조화하는 것을 포함한다. 이런 구조화는 다양한 방법으로 성취될 수 있는데, 예를 들어 강의, 필름, 견학, TV, 판서, 책, 학습자료, 토론, 평가체제, 보상체제, 처벌, 교사와 학생 간의 개인적 상호작용 전체 범위 등을 포함한다. 교사가 적절한 학습 환경을 설계하려면, 먼저 학습자로부터 어떤 반응이 나오도록 할 것인가를 생각해야 한다. 그런 후에야 의도한 목표들이 나타날 가능성을 높이는 방향으로 환경을 구조화하는 것이 가능하다.

셋째, 효과적인 학습이 일어나려면 학생들은 수업 단원의 목표를 어떤 모양으로든지 수용해야만 한다. 목표가 학습 전에 미리 정해지고 이루어지든, 아니면 학습이 진행되는 도중에 생성되든지 학생들이 목표를 수용해야 의도된 학습이 일어났다고 할 수 있다. 그렇지 않으면 학생들은 심리적으로 수업의 과정에서 이탈한다. 수업은 교사와 학생이 목표의 적절성에 대해 암시적이든 명시적이든 동의해야 할 것을 요구한다.

넷째, 수업은 상호적 과정이다. 교사는 학생이 되기도 하고, 학생이 교사가 되기도 한다. 특히 토론에서 그러하다. 아울러 현대의 사회적 구성주의 학습이론에 기초하여 등장하고 있는 팔리스카와 브라운(Paliscar & Brown, 1984)의 상호적 교수(reciprocal teaching)는 교사와 학생이 학습한 과정과 결과에서 역할을 바꾸어 서로 설명하면서 피드백을 받으며 학습하도록 하는 것이 더 큰 학습의 효과를 발휘하는 것으로 보고하고 있다.

다섯째, 교사의 수업과 학생의 학습은 개별적으로 일어난다. 수업은 경제적이고 효율적인 이유로 집단을 대상으로 교수하더라도 집단 속에 있는 개인의 학습에 초점을 맞추어야 한다. 슈엘과 리는 이를 다음과 같이 진술하고 있다(1976, p. 77).

> 학생 개개인의 환경은 다르기 때문에 집단 속에서 한 개인이 학습하는 것은 다른 개인이 학습하는 것과 상당히 차이가 있음을 인정해야 한다. 각 개인이 당면하고 있는 환경들은 여러 가지 유사성이 있으나 차이점도 있고, 그 차이점이 유사점만큼 학생이 무엇을 학습하느냐를 결정하는 데 있어 중요하다. 각 개인의 환경은 분명하게 나타나는 물리적 환경뿐만 아니라 다른 학생들의 존재, 교사의 발언, 다른 학생들의 발언, 교사의 차별적인 주의 분배 등이다. …… 사회적 요인과 상호적 관계의 역동성은 집단이 아니라 개인에게 영향을 미친다는 점을 충분히 고려해야 한다.

브루너(Bruner, 1966)도 수업이 학습과 관련하여 몇 가지 성격을 지니고 있음을 지적하고 있다.

첫째, 수업은 학생들의 학습을 위해 활성화, 유지, 지시라는 세 가지 활동을 포함해야 한다.

활성화(activation)란 학생들이 문제를 해결하거나 아이디어를 얻도록 활동을 시작하는 것을 말한다. 활성화를 위해서는 다루는 학습 내용이 최적 수준으로 불확실하고 애매모호해야 한다는 것이다. 학습할 내용이 너무 쉬우면 호기심이 발생하지 않고, 너무 어려우면 혼란과 근심을 야기한다. 즉, 피아제의 용어로 동화(assimilation)와 조절(accommodation)이 동시에 일어날 수 있는 학습 내용이어야 하며, 비고츠키의 용어로는 근접발달영역(zone of proximal development) 내에 있는 것이어야 한다.

유지(maintenance)란 학습활동을 유지하는 것이다. 유지가 이루어지려면 학생은 자신이 하고 있는 학습활동의 결과가 갖는 이점이 초래되는 위험보다 크다는 것을 인식해야 한다. 이를 위해서 교사는 학생이 저지르는 실수의 결과는 심각한 것이 아니고 실수를 통해 얻은 학습경험은 소중한 것이라는 학급의 분위기를 조성해야 한다.

지시(direction)란 학생이 학습 도중에 어려움을 겪을 때 교사는 피드백을 적절히 제공하여 학습활동을 유지하도록 안내하는 것이다. 지시는 서로 상호작용하는 두 가지 사항에 의존한다. 하나는, 과제에 대한 목표를 인식하도록 하는 것이다. 학생의 학습활동이 방향성을 가지려면 과제의 목표가 어떤 것인지에 대한 인식이 있어야 한다. 또 하나는, 학생의 학습활동이 그 목표 성취에 적절한지 판단하도록 하는 것이다. 학습활동의 구체적 상황들이 목표 성취를 향해 어느 위치에 있는지에 대해 계속적으로 판단을 해야 한다. 교사는 학생에게 이에 대한 정보를 피드백으로 계속 제공해야 한다.

둘째, 수업은 학생들이 가장 수월하게 지식체(a body of knowledge)를 습득할 수 있도록 구조화하는 작업을 필요로 한다. 지식의 구조화는 표상되는 형태, 경제성, 힘이라는 세 가지 측면으로 구성되고 학습자의 연령, 학습자의 학습양식, 교과에 따라 달라진다.

지식의 형태(mode)는 세 가지로 표상하는데, 이는 학생의 인지발달 수준에 따라 달라진다. 첫 번째의 활동적 표상(enactive representation)은 어떤 결과를 성취하는데 적절한 일련의 행동으로 지식을 표상하는 것이다. 두 번째의 형상적 표상(iconic representation)은 개념을 드러내거나 요약하는 이미지나 그림으로 지식을 표상하는 것이다. 세 번째의 상징적 표상(symbolic representation)은 규칙이나 법칙을 상징 또는 논리적인 명제로 표상하는 것이다. 예를 들어, 이차함수를 지도하는 데 있어 인지발달 수준이 낮은 어린 학생들에게는 평행의 원리를 시소를 타도록 하면서 활동으로 표상할 수 있으며, 인지발달 수준이 좀 더 높은 학생들에게는 도표나 그림을 통해 평행의 원리를 표상하도록 하고, 인지발달 수준이 높은 학생들에게는 글이나 수학적 공식으로 표상하도록 지도하는 것이다.

　지식의 경제성이란 지식을 가장 효율적으로 습득하도록 하는 것이다. 사람들은 어떤 것을 이해하려고 하거나 또는 어떤 문제를 해결하고자 할 때 가동시켜야만 하는 정보의 항목이 많으면 많을수록, 또 어떤 결론에 이르기 위해 처리해야만 하는 일련의 단계가 많으면 많을수록 경제성은 떨어진다. 브루너는 두 가지 예를 들고 있다. 미국 남북전쟁을 이해하려고 할 때 '확산되고 있는 산업 영역과 연방 경제정책을 통제하려는 한 계급사회에 토대한 영역 간의 갈등'으로 요약하는 것보다 '노예제도에 대한 전쟁'으로 요약하는 것이 더 경제적이라는 것이다. 또 자유 낙하하는 물체를 요약하는 데 있어 중력과 거리에서 여러 물체를 떨어뜨려 관찰한 것들을 요약하기 위해 일련의 숫자를 표로 만들어 요약하는 것보다 $S = \frac{1}{2}gt^2$으로 요약하는 것이 더 경제적이라는 것이다.

　지식의 힘이란 학습한 지식들이 생산적이고 조작적인 것이 되도록 지도하여 다양한 문제를 해결할 힘을 갖도록 하는 것이다. 지식의 경제성과 지식의 힘은 상호 독립적일 수 있다. 즉, 경제적으로 습득한 지식은 힘이 없을 수도 있다. 그러나 힘을 강하게 한 지식의 구조가 비경제적인 경우는 매우 드물다. 브루너에 의하면 우리가 자연 및 사회 현상을 잘 이해할 수 있는 힘은 그 지식이 상당히 단순해질 때 만들어질 수 있다.

　셋째, 수업은 학생들이 학습할 자료를 효과적으로 계열화하는 일을 포함한다. 즉, 수업은 학생들이 마주하게 될 학습자료들을 그들이 내용을 이해하고 변형시키고 전이하도록 하는 데 도움을 줄 수 있도록 순서대로 전개해야 한다.

　학습자료의 계열화는 일반적 수준과 개인적 수준으로 한다. 일반적 수준의 계열화란 모든 학생을 대상으로 적용될 수 있는 계열화이다. 예를 들어, 지적 발달 수준에 따라 활동적 표상, 형상적 표상, 상징적 표상으로 학습할 자료를 계열화하는 것, 구체적인 것에서 추상적인 것으로 계열화하는 것 등이다. 이는 오래 전부터 효과적이라고 인정되어 온 관점으로 일반적 수준의 계열화에 해당한다. 개인적 수준의 계열화란 학생 개개인의 사전학습 수준, 발달단계, 자료의 성격, 학습양식 등 여러 가지의 개인차 요인을 고려하여 순서를 정하는 것이다. 최적의 계열화는 양자의 수준의 계열화를 모두 포함할 때이다.

　넷째, 수업은 사회적, 문화적 요인을 포함한다. 수업에서 교사와 학생의 관계는 어떤 것을 가진 자와 가지지 못한 자와의 관계로 존재한다. 따라서 수업에서는 항상 권위(authority)라는 문제가 존재한다. 이런 권위 관계의 조절은 학생이 학습하는 성격, 독립적인 기능을 발달시키는 정도, 스스로 수행하는 자신의 능력에 대한 자신감의 정도 등에 영향을 미친다.

　이런 맥락에서 수업의 과정은 근본적으로 사회적이다. 특히 적어도 한 교사와 한 학생을 포함하는 학습이 그러하며, 학생이 학교 상황에 대처해 나가려면 수업과정에 참여하는 필요한 최소한의 사회적 기능을 습득해야 한다. 아울러 학생들은 사회계층, 성, 연령, 인종에 따라 지적 활동에 대해 서로 다른 태도를 갖는데, 이런 태도는 수업에 참여하는 방식을 다르게 패턴화한다. 수업은 이렇게 사회경제적, 문화적으로 전수되어 온 학생들의 학습에 대한 마음 태들(mind sets)을 수업 상황 속에서 어떻게 하면 가장 잘 이용할 수 있을까 하는 문제에 관심을 기울일 수밖에 없다.

이와 같이 교수의 연속성 개념과 수업의 정의 및 성격을 살펴보았는데, 그린이 지적한 바와 같이 교수라고 말할 수 없는 수업은 없기 때문에 이 책에서는 교수라는 말과 수업이라는 말을 동의어로 보고 혼용하여 사용한다.

배움 중심 수업을 하고자 하는 교사는 우선적으로 수업이란 구조화된 상황에서 일어나는 학생과의 인지적, 인간적 상호작용이라는 것과 수업은 집단적 형태를 띠고 일어나지만 학습은 항상 개인적 형태를 띠는 현상이라는 것을 이해해야 한다. 이에 따라 배움 중심 수업을 하는 교사는 지식의 권위자이지만 학생들과 인간적, 정서적으로 긴밀한 유대관계를 형성한 후 교육과정을 구성하고 학습자료를 계열화하여 학생 개개인이 지닌 다양한 요인을 고려하여 지식을 경제적이고 힘이 있는 구조로 습득하도록 지도해야 한다.

3. 교수와 학습의 관계

학교의 교실을 방문하면 교사는 가르치고(수업을 하고), 학생은 배우는(학습하는) 모습을 보게 된다. 이것은 이론적으로 가르침과 배움은 동전의 양면처럼 동시에 일어난다는 점을 시사한다. 그런데 실제로 교사는 수업을 하였는데 학생에게는 학습이 일어나지 않는 경우가 허다하다. 이런 현상을 듀이(Dewey, 1933, pp. 35-36)는 교수와 학습과의 관계로 보고, 이를 상인이 물건을 사고파는 관계에 비유해서 진술하고 있다.

우리는 상인이 상품을 하나도 팔지 못했으면서도 많이 팔았다고 말하면 그 상인을 조롱한다. 그런데 학생이 학습한 것과는 관계없이 하루의 교수를 잘 해냈다고 생각하는 교사들도 있을 수 있다. 교수와 학습 간의 관계는 물건을 사고파는 관계와 같다.

교수가 학생 경험의 성장을 돕는 노력이라고 볼 때 이 경우는 교수가 일어났다고 말할 수 없다. 그런데 물건을 하나도 팔지 못하는 상인처럼 교사도 학생에게 학습을 일으키지 못하는 수업을 하는 이유는 무엇일까? 그 이유는 교사가 학습이 교수에 종속적으로 관계하기 때문이다(Green, 1969). 다시 말해서, 교사가 교수를 어떻게 하느냐에 따라 학생의 학습경험의 질이 결정된다는 것을 이해하지 못하고 있기 때문이다. 따라서 학생의 학습을 제한하게 되는 이유는 학생의 문제라기보다 교사의 수업 방법 문제 때문으로 보아야 한다. 타바(Taba, 1962, pp. 151-152)는 이 점을 다음과 같이 진술하고 있다.

> 우리가 학교에서의 학습의 범위를 확장시킬 수 있는가를 생각해 보면, 진짜 문제는 인간의 학습 잠재력의 한계에 있다기보다는 [교육이 그 잠재력을 축소시키는 방법을 사용하고 있다는 데 원인이 있다] …… 가장 역동적이고 효과적인 학습은 경험으로부터 도출된다. 사고하는 것을 학습하려면 다른 사람이 탐구하여 도출한 결론에 익숙해지는 대신에 스스로 탐구하고, 분석하고, 결론을 내는 과정을 거쳐야 한다. 또 어떤 원리를 배우는 것은 그 원리가 어떻게 작동하고, 어떤 것을 설명하고, 어떤 것을 예언하거나 조직하는지를 알아보아야 한다. 그리고 민감성을 학습하는 것은 자신을 타인의 입장에 처하게 하고 그와 자신을 동일시하는 감정을 경험해 보아야 한다. …… [그러나] 대개 이런 과정은 학교교육의 실제에 부재(不在)하거나 적절하게 다루지 못하고 있다. …… 교과의 내용 지식을 습득하기 위한 암기나 재생을 강조하고, 교육과정 운영의 행정적 효율성을 중시하고, 기계적인 교수 방법과 집단을 대상으로 편리한 평가를 시행하려고 할 뿐이다.

이렇게 교사가 학생의 성장 잠재력을 신장시키기보다는 축소시키는 방법을 사용하는 교수를 하는 이유는 무엇인가? 그 이유로 교사의 과도한 수업 부담, 학교의 행정적 업무 처리에 따른 수업 준비 시간 부족, 과밀 학급이나 수업 자료 부족 등과 같은 적절하지 못한 수업 환경 등 여러 가지 교사 외적 문제를 들 수 있다. 그러나 이런 교사 외적 요인뿐만 아니라 교사의 교수와 학습 간의 관계에 대한 이해 부족이라는 교사 내적 문제도 있다. 배움중심 수업을 하는 교사들은 교수와 학습 간의 관계를 두 가지 차원에서 이해해야 한다.

① 교수는 학습의 원리를 반영해야 한다는 것을 이해해야 한다

교수와 학습은 별도로 이루어지는 것이 아니라 상호 관계를 맺어야 한다는 것이다(Taba, 1962). 이 관계에 대한 필요성을 브루너는 다음과 같이 진술하고 있다(1966, p. 1).

교수란 결국 성장을 도와주거나 조형하는 노력이다. 성장이라는 현상, 그것의 제약과 기회에 관하여 알려진 것을 무시하고서 학생을 위한 교수를 한다는 것은 매우 잘못된 것이다. 교수이론이라는 것은 …… 사실상 다양한 방법을 통해 성장과 발달이 어떻게 도움을 받을 수 있을지에 관한 이론이다.

학습이론은 기술적(descriptive)이고, 교수이론은 처방적(prescriptive)인 성격을 지니고 있다(Bruner, 1966). 발달을 포함하여 학습이론들은 사실적으로 발생한 것에 대하여 이야기한다. 예를 들어, 발달이론은 6세 아동은 대부분 가역성의 개념을 소유하고 있지 않다는 것을 우리에게 알려 준다. 그러나 교수이론은 가역성의 개념을 향해 아동들을 가장 잘 인도하는 방법을 설명하려고 시도한다. 교수이론은 한마디로 우리가 무엇을 가르치기를 원할 때 어떻게 하면 그것이 가장 잘 학습될 수 있는지에 대해, 즉 학습을 기술하기보다는 향상시키는 것에 대해 이야기한다. 즉, 지식이나 기능을 습득하는 가장 효과적인 방법이나 규칙을 설명한다. 이런 의미에서 교수이론은 처방적이다.

처방적 성격을 가진 교수이론은 기술로서의 학습이론을 고려할 때 그 처방의 효과를 증진시킬 수 있다. 교사가 학생이 학습하는 과정과 원리에 대한 지식을 갖추고 있으면 교수를 향상시킬 수 있다. 이는 마치 의사가 환자에게 처방을 내릴 때 환자의 병증에 대한 기술에 기초할 때 그 효과를 극대화할 수 있다는 것과 같은 이치이다. 물론 교사는 훌륭한 판단력을 지니고 있으며 자신의 수업을 향상시킬 수 있다. 그러나 다른 조건들이 같다면 학습과정과 원리에 대한 지식은 분명히 교수를 향상시키는 데 효과가 있다. 이와 관련하여 손다이크(1906)는 농부가 훌륭한 판단력이 있으면 농사를 잘 지을 수 있지만, 여기에 더해 식물학이나 화학 지식을 가지고 있을 경우 다른 조건들이 동일하다면 더 성공적인 농부가 될 수 있듯이 교사들도 훌륭한 판단력이 있으면 훌륭하게 교수를 해낼 수 있지만, 학습이론에 대한 지식이 더해지면 다른 조건들이 같을 경우 더욱 훌륭한 수업을 할 수 있다고 주장한다.

더 나아가 학습이론이 교수에 도움을 준다는 주장을 넘어 교수이론은 학습이론에 부합해야 하고 심지어는 학습이론이 교수이론으로 전이하기 위해 번역이 필요 없을 정도로 교수에 있어 학습에 대한 지식은 필수적이다. 브루너는 "사실상 교수이론은 학습과 발달에 관심을 두어야만 하고 학습과 발달이론과 일치해야 한다."고 주장했다(1966, p. 40). 가네(1985)도 교수를 언어적 정보, 지적 기능, 움직임 기능, 인지적 전략, 태도라는 학습의 유형 또는 결과를 습득하는 데 필요한 학습자의 내적 조건으로 보고, 학습의 9단계(주의, 기대, 단기기억의 회복, 선택적 지각, 부호화, 회복과 반응, 강화, 회복의 단서화, 일반화)를 바로 교수의 단계로 설명한다.

② 학습 유형에 따라 효과적인 교수의 방법이 있다는 것을 이해해야 한다.

학생에게 어떤 학습을 시킬 것인지에 따라 교수 방법을 선정해야 한다. 즉, 학습의 유형은 다양하고 각 유형은 서로 다른 행동 유형을 대표하고, 각 학습은 상호 구별되는 학습경험을 필요로 한다. 이 점에 대한 학자들의 견해는 상당히 일치한다. 킬패트릭(Kilpatrick, 1925)은 학습 방법에 따라 학습 결과가 결정되기 때문에 판단 능력을 습득하려면 실패와 성공을 구분하는 조건하에서 판단하는 연습을 해야 하고, 자기주도적인 학습자가 되려면 독립적으로 사고하는 연습을 해야 한다고 주장했다. 타일러(Tyler, 1950) 또한 학습은 경험 방식에 따라 학습이 결정되기 때문에 귀납적 사고를 하려면 학생은 일련의 특정 사실들로부터 일반화하는 기회를 가져야 하고, 태도를 발달시키려면 감정을 야기하는 경험을 제공해야 하고, 그 내용을 분석한 후 반성하도록 해야 한다고 주장한다. 타바(1962) 또한 학생들에게 민감성을 증진시키고자 하면 실세계나 픽션의 세계에서 감정을 가지고 반응하고 타인의 감정을 확인해 내는 것을 실행할 기회를 주어야 하고, 평가하는 기능을 습득시키려면 다양한 신뢰도 수준을 가진 원천과 사건들을 다루는 경험을 제공해 주어야 한다고 주장한다.

이렇듯 교수와 학습의 관계가 분명한데, 구체적으로 학습 유형에 따라 교수가 어떻게 달라져야 하는지에 대해 밝힌 사람으로 가네(1985)를 들 수 있다. 가네의 주장을 요약하면 〈표 1-1〉과 같다.

표 1-1 가네(Gagné)의 학습 유형별 핵심적 교수 행위

학습 유형	핵심적 교수 행위
언어적 정보	• 학습자의 지식의 틀과 관계를 짓는다.(준비단계) • 부호화를 위해 의미 있는 정보 배경을 제공한다. • 정교화시키고, 이미지를 제공하거나 다른 부호화 단서를 제공한다. • 지식의 조직화를 위해 덩어리로 묶을 수 있도록 정보를 제공한다. • 회복과 일반화를 위해 단서를 제공한다.(전이단계)
지적 기능	• 선행기능의 회복을 자극한다.(준비단계) • 다양하고 구체적인 예와 규칙들을 제공한다. • 다양한 방법으로 예들과 상호작용할 기회를 제공한다. • 새로운 상황에서 평가한다. • 새롭고 다양한 상황에 적용하도록 한다.(전이단계)

움직임 기능	• 학습될 기능을 수행하는 것을 시연하고 필요시 부분적 기능의 회복을 자극한다.(준비단계) • 집행하는 순서를 확립하고 정신적 리허설을 제공한다. • 피드백을 제공하며 기능을 여러 번 반복하도록 한다. • 새로운 물리적 상황에서 기능을 수행할 기회를 부여한다.(전이단계)
인지적 전략	• 필요한 지적 기능의 회복을 자극한다.(준비단계) • 과제 특정적인 경우 전략을 기술해 주고, 과제 일반적인 경우 전략을 시연한다. • 지원과 피드백을 제공하며 전략을 연습할 기회를 제공한다. • 새롭고 다양한 상황에 적용하도록 한다.(전이단계)
태도	• 학습목표를 직접적으로 알리지 않고, 학습자가 모델을 존경하는 것을 확인한다.(준비단계) • 존경받는 모델이 긍정적인 행동을 하도록 하고, 그 행동을 강화한다. • 학생이 그 행동을 할 때는 강화한다.(전이단계)

슈엘과 리는 미국의 경우 교사 양성 과정에서 교수가 학습에 어떻게 관련이 되는지를 지도하지 않고 있다고 다음과 같이 지적한다(1976, p. 75).

비록 교사교육 코스가 교수 방법을 강조하기는 하나 이런 교수법들이 어떻게 학습을 이끌어 내는지, 학습과 어떻게 관련을 맺고 있는지에 대해서는 그다지 관심을 두지 않고 있다. 교수법에 대한 관심은 분명 중요하다. 그러나 교사가 되고자 하는 학생이 무엇을 어떻게 배우는지에 관해서도 상응한 관심을 두지 않으면 그런 교수법에 대한 관심은 반밖에 언급하지 못하는 것이다. …… 교수는 학습의 관점에서 접근하는 것이 중요하다.

이런 상황은 우리나라에서도 다르지 않아 보인다. 배움 중심 수업을 하는 교사들은 학생들이 학습하는 원리에 대해 민감해야 하고, 그것을 수업에 반영시키려고 노력해야 한다. 그리고 학습 유형에 따라 교수법을 달리해야 한다. 그렇게 했을 때 학생의 배움이 보다 수월해지고 또 효과적이다.

4. 배움 중심 수업의 의미

배움 중심 수업을 하기 위해서는 그것이 무엇이고, 어떤 이론적 배경을 가지고 있는지 이해할 필요가 있다. 이런 이해는 배움 중심 수업의 실천을 일관된 방향으로 추진하게 해 주고 실천상에 나타날 수 있는 여러 문제를 해결하는 기저가 된다.

배움 중심 수업이라는 개념은 우리나라 17개 시·도교육청에서, 특히 혁신학교를 중심으로 확산되고 있다. 배움 중심 수업이라는 말을 영어로 번역하면 'learning centered teaching'이 될 터이지만, 영·미 등 선진국에서는 [그림 1-2]와 같이 이런 영어 표현은 거의 사용하지 않고, 'learner-centered teaching' 또는 'learner-based teaching'이라는 표현을 사용하여 실행도 하고 연구도 하고 있다. 이 이유는 앞에서 살펴본 바 서양에서 'teaching'은 당연히 'learning'에 기초해야 한다는 개념이 자리 잡고 있어 'learning-centered'라는 말을 사용하는 것이 부적절하다고 느끼기 때문에 이 말을 사용하지 않고, 그 대신 '학습자 중심 수업'이라는 말을 사용하여 전통적인 '교사 중심의 수업'과 대비시키고 있는 것으로 보인다.

[그림 1-2] '학습자 중심 교수'라는 제목의 서적들

그러나 배움 중심 수업이라는 말과 학습자 중심 수업이라는 말은 모두 학습자의 학습을 최적화하자는 동일한 의도를 가지고 있고, 수업 또한 학습자가 학습 상황에 가져오는 여러 학습 조건을 고려할 때 그 목적을 달성할 수 있다는 관점을 공유하고 있다. 이런 배경으로 이 책에서는 배움 중심이라는 말과 학습자 중심이라는 말을 동의어로 보고 혼용하여 사용할 것이며, 배움 중심 수업에 대한 기본적인 정의와 이론적 배경에 대한 이해를 선진국에

서 이루어진 학습자 중심 수업에 대한 기존의 연구들에 기반하여 살펴보고자 한다. 아울러 앞에서 살펴본 그린의 '교수라고 말할 수 없는 수업은 없는 것 같다.'는 입장에서 교수라는 말과 수업이라는 말도 동의어로 보고 혼용하여 사용한다.

그럼 배움 중심 수업의 정의를 도출하기 위해 서양에서 이루어진 연구들에서 학습자 중심 수업의 정의를 살펴보자.

먼저, 맥콤스와 휘슬러(McCombs & Whisler, 1997, p. 16)는 "학습자 중심 수업이란 개별 학습자의 특징들(유전적 특징, 경험, 관점, 배경, 재능, 흥미, 능력, 요구 등)을 학습에 대해 알려진 지식들과 연계하여 모든 학생의 동기, 학습, 성취를 최선으로 증진시키는 활동을 말한다."라고 정의하고 있다. 그리고 도일(Doyle, 2011, p. 7)은 "학습자 중심 수업이란 학생들의 학습을 최적화하는 것에 관한 것으로, 학생들이 학습활동을 하는 데 있어 최선으로 기능하는 방법들을 제공하는 것이다."라고 정의하고 있다. 아울러 캠벨과 크라이시브스카(Campbell & Kryszewska, 1992, p. 5)는 "학습자 중심 수업이란 학생들이 수업 상황에 가져오는 그들의 지식, 경험, 적성을 고려하여 펼치는 교수 활동을 말한다."라고 정의하고 있다. 이렇게 학습자 중심 수업에 대한 학자들의 정의를 살펴볼 때 공통점은 그 목적을 모든 학생의 학습을 최적화하는 데 두고, 그 방법론으로는 학생들이 학습 상황에 가져오는 학습의 조건들을 고려하는 수업을 펼친다는 점을 알 수 있다.

앞에서 진술한 바 학습자 중심 수업과 배움 중심 수업을 같은 개념으로 보고, 배움 중심 수업을 정의하면 학습자들이 학습 상황에 가져오는 학습 조건들을 고려하여 모든 학생의 학습을 최적화하는 활동이라고 할 수 있다. 그리고 학습자들의 학습 조건이란 학습을 시작할 때 학생들이 지닌 적성(능력 수준), 사전 경험, 학습양식, 흥미, 요구 등을 포함한다.

배움 중심 수업이라는 말은 학계가 아니라 학교 현장에서 더 널리 사용하는 용어로, 교사들이 학생들 교육을 통해 경험한 실천적 지식에서 나온 성찰적 용어이다. 이런 이유로 현장이라는 곳을 공유하고 있는 교사들 사이에서 그 필요성에 대한 공감대가 쉽게 형성되었고, 이 개념을 널리 확산하는 데 영향을 끼친 것으로 보인다. 그러나 배움 중심 수업이라는 개념이 이론적이고 경험적인 연구에 기초하여 나온 것이 아니라 교사들의 실천적 지식에 기초한 통찰에서 나온 까닭에 학교 현장에서는 이에 대한 바른 이해가 부족한 편이고, 심지어는 오해가 있기도 하다.

그 몇 가지를 살펴보면, 첫째, 배움 중심 수업은 교사의 설명식 수업을 배제한다고 생각하는 것이다. 도일은 이를 잘못 인식한 것이라고 지적한다(2011, pp. 2-3).

학습자 중심 교수는 새롭게 제기된 어떤 급진적 교수법이 아니고, 교사 중심 수업의 장점들을 유지하고, 그것들을 인간의 두뇌가 학습하는 방식에 좀 더 조화를 이루도록 하는 교수적 실천이다.

배움 중심 수업은 모든 학생의 학습을 최적화하기 위해 학생 중심의 자기주도적 학습을 필요로 하지만, 학습의 최적화는 교사 중심의 설명식 수업을 통해 성취되는 경우가 많다. 다만 교사의 설명식 수업이 전통적인 교사 일변도의 하향식 교수가 아니라 학생들이 학습하는 원리에 맞게 펼쳐질 때 학습의 최적화가 이루어진다는 점에는 유의할 필요가 있다.

둘째, 배움 중심 수업은 완전히 학생 주도로 자유롭게 발견학습을 하도록 하는 것이라고 생각하는 것이다. 그러나 학생 주도의 발견학습에서 교사의 개입은 필수적이다. 메이어(Mayer, 2003, p. 288)는 교사가 얼마나 개입해야 가장 학습에 효과적인가에 대한 기존의 연구들을 고찰하고 다음과 같은 결론을 내린다.

교사가 완전히 주도하는 설명식 교수보다 그리고 학생이 완전히 주도하는 순수한 발견학습보다 교사가 힌트와 방향을 제시하면서 학생이 주도적으로 학습하도록 할 때 지식의 보유 및 전이에 최선의 효과가 나타난다.

배움 중심 수업은 학생의 학습을 최적화하는 것이기 때문에 교사가 학생들의 발견의 과정에 적절히 개입하여 안내와 피드백을 제공해 주는 것은 필수적이다.

셋째, 배움 중심 수업은 새로운 철학 또는 이론이라고 생각하는 것이다. 와이머(Weimer, 2013, p. 16)는 이와 관련하여 다음과 같이 지적하고 있다.

학습자 중심 교수는 하나의 새로운 교육 이론이나 철학에 배경을 두고 연구가 이루어지는 것이 아니라 기존에 생성되었던 이론들과 연구에 그 배경을 두고 이루어진다.

배움 중심 수업은 학습에 대하여 이루어진 기존의 100여 년의 연구 결과들을 바탕으로 수업에서 그런 학습의 원리와 연구 결과들이 최대로 반영되어 학생들의 학습을 최적화하자는 것으로 새로운 철학이나 이론적 배경을 가지고 있지 않다.

이 책에서는 배움 중심 수업을 학습의 일반 원리와 학습자들의 내적 조건들을 고려하는 개별화 원리를 적용하여 학생들의 학습을 최적화하는 교수 활동이라고 정의한다. 여기서 학습의 일반 원리란 기존의 학습에 대한 연구에서 밝혀진 일반적인 원리들로서 학생들의 연령과 교과에 관계없이 적용되는 원리들을 말하고, 학습의 개별화 원리란 학습자 개인이 학습 상황에 가져오는 내적 조건, 예를 들어 적성(능력 수준), 사전 경험, 학습양식, 동기 수준, 흥미, 요구 등을 고려하여 내용, 방법, 결과를 개별적으로 적절히 하는 원리들을 말한다.

배움 중심 수업을 이렇게 정의할 때, 배움 중심 수업은 두 가지의 학습 원리를 활용해 한다는 것을 의미한다.

첫째, 학습의 일반 원리로 학습 연구의 세 가지 패러다임, 즉 행동주의, 인지적 구성주의, 사회적 구성주의의 학습이론이 제시하는 학습의 원리들을 포함한다. 이 원리들은 모든 학교급의 학생들에게 동일하게 적용될 수 있는 일반적인 성격을 띠고 있다. 예를 들어, 스키너의 행동주의 이론은 습관이나 태도를 형성하는 학습의 초기에는 강화를 행동이 일어난 후 매번 즉시적으로 제공하고, 형성된 태도를 유지하기 위해서는 강화를 지연시키거나 간헐적으로 제공할 때 효과적이라는 것을 제시한다. 피아제의 인지적 구성주의 이론은 동화와 조절이 동시에 일어날 수 있는 문제, 즉 적절한 수준에서 도전감을 주는 문제를 제공해야 학습이 최적화된다고 제시한다. 비고츠키의 사회적 구성주의 이론은 지식은 사회적 맥락에서 학습되는 것이기 때문에 협동학습이 학생들의 학습에 효과적이라고 제시하고, 슬라빈(Slavin)의 협동학습이론은 협동적 과제 구조(집단이 성취해야 할 과제가 무엇인지 구성원들이 인식하는 구조)와 협동적 동기 구조(집단의 성취에 기여한 구성원 개개인의 기여를 고려하여 보상하는 구조)가 동시에 존재해야 협동학습이 효과적이라고 제시한다. 이런 원리들은 모든 학교급별 학생들에게 해당하는 일반적인 학습의 원리들이다.

둘째, 학습의 개별화 원리로 학생 개개인이 학습 상황에 가져오는 학습자 개개인의 내적 조건들을 고려하여 수업해야 한다. 내적 조건들이란 가네(1985)가 사용한 말로서 학습자들이 지닌 적성(능력 수준), 사전 경험, 학습양식, 동기 수준, 흥미, 요구 등을 말한다. 이런 내적 조건들은 학생들마다 차이가 있기 때문에 이것을 고려하는 수업은 교사가 학생 개개인의 그러한 특징적 차이를 조사하여 사전에 숙지하고 있어야 하고, 비록 수업이 많은 경우 집단을 대상으로 이루어지더라도 질문, 협동학습, 역할 부여, 학습과제 부여, 학습과정 및 학습의 결과에 이르기까지 학습의 여러 상황 속에서 이런 내적 조건들의 개인차를 고려하여 개별화하는 노력을 요구한다.

배움 중심 수업 이론:
학습의 일반 원리

    배움 중심 수업은 새로운 이론이라기보다는 지금까지의 학습에 대한 연구들을 학생들의 학습을 최적화하기 위해 종합적으로 활용하는 것이다. 이 연구들은 배움 중심 수업의 이론적 배경을 제공하는데, 학습에 대한 일반 원리와 개별화 원리 두 가지로 대별할 수 있다. 일반적 학습 원리란 초·중등학교 학생들 및 성인들에게 그리고 교과의 특수성과 관계없이 공통적으로 적용할 수 있는 원리이다.

    학습에 대한 연구의 역사는 철학적 접근에서 실험적인 방법을 동원하는 과학적 접근으로 바뀌었는데, 과학으로서의 학습에 대한 연구는 약 100여 년을 이어 왔다. 그 주요 학습 연구의 패러다임이 행동주의, 인지적 구성주의, 사회적 구성주의 이론으로 발전해 왔다(Mayer, 2003). 각 패러다임의 이론이 제공하는 학습의 원리들은 학교급별 학생 모두에게 적용되기 때문에 일반적인 성격을 지니고 있다고 할 수 있다. 배움 중심 수업은 이런 학습의 일반적 원리들을 적용하여 펼쳐질 때 효과적이고, 각 이론은 나름대로 학습의 다양한 측면에 따라 제공하며, 특징적인 학습의 원리들을 지니고 있어 배움 중심 수업을 하는 교사는 각 이론에서 제공하는 학습의 원리들을 종합적으로 조망하여 적용할 필요가 있다.

1. 행동주의 이론의 학습 원리

행동주의 학습이론은 학습이란 연합을 통해 형성되고, 환경에 의해 조형되고, 비의도적이고, 무의식적으로 일어난다고 본다. 행동주의에 속하는 이론은 파블로프(Pavlov)의 고전적 조건 이론(classical conditioning), 손다이크(Thorndike)의 도구적 조건 이론(instrumental conditioning), 스키너(Skinner)의 조작적 조건 이론(operant conditioning)이 있다.

1) 고전적 조건 이론의 학습 원리

파블로프의 고전적 조건 이론은 자극(stimulus)과 자극(stimulus)의 연합이 만드는 영향에 초점을 두어 S-S 이론이라고도 불린다. 조건화 이론 중 가장 처음 제시된 까닭에 고전적 조건 이론이라고도 불린다.

파블로프는 자극을 두 가지로 구분한다. 하나는, 유기체에게 본능적으로 어떤 정서와 행동을 일으키게 하는 자극이 있는데 그것이 무조건 자극(unconditional stimulus)이다. 예를 들어, 물이나 음식 등은 그것을 필요로 하는 사람에게 즐거움과 그것을 탐하는 행동을 하도록 한다. 그러나 자극 중에는 유기체에게 이런 정서와 반응을 일으키지 못하는 자극이 있는데 그것이 조건 자극(conditional stimulus)이다. 예를 들면, 파블로프가 사용한 불빛이나 벨 소리이다. 이것들은 유기체에게 무조건 자극이 일으키는 그런 정서나 행동을 일으키는 속성을 가지고 있지 못하기 때문에 중성 자극(neutral stimulus)이라고도 한다.

파블로프가 발견한 중요한 원리는 이 조건 자극이 무조건 자극과 여러 번 짝 지어져 경험되거나 단 한 번이라도 강력하게 짝 지어지면 양자 간에 연합이 발생하고, 그 결과 조건 자극은 그 자체로 무조건 자극이 지닌 성격을 띠게 되어 같은 정서와 반응을 일으킨다는 것이다. 예를 들자면, 개가 음식이 동반되지 않았음에도 불구하고 주인 발걸음 소리를 듣거나 전등 불빛만 보고도 침을 흘린다. 인간에게도 이는 마찬가지이다. 우리가 영화에서 가끔 보듯이 제대한 전쟁 베테랑이 레스토랑에서 한가로이 식사를 하다가 밖에서 굉음이 들리면 보통 사람들이 반응하는 정도를 넘어 식은땀을 흘리고 공포에 젖는 모습을 본다. 이는 과거 전쟁터에서 수류탄이 터져 굉음과 함께 옆에 있던 동료들이 피를 흘리며 무참히 죽어 나가는 것을 경험했기 때문이다. 아울러 매우 어려운 상황에서 친절한 경찰관을 통해 길 안내를 받고 안전하게 여행을 한 경우, 그 경찰관과 연계된 많은 조건 자극, 예를 들어 경찰 복장, 경찰차의 색깔, 경찰차의 경광등, 경찰서 표식 등이 그 여행객에게 반가움과 함께 긍정적인 정서적 경험을 시킨다. 또 사회의 접대 문화로 함께 식사하는 관습이 널리 퍼져 있는 현상도 설명한다. 함께 식사를 하면 맛있는 음식(무조건 자극)이 그 식사를 제공한 사람(조건 자극)과 연계되어 좋은 관계를 형성하도록 해 준다.

이런 정서적 경험은 무의식적으로 형성된다. 파블로프는 이를 생리학적으로 설명한다. 즉, 무조건 자극은 대뇌피질부에서 활동을 일으키는데 무조건 자극과 함께 있었던 다른 모든 자극도 약하기는 하지만 대뇌피질부에서 활동한다. 그러나 약한 활동은 강한 활동으로 끌려가고, 뇌의 여러 부위 간에 잠정적인 결합이 생긴다. 그리하여 나중에 조건 자극들 중 어느 하나라도 제시되면 그것과 결합되어 있는 뇌 부위가 활동을 하고, 이는 다시 결합에 의하여 무조건 자극과 대응되어 있는 영역의 활동을 일으키게 된다. 예를 들어, 개에게 벨 소리와 먹이를 짝 지우면 음에 의하여 일어나는 활동은 먹이에 의해 일어나는 뇌 활동과 잠정적으로 결합한다. 그리고 나중에 벨 소리만 제시해도 그 부분에 해당되는 뇌 활동을 일으키고 이는 다시 먹이와 대응되는 뇌 활동을 일으키게 된다.

파블로프의 고전적 조건 이론이 배움 중심 수업에 기여하는 측면은 정서 학습이다. 정서는 모든 종류의 학습에서 학습에 대한 어떤 기대를 보내는 신호(sign learning)이다 (Mowrer, 1960). 모우러(Mowrer)에 의하면 교사의 지시와 같은 외부의 자극이든, 신체로 느끼는 감각과 같은 내부의 자극이든 그 자극들이 일단 학생들에게 제시되면 부정적인 결과 또는 긍정적인 결과로 이어진다. 이 기대는 불안, 공포, 실망, 기쁨, 희망 등과 같은 정서적인 것으로서 그 신호에 따라 학생들은 욕구를 감소시키거나 증가시키는 방향으로 행동한다. 따라서 정서는 학습의 과정에서 필연적인 것이며, 학생들은 정서적 기대에 따라 행동하기 때문에 정서는 학습에서 매우 중요한 위치를 점하고 있다. 아울러 정서는 인지 기능과 생물학적으로 직접적인 연계를 갖고 있어 인간이 학습하고 판단하고 의사 결정하는 능력에 영향을 주고, 특히 교수 학습에서 정서는 인지와 별개적인 것이 아니라 내재적이다 (Damasio, 1994; Goleman, 1994, 1998; Jensen, 2000; Zull, 2002). 그러나 모우러는 정서가 학습에 중요함에도 불구하고 추리, 논리와 같은 인지에 밀려 교육에서 관심이 저조한 현상을 보고 다음과 같이 진술한다(1960, p. 308).

서구 문화에서는 정서를 어떤 불신과 경멸감을 가지고 보고, 추리, 논리와 같은 지성이 정서 위에 있는 높은 것으로 보는 경향성이 광범위하게 만연되어 있다. 만약 현재의 분석이 확실하다면 정서는 살아가는 유기체에게 지극히 중요한 위치를 차지하고 있다. 그에 따라 정서를 지성의 반대편에 놓아야 할 이유가 조금도 없다. 정서는 그 자체가 높은 수준의 지성으로 볼 수 있다.

배움 중심 수업에서 교사들이 이 정서와 관련하여 고려해야 할 교육적 시사로 두 가지를 들 수 있다.

(1) 학교에서 학생이 무조건 자극과 함께 경험하는 조건 자극은 수없이 많은데, 대표적인 무조건 자극이 교사라는 것이다

학생이 교사를 친절하고 존경하는 인물로 간주하여 자신에게 긍정적 자극을 주는 역할을 하는 사람이라고 인식하게 되면 교사와 관련된 수많은 조건 자극이 학생에게 긍정적인 정서를 제공한다. 예를 들어, 학교에서 어려움에 처한 학생을 친절하게 안내해 주고 문제를 해결해 주는 고마운 선생님이 계시면 그 교사가 사용하거나 교사와 관계된 모든 조건 자극(예: 교사의 복장 및 목소리, 교사가 사용하던 물건들, 교사가 드나들면서 사용한 문의 여닫이 소리, 교사와 함께 공부했던 학교와 교실의 환경 등)이 긍정적인 정서를 경험하게 해 준다. 이와는 반대로 교사를 폭력을 사용하고 매우 공포스러운 인물로 간주하는 경우에는 그 교사와 관련된 수많은 조건 자극이 부정적인 정서를 경험하게 한다. 수학교사가 엄격하고 권위적인 분위기에서 수학 학습을 시키면 학생들은 수학에 대해 부정적인 정서와 태도를 갖는다. 즉, 수학이라는 조건 자극이 교사의 그런 부정적 태도로 인해 부정적으로 경험되는 것이다. 우리의 학교 현장에서 소위 '수포자'가 생기는 것은 수학이 내용적으로 어려운 측면도 있지만 그것을 다루는 교사의 태도와 접근의 문제이기도 하다.

특히 교사는 언어의 정서적 측면에 유의해야 한다. 인간이 읽는 단어, 그 자체의 인지적 측면은 좌뇌의 측두엽(temporal lobe)에서 처리하고, 정서적 측면(단어의 음색, 리듬, 음조, 억양 처리 등)은 우뇌의 측두엽에서 처리하는데, 인간의 두뇌는 이 두 신경 통로를 모두 사용하여 정보를 처리한다. 즉, 언어는 인지적 정보 외에 정서적 정보를 전달하기 때문에 교사는 언어의 정서적 측면에도 관심을 두고 본인이 가르치는 내용을 단조로운 어조의 말보다는 기쁨과 흥분을 담는 말로 표현하고, 학생의 질문과 반응에 대해서도 능동적으로 수용하면서 긍정적으로 감정을 전달하고 상호작용해야 한다. 즉, 예술가들이 예술 도구를 가지고 관중들의 감정 세계에 다가가듯이 교사는 언어의 예술적 사용에 관심을 기울이고 학생의 감정 세계에 다가가야 한다. 줄(Zull, 2002, p. 172)은 언어의 정서적 부분을 언어의 운율학(prosody)이라고 부르며 다음과 같이 진술한다.

> 누뇌를 변화시키는 예술의 상당한 부분은 운율을 효과적으로 사용하는 것과 관련이 있다. 교사는 어의적 측면과 운율적 측면의 표현력을 사용하여 깊은 의미를 전달해야 학생들에게 다가갈 수 있는 기회가 더 증진된다.

파블로프의 고전적 조건 이론은 학교생활에서는 우연적인 교육의 측면들이 항시 발생하고 있고, 그것들이 학생들의 태도 및 정서에 영향을 크게 미친다는 점에 주목한다. 교육과정 학자들은 이런 우연적 경험들을 잠재적 교육과정이라고 부르는데, 잠재적 교육과정이 왜 중요한지를 파블로프의 고전적 조건 이론이 설명하고 있다.

배움 중심 수업을 하는 교사는 학생들에게 친절하고 존경받는 고마운 인물로 부각되어야 학생들이 학교에서 마주치게 되는 수많은 조건 자극을 인식하는 잠재적 교육과정 경험에 대해 긍정적인 정서를 갖게 된다는 점을 이해하고 학생들과 따뜻한 관계를 설정할 필요가 있다. 특히 초등학교 1학년이나 중학교 1학년과 같이 새 학교의 낯선 환경에 처한 학생들에게 새 학년 첫째 주에는 어려운 과제를 내 주는 것을 자제하고 학생들이 학교를 즐겁게 경험할 수 있도록 해 주어야 한다. 그렇게 할 때 학생들은 어색한 학교 및 교실 환경을 교사의 따뜻함과 친절함과 짝 지어 경험하고, 학교와 교실에 대하여 긍정적인 정서를 갖게 된다. 아울러 교실에 대해 만족감을 갖도록 물리적 환경을 조성해 주는 일도 필요하다. 예를 들어, 교실에 카펫을 깔고 한 공간에 소파를 놓아 줌으로써 학생들이 여유 있을 때 그곳에서 독서를 하도록 하면 카펫이나 소파에서 얻는 경험이 무조건 자극으로 작용하여 학교와 교실이라는 조건 자극에 대해 긍정적인 정서를 갖도록 해 준다.

(2) 인지와 정서는 연계되어 있고, 이 둘을 통합하면 교수가 효과적이라는 것이다

학자들은 인지를 뜨거운 인지(hot cognition)와 차가운 인지(cold cognition)로 구분한다. 전자는 정서적 측면이 동반된 인지를, 후자는 정서적 측면이 배제된 인지를 말하는데, 인지가 정서적 자극을 동반하게 되면 학습하는 내용이 보다 잘 기억된다(Feden & Vogel, 2003; Zajonic, 1980).

정서는 학습과 기억에 긴밀하게 관여하고 있다. 학생들이 교과의 내용을 학습하려면 정서를 담당한 두뇌 영역에서 그 내용의 학습은 안전하고 즐거운 것이라는 메시지를 학생에게 전달해 주어야 한다(Hardiman, 2003). 따라서 두뇌에서 어떤 내용에 대해 인지적 신경 네트워크와 정서적 신경 네트워크가 동시에 활성화되어 신경적 네트워크의 고속도로가 형성되면 학습이 효과적이게 된다. 더 나아가 마음과 몸도 연계되어 있기 때문에 인지, 정서, 신체 움직임이 통합되는 수업을 펼치면 학습에 더 효과적이다. 한나포드(Hannaford, 1995, p. 107)는 "신체 움직임은 학습과 사고의 필수적인 부분이다."라고 주장하였다. 학생들은 오랫동안 신체 움직임이 없이 앉아 있으면 학습의 효과가 떨어지게 되는데, 그 이유는 신체 움직임이 없는 자세에서는 뇌가 경각심을 높일 수 있는 충분한 산소와 혈액을 공급받지 못하기 때문이다. 그러나 학생들이 신체를 움직이며 학습을 하게 되면 심장 박동수는 증가하고 충분한 산소와 혈액을 공급받아 신경적 점화(neural firing)를 증진시켜 학습 성과를 높인다. 신체적 움직임은 BDNF(a brain-drived neurotropic factor)의 방출을 촉진시키고, BDNF는 뉴런들이 의사소통하는 능력을 촉진시켜 반응시간을 빠르게 하고, 에너지, 창의성, 학업 성취를 증진시킨다(Dryfoos, 2000; Hannaford, 1995; Lambert, 2000). 이런 맥락에서 인지, 정서, 신체 움직임을 통합하는 접근은 두뇌의 통합적 작용에 적합한 교수법이 된다(Jensen, 2000).

2) 도구적 조건 이론의 학습 원리

손다이크의 도구적 조건 이론은 자극(stimulus)과 반응(response)의 연합에 초점을 두어 S-R 이론이라고도 불린다. 손다이크는 이 자극과 반응 사이의 연합을 끈 또는 매듭이라고 불렀는데, 이 매듭은 신경적 성격을 띠고 있다. 그리고 지식의 주요 부분을 연합으로 설명하며 "마음을 인간의 연합체제"(Thorndike, 1913, p.122)로 불렀다. 즉, 학습의 과정은 연합의 과정으로 단순하다는 것이다. 예를 들어, 문제와 답(9×5=45), 사건과 연대[콜럼버스(Columbus)의 신대륙 발견은 1492년], 사람과 특징(그는 푸른 눈을 가지고 있다) 등의 연합을 통해 학습한다는 것이다.

손다이크의 도구적 조건 이론은 파블로프의 고전적 조건 이론과는 몇 가지 점에서 다르다.

첫째, 고전적 조건 이론은 유기체가 자극에 단순히 비의도적으로 반응하여 나타나는 행동에 관심을 두기 때문에 반응적 조건화(respondent conditioning)라고도 한다. 그러나 손다이크는 유기체가 의도적으로 원하는 것을 얻기 위해 반응에 관심을 두고, 그것을 얻는 도구로 자극과 반응 사이의 연합을 생성하는 도구적 역할을 한다고 보기 때문에 도구적 조건화(instrumental conditioning)라고 불렀다. 즉, 고전적 조건화는 유기체의 반응이 불수의적(不隨意的)이나 도구적 조건화에서의 반응은 수의적(隨意的)이라는 차이가 있다.

둘째, 고전적 조건화는 반응을 인출시키기 위해 보상(무조건 자극)이 미리 주어지지만, 도구적 조건화에서는 반응이 일어난 후에 보상을 준다는 점에서 차이가 있다.

손다이크(1931)는 인간의 학습 능력은 뛰어나 인간을 다른 종(種)들과 구별해 내는 중요한 특징들 중의 하나라고 보지만 인간을 포함하여 유기체는 동일한 방식으로 학습한다고 본다. 바이올린 기법, 미적분 지식의 습득 등 학습의 형태가 아무리 미묘하고 복잡하고 고급이더라도 그 근본은 자극과 반응의 연합과 몇 가지의 원리에 기초하고 있다는 것이다. 이에 배움 중심 수업에서 고려해야 할 손다이크의 몇 가지 학습의 원리를 제시해 보면 다음과 같다.

(1) 도구적 조건 이론의 세 가지 법칙

먼저 손다이크의 핵심 원리인 세 가지의 법칙을 살펴본다.

① 준비도(readiness)의 법칙이다

어떤 행위를 수행할 준비가 되어 있을 때 그렇게 하는 것은 만족스러움을 느끼는 반면, 준비가 되어 있지 않은 상태에서 수행에 대한 강요를 받으면 혐오스러움을 느낀다는 원리이다. 이 원리는 배움 중심 수업에서 학생들이 인지적으로나 동기적으로나 그리고 신체적으로 학습할 준비가 된 상태에서 수업을 전개해야 한다는 것을 시사한다.

② 연습(exercise)의 법칙이다

자극과 반응 사이의 연합은 그것을 사용하면 강화되고, 사용하지 않으면 약화된다는 원리이다. 이 원리는 나중에 단순한 반복이나 불사용은 연합의 강화나 큰 약화를 초래하지는 않는다고 조금 수정되었다. 배움 중심 수업에서도 학생들은 기본적인 생활 습관 및 학습 습관을 필요로 하는데, 이런 습관들은 학생이 어떤 자극 상황에 놓이게 되면 자동적으로 나타나도록 연습을 통해 강화시켜야 한다는 점을 시사한다.

③ 효과(effect)의 법칙이다

자극과 반응 사이의 연합은 만족스러운 보상으로 이어지면 강화되고, 만족스럽지 못한 상태로 이어지면 약화된다는 원리이다. 이 원리도 나중에 보상은 연합의 강도를 증가시키지만 처벌은 연합의 강도를 약화시키지는 않는다고 수정되었다. 이것은 그 당시까지 수천 년 동안 해 온 교육, 육아, 행동 수정에 대한 일반적 상식과 상치되는 주장이었다. 그러나 스키너를 비롯한 현대 양육 방식에 대한 연구자들은 처벌은 행동 수정에 큰 효과를 주지 못한다는 손다이크의 주장을 지지하였다. 이 법칙은 배움 중심 수업에서는 학생들의 바람직하지 못한 행동을 변화시키기 위해 벌을 사용하지 않고 다른 대안들을 찾아 지도해야 한다는 점을 시사한다. 예를 들어, 학생들이 바람직하지 못한 행동으로 나타난 결과에 대해 벌, 특히 체벌(corporal punishment)을 하기보다는 그 결과에 대해 다른 방식으로 책임을 지도록 하는 방법을 채택할 것을 시사한다.

(2) 도구적 조건 이론이 배움 중심 수업에 주는 시사점

손다이크의 이론 중에서 배움 중심 수업에 주는 시사점을 네 가지 제시하면 다음과 같다.

① 태(set)의 개념이다

태란 학습 장면에 가져오는 유기체 내의 조건들로서 비교적 영속적인 것과 일시적인 것이 있다. 비교적 영속적인 것은 학생들이 유전적으로 타고나는 지능, 적성, 소질, 성향 등이고, 일시적인 것은 사전 학습 경험, 정서 상태를 말한다. 이것은 앞에서 언급한 가네의 내적 조건과 같은 개념으로서 배움 중심 수업에서는 이런 학생들의 태에 관심을 가지고 수업의 목표를 학습자가 적절히 반응할 수 있는 영역의 것이 되도록 설정해야 하고, 비록 수업이 집단을 대상으로 이루어지더라도 그 속에서 개별화된 학습이 펼쳐지도록 관심을 기울여야 할 것을 시사한다.

② 학습의 점진성 개념이다

자극과 반응 사이의 연합은 갑자기 일어나는 것이 아니라 시행착오의 방식으로 단순한 것에서 복잡한 것으로 단계적으로 일어난다는 것이다. 이것은 자극의 원래 장면에 있었던 자극 요소들의 일부를 점차 탈락시키고 그 대신 새로운 자극 요소들을 첨가시키되 정확한 반응이 지속적으로 나타나도록 강화하는 것이다. 손다이크는 이것을 결합적 이동 (associative shifting)이라고 부르며 다음과 같이 설명한다(1913, pp. 30-31).

> 자극 a, b, c, d, e에 대하여 일으킨 정확한 반응 X에서 출발하여 우리는 계속적으로 자극의 어떤 요소를 탈락시키고 다른 요소를 첨가시켜 나갈 수 있다. 그러다 보면 그 반응은 마침내 도저히 결합될 수 없는 자극들을 결합한다. …… 만약 우리가 모든 단계에서 정확한 반응 X를 할 때마다 그것이 만족스럽게 느껴지게 하면 우리는 어떤 장면에 대해서건 어떤 종류의

반응이라도 결합시킬 수 있다.

테라스(Terrace, 1963)는 이 결합적 이동 개념을 이용하여 비둘기로 하여금 수평 막대와 수직 막대를 구별하는 변별 학습을 시킬 수 있었다. 테라스는 비둘기가 붉은 키를 부리로 쪼을 때는 먹이를 주어 보상하고, 파란 키를 부리로 쪼을 때는 보상하지 않는 훈련을 시켜서 비둘기가 붉은색과 파란색을 변별하도록 했다. 그런 후에 붉은 키 위에는 수직 막대를 놓아두고, 푸른 키 위에는 수평 막대를 놓아두고 계속 훈련시키면서 점차로 붉은색과 푸른색은 희미하게 만들면서 종국에는 키 위에 수직 막대와 수평 막대만 남겨 두는 상황을 만들었다. 그러자 비둘기는 수직 막대와 수평 막대를 변별하여 부리를 쪼는 행위를 하게 되었다. 즉, 붉은색-파란색의 변별이 수평과 수직 막대의 변별로 이동하게 된 것이었다.

배움 중심 수업에서 결합적 이동 개념은 교육과정 설계나 교수에서 중요하다. 학생들에게 보다 쉬운 내용으로 시작하여 성공적인 경험을 얻도록 보상적 정렬을 하고 점진적으로 그 내용의 일부를 다른 내용 요소로 바꾸어 가면서 성공적인 경험을 지속적으로 이어가도록 하면 복잡한 내용까지 학습하도록 할 수 있다. 특별히 어떤 교과 영역에 학습 부진으로 어려움을 겪는 학생들에게는 결합적 이동 개념을 적용하여 쉬운 내용에서 시작하여 점진적으로 어려운 내용까지 학습하도록 하는 프로그램 학습이 효과가 있다. 아울러 학습의 점진성은 시행착오(trial and error)의 방식을 인정한다. 즉, 학습의 점진성은 주어진 자극 상황에서 오류를 범할 수 있는 것을 인정하고 정확한 수행이 이루어졌을 때만 강화하는 것이다. 배움 중심 수업에서 학생들은 학습의 과정에서 시행착오를 통한 학습을 하게 되는데, 교사는 학생들이 실수나 오류를 저질렀을 때 그것을 비판하지 않고 학습과정 중에 당연히 나타날 수 있는 옵션 중의 하나로 인정하고, 그것이 정확한 수행으로 이어지도록 피드백을 제공하고 강화를 통해 지원해야 한다.

③ 유추에 의한 반응(response by analogy) 개념이다

이것은 유기체가 새로운 학습 상황에 봉착하게 되면 이전의 유사한 상황에서 하던 반응을 적용하는 것을 말한다. 이것은 손다이크의 동일요소설(identical elements)이라는 전이(transfer)이론으로 이어지는데, 전이는 두 장면이 공통적으로 가지고 있는 요소만큼의 범위 내에서 일어난다는 것이다. 예를 들어, 테니스 선수가 탁구를 새로 배우는 경우에 축구를 배울 때보다 훨씬 비슷한 요소가 많기 때문에 쉽게 배울 수 있고, 더하기를 잘하면 곱셈을 할 때 같은 개념적 요소를 가지고 있어 이해가 빠르다는 것이다. 손다이크는 전이가 되

는 것은 두 가지 종류라고 보는데, 하나는 자극 조건(stimulus conditions)의 전이로서 자극 상황에 있던 내용 요소들을 학습한 것이 전이되는 것이다. 또 하나는 절차(procedures)의 전이로서 자극을 처리했던 과정들, 예를 들어 오랜 시간 집중하기, 시간 지키기, 사전 찾기, 문제 처리 단계 등이 전이되는 것이다.

손다이크의 동일요소설은 오래 전부터 전해 내려오던 전이이론인 형식도야설(formal discipline)에 상당히 배치되는 것이다. 형식도야설은 교과는 지각, 기억, 추리, 감정 등과 같은 몇 가지 기본적인 정신 기능을 개발하는 수단이며, 교과 중에는 이런 정신 기능을 개발하는 데 보다 적합한 교과가 있다는 것이다. 예를 들면, 고전, 수학과 같은 교과들은 기억과 추리 능력을 기르는 데 적합하고, 예능 교과들은 정서, 감정, 심미성을 기르는 데 적합하다는 것이다. 그리고 형식도야설은 교과를 통해 개발된 정신 기능들은 내용의 특수성과 관계없이 일반적으로 전이된다고 본다.

따라서 형식도야설은 전이의 일반론이라고 할 수 있고, 동일요소설은 전이의 특수론이라고 할 수 있다. 손다이크는(1924, p. 98)는 "형식도야설은 진실일 수 있으며 교육과정에서 중요하게 고려되어야 하는지도 모른다. 그러나 그때에도 고려의 비중은 적절해야만 한다."고 평가하면서 동일요소설의 중요성을 제시한다.

배움 중심 수업에서 동일요소설이 시사하는 중요한 점은 교과의 내용을 지도할 때 그것이 활용되는 삶의 맥락적 상황과 연계시켜 지도할 필요가 있다는 것이다. 그렇게 했을 때 학생들은 교과 내용의 전이적 가치를 이해하고 교과 학습에 흥미를 가질 수 있게 된다. 요즘 가끔 신문 지상에서 보도되는 바, 기업들은 대학 졸업생들을 신입사원으로 채용하고 난 후에는 다시 재교육을 시키며 대학교육이 실제 직업 세계와 너무 유리되어 있다고 비판하는 것은 손다이크의 동일요소설에서 그 원인을 설명할 수가 있다. 그리고 더 나아가 최근의 사회적 구성주의 이론에서 주장하는 참 학습(authentic learning), 참 평가(authentic assessment), 도제 학습(apprenticeship) 개념들도 손다이크의 동일요소설에서 그 기원을 찾을 수 있다.

④ 학습의 직접성 개념이다

이것은 학생들은 자극 상황에 노출되어 직접적으로 반응함으로써 자극과 반응 사이의 연합을 스스로 형성하도록 해야 한다는 것이다. 이런 맥락에서 손다이크는 교사 중심의 일방적인 설명식 교수법은 그 성격이 간접적이고 학생들의 요구와 문제를 도외시한 것으로 잘못된 교수법이라고 주장하며 배움 중심 수업에 주는 시사점을 다음과 같이 제시하고 있다(1912, p. 188).

　　강의법으로 교사는 학생들이 보고 듣게는 하지만 무엇을 찾아보도록 하지는 않는다. 교사는 학생들에게 결론을 제시해 주면 학생들이 그 결론을 사용하여 보다 더 배울 것이라고 기대한다. 교사는 학생들 스스로 만든 것이 아닌 문제에 그리고 학생들 스스로가 찾아온 것이 아닌 해답에 주목하고, 최선을 다하여 이해할 것을 학생들에게 요구한다. 이는 마치 유언으로 유산을 물려주듯이 교육적 재산을 학생들에게 물려주려는 것이다.

그리고 학생들이 들으면 알 것이라고 생각하는 강의법은 잘못된 것이라고 비판한다(Thorndike, 1912, p. 188).

　　교수 경험이 없는 천재 학자들이 범하는 가장 흔한 오류는 학생들은 들은 것을 알 것이라고 기대하는 것이다. 그러나 말해 주는 것은 가르치는 것이 아니다. 자기의 마음속에 있는 지식을 남들이 알아주었으면 싶을 때 그것을 표현하는 것은 자연적인 충동이다. 그것은 마치 병든 아기를 꼭 껴안고 등을 토닥토닥 두드려 주는 것이 자연적인 충동인 것과 마찬가지이다. 그러나 학생들에게 지식을 말해 준다고 하여 그것에 대한 학생들의 무지가 극복되는 것은 아니다.

손다이크가 학습의 직접성 개념에 기초하여 교사 일변도의 강의법에 대해 이렇게 비판한 것은 충분히 이해가 된다. 그러나 배움 중심 수업에서 교사의 설명식 강의가 불필요한 것이 아니다. 다만, 학생들의 학습하는 원리에 기초하여 설명식 교수를 설계하고 펼쳐야 학생들에게 지식을 효율적으로 습득시킬 수 있다는 점을 유의할 필요가 있다. 이에 대해서는 제5장 설명식 수업 모델에서 자세히 설명한다.

파블로프는 생리학자로서 뇌에서 일어나는 현상에 주목했으나 손다이크는 기능주의자로서 환경에 적응하는 유기체의 행동에 관심을 둔 것이 다르고, 특히 교수에 대해서 많은 관심을 가지고 있었다. 손다이크(1922)는 교사들의 훌륭한 수업을 위해 학생들의 산수 학습을 지도할 때의 팁을 제시하는데, 배움 중심 수업을 하는 교사들은 이 팁을 산수 학습을 넘어 여러 교과 수업에 적용될 수 있는 제언들로 채택할 수 있다.
첫째, 학생들이 마주할 학습 장면을 생각하라. 즉, 학생들에게 학습할 것으로 제시할 것이 무엇인지 생각하라는 것이다.

둘째, 그 장면과 결합시키기를 원하는 반응을 생각하라. 즉, 수업의 결과로 학생들이 무엇을 할 수 있기를 바라는가를 생각하라는 것이다.

셋째, 결합을 형성하도록 하되 그 결합이 기적같이 온다고 기대하지 마라. 자극과 반응의 결합은 단순한 것에서 복잡한 것으로 점진적으로 형성되고 시간이 걸린다는 것이다.

넷째, 만약 다른 것들이 동일하다면 한 개의 결합으로 충분할 경우에 두세 개의 결합을 형성하지 마라. 그렇게 되면 결합이 혼란스럽고 견고화되지 않기 때문이다.

다섯째, 만약 다른 것들이 동일하다면 깨뜨려 버려야 할 결합은 형성하지 마라. 결합시켜야 할 바람직한 것이 많은데, 부적절한 결합을 깨뜨리는 데 시간과 노력이 불필요하게 투자되어야 하기 때문이다. 그리고 부정확한 결합은 처벌로도 잘 약화되지 않는다.

여섯째, 만약 다른 것들이 동일하다면 훗날에 행위가 요구되는 방법으로 결합을 형성하라. 학습된 것이 훗날에 쓰이도록 전이를 고려하라는 것이다.

일곱째, 삶이 제공해 주는 상황들 그리고 삶이 요구하는 반응들을 소중히 여겨라. 교과의 내용을 지도할 때 필요한 자극들을 삶에서 가져오고 또 삶에서 적용되도록 지도하라는 것이다. 즉, 학습의 장면들은 되도록 실제 삶의 세계와 닮아야 한다는 것이다.

여덟째, 수업의 목표를 설정할 때 학습자들의 반응 영역에 있는 것들을 설정하라. 학습자가 학습 상황에 가져오는 내적 조건들을 고려하여 수업의 목표를 설정하라는 것이다.

아홉째, 강의법을 지양하고 개별화 수업을 지향하라. 자극과 반응의 결합은 직접적이고 또 매우 개인적인 차원에서 이루어지는 것이기 때문이다.

열째, 학습을 정적 강화인을 사용하여 통제한다. 결합은 만족스러운 결과를 통해 강화되고 벌이나 혐오적인 제재는 약화시키기 때문이다.

3) 조작적 조건 이론의 학습 원리

스키너의 조작적 조건 이론은 반응(response)과 강화(reinforcement)의 연합에 초점을 두어 R-R 이론이라고도 불린다. 파블로프는 자극에 의해서 인출된 반응(elicited response)에 관심을 두었으나 스키너는 유기체가 스스로 생성한 반응(emitted response)에 관심을 두었다.

파블로프의 반응은 알려져 있는 자극에 의하여 인출되는 행동으로서 모든 생리적, 반사적 행동을 포함한다. 예를 들면, 핀으로 손을 찌르면 손을 움직이는 것, 밝은 빛에 노출되면 동공을 수축하는 것, 먹이를 보면 침을 분비하는 것이다. 이런 반응은 특정 자극에 대응하여 자동적이고, 기계와 같은 규칙성을 가지고, 비의지적으로 나타나기 때문에 반응적 행동(respondent behavior)이라고 한다. 그러나 스키너는 행동 중에는 그 행동을 일으키는 자극이 알려져 있지 않은 경우가 많고, 그런 경우 그 행동은 단순히 유기체에 의해 반사되는 행동으로 일상생활에서의 대부분을 차지하는 자발적인 행동들로 보았다. 예를 들어, 휘파람을 불기 시작하는 것, 일어서고 걷는 것, 아이가 어떤 장난감은 버리고 다른 장난감을 가지고 노는 것, 아무렇게나 손, 발, 다리를 움직이는 것 등이다. 스키너(1935)는 이러한 행동은 환경에 대해 작용하여 어떤 결과를 가져온다고 해서 조작적 행동(operant behavior)이라고 불렀고, 유기체의 의지가 개입한다고 보았다.

그러나 조작적 행동이라고 해서 자극과는 관계없이 독립적으로 일어나는 것은 아니다. 다만, 그 자극이 특정하게 알려져 있지 않을 뿐이며, 또 그 이유를 아는 것이 중요하지 않을 뿐이라고 본다. 그 이유는 유기체는 자극을 통제할 수 있기 때문이다. 마주르(Mazur, 1986, p. 117)는 이런 측면을 다음과 같이 진술한다.

> 인간이나 고등 동물들의 행동 대부분은 반사적이지 않다. 걷기, 말하기, 마시기, 일하기, 놀기 등의 행동은 자동적으로 기계와 같은 규칙성을 가지고 일어나지 않는다. 음식이 있어도 그날의 시간, 마지막 식사를 한 시간, 자기 종의 다른 멤버들이 함께 자리 잡고 있는 등 여러 조건에 의해 먹거나 먹지 않을 수도 있다. 이러한 행동들은 의지적이다. 더욱이 고전적 조건화에서는 행동 전에 어떤 특정하고 분명한 자극이 존재하나 조작적 조건화에서는 행동이 일어나기 전에 어떤 분명한 자극이 없는 경우도 많다.

파블로프는 유기체를 근본적으로 수동적인 관찰자로 보고, 외부에서 조건 자극과 무조건 자극을 동시에 제시하면 유기체는 이런 자극의 발생을 통제하지 못한다는 데 관심을 두었다. 스키너는 유기체는 근본적으로 능동적인 조작자로서 환경에서 중요한 자극인 강화물에 대하여 상당한 통제를 할 수 있다는 데 관심을 두었다. 따라서 중요한 것은 파블로프의 조건화의 경우 자극이며, 스키너의 조건화의 경우는 강화이다. 그래서 파블로프의 조건화를 S형 조건화로, 스키너의 조건화를 R형 조건화라고 부른다(Hergenhahn, 1988).

스키너와 손다이크는 모두 유기체의 의지적이고 자발적인 행동에 관심을 둔다. 그러나 손다이크는 실험에서 분절적 시행 절차(discrete trial procedure)를 사용하여 유기체(고양이

를 사용함)를 문제 상자에 넣고 발판을 누르면 문이 열리고 밖으로 튀어나와 먹이를 먹을
수 있도록 하였다. 따라서 다음의 시행을 위해서는 실험자가 다시 고양이를 문제 상자에
넣어야 하는 절차였다. 그러나 스키너는 자유 조작 절차(free operant procedure)를 사용하
여 유기체(비둘기를 사용함)를 문제 상자에 넣고 비둘기가 부리로 음식과 연결된 판을 쪼면
음식이 나오도록 만들어서 원하면 얼마든지 반복적으로 쪼고 음식을 먹도록 하였다. 이런
실험 설계의 차이는 스키너의 경우가 보다 실제 세계에 닮아 있고, 발견된 원리들이 보다
실제 세계에 적용될 수 있는 범위가 크다는 것을 시사한다.

배움 중심 수업에 적용할 수 있는 스키너의 조작적 조건화 원리들을 제시해 보면 다음
다섯 가지이다.

(1) 학습에는 강화가 필요하다

스키너(1963)에게 있어 학습이 일어나는 두 가지 조건은 행동의 다양성(variation of
behavior)과 결과에 의한 선택(selection by consequence)이다. 즉, 학생들은 여러 가지 행동
을 하고 그 결과로 강화를 받으면 그 행동을 추후에도 선택하는 빈도가 높아지고 종국에는
그 행동을 유지한다. 그러나 강화를 받지 않은 행동은 줄고 결국 사라진다는 것이다. 따라
서 스키너(1968)에게 있어 어떤 행동에 대한 동기란 개인이 받은 강화의 역사일 뿐이다.

강화를 사용할 때는 그 효과를 거두기 위해 시간, 빈도, 일관성, 피드백, 경제성의 측면
에 유의해야 한다(Stellern, Vasa, & Little, 1976).

- 시간적 측면: 강화는 변화시키고자 하는 행동이 나타난 후 즉시 제공해야 효과적이다.
  학생이 어릴수록 그리고 좀 더 혼란스러울수록 강화는 즉각적으로 제공해야 한다. 그
  러나 점진적으로 학생이 바람직한 행동을 습득하고 좀 더 안정적으로 반응할 경우 즉
  시적 강화는 체계적으로 지연적 강화 스케줄(고정 간격 또는 변동 간격 스케줄)로 바꾸
  고, 장시간이 흘러도 그 바람직한 행동이 그런 가끔 이루어지는 강화만으로도 유지될
  수 있도록 해야 한다.
- 빈도의 측면: 강화는 일단 바람직한 행동을 학습한 후에는 간헐적으로 제공해야 한다.
  왜냐하면 바람직한 행동을 습득하기까지 강화를 한두 번 생략하면 행동 수정의 효과
  가 떨어지고, 역설적이지만 일단 바람직한 행동을 습득한 후에는 매번 강화하는 것
  또한 행동 수정의 효과를 떨어뜨린다. 따라서 학습한 행동을 유지하려면 간헐적 강화

를 사용하면서 (고정 비율 또는 변동 비율 스케줄) 강화 빈도를 줄여야 한다.

- **일관성의 측면:** 강화는 하루 24시간 내내 일관되게 제공해야 한다. 월요일에는 세심하게 공들여서 제공하고, 화요일에는 느슨하게 제공하고, 수요일에는 무심하게 전혀 강화하지 않고, 목요일에는 강력하게 제공하는 비일관적인 강화는 효과가 없다. 설사 교사는 일관적으로 강화하더라도 학생의 학부모나 기타 주요 타자들이 강화에 참여하여 비일관적일 수 있기 때문에 이들에게도 강화의 실행 원리를 알고 사용하도록 부모교육을 시켜야 한다. 이런 측면에서 볼 때 강화는 마술이나 만병통치약이 아니라 힘들고 세심한 작업이다.

- **피드백의 측면:** 강화는 학생에게 바람직한 행동으로 변화하게 하는 정보도 동시에 제공해야 한다. 행동 수정은 학생이 대개 행동 변화의 진보가 이루어지고 있다는 것을 알 때 효과적이고, 좀 더 고급 수준의 자기 강화 패턴으로 전이할 수 있다. 따라서 피드백 차트를 사용하여 일시에 따라 학생의 진보를 기록하도록 하여 행동 변화를 측정하고 시각적으로 제시하면 행동 변화에 대한 동기가 증진된다. 아울러 학생에게 강화를 인지하고 왜 강화되는지를 알도록 정보를 제공해 주어야 한다. 학생이 강화를 인지하지 못하면 체계적인 행동 수정은 불가능하다. 마찬가지로 학생이 어떤 행동에 따라 강화가 주어진다는 것을 인지하지 못하면 그 결과는 비표적 행동(nontarget behavior), 즉 강화를 받기 직전에 발생한 행동 또는 학생이 강화를 받고 있다고 생각하는 행동을 잘못 강화하게 된다.

- **경제성의 측면:** 강화는 경제적인(알뜰한) 것이어야 한다. 즉, 현명하게 강화인을 선택하고, 행동 변화에 필요한 최소한의 강화인만 사용하고, 학생의 자아력(ego strength)이 허용하는 범위에서 일차적 강화인에서 이차적으로 이동해야 한다. 덜 강력한 강화인이 적절한데도 불구하고 더 강력한 강화인을 사용하는 것은 경제성의 원리에 비추어 적절하지 못하다.

강화인은 행동을 증진시키는 자극을 말하는데, 일차적 강화인(primary reinforcer)과 이차적 강화인(secondary reinforcer)으로 나뉜다.

- **일차적 강화인:** 생존에 필수적인 자극들이다. 예를 들어, 음식, 물, 쉼터 같은 것들이다.
- **이차적 강화인:** 일차적 강화인과 연합됨으로써 강화의 힘을 습득한 자극들이다. 예를 들어, 파블로프가 고전적 조건화에서 사용한 불빛, 벨 소리이다. 그리고 미소, 칭찬,

인정, 포옹, 상장, 메달 등도 이차적 강화인인데 그 사회적 성격으로 인해 사회적 강화인(social reinforcer)이라고도 한다.

이차적 강화인은 일단 강화인의 성격을 띠면 독립적이고 비특정적으로 강화하는 힘을 갖는다. 즉, 강화인으로서의 힘을 얻게 했던 일차적 강화인을 동반하지 않아도 스스로 강화력을 갖고, 일차적 강화인을 얻게 했던 특정 행동뿐만 아니라 다른 반응들을 유도하는 데도 사용될 수 있다. 예를 들어, 성적이 우수하여 제공한 칭찬은 바른 행동과 말씨 등 다른 종류의 긍정적인 행동들을 유도하는 힘을 가진다. 이차적 강화인이 학습에 중요한 이유는 인간의 다양한 행동을 강화하는 강화인으로 사용될 수 있기 때문이다. 만약 인간의 행동이 그것과 연관된 일차적 강화인에만 의존한다면 인간은 그 다양한 행동 레퍼토리를 습득할 수 없을 것이다.

이차적 강화인 중에는 한 가지의 일차적 강화인이 아니라 여러 가지의 일차적 강화인과 연계된 강화인이 있는데, 이를 일반화된 강화인(generalized reinforcer)이라고 부른다. 대표적인 예가 돈이다. 돈은 음식, 물, 쉼터 등 여러 가지의 일차적 강화인과 연계되어 있다. 그러나 종종 간과되고 있는 일반화된 강화인은 "물리적 환경의 성공적인 조작"이다(Skinner, 1953a, p. 59). 볼링이나 테니스와 같은 스포츠나 예술적 창조, 공예 등과 같이 기능에 의존하는 활동에 참여하는 경향성은 일반화된 강화인의 기능이다. 이런 작업의 성공적인 수행은 수행자에게 기쁨이나 만족감, 상금, 메달 등을 수반할 수 있다. 성공적인 조작이라는 이차적 강화인은 복잡한 행동의 초기 단계와 미래의 어떤 결과를 연결시켜 주는 다리의 역할을 한다. 스키너는 이를 다음과 같이 설명한다(1986, p. 109).

> 책이나 논문을 쓰는 것과 같은 인간의 복잡한 행동은 돈이나 명예와 같은 보상을 위해 일어나는 측면도 있지만, 이런 보상은 당장에 만족되는 것은 아니다. 오히려 의미 있는 문장, 어려운 문제를 해결하는 문장, 답을 제시해 주는 문장 등과 같은 이차적 강화인이 하나하나 출현할 때마다 그것이 강화인의 역할을 하여 하루하루의 작업을 이어서 장기간의 작업이 성취될 수 있도록 몰두하게 한다.

스키너의 이런 주장은 고든 올포트(Gordon Allport)의 기능적 자율성(functional autonomy) 개념과 비슷하다(Hergenhahn, 1982). 올포트의 이 개념은 어떤 활동을 비록 강화를 통해 습득하더라도 나중에 강화가 뒤따르지 않아도 그 활동 자체가 보상으로 기능한

다는 것이다. 예를 들어, 어떤 사람이 생계를 위해 보트를 운전하다가 나중에는 비록 돈을
벌지 않더라도 그것이 즐겁기 때문에 보트를 타게 된다. 이 경우 보트 타기는 원리의 동기
와는 독립해서 기능적으로 자율성을 띤다.

　　스키너의 강화이론이 배움 중심 수업에 주는 중요한 시사점은 학생들에게 학습을 일으
키기 위해 필요한 강화는 주로 이차적 강화인에 의존해야 한다는 것이다. 매우 어린 학생
들에게는 일차적 강화인이 필요하나 이는 학습의 초기에 적절하고, 학습의 후기에는 이차
적 강화인으로 대체해야 한다. 그리고 학생들의 학년이 올라가면서는 학습의 전후반기에
관계없이 이차적 강화인을 사용해야 한다. 더 나아가 배움 중심 수업에서는 일반화된 강
화인 중 물리적 환경의 성공적인 조작에 따른 활동의 기능적 자율성에 관심을 둘 필요가
있다. 학생들이 학교에서 학습하는 것은 복잡한 인간 행동의 발달에 대한 것으로서 이런
것들은 쉽게 습득될 수 있는 것이 아니라 학생들이 자기주도적으로 인내심을 갖고 집중적
으로 시간과 노력을 투자해야 하는 어려운 것들이다. 따라서 이런 복잡한 행동들은 하위
단계로 나누어 각 단계를 성공적으로 수행하도록 설계를 하면 학생들은 각 단계별로 성공
에 따라 강화(기쁨, 만족)를 받게 되고 이런 자연스러운 강화들이 학습 수행을 지속적으로
해 나가도록 할 수 있다. 아울러 학생들 봉사활동의 경우에도 처음에는 봉사 점수 획득을
위해서 참여하더라도 나중에는 봉사활동 그 자체가 즐거워서 참여하게 되어 자율성을 띤
다. 사회에 잘 정착된 자원봉사 제도도 봉사의 이런 기능적 자율성이 없이 일차적 강화인
에만 의존하는 성격의 것이었다면 정착이 어려웠을 것이다.

(2) 벌 대신 강화를 사용하는 것이 필요하다는 것이다

　　강화에는 정적 강화(positive reinforcement)와 부적 강화(negative reinforcement)가 있다.
정적 강화는 자극이나 사건을 제공했을 때 행동을 증가시키는 것이다. 예를 들어, 비둘기
가 판을 부리로 쪼면 음식을 제공하여 판 쪼는 행위를 증가시키거나 학생이 숙제를 해 왔
을 때 칭찬을 하여 숙제해 오는 행위를 증가시키는 것이다. 부적 강화는 자극이나 사건을
제거했을 때 행동을 증가시키는 것이다. 실험실의 쥐에게 점프하는 행동을 증진시키기 위
해 바닥 한쪽 면에 전기를 흐르게 하고, 쥐가 다른 쪽 면으로 점프하면 전기 흐름을 멈추게
하거나 운전자가 안전벨트를 매지 않고 시동을 걸면 시끄러운 소리가 나도록 하고, 안전벨
트를 매면 소리가 멈추도록 하는 것도 부적 강화의 예이다. 이런 이유로 부적 강화는 탈출
조건화(escape conditioning)라고도 불린다.

벌은 부적 강화로 가끔 오해하는데, 그 이유는 둘 다 사용하는 자극이나 사건이 혐오적인 성격을 띠고 있어서다. 그러나 벌은 부적 강화와는 달리 행동을 감소시키기 위해 사용하는데, 정적 강화인을 제거하거나 부적 강화인을 제시하는 것을 말한다. 즉, 원하는 것을 빼앗아 가거나 원하지 않는 어떤 것을 주는 것을 말한다. 스키너도 손다이크와 마찬가지로 벌은 그 목적을 달성하는 데 효과적이지 못하다고 본다. 즉, 벌은 행동을 잠시 억압시킬 수는 있지만 그 행동을 약화시키지 않는다는 것이다.

스키너(1953b)는 교사가 벌을 사용하는 것에 반대하면서 다음과 같이 주장한다.

첫째, 좋지 않은 정서적 부산물을 낳기 때문이다. 벌은 공포를 일으키고 공포는 벌이 일어날 때 있었던 것과 관련하여 여러 가지 자극(교사, 학교 등)에 좋지 않은 정서를 연합시키게 된다.

둘째, 무엇을 하지 말아야 할 것만 지시할 뿐 무엇을 해야 하는지를 명시해 주지 못하기 때문이다. 따라서 무엇을 해야 할지를 추가적으로 배워야 하기 때문에 학습에 비효과적이다. 벌과는 달리 강화는 어떤 행동이 좋은 것인지를 지시하여 추가적인 학습이 필요치 않다.

셋째, 남에게 고통을 주는 것을 정당화하기 때문이다. 모진 시어머니 밑에 모진 며느리가 나온다는 말이 있는데, 벌은 학습된다. 군대에서 체벌 문화가 잘 없어지지 않는 것, 어린 시절 아버지에게 학대를 받거나 어머니가 폭행을 당하는 모습을 보고 자란 사람이 성인이 되어 결혼한 후에 다시 자녀를 학대하거나 아내를 폭행할 가능성이 높다는 연구들은 이를 증명한다.

넷째, 처벌원이 없어지면 다시 그 행동이 나타날 수 있기 때문이다. 친구를 괴롭히던 학생이 벌을 받은 후 교사가 그 자리를 떠나면 다시 친구를 괴롭히고, 교통 위반으로 범칙금 딱지를 받은 운전자는 경찰이 자리를 떠나면 다시 교통 위반을 할 수 있다.

다섯째, 처벌원을 비롯하여 다른 사람들에게 공격을 이끌어 낼 수 있기 때문이다. 벌을 받으면 유기체는 본능적으로 공격적이게 되어 벌을 내린 교사나 아무 관계없는 또래들에게 폭력을 행사할 수 있다.

여섯째, 벌을 받은 비행은 다른 비행으로 전이할 수 있기 때문이다. 일을 잘못해서 벌을 받으면 우는 행동을 하고, 절도를 해서 벌을 받으면 폭행범이 될 수 있다.

스키너의 이런 주장에 비추어 볼 때, 현재 학교에서 폭력 및 각종 심리·사회적 부적응 현상이 증가하는 이유 중 하나가 벌을 학교에서 광범위하게 사용하고 있다는 점에서 찾을 수 있다. 그럼에도 불구하고 왜 학교에서 벌을 광범위하게 사용하는가? 스키너는 벌이 처벌자에게 보상적이기 때문이라고 본다. 즉, 벌을 받은 학생은 즉각적으로 반응을 중지하는데, 그 반응 중지 자체가 처벌자에게 즉각적인 강화를 제공하기 때문이다. 그리고 그 강화는 처벌자에게 괴로웠던 자극을 없어지게 함으로써 부적 강화가 되고, 처벌 행위에 대한 반응이 즉각적으로 나타나므로 정적 강화가 되어 이중적인 강화가 되어서 벌이 쉽게 사라지지 않는다. 이로 인해 스키너(1953b, p. 190)는 "이러한 벌의 일시적 성취는 전반적인 집단의 행복과 효율성을 감소시키는 막대한 대가를 지불하게 만든다."고 경고한다.

스키너(1953b)는 교사가 벌 대신 다른 대안들을 적용할 것을 주장한다. 배움 중심 수업을 하는 교사들은 이런 대안들에 주목할 필요가 있는데, 교사에게 많은 인내를 요구하고 그 효과를 보는 데 있어 시간도 많이 걸린다. 그러나 스키너는 벌의 부작용을 막는 데 있어 그 대가를 보상받을 수 있다고 주장한다.

첫째, 비행을 무시한다. 비행을 하게 만드는 보상의 원천이 무엇인지 살펴보고 그 보상을 보류시킨다. 예를 들어, 학생의 대드는 행동이 교사의 말대꾸 때문에 강화되는 것이라면 말대꾸를 하지 않는 것이다.

둘째, 비행과 양립 불가능한 행동을 강화한다. 이를 차별강화라고 하는데, 떠드는 행동과 독서하는 행동은 양립불가능하다. 이 경우 떠드는 행동은 무시하고 독서하는 행동을 강화하는 것이다.

셋째, 비행이 발달적인 문제라면 그 발달단계가 넘어갈 때를 기다린다. 예를 들어, 어린 학생들은 자극적인 속어를 사용하거나 손톱을 깨무는 행동을 할 수 있고, 사춘기 학생들은 옷과 외모에 지나치게 신경을 쓸 수 있는데, 이런 것들은 발달적인 문제이므로 벌을 내리지 않고 기다려 주어야 한다.

넷째, 비행을 싫증날 때까지 경험하도록 한다. 이것은 포만(satiation)의 원리라고 하는데 더 이상 보상이 되지 않는 상황까지 비행을 경험하도록 하라는 것이다. 예를 들어, 단 것만 먹으려고 하는 학생이 있으면 과자를 실컷 먹도록 하여 더 이상 단 것이 보상이 되지 않도록 하는 것이다. 그러나 이 제안은 비행의 경중을 따져 신중히 적용할 필요가 있을 것이다.

다섯째, 문제가 날 소지가 있는 원천을 사전에 제거한다. 즉, 도자기를 깨뜨려서 처벌을 할 경우가 생길 수 있다면 그 도자기를 아예 학생들의 손이 닿지 않는 곳으로 옮겨 놓으라는 것이다.

(3) 강화는 학생의 개인적 특성 및 상황에 맞게 사용해야 한다는 것이다

스키너는 어떤 강화인이 언제 효과적인지에 대해 법칙을 제공해 주지 않는다. 오히려 어떤 것이 언제 강화적인지 또는 아닌지는 그것이 학생 개개인에게 나타나는 반응에 따라 확인할 수 있을 뿐이라고 본다(Hergenhahn, 1988).

강화인은 강화적 힘을 가지려면 학생들에게 요구를 만족시킬 수 있는 성격을 지녀야 한다(Stellern, Vasa, & Little, 1976). 사탕이 모든 학생에게 강화적 힘을 가지고 있는 것은 아니다. 학생들에게 같은 강화인도 강화적 힘이 다르기 때문에 강화는 근본적으로는 개별적인 성격을 띤다. 디 나이가 강화는 상황적이기도 하다. 예를 들어, 교사들은 칭찬은 항상 강화적이라고 생각하지만 그렇지 않은 경우도 있다. 사춘기에 접어든 학생들에게는 또래들로부터의 인정이 교사의 칭찬보다 더 강력한 강화인으로 작용하는데, 교사의 칭찬이 또래들로부터의 인정을 받는데 상충될 경우, 교사의 칭찬을 싫어하고 교사로부터 꾸중을 듣고 그 대신 또래들로부터 인정을 얻는 것을 선호할 수 있다.

교사들의 칭찬은 성취의 결과, 성적보다는 성취의 과정, 즉 노력에 두어야 한다. 칭찬이 성적에만 초점을 맞출 경우 시험 성적만이 가치롭다는 생각을 갖도록 만들고, 교사의 칭찬이라는 외적 보상에만 의존하는 잘못된 학습태도, 예를 들면 협동보다는 경쟁, 이타성보다는 이기심, 노력보다는 성적만 중시하는 태도 등을 형성시킬 수 있는 위험이 있다(Edwards, 2008). 따라서 배움 중심 수업을 위해서 교사는 학부모 및 학생과의 면담, 학생의 관찰 등을 통해 강화 목록을 만들어 학생 개인별로 효과적인 강화인을 찾아내고 학생의 발달 수준과 상황을 고려하여 강화를 해야 한다.

(4) 학습은 개별적 경험이 강화를 받아 축적되는 것이기 때문에 개인차를 고려한 수업을 펼쳐야 한다는 것이다

교과서를 가지고 집단교육을 시키는 것은 개별적 반응들을 즉각적으로 강화하기 어렵기 때문에 문제가 있다(Skinner, 1989a).

스키너에게 있어 교수란 교사가 학생에게 의도하는 새로운 행동을 이끌어 내기 위해 프롬프트(prompt)를 제공하고, 그 행동이 나타날 때 보상을 하는 두 가지 과정이다. 그래서 스키너(1989b, p.14)에게 있어 "학습이란 행하는 것이 아니고 행하는 것을 변화시키는 것이다." 동물을 대상으로 한 훈련은 목표행동에 근접한 행동들이 나올 때마다 차별적으로 보상하는 방법을 취하지만, 인간을 대상으로 어떤 것을 처음 교수하고자 할 때는 그 처음 행동을 이끌어 내기 위해 유도하는 행동이나 말을 해 주는데, 이때 사용하는 자극이 프롬프트이다. 그리고 학생이 그 프롬프트에 교사가 의도하는 행동이 나올 때 강화를 함으로 써 교수한다. 프롬프트는 목표행동을 진술한 후 그 목표행동에 이르기까지 과제들을 나누 고 계열화하는 과제 분석을 통해 단계별로 제시한다(Hohn, 1995). 그리고 각 단계별로 프 롬프트에 대해 의도하는 반응이 나오면 강화를 하고 다음 단계로 이동하여 학습하도록 한 다. 이것을 프로그래밍이라고 한다.

프로그래밍은 조형의 원리(principle of shaping)로 작동한다(Sulzer-Azarott, 1995). 조형은 연쇄(chaining)와 차별 강화(differential reinforcement)의 원리를 적용한다. 연쇄의 원리란 어떤 행동을 학습할 가능성은 그 행동을 전에 이미 학습한 행동들로 구성할 때 증가한다는 원리이다. 예를 들어, 덧셈, 뺄셈, 곱셈, 짧은 나눗셈을 할 수 있는 학생에게 긴 나눗셈 교 수를 할 때 학생이 이전에 학습한 이 요소들을 적절하게 연계하여 그다음 단계로 넘어가도 록 하는 것이다. 연쇄는 과제 분석을 통해 점진적이고 계열적인 접근을 취한다. 차별 강화 란 학생이 계열을 따라 학습을 할 때 이전에 이미 습득한 행동을 무시하고 그다음의 새로 운 행동이 나오면 강화하는 원리이다. 따라서 이 조형의 과정에서 학습자는 준비도 수준 에 따라 학습 계열에서 학습을 시작하는 시작점이 달라 학생마다 개별화된다. 이런 이유 로 스키너(1986)는 하나의 교과서를 가지고 집단적으로 수업을 하는 교육은 학생 개개인 의 반응을 즉각적으로 평가하고 강화할 수가 없고 또 그 집단적 수업을 학습할 준비도를 점검할 수가 없어 지양되어야 한다고 주장한다.

이 조형의 원리를 가지고 개별화 학습 프로그램을 제공하는 사례로 프로그램 학습 (programmed learning, Walberg, 1990) 또는 정밀 교수(precision teaching, Johnson & Laying, 1992)가 있다. 이 방법은 기초 기능이나 개념 학습이 부족한 학생들을 지도할 때 개별화의 방법으로 적절하고, 공통적인 원리는 학습목표에 도달하는 단계를 작게 나누어 학생들은 자신의 학습 준비도에 따라 단계를 선택하고 학습해 나갈 때 높은 성공률을 보이면 강화를 받게 함으로써 학습목표까지 자연스럽게 도달하도록 하는 것이다. 프로그램 학습은 학습 부진아들의 부족한 영역의 지식과 기능을 습득시키도록 하는 데 효과적이고, 컴퓨터를 통 해서 보다 쉽게 적용할 수 있지만, 학습목표에 이르는 단계를 작게 나누기 때문에 학습이 지루할 수가 있고 혼자 공부하며 고립감을 느낄 수 있어 적절한 학생을 대상으로 적절한 때 적절한 방식으로 제공해야 한다(Hohn, 1995).

학습은 개별적 경험이 강화를 받아 축적되는 것이라는 스키너의 주장이 배움 중심 수업 을 하는 교사에게 주는 시사점은 학생 개개인이 수업 상황에 가져오는 조건들을 고려하여 개별화 교육을 실시해야 한다는 것이다. 학교라는 곳은 표준 지향적 성격을 띠고 있어 대개 표준적인 내용을 표준적인 집단을 표적으로 하여 수업을 하는 곳이다. 그러나 배움 중심 수업이 학생 개개인의 학습을 최적화하고자 하는 것이기 때문에 이런 집단교육 속에서도 개별화 교육을 할 수 있는 상황을 창조하려는 노력이 필요하다.

(5) 활동 중심의 수업을 해야 한다는 것이다

스키너(1953a, 1953b)는 행동의 습득은 결과에 의해 지배를 받거나 규칙을 따름으로써 학습할 수 있다고 보고, 전자를 결과 지배적 행동(contingency-governed behavior), 후자를 규칙 지배적 행동(rule-governed behavior)이라고 불렀다. 즉, 결과 지배적 행동이란 행동을 하고 난 후의 반응의 결과(강화)에 직접적으로 노출시킴으로써 습득하는 행동을 말한다. 다시 말해, 강화로 습득한 전형적인 조작적 조건화를 통해 습득한 행동을 말한다. 규칙 지배적 행동이란 어떤 지시, 격언, 금언, 문법 규칙, 성문화된 규칙이나 절차 등을 따름으로써 습득하는 행동을 말한다. 규칙 지배적인 행동의 예로, 어떤 지역을 찾을 때 사람들이 가르쳐 주는 길을 따라 간다거나 어떤 제품을 조립할 때 안내 책자를 보고 지시에 따라 조립하는 행동 등을 들 수 있다.

한 문화에서 규칙이나 법 등은 다음의 측면에서 중요한 위치를 점하고 있다(Skinner, 1989a). 개인이 다른 사람의 경험으로부터 이익을 얻을 수 있도록 돕고, 집단이 개인에게 명령을 내리고 검열하는 데 도움을 준다. 사람들이 지식이나 규칙에 따라 행동하는 이유는 과거에 지식이나 규칙을 따름으로 인해 특정 결과를 이끌어 냈기 때문이다. 예를 들어, 제품 조립의 예에서 조립 성공으로 좋은 결과를 얻었다든지, 부모의 지시를 따랐더니 긍정적인 강화를 얻었다든지 하는 경험을 가지고 있기 때문이다.

결과 지배적 행동과 규칙 지배적 행동은 크게 두 가지 점에서 차이가 난다. 첫째, 기능 행동(skill behavior)은 결과 지배적 조건에서 훨씬 더 효과적으로 습득된다. 즉, 직접 행하고 그 결과를 얻는 학습 조건에서 보다 잘 학습된다. 예를 들어, 운전을 배우는데 책자의 시시나 지침을 보고 배우는 것보다 직접 운전하고 그 결과를 경험함으로써 보다 효과적으로 습득한다. 둘째, 규칙 지배적 조건은 결과 지배적 조건보다 어떤 행동이 미래에 일어날 가능성을 결정하는 힘이 약하다. 예컨대, "오늘 할 일을 내일로 미루지 말라."라는 격언을 배운 후에도 사람들은 하기 싫은 일을 연기하는 데 주저하지 않는다. 특히 사람에게 나쁠 수 있는 결과에 기초해서 충고하는 학습 조건, 예를 들어 통계에 근거한 흡연의 폐해를 들며 금연을 충고하는 일은 목표로 하고 있는 금연 행동을 유도해 내기 어렵다.

스키너의 결과 지배적 행동 개념이 배움 중심 수업에 주는 시사점은 기능 학습이나 습관 교육은 학생들이 관련 행동들을 몸소 행하고 그 결과에 의해 강화를 받도록 하는 것이 효과적이라는 것이다. 요즘 학교 현장에서 강조하는 창의성 교육이나 인성 교육은 학생들이 관련 기능이나 습관을 실제로 활동을 통해 행해 보도록 하고, 그 결과에 대해 피드백을 제공하고 강화를 해 주어야지 교사의 설명식 교수로는 그 효과가 적다. 즉, 활동 그 자체가 강화인이 되도록 해야 한다. 스키너는 이를 다음과 같이 진술하고 있다(1986, p. 109).

> [활동을 통한 강화는] 작업 중에 나타난다. 만약에 당신이 시를 좋아한다면 시를 암송한다. 이때, 강화는 시의 단어를 정확하게 암송한 결과로 나타난 것이다. 만약에 당신이 시를 짓는다면 시 한 줄 한 줄이 소위 '시처럼' 만들어지고, 그것들이 당신에게 기쁨과 심지어는 아름다움을 느끼도록 하면 그것이 바로 강화인으로 작용한다. 같은 일이 소설을 쓰는 데도 나타난다. 사람들은 돈이나 명예를 위해 책이나 논문을 쓴다고 알려져 있다. 그것들은 분명 강화인이다. 그러나 이런 강화인은 글을 쓰는 과정에서 즉각적인 강화인으로 역할을 하는 것은 아니다. 책상에 앉아서 글을 쓸 때의 강화인은 의미 있고 분명하고 핵심적이고 궁금증을 풀어 주는 글 한 줄 한 줄 그 자체이다.

2. 인지적 구성주의 이론의 학습 원리

앞에서 살펴본 행동주의에서 보는 학습은 몇 가지 공통적인 특징이 있다. 첫째, 학습은 학습 요소들 간의 연합 형성이다. 즉, 학습은 자극과 자극, 자극과 반응, 반응과 결과의 연합 중 하나로서 미시적인 학습이론이라는 것이다. 둘째, 학습은 학습자의 비의지적이고 무의식적인 반사 반응으로 환경에 의해 조형된다고 본다. 그래서 수동적이고 비이성적인 학습이라는 것이다. 행동주의에서 학습을 보는 이러한 관점은 인지주의 학습이론가들에 의해 비판을 받는데, 인지주의에서는 학습을 학습자의 의지적, 의식적, 대단위적 과정으로 본다. 이를 인지적 구성주의 이론이라 부르는데, 다음에 살펴볼 사회적 구성주의 이론과 함께 배움 중심 수업에 중요한 이론적 배경이 된다. 인지적 구성주의 이론에서 나온 학습의 일반 원리는 크게 게슈탈트(Gestalt)이론, 정보처리이론, 피아제(Piaget)의 인지적 구성주의 이론으로 대별할 수 있다.

1) 게슈탈트이론의 학습 원리

게슈탈트이론은 독일에서 1910년경에 태동하였으나 세계에 널리 알려지게 된 계기는 쾰러(Köhler), 코프카(Koffka), 베르트하이머(Wertheimer)와 같은 독일 게슈탈트이론가들이 독일의 제2차 세계대전 패전 후 미국으로 망명하면서부터이다. 이 세 사람이 죽은 후 명백한 게슈탈트 학파는 더 이상 활동하지 않았으나 이들이 주장했던 인지, 정보처리, 지각, 문제해결, 사고 등에 대한 연구는 당시 행동주의가 팽배했던 미국 심리학계에 신선한 충격을 던져 주었고, 아직도 게슈탈트이론은 학습에서 주요한 쟁점이다(Gredler, 1992).

게슈탈트이론이 행동주의 이론에 대하여 비판하는 것은 크게 두 가지이다.

첫째, 환원주의(reductionism)이다. 즉, 행동주의는 학습 장면을 전체로 이해하지 않고 부분으로 쪼개어 이해하는 원자론적이고 요소적인 접근을 한다는 것이다. 그에 따라 인접, 반복, 강화 등 행동주의에서 이야기하는 문제 상황들은 실제 세계에서 매우 특별한 경우라 실세계의 문제를 대표할 수 없다는 것이다. 예를 들어, 친구 이름과 전화번호, 버스 정류장과 버스 번호, 회사 이름과 회사의 위치 등은 단순한 문제들을 학습하는 데 적용되지만 실세계의 목적 지향적인 중요한 문제들을 해결하는 데에는 미흡하다는 것이다.

둘째, 환경결정론(environmental determinism)이다. 즉, 행동주의는 인간이란 환경에 의해 조형되는 피동적 학습자로서 학습을 비의도적으로 그리고 무의식적으로 보는 것에 대해 비판한다. 게슈탈트이론에서는 인간이 환경에 의해 조형되기보다는 환경을 조형하는 능동자로서 학습도 의도적이고 의식적인 과정이라는 것이다.

독일어 게슈탈트(gestalt)의 영어 번역은 form, shape, pattern, structure, configuration 등에 해당하는데, 그 의미는 구성 요소들은 서로 상호 관련을 지으며 또 전체와도 관련지어서 각 요소들이 전체가 요구하는 위치, 역할, 기능의 측면에서 하나의 통합된 전체를 이루는 것을 말한다(Wertheimer, 1980). 그리고 게슈탈트이론은 학습이란 이 게슈탈트를 형성할 때 이루어진다고 본다. 즉, 구성 요소들이 흩어져 있던 상태에서 서로 연계되어 어떤 의미를 생성하게 할 때 이루어지는 것으로, 그것을 통찰(insight)이라고 불렀다. 따라서 게슈탈트이론은 이런 통찰을 형성하는 유의미 학습(meaningful learning) 이론이다.

배움 중심 수업에 적용할 수 있는 게슈탈트이론의 학습 원리들을 제시해 보면 다음 다섯 가지이다.

(1) 학생은 능동적으로 환경적 정보를 지각의 재구성을 통해 처리하는 지식의 구성자라는 것이다

게슈탈트이론가인 코프카(1935)는 "행동을 결정하는 것은 무엇인가?"라는 질문에 대해 환경을 지리적 환경(geographical environment)과 행동적 환경(behavioral environment)으로 구분하여 답한다. 지리적 환경이란 객관적이고 물리적인 현실을 말하고, 행동적 환경은 심리적이고 주관적인 현실을 말한다. 코프카는 양지를 구분하기 위해 눈보라가 앞뒤 분산할 수 없을 정도로 심하게 몰아치는 어느 날 밤, 나그네가 평원을 가로질러 안전하게 여관에 도착한 후 여관 주인과 나누는 이야기를 비유로 들고 있다(1935, p. 29).

> 여관 주인은 "어떻게 여기까지 오셨습니까?"라고 물었다. 그러자 그 나그네는 평원을 가리켰다. 그러자 여관 주인은 깜짝 놀라서 "당신은 지금 호수를 가로질러 말을 타고 온 것이요!"라고 말했다. 그러자 그 나그네는 말에서 떨어져 기절했다.

여기서 눈이 덮여 얇게 얼어붙은 호수 표면이 지리적 환경이고, 하얀 평원이 행동적 환경이다. 나그네는 얇게 얼어붙은 호수 표면을 평원으로 생각하고 말을 몰아 건너온 것으로, 이런 행동을 일으키게 한 것은 지리적 환경이 아니라 행동적 환경임을 시사한다. 코프카는 행동적 환경이란 신념, 가치, 욕구, 태도 등을 포함하는 인간의 지각이며, 동일한 환경 속에 있는 사람이라도 행동적 환경이 다를 수 있고 거기에 대한 반응도 다를 수 있다고 보았다.

코프카의 지리적 환경과 행동적 환경의 예를 하나 더 소개하면, [그림 2-1]과 같이 13개의 점을 제시하였을 때 지리적 환경은 13개의 정렬된 점이고, 행동적 환경은 십자가라 할

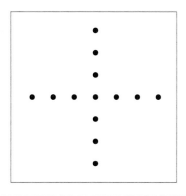

[그림 2-1] 코프카(Koffka)의 지리적 환경과 행동적 환경의 예

수 있다.

아울러 두 불빛이 서로 떨어져서 일정한 간격으로 켜졌다 꺼졌다 하면(지리적 환경) 사람들은 그것을 한 개의 불빛이 왔다 갔다 하는 것 같이 경험하는데(행동적 환경), 이것을 게슈탈트이론가들은 파이 현상(phi phenomenon)이라 부른다. 파이 현상은 두 불빛 하나하나를 분석해서 설명할 수 없는 것으로, 사람들은 감각적 자극에 어떤 것을 더하여 지각하는 경향성을 갖고 있다는 것을 의미한다.

지리적 환경과 행동적 환경 개념이 배움 중심 수업에 주는 시사점은 학생은 환경이 제공하는 물리적 정보들을 단순히 수용하는 자가 아니라 능동적으로 재구성하여 판단을 내리는 지식의 구성자라는 것이다. 이에 따라 배움 중심 수업에서는 교사가 학생에게 여러 가지 정보와 자극을 제공하되 학생이 그 정보나 자극을 재구조화하고 지각하여 유의미하게 경험할 수 있도록 해야 한다. 학생은 교사가 제공하는 환경적 자극들을 감각을 통해 경험하지만 이 경험은 감각적 요소 그 자체와는 다르다. 즉, 학생은 감각적 자료에 포함되어 있지 않은 어떤 것을 보태어 유의미한 전체, 즉 게슈탈트(gestalt)를 형성한다. 이것을 게슈탈트이론에서는 함축성의 법칙(law of pragnanz)이라고 부르는데, 이는 모든 심리적 사상은 유의미하고 완전하고 단순해지려는 경향성을 지님을 의미한다.

교사가 배움 중심 수업을 하려면 학생이 교사가 제공하는 자극들로부터 유의미한 전체를 형성하는 본능을 가지고 있다는 것을 인식하고 그럴 기회를 제공하는 것이 필요하다.

(2) 학습은 교과 분과적으로 접근하기보다 교과 통합적으로 접근하는 것이 더 의미 있고 효과가 있다는 것이다

게슈탈트이론가들은 유의미한 전체, 즉 게슈탈트의 형성을 중시한다. 크리스찬 폰 에렌펠스(Christian von Ehrenfels)는 "전체는 부분의 합 이상이다."라고 주장하는데, 1910년에 베르트하이머는 "전체는 부분의 합 이상일 뿐만 아니라 전체는 부분의 합과는 전적으로 다르며, 논리적으로나 인식론적으로 합은 부분에 선행하기 때문에 전체가 있기 전에는 부분은 부분이 아니고, 부분으로서 기능할 수도 없다."라고 주장한다(Wertheimer, 1980, p. 208). 쾰러(1929)는 전체가 있기 전에 부분은 부분으로서 기능하지 못한다는 예로, HNO_3(질산)이 은(silver)을 용해하는 현상을 들고 있다. 질산의 구성 요소인 질소, 수소, 산소가 각각 은을 녹이는 것이 아니라 은은 질산이라는 화합물 전체에 반응한다고 말한다. 따라서 질산이 은에 미치는 영향은 각각의 요소나 또 이런 산술적 합에 대한 반응으로 이해할 수 없다는 것이고, 질산이라는 전체는 부분의 합과는 전적으로 다른 것이라는 것이다.

이에 따라 게슈탈트이론가들은 전체를 잘라 부분으로 이해하려는 접근은 현상을 왜곡하게 한다고 본다. 예를 들면, 헤르겐한(Hergenhahn, 1988)은 모나리자 그림을 감상할 때 왼팔을 보고, 다음은 오른팔을 보고 그리고 코, 입 등을 경험한 다음 이들 경험을 함께 모으려고 한다면 모나리자의 감동을 얻을 수 없다고 말한다. 심포니 오케스트라를 들을 때도 한 사람 한 사람의 연주가가 내는 소리를 독립적으로 분석해서는 오케스트라를 이해할 수 없다. 오케스트라에서 나오는 소리는 여러 연주가가 연주하는 여러 가지 음조의 합 이상이기 때문이다.

게슈탈트이론가들은 전체 또는 합은 두 종류가 있다고 본다. 하나는, 산술합(andsums)이다. 이것은 부분들이 모여 산술적으로 합을 이룬 것이다. 예를 들어, 벽돌을 10장 쌓아 놓거나 천 원짜리 지폐를 10장 모아 놓을 때, 전체는 그대로 그것들의 산술적 합이다. 또 하나는, 변환합(transums)이다. 이 경우 전체는 부분의 합 이상이다. 전기장, 자기장, 비눗방울, 인성, 가정, 국가 등 자연이나 사회의 대부분은 이 변환합에 해당한다. 이것을 게슈탈트이론가들은 게슈탈트라고 부르는데, 게슈탈트의 부분들은 기계적인 힘에 의해 뭉쳐 있는 것이 아니고 부분들의 위치와 기능이 전체의 역동성에 의해 결정된다. 이를 게슈탈트의 역동적 자율 분산(dynamic self-distribution)이라고 부르는데, 예를 들어 물에 기름 한 방울이 떨어지면 기름방울은 자체의 내적인 힘에 의해 필름의 부분들을 분산시켜 그 두께에 적당한 통일성을 생산한다. 즉, 게슈탈트는 그 자체로서 부분의 합을 넘는 내적인 힘을 가진다.

게슈탈트이론의 산술합과 변환합 개념이 배움 중심 수업에 주는 시사점은 통합교육과정의 중요성을 재고해 보게 한다는 점이다. 통합교육과정은 통합의 원천을 이루는 두 가지 축인 교과의 경험 세계와 학습자의 경험 세계를 양극단으로 하여 교과의 정체성과 경계가 무너지는 정도에 따라 그 종류를 다양하게 구분할 수 있는데, 가장 잘 알려진 것은 드레이크(Drake, 1993)와 글레트혼과 포쉐이(Glatthorn & Foshay, 1991)의 다학문적(multidisciplinary), 간학문적(interdisciplinary), 탈학문적(transdisciplinary) 통합이라는 분류이다.

다학문적 접근은 어떤 공통 문제나 주제를 기초로 교수자들의 어떤 횡적 연결이 없이 각 학문이 지닌 나름대로의 내용과 방법을 동원하여 별개의 체제로 교수하기 때문에 각 학문의 내용과 방법의 정체성이 무너지지 않는다. 그에 따라 다학문적 접근은 교수의 입장에서 보면 개별 교과로 접근하는 것과 큰 차이가 없고(Beane, 1996), 주로 대학에서 많이 사용하는 접근이다.

간학문적 접근은 공통 주제를 중심으로 각 학문이 횡적 연계를 갖고 통합한다. 각 학문의 교수자들이 함께 모여 교육과정을 작성하고, 교수도 보다 긴밀한 팀티칭의 모습이며, 각 학문의 정체성이 학생들의 경험 통합을 위해 어느 정도 '희생'을 한다. 이는 주로 중·고등학교 학생들에게 적절한 접근이다.

다학문적 접근과 간학문적 접근이 교과의 논리를 기초로 주로 구조적 측면에서의 연계를 도모하는 것과는 달리, 탈학문적 접근은 학생이 흥미를 보이는 내용이나 실생활의 문제와 이슈를 중심으로 학문 구분 없이 학습 내용을 선정하여 자유롭게 탐구하고 표현하도록 한다. 따라서 각 학문이 가지고 있는 정체성은 학생들의 경험 통합을 위해 그 형체가 외적으로 사라져서 안 보인다. 교육과정을 교사와 학생이 함께 만들어 가며, 학습활동도 학생이 주도하며, 교사는 학습 안내자의 역할을 한다. 더욱이 학습 도중에 학생들이 추가적으로 흥미를 보이는 학습활동이 나타나면, 이를 하고 있는 학습에 새로 추가하기도 한다. 소위 출현적 교육과정(emergent curriculum)도 탈학문적 접근에서는 중요한 교육과정이다(Glatthorn & Foshay, 1991). 허우드(Horwood)에 의하면 다학문적·간학문적·탈학문적의 세 접근이 가지고 있는 특징적 성격은 통합의 정도 또는 수준이 결정한다고 보며, 다학문적 접근과 간학문적 접근은 정도의 차이는 있으나 기본적으로 "과일 칵테일(fruit cocktail)"과 같이 혼합물의 구성 요소들이 가지고 있는 형태와 성질이 그대로 나타나는 수준이며, 탈학문적 접근은 "과일 케이크(fruit cake)"처럼 구성하고 있는 각 요소를 반죽해서 하나로 만들기 때문에 요소들이 식별이 잘 안 된다고 비유한다(Drake, 1993, p. 16 재인용).

배움 중심 수업은 학생들의 지적, 신체적, 정서적, 사회적 발달 수준을 고려해야 적절하고 효과적이다. 따라서 통합교육과정은 초등학교 학생들을 대상으로 할 때는 탈학문적 접근을, 중·고등학교 학생들을 대상으로는 할 때는 간학문적 접근을 그리고 대학교 학생들을 대상으로 할 때는 다학문적 접근을 하는 것이 보편적으로 적절하다. 잉그럼(Ingram, 1979)에 의하면 초등학교 학생들을 대상으로 한 탈학문적 접근은 심리적 기능(psychological function)이 강하고, 중·고등학교 학생들을 대상으로 한 간학문적 접근은 인식론적 기능(epistemological function)이 강한 접근이다. 심리적 기능이란 학습할 내용을 학생들의 발달적 학습 조건에 좀 더 일치시켜 학습에 순기능을 부여하고 탐구와 활동 중심적인 학습을 통해 인성의 제 측면에 유익한 효과를 가져오는 기능을 말하고, 인식론적 기능은 지식의 변화에 대처하는 능력을 길러 주고, 영역적 지식을 연결하여 큰 지식의 구조를 보여 주고, 지식을 습득하는 목적의식을 높여 준다. 특히 게슈탈트이론에서 지식과 관련하여 경계하고 있는 기능적 고착성(functional fixedness, Duncker, 1945), 즉 주어진 범주의 지식 밖으로 사고를 확산시키지 못하는 현상을 극복하는 데 통합교육과정이 큰 효과를 발휘한다.

(3) 암기 중심 수업보다 이해 중심 수업이 중요하다는 것이다

베르트하이머(1980)는 사람이 이해하지 않고 암기한 사실이나 법칙을 사용하는 것은 마치 야간 근무를 하는 간호사가 환자에게 수면제를 주기 위해 환자의 잠을 깨워 버리는 것같이 어리석은 실수를 범하는 것이라고 지적한다.

게슈탈트이론에서 보는 학습이란 애매하고 의미가 통하지 않은 상태에서, 즉 간극(gap)이 있는 상태에서 주어진 학습자료에 대한 지각을 재구성함으로써 분명하고 의미가 통하는 상태, 즉 게슈탈트 상태로 옮겨가는 것이다. 이는 주어진 자료의 내적 법칙, 규칙, 구조, 관계를 재구성함으로써 이루어진다. 마치 아귀가 안 맞는 기계 부품들이 "째깍" 소리를 내며 제자리를 찾아 기능하게 되는 상태가 되는 것과 같다.

지각의 재구성(perceptual reorganization)은 이해를 갖게 하는 핵심이며, 통찰 학습(insight learning)의 시금석이다. 이에 따라 게슈탈트이론가들이 보는 학습은 지각적이고 통찰적인 성격을 띤다. 학습자는 문제 상태(given state)에 주어진 문제의 요소들을 먼저 인지적 수준에서 이런저런 식으로 재구성해 보는 인지적 시행착오 학습을 하다가 어느 순간 갑자기 해결 상태(solution state)에 도달하게 된다. 이때, 통찰적 경험을 얻게 되며, 문제 해결이란 미해결 상태이거나 해결 상태일 뿐 중간적인 해결 상태는 존재하지 않는다. 즉, 학습은 비연속적인 지각의 문제이다(Wertheimer, 1980). 통찰 학습은 네 가지의 특징을 지닌다(Hergenhahn, 1988).

첫째, 즉시성으로 문제가 해결되기 전의 상태에서 문제를 해결하는 상태로 갑자기 이동하는 것이다.

둘째, 완전성으로 문제를 해결한 상태는 거의 완전하며 오차가 없다는 것이다.

셋째, 연장성으로 문제 해결을 통해 학습한 원리는 오래 기억한다는 것이다.

넷째, 전이성으로 문제 해결을 통해 얻는 원리는 다른 문제에 쉽게 적용된다는 것이다.

게슈탈트이론의 이해 중심 수업이 배움 중심 수업에 주는 시사점은 학생에게 이런 통찰적 경험을 제공해 주기 위해 학습의 문제를 너무 자세히 구조화해서 제공해서는 안 된다는 것이다. 학생들의 학습 문제의 요소들을 지각의 재구성을 통해 재구조할 수 있도록 덜 구조화된 문제로 제공해 주어야 한다는 것이다. 월리스, 골드스타인과 나단(Wallace,

Goldstein, & Nathan, 1990)은 문제를 두 가지 유형으로 분류한다. 하나는, 잘 정의된 문제 (well-defined problem)이다. 문제에 학생이 필요로 하는 모든 정보가 다 들어 있고, 대개 하나의 정답을 요구하며, 종종 수렴적 사고를 통해 더 효과적으로 해결할 수 있는 문제이다. 또 하나는, 잘 정의되지 못한 문제(ill-defined problem)이다. 학생이 자신이 가지고 있던 경험과 지식을 문제에 주어진 정보를 더하여 해석하고, 하나 이상의 정답이 나올 수 있으며, 어떤 답은 다른 답들보다 더 나으며, 종종 확산적 사고를 통해 더 잘 해결할 수 있는 문제이다. 삶에서의 대부분의 문제는 잘 정의되지 못한 유형의 문제들이다. 배움 중심 수업에서는 잘 정의된 문제도 필요하지만 잘 정의되지 못한 문제를 제공하여 학습자가 통찰적 학습을 할 기회를 제공할 필요가 있다.

(4) 학습의 내적 동기 체제를 중시한다는 것이다

게슈탈트이론에서는 통찰 학습을 하도록 하는 동기를 인지적 불평형(cognitive disequilibrium)이라고 본다. 즉, 학생이 문제에 당면하면 기존의 인지적 평형 상태가 깨져 인지적으로 불편한 상태에 이르는데, 이것이 문제를 해결하여 인지적 평형 상태를 회복하려는 동기로서 기능하며 계속 문제를 해결하려고 시도하게 만든다는 것이다. 즉, 모호성의 감소는 내재적 보상이 된다는 것이다.

듀이(Dewey, 1913, p. 59) 또한 비슷한 맥락에서 내적 동기 체제를 중시하고 다음과 같이 진술한다.

> 어떤 목표의 동기적 힘(motive force)과 그 목표가 소유하고 있는 흥미는 어떤 활동 코스의 역동성(vitality)과 깊이(depth)의 등가적 표현(equivalent expression)이다.

이 말은 학습 동기는 학습활동의 내용과 분리해서 생각하기 힘들다는 것이다. 이를 듀이는 다음과 같이 진술하고 있다(1913, pp. 61-62).

> 동기는 교과 내용(subject matter) 밖의 것으로 다루어 왔다. 순전히 개인의 감정에 존재하는 어떤 것으로 다루어 왔다. 이에 따라 [교사는] 그 자체로서는 동기를 제공하지 않는 내용에 대해 주의를 기울여야 하는 이유를 설명해 주어야 하는 것으로 간주되었다. 그에 따라 교사는 학습할 내용 그 자체에서 동기를 찾지 않고 학습할 내용을 위해 동기를 찾았다. 어떤 이유든지 학습할 내용에 첨부되어 동기적 힘을 제공하는 산수나 지리 또는 근육활동과는 별

개로 개인 내에서 발견되어야 했다.

게슈탈트이론의 내적 동기 체제로서의 인지적 불균형 개념은 배움 중심 수업에서 교사가 학생들의 학습 동기를 이끌어 내기 위해 학습활동과는 관계없는 주의 끌기 행동(예: 마술, 노래 부르기, 게임하기 등)을 할 필요가 없다는 것을 시사한다. 오히려 학생들의 학습 동기에 중요한 것은 각 개인에게 적절한 수준의 도전적인 과제를 제공하여 그 문제를 해결하고 성취감을 맛보도록 하는 것이다. 도전적인 과제는 학생에게 너무 쉽지도 않고, 너무 어렵지도 않은 문제이어야 한다. 듀이는 그 필요성을 다음과 같이 진술하고 있다(1913, pp. 56-58).

> 학생에게 사고의 에너지를 활성화할 어느 정도의 난관의 요소들을 충분히 갖추고 있는 문제들을 제시해야 한다. …… 활동이 너무 쉽고 단순하면 학생은 그 활동이 각성시키는 즉시적이고 쾌락적인 흥분 때문에 참여하거나 순전히 기계적이고 물리적인 측면에서 마지못해 필요한 만큼의 힘만 쏟을 뿐이다. …… 너무 어려운 문제들은 그것을 다루는 데 필요한 자원들이 부족하고 자신의 경험과 습관에 너무 생소하여 어디서 어떻게 시작할지를 모르게 만든다. …… 어떻게 활동의 난이도를 높여서 점진적으로 진보해 나갈 수 있는지, 더욱이 이런 난이도들이 학생들의 마음을 둔감하게 하거나 또는 낙담시키는 대신에 자극적인 성격을 지닐 수 있도록 하는가 하는 점이 교사에게 중요한 과제이다.

(5) 학습한 내용과 원리를 문제 상황에 전이할 기회를 제공해야 한다는 것이다

행태주의 이론가들은 의미 없는 학습과 의미 있는 학습을 구분한다(Katona, 1967; Wertheimer, 1945). 의미 없는 학습은 두 아이디어 간의 연계에서 한 아이디어가 다른 아이디어에서 유도될 수 없는 경우에 일어나고, 의미 있는 학습은 그 유도가 가능한 학습이다. 예를 들어, 철수의 전화번호는 02-878-9083이라고 암기한 경우에 이 연합은 임의적이고 의미 없는 연합이다. 왜냐하면 전화번호는 철수의 이름으로부터 유도될 수 없기 때문이다. 그러나 $(a + b)^2 = a^2 + 2ab + b^2$는 의미 있는 연합이다. 왜냐하면 한쪽을 제공하면 다른 쪽을 유도할 수 있기 때문이다.

의미 있는 학습이라는 개념이 배움 중심 수업에 주는 중요한 시사점은 의미 있는 구조는 암기와 같은 의미 없는 방법으로 이루어져서는 안 된다는 것이다. 즉, 의미 있는 구조는 법칙을 기계적으로 암기시키지 말고, 그 원리를 파악하도록 돕고 전이할 수 있는지를 파악하라는 것이다. 베르트하이머(1945)는 한 곳의 교실을 방문한 보고를 통해 이런 식으로 이루

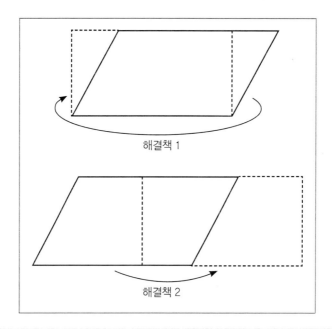

[그림 2-2] 평행사변형 넓이 구하기

어지는 수업의 예를 들고 있다. 그것은 평행사변형의 넓이를 구하는 수업이었는데 교사는 두 직선을 밑변으로 내린 후 기계적으로 밑변 × 높이라는 공식을 대입하여 풀도록 설명하였다. 그러자 학생들은 같은 형태의 평행사변형의 넓이는 구할 수 있었으나 다른 형태의 평행사변형을 보고는 "우리는 그것을 아직 안 배웠는데요?"라는 식으로 반응을 하였다. 그러자 베르트하이머가 나서서 먼저 학생들이 이미 알고 있는 직사각형의 넓이를 구하는 방법을 상기시킨 후, 평행사변형을 보여 주고 [그림 2-2]와 같이 어떻게 그것을 직사각형으로 만들어 넓이를 구할 수 있는지 말해 보도록 하였다. 그러자 학생들은 처음에 몇 차례 실수를 하였으나 [그림 2-2]와 같이 삼각형 부분을 잘라 붙여 넓이를 구하기도 하고, 평행사변형을 반으로 잘라 거꾸로 갖다 붙이기도 하였다.

이것은 학생들이 지각의 재구성을 통해 직사각형과 평생사변형의 넓이는 상호 간에 유도할 수 있다는 원리를 학습하고, 그 원리를 전이하여 문제를 해결하는 의미 있는 학습이 이루어진 것이다. 이런 맥락에서 베르트하이머(1980)는 학생들에게 학습이 이해를 바탕으로 이루어졌는지를 알려면 배운 것과 관련 있는 과제 해결에 일반화될 수 있는지를 알아보아야 하고, 그것에 성공하면 학습이 정말로 이루어졌다고 판정할 수 있다고 주장한다.

2) 정보처리이론의 학습 원리

행동주의 이론은 인간의 행동은 외부적 자극과 그 반응 결과에 의해 결정된다고 보는데 반해, 정보처리이론은 유기체 뇌에서의 정보의 내적 흐름에 의해 행동을 결정한다고 본다. 따라서 정보처리이론은 게슈탈트이론과 마찬가지로 인간을 수동적인 정보 습득자가 아니라 능동적인 정보 처리자로 본다.

그러나 게슈탈트이론은 지각의 재구성이라는 단순한 인지적 과정에 초점을 두었으나 정보처리이론은 그 인지적 과정을 여러 단계(stage)를 거쳐 정보를 변형시키는 과정에 초점을 둔다. 단계는 정보처리이론의 기본 개념으로서, 한 단계란 개략적으로 정보의 한 변형이다(Kantowitz & Roediger, 1980). 따라서 입력된 정보는 이런 내적 처리 과정을 거쳐 결과로 산출되고 그것이 행동이라는 것이다.

정보처리 단계는 모형이라는 이름으로 종합해서 표상하는데 각 단계를 컴퓨터에서 시뮬레이션이 가능할 정도로 자세히 기술하고, '저장' '회복' 등과 같이 컴퓨터 조작의 용어들을 사용하여 진술한다(Andre & Phye, 1986). 정보처리이론가들은 정신적 과정의 존재를 증명하기 위해 행동주의자들이 사용하던 엄격한 테크닉을 채택하고, 논리적 분석과 관찰도 사용한다. 좀 더 발전한 근래의 정보처리 모델은 학습의 신경 생리적 기재에 대한 언급도 하고 있다.

정보처리 모형은 초기 브로드벤트(Broadbent, 1958)의 감각등록기, 단기 저장, 장기 저장이라는 세 가지 구조를 확장하여 그 과정을 점검하고 통제하는 집행 통제(executive control) 구조를 더하고 있다(Gredler, 1992, p. 171).

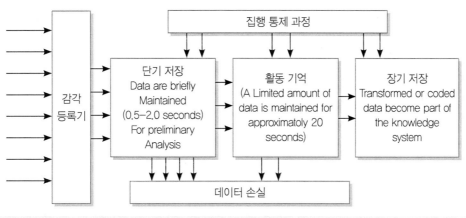

[그림 2-3] 초기 정보처리 모형

정보처리 모형의 단계별로 네 가지 구조에서 이루어지는 활동들에 대한 연구 결과들은 배움 중심 수업에 네 가지 중요한 원리를 제시하고 있다.

(1) 학생들이 학습을 하도록 하려면 학습할 내용에 대해 지각하고 주의를 기울이도록 해야 한다는 것이다

정보처리의 첫 단계인 감각등록기에서는 감각(sensation), 지각(perception), 주의 (attention)의 세 가지 활동을 한다.

감각적 정보는 "외부 에너지를 신경적 파동(neural impulses)으로 번역한 것"(Kephart, 1971, p.108)이다. 감각은 감각 수용 근육(receptor muscles)과 대뇌 신피질(新皮質, neocortex)에 도달하는 구심성(求心性) 감각체제 통로의 활성화를 말하고, 지각은 감각을 통해 첫 번째 시냅스를 넘어 신피질 세포들이 활동하는 것을 말한다(Kolb & Whishaw, 1986). 즉, 감각은 감각수용기관의 무의식적 경험이고, 지각은 의식적 경험이다.

감각적 정보는 시각적 정보나 청각적 정보인데(Neisser, 1967), 시각적 정보는 약 0.5초, 청각적 정보는 약 3초 정도 머무르게 된다. 청각적 정보가 더 오래 머무른다는 사실은 인간의 언어적 정보 처리 능력이 우수함을 뒷받침한다(Schwab & Nusbaum, 1986).

감각적 정보를 지각하기 위해서 계속 처리하지 않으면 매우 빠르게 소멸하는데, 이는 사람으로 하여금 정보처리에 혼잡성을 막을 수 있도록 하는 기재이다(Sperling, 1960). 감각적 정보 약 1%만 지각한다(Schmidt, 1985). 혼(Hohn, 1995, p. 196)은 그 사례를 다음과 같이 들고 있다.

예를 들어, 운전자가 도로, 차 안의 대화, 차 라디오에서 흘러나오는 뉴스나 음악 등을 모니터링하면서 운전하고 있다고 가정해 보자. 수백 가지의 감각이 감각 수용 근육에 접수된다. 그러던 중 그가 진입하고자 하는 고속도로 푯말이 나타났다고 가정해 보자. 이것은 감각 등록기에 이 푯말을 의식하는 것을 허용하여 지각된다. 그러면 운전자는 고속도로 진입로까지의 거리에 주목하고, 그 정보를 처리한다. 동시에 발생하는 다른 감각적 정보들은 소멸한다. 그러나 만약 운전자가 라디오 음악에 잠겨 있거나 차 안의 대화에 적극적으로 참여하고 있다면, 그런 것들이 제공하는 감각들이 의식에 남아 있게 되어 고속도로 진입 푯말을 지각하지 못하고 그냥 지나친다. 그리고 운전자가 "나는 그 푯말을 보지 못했다."라고 이야기하며, 이 경우 그 고속도로 푯말에 대한 감각은 지각이 되지 못한 것이다.

따라서 학생이 학습을 하려면 먼저 학습할 자극 정보에 대해 지각을 해야 하는데, 교사는 학생들의 지각을 다음과 같이 향상시킬 수 있다(Hohn, 1995).

첫째, 학생들이 신체적으로 감각 정보를 수용할 수 있는 준비를 갖추도록 함으로써 각성 수준을 높인다. 예를 들어, 머리를 들고 교사를 바라보며 바른 자세로 앉도록 하는 것은 시·청각적 자료가 의식에 들어가도록 하는 확률을 증가시킨다.

둘째, 교사가 설명을 할 때 활성화될 감각체제를 다양화한다. 시각적 자극과 청각적 자극을 제공하는 데 있어 간격을 두며, 촉각적 자극은 만져 보도록 함으로써 어떤 감각 채널이 과부화(overworked)되어 학생들이 지치거나 새로운 정보를 모니터하는 데 실패하지 않도록 한다.

셋째, 한 감각 채널 안에서의 자극도 변화를 주어 학생들의 각성 수준을 높인다. 예를 들어, 청각적 자극의 경우에 목소리의 볼륨, 고저를 증감시키거나 엑센트를 주거나 휴지(pauses)를 주어 지각을 위한 시간 간격을 둔다.

그리고 지각이 형성된 후 감각등록기의 마지막 활동인 주의로 넘어가야 정보가 처리된다. 주의란 특정 자극을 인식하고 어떤 특정 목적을 위해 그것에 집중하는 것이다. 주의는 자극들 중에서 어떤 것을 선택함으로써 이루어진다. 주의가 선택적이라는 말은 두 가지 자극 상황(예: TV 보기와 역사교과 읽기, 동화책 읽기와 수학 문제 풀기 등)에 대해 동시에 주의를 기울일 수 없으며, 어느 것을 선택하고 어느 것을 무시해야 하는지 결정해야 한다는 것을 의미한다.

혼(1995)은 교사가 학생들의 주의력을 높이기 위해 학습자료를 제시할 때 다음 네 가지 요인을 고려해야 한다고 주장한다.

- **새로움**(novelty): 새로운 자극은 친숙한 자극보다 주의를 끄는 데 우선권이 있다. 자극이 새로울 수 있는 경우는 이전에 전혀 지각된 적이 없는 자극이거나 상당기간 마주한 적이 없는 자극이거나 친숙한 자극이 친숙하지 않은(기대하지 않았던) 배경에서 나타날 때이다.
- **강력함**(intensity): 자극은 강도가 높을 경우 주의를 끈다. 예를 들어, 큰 목소리, 밝은 이미지, 선명한 자극, 정서적으로 흥분시키는 자극 등이 주의를 끈다. 학생들이 텍스트에 주의를 높일 수 있도록 밑줄 긋기, 굵은 글씨로 쓰기, 대문자로 쓰기, 글자체 바꾸어 쓰기, 화살표로 방향을 표시하기, 색깔을 다르게 하기, 글씨 크기를 다르게 하기, 원으로 둘러치기, 주요 아이디어는 별도로 위치시키기, 주요 단어에 별표를 붙이기

등의 방법을 사용하는 것이 효과적이다. 그러나 주의를 끄는 이런 기법들을 과도하게 자주 사용하면 학생들은 이에 내성(耐性)을 보이며 그것들이 나타나도 별로 주의를 기울이지 않을 수 있다.

- **비슷함**(similarity): 비슷한 속성을 지닌 두 자극은 동시에 주의를 끌 수 없으며, 하나는 선택되고 하나는 무시된다. 예를 들어, 비슷한 목소리와 크기를 가진 두 사람의 대화를 듣는 것은 그중 어느 하나를 선택하고 하나를 포기할 때까지는 상당한 수준의 불편함을 일으킨다. 그러나 라디오의 부드러운 음악을 듣는 것과 숙제를 하는 것은 두 자극이 동시적 처리를 할 만큼 구별저이기 때문에 그런 수준의 적극적인 선택을 요하지는 않는다.

- **복잡함**(complexity): 복잡성이 비슷한 수준의 두 자극도 동시에 주의를 끌 수 없으며, 하나는 선택되고 하나는 무시될 수밖에 없게 된다. 그러나 복잡한 두 가지 자극이라도 하나가 자동화(automation)되어 있을 경우에는 동시에 주의를 나눌 수 있다. 예를 들어, 운전자의 자동차 운전 기능이 능숙하면(자동화된 수준) 옆 사람과의 대화에 주의를 기울이는 것이 가능하고, 학생이 글자의 특징과 문장 부호를 분별하는 수준이 자동화되어 있으면 글의 의미를 파악하는 데 주의를 기울이는 것이 가능하다. 따라서 초등학교에서 3Rs(읽고, 쓰고, 셈하는 기능)은 자동화되어야 중·고등학교에서 복잡한 내용을 학습할 때 주의 배분(attention allocation)이 효과적이게 된다.

감각등록기의 주의 배분 능력은 학생들의 연령이 높아짐에 따라 증가하여 필요한 정보에만 주의를 기울이고 필요하지 않은 정보에는 주의를 차단할 수 있는 능력이 증진된다 (Miller & Weiss, 1981). 그러나 7세 정도의 어린 학생들도 주의 집중 훈련을 통해 주의 배분 능력을 향상시킬 수 있고, 기억 과제 수행도 향상시킬 수 있다(Shaffer, 1993). 주의 집중 능력과 관련하여 7세 이전에 일관되게 나타나는 학습장애로 주의 부족 활동 항진성 질환 (Attention Deficit Hyperactivity Disorder: ADHD)이 있는데, 이런 장애를 가진 학생들은 시작한 과제를 완수하지 못하고, 한 활동에서 다른 활동으로 자주 이동하는 충동성, 항상 돌아다니며 움직이는 활동 과다로 나타나는 질환을 보이지만 훈련이나 약물을 통해서 교정될 수 있고, 나이가 들면서 사라지기도 한다(Hohn, 1995).

(2) 학생들이 학습할 내용을 깊게 처리하도록 해야 이해, 보유, 전이가 수월하다는 것이다

정보는 감각등록기에서 지각과 주의활동을 통해 활동 기억으로 들어와 좀 더 명백한 의식적 정보처리과정을 겪는다. 배들리와 히치(Baddeley & Hitch, 1974)는 활동 기억은 제한된 저장 용량과 처리 능력을 가진 통제체제로서, 정보를 추론하고 이해한 후 정보를 장기 기억으로 넘긴다. 따라서 우리가 소위 '사고'라고 부르는 것은 이곳에서 일어난다.

활동 기억에서 정보를 처리하는 시간과 용량은 제한되어 있다. 활동 기억에 들어온 정보들은 처음에는 활성화되어 있어 15~20초 동안 보유되고(Anderson, 1990), 그 처리 용량도 일반인의 경우 7±2 항목(item)으로 제한되어 있다(Miller, 1956). 따라서 반복, 분석, 그외 다른 인지적 과정을 통해 리허설(rehearsal)을 하지 않으면 그 정보들은 빠르게 소멸된다. 또 활동 기억의 용량은 연령에 따라 커진다. 뎀스터(Dempster, 1981)는 5세 학생들은 평균적으로 4 항목을 기억하고, 10세 학생들은 6 항목을 기억하고, 성인은 7 항목을 기억한다고 보고한다. 그리고 지식의 증대로 인해 처리 정보 항목들을 덩어리로(chunks) 묶을 수 있어 실제 처리 항목도 늘어나게 된다. 예를 들어, 'bkj'라는 글자는 세 덩어리이지만, 'cow'라는 단어는 유창한 독자에게는 하나의 덩어리이고, $(a+b)^2$라는 정보는 배우는 학생들에게는 여섯 가지 덩어리이지만 수학자에게는 한 덩어리이다. 이런 활동 기억의 처리 용량 제한이 주는 시사점은 어린 학생들에게 학습할 내용을 너무 많이 제공하면 그들의 활동 기억 처리 용량을 넘어 과부하가 걸리게 됨에 따라 학습의 효과가 떨어지게 된다는 점이다.

정보처리이론의 리허설 개념이 배움 중심 수업에 주는 중요한 시사점은 학생들의 지식 보유와 재생을 증진시키기 위해서는 정보를 깊이 처리하는 것이 중요하다는 것이다(Craik & Lockhart, 1972). 예를 들어, 문단을 읽고 그 문단의 주요 단어를 그대로 기록하는 것보다 요점을 자신의 말로 바꿔 쓰기(paraphrasing)를 하거나 요약하는 것이 기억에 도움이 된다. 정보를 깊이 처리하는 리허설 방법은 유지 리허설(maintenance rehearsal 또는 primary rehearsal이라고도 함)과 정교화 리허설(elaborative rehearsal)로 분류될 수 있다(Gredler, 1992).

유지 리허설은 이름, 날짜, 정의 등과 같은 정보를 계속 암송하는 것을 말하는데, 그 효과는 일시적이고 개념적 이해에는 큰 도움이 안 된다(McKeown & Curtis, 1987).

정교화 리허설은 연합, 이미지, 기존 스키마와의 연계를 통하여 기억의 구조를 정교화하여 후일 기억하는 데 필요한 대안적 길(alternate routes)을 많이 만드는 것이다. 따라서 정보의 보유와 재생에 효과가 있다. 정교화 리허설은 학습 전략(learning strategies) 또는 학습 기술(study skills)을 사용해야 하는데, 세 가지로 구분한다(Mayer, 2003).

① 기억술(mnemonics)이다

기억술은 사실적 정보와 어휘의 기억을 돕는 기술로서 학습할 내용을 기존의 정보와 연계시키는 것이다. 예를 들어, 약어법(acronyms)이라는 기억술의 경우에 7대륙의 이름과 크기를 기억하기 위해 "All Anteaters Need Sugar And Enormous Ants"라는 문장을 만드는데 처음의 대문자는 대륙을 나타내고 크기는 아시아에서 오세아니아주로 아래로 내려가는 순서이다(Hohn, 1995). 기억술은 종종 시각적 단서를 사용한다. 예컨대, 위치법(method of loci)이라는 기억술의 경우에 익숙한 장소(예: 방)나 사물(예: 옷)의 여러 위치(방에 있는 여러 물건의 위치나 옷에 달려 있는 주머니들의 위치)에 기억할 항목들을 차례로 위치시켜 시각화하는 것이다. 위치법은 그리스의 시인 시모니데스(Simonides)에 의해 기원했다는 설이 있는데, 연회장에서 그가 몇 명의 로마 귀족을 칭송하는 서정시를 읊고 난 후 연회장이 붕괴하여 모든 사람이 죽었고 신분을 알아볼 수 없자, 그는 각 관객의 위치를 기억해 냄으로써 신원을 확인하였다(Gredler, 1992).

기억술은 시각적 단서와 청각적 단서를 모두 사용하면 보다 효과적이다. 예를 들어, 시카고(Chicago) 주차장은 그 규모가 매우 커서 사람들이 차를 주차한 장소를 기억하기 어렵다. 그래서 주차장 운영 회사는 주차 지역에 유명한 도시 이름을 따서 붙이고 주차를 하고 나오면 그 도시와 관련 있는 노래를 들려준다. 파리(paris)의 경우 'April in Paris', 마이애미(Miami)의 경우 'Moon over Miami'를 들려주고 있다(Gredler, 1992). 키워드 법(keyword method)이라는 기억술은 주로 외국어 단어를 습득하는 데 사용되는데, 예를 들면 편지(letter)라는 의미의 스페인어 carta를 기억하는 경우, 먼저 청각적 단서로 스페인어 carta와 음성적으로 비슷한 소리가 나는 영어인 cart(키워드라고 함)를 찾아내고, 시각적 단서로 그 cart에 큰 편지가 담겨 있는 이미지를 생각해 낸다(Mayer, 2003).

파비오(Paivio, 1971)는 기억술이 효과적인 이유를 세 가지 들고 있다. 첫째, 이중 부호화(dual coding) 과정을 거쳐 정보를 깊이 처리한다. 즉, 언어적 표상, 이미지, 또 어떤 경우는 청각적 단서까지 사용하여 같은 내용에 대해 여러 번 코딩을 하기 때문에 기억에서 그 내용을 발견하는 일을 수월하게 해 준다. 둘째, 정보를 조직하기 때문이다. 즉, 기억할 정보가 들어갈 수 있는 일관된 맥락 또는 조직을 만들어서 여러 개의 개별적 정보가 아니라 함께 묶이는 정보가 되어 기억할 정보를 찾아내는 길을 다양하게 해 준다. 셋째, 연합을 형성하기 때문이다. 즉, 내용 요소들 간의 연합을 강하게 형성하여 기억을 수월하게 이끌어 낸다.

② 구조 전략(structure strategies)이다

구조 전략은 적절한 정보들을 선정하여 함께 관계 지음으로써 하나의 구조를 만드는 전략이다. 효과적인 구조 전략으로 아이디어들의 관계를 도해적 개요(graphic outline)로 만드는 맵핑(mapping)과 진술적 개요(written outline)로 만드는 아웃라이닝(outlining)이 있다.

설명문을 읽고 구조 전략을 사용하려면 설명문에 어떤 구조 유형들이 있는지에 대해 사전 지식이 있어야 한다. 홀리 등(Holley et al., 1979)은 설명문의 여섯 가지 유형을 〈표 2-1〉과 같이 제시한다.

표 2-1 설명문의 여섯 가지 유형(Mayer, 2003, p. 372 재인용)

계층 구조		
연계의 부분(part)		핵심어
손 ↑ p ↓ 손가락	하위 마디의 내용은 상위 마디에 포함된 대상, 과정, 아이디어, 개념의 일부이다.	~의 일부분 ~의 한 부분 ~의 일부
연계의 유형(type)		핵심어
학교 ↑ t ↓ 개인	하위 마디의 내용은 상위 마디에 포함된 과정, 아이디어, 개념, 대상의 범주나 부류의 구성 요소 또는 예시이다.	~의 유형 ~의 범주 내 ~의 예 ~의 종류
연쇄 구조		
연계의 유도(lead)		핵심어
연습, 실행 ↑ l ↓ 완전(완성)	하나의 마디의 대상, 과정, 아이디어, 개념은 또 다른 마디의 대상, 과정, 아이디어, 개념으로 이어지거나 이들을 초래한다.	~로 이어지다 ~을 야기하다 ~을 초래하다 ~의 도구이다 ~을 생산하다

클러스터(무리) 구조		
유추(analogy) 연계		핵심어
대학 ↑ a ↓ 공장	하나의 마디의 대상, 과정, 아이디어, 개념은 또 다른 마디의 대상, 과정, 아이디어, 개념과 유사하고 비슷하고 부합하고 또는 그것과 같다.	~와 유사하다 ~와 비슷하다 ~같다 ~에 부합하다
특징(characteristic) 연계		핵심어
하늘 ↑ c ↓ 파랑	하나의 마디의 대상, 과정, 아이디어, 개념은 또 다른 마디의 대상, 과정, 아이디어, 개념의 특성, 측면, 특징, 특질, 세부사항이다.	~특징이 있다 ~로 특징짓다 ~특징은 ~속성은 ~특성은 ~측면(양상)은 ~특질은
증거(evidence)) 연계		핵심어
부러진 팔 ↑ e ↓ X-ray	하나의 마디의 대상, 과정, 아이디어, 개념은 또 다른 마디의 대상, 과정, 아이디어, 개념에 대한 증거, 사실, 정보, 지지, 증거, 뒷받침, 확증을 제공한다.	나타내다 ~로 해설되다 ~로 입증되다 지지하다 뒷받침하다 ~의 증거이다 확인해 주다

학생이 이런 구조를 알고 있으면 그림이나 글로 내용을 잘 요약할 수 있다.

맵핑은 글의 내용 구조를 도해적 개요로 네트워크화한 것으로 소위 글의 내용에 대한 '지도'를 그리는 것이다. [그림 2-4]는 간호학 책의 한 장을 읽고, 홀리 등(1979)의 여섯 가지 연계의 유형, 즉 부분(p), 유형(t), 유도(l), 유추(a), 특징(c), 증거(e)를 약자로 사용하며 맵핑한 것이다.

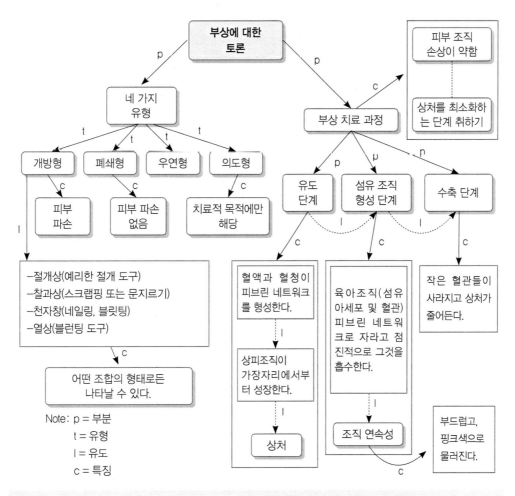

[그림 2-4] 간호학 책의 한 장을 맵핑한 예(Mayer, 2003, p. 373 재인용)

　아웃라이닝은 텍스트의 핵심적 내용들의 관계를 개요화하여 글로 진술하는 것이다. 다음 [그림 2-5]의 사례는 유조선의 문제와 해결 방안에 대한 글을 읽고 아웃라이닝한 것이다(Meyer, 2003, p. 377). 중요한 내용과 덜 중요한 내용을 구분하고 글의 구조를 잘 파악하도록 굵은 글씨체와 밑줄, 고딕체 등을 사용한다.

핵심적인 문제는 기름 유출을 예방하는 것이다. 평균적으로 유조선은 축구장 면적의 5배 크기로 50만 톤의 기름을 운반한다. 난파된 유조선은 바다에 기름을 흘리게 되고, 이 기름은 바다 동물, 새, 미생물을 죽인다. 예를 들어, 유조선이 영국 해안에서 난파되었을 때 200,000만 마리가 넘는 바다새들이 죽어 해안을 뒤덮었다. 기름 유출은 또한 해양 생물의 먹이를 제공하고 지구 산소의 70%를 공급하는 미생물의 세계를 죽인다. **대부분의 난파의 이유**는 폭풍우와 같은 위급 상황에서 배를 조정하는 장비와 동력의 부족 때문이다. 유조선들은 단 하나의 보일러로 동력을 생산하고 단 하나의 프로펠러로 배를 운행한다.

문제에 대한 해결책은 즉시 유조선의 운항을 중지시키는 것이 아니다. 왜냐하면 세계 기름 공급의 80%가 유조선에 의해 이루어지고 있기 때문이다. **그 대신 해결책은 유조선을 운행하는 사람들에 대한 훈련, 더 나은 유조선의 건조, 위기에 처한 유조선을 근처 항구로 유도하는 지상 통제소들을 설치하는 것** 이다. **첫째, 유조선 운행자들은** 유조선을 관리하고 조작하는 방법에 대해 최고 수준의 **훈련을 받도록** 한 다. **둘째**, 유조선에 여분의 통제를 위해 다수의 프로펠러를 장착하고 위급 상황에서의 동력 제공을 위해 **예비 보일러들을 설치**하는 것이다. **셋째**, 지상 통제소들을 유조선들이 해안 근처로 접근할 수 있는 장소에 설치하는 것이다. 이 통제소들은 비행기 통제탑과 같이 왕래가 잦고 안전한 항로를 따라 운행하도록 안내하는 역할을 해야 한다.

[그림 2-5] 유조선의 문제와 해결 방안에 대한 글을 아웃라이닝한 예

③ 생성 전략(generative strategies)이다

기억술이나 구조 전략은 특정한 사실들을 기억하고 내용들을 구조화하는 전략들이지 만, 생성 전략은 기존에 가지고 있던 지식에 읽은 내용을 통합하는 전략이다. 두 가지 중요 한 생성 전략은 요약하기(summarizing)와 질문하기(questioning)이다.

요약하기는 글의 핵심을 파악하기 위해 사용한다. 효과적으로 요약하기 전략을 수행하 기 위해서는 글에서 중요한 것을 구별하고 추려내어 핵심적인 아이디어들을 그 원래의 의 미를 잃지 않고 새롭게 통일성 있는 조직으로 종합해 내는 것이다. 요약하기는 글의 내용 을 자신의 언어로 설명하거나 정보를 친숙하고 구체적인 모델로 관계를 짓는 전략으로 단 순한 반복이 아니라 학습자 나름대로의 구조화를 요구한다.

질문하기는 글을 읽으면서 스스로에게 질문하고 답하면서 능동적으로 인지 과정에 참여 하는 것이다. 특히 자기 질문 기능은 학습부진아들의 이해를 증진시키는 데 효과적인 전략 이다(King, 1992; King, Staffieri, & Adelgais, 1998). 자기 질문 전략이 글에 대한 이해를 돕는 이유는 자신의 추론과 설명을 자극하고, 그에 따라 이해가 증진되기 때문이다. 또 자기 질 문하기는 학습자로 하여금 자신들의 이해 수준을 점검하도록 해 주기 때문이다.

스스로 질문하는 전략은 네 가지 경우로 사용될 수 있다(Gredler, 2001).

- 사실들을 관계 짓는 데 사용될 수 있다. 이것은 정교화 질문(elaborative interrogation)이라고도 하는데, 텍스트에 실려 있는 사실적 질문에 대해 "왜"라는 질문을 하는 것이다. 예를 들어, "왜 대한민국의 수도가 서울로 정해졌을까?"라는 질문을 하고, 이런 사실에 대한 질문은 학생들이 사전 지식을 활성화하여 새로운 사실적 정보의 보유를 증신시킨다.
- 사고를 촉발시키는 질문들을 생성하는 데 사용될 수 있다. 이 경우는 특정한 "줄기(stem)"에 해당하는 단어들을 사용한다. 예를 들어, _____을 어디에 사용할 수 있을까? _____의 새로운 예로 어떤 것이 있을까? _____이 왜 그럴까? _____이 _____에 어떤 영향을 미칠까? 만약에 _____이 생기면 어떤 일이 일어날까? 등의 줄기 질문을 사용한다. 이런 질문들을 하면 학생들은 주요 아이디어들을 확인하고, 아이디어들이 자신들의 이전 지식과 경험 그리고 상호 간에 연계되는 방법을 확인하도록 한다.
- 주제를 발견하기 위해 질문을 사용할 수 있다. 문학 작품이나 전기문의 주제를 찾기 위해 사용될 수 있는데, 글의 주요 줄거리 요소들을 찾는 네 가지 질문을 만들도록 지도한다. 예를 들어, "주인공이 누구인가?" "주인공이 지닌 문제는 무엇인가?" "주인공은 그 문제를 해결하기 위해 무엇을 했는가?" "문제를 해결하고 어떤 일이 일어났는가?"라는 질문을 한다. 그리고 이 네 가지 질문에 대한 답을 얻은 후에는 다음 네 가지의 조직하는 질문을 하도록 하면 주제를 확인해 내도록 인도해 준다. 예를 들어, "일어난 일이 좋은 것인가 아니면 나쁜 것인가?" "왜 그것이 좋거나 나쁜 것인가?" "주인공이 그 일로 인해 무엇을 할 수 있게 되었는가?" "나도 무엇을 할 수 있겠는가?"라는 질문을 하여 주제를 확인한다.
- 주제를 발견하기 위해 질문을 사용할 수 있다. '누가, 어디서, 언제, 왜'라는 질문을 하여 단서가 되는 단어들을 찾도록 하여 글에 대한 이해를 증진시키는 데 사용할 수 있다.

배움 중심 수업에서는 이런 학습 전략들에 대한 지도를 통해 학생들이 자기주도적인 학습자들이 되도록 지도해야 한다. 노먼(Norman, 1980, p. 97)은 사람이 자신의 인지적 과정을 통제하는 방법에 대한 연구를 하는 인지적 엔지니어링(cognitive engineering)이란 학문 영역이 등장하고 있다고 언급하면서 많은 심리학자와 교육자는 학습 전략을 포함하여 학습하는 방법에 대한 교육을 해야 한다고 다음과 같이 말하고 있다.

우리는 학생들이 학습하기를 바라면서 학습에 대해서는 거의 가르치지 않고 있는데 이것은 이상한 일이다. …… 우리는 종종 학생들이 상당한 양의 내용을 기억하기를 요구하면서 기억술에 대해 가르치지 않는다. 우리는 이런 결함을 보완해야 할 시점에 있고, 학습에 대한 응용학문을 개발해야 할 시점에 와 있다. …… 우리는 학습하는 방법, 기억하는 방법에 대한 일반적 원리들을 개발할 필요가 있으며, 그런 관점에서 응용 과목들을 개발하고 정규 학교 교육과정에 자리 잡도록 해야 한다.

학교 현장에서 학습 기술과 같은 전략적 지식은 내용 지식에 비해 상대적으로 홀대를 받아 왔다. 가드너(Gardiner, 1998)가 745명의 대학생을 대상으로 한 연구에 따르면 이전에 학습 기술에 대하여 학교에서 지도받은 경험이 있는 학생들을 조사한 결과 14%만 그런 경험이 있다고 보고했다. 미국의 경우, 20~30년 전에는 초등학교에서 교사들이 학습 기술을 거의 지도하지 않았으나(Durkin, 1979), 요즘에는 학교에서 인지적 전략들을 지도하고 여러 영역에서 성적 향상을 보임으로써 성공적인 교수 전략이라는 것을 증명하는 연구들이 많이 나오고 있다(Pressley & Woloshyn, 1995). 우리나라에서도 요즘 학습 기술을 교과 교육과정에 접목시켜 지도하는 비중을 점차 높이고 있는데, 이는 선진국의 동향을 반영한 것이다. 그러나 노먼의 주장처럼 앞으로는 교과 외에도 창의적 체험활동 시간을 통해 학습 기술에 대한 별도의 시간을 설정하고 보다 명시적으로 지도할 필요가 있다.

(3) 개념과 원리를 중심으로 지식을 잘 조직해야 한다는 것이다

활동 기억에서 처리한 정보가 장기 기억으로 넘어가면 그 정보는 비교적 영원히 남는데, 추후 수정되기도 하고 일시적으로는 회복이 어려워질 수도 있다(Atkinson & Shiffrin, 1968). 장기 기억의 용량은 무한정이고, 세 종류의 정보로 저장된다(Tulving, 1985). 하나는, 에피소드 기억(episodic memory)으로 개인적이거나 자서전적 정보이다. 즉, 개인이 경험한 사건들에 대한 기억으로 어릴 적 기억, 어젯밤에 본 영화 장면의 기억 등이다. 에피소드 기억은 개인적인 '꼬리표(tag)'에 의해 찾아지며, 어떤 특정 시간이나 장소와의 연합을 통해 재생된다. 또 하나는, 어의적 기억(semantic memory)으로 시의 단어, 전화번호, 개념, 정의 등과 같은 일반적 지식이다. 그리고 나머지는 절차적 기억(procedural memory)으로 사건들이 행해지는 방법에 대한 기억, 즉 기능의 습득과 보유에 대한 것이다.

정보처리이론가들은 장기 기억에 저장한 정보를 스키마(schema)라고 부르는데, 구조화된 정보의 몸체(Anderson, 1990), 사물이나 사건 그리고 활동에 기저하는 총칭적 개념을 나타내는 정보의 구조를 말한다(Rumelhart & Ortony, 1977). 스키마는 슬롯(slots)을 가지고 있는데, 그곳으로 새로운 지식들이 들어가 스키마를 확장시킨다. 스키마는 상호 간에 연결되어 있어 하나가 활성화되면 다른 것도 활성화된다. 아울러 스키마는 어떤 새로운 정보가 활동 기억에서 어떻게 처리될지에 대하여 영향을 준다. 즉, 새로운 정보가 들어오면 어떤 특정한 스키마(주로 들어온 정보와 관련하여 개인에게 가장 잘 확립된 스키마)를 활성화시키고, 그 스키마의 구조가 제공하는 해석을 통해 새로운 정보에 적용한다. 그리고 목표 지향적으로 주의를 기울이고 어떤 환경을 탐색할 것인지에 대한 안내자의 역할을 한다.

장기 기억의 스키마가 정보처리 활성화에 미치는 역할이 배움 중심 수업에 주는 시사점은 선행조직자(advance organizer)의 활용에 대한 것이다. 선행조직자는 학습할 내용에 비해 대개 매우 높은 수준의 추상성(abstraction), 포괄성(inclusiveness), 일반성(generality)을 가진 언어적 또는 시각적 자료로서, 새로운 학습에 대해 '아이디어적 비계(ideational scaffolding)'를 제공하는데 진술이나 도해로서 수업 시작 전이나 수업 후에 주어질 수 있다(Gredler, 1992). 선행조직자는 학습할 재료를 조직하고 그것을 이전에 알고 있었던 것과 연계하는 개념적 틀을 제공하여 학습의 효과를 증진시킨다.

선행조직자는 설명식 조직자(expository organizer)와 비교식 조직자(comparative organizer)의 두 종류가 있다(Ausubel, 1960, 1968). 설명식 조직자는 학습할 내용과 논리적 관계를 생성시키는 조직자이다. 예를 들어, 오스벨(Ausubel, 1960)은 대학생들에게 금속 공학에 대한 내용으로 2,500개의 단어로 된 글을 읽히기 전에 500개의 단어로 된 설명조직자를 제시한 결과 정보 보유에서 훨씬 우수한 것을 발견했다. 비교식 조직자는 적절한 선행 지식을 사용하여 새로운 지식을 학습할 때 비교의 준거를 제공하여 정보의 보유를 높이는 조직자이다. 즉, 비교식 조직자는 학습할 내용과 비교의 준거를 제공해 주는 조직자이다. 오스벨과 유세프(Ausubel & Youssef, 1963)는 대학생들에게 불교에 대한 내용으로 2,500개의 단어로 된 글을 읽히기 전에 기독교와의 관계를 설명한 비교조직자를 읽힌 결과 정보 보유 검사에서 훨씬 우수했다.

메이어(Mayer, 1979)는 선행조직자와 관련한 연구들을 검토하고 그 유용성을 확인하였으며 효과적인 선행조직자는 다음의 세 가지 성격을 지니고 있음을 확인했다. 첫째, 단순히 학습할 내용의 복습 차원에서 제시하는 것이 아니고 학생의 현재 지식 구조와 새로운 학습과의 연계를 돕는 것으로 조심스럽게 선택한다는 것이다. 둘째, 높은 수준의 추상성, 일반성, 포괄성을 지닌 것이어야 한다. 그 이유는 그런 조직자는 하나의 우산의 역할을 하여 세세한 사실적 정보들을 그 안에 포괄하여 학생의 현재 지식 구조와 새로운 학습과의 연계를 도울 수 있기 때문이다. 셋째, 구체적 모델, 비유, 예, 상위 수준의 규칙, 원리적 주제를 구체적으로 토론하는 것 등은 효과적인 조직자로서 기능할 수 있다는 것이다.

한편 전문가의 스키마는 초보자들의 스키마와 차이가 나는데 그것은 얼마나 스키마가 크냐보다는 얼마나 스키마가 잘 조직되어 있느냐와 관련이 있다. 즉, 전문가들의 스키마는 지식의 양이 많아 크기도 하지만 개념과 원리를 중심으로 정보들을 네트워크로 잘 조직하고 있어 새로운 정보를 처리할 때 그 네트워크가 빠르게 작동하여 보다 효율적이고 효과적인 특징이 있다(Glaser & Chi, 1988; Greeno, 1980; Larkin, 1980). 예를 들어, 서양장기 전문가들은 장기 기억에 장기의 조합패턴을 많이 저장하고 있어 새로운 정보가 들어오면 그것을 이들과 연계시키기 때문에 불과 몇 초만 장기의 패턴을 보여 주더라도 초보자와는 달리 80~90%의 재구성 성공률을 보인다. 우리나라 바둑의 경우에도 전문 바둑 기사 한 사람이 아마추어 바둑인들과 다면기(전문 기사 혼자서 10~20명의 아마추어 바둑인들과 두는 시합)에서 매우 빠른 속도로 바둑돌을 놓으며 여러 사람과 상대를 하더라도 승률이 90% 이상 되는 이유는 전문 기사들은 소위 '정석'이라는 바둑의 효과적인 조합패턴을 많이 알고 있어 그들이 놓은 바둑돌 한 수 한 수는 매우 효과적이기 때문이다. 소위 전문가들의 바둑 스키마는 초보자들의 바둑 스키마에 비해 그 크기도 크지만 잘 조직되어 있어 초보자들이 수십 명이 함께 상대하더라도 이기기 어려운 것이다. 즉, 전문가들의 스키마는 양보다는 질에 있어 크게 차이가 난다.

정보처리이론에서 발견한 전문가와 초보자의 스키마 차이가 배움 중심 수업에 주는 시사점은 "적은 것이 더 많다(The less is more)."라는 원리이다. 전통적인 교육에서는 "많은 것이 더 좋다(The more is better)."였으나 정보화 사회와 포스트모더니즘 시대의 교육과정에는 적은 것이 더 많다는 최소주의의 아이러니가 등장한다.

다시 말해, 지식이 폭발적으로 늘어나는 정보화 시대에 어떤 것에 대해 학생들이 알아야 할 것을 가르치기에는 그 내용이 너무 많기 때문에 학생들에게 "접종"식 접근으로 잡다한 교과의 사실적 지식을 주사약을 집어넣듯 주입시키는 것보다 학생들이 교과의 개념과 원리를 중심으로 지식을 잘 조직하고 다양한 상황에 적용하여 피드백을 받음으로써 기존의 스키마를 정교화하는 것이 더 중요하다는 것이다. 이런 잡다한 지식은 정보화 시대의 테크놀로지를 통해 즉시적으로 얻을 수 있기 때문에 학생들은 진도 나가기 접근으로 모든 지식을 머리에 담아 두도록 할 필요가 없고, 보다 중요한 것은 정보를 다루는 기술, 즉 전략적 지식(strategic knowledge)을 사용하여 지식을 잘 통합하여 조직하고 활용하도록 하는 것이다. 이런 맥락에서 내시(Nash)는 다음과 같이 진술한다(Weimer, 2013, p. 142 재인용).

나는 종종 내용을 적게 가르치면 실제로 더 많이 가르치게 된다는 것을 발견한다. 이것을 최소주의 교수법의 아이러니(pedagogy of ironic minimalism)라고 부른다. 시간을 내어 학생들이 실제로 알고 있는 것이 무엇인지 되돌아보고, 광범위한 내용을 의도적으로 최소화하면 학생들은 가장 많이 배울 기회를 제공해 주게 된다는 것을 발견한다.

(4) 학생들이 자신의 사고과정을 계획하고, 실행하고, 점검하는 전 과정에 대한 통제 능력을 길러 줄 필요가 있다는 것이다

정보처리 모델의 집행 통제 과정은 감각동작기, 활동 기억, 장기 기억의 전 과정을 통제하는데, 이것은 현대 인지심리학에서 제시하는 초인지(metacognition)라는 개념으로 확장 · 정교화되었다. 초인지 개념은 1970년대 후반에서 1980년대에 특정 전략들의 사용을 통제하는 고등 수준의 사고과정에 대한 개념으로 도입되었다(Gredler, 2001, p. 233).

초인지의 초기 개념은 플라벨(Flavell, 1979)의 메타기억(metamemory)이었다. 메타기억은 기억의 저장과 기억 수행에 영향을 주는 사람, 과제, 전략 변인에 대해 언어화할 수 있는 지식(verbalizable knowledge)으로 정의했다. 그러다가 연구가 기억에 관한 지식에 더해 자신의 인지적 기능에 대한 지식을 포함하는 것으로 확대됨에 따라 초인지(메타인지, metacognition)라는 용어를 사용하게 되었다. 메타인지에서 "meta"는 "above" "transcends"란 의미로서, 메타인지란 자신의 인지에 대한 지식과 자신의 인지에 대한 통제로 구성된다. 메타인지에 대한 통제는 일반적 자기 조절(self-regulation)이라고도 불린다(Boekaerts, Pintrich, & Zeidner, 2000; Bransford, Brown, & Cocking, 1999; Brown, Bransford, Ferrara, & Compione, 1983; Zimmerman & Schunk, 1997).

일반적으로 초인지는 "사고에 대한 사고(thinking about thinking, Gredler, 2001, p. 233)."를 의미하고, 좀 더 자세히는 "자신의 학습, 기억, 사고를 관리하는 데 필요한 능력"으로 정의한다(p. 256). 활동 기억에서의 학습 전략들과 같은 인지적 전략(cognitive strategy)은 내용에 대한 것이며, 초인지 전략들은 사고(thinking)에 대한 것으로 차이가 난다.

초인지는 두 가지 요소로 구성된다.

첫째, 자신의 인지와 전략 사용에 대한 지식이다. 프레슬리와 매코믹(Pressley & McCormick, 1995)은 이것을 좀 더 나누어 제시하는데 하나는, 자신의 사고에 대한 지식과 인식(awareness)으로 자신의 능력, 한계, 학습 도중에 부딪히는 어려움에 대해 인식하는 것이다. 또 하나는, 언제, 어디서 전략을 쓰는가에 대한 지식이다. 즉, 어떤 전략이 어떤 과제와 상황에 적절한가에 대한 지식을 말한다. 훌륭한 문제 해결자는 목표 특정적인 전략들을 사용할 줄 아는 것 외에 그런 것들을 언제, 어디서 사용해야 하는가에 대한 지식을 갖고 있다.

둘째, 자신의 사고를 조절하는 능력이다. 즉, 문제를 해결하기 위해 인지 전략들을 사용할 계획을 세우고 실행에 옮기고 점검하고 수정하는 능력이다. 초인지의 이 두 번째 구성 요소를 여러 영역의 학습에 적용한 모델들이 제시되고 있다. 제이콥스와 패리스(Jacobs & Paris, 1987)는 효과적인 읽기를 3단계로 제시한다.

- 계획하기 단계: 읽기의 목표를 설정하고 적절한 자원을 활성화하고 적절한 전략들을 선택하는 단계이다.
- 평가하기 단계: 읽기의 이해 수준을 판단하는 단계이다.
- 점검하기 단계: 읽기 과정과 결과를 점검하고 부적절했던 전략들을 조정하는 단계 이다.

위니와 해드윈(Winne & Hadwin, 1998)은 자기주도학습의 4단계 모델을 제시한다.

- 과제를 정의하는 단계: 학습할 과제가 무엇인지 지각하고, 가용한 자원은 무엇인지 생각하고, 학습을 하는 데 제약들로 작용하는 것으로 어떤 것들이 존재하는지 인식하는 단계이다.
- 목표를 설정하고 계획하는 단계: 목표와 학습과제를 수행할 계획을 세우는 단계이다.
- 실행단계: 계획에 따라 학습 전략을 동원하여 실행에 옮기는 단계이다.
- 학습을 조정하는 단계: 학습과제, 목표, 계획, 전략에 대한 이해를 큰 규모로 조정하거나 미래 학습 조건에 조정을 가하는 단계로, 성공에 대한 개인적 기대 수준을 높이거나 낮춘다.

배움 중심 수업에서는 초인지의 대상이 되는 문제 해결 전략들을 지도하여 학생들이 자기주도적인 학습자들이 되도록 도와야 한다. 문제 해결 전략을 크게 다섯 가지로 제시하고 있다(Gredler, 1992).

① 수단-목표 분석(means-ends analysis) 전략이다

사이먼(Simon)은 이 전략의 사용 단계를 3단계로 제시한다(Gredler, 1992 재인용).

- 1단계: 주어진 문제 상태와 해결된 목표 상태 사이의 간극을 평가한다. 즉, 문제를 표상하고, 주어진 것이 무엇인지 알아보고, 목표와 하위 목표를 세운다.
- 2단계: 문제 상태와 목표 상태의 거리를 좁히기 위해 적절한 조작을 한다. 즉, 하위 목표부터 공략할 적절한 조작자를 찾아내어 실행한다.
- 3단계: 결과를 평가한다. 즉, 하위 목표와 목표가 적절히 성취되었는지, 즉 그 간극이 없어졌는지 점검하고, 필요한 경우에 하위 목표를 재정의한다.

② 발명적 문제 해결(invention-problem) 전략이다

창의적인 문제 해결을 원하는 경우, 문제를 정의하고 해결에 필요한 단서를 찾기 위해 환경을 탐색하는 과정을 반복하여 해결책을 얻는다.

③ 눈대중(heuristics) 전략이다

우리나라에서는 발견법으로 번역해서 쓰이고 있으나 원래 의미는 '엄지손가락 규칙(rule of thumb)'으로, 당면한 문제 상황에서 사람들이 가장 흔히 쓰는 해결 전략을 말한다. 눈대중 전략은 실용적인 방법, 경험에 기초한 방법 등의 성격을 가지고 있다. 눈대중 전략의 세 가지 예를 들면, 다음과 같다.

- 목표 상태로부터 거꾸로 작업하는 전략이 있다. 예를 들어, 방정식의 답을 구하기 위해 답안을 하나하나 거꾸로 대입하여 해결하는 전략이다. 그리고 형사가 사건 현장을 보고 그 수법을 파악한 후 먼저 범인을 어떤 인물로 가정하고 적절한 증거를 찾아 읽어 가면서 추적하는 것도 한 예이다(한국심리학회, 2003).
- 언덕 오르기(hill climbing) 전략으로 목표에 접근하기 위해 한 단계를 풀고 그다음 단계를 찾아가는 전략이다.
- 문제를 하위 문제들로 나누어 푸는 전략으로 하위 문제들을 해결하면 전체 문제가 해결되도록 하는 전략이다.

눈대중 전략은 성공의 보장이 없다. 오히려 과도하게 의지하면 실패한다. 예를 들어, "뺄셈이 나오면 항상 큰 수에서 작은 수를 뺀다."라는 눈대중 전략은 3-7의 경우에 4라고 답하는 오류를 범한다.

④ 알고리듬(algorithms) 전략이다

정해진 규칙에 따라 실행하여 답을 얻는 전략으로 긴 나눗셈을 하는 절차가 알고리듬의 예이다.

⑤ 비유에 의한 문제 해결(problem solving by analogy) 전략이다

주어진 문제 상황과 비슷했던 상황을 생각해 내고, 그 비슷했던 상황에서의 해결책을 주어진 문제 상황에 적용하는 것이다.

학생들에게 초인지를 지도하기 위해서는 네 가지 조건을 고려해야 한다(Gredler, 1992).

첫째, 인지 전략들의 필요성과 사용 방법에 대한 명시적인 지도가 있어야 한다. 이런 명시적 지도는 정보에 기반한 훈련(informed training)이라고 부르는데, 이와 반대로 목적과 필요성에 대한 인식이 없이 암묵적으로 지도하는 것을 맹목적 훈련(blind training)이라고 한다. 인지 전략에 대한 지도는 언제, 어디서, 왜 써야 하는지에 대한 명시적 안내가 필수적이다.

둘째, 문제 해결의 성공 여부를 평가할 때 결과 외에도 초인지 활동 과정, 즉 문제를 해결하기 위해 인지 전략들을 계획하고 실행에 옮긴 과정도 포함시켜야 한다.

셋째, 과제를 제시할 때 학생들이 초인지 전략을 활용해야만 하는 과제를 부여한다.

넷째, 교과들을 포함하여 다양한 삶의 상황에서 광범위하게 그리고 장기적으로 연습할 기회를 제공해야 한다.

전통적으로 학교에서의 수업은 교과의 내용을 가르치는 데 초점을 맞추어 왔다. 이에 따라 학생들은 이미 정해 놓은 계열에 따라 일련의 사실적 지식과 그 내용 영역을 대표하는 절차들을 습득하도록 기대되어 왔다. 따라서 학교 수업에서 강조하는 것은 문제에 대한 정답을 얻는 것이다. 그러나 요즘에는 초인지 전략을 정규 교육과정과 접목시켜 교수하고자 하는 움직임이 있는데, 그 예로 "수학하기(doing mathematics)"를 들 수 있다(Lester, Garafolo, & Kroll, 1989). 이 접근에서는 학생들이 문제를 해결하는 과정에 참여하여 다양한 전략을 사용하도록 하는 데 초점이 맞추어져 있으며, 구체적으로 문제를 다루는 다양한 방법을 탐색하고, 해결책을 상호 검토하고 토론하고, 대안적 해결책들을 탐색하도록 하고 있다.

3) 피아제의 인지적 구성주의 학습 원리

피아제의 이론은 철학, 심리학, 생물학을 관통하는 간학문적 접근의 산물이다. 피아제는 철학으로부터 "지식의 성격은 무엇인가?" "사람과 현실 사이에는 어떤 관계가 있는가?" 등의 인식론적 질문을 하고, 심리학으로부터 과학적 방법론을 택하여 사실적 발견을 중시하고, 생물학으로부터 유기체가 환경에 적응하기 위해 변화하듯이 인간의 지능도 같은 이유로 변화한다는 가정을 유도해 냈다(Gredler, 1992).

피아제는 유기체는 환경이 변하면 생물학적 구조가 변하고, 그 구조는 다음 세대로 전달된다고 보았다. 따라서 유기체는 발달에 수동적이 아니고, 그 유전적 변화가 전적으로 유전되는 것도 아니고, 또 우연히 만들어지는 것도 아니라고 본다. 인간의 지능도 환경에 적응하기 위해 그 구조를 끊임없이 변화시킨다고 보았고, 인간의 인지적 구조도 생물학적 구조와 마찬가지로 환경에 적응하기 위하여 끊임없이 자신의 지적 세계를 구성하면서 생긴 것으로 그다음 세계에 전달된다고 보았다. 따라서 인간의 인지적 구조는 인간의 마음이나 또는 외적 세계에 미리 주어져 있는 것도 아니고 환경과의 상호작용을 통해 재구성하며 발달하는 것으로 보았다.

배움 중심 수업에 적용될 수 있는 피아제의 인지적 구성주의의 원리들을 제시해 보면 다음 여섯 가지이다.

(1) 학생들은 지식을 구성하지, 복사하지 않는다는 것이다

피아제의 상호작용론은 인간의 마음은 기계적이지 않고 창의적이라는 전제를 가지고 있다. 즉, 인간의 마음은 환경과 상호작용하여 나름대로의 지식을 구성해 나간다는 것이다. 사람은 마치 미술가가 그의 즉각적 인상에 기초하여 그림을 그리듯이 환경과의 경험에 기초하여 사실 세계를 구성하는데, 이 그림은 미술가가 단순히 환경을 복사한 것이 아니고 그 환경에 자신의 스키마를 더한 독특한 조합이라는 것이다. 따라서 사람이 현실 세계를 이해한 것은 그의 감각적 인상에 의해서 수용된 것의 복사가 아니고 자신의 앎의 방식에 의해 변형된 것이다. 그러므로 피아제의 이론에 따르면 우리는 결코 실제 세계를 알수가 없는 것이고, 단지 실제 세계를 재구성한 것만 알 뿐이다(Elkind, 1976).

이에 반해, 전통적인 학습관인 지식의 복사이론(copy theory)은 소위 '실제' 세계에 대한 정적이고 객관적인 실체에 대한 지식을 습득하는 것이 가능하다고 본다. 그리고 복사이론은 학생과 성인의 지식 차이는 양적인 것으로 생각한다. 그러나 피아제의 인지적 구성주의 관점은 객관적 실체는 우리가 알 수 있는 것은 아니고, 단지 우리가 재구성한 것만 알수 있다고 보는 것이다. 즉, 지식이란 아는 것(knowledge is knowing)이고, 학습자의 활동에 의해 창조되는 과정이라는 것이다. 따라서 피아제에게 지식은 행위의 문제이고, 행위없이 지식은 형성되지 않는다(Piaget, 1970c; Pufall, 1988).

아울러 학생은 성인과 질적으로 다르다고 본다. 학생은 신체적으로도 성인과 신체부분의 비율이 다르기 때문에 성인의 축소판이 아니고(예: 학생의 머리는 신체의 1/4인 반면, 성인의 머리는 신체의 1/7이다), 환경과의 경험을 통해 세계를 구성하는 수단도 성인의 입장에서볼 때 부적절하여 성인의 축소판이 아니다. 학생은 성인의 수준이 될 때까지 점진적으로세계를 구성하고 성인과는 다른 논리를 통해 지식을 재구성해 나간다(Elkind, 1976).

피아제의 인지적 구성주의가 배움 중심 수업에 주는 시사점은 학생은 외부에서 조직된지식을 그대로 내면화함으로써 학습하지 않는다는 것이다. 더욱이 성인과는 질적으로 다른 전조작기나 구체적 조작기의 인지발달 단계에 있는 학생에게는 더욱 그러하다. 이에따라 교사의 언어에만 의존한 설명식 지식 전달은 학생의 사고 구조에 맞지 않아 혼란을일으킬 수 있고 지식의 내면화를 이끌어 내기 어렵다(Kamii & DeVries, 1978). 성인은 여러요인을 동시에 고려하지만, 전조작기 학생이나 구체적 조작기 학생은 한 번에 하나 또는두 개 정도 요인을 고려할 수밖에 없다. 예를 들어, 카미와 드브리스(Kamii & DeVries, 1978, p. 32)의 연구에 따르면 전조작기 학생은 한 번에 한 가지 요인만 고려하기 때문에 "나무판자는 두껍기 때문에 물에 뜨고, 구리선은 길기 때문에 가라앉는다."는 모순적인 진술을 한다. 나무판자 또한 길다는 사실을 학생이 고려하지 못한다. 이런 학생에게 여러 요인을 함께 고려하는 교사의 언어적 설명은 학생에게 혼란만 가중시킬 뿐이다. 학생에게 이런 혼란이 발생하면 학생은 지식 구성에 있어 그 주도권이 좌절되고, 학습에 자신감을 잃고 교사가 정답을 시사하는 단서들을 찾는 데만 초점을 두게 된다(Kamii & DeVries, 1978).

복사이론에 기초한 전통적 교육은 학생에게 단어를 제시하면 그 의미를 이해한다고 생각하지만, 인지적 구성주의 이론은 그 반대이다. 즉, 단어가 의미를 가지려면 먼저 학생이 개념을 습득해야 하고, 그 개념을 습득하려면 학생은 학습에 있어 능동적으로 참여하여 실제 세계를 구체적으로 경험한 후 그 개념을 습득해야 한다. 실제 삶의 문제들을 사용하는 일은 학생의 학습 동기를 증진시키고, 학생에게 의미 있는 내용을 깊이 생각해 보도록 하고, 협동적으로 학습할 기회를 증진시킴으로써 모든 학생에게 이익이 되는 접근이다(David, 2008). 그렇게 하여 형성된 개념은 듣고 읽는 단어에 의미를 부여할 수 있게 된다. 특히 인성교육과 관련하여 언어를 통한 설명식 사회적 규칙이나 규범 교육은 적절하지 못하다. 나눔, 타인의 감정 이해하기 등을 교육하기 위한 설명식 교육은 고작해야 정교화된 언어를 소개하는 것이다(Macomber, 1977). 나눔을 통한 시범은 학생이 모방해야 하며, 가장 중요한 것은 도덕적 가치를 또래들 간의 상호작용을 통해서 내면화해야 한다.

(2) 학생들은 자신의 인지발달 단계를 속진시키기보다는 심화시키는 방향으로 지도해야 한다는 것이다

피아제는 초·중등학교 학생들의 인지발달 수준을 전조작기(pre-operational stage), 구체적 조작기(concrete operational stage), 형식적 조작기(formal operational stage)로 나누는데, 그 기준이 조작(operation)이라는 개념이다. 피아제에게 있어 조작이란 사람이 무엇을 만지거나 다루는 행위를 의미하는 것이 아니라 논리적 사고의 기본 단위를 의미하는 특정한 종류의 인지 활동이다.

조작은 행위와 세 가지 점에서 다르며 이것이 조작의 근본적 성격이다(Gredler, 2001).

첫째, 데이터 또는 사물의 변형이 보상된다(compensated). 즉, 상황의 한 측면을 변화시키면 다른 측면에서의 변화에 의해 정확하게 보상된다. 예를 들어, 40개의 동전 한 무더기가 4개의 무더기로 나뉘면 무더기의 수는 늘지만 무더기 당 동전 개수는 줄어든다. 둘째, 보상은 일어나도 데이터 또는 사물의 근본적 성격은 변하지 않는다. 앞에 동전의 예에서 전체의 동전 개수 40개는 변하지 않는다. 이때 변하지 않은 측면에 대한 인지를 보존(conservation)이라 한다. 셋째, 변형된 데이터 또는 사물을 원래의 상태로 되돌릴 수 있다. 예를 들어, 다시 40개의 동전 무더기를 하나로 모을 수 있다. 이를 가역성(reversibility)이라고 한다. 피아제는 이런 조작의 세 가지 측면을 이해할 때 조작적 인지구조(operational structures)를 형성했다고 부른다.

초·중등학교 학생들의 조작적 인지구조는 준논리적 사고(semi-logical thought)를 하는 전조작기, 구체적 조작을 통한 논리적 사고(concrete thought)를 하는 구체적 조작기, 상징을 통한 형식적 논리(formal logic)를 하는 형식적 조작기로 발달하는데, 각 단계를 통과하는 나이에 있어 개인차는 약간 있으나 발달은 계선적인 보편성을 지니고 있다.

그런데 요즘 학교 현장에서는 이런 인지적 발달을 가속화시키기 위해 선행학습을 하는 학생들이 늘고 있다. 예를 들어, 인지발달 수준은 구체적 조작기에 있는데 형식적 조작기의 내용을 학습시키는 것이다. 집중적인 훈련을 통한 선행학습은 일정 부분의 제한된 내용에 대해서는 향상이 있을 수 있으나 질적으로 다른 구조를 가진 인지적 발달 수준으로 가속화할 수는 없다(Elkind, 1976). 이런 선행학습은 학생들을 '웃자란 콩나물'

처럼 부실하게 성장시키는 것이다. 지적 발달은 신체적, 사회적 발달과의 동기화(同期化, synchronization)이기 때문에 집중적인 선행학습 훈련은 성장과정의 전체성을 무시하는 것으로 위험이 따르고 비적응적인 발달로 이어진다. 인간 발달은 신경체제(nervous system)의 성숙과 경험을 요구하며 그 발달이 완전히 실현되려면 적절한 비율이 필요하다(Gredler, 1992). 발달은 신체적, 사회적, 지적인 발달이 상호작용하여 전체(totality)로서의 성장을 고려해야 하고, 학습은 그 발달 수준에 의해 조건화되는 경험의 산물이다(Elkind, 1976).

배움 중심 수업에서는 일부 뛰어난 영재처럼 인지발달 수준에 있어 개인차가 있는 경우를 제외하고는 선행학습과 같은 속진보다는 해당 학년 수준 내용을 가지고 다양하게 탐구하고 조사하며 폭넓은 경험을 쌓도록 심화학습을 하도록 지도해야 한다. 그렇게 했을 때 각 인지발달 단계 내에서 충분한 경험을 할 기회를 갖게 되고, 신경체제의 성숙에 따라 단계 내에서의 제약들도 풀리게 되어 그다음 인지발달 단계로의 이동이 자연스럽고 정상적으로 이루어진다. 이것을 피아제의 인지적 구성주의에서는 수평적 정교화가 수직적 통합에 선행한다는 원리라고 부른다. 즉, 수평적 정교화란 학습한 기능이나 지식을 비슷한 수준의 다양한 상황에 적용함으로써 실체화(substantiate)하는 것인데 이것은 자연스러운 학습방법이다.

일부 학생과 부모는 수직적 통합인 속진이 더 중요한 것처럼 생각하는 경향이 있는데 이것은 잘못된 것이다. 수평적 정교화를 통해 인지적 기능과 지식을 풍부히 하고 강화시켜야만 수직적 이동이 쉽고 실제로 학습이 된다. 비유적으로 건물을 높이 올리려면 아래가 튼튼해야 하는데 발달적 관점에서 학습은 건물을 올리는 일과 비슷하여 주어진 인지발달 단계를 가속화하려는 노력보다는 풍성하게 정교화하는 일이 중요하다. 듀이(1938)도 모든 교육 경험은 교육적 가치가 동일한 것이 아니고, 어떤 경험은 비교육적일 수 있고 또 어떤 경험은 교육적일 수도 있다고 본다. 또 성장이라는 것도 모두 이익이 되는 것은 아니라고 본다. 나쁜 친구에 의해 범죄자가 되는 경우가 이에 해당한다. 그리고 듀이(1938)에게 있어 준비란 미래의 것을 빠르게 나가는 것이 아니라 그의 현재 경험으로부터 그를 위해 존재하는 모든 것을 끄집어 내는 것이다. 따라서 현재는 미래의 장기적 목적을 위해 희생되어야 하는 것이 아니라 충분히 탐구해야 하는 것이다. 현재 경험의 충분한 활용이 미래를 위한 가장 좋은 준비라는 것이다.

(3) 학생들이 학습할 내용의 난이도는 동화와 조절이 동시에 일어날 수 있는 것이어야 한다는 것이다

학습할 내용은 개개인에게 너무 쉽거나 어렵지 않으면서도 적절한 수준에서의 난이도를 가지고 도전감을 주어야 한다. 이것은 학교 현장에서의 수업이 중간 집단의 수준에 맞추어 표준적인 내용을 획일적으로 지도하는 패턴을 바꾸어야 한다는 점을 시사한다.

피아제의 세 가지 인지적 과정인 동화(assimilation), 조절(accommodation), 평형(equilibration)은 기본적으로 생리적 개념이다(Bringuier, 1980).

① 동화란 외적 요소를 유기체의 구조 안으로 통합시키는 과정이다

유기체가 음식을 소화시키듯 새로운 정보를 기존의 인지구조에 통합하는 과정이다(Piaget, 1970a, p. 307). 예를 들어, 세 변이 있는 도형을 삼각형으로 확인하는 것은 그 도형을 기존의 스키마에 동화시킨 것이다. 동화는 "외부 세계를 그대로 등록시키는 수동적인 과정도 아니고, 자극과 반응 간의 연합도 아니고(S → R), 기존의 인지구조를 통해 자극을 여과시키는 동시에 그 구조를 풍부히 하는 능동적인 과정(S ↔ R)이다."(Piaget & Inhelder, 1969, p. 6) 동화가 일어나려면 자극을 통합시킬 수 있는 적절한 인지구조가 있어야 한다. 그것이 없어 동화를 시키지 못한다.

② 조절이란 동화에 부수하는 과정으로 이 과정도 근본적으로 생리적 개념이다

유기체가 음식을 동화시킬 때 음식의 모양과 양에 따라 입의 모양을 조정하듯 인지적 구조도 외적 물체나 사건이 가지고 있는 특징에 조정되는 과정이다. 예를 들어, 아기가 보이는 것은 움켜쥘 수 있다는 것을 발견한 후 모든 것은 움켜쥘 대상이 된다(동화). 그러나 큰 물체는 양손이 필요하고, 작은 물체는 손가락에 힘을 주어 주워야 한다(조절). 따라서 조절은 인지구조의 재구성을 포함한다. 학습자의 사고가 주어진 자극의 특징과 모순될 때, 즉 인지적 불균형이 일어날 때 자신의 인지구조를 재구성함으로써 좀 더 높은 수준의 인지구조를 갖게 된다.

③ 평형도 근본적으로 생리적 개념이다

유기체는 성장과 생존에 필요한 환경 및 사건에 열려 있으면서 성장과 생존을 위해 안정된 상태를 유지해야 한다. 인지적 구조도 외적 환경에 열려 있으면서 안정된 상태 유지가 필요하다. 안정을 유지하면서도 성장과 발달과 변화를 허용하는 계속적인 자기조정의 과정이 평형이다. 평형은 힘의 균형이 이루어져서 움직이지 않는 상태가 아니고, 계속적으로 행동을 조정하는 역동적인 과정이다(Bringuier, 1980).

평형은 다음 세 가지의 인지적 기능 수준에서 개인의 사고과정을 조정한다.

- 동화 또는 조절 각자가 지배적이지 않도록 조정한다(Piaget & Inhelder, 1969). 대부분의 자극 상황에서 동화와 조절은 균형 있게 기능하지만, 어떤 경우에는 어느 하나가 지배적인 경우가 있다. 예를 들어, 상징적 놀이(상자갑으로 집을 만든다든지, 배를 만든다든지 하는 경우)는 동화가 지배적으로 작용하여 생각을 표상화하고 현실을 이 사고과정에 종속시킨다. 또한 모방의 경우는 조절이 지배적으로 작용하고 있는 것이다. 평형은 이런 모방과 같은 조절이 적절한 경우에만 나타나도록 조정한다. 평형의 이런 조정 기능이 부족하게 되면 부적응 현상이 일어난다. 즉, "현실의 왜곡을 일으키도록 하거나 자기 주관이 없는 복종적 삶을 살게 한다."(Piaget, 1967, p. 23)
- 변화하는 지식의 하위 체제들(subsystems) 간에 균형을 잡는다(Piaget & Inhelder, 1969). 지식의 하위 체제들은 서로 다른 속도로 발달할 수 있기 때문에 인지적 갈등이 일어날 수 있다. 예를 들어, 조약돌을 두 줄로 나란히 늘어놓았을 때 전조작기에 있어 아직 가역적 사고가 발달하지 않은 학생은 각 줄의 조약돌의 수를 세고 두 줄의 조약돌은 같다고 이야기한다. 그러나 한쪽 줄의 조약돌의 간격을 넓히게 되면 학생은 두 줄의 조약돌이 같지 않다고 이야기한다. 이 학생에게는 아직 두 진술의 모순을 인식하지 못하기 때문에 인지적 갈등을 겪지 않을 수도 있다. 그러나 이 학생이 조금 더 성장하면 수의 체제(numerical system)에서는 그 수가 같게 경험하던 것이 위상체제(spatial system)에서는 그 수가 같지 않게 경험하는 모순을 겪게 된다. 이런 모순은 학생이 조절을 통해 해결하며, 그 두 하위 지식체제 간의 균형을 평형을 통해 확립하게 된다.
- 지식의 하위 체제들과 전체와의 균형을 확립한다(Piaget, 1977). 지식의 전체는 부분으로 분별되고 또 다시 전체로 통합되고, 이 과정이 순환되면서 지식은 발달하게 된다. 이 분화와 통합의 과정을 평형이 조정한다. 이에 따라 평형이 없으면 인지발달은 계속성과 일관성을 잃고 결국 파편화되고 파괴된다.

피아제의 동화, 조절, 평형이 하는 역할을 살펴보았을 때 학생이 학습할 내용은 동화와 조절이 동시에 일어날 수 있는 수준의 적절한 난이도를 가진 문제가 좋다. 이때 적절한 수준에서 인지적 불균형이 일어나며 그것은 자연적으로 학습 동기를 유발시켜 평형을 추구하게 한다(Piaget, 1985). 그러나 학생이 문제를 대했을 때 나타나는 반응은 지식의 진보로 이어질 수도 있고 그렇지 않을 수도 있다. 이런 난이도 수준은 학생 각자에게 다를 수 있기 때문에 배움 중심 수업에서는 학습 내용의 개별화가 중요하다.

(4) 학생들의 학습은 교과 통합적 접근과 분과적 접근의 균형을 필요로 한다는 것이다

앞에서 평형의 세 번째 기능에서 언급한 바, 피아제(1977)는 지식은 통합과 분화의 순환적 과정을 거쳐 발달하고, 통합과 분화 중 어느 하나에만 치우치면 인지발달은 계속성과 일관성을 잃고 결국 파편화된다. 그리고 피아제(1970b)는 생물학적으로 유기체가 부분의 합 이상인 전체로서 각 부분은 전체를 구성하나 그 전체를 설명할 수 없으며, 유기체는 항상 전체로서 기능하는 조직체이듯이 인간의 인지적 측면도 항상 전체로서 기능하고 또 그렇게 했을 때 효과적이기 때문에 지식의 통합적 구조 형성이 매우 중요하다고 본다.

우리나라의 학교에서는 분과적 접근이 과도한데 그 이유는 학문의 성격이 그러하기 때문이 아니라 사회 구조적인 측면 때문이다. 실제로 학문 영역들은 외양상 나타나는 것보다 실제로는 덜 분리되어 있다. 엘킨드(Elkind, 1976, p. 7)는 이것을 다음과 같이 진술한다.

> 학문 영역들은 외양으로 보이는 것보다 실제로는 덜 분리되어 있고 관점, 개념, 방법론 등이 서로 중복된다. 이것은 학생들에게 이런 학문 영역들을 교수하는 데 있어 분명한 시사점들을 제시하고 있다. [그것은] 아마도 학생들에게 문제 중심, 방법 중심으로 교수하고, 그 후에 각 학문 영역에 접하도록 하는 것이다. 어린 학생들에게 '사회' 또는 '과학' 등으로 명명한 교과들을 가지고 교육을 시작하는 것보다는 구체적인 문제, 예를 들어 '개미 제국의 운영'과 같은 문제로 시작하는 것이 더 좋다. 이런 방법으로 학생들은 일반적인 과학적 방법, 예를 들면 관찰방법과 사회적 조직에 관한 초보적인 사실들을 배운다. 학습의 과정에서 학생들이 그런 방법과 관찰이 어느 학문 영역에 속하는지 미리 판단하는 수고를 할 필요가 없다. 확실히 학문의 분화는 인간의 노력을 필요한 분야에 분배하고 앞으로도 계속 유용할 것이다. 그러나 새로운 인간 노력의 분야, 새로운 학문 영역들도 계속 출현해 왔고 앞으로도 그러할 것이다. 결과적으로 학생 교육에서 우리는 학문의 영역을 너무 강하게 주장할 필요가 없다. 학생들이 성장하였을 때는 그러한 영역 구분은 더 이상 존재하지 않을 수도 있다. 학문 영역에 초점을 맞추기보다는 문제와 방법에 초점을 맞추는 것이 계속적으로 변하는 학문의 틀에 학생들을 준비시키고, 학문적으로 통일된 보다 성숙한 개념 수준을 습득시킬 수 있는 방법이 된다.

피아제의 인지발달의 질적 차이를 고려할 때 배움 중심 수업에서는 통합적 접근과 분과적 접근의 균형이 필요하다. 특히 초등학교 수업에서는 통합적 접근의 비중을 보다 높이고, 중등교육에서 분과적 접근의 비중을 높이는 방향으로 비중적 차이를 둔 균형도 필요하다. 그리고 통합적 접근도 초등교육에서는 학생들의 삶에서의 흥미와 요구를 반영하여 교과의 학문적 경계와 구분에 연연해하지 않는 탈학문적 접근(trans-disciplinary approach)을 취하고, 중등교육에서는 학문을 꿰뚫며 가로지르는 공통적 개념들을 중심으로 여러 교과를 연계하여 탐구하는 간학문적 접근(inter-disciplinary approach)이 적절하다.

(5) 교육과정의 심리화가 필요하다는 것이다

국가 수준의 교과 교육과정을 학생들의 인지적 발달 수준에 적합하게 해서 제공할 필요가 있다. 교과 교육과정은 각 교과의 논리적 구조에 기초한 집단적 지능(collective intelligence)의 산물로서 학생들의 심리적 구조에 기초한 개인적 지능(individual intelligence) 수준에 적합하지 않을 수 있다. 이것은 교과 교육과정이 가지고 있는 영속적인 문제의 원천이다. 이 문제를 피아제는 다음과 같이 언급했다(1970b, p. 117).

> 한 사회의 구성원들이 가지고 있는 논리(論理) 또는 전논리(前論理, pre-logic)는 이미 투명화된 문화적 산물에 의해 적절히 맞추어질 수 없다. 실제 문제는 어떻게 하면 이런 집단적 도구(collective instruments)가 각 개인의 일상적 추론에 조화롭게 유용되도록 하는가에 관한 것이다.

듀이 또한 이 문제가 지닌 부작용을 다음과 같이 언급하고 있다(1971a, p. 30).

> 교과는 학생 외부에서 선택하고 처방한다. …… 그래서 교과가 학생들에게 매력적이지 않다. 아니 매력적일 수 없다. 교과는 [학생이라는] 기원(origin)을 상실했고 그들의 경험과의 관계를 상실했다. …… 그 결과, 교과를 학생의 마음에 연계 짓기가 어렵고, 학생의 마음을 퇴출시키고, 주의를 빗나가게 하고, 다른 행동과 이미지를 끌어들여 학습할 내용이 마음에서 멀어지게 만든다.

또한 교과 교육과정이 지닌 이 문제는 교과 교육과정이 여러 단계의 인지발달 수준에 있는 학생들이 어떻게 학습하는지에 대한 경험적 연구에 기초하고 있지 못하기 때문에 발생한다. 이것을 엘킨드는 다음과 같이 진술하고 있다(2000, p. 111).

> 학생이 실제로 한 교과를 어떻게 학습하는지를 알지 못하면서 학생이 어떻게 그 교과를 학습하는지를 알 수 있는가? 어떤 직종이든지 사전에 철저히 현장 검증을 거치지 않고 시장에 물건을 내놓지는 않는다. 교육에서만 예외인 것이 이상하다. …… 교육과정 자료가 작동하는 일은 항상 특정한 시간에 특정한 장소의 특정한 학생들에게 의존하고 있다. 따라서 교육과정은 결코 최종적인 것이어서는 안 되고 항상 열려 있고 융통적이고 혁신적이어야 한다.

피아제의 인지적 구성주의 관점에서 볼 때 이 문제를 해결하려면 교사가 학생의 인지발달 수준과 삶의 경험에 적절하도록 교과 교육과정을 연계해야 한다. 듀이(1971a, p. 30)는 이것을 교육과정의 심리화라고 부르며 "이런 교과의 문제(교과의 경험 세계와 학생의 경험 세계와의 불일치 문제)를 극복하는 합리적인 방법은 교과 내용을 변형하여 심리화(psychologize)하는 것이다. 즉, 교과의 내용을 학생의 삶의 범위 내에서 취하고 발달시키는 것이다."

교육과정의 심리화를 다르게 표현하면 "(추상화된) 교과의 내용을 학생의 (구체적) 경험으로 복구시키는 것"인데(Dewey, 1971a, p. 22), 그 이유는 학생의 현재 삶 속에서 교과의 내용이 기원하기 때문에 교과 내용이 학생에게 의미를 갖게 하려면 학생의 개별적인 삶의 경험으로 환원하고 번역해야 한다. 예를 들어, '균형'이라는 과학 교과의 개념을 지도하기 위해 전조작기 학생에게는 '시소를 직접 타보는 경험'으로부터 수업을 시작하여 균형의 이야기를 나누어 보게 할 수 있다. 구체적 조작기 학생에게는 양팔 저울과 여러 가지 무게의 추를 사용하여 양팔 저울의 균형을 잡는 활동으로 시작하고 그림으로 균형의 개념을 그리도록 할 수 있다. 이런 교육과정의 심리화 작업이 있어야만 중등학교에 올라가 교사가 거리와 무게의 개념을 가지고 수식을 만들어 균형 개념을 지도할 때 이해를 할 수 있다.

한마디로 교육과정의 심리화란 학생의 경험 세계와 추상화된 교과의 경험 세계(성인의 경험 세계)는 그 성격이 질적으로 다르기 때문에 교과의 경험 세계에서 시작하여 교과로 끝나는 수업보다는 학생의 경험 세계에서 출발하여 교과의 경험 세계에 이르도록 하는 수업이 학생의 학습 동기를 높이고 학생에게 보다 의미 있는 경험의 성장이 이루도록 하는 데 순조롭다.

배움 중심 수업에서 교사가 교육과정의 심리화를 도모하고자 할 때 학생은 질적 차이와 양적 차이가 있음을 고려해야 한다. 질적 차이란 인지발달 수준에 따른 정신적 구조 차이이며, 양적 차이는 그 정신적 구조 내에서의 경험의 개인차를 말한다. 배움 중심 수업에서 교사가 교육과정의 심리화를 위해 인지발달의 질적 차이를 고려하여 교육과정을 제공하려면 학생이 어떤 인지적 발달 수준에서 학습하는지에 대한 지식이 필요하다. 교사가 이런 교육과정 결정을 하려면 학생의 인지발달 수준을 판단해야 하는데 발달심리학자들은 교사가 그런 판단을 내리는 데 적절한 정보들을 제시한다(Elkind, 1976).

우선, 구체적 조작 능력이 아직 발달하지 않은 학생은, 첫째, 물활론적(animistic) 사고를 한다. 즉, 움직이는 물체(나무, 식물, 구름, 구르는 돌 등)도 동기와 의도를 가지고 있다고 믿는다.

둘째, 현상적 인과관계(phenomenalistic causality) 사고를 한다. 즉, 두 사건이 연속적으로 발생할 때 먼저 나타났던 현상이 나중에 나타났던 현상의 원인이 된다고 믿는다. 예를 들어, 학생이 아침에 창문의 커튼을 걷고 해가 뜨는 것을 보았다고 했을 때 해는 창문의 커튼을 젖히면 떠오른다고 믿는다. 마술 지팡이, 요정 등을 믿는 것은 이런 현상적 인과관계에 기초하기 때문이다.

셋째, 명명적 사실주의(nominal realism) 사고를 한다. 즉, 이름이나 상징에 대해 특별한 존경심을 갖는다. 이것은 상징(symbol)과 그 상징의 대상(referent)을 분명히 구분하지 못한다는 의미이다. 따라서 이 시기의 학생들은 상징이 대상과 같은 것이라고 생각한다. 예를 들어, '달'이라는 이름은 달 안에 있으며, '달'은 항상 '달'로 부르지 다른 어떤 것으로 부르지 못한다고 생각한다. 다시 말해, 이름은 임의적 명명(arbitrary designation)이 아니고, 그 이름의 대상이 가지는 속성(properties)이라고 믿는다. 따라서 이런 인지발달 수준에 있는 학생들은 '나눔(sharing)'이라는 사회적 행동을 하기 어렵다. 자신이 아끼는 장난감이나 소유물은 자신의 상징이며 자신의 부분이라고 생각하기 때문에 그것을 나누어 갖는다든가, 사용하는 것은 자기 자신을 나누는 것이라 매우 저항적이다. 이것은 도덕적인 문제가 아니라 인지발달 수준의 문제이다.

넷째, 자기중심주의(egocentrism) 사고를 한다. 즉, 타인의 관점이 자신의 관점과 다를 때 그것을 수용하는 데 매우 어려움을 느낀다. 이에 따라 다른 사람의 입장을 보지 않고 자신의 생각에만 기초하여 행동하기 때문에 종종 어른들과 문제를 일으킨다. 예를 들면, 무엇을 급히 이야기하고 싶을 때, 어머니가 바늘에 실을 꿰고 있거나 아버지가 전화를 받고 있거나 관계하지 않고 달려오면서 큰 소리로 이야기를 할 경우가 있는데 이것은 나쁜 생각에서 행동하는 것이 아니라 자기중심적으로 생각하기 때문이다.

다섯째, 프레임(frame) 전이의 어려움이다. 인간은 몇 개의 구분될 수 있는 프레임들을 연속적으로 진행시키면서 행동하는데, 이런 프레임들이 약간 달라질 경우에 프레임들이 가지고 있는 일반적 성격을 그 달라진 상황에서 진행시키기를 어려워한다. 예를 들어, 성인은 아침에 '일어나기' '옷 입고' '아침식사 하고' '일터로 나가는' 프레임 등을 진행하면서 출근을 한다. 이때 각 프레임은 스스로의 규칙, 제약, 금지 조항 등 일반적 규칙을 가지고 있다. 그러나 아동들은 각 프레임의 어떤 측면이 달라졌을 때 그 프레임을 운영하는 데 필요한 일반적인 규칙들을 적용하기 어려워한다. 몇 가지 예를 들어 보면, 아동이 집이 아니라 호텔이나 친구의 집에서 하루를 보내는 경우, 그 상황에서의 프레임 진행을 성인은 별 문제없이 하지만, 아동은 이 새로운 상황에서의 프레임을 학습하는 것과 새 프레임과 옛 프레임(집에서의 프레임)의 유사성과 차이점을 인식하고 이를 새로운 상황에 적응해야 하는데, 이를 어려워한다. 또 하나의 예로, '선물받기' 프레임의 경우, 아동은 약간 당황하는 행동을 하고 선물을 받고 감사하는 일련의 작은 프레임들을 진행시킨다. 그러나 친척이나 특별한 사람이 선물을 할 경우, 아동은 종종 마지막 프레임인 감사하는 말을 생략한다. 이것은 사회적 무감각에서 기인한다기보다는 지적 미성숙에 기인한다. 그리고 아동은 가정에서 한 '개인'으로 대접을 받다가 유치원이나 학교에 입학하게 되면 '집단의 한 구성원'으로 대접을 받는다. 이것은 아동으로 하여금 프레임을 변화시켜야 하는 것을 요구하는데 아동은 이것을 어려워한다.

아울러 엘킨드(1976)는 인지발달 수준에 따른 특징 외에도 여러 가지 단서를 통해서도 학생의 인지발달 수준을 파악할 수 있다고 본다.

- 읽거나 듣고 싶어 하는 이야기이다. 왜냐하면 이야기는 구조를 가지고 있는데, 그 구조가 인지발달 수준에 상응하기 때문이다. 구체적 조작 능력을 형성하지 못한 학생들이 선호하는 이야기의 구조는 주인공이 일차원적이다(선하거나 악하거나). 플롯(plot)도 하위 플롯들이 없이 단일하며, 그런 플롯이 반복된다. 그리고 이야기의 시간과 장소가 정교하지 않다. 이것은 등간척도(interval scale)의 조작 개념을 가지고 있지 못하여 한 사람이 모순적 특징(악하면서도 착한 것)을 가지고 있다는 것, 하나의 주요 행동 코스로부터 이탈하는 것, 시간과 공간에 대한 단위로서의 수 개념을 이해하지 못하기 때문이다. 그러나 구체적 조작기 능력을 발달시키거나 형식적 조작 능력을 형성하면서 앞의 세 가지 점에서 이야기는 더 복잡해지고, 또 그런 이야기 구조를 선호한다.
- 하고 싶어 하는 게임이다. 구체적 조작 능력이 없는 학생은 자기 혼자서 하는 동화주

도적인 게임, 예를 들어 소꿉놀이를 선호하나 구체적 조작 능력이 있는 학생은 규칙을 가지고 하는 게임, 예를 들어 tic-tac-toe, 체커, 축구 같은 게임을 즐긴다. 이런 게임들은 그들의 인지발달 수준에 상응하는 게임으로 교실에서 즐길 수 있는 도구들은 학급 내에 설치해 주는 것이 좋다.

• 웃음과 유머이다. 사람에게 웃음을 자아내게 하는 일은 그 사람의 기대에 못 미치지만 비위협적인 성격을 띨 때 발생한다. 구체적 조작 능력이 발달하지 못한 학생들은 기초적 감각 동작의 협응 수준에 대한 기대가 무너질 때 웃음을 보인다. 예를 들어, 사람이 긷다가 헛발을 디뎌 넘어지거나 어떤 것을 떨어뜨리는 것을 보면 웃는다. 그 이유는 그런 동작은 어려움 없이 수행될 줄로 기대했는데, 기대하지 않았던 세련되지 못한 행동이 나타나니까 웃는 것이다. 또 단순한 인과관계나 위상관계에 대한 기대가 무너져도 웃는다. 예를 들면, 총을 쏘았는데 깃발이 맞는다거나 조그만 차에서 많은 광대가 차곡차곡 채워져 있는 것을 보면 웃는다. 구체적 조작 능력을 가진 학생들도 이런 광경을 보면 웃지만 웃음의 정도 차이가 있어서 덜 웃는 편이고, 심지어 그런 광대적 광경은 너무나 어린 일이라는 듯이 웃지 않는 아이도 있다. 그리고 유머도 구체적 조작 능력이 발달하지 못한 경우에는 일차원적이고 단순하지만, 구체적 조작기를 거쳐 형식적 조작기에는 유머가 정교하고 언어적 농담이나 재담 수준으로 발전한다.

구체적 조작 능력이 발달한 학생은 조작을 내면화한다. 학생이 과거에는 손으로 다루었어야만 하는 것을 머릿속에서 다룬다. 예컨대, 전조작기 학생에게 조립식 퍼즐을 주면 즉각적으로 달려들어 시행착오적으로 퍼즐을 맞추어 가지만, 구체적 조작 능력이 발달한 학생은 조각들을 검사하고 어떤 물체인지 알아낸 후 조립에 들어간다. 따라서 이런 학생에게는 생각이 행동에 선행한다. 그럼에도 불구하고 사고를 할 구체적 대상을 필요로 한다. 다시 말해서, 이전처럼 손으로 물체를 조작할 필요를 느끼지 않으나 정신적 상징을 결부시킬 구체적 사물을 필요로 한다. 예를 들어, 학생에게 작대기 A가 B보다 길다는 것을 보여 주고, 작대기 B가 C보다 길다는 것을 보여 주면 A가 C보다 길다는 것을 직접 손으로 대보아야 답할 수 있다. 그러나 비슷한 문제로, "메리(Mary)가 제인(Jane)보다 크고, 제인이 앨리스(Allice)보다 크다면 누가 가장 큰가?"라는 문제를 잘 풀지는 못한다. 이런 차이는 전자의 경우 상징적 조작을 할 대상을 외부적으로 볼 수 있으나 후자의 경우는 상징적 조작을 결부시킬 외부적 대상이 없기 때문이다.

엘킨드(1976)는 이런 구체적 조작 능력의 습득은 경험을 등간척도(interval scale)로 양화(量化, quantify)할 단위(unit) 개념이 형성됨에 따라 이전에 할 수 없었던 다양한 학습이 가능하다고 설명한다. 구체적 조작 능력을 습득하지 못한 학생은 양의 개념이 질적(qualitative)이어서 '더 많다, 더 적다, 같다' 또는 '더 크다, 더 작다' 등의 개념이 부족하다. 즉, 양적 판단이 명명척도(nominal scale), 서열척도(ordinal scale)의 개념이고 일반적 양화의 개념인 등간척도 개념이 아니다. 예를 들어, 명명척도로서의 양의 개념은 큰 블록을 '아빠', 중간 크기의 블록을 '엄마', 작은 블록을 '아기'로 부르면서 양의 차이를 질의 차이로 다룬다. 서열척도로서의 양의 개념의 예로는, 블록을 '가장 큰 것, 그다음으로 큰 것, 가장 작은 것'으로 분류함으로써 연속적 요소(successive elements)의 차이가 일정하지 않다. 그러나 구체적 조작 능력을 습득한 학생은 한 물체가 다른 물체와 비교해서 같을 수도 있고 다를 수도 있음을 이해하는데, 이것은 학생이 단위(unit)의 개념을 구성할 지적 능력을 가지고 있다는 의미이다. 예를 들면, 흰색의 나무구슬 5개, 갈색의 나무구슬 10개를 각각 그룹으로 형성하여 보여 주고 "어떤 쪽이 구슬이 더 많은가?" "갈색구슬과 나무구슬 중 어느 것이 더 많은가?"라고 물어 볼 경우, 구체적 조작 능력이 부족한 학생은 첫 번째 질문에는 답할 수 있으나(서열척도), 두 번째 질문에는 답하지를 못한다. 이것은 흰색구슬이나 갈색 구슬이 모두 나무구슬이라는 점에서 같고, 색깔 차원에서는 다르다는 점을 이해하지 못하기 때문이다. 이에 반해, 구체적 조작 능력을 형성한 학생은 두 질문에 모두 답할 수 있다. 이것은 사고의 가역성, 즉 갈색구슬은 갈색이지만 원래의 속성인 나무구슬로 다시 돌아갈 수 있다는 개념을 보유하고 있어 단위 개념을 구성한 것이다. 그러나 구체적 조작 능력을 형성하지 못한 학생은 갈색구슬은 마치 '한 장소'에 속하는 그룹으로서 '나무구슬'이라는 장소에 있을 수 없다고 생각한다.

또 하나의 예로, 구체적 조작 능력이 없는 학생도 정확하게 '하나, 둘, 셋'을 셀 수 있으나 그 셈은 그룹핑의 차원에서(명명척도) 이루어지고, 사물들을 크기 순서대로 늘어놓을 수 있으나 어떤 새로운 물체를 그 정렬에 삽입하도록 하는 문제는 어려워한다. 이것은 학생이 그 정렬을 회화적(繪畫的) 이미지(pictorial image, 예: 계단)로 구성하기 때문에 어떤 것이 그 중간에 짜맞추어질 수 있는지 이해하지 못하기 때문이다. 그러나 구체적 조작 능력을 갖추면 그 정렬에서의 한 요소가 다른 요소보다 클 수도 있고 동시에 작을 수도 있다는 점을 이해하기 때문에 새로운 요소를 그 정렬에 삽입시킬 수 있다. 이렇게 한 요소가 다른 요소와 같은 점이(그 정렬의 한 요소로서) 있는 동시에 다른 점도(그 순서) 있다는 것을 이해하게 되는 이유는 등간척도로서의 수 개념을 습득했기 때문이다.

등간척도로서의 단위 개념 형성은 그 외 규칙 학습을 가능하게 한다. 단위 개념이 없는 인지발달 수준에 있는 학생들은 오목이나 장기와 같은 게임의 규칙, '감사'나 '용서'를 구하는 사회적 규칙을 학습하기 어려워한다. 그 이유는 한 규칙이 여러 상황에서 같을 수도 있고 다를 수도 있다는 상응성과 상이성을 동시에 다룰 수 있다는 단위 개념이 없기 때문이다. 예컨대, O와 ×를 사용하는 오목게임에서 한 줄이 여러 방향으로 만들어질 수 있다는 것과 동일한 × 하나가 수평적으로, 수직적으로, 대각선쪽으로 줄을 만들 수 있다는 것을 이해하지 못한다. 그리고 여러 상황에서 감사나 용서를 구하는 프레임(frame) 전이에도 어려움을 느낀다. 규칙은 삶에 있어서 매우 중요한데, 구체적 조작 능력을 습득하면 규칙을 학습하고 만들 수 있어 학생의 삶은 새로운 수준으로 올라간다.

형식적 조작 수준에 이른 학생은 조작에 대한 조작(operations on operations), 즉 이차적 조작(second-order operations)을 한다. 구체적 조작은 일차적 조작(first-order operations)으로 사물에 대한 정신적 조작이고, 형식적 조작은 그 정신적 조작에 대한 조작으로서 지능을 조작하는 것이다(operations of intelligence). 따라서 형식적 조작과 구체적 조작의 관계는 대수(algebra)와 산수(arithmetic)의 관계와 유사하다.

학생들이 형식적 조작에 이르게 되면 다양한 성취가 가능하다. 엘킨드(1976)는 이것을 일곱 가지로 정리하고 있다.

- 자신과 타인의 사고에 대해 사고(thinkng about thinking)를 할 수 있으며, '믿음' '지능' '가치' 등의 말을 사용하고 실세계의 사물에 얽매이지 않는다.
- 명제적 논리(propositional logic)에 비추어 사고를 할 수 있다. 명제적 논리란 실제의 사물에 기초한 논리를 좀 더 추상화한 형태의 논리로서, 여러 개의 변인을 동시에 고려하며 체계적으로 하나하나의 변인을 달리하며 체계적으로 가설을 검증하는 사고로서 과학적 사고와 실험에 매우 유용하다.
- 대수, 삼각함수, 미적분 등의 교육과정을 가능하게 한다. $4 + × = 8$과 같은 대수 형태의 상징이 구체적 조작기 교육과정에 나타나기도 하지만, 이 경우에 상징은 매우 단순하고 또 구체적인 방법을 사용하고, 순수한 형식적 조작의 경우와는 차이가 있다.
- 공간과 시간에 대한 개념을 확대시킨다. 그리하여 진정한 의미의 지리적이고 천체적인 공간 개념, 역사적 시간대의 개념이 확대된다. 예를 들어, 마일(mile)이나 세기(century)와 같이 2차적 조작을 통해서 얻을 수 있는 개념 등이 가능하게 된다.
- 은유와 비유를 습득한다. 은유와 비유를 이해하려면 한 명제나 진술이 다른 의미를

가질 수 있음을 이해해야 한다. 예를 들어, "구르는 돌은 이끼가 끼지 않는다."는 격언을 여러 가지로 해석할 수 있다는 것을 이해해야 한다.

* 이상과 가능성을 생각하게 된다. 이상적인 국가, 이상적인 종교, 이상적인 부모를 생각하고 실제와 비교하며, 실제가 얼마나 이상과 별리되어 있는지 심각하게 느낀다. 부분적으로 이 시기에 '질풍노도'를 느끼는 것은 이상에 따라오지 못하는 현실에 대한 불만에도 기인한다. 이 시기의 이런 불만에 대한 적절한 내용은 이상주의가 가치 없음을 이야기해 주는 것이 아니고, 현실을 그 이상에 맞추기 위해 노력하는 마음을 갖도록 하는 것이다.
* 자기의식(self-consciousness)을 갖는다. 자신에 대한 타인의 사고를 생각할 수 있어 자신에 대해(예: 외모) 관심을 두는 것 못지않게 다른 사람들이 자신에 대하여 관심을 두고 있다고 생각한다. 이러한 이유로 자기의식이 매우 부정적일 경우, 심각한 낙심이나 자살에 이를 수 있다. 이런 자기의식은 인지란 감정과 정서와 같은 정의적 영역으로부터 별개된 것이 아니라는 것을 시사한다. 인지적으로 구조화되지 않은 감정과 정서는 없으며, 그것은 환경과 인지발달 수준에 의존한다.

엘킨드(1976)는 이렇게 학생의 인지발달 수준을 파악하고 각 수준의 정신적 구조에 맞는 교육과정을 제공해야 한다고 주장한다. 피아제에게 학습은 동화와 조절의 측면을 가지고 있기 때문에 이 중 어느 한 가지가 우세하면 서로 다른 형태의 학습이 가능하다. 엘킨드(1976)는 그것을 동화과정이 우세한 조작적 학습(operative learning), 조절과정이 우세한 회화적 학습(figurative learning), 동화와 조절의 통합을 강조하는 암시적 학습(connotative learning)으로 구분한다.

조작적 학습은 학생의 지능이 환경적 자료에 적극적으로 관여하여 추상화하는 학습을 말한다. 예를 들어, 크기순으로 막대기를 늘어놓는 활동을 함으로써 서열화 활동 그 자체를 추상화하거나 양의 보존 개념에서 지각적 변화에 따른 논리적 갈등과 모순을 대면하게 되었을 때 그것을 조작해 봄으로써 보존 개념을 추상화하는 학습을 들 수 있다. 동화 활동이 우세한 학습은 실제적 지능(practical intelligence)을 발달시킨다.

회화적 학습은 재구성 또는 재발견될 수 없는 환경의 측면들, 예를 들어 언어, 얼굴 표정, 제스처, 화자 간의 거리 유지 등 의사소통의 많은 측면은 문화적으로 수용하여 학습해야 하고, 수학적 사실, 전화번호, 시를 암기하는 것 등은 회화적 학습의 예이다. 이런 학습은 추론적 과정보다 연합적 과정의 영향을 더 받는다. 조절 활동이 우세한 학습은 상징적 지능(symbolic intelligence)을 발달시킨다.

암시적 학습은 개념과 언어적 상징을 연계시키는 학습을 말한다. 학생이 단어는 모르지만 그 개념들을 실제적 지능의 무의식적 작용으로 인해 습득할 수 있고(조작적 학습), 의식적인 수준에서 개념은 모르지만 많은 단어를 듣고 습득할 수 있고(회화적 학습), 그 단어와 개념을 연계하여 의미를 재구성하는 학습을 할 수 있다(암시적 학습). 암시적 학습은 소위 동화와 조절이 통합된 학습으로, 시를 쓰거나 소풍을 갔다 온 경험을 기술하는 학습활동을 예로 들 수 있는데, 이 활동에서 학생은 생각(개념)을 언어로 꿰맞추거나 언어를 생각(개념)에 꿰맞추는 활동을 한다.

엘킨드(1976)는 교과 교육과정은 학생들의 인지발달 수준의 정신적 구조에 적절한 내용으로 제시해야 한다고 주장하고, 이를 발달적 교육과정(developmental curriculum)이라고 불렀다. 예를 들어, 구체적 조작 능력이 부족하여 규칙을 따르는 데 어려움을 겪는 학생은 회화적 학습보다는 조작적 학습과 암시적 학습이 적절하다. 그러나 구체적 조작 능력을 습득한 학생은 읽기를 통해 어휘를 학습하고 쓰기나 수학의 형식적인 셈하기와 같은 도구적 기능들을 학습하는 회화적 학습이 적절하다. 그리고 형식적 조작 능력을 습득한 학생은 분과별 교과 수업이 이루어져 교과에 따라 각 교과에서 주도적으로 개발한 특정한 학습 모드를 사용하도록 하는 것이 적절하다.

좀 더 구체적으로 엘킨드(1976)는 유치원에서 초등학교 2학년까지 아직 구체적 조작 능력이 충분히 발달하지 못한 학생에게 교과 교육과정을 제공할 때 발달적 교육과정의 관점에서 교수, 내용, 도해적 배열(graphic display)이 다음과 같아야 할 것을 제시한다.

국어 교과의 경우, 유치원에서 초등학교 2학년까지 구체적 조작 능력이 형성되지 못한 학생이 많기 때문에 두 가지 이상의 조건을 기억하고 학습하기 어렵다. 따라서 한 번에 한 가지 활동을 지시하는 교수가 필요하다. 두 가지 활동을 요하는 지시는 학생이 한 가지 조작이 지루하다거나 비도전적이라고 느끼는 경우에만 사용한다. 내용적 측면에서 지루할 수 있는 내용은 해독기능(decoding skills)을 지도하는 읽기의 초보단계에서는 가능하나, 이 단계를 넘으면 이야기의 내용은 흥미 있는 내용이어야 한다. 학생은 자신보다 한두 살 위인 이야기의 주인공을 선호하고 흥미를 보이며, 플롯이 너무 단순해서는 안 된다. 독서할 문학 작품을 선택할 때도 가장 중요한 기준은 문학적 질이 높은 작품을 선택한다. 즉, 문법, 문단 나누기 등의 교수적 가치가 우선순위가 되어서는 안 된다. 이런 점들은 얼마든지 다양한 자료를 가지고 학습할 수 있다. 단, 문학적 질은 선호의 문제이기 때문에 학생의 다양한 흥미와 오리엔테이션에 따라 만족할 만한 문학 작품을 선택할 수 있도록 충분히 융통성을 부여한다. 도해적 배열도 이 연령대의 어린 초등학교 학생에게는 상당한 크기의 그림, 분명하고 단순한 그림이 필요하다. 그리고 그림은 단어 인식과 단어 의미를 도울 수 있는 배경적 단서를 제공해야 한다. 그림이 이야기의 내용에 가까이 접근하면 할수록 더 도움이 된다. 그림이 이야기와 일치하지 않으면 황당하게 느낀다. 이야기에서 주인공이 빨간 머리이면 그림의 인물은 빨간 머리어야 하고, 그림에 자전거가 있으면 내용에 사전서에 대한 이야기가 있어야 한다.

수학 교과의 경우, 활동에 대한 지시는 단순하고 직접적이어야 한다. 불필요하게 은유나 비유를 사용하여 지시하면 학생을 혼란스럽게 할 수 있다. 학습할 내용도 수학적 계산 외에도 학생의 발달 수준에 맞는 추론 구조를 고려해야 한다. 엘킨드가 미국 수학 교과서에서 발견한 잘못된 1학년 뺄셈 문제의 예를 들면, 가재와 해마, 조개와 불가사리, 물고기와 거북이, 달팽이와 게 등이 짝 지어져 박스 안에 들어가 있는 그림이 있었는데, 첫 번째 그림에서 두 마리의 가재와 여덟 마리의 해마가 있는 박스는 '10-8='이라는 등식으로 해결하기를 기대하는 문제였다. 그렇다면 여기서 10은 무엇을 말하는가? 그것은 가재와 해마라는 두 종류를 합한 유목, 즉 갑각류(crustaceans)를 말한다. 따라서 이 과제를 해결하기 위한 논리적 측면은 '갑각류'라는 상위의 유목으로 분류하는 능력이 필요하다. 이 능력은 이 시기의 학생에게 아직 발달하지 않은 것이다. 도해적 배열도 학생의 논리를 무시한 경우가 있다고 주장한다. 예를 들어, 3 + □ = 10의 문제를 제시할 때와

$$\begin{array}{r} 3 \\ + \ \square \\ \hline 10 \end{array}$$

앞의 문제를 제시할 경우에 학생은 수직적 배열을 더 어려워한다. 그 이유는 양자의 경우 10에서 3을 빼야 하는 "숨겨진 뺄셈"이라는 계산을 요구하지만, 수직적 배열의 경우, 학생은 '+' 신호를 옆으로 변형하여 □ 앞에 갔다 대고, _____을 = 사인으로 바꾸는 조작을 해야 한다. 이런 학생의 부가적 논리 조작이 수직적 배열에서 요구되기 때문에 학생은 '숨겨진 뺄셈'의 개념을 잊고 그냥 3+10을 하여 13을 □에 써 넣는 경우가 발생한다. 따라서 두 가지 형태의 문제를 한 페이지에 수록하는 것보다 한 가지 형태의 문제를 각각 한 페이지에 수록하는 것이 이 시기 인지발달 수준의 학생들에게 더 적절하다.

사회 교과의 경우, 학습할 과제가 종종 학생의 이해 수준을 넘는 추상적 개념을 포함하

고 있다. 예를 들어, 미국 초등학교 사회 교과서 1학년 지역사회 부분에서 "그들은 어떤 종교를 가지고 있나?" "왜 그들은 레크리에이션을 하는가?" 등과 같이 형식적 조작기에나 가능한 개념(종교, 레크리에이션은 추상적 수준의 개념)을 묻고 있다. 내용적 측면에서도 1~2학년 학생에게 "여기 그리고 지금(here and now)"의 사회적 환경을 다루어야 하는데, 9~10세쯤 돼서야 다룰 수 있는 시공간적으로 먼 주제들을 다루는 잘못도 있다. 사회 교과는 이 시기 학생들에게 세계를 자신의 시각에서 볼 수 있도록 내용을 제시해야 하고, 현장견학 등의 경험을 통해 직접 경험을 할 수 있도록 할 필요가 있다. 도해적 배열도 인지발달적으로 적절치 않은 경우가 있다. 예를 들어, 사회 교과서에 공중에서 찍은 사진, 투시도 등을 제시하는데 이러한 그림은 이 시기 학생의 경험과 연계될 수 있는 의미 있고 흥미진진한 그림들도 대체해야 한다.

미술 교과의 경우, 이 시기 학생은 자신에게 재미있는 모양과 형태를 그리는 데 매우 흥미를 가지고 있고, 말, 사람, 동물을 그릴 때 실제로 자신이 본 것을 그린다기보다는 알거나 느낀 것을 그린다. 그러나 교사는 성인의 표준에 기초하여 사실적이고 전형적인 모습으로 그릴 것을 강조한다. 그래서 창의적 영감의 성장에 필요한 자긍심, 기쁨, 자신감 등을 잃고, 대부분의 학생은 학교에 첫 몇 해를 지내고 나면 그리기에 흥미를 잃는다.

듀이(1971b)도 교육과정은 학생의 인지발달 단계에 적절해야 한다고 주장하고, 3단계로 나누어 발달적으로 적절한 교육과정 자료의 성격을 제시한다.

① 1단계: 4~8세까지로 유치원과 초등학교 저학년 학생들이다

이 시기의 지적 발달 특징은 사회적이고 개인적인 흥미의 직접성(directness)을 띠고, 인상(impressions), 아이디어, 행위(action) 간의 직접성과 즉시성(신속성, 즉흥성, promptness)을 지니며, 움직임을 통한 표현 요구가 긴급하고(urgent) 즉시적(immediate)이다.

듀이는 이런 발달적 특징에 적절한 교육과정 자료는 세 가지 성격을 지닌다고 보았다.

첫째, 삶의 단계로부터 선정되어 아동 스스로의 사회적 환경으로 들어가는 내용으로서, 가능한 한 아동이 놀이, 게임, 작업 활동, 축소된 산업 예술 작품, 이야기, 회화적 상상력, 대화 등과 같은 어떤 사회적인 형태로 재생산할 수 있는 것이어야 한다. 둘째, 처음에는 아동 자신, 가족, 이웃에 가장 가까이 있는 것에서 시작하여 좀 더 먼 사회적 직업 활동, 특히 도시와 시골의 삶을 상호 연계하는 것으로 옮겨서 전형적인 직업 활동과 이것들과 연계된 사회적 형태의 역사적 진화로 확대해 간다. 셋째, 학습해야 할 어떤 형태라는 것을 시사하는 레슨(lessons)으로 제시하기보다는 뜨개질하기, 요리하기, 대화하기, 이야기 읽어 주기,

토론하기 등의 활동으로 제시함으로써 아동이 고유 경험으로 취할 수 있는 것으로 제시해야 한다. 듀이는 교육과정의 세 가지 성격의 이유를 다음과 같이 설명한다(1971b, p. 106).

　　이것은 움직임 또는 표현 활동으로서, 아동기의 삶의 특징인 아는 것(knowing)과 행하는 것(doing) 간의 긴밀한 연계가 이루어질 수 있도록 학교 프로그램을 지배해야(dominate) 한다. 그렇게 하면 학생은 학교를 고립된 장소로 보지 않고, 학교 안에서 학교 밖에 존재하는 것들 중 아동 경험의 전형적인 단계들에 해당하는 것들을 반복적으로 경험하여 성장을 점진적으로 확대하고 풍요롭게 하도록 해 준다.

② 2단계: 약 8~12세까지로 초등학교 중·고학년 학생들이다

　듀이는 이 시기 학생들의 특징을 세 가지로 진술한다. 첫째, 좀 더 영구하고 객관적인 결과 가능성에 대한 감각이 점점 자라나기 시작한다. 둘째, 그런 결과에 도달하는 데 필요한 기능들이 있고 그것을 통제해야 할 필요성을 느끼기 시작한다. 셋째, 기존의 애매모호하고 유동적인 삶의 통일성(unity)이 무너지고 단순한 활동은 더 이상 직접적으로 만족한 상태를 가져오지 못하면서 명확하고 영속적인 결과를 도출해 내기 위해서는 무엇인가를 완수해야 한다는 것을 느낀다. 그 결과 행위 규칙, 즉 영속적인 결과를 얻는 데 필요한 정통적인 수단들을 인지하고, 기능을 사용하기 위하여 특정 교과 과정을 성취하는 것은 가치가 있다고 인지한다.

　듀이는 이런 발달적 특징에 적절한 교육과정 자료로 자신의 힘으로 어떤 결과를 실현시키는 것을 가능하도록 해 줄 작업, 탐구의 방법을 실천적으로 그리고 지적으로 확보할 필요성을 인지하도록 하는 것이어야 한다고 주장한다. 예를 들어, 식민지 시대의 미국을 주제로 공부할 경우, 사회 교과에서 그 시대의 사람들은 역경과 위험 속에서도 인내, 용기, 창의력을 발휘하여 여러 가지 삶의 수단을 개발하고 개척 시대의 삶을 살아온 것을 학생의 현재의 삶 속에서 구체적으로 경험하도록 한다. 그 시대의 의복, 환경, 도구, 가구, 음식, 일상 삶의 방식 등을 구체적으로 제공하여 학생이 그 재료들을 단순한 역사적 정보로서가 아니라 학생의 삶으로서 재생산할 수 있도록 한다. 이런 방식을 통해 그 시대의 선조들이 겪었던 문제들과 그것을 해결하려고 했던 사회적 과정과 결과를 학생의 실제적 삶 속에서 재발견하도록 한다. 그리고 과학 교과에서는 식민지 시대의 자연환경을 알아보기 위해서 현장학습을 통해 산, 강, 평원, 자연 무역과 교환 라인, 식물군과 동물군을 공부하도록 하거나 식민지 시대의 재료를 가지고 실험 능력을 기르기 위해서 표백, 염색, 비누나 촛불 만

들기, 물레 돌리기, 베틀 짜기 등의 활동을 통해 여러 가지 과학적 사실과 원리들을 발견해 내도록 한다.

③ 3단계: 중등학교 학생들을 대상으로 하며 이전 단계에서 다양한 형태의 실제와 활동 모드를 직접적으로 경험한 후에 이른다

이 단계에서는 조사와 탐구에 필요한 사고의 도구와 방법을 충분히 습득하기 때문에 전문화를 통해 구별적인 교과와 예술 영역에서 기술적이고 지적인 목적을 성취할 수 있다.

교육과정의 심리화를 위해 교사는 학생들이 현재 어떤 자극 내용들에 관심을 보이고 탐구하고자 하는가를 관찰할 필요가 있다. 학생들은 서로 간에 동일한 질적 수준의 인지발달 단계에 있어도 구체적인 경험과 지식에 있어 양적 차이가 있을 수 있다. 피아제의 인지적 구성주의는 인지발달의 질적 향상은 양적 경험과 신경체제의 성숙 간의 상호작용의 결과로 본다. 따라서 학생은 어떤 인지발달 단계 내에서 다양한 경험을 통해 지식을 형성하고, 신경체제가 성숙하는 어떤 시기에 상위의 인지발달 단계로 이동하도록 도와야 한다.

학생이 특정 인지발달 단계 내에서 양적 경험과 지식의 성장을 돕는 일은 인지적 성장 사이클(cognitive growth cycle)이라는 개념을 통해 안내받을 수 있다. 피아제의 인지적 구성주의는 학생이 어떤 능력이 형성되는 과정에 있으면 그는 그 능력의 성장에 도움이 되는 재료들을 선호하고, 그 능력이 형성이 된 후에는 그 능력을 극대화하기 위하여 놀이(play)에 참여한다. 이것은 마치 임산부가 특정 시기에 특정 음식에 식욕이 당기는 것처럼 태아의 발달을 위해 몸이 그 영양분을 요구하고 있는 것과 같다. 인지적 구성주의는 이렇게 학생이 인지발달 단계별로 특정 자극 재료와 놀이를 선호하는 것은 정신적 구조의 발달을 이루게 하는 성장력(growth forces)이라고 본다.

엘킨드(1976)는 지적 성장력은 자극 추구(stimulus-seeking), 자극 검열과 저장(stimulus-getting and storage), 놀이(play)로 이어지는 3단계의 인지적 성장 사이클을 가지고 발달한다고 본다.

- 자극 추구 단계: 인지적 성장에 '영양'이 되는 단계이다. 신체가 발달하면서 추구하는 자극의 종류와 양이 달라지는 것처럼 인지적 성장도 발달하면서 추구하는 자극이 달라진다. 자극은 환경 속에서 상당한 융통성을 갖고 존재하며 인지발달의 '영양소'로서 작용한다. 이것은 마치 다양한 종류의 음식이 신체적 성장을 위해 존재하고 있으며, 학생은 성장에 필요한 근본적 영양을 다양한 종류의 음식 형태로 섭취하는 것과 같

다. 또한 학생이 특정 음식에 적응하면 장기적으로 그 음식을 선호하듯이 자신의 인지적 성장에 영양이 되는 자극을 선호하는 성격을 띤다.

교사가 학생이 특정 시기에 추구하는 자극이 무엇인지를 파악하는 방법은 해당 학생이 반복적으로 하는 행동이 무엇인지를 살펴보는 것이다. 예를 들어, 감각동작기의 유아는 모빌을 끌어당기고 움직이는 것을 보고 다시 끌어당기기를 반복하는데, 이런 반복적 행동을 통해 유아는 지각적 스키마와 움직임 스키마의 조정능력을 발달시키고 있는 것이다. 아울러 3세 아동이 "왜"라는 질문을 반복적으로 하는데 이것은 아동의 언어적 구조의 발달을 위한 자극을 추구하는 것이고, 초등학교 구체적 조작기 아동은 행하고(doing), 만들고(making), 수집하는(collecting) 행동에 반복적으로 참여하는데 이것은 구체적 경험에 기초한 실제적 지능(practical intelligence) 구조를 발달시키기 위해서이다.

• **자극 검열과 저장 단계**: 학생은 자신의 인지적 성장에 필요한 자극을 얻기 위해서 불필요하거나 방해적인 자극을 무시하거나 걸러낸다. 이 과정을 통해 학생이 정신적 성장에 필요한 자극을 발견하고 그것을 사용할 때는 다른 방해적 자극으로부터 철저히 차단된다. 학생이 어떤 활동에 집중하고 있는 경우, 그 학생은 그 활동 외에는 다른 어떤 자극으로부터 차단된 것을 관찰할 수 있다. 이렇게 검열된 자극들은 저장해서 후일에 사용한다.

• **놀이 단계**: 놀이는 동적 또는 정적인 형태로 나타나는데, 놀이는 그 자체로서 학생이 어떤 지적 발달을 성취했다는 것과 그다음 수준으로 발달을 할 수 있는 단계에 도달했다는 것을 시사한다. 구체적 조작기 학생이 "이름붙이기(name calling)" 게임을 하는 것은 단어와 사물의 구별을 성취했다는 것을 의미한다. 또 학생은 놀이를 통해 자신이 성취한 지적 성장을 즐긴다. 예를 들어, 감각동작기의 아동이 숨바꼭질 게임(peek-a-boo, 손바닥 뒤로 얼굴을 숨기다가 손가락을 펴서 사람을 쳐다보는 게임)을 하는 것은 물체항상성 개념을 성취했다는 것을 표현하지만, 그 게임을 통해 즐거워하는 것은 게임의 상황이 어떻게 돌아가고 있는지 알고 있으며 통제할 수 있다는 기쁨을 표현하는 것이다. 그리고 놀이를 즐기고 있다는 것은 그다음 수준의 계속적인 발달을 위해 준비를 하고 있다는 의미이다. 이름붙이기 게임은 단어의 은유적 사용과 의미를 이해하는 준비를 하는 것이고, 숨바꼭질 게임은 공간과 관련한 새로운 지적 발달을 준비하는 것이다.

피아제의 인지적 구성주의에서 말하는 성장력은 내적 학습 동기로서 학습에 대한 열망으로 볼 수 있는데, 그 특징은 연령 특수적이어서 특정 연령대에 강하게 나타났다가 사라지고, 또 대상 특정적이어서 특정 연령대에 특별한 발달을 이루는 능력이 그 강도와 관심의 측면에서 다르다. 따라서 특정 연령대를 지나면 그 능력은 관심 밖으로 밀려나고 그 습득 강도도 다르다(Elkind, 1976).

배움 중심 수업을 하는 교사는 인지적 성장 사이클의 행동적 신호에 민감할 필요가 있다. 학생이 자극 추구 단계에 있을 때 나타나는 능력을 연습하도록 적절한 학습자료들을 제공함으로써 양적인 차원에서의 지적 발달을 지원해 주어야 하며, 놀이 단계에 있을 때는 학생이 새롭고 더 도전적인 지적 기능을 습득할 준비가 되어 있다는 단서로 해석해야 한다.

(6) 학급을 지적 발달에 도움을 주는 활성적인 교실로 창조해야 한다는 것이다

피아제(1970b)에게 인지발달은 물리적, 사회적 환경과 신경체제의 성숙이라는 두 조건 간의 상호작용의 결과이고, 근본적으로 활동(activity)을 통해서 이루어진다. 따라서 학급은 학생의 지적 발달을 자극하는 물리적 환경을 갖추어야 하며, 타인들과의 사회적 상호작용을 통해 자신이 지니고 있던 부정확한 지식들에 도전을 받고 반성을 통해 변화시키도록 하는 기회의 장이어야 한다.

피아제(1970c)에게 있어 활성적인 교실(active classroom)이란 조작적, 회화적, 암시적 학습이 활발하게 일어나는 환경이다. 피아제의 인지적 구성주의에서 학급 환경 구성은 물리적 환경, 학습 시간표, 학습 집단 그룹핑에 관심을 둔다.

① 학급의 활성적인 물리적 환경과 관련하여 엘킨드(1976)는 다음과 같은 것들이 필요하다고 제안한다
- 학생들이 학습할 작업대를 테이블로 꾸미는 것이 한 사람씩 앉는 책상을 열 지어 늘어놓는 것보다 학습을 활발하게 해 준다는 것이다. 테이블은 책상에 비해 소집단 상호작용을 활발하게 해 주고, 교사의 공간 순회를 순조롭게 해 주고, 융통적인 그룹핑을 가능하게 해 주고, 학생들에게 넓고 편안한 작업공간을 마련해 주는 이점이 있다. 그러나 움직일 수 있고 한 사람씩 앉는 책상은 혼자만의 공간과 보안성(security)을 제공해 주기 때문에 몇 개 있는 것이 좋다.
- 학습재료를 학습의 성격을 고려하여 구비한다. 예를 들어, 조작적 학습재료로 기하판

(geoboards), 칩, 블록, 조개껍데기, 나뭇잎, 암석 등을 준비한다. 회화적 학습재료로 수학, 읽기 워크북, 학습지 등을 구비한다. 암시적 학습재료로 각종 그림, 리놀륨 블록 (linoleum block), 전시물, 꽃꽂이, 조작, 골동품 등을 구비한다. 특별히 동식물을 기르는 환경을 준비하는 것도 중요하다. 테크놀로지가 발달한 정보화 사회에 부족하기 쉬운 정서 및 인성 발달에 중요하기 때문이다(Furth, 1980).

- 조용한 공간(quiet corner)을 구비한다. 그 공간에는 조그만 카펫을 깔고 부드러운 베개를 놓아두고 카세트 리코더, 책 등을 갖춘 조용한 공간으로 꾸며 학생들이 혼자 있고 싶을 때, 작업을 중지하고 잠깐 쉬고자 할 때, 지루해졌을 때 쉬도록 한다. 피아제는 학생이 성인과는 정신적 구조가 다르기는 하지만 이렇게 일과 관련된 기능은 성인과 매우 흡사하다는 점을 지적하며 성인처럼 쉬어야 한다고 말한다.
- 작품 보관 공간을 마련한다. 학생들의 작품이 학기가 진행됨에 따라 쌓이기 시작하는데 그런 것들을 보관할 공간을 확보하여 학생들이 자신의 작품을 되돌아보거나 전시를 할 때 사용한다. 이런 행위는 학생들의 미적 감각을 육성시켜 주는 좋은 방법이다.
- 지역사회를 교실 안에 담는 공간을 마련한다. 지역사회의 모습을 교실 안에 담아 둠으로써 친환경적 분위기를 구성한다. 지역사회의 산이나 강 사진, 꽃, 암석, 화석, 골동품, 사료 등 자연세계와 문화세계를 교실 안에 비치함으로써 학생들로 하여금 교실이 지역사회, 가정의 연장이라는 생각을 갖게 하고 편안함을 느끼도록 한다.

② 학급의 일정표도 학생의 신체적 리듬과 동화와 조절의 인지적 활동 개념을 고려하여 만든다

엘킨드(1976)는 인간의 지적 활동 패턴은 동화와 조절의 부침 속에서 평형을 이룸으로 끝을 마무리하는 것이 좋다고 본다. 따라서 학급의 일정표도 오전 시간대에는 인지적 활동이 가장 왕성하고 생산적으로 이루어질 수 있기 때문에 조절이 우세한 학업 기능들을 배우는 회화적 학습으로 시작하는 것이 좋다. 그리고 난 후에는 동화가 활발히 일어나는 조작적 학습으로 그리고 종국에는 평형이 일어나는 암시적 학습으로 끝을 맺는 것이 자연스럽다고 제안한다. 엘킨드는 초등학교에서의 시간대별 학급 활동을 예로 제시한다. 아침에 등교하여 그날의 계획을 위해 서클 회의(circle meeting)를 갖고, 학생들이 이야기하고 싶은 소식들을 듣고, 앞으로의 활동을 위해 공지를 한다. 곧이어 학생들을 소집단으로 나누어 수학이나 읽기 학습에 참여하고, 정오가 되면 점심을 먹고 밖에서 놀이 활동에 임하도록 한다. 오후가 되면 견학, 도서관 작업, 토론, 전시회, 체육, 음악, 미술, 과학 활동 등과 같은 조작적 학습활동을 하는 것이 좋다. 그리고 하루 일과가 끝날 무렵, 학생들은 다시 모여서

서로 이야기를 나누고 그날의 일을 종합하여 정리하는 시간을 갖는다.

③ 학습 집단을 융통적으로 그룹핑한다

그룹핑은 주로 능력의 개인차에 근거하고 있는데, 피아제는 개인차를 수직적 차이 (vertical dëcalage)와 수평적 차이(horizontal dëcalage)로 구별한다. 수직적 차이는 정신적 능력의 질적 차이와 관계있고, 수평적 차이는 정신능력 수준에서 다양한 경험을 습득하는 연령의 차이와 관계있다. 예를 들어, 구체적 조작기 학생과 형식적 조작기 학생의 차이는 수직적 차이와 관계하고, 구체적 조작기 안에서 수의 보존개념이 길이의 보존개념보다 일 년 먼저 나타나는 것은 수평적 차이와 관계한다.

따라서 교실에서의 그룹핑은 두 가지 종류가 가능하다. 하나는, 인지발달 수준의 차이에 기초한 수직적 그룹핑과 인지적 개념 습득 수준의 차이에 기초한 수평적 그룹핑이다. 수직적 그룹핑은 수평적 그룹핑보다 더 중요하다. 왜냐하면 수직적 그룹핑은 서로 상이한 인지발달 수준에 맞는 교육과정을 제공하는 것을 상정하고 있는 데 반해, 수평적 그룹핑은 학습재료를 그룹핑하는 데 편의성을 제공하는 문제이며 좀 더 빨리 학습하는 학생들에게 지루함을 방지하는 방법이기 때문이다.

영국의 많은 초등학교 교실은 수직적 그룹핑을 한다(Elkind, 1976). 5~7세 학생들로 그룹핑한 교실, 8~9세 학생들로 그룹핑한 교실, 10~11세 학생들로 그룹핑한 교실을 만든다. 연령대가 차이가 나는 학생들을 한 학급으로 수직적 그룹핑을 하면 능력의 개인차를 가중시킬 뿐이라는 비판도 있으나, 연구 결과 3세차를 가진 그룹(예: 5, 6, 7세 그룹)은 사실 상 동년배 그룹(one-age group)에 비해 그 능력 차이의 범위가 더 큰 것은 아닌 것으로 나타났다. 왜냐하면 웃 연배 학생들 중 낮은 능력을 가진 학생들은 아래 연배 학생들 중 높은 능력을 가진 학생들과 그룹핑될 수 있기 때문이다. 또한 수직적 그룹핑 내에서 작은 규모의 소집단을 많이 편성해서 수평적 그룹핑을 사용할 경우, 능력별 그룹핑에 따르는 낙인의 부정적 효과를 극복할 수 있고, 그룹에 오래 남아 있던 학생들은 신입 학생들을 집단 속에서 융화하는 데 도움을 준다. 능력 수준별 그룹핑은 융통성을 갖고 개인별 성장 패턴과 요구에 따라 수시로 다양하게 운영하고 서열을 내는 상대평가가 아니라 성장 지향적 평가 체제로 지원하면 부정적 효과를 가져오지 않는다.

3. 사회적 구성주의 이론의 학습 원리

인지적 구성주의 이론들은 학습이란 환경의 자극을 개인이 의식 내에서 처리하여 재구성하는 과정으로 본다. 그러나 사회적 구성주의 이론들은 학습이란 순전히 개인 내적 현상이라기보다는 사회적 맥락에서 타인과의 상호작용을 통해 지식을 구성해 나가는 과정으로 본다. 비고츠키(Vygotsky)의 사회-문화적 학습이론, 밴듀라(Bandura)의 사회적 학습이론, 와이너(Weiner)의 귀인이론이 사회적 구성주의 이론이 제시하는 학습의 일반 원리들을 대표하고 있다.

1) 비고츠키의 사회-문화적 학습이론의 학습 원리

비고츠키는 1896년, 피아제가 태어난 같은 해에 서부 러시아 민스크 지역의 오르샤 (Orsha)라는 마을에서 태어났다. 비고츠키는 행동주의의 동물학적 학습 모델을 비판하였다. 비고츠키가 행동주의를 비판한 요지는 인간의 행동은 동물과 다르다는 것이었다. 비고츠키(1979)는 동물의 행동은 태생적 반사와 조건화된 반사의 두 가지 반응으로 구성되지만 인간의 행동은 이전 세대로부터 전수되어 온 역사적 경험, 타인과의 경험으로부터 형성된 연합의 군집 그리고 환경에 능동적으로 적응하는 경험으로 구성된다고 보았다.

비고츠키의 연구는 피아제의 연구와도 차이가 있다. 피아제는 논리적 사고의 발달을 연구했으며, 지적 발달의 과정은 학생의 환경 조작과 그 행동의 결과에 대한 환경적 피드백이 그 과정에 도움을 준다고 생각하였다. 그러나 비고츠키(1978)는 지적 발달이 학생이 처한 문화적, 사회역사적 유산과 사회적 경험에 의해 결정된다고 생각하였다. 인간이 동물과 달리 복잡한 정신 기능을 발달시킬 수 있는 이유는 한 사회의 문화적 신호와 상징을 습득하고, 그것을 자신의 행동을 지시하고 조절하는 데 사용하기 때문이라는 것이다. 따라서 인간의 지적 수준은 사회적으로 결정된다는 것이다. 예를 들어, 호주에서 발견된 '사자 (使者)의 지팡이(messenger's wands)'에는 일련의 틈새가 새겨져 있는데, 그 틈새는 어떤 인물, 물체, 수, 지역을 나타내는 상징들이었다. 사자는 이 상징을 기초로 메시지를 기억하고 재구성하여 전달하였는데, 이와 같이 문화적 상징체제는 개인의 인지적 과정을 조절한다는 것이다(Gredler, 2001). 그리고 상징은 문화마다 다른데, 그 상징의 다양성이 개인의 인지 수준을 결정하는 데 영향을 미친다는 것이다. 예를 들면, 파푸아뉴기니 사람들은 산수

셈을 할 때 신체 부분을 사용한다. 오른손 엄지에서 손, 팔, 어깨, 오른쪽 귀, 눈 그리고 왼쪽 팔과 손가락까지 내려오면서 29까지 셈을 한다. 따라서 이 부족의 원주민들은 매우 단순한 가감 셈도 어렵게 느낀다는 것이다(Gredler, 2001).

배움 중심 수업에 적용될 수 있는 비고츠키의 사회적 구성주의 이론의 학습 원리는 다음 세 가지이다.

(1) 학생들의 사회적 상호작용을 통해 지적 능력을 발달시키도록 해야 한다는 것이다

비고츠기(1978, 1979)는 한 문화의 신호와 상징을 사회 행동과 개인 사고의 원천이고, 인간의 정신적 작용이란 사회적 경험의 특별한 경우이며, 인간의 사고를 이해하려면 사회적 경험의 기제(mechanism)를 이해해야 한다고 주장하였다. 비고츠키는 이것을 발생학적 발달의 법칙(general law of genetic development)이라고 부르며 인간의 모든 심리내적 기능은 학생과 지식 있는 성인 및 또래 간의 상호작용에서부터 시작한다는 전제 아래, 교수의 중요한 요소는 인간 상호 수준에서 개인 내 수준으로 심리 내적 기능을 변화시키는 것이라고 보았다. 즉, 인간의 지능은 사회적 상호작용을 통한 경험의 산물이라는 의미이다. 비고츠키가 주장하는 사회적 상호작용을 수업에서 제공하는 가장 적절한 방법은 협동학습이다. 서로 다른 생각과 능력을 가진 다양한 집단에서 학생들은 문화의 상징들을 서로 교환하는 상호작용을 통해 개인 내 인지적 성장을 이룬다.

딕맨과 스탠포드 블레어(Dickmann & Stanford-Blair, 2009)는 인간의 두뇌가 생리적, 정서적, 구성적, 반성적, 기질적인 성격 외에 사회적 성격(social nature)을 가지고 있다고 주장한다. 즉, 인간의 두뇌는 사회적으로 상호작용하고자 하는 생리적 욕구를 가지고 있고 협동학습 상황에서 더 나은 학습을 할 수 있다는 것이다.

잭슨(Jackson, 1968)도 지식과 기능 및 문화의 전달은 컴퓨터나 교과서, 실험실, 비디오테이프 등을 통해서 이루어진다기보다는 인간끼리의 상호작용을 통해 이루어지며, 초등학교의 경우 교사는 1시간에 200번의 상호작용을 한다고 보고했다. 따라서 학생이 얼마나 학습하고, 교사가 얼마나 성공적인가는 교실의 인간 간 사회적 상호작용의 성격과 질에 의존한다는 것이다.

비고츠키(1977)는 동물이 신호화(signalization)라는 과정을 통해 지각을 하고 단순한 기억을 하지만, 인간은 상징화(signification)라는 과정을 통해 동물과 다른 패턴의 사고를 한다고 보았다. 신호화란 두 가지 사건이 동시에 발생할 때 연합을 이루는 것이다. 예를 들어, 영양이 사자의 출현을 보고 위험을 감지하는 것을 학습하게 된다. 이런 신호화를 통한 학습은 인간에게도 나타나는데, 아기가 뜨거운 냄비를 만지고 고통을 느끼면 그 후 뜨거운 냄비에 접근할 때는 그 고통을 기억해서 주의한다. 따라서 이런 신호화는 인간과 동물에게 생리적이다. 그런데 인간은 생리적 유산을 초월하여 발달하는데, 그것은 인위적으로 상징을 창조하여 의사소통하면서 중요한 과제를 해결하고 사고의 구조를 변화시킨다. 예를 들면, 로프에 매듭을 지어서 가지고 다니다가 어떤 특정한 활동을 수행할 때 기억해야 할 상황에서 단서로 사용한다. 이것이 상징화이다.

상징화는 두 가지 심리적 사건을 낳게 한다(Vygotsky, 1966). 하나는, 외부적 단서를 지각하고 그것이 대표하는 아이디어를 회복해서 새로운 연합을 뇌에 만드는 것이다. 다른 하나는, 인간의 행동이 환경에 있는 자극에 의해 결정되는 것이 아니라 자신이 만든 심리적 상황에 의해 결정되는 것이다. 즉, 인간은 기억의 과정을 구성하고, 기억의 조작을 통해 생리적 수준을 넘어 질적으로 다른 과정을 창조한다. 인간의 상징화는 문화의 출현을 의미하며, 인간은 이런 문화적 수단을 통해 자신의 행동을 조정하는 방법을 발명하고 발달시켰다.

이렇게 자연으로부터 문화로의 전이는 하위 형태의 사고에서 상위 형태의 사고로 이동하는 지렛대의 역할을 하고, 이후 역사를 통해 인간은 계속해서 다양한 신호와 상징(언어, 수학, 음악, 컴퓨터 언어 등)을 개발하여 이전 세대의 인지적 사고 패턴을 복잡하고 다양하게 발달시켜 왔다. 이것은 사회역사적 유산의 산물이고, 협동학습이라는 사회적 상호작용을 통해 잘 전달할 수 있고, 학생은 그것을 통해 자신의 인지발달을 꾀하는 데 사용한다. 비고츠키(1978)는 인간의 지적 발달은 먼저 사회적 수준에서 나타나고 그다음에 심리적 수준에서 나타난다고 본다. 즉, 인간의 모든 고등 정신 기능은 내적인 정신 기능이 되기 전에 외적 또는 사회적인 성격을 띤다는 것으로 비고츠키는 이를 다음과 같이 진술한다(1978, p. 106).

> 인간의 지적 발달에 있어 모든 기능은 두 단계에 걸쳐 나타난다. 처음에는 사회적으로, 그다음에는 심리적으로 나타난다. [즉] 정신 간(intermental) 유목으로서 사람들 사이에서 나타나다가 정신 내(intramental) 유목으로서 개인 내에서 나타난다.

예를 들어, 영아들이 가리키는 행위(pointing action)를 습득하는 경우 처음에는 영아가 물건을 집으려고 손을 뻗치지만, 공중에서 허우적거리고 만다. 이 운동은 객관적으로 볼 때 물체를 지시하는 것인데, 만약에 어머니가 도와주면 그 상황은 변하기 시작한다. 즉, 영아가 물체를 향하여 가리키던 행위가 아무런 반응을 일으키지도 못하는 헛된 실패였으나 이제는 어머니의 반응을 얻는 것으로 변했다. 이제 영아의 가리키는 행위는 물체를 향한 것이 아니라 엄마에게로 향하는 다른 의미를 가진 신호로 작용한다. 즉, 물체를 집어달라는 심리적 의사소통을 하게 되는 것이다. 비고츠키는 이것을 발생학적 발달의 법칙의 한 예로 드는데, 협동학습이라는 사회적 상호작용을 통해 학생은 지식을 사회적 수준에서 학습한 후 그 지식을 개인 내적 수준인 심리적 수준에서 내면화하여 나중에 자신의 지적 행위를 하는 데 사용한다는 것이다. 좀 더 구체적으로 타인이 아동에게 작용하고(예: 어머니가 아이에게 물체를 보여 주고 그 물체를 명명한다), 아동이 자신의 주위에 있는 물체들과 상호작용하고(예: 어머니가 옆에서 주위 물체들을 명명하는 언어행위를 한다), 아동이 타인에게 작용한다[예: 아동이 타인(어머니) 앞에서 그 물체를 명명한다]. 그리고 마지막에는 아동이 자신에게 작용한다. 즉, 아동의 어머니와의 의사소통은 아동에게 내적으로 구조화된 활동이 되어 내적으로 사물을 확인하여 자신에게 명명하게 된다는 것이다. 이것이 비고츠키에게 있어 높은 수준의 심리적 과정을 창조하는 과정이다.

(2) 학생 개개인의 근접발달영역을 설정하고 교사는 촉진자로서 비계를 지원해 주어야 한다

기존의 발달 수준에 관한 연구들은 학생이 독립적으로 누구의 도움도 없이 과제를 해결하는 것에 기초하였으나, 비고츠키(1978)는 그런 능력은 아동이 이미 습득한 발달 수준을 나타내는 것이지 아동이 발달할 수 있는 잠재력을 나타내는 것은 아니라고 보았다. 비고츠키는 이 발달가능성 또는 잠재력을 연구하기 위해 근접발달영역(zone of proximal development)이라는 개념을 동원하였다. 근접발달영역이란 실제적 발달 수준과 타인(성인이나 동료)의 도움으로 성취할 수 있는 잠재적 발달 수준과의 차이를 말한다. 실제적 발달 수준이란 이미 완성된 발달 과정의 결과로 나타난 아동의 정신 기능 발달 수준이다. 이에 반해, 잠재적 발달 수준은 타인과의 상호작용에 의해 새로이 나타날 수 있는 수준이다. 다시 말하면, 근접발달영역은 아직 성숙되지 않았거나 성숙의 과정에 있는 기능으로 정의할 수 있다. 학생에게 있어 근접발달영역은 최대 학습과 발달의 열쇠인데, 근접발달영역은 학생들마다 서로 다르고 타인의 참여에 의하여 창조되기 때문에 협동학습의 형태를 취할 때 학생의 근접발달영역의 설정은 최적화된다.

근접발달영역이 교수-학습과 관련하여 갖는 의미는 다음과 같다.

첫째, 모방 행동(성인의 도움을 지칭)으로 문제를 해결하는 수준을 정의한다는 것이다.

즉, 모방 행동은 무한정 가능한 것이 아니라 근접발달 수준의 한계에서만 가능하고, 그 한계가 개인마다 차이가 있으므로 개별화 수업의 타당성은 물론 협동학습(타인의 참여에 의해 창조되는 개념)의 타당성을 제시하는 잠재력의 한 개념이다.

둘째, 교수에서 학습문제나 자료의 제시는 근접발달영역에 속하는 범위 내에서 이루어져야 한다는 것이다. 즉, 학생이 스스로 해결할 수 있는 문제 제시는 발달과정을 뒤처지게 하는 행위이고, 근접발달영역 안외 문제를 제시하여 다양한 발달과정을 자극하도록 해야 한다. 이런 것이 "좋은 학습(good learning)"이다(Vygotsky, 1978, p. 91). 따라서 복잡한 정신 기능을 가르치기 위해서 교사와 학생 간의 상호작용이 활발히 일어날 수 있도록 근접발달 영역의 과제를 제시해야 한다.

비고츠키의 근접발달영역에 해당하는 학습 내용은 타인에 의해 창조된다는 것이 다를 뿐 근본적으로는 피아제가 주장한 동화와 조절이 동시에 일어나는 영역의 학습 내용, 즉 어느 정도는 알고 있으면서 또 어느 정도는 미지의 내용인 도전적 수준의 학습 내용과 같은 개념이다. 비고츠키의 근접발달영역에 해당하는 학습 내용을 가지고 교사 또는 또래 학생들과 상호작용을 하며 도움을 받도록 하는 행위를 스캐폴딩(scaffolding) 또는 비계적 지원이라고 부른다(Wood, Bruner, & Ross, 1976). 비계란 높은 곳에서 공사를 할 때에 발을 디디고 서도록 장나무와 널을 다리처럼 걸쳐 놓는 장치를 말하는 건축용어이다. 비계는 작업자에게 도구적 지원을 제공하고, 작업자의 활동 범위를 넓혀 주고, 비계가 없이는 불가능한 과제를 완수할 수 있도록 해 주며, 필요할 때 선택적으로 사용하는데 이런 비계가 학습에도 적용된다고 보는 것이다(Greenfield, 1984). 비계적 지원은 먼저 교사가 근접발달 영역을 일방적으로 정해 주는 것이 아니라 학생과 함께 설정하는 일이 필요한데, 이것을 워치(Wertsch, 1985, p. 161)는 상호적 주관성(intersubjectivity)이라고 부르며 그 중요성을 다음과 같이 진술하고 있다.

> 학습의 초반부에 과제를 함께 정의하는 일은 매우 중요하다. 왜냐하면 아동과 성인은 서로 다른 개념들을 문제 상황에 가져오기 쉽기 때문이다. 그러므로 성인에게 있어 도전은 아동과 의사소통할 방법을 찾아서 아동이 성인과 함께 과제에 참여할 수 있도록 해야 한다. 이 의사 소통이 심리 내적 기능으로 이동하는 기초가 된다.

비계적 지원은 근본적으로 교사가 학생의 학습을 촉진하는 역할을 의미한다. 교사가 학습을 촉진하는 역할을 한다는 것은 여러 가지 비유를 통해 정의되고 있다.

- 정원사 비유(gardener analogy): 정원사는 식물이 자라 열매를 맺도록 조건을 제공해 주는 역할을 하지만 스스로 열매를 맺지 않듯이 교사도 학생들이 학습하고 성장하는 조건을 마련해 주지만 학습하고 성장하는 것은 학생들이라는 것이다(Fox, 1983).
- 가이드 비유(guide analogy): 가이드는 여행자들이 따라 올 길을 먼저 답사하고, 위험한 곳은 경고를 해 주는 동시에 길을 안내해 주고 볼 만한 곳을 알려 주지만, 길을 가고 볼 만한 것을 보는 것은 여행자들이라는 것이다(Hill, 1980).
- 코치 비유(coach analogy): 코치는 운동선수들 각자의 장단점을 파악하여 훈련시키고 게임에 임하는 계획을 세우고, 게임 중에는 선수들을 격려하지만, 게임에 임하여 승리를 쟁취하는 것은 선수들이듯이 교사도 마찬가지 역할을 한다는 것이다(Barr & Tagg, 1995).
- 지휘자 비유(maestro analogy): 지휘자가 다양한 악기를 연주하는 사람들로 구성된 오케스트라를 지휘하듯 교사도 다양한 소질과 적성, 능력 수준을 가진 학생들이 모여 최적의 학습을 하도록 한다는 관점이다(Eisner, 1983).
- 산파 비유(midwife analogy): 산파는 스스로 아이를 낳지는 않지만 산모가 아이를 잘 낳을 수 있도록 최선의 도움을 제공하듯이 교사도 학생들이 자신의 능력을 최대로 발휘하여 학습하도록 산파처럼 필요에 따라 옆에서 밀고 당기고 하며, 성공하였을 때 그것을 축하한다는 것이다(Ayers, 1986).

이렇게 교사를 촉진자로 설명하는 비유는 다양하지만 이 비유들의 공통점은 수업의 궁극적인 주체는 교사라기보다는 학생이라는 것이다. 따라서 교사의 역할은 학습을 보조하는 데 머물고 학생이 능동적으로 역할을 해야 한다. 그리고 학생이 자신의 수업에 대하여 주인의식을 갖고 학습 동기를 증진한다.

좀 더 구체적으로 와이머(Weimer, 2013)는 교사가 수업에서 촉진자의 역할을 실천에 옮길 때 필요한 일곱 가지의 원리를 다음과 같이 제시한다.

- 학생들이 학습과제 수행을 좀 더 많이 하도록 한다. 교사가 항상 가르칠 내용을 조직하고, 예들을 생성하고, 질문을 하고, 답을 내리고, 토론한 내용을 요약하고, 문제를 해결하는 등의 역할을 수행할 필요가 없다. 교사가 학생들을 위해 학습과제를 수행하

던 역할을 줄인다.

- 교사는 말을 줄이고 학생들이 좀 더 많이 발견하도록 한다. 교사의 말이 많으면 학생들이 자기주도적으로 발견할 기회가 적어지기 때문이다.

- 교수 설계를 좀 더 신중히 한다. 학생들이 현재의 지식과 기능 수준에서 새로운 역량의 수준으로 진보하도록 너무 쉽거나 너무 어렵게 설계하지 않는다. 그리고 일련의 학습경험들을 계열화하여 이전의 경험 위에 새로운 경험을 쌓아 가도록 하되, 내용 지식과 학습 기술을 동시에 발달시키도록 설계한다.

- 전문가들이 학습하는 방식을 명시적으로 모델링한다. 능숙한 학습자들이 학습과제에 접근하는 방법을 시범 보이면서 자신의 내면에 일어나는 일을 밖으로 드러내어 말한다. 교사는 어렵고 혼란스러운 문제에 어떻게 대면하는지, 난관에 부딪혔을 때나 틀린 답을 내었을 때 무엇을 어떻게 극복하는지 소리 내어 모델링한다. 그리고 학생들과 함께 교사가 임했던 학습과정에 대해 명시적으로 토론한다.

- 학생들 상호 간에 학습하도록 격려한다. 학생들은 소집단 학습에 저항하는 경우가 있는데, 특히 영재 학생들의 경우에 그러하다. 그러나 소집단 학습을 잘 설계하고 학생들에게 임파워먼트를 제공하면 협동학습의 효과를 이끌어 낼 수 있다.

- 학습을 증진시킬 긍정적인 분위기를 창조한다. 교사는 학습을 증진시킬 분위기를 창조하는 데 리더십을 발휘하고 그것을 유지하는 데 책임을 진다. 그러나 그런 환경은 궁극적으로 교사와 학생들이 함께 창조해야 하며, 학생들도 학급에서 일어나는 일에 대해 책무성을 부분적으로 갖도록 한다.

- 학습을 증진시킬 평가 방법을 동원한다. 평가를 통해 피드백을 제공하고 추후 지도 활동을 설계한다. 교사가 평가를 모두 하지 않고 학생들을 참여시켜 자기 스스로 그리고 또래들의 평가가 부분적으로 반영되도록 한다.

(3) 고등정신기능의 습득을 도모해야 한다는 것이다

비고츠키(1966)는 인간의 정신 기능을 초보적인 것과 고등적인 것으로 구분한다. 초보적 정신기능(primitive mental function)은 단순 지각, 자연적 기억, 비의도적 주의 집중 등 성격이 자연적이고 생득적이고 생물적인 특징을 띤다. 그 작용은 S-R 모델로 대표될 수 있으며, 즉각성과 구체적 경험에 의존한다. 사고가 활동과 연계되어 있으며, 정서가 순간적인 지각에 의해 표현된다(엄마가 시야에서 사라지는 것을 보고 울기 등). 이에 반해, 고등정신 기능(higher mental function)은 유목적(類目的) 지각(categorical perception), 논리적 기억, 추상적 사고, 의도적(자기통제적) 주의 집중 등으로 문화를 발달시킨다. 고등정신기능이 초보적 정신기능과 다른 점은 한 문화의 신호적 자극이 개인에게 논리적인 기억으로 재구성된다. 즉, 비고츠키의 용어로 사회역사적 발달의 계선을 통해 성취된다.

비고츠키에게 있어 지적 능력의 발달은 먼저 사회적 수준에서 문화적 신호와 상징을 습득하고 그리고 그것을 개인 내적으로 자신의 추론 능력과 같은 고등정신기능을 모니터하고 조절하는 능력으로 발달시키는 것이다. 그러나 학교의 교과 교육에서의 문제는 사고의 형식(form)과 내용(content)을 과도하게 구분하여 분리시키면서 교과 내용의 습득에만 치중하여 고등정신기능을 길러 주는 일을 소홀히 하고 있는 것이다(Vygotsky, 1966, 1988). 비고츠키는 이 현상을 다음과 같이 지적하고 있다(1966, p. 6).

> [학교에서는] 고등적인 형태의 행동 발달은 교과의 내용과 상호 불가분하게 연계되어 있음에도 결코 합류(confluent)하지 않는 두 분지적 흐름(streams)처럼 다루는 듯 보인다. 하나는 언어, 쓰기, 셈하기, 그림 그리기 등과 같이 문화적 발달과 사고의 외적 수단을 성취하는 과정이고, 또 하나는 특별한 고등정신기능의 발달을 다루는 과정이다. …… 고등정신기능의 발달은 그것의 단순한 습득을 넘어 추론의 문화적 형태(cultural forms of reasoning)를 필요로 한다.

교과는 과거와 현재의 문화의 정수에 해당하는 신호와 상징을 선정하여 체계화해 놓은 것이다. 학생은 학교에서 교과학습을 통해 이런 문화적 항목들을 경험한 후에는 그것을 내적 언어로 사용하여 자신의 내적 추론 능력을 조직하고 모니터하고 조정함으로써 고등정신 능력을 발달시키도록 확장해야 한다. 그렇게 했을 때 학생은 교사나 또래에게만 의지하지 않고 자기주도적인 학습 능력자가 될 수 있다. 그러나 학교교육은 추론 능력을 계발하기보다는 문화적 항목의 습득에 너무 치중하는 약점을 가지고 있다.

2) 밴듀라의 사회적 학습이론의 학습 원리

밴듀라(Bandura, 1971)는 직접적 경험으로부터 학습할 수 있는 것이면 어떤 것이라도 관찰을 통한 대리적 경험으로 학습할 수 있다고 주장한다. 관찰 학습(observational learning)은 언어, 도덕성, 사고, 자기조정 행동 등 인간 특유의 학습을 포함하는 인지적 성격을 띤 학습이라고 보고, 관찰을 통해 인간이 인간에 미치는 영향은 사회적인 현상이기 때문에 이를 사회적 학습이론이라고 불렀다.

밴듀라(1986)는 행동주의에서 인간의 행동은 환경에 의해 결정된다는 B=f(E)의 원리, 즉 환경결정론(environmental determinism)을 거부한다. 더 나아가 행동주의에서 강조하는 보상은 수행 변인이지 학습 변인이 아니라고 주장한다(Bandura, 1965). 즉, 관찰한 것을 수행으로 옮기는 것은 강화를 필요로 하지만 관찰 학습은 그 자체로서 보상이 없어도 배움으로 연결된다는 것이다. 다시 말해, 행동주의가 강조하는 강화는 다른 사람이 행동을 하고 강화를 받으면 자신도 그 사람처럼 행동하면 역시 강화를 받을 수 있을 것이라는 기대를 갖게 하고, 학습한 것을 수행으로 옮기게 하는 유인적 정보만 제공할 뿐이라는 것이다.

아울러 밴듀라는 인간의 행동은 인간의 개인적 특징에 의해 결정된다는 인지주의의 개인결정론(personal determinism)도 거부하고 상호적 결정론(reciprocal determinism)을 주장한다. 상호적 결정론은 인간의 행동에 영향을 주는 것이 환경(Environment)과 개인적 특징(개인의 인지적, 정의적 특성, Person) 외에도 인간의 행동(Behavior) 그 자체로 보고, 이 세 가지 요인 간의 복잡한 상호작용이 인간 행동을 결정한다([그림 2-6] 참조)고 보고, 다음과 같이 주장한다(Bandura, 1986, p. 21).

행동, 인지적인 것과 다른 인성적인 요인, 환경적 영향이 모두 상호작용하여 각각을 결정 짓는다.

예를 들어, 개인이 주장적 행동을 하면(행동, Behavior), 사람들은 그 사람에게 새로운 방

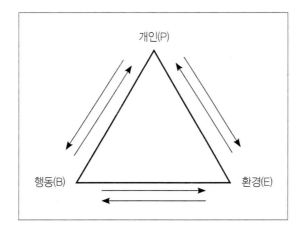

[그림 2-6] 상호적 결정론

식으로 대응하고(환경, Environment), 그 대응은 그 개인에게 자신감(인지적 판단, Person)을 불러일으켜 주고, 미래의 행동을 중재한다. 또 한 개인의 성이나 용모(Person)는 사람들로부터 어떤 반응을 일으키고(환경, Environment), 그 반응은 개인에게 자신감 또는 모멸감(인지적 판단, Person)을 불러일으킨다. 이렇듯 행동주의자들은 인간을 동물과 같은 생물학적 반응으로 학습한다고 보지만, 밴듀라는 인간의 행동 대부분은 내적 표준(internal standards)을 가지고 동기를 유발하고 판단한다고 보았다. 밴듀라는 이를 다음과 같이 주장한다(1986, p. 21).

> 인간은 자신의 아이디어를 모니터하고, 그 아이디어를 행동화하고, 그 아이디어로부터 발생할 수 있는 것을 예언하고, 그 결과로부터 그 아이디어의 적절성을 판단하고, 그에 따라 아이디어를 변화시킨다.

밴듀라에게 중요한 것은 행동에 대한 인지로서 개인적 특징이 환경에 대해 작용하여 나타난 결과(강화 또는 벌)가 자신이나 타인의 행동에 어떻게 영향을 미치는가를 관찰함으로써 학습한다는 것이다. 밴듀라에게 있어 학습에 영향을 미치는 원천은 두 가지이다. 하나는 행위에 의한 학습(learning by doing)이고, 다른 하나는 관찰에 의한 학습(learning by observing)이다. 그리고 고등 수준의 정의적, 인지적 학습은 관찰에 의한 학습이 더 영향을 미친다는 것이다.

관찰 학습은 모방을 넘어서는 복잡한 학습이다. 모방을 포함할 수도 있고 포함하지 않을 수도 있다. 예를 들어, 차를 운전하다가 앞에 가던 차가 길에 패인 웅덩이에 빠지는 것을 본다면 그 차 뒤에 있는 운전자는 차를 옆으로 돌려 비켜나간다(Hergenhahn, 1988). 더 나아가 관찰 학습은 관찰한 것 이상의 것을 할 수 있도록 한다(Bandura, 1965). 만약에 인간이 모방한 것만 할 수 있었다면 인간의 진화와 문명의 발전은 이루어질 수 없었을 것이다. 인간의 복잡한 행동(언어, 문화적 규칙, 태도, 정서 등)은 시행착오에 의한 점진적 습득이나 직접 경험보다는 관찰 학습에 의해 더 잘 설명할 수 있다. 특히 의과적 수술과 같은 복잡한 행동은 시행착오의 절차를 허락하지 않으며, 공포나 태도는 물체를 직접 접촉해서보다는 간접적으로 형성된다(Holland & Kobasigawa, 1980). 이런 이유로 밴듀라는 관찰 학습의 장점을 다음과 같이 진술하고 있다(1977, p. 38).

> 관찰 학습은 발달과 생존에 중요하다. 만약 사람이 시행착오의 결과를 고통을 동반해서 학

습해야만 한다면 착오에 따른 결과는 너무 희생이 크고 때로는 치명적이기조차 할 것이고 생존의 전망은 대단히 약할 것이다. 있을 수 있는 실수가 값비싸고 위험한 것일수록 우리는 그럴듯한 보기로부터의 관찰 학습에 더욱 의지하게 된다.

관찰 학습은 모델에게 주의를 기울이는 주의 집중(attention) 과정, 관찰한 행동을 상징적으로 부호화하고 저장하는 보유(retention) 과정, 관찰한 행동으로 재생산해 내는 운동 재생산(motor reproduction) 과정, 습득된 행동이 나타나도록 유도하는 동기(motivation) 과정이라는 네 가지 단계를 거쳐 일어난다. 이 중에서 배움 중심 수업에 중요한 밴듀라의 관찰 학습 원리는 주의 집중 과정과 보유 과정이다. 밴듀라의 입장에서 운동 재생산 과정과 동기 과정은 학습 변인이 아니라 수행 변인이기 때문이다. 그리고 밴듀라의 연구 중 관찰 학습 외에 자기효능감과 자기조절 체제 형성은 배움 중심 수업에 중요한 개념이다.

밴듀라의 주의 집중과 보유 과정 그리고 자기효능감과 자기조절 체제에 대한 사회적 학습이론의 원리들이 배움 중심 수업에 주는 시사점을 제시해 보면 다음 세 가지이다.

(1) 학생들이 모델링할 수 있는 좋은 모델과 예를 창출하고 강화하여 모델 행동의 기능적 가치를 증진시킨다

관찰 학습의 첫 단계는 모델과 그의 행동에 대해 주의를 집중하는 것이다. 이를 위해서는 주의를 기울일 만한 모델과 예들이 존재해야 하고, 강화를 예견하는 상황을 만들어 모델 행동의 기능적 가치(functional value)를 설정해야 한다. 관찰자는 강화를 예견하는 환경적 사건에 대해 주의를 기울이지만 강화 예견력이 약한 사건에 대해서는 무시하는 경향이 있기 때문이다(Bandura, 1977). 따라서 교사는 교실 안에서의 규칙을 명확히 진술하고 바람직한 행동은 강화를 받는다는 인식을 갖도록 하는 환경을 마련해야 한다.

모델이란 관찰자가 어떤 정보를 추출하거나 그에 대해 반응하도록 유도하는 환경적 사건이다(Rosenthal & Bandura, 1978, p. 622). 따라서 정보를 전달하는 것이면 어느 것이든 모델이 될 수 있다. 예를 들어, 사람, 필름, TV, 예시, 그림, 지시 등이다(Hergenhahn, 1988). 모델은 세 가지로 구분된다(Gredler, 1992).

- 살아 있는 모델: 가족, 친구, 또래, 교사 등 직접적인 접촉을 갖는 사람들이다. 관찰자 앞에서 행동적으로 시범을 보이고 학생의 질문에 답할 수 있는 기회를 제공한다는 이점이 있다.

- **상징적 모델:** 회화적(pictorial) 표상이다. 매스미디어가 강력한 대표적인 모델로서, 아동들은 수면시간 다음으로 TV 보기에 사용하고 있다. 여러 회에 걸쳐 필요한 시기에 학생들에게 모델 행동이 시연될 수 있다는 이점이 있다.
- **비수행적 모델:** 언어적 서술(description)로서 장비를 조립하는 절차적 지침과 같다.

모델은 여러 가지 기능을 하여 관찰자에게 학습을 불러일으킨다(Gredler, 1992; Hergenhahn, 1988). 첫째, 모델의 행동과 비슷하게 행동하도록 하는 사회적 단서로 기능한다. 예를 들어, 어느 문화권의 식사 방식을 모를 경우 그 문화권의 사람을 따라 함으로써 새로운 행동을 습득한다. 둘째, 특정 행동의 수행에 대한 억제 또는 해제 기능을 한다. 억제 기능의 예는 자동차 운전 속도 위반자가 딱지 떼는 것을 보고 속도를 줄이는 것으로 대리 처벌을 통해 성취된다. 해제 기능의 예는 또래가 자신을 방어하기 위해 폭력을 쓰는 것을 보고 폭력 사용의 정당성을 배우는 것으로, 대리 강화를 통해 성취된다. 셋째, 여러 모델의 행동을 종합하여 새로운 행동 패턴을 만든다. 즉, 창의적 아이디어나 행동 패턴을 형성하도록 한다.

밴듀라(1986, p. 206)는 "행동에 영향을 주는 많은 단서 중에서 언제 어디서나 다른 사람의 행동보다 더 보편적인 것이 없다."라고 주장하는데, 이 점은 배움 중심 수업을 하는 교사에게 본인과 또래들이 미치는 모델로서의 영향력에 유의하고, 좋은 모델로서 여러 가지 좋은 사례를 제공하여 학생들이 다양한 관찰 학습을 할 수 있도록 해야 한다는 점을 시사한다. 아울러 교사와 학생 간, 또래들끼리 따뜻하고, 양육적이고, 수용적인 관계를 유지하여 정서적 유대가 강한 학급으로 만들어야 한다. 왜냐하면 관찰 학습의 첫 단계인 모델에 대한 주의 집중은 이런 긍정적인 정서적 유대에 크게 의존하기 때문이다(Grusec & Mischel, 1966; Schunk, 1987, Schunk & Hansen, 1985; Yussen & Levy, 1975). 그리고 학년 초기가 학급의 행동 규범과 분위기를 긍정적으로 형성하여 모델에 대한 주의 집중력을 높일 수 있는 좋은 시기이다(Good & Brophy, 1987).

(2) 학생들의 모델 행동 관찰을 안내한다

학습은 단순히 학생들에게 모델을 제시하고 관찰하라고 지시한다고 해서 자동으로 일어나지 않기 때문에 학생들이 관찰을 통해 기억에 보유하도록 다음과 같은 두 가지 안내를 제공해 주어야 한다(Bandura, 1977).

① 학생들로 하여금 모델 행동을 시각적 코드나 언어적 코드로 부호화하여 기억에 저장하도록
　돕는 것이다

시각적 코드는 이미지 코드로서, 사건(활동, 장소, 물체)을 그대로 복사한 것이 아니라 그 사건의 구별되는 특징을 이미지로 추상화한 것이다. 예를 들어, 테니스 하기, 서울, 에펠탑 등의 특징에 관한 이미지 정보이다. 언어적 코드는 언어, 수, 음악 기호 등으로 추상화된 개념적 또는 절차적 정보이다. 시각적 코드나 언어적 코드는 상징적으로 정보를 표상화하는 것으로, 이런 상징적 코드는 많은 양의 정보를 쉽게 저장할 수 있는 형태가 되고, 모델이 없는 상황에서도 관찰한 행동을 반복해 낼 수 있도록 해 준다. 이것을 밴듀라는 다음과 같이 진술하고 있다(1977, p. 179).

> 일시적 경험을 부호화하고 기억 표상을 위해 상징적 형태로 저장함으로써 영구적 효과를 남긴다. 행동의 내적 표상(internal representation)은 모델이 하는 행동의 예와 그 행동 결과에 기초해서 구성되는데, 그것은 차후에 명시적 행동으로 안내하는 역할을 한다.

밴듀라(1977, p. 25)에게 있어 이런 상징적 표상의 습득이 바로 학습이고, "인간이 관찰을 통해 대부분의 행동을 학습할 수 있는 이유는 이런 고등 수준의 상징화 능력 때문이다."

② 시연 조작(rehearsal operation)을 하도록 돕는 것이다(Holland & Kobasigawa, 1980)

시연은 정신적 시연(mental rehearsal)과 움직임 시연(motor rehearsal)이 있을 수 있다. 정신적 시연은 행동 실연을 정신적으로 상상하는 과정이다. 예를 들어, 야구선수가 코치가 시범을 보인 타격 자세를 정신적으로 그려 내어 기억하려는 것이다. 움직임 시연은 모델 행동을 외부로 드러나는 명시적 행동으로 나타내는 것이다. 야구선수의 예에서 정신적으로 시연한 것을 실제 움직임으로 구현해 냄으로써 기억하려는 것이다.

상징적 부호화와 시연 조작은 교사가 생각 보고법(think-aloud method)을 동반한 참여적 모델링(participatory modeling)을 통해 지도하는 것이 효과적이다. 즉, 교사가 여러 가지 관찰 학습의 보유 과정에서 필요한 상징적 부호화와 시연 조작 과정을 스스로 학생에게 시범을 보이되 교사의 머릿속에서 일어나는 일을 말로 하게 함으로써 학생이 교사가 그 두 과정을 어떻게 구현해 내는지를 보다 명시적으로 알도록 하는 것이다. 그러면 학생이 교사의 여러 가지 관찰 학습의 보유 과정을 실행하는 행동들로부터 규칙을 찾아내도록 할 수 있다(Bandura, Grusec, & Menlove, 1966; Zimmerman & Rosenthal, 1974). 이렇게 여러 사례를

보고 규칙을 찾는 학습은 고차적 수준의 관찰 학습으로 추상적 모델링(abstract modeling)
이라고도 불리는데 여러 모델링의 사례를 가지고 특정 반응을 넘어 규칙이나 원리를 습득
하게 함으로써 언어, 도덕적 행위, 창의성과 같은 복잡한 인간 행동의 습득을 가능하게 해
준다(Arem & Zimmerman, 1976; Bandura & Harris, 1966; Bandura & McDonald, 1963).

　　참여적 모델링을 통해 모델링과 생각 보고와 같은 언어화(verbalization)의 조합은 모델
링만 이루어질 때보다 효과적이다(Gerst, 1971; Schunk, 1987). 특히 연령이 낮은 학생들과
학업 성취가 낮은 학생들에게 인지적 전략을 교수할 때 유용하다(Coates & Hartup, 1969).
이들은 자발적으로 상징적 부호화와 시연과 같은 인지적 전략을 발달시키지를 못하고 암
기 등 비효율적인 전략에 의존한다(Brophy, 1988; Corno, 1986). 따라서 이들에게는 모델링
에 더해 짤막한 설명 그리고 연습으로 이어지는 교수는 충분치 못하다. 교사는 모델링에
더해 교사 자신의 이야기(teacher self-talk)가 필요하다(Brophy, 1988).

(3) 학생들에게 자기효능감과 자기조절 체제를 형성시켜 주어야 한다

　　인간 삶에 필요한 복잡한 기능과 능력을 습득하기 위해서는 관찰 학습 외에 자기효능감
(sense of self-efficacy)과 자기조절 체제(self-regulatory system)가 필요하다(Bandura, 1982).

　　자기효능감이란 자신의 어떤 특정 결과를 생산하는 데 필요한 행동을 성공적으로 집행
할 수 있다는 신념을 말한다(Bandura, 1977). 학습 상황은 새롭고 예측 불가능하고 스트레
스적인 요소를 포함하는 경우가 많은데, 사람들은 같은 수준의 지적 능력을 가지고 있더라
도 자신이 효과적인 전략들을 조직하고 실행할 수 있다고 믿으면 과제 수행과 장기적인 삶
의 패턴이 달라지게 된다(Bandura, 1986, 1993; Bandura & Schunk, 1981). 자기효능감이 높은
사람들은 어려움에 당면하여서도 노력을 강화하고, 이미 습득한 기능을 강화하고, 주의 집
중의 초점을 과제가 요구하는 점들에 맞춘다. 이와는 반대로 자기효능감이 낮은 사람들은
어려움에 당면하면 노력을 게을리하고, 과제를 포기하고, 주의 집중의 초점을 자신의 약점
과 부족한 점에 맞추고, 대신 문제는 크게 부각시킨다. 그리고 장기적으로 삶 속에서도 삶
의 패턴에 영향을 미친다.

　　자기효능감이 높은 사람들은 다양한 활동과 경험에 적극적으로 참여하여 자기개발을
하고, 어려운 상황에서도 스트레스를 덜 느끼고, 실패의 원인을 능력의 부족보다는 노력
의 부족으로 돌리고, 도전 목표를 세우고 그것을 성취하는 과정에서 흥미를 느끼고 참여한
다. 이와는 반대로 자기효능감이 낮은 사람들은 다양한 활동과 풍부한 경험을 제공해 줄
수 있는 환경을 기피함으로써 자기개발을 방해하고, 다양한 상황에서 걱정과 스트레스를

느끼며 고통받고, 자신의 능력 부족에 초점을 맞추며 자신이 가지고 있는 기능들을 효과적으로 사용하지 못하고, 스트레스를 피하기 위해 여러 가지 회피 기제를 사용하며 낮은 수준의 포부를 갖는다.

자기효능감은 일단 형성되면 앞에서와 같이 학습과 삶의 패턴에 영향을 미치기 때문에 배움 중심 수업을 하는 교사는 자기효능감 형성에 영향을 미치는 요인에 유의할 필요가 있다. 밴듀라(1986)는 그 요인을 네 가지로 제시하고 있다.

- 개인적 성취 경험: 성공 경험은 자기효능감을 높이고, 빈번한 실패는 낮춘다. 따라서 배움 중심 수업에서는 학생들에게 적절한 수준의 도전적 과제를 제공하여 성공을 자주 경험할 필요가 있다. 그러나 강한 자기효능감을 가지고 있는 사람에게는 몇 번의 실패가 자기효능감에 큰 영향을 미치지는 않고, 약한 자기효능감을 가지고 있는 사람에게는 큰 영향을 미친다.
- 대리 경험: 자신과 비슷한 능력을 가지고 있다고 생각하는 사람이 성공하는 것을 관찰하게 되면 자기효능감은 높아진다. 특히 직접적인 경험이 거의 없는 상황에서는 이런 대리적 경험이 큰 영향을 미친다. 따라서 배움 중심 수업을 하는 교사는 학급에서 학생이 성공 경험을 통해 학습의 향상을 보일 때 인정하고 강화하는 성공 지향적인 교실 분위기를 창조하여 많은 학생이 관찰할 기회를 제공해야 한다.
- 언어적 설득: 설득은 효능감에 대한 의심을 반작용적으로 퇴치하는 기능을 한다. 따라서 배움 중심 수업을 하는 교사는 효능감이 약하여 망설이는 학생에게 설득을 통해 자기효능감을 높여 주는 노력을 해야 한다.
- 생리적 상태: 피로, 공포, 스트레스, 체력 등은 자기효능감을 약하게 한다. 사람들이 나이가 들면 점점 자신감을 잃어가는 이유는 이 때문이다. 따라서 배움 중심 수업을 하는 교사는 학급에서 학생들이 신체적 피로, 심리적 불안이나 스트레스를 겪지 않도록 친절하고 협동적이며 화기애애한 분위기를 창출할 필요가 있다.

밴듀라(1993)는 학생들의 학업과 관련하여 자기효능감 외에 교사를 대상으로 교수와 관련하여 교사 효능감(teacher efficacy)과 학교를 대상으로 집단적 학교 효능감(collective school efficacy)에 대한 연구를 수행했다. 교사 효능감은 교수 효능감(instructional efficacy)이라고도 하는데 교사가 학생의 성취에 영향을 미칠 수 있는 능력을 가지고 있다고 믿는 정도를 말한다. 교수 효능감이 높은 교사들은 교실에서의 시간을 학업에 더 많이 할애하고, 어려움을 갖고 있는 학생에게 필요한 도움을 제공하고, 학생의 성취를 강화하고, 학생에게 완전학습 경험(mastery learning experience)을 제공한다. 이에 반해, 교수 효능감이 낮은 교사들은 교실에서의 시간을 비학업적 유희에 더 많이 쓰고, 학생이 빠르게 결과를 내지 못하면 그 학생을 쉽게 포기하고, 학생의 실패에 대해 민감하게 비판하고, 학생의 자기 효능감과 인지적 발달을 훼손하는 것으로 나타났다.

교사 효능감은 지도하는 학생들에게만 영향을 미치는 것이 아니라 학교가 하나의 사회적 체제로서 기능하는 데 있어 활력을 불어넣거나 사기를 저하시키는 학교의 문화를 창조하는 데도 영향을 미친다. 이것은 교사 개개인의 효능감이 집합적으로 작용하여 학교 효능감으로 나타나는데, 교사 효능감이 높은 교사들이 있는 학교는 학교의 문화가 활기차고 협동적인 성공 지향적 문화를 창조하고, 교사 효능감이 낮은 교사들이 있는 학교에서는 교사의 사기가 낮고 비협동적이고 학업 성취에 무관심한 문화를 창조하는 것으로 나타났다. 밴듀라의 교사 효능감과 집단적 학교 효능감 연구는 배움 중심 수업에 주는 시사점이 크다. 왜냐하면 학교가 배움 중심 수업의 분위기와 실제를 정착시키는 데 있어 교사의 역할이 지대하기 때문이다. 그리고 교육청과 학교 관리자들은 교사 효능감과 집단적 학교 효능감 향상을 위해 행·재정적 지원체제를 마련해야 하기 때문이다. 즉, 심리·사회적으로 교사를 존중하는 학교의 문화를 창조하는 데 리더십을 발휘해야 하기 때문이다.

자기조절 체제를 구성하는 요소는 두 가지이다. 하나는 자신의 행동과 그 결과에 대한 규준(referents)을 제공하는 인지적 구조이고, 다른 하나는 행동을 지각하고 평가하고 조절하는 인지적 하위 과정들을 말한다(Bandura, 1977). 즉, 자신의 행동에 대한 표준, 자기관찰 능력, 자기 판단, 자기 반응들을 포함하는 인지적 체제이다.

자기조절 체제는 학생들의 삶과 학습에 있어 중요한 역할을 한다. 개인이 어떤 행동을 할지 그 방향을 결정지어 주는 역할을 한다. 즉, 자기만족과 자기 가치를 증진시키는 활동을 추구하고, 자기 처벌에 이르는 활동들은 피하는 행동의 방향 잡기를 가능하게 한다. 또 행동의 목표를 설정하고 그것을 추구하는 목표 지향적 행동에 참여하도록 하고, 행동의 결과를 자신이 설정한 표준과 관련하여 평가하고 반성하도록 한다.

자기조절 체제는 상호적 결정주의로 작용한다. 학생(Person)이 행동 표준을 설정하면 행동(Behavior)에 영향을 미치고(P → B), 그 행동의 결과를 평가하여 학생 자신에 대한 관점에 영향을 미친다(B → P). 한편, 변화된 행동은 환경(Environment)에 새로운 상황을 발생시키고(B → E), 환경은 다시 행동에 대한 강화 또는 처벌을 가하게 된다(E → B). 그리고 학생의 성, 인종, 사회적 지위, 기타 특징들은 새롭게 설정한 표준과 상호작용하여 환경에 영향을 미치고(P → E), 환경은 학생에게 표준 설정을 모델링으로 제시한다(E → P). 배움 중심 수업을 하는 교사는 이 세 가지 요인의 상호적 작용 과정에서 적절히 개입하여 지도해야 한다. 학생이 표준을 너무 높게 설정하면 자기비하, 자기비판, 좌절감, 낙심 등으로 이어지고, 너무 낮게 설정하면 타인으로부터 거부되는 결과를 가져오기 쉽다. 그리고 타인으로부터 거부되면 낙심과 좌절을 겪고 그것은 다시 자신이 표준을 낮게 설정한 것이 타당한 결정이었다고 생각하여 표준을 더욱 낮게 재조정하는 악순환을 불러일으킬 수 있다. 따라서 표준 설정을 적절한 수준에서 할 수 있도록 안내하고, 필요한 학습자료를 환경적 자극으로 제공하여 성공감을 맛보고 자기 강화를 하도록 돕고, 자기조절 체제를 성공적으로 수행하는 모델들을 소개하여 관찰 학습을 할 수 있도록 지원해야 한다.

3) 와이너의 귀인이론의 학습 원리

와이너(Weiner, 1976)는 인간이 자신의 행동의 성공과 실패의 원인을 상황에 돌리느냐 아니면 자신에게 돌리느냐에 관심을 두었다. 즉, 성공과 실패에 대한 책임을 결정하는 방식과 그런 결정이 추후 행동에 어떻게 영향을 미치느냐에 관심을 두었다. 상황이란 환경을 의미하며, 과제의 난이도나 행운도 여기에 포함한다. 자신이란 개인이 가지고 있는 성향을 의미하며, 자신의 능력이나 노력의 정도를 포함한다. 와이너는 행동의 결과에 대한 원인을 부여하는 패턴과 그 영향에 관심을 두어 귀인이론(attribution theory)으로 불린다. 와이너의 귀인이론은 성공과 실패의 사례가 무수히 많은 학교의 생활과 그것에 따른 교사와 학생 간의 상호작용을 분석하는 틀을 마련해 주는 차원에서, 특히 정의적 교육의 차원에서 기여하는 바가 크다.

와이너(1979)는 인간의 원인 지각과 행동과의 관계에 대해 세 가지 가정을 가지고 있다. 첫째, 인간의 원인을 이해하려고 하는 것을 중요한 하나의 동기로 보는 것이다. 기존의 이론은 기쁨-고통 원리에 의존하여 동기를 설명하였다. 그러나 와이너는 이런 쾌락주의 외에도 정보를 찾고 그것을 확인하는 이해의 원리가 인간 동기의 주요 요인이라고 본다. 둘째, 인간의 원인에 대한 지각은 결과와 관련한 여러 가지 복잡한 정보원(information sources)에 의존하고 있다는 것이다. 즉, 원인에 대한 지각을 개인-환경이라는 단일차원이 아니라 과제와 그 결과 사이에 매개적 사건이 개입하는 복잡한 차원에 의존하고 있다고 본다. 소위 S-C-R 모델을 취하는데, 자극(S)과 반응(R) 사이에 C(cognition)를 둠으로써 인간의 인지적 해석의 과정이 내적 매개 변인으로 작용한다고 본다. 셋째, 인간의 미래 행동도 부분적으로 원인 지각에 의해 결정된다는 것이다. 즉, 미래 행동은 개인의 신념체계와 결과(긍정적 또는 부정적)에 대한 인지적 해석의 영향을 받는다. 예를 들어, 실패를 능력 부족으로 원인을 지각하는 사람은 미래에도 실패할 것이라고 생각하고 그 결과를 바꿀 어떤 행동적 반응 레퍼토리도 가지고 있지 않다고 생각함으로써 과제 수행에 노력하지 않는다. 그러나 성공을 자신의 능력에 귀인을 하는 사람은 미래 행동에 대한 계속적인 성공 기대감을 가지고 있으며, 설사 가끔 실패한다고 하더라도 그것은 일시적인 것이라고 생각하기 때문에 과제 수행에 대한 노력이 방해받지 않는다.

와이너(1972)는 성공과 실패에 대한 귀인의 전형을 능력, 노력, 과제의 어려움, 행운으로 제시한다. 그러나 가장 빈번하게 나타나는 귀인은 능력과 노력이다(Weiner, 1985). 그 밖에 기분(mood), 병, 피로, 타인의 도움 등도 있다. 귀인은 작인(作因)의 위치(locus of causality), 안정성(stability), 통제가능성(controllability)의 차원을 가지고 있고, 각 차원은 두 가지 부수적 차원을 지니고 있다. 작인의 위치는 귀인 지각의 원천을 의미하며, 내적(internal) 또는 외적(external)의 차원을 가지고 있다. 능력은 내적이며, 타인으로부터의 도움은 외적이다. 안정성은 귀인 지각의 항상성 또는 지속성을 의미하며, 안정(stable) 또는 불안정(unstable)의 차원을 가지고 있다. 능력은 안정적이며, 노력은 불안정적이다. 통제가능성은 지각된 귀인이 개인에 의해 통제 가능한가의 측면을 의미하며, 통제 가능(controllable) 또는 통제 불가능(uncontrollable)의 차원을 가지고 있다. 노력은 통제 가능하나 능력은 통제 불가능하다. 예를 들어, 적성, 신체적 매력 없음, 카리스마(charisma) 등은 내적-안정적-통제 불가능의 성격을, 데이트나 연예에 대한 종교적 제한, 지역의 보수적 성향 등은 외적-안정적-통제 불가능의 성격을 띠고 있다.

귀인의 차원은 다양한 상황에 걸쳐 기능적 유사성(functional similarity)을 지니고 있으며, 행동의 역동성에 중요한 영향을 미친다(Weiner, 1985). 그 역동성은 두 가지 측면에서 영향을 받는다. 첫째, 미래 성취에 대한 기대에 영향을 미친다. 미래 성취에 대한 기대에 영향을 미치는 차원은 안정성이다(Weiner, 1985). 안정성을 지닌 귀인은 미래 성취에 대한 기대를 그 이전의 경험에 기초하여, 즉 미래 변화가 없을 것으로 기대하여 관련 성취기대를 그대로 유지시킨다. 예를 들어, 수학의 성취를 능력에 귀인을 시키면 미래 성취에 대한 기대가 긍정적이 되나, 사회적 거부를 신체적 매력 없음에 귀인을 시키면 부정적인 기대가 되어 성공에 대한 부정적 기대가 매우 안정적이다. 불안정성을 지닌 귀인은 미래 성취에 대해 불안정한 기대를 유발시킨다. 예를 들면, 행운이나 노력과 같은 불안정한 귀인은 결과의 재출현에 대하여 의심을 유발시켜 성공적 결과를 크게 기대하지 못하게 한다. 둘째, 특

표 2-2 | 귀인 영역과 정서 간의 상호 연결

결과/귀인 영역	정서적 반응
긍정적 결과	
내적 귀인	자랑과 긍정적인 자기평가(높은 지능에 의한 성공)
통제 가능한 귀인	자신감(노력에 의한 성공)
안정성 있는 귀인	자랑, 자기존중, 자신감
통제 불가능한 외적 귀인	감사, 고마움(행운이나 타인의 도움에 의한 성공)
부정적 결과	
내적 귀인	당황, 부끄러움
통제 가능한 귀인	죄의식
안정성 있는 귀인	부끄러움, 냉담, 체념
통제 불가능한 외적 귀인	분노

정한 정서적 반응을 일으키는 데 영향을 미친다. 귀인의 각 차원은 결과(긍정적 또는 부정적)와 함께 특정한 정서적 반응을 일으킨다. 즉, 결과의 성공과 실패, 그에 따른 귀인 영역과 특정 정서는 상호 연결되어 있다. 이를 요약하면 〈표 2-2〉와 같다.

배움 중심 수업에 적용할 수 있는 와이너의 귀인이론의 원리들을 제시하면 다음과 같다.

(1) 학생들에게 성공했을 때는 능력과 노력으로, 실패했을 때는 노력의 부족으로 귀인을 하도록 지도한다

유아들과 초등학교 1학년 학생들은 능력의 상대적 개념이 부족하고 자신의 능력에 대해 높은 지각을 가지고 있고 성공에 대한 기대가 매우 높으나, 학년이 올라가면서 자신의 능력을 다른 학생들과 비교하는 능력이 생긴다. 이에 실패를 하면서 자신감이 떨어지고 성공 기대감도 감소한다(Dweck, 1989; Nicholls, 1978; Ruble & Rhales, 1981; Stipek, 1981). 이런 변화는 그 실패의 원인을 찾는 데 있어 여러 가지 정보를 사용하는 능력이 발달하면서 생기는 것인데, 주요 정보는 타인의 수행과 교사의 대응적 행동이다.

타인의 수행을 기초로 귀인을 판단하는 정보로 사용하는 경우, 다른 사람들이 실패하는 과제에 성공하면 능력 귀인으로, 다른 사람들이 성공하는 과제에 실패하면 능력 부족 귀인으로, 다른 사람들이 성공하는 과제에 성공하면 '쉬운 과제' 귀인으로, 다른 사람들이 실패하는 과제에 실패하면 '어려운 과제'로 귀인을 한다. 그리고 학생의 수행에 대한 교사의 대응적 행동, 예를 들어 피드백, 정서적 반응(놀람, 동정, 격려 등), 추수적 행동(도움 제공이나 과제 부여 등)을 학생은 귀인 판단의 정보로 사용한다.

굿(Good, 1980)은 낮은 성취를 보이는 학생에게 교사가 보이는 행동 중 실패에 통제 불가능한 내적 귀인(능력 부족)을 하도록 유도하는 것들을 조사했는데, 교사로부터 멀리 떨어져 앉히기, 과제를 적게 요구하기, 관심을 덜 주기, 눈 맞춤을 적게 하기, 질문을 덜 하기, 질문에 답할 시간을 적게 하기, 실수에 대한 피드백을 상세히 하지 않기, 요청하지도 않았는데 과도하게 도움을 주기, 틀린 답에 과도하게 꾸중하기, 간신히 맞춘 정답에 과도하게 칭찬하기 등이었다. 교사를 비롯하여 또래들의 피드백과 정서적 반응은 다시 개인에게 귀인에 대한 정보를 전달하게 되고, 이런 귀인 정보는 초등학교 3~4학년 정도면 정확히 파악하는 것으로 나타났다(Graham & Weiner, 1983; Weiner, Graham, Stern, & Lawson, 1982).

배움 중심 수업에서 교사가 귀인과 관련하여 관심을 기울여야 할 개념은 학습된 무력감(learned helplessness)이다. 셀리그먼(Seligman, 1975)은 실험실에서 개가 피할 수 없는 전기 충격을 맞게 될 때 짖기, 뛰기, 뒹굴기, 꼬리 흔들기 등 기존에 가지고 있는 행동 레퍼토리로는 그것을 피할 수 없다는 것을 학습하고 그대로 충격을 받는다는 현상을 보고 학습된 무력감이라는 개념을 제시했다. 인간도 거듭된 실패가 자신에게만 나타나는 경우 학생은 개인적 무력감(personal helplessness)에 빠지게 되고, 그 실패가 다른 사람들에게도 나타나면 보편적 무력감(universal helplessness)에 빠진다. 개인적 무력감은 통제 불가능한 내적 귀인인 능력 부족으로 귀인을 함에 따라 나타나고, 보편적 무력감은 통제 불가능한 외적 귀인, 예를 들어 과제의 어려움, 잘못된 경제 상황(예: 과거 IMF 사태)이나 경직된 사회 구조(예: 독재 정권이나 고착화된 빈부격차 구조)로 귀인을 하게 된다.

배움 중심 수업에서 교사는 학습된 무력감에 빠져 있거나 빠질 위험에 처해 있는 학생에게 관심을 기울여야 한다. 그 이유는 이런 현상은 자신에 대한 낮은 평가와 부정적 정서 반응을 불러일으키고 추후의 학습에 무관심해지고, 그에 따라 또래들과의 비교 평가에서 뒤처지게 하는 악순환을 빚게 하고 또래 관계를 적대적 관계로 형성하도록 하기 때문이다. 따라서 학습에 대한 실패를 통제 불가능한 내적 귀인인 능력의 부족에서 통제 가능한 외적 귀인인 노력의 부족으로 바꾸도록 귀인 변화를 도모해야 한다. 밴듀라의 상징적 모델링 기법을 도입하여 자신과 비슷한 상황에 처했으나 노력 중심의 귀인 변화를 통해 성공했던 사례들을 제시하고 토론이나 상담을 제공하는 것이 좋은 방법이다.

(2) 학급의 목표 구조를 학습목표를 지향하는 구조로 바꾼다

학습된 개인적 무력감을 보이는 학생은 학급의 목표 구조가 수행목표 지향 구조일 때 더 자주 발견되는 것으로 보고되고 있다(Dweck, 1989; Elliott & Dweck, 1988).

학급의 목표 구조는 수행목표 지향(performance-goal orientation) 구조와 학습목표 지향(learning-goal orientation) 구조로 나눌 수 있다(Dweck, 1989). 수행목표 지향 구조에서는 학생이 자신의 능력을 타인과 비교하여 타당화하는 목표 상황으로, 적은 노력으로 타인보다 더 잘 수행하거나 비슷하게 수행할 때 목표가 성취되고, 타인과의 수행 비교를 자신의 능력을 판단하는 척도로 쓴다. 학습목표 지향 구조는 새로운 기능을 습득하거나 성취하는 목표 상황으로, 이전의 학습과 수행 상황을 진전을 판단하는 기준으로 쓴다. 수행목표 지향 구조의 학생은 자신의 능력에 대해 긍정적인 판단을 유지하기 위해 노력하고, 자신의 능력에 불신을 가져오는 과제를 회피하는 경향을 띤다. 즉, 중간 정도의 어려움이나 중간 정도의 쉬운 과제를 선택하여 능력을 전시하거나 능력 부족이 파악되는 것을 피한다. 그리고 성공 기대가 매우 낮은 학생은 매우 쉬운 과제를 택해 성공을 보장하거나 매우 어려운 과제를 택해 실패하더라도 다른 사람보다 능력이 낮아 실패한 것이 아니라는 것을 보이려고 한다. 둘 다 학습을 희생시킨다. 이에 반해, 학습목표 지향 구조의 학생은 새로운 기능을 성취하기 위해 노력하며 실패에도 불구하고 자신의 능력에 대해 긍정적인 정서를 가지고 있다. 왜냐하면 학습목표 지향은 자신의 능력을 입증하는 것이 문제가 아니고 학습이 관건이기 때문이다. 수행목표 지향 구조의 학생들은 실패할 경우 학습된 무력감의 희생자가 되기 쉬우나 학습목표 지향 구조의 학생들은 전략을 재구조화하고 계속 노력한다. 따라서 자신의 능력을 높게 지각하든 낮게 지각하든 관계없이 도전적인 과제를 선택하는 경향을 보인다.

엘리엇과 드웩(Elliott & Dweck, 1988)은 100명의 5학년 학생들에게 수행목표 지향 또는 학습목표 지향 학습 상황을 선택하게 하고, "높은 능력" 또는 "낮은 능력"의 피드백을 전달하였다. 그 결과, 수행목표 지향 학습 상황을 선택한 학생들 중 낮은 능력 피드백을 전달받은 학생들의 43.5%가 그 수행이 떨어졌고, 단지 8.7%만이 그 수행이 증진되었다. 그러나 학습목표 지향 학습 상황을 선택한 학생들 중 낮은 능력 피드백을 전달받은 학생의 33.5%가 그 수행이 떨어졌고, 22.2%가 그 수행이 증진되었다. 더 나아가 수행목표 지향 학습 상황을 선택하고 능력이 낮다고 피드백을 받고 수행이 떨어진 학생들은 그 실패를 통제 불가능한 원인으로 돌렸고, 그중의 50%가 자신의 능력 부족으로 귀인을 했고(예: 나는 이거 못한다, 나는 혼동스럽다 등), 30%는 부정적인 정서를 표했다(예: 이거 재미없다, 속이 아프다, 이것만 하면 집에 갈 수 있나요? 등). 그러나 학습목표 지향 학습 상황을 선택하고 능력이 낮다고 피드백을 받고 수행이 떨어진 학생들은 운, 과제의 어려움, 실험자의 불공정성 등 다양한 원인에 귀인을 했다. 엘리엇과 드웩의 연구는 수행목표 지향 학습 상황은 학생을 승자와 패자의 상황에 처하게 하여, 실패할 경우 효능감 부족, 죄의식과 당혹감, 학습된 무력감, 불안감 등의 부정적 정서를 보이게 하여 배움 중심 수업에 저해가 된다는 것을 시사한다. 사람들은 스트레스를 받으면 심장 박동수는 증가하고, 아드레날린은 스트레스 호르몬 코티졸을 혈액으로 분비하는데, 혈액 속에 코르티솔의 수준이 높아지면 인간의 활동 기억으로부터 에너지원을 빼앗게 되어 주의를 집중하지 못하게 하고, 잘 기억하지 못하게 만들고, 실수를 저지르게 만들고, 부적절한 생각들이 침입하는 등 정보처리를 어렵게 만든다(Goleman, 1998). 이에 따라 학생들이 학교에서 스트레스를 겪지 않는 환경을 마련해 주어야 한다. 즉, 교사는 학생을 사랑하고, 행복히고, 정열적이어야 하고, 이런 정보를 학생의 뇌 변연계에 전달해서 "편안하게 듣고 배우는 것이 안전하다."고 느끼도록 해 주어야 한다. 이렇게 학생이 안전감을 느끼면 변연계로부터 이런 정보를 신피질로 전달해서 인지작용을 일어나게 하여 학습을 순조롭게 하도록 한다(Zull, 2002).

이런 배경으로 볼 때, 우리나라 고등학교의 경우 대학입시 내신 성적 산출을 목적으로 학교 내에 이런 수행목표 지향 구조를 만들고 서열 중심의 상대평가를 하는 관행은 학습목표 지향 구조로 개혁해야 한다. 서열식 상대평가 구조 속에서 배움 중심 수업을 하는 일은 논리적으로 타당하지 않은 일이다. 그러나 이런 제도적 변화는 시간이 오래 걸리는 일이기 때문에 배움 중심 수업을 하는 교사는 학생들이 학습의 과정에서 자주 받는 스트레스를 완화해 주는 일을 필요로 한다. 교사가 교실에서 쉽게 할 수 있는 스트레스 완화 기법으로 요가와 호흡 훈련이 있다(Connell, 2005). 요가는 마음을 이완시키고 편안하게 갖도록 해 주는 움직임 운동으로서 읽기, 쓰기, 스토리텔링, 시, 음악을 지도할 때 함께 쓰일 수 있으며 자신감을 증진시킨다. 호흡 훈련은 눈을 감고 편안히 앉도록 한 후, 몸과 마음을 이완시키도록 격려하고 호흡에 집중하도록 한다. 그리고 코를 통해 숨을 들이마시면서 천천히 자신의 복부를 팽창시키도록 하고, 입을 통해 천천히 숨을 내뱉도록 하는 것이다. 이런 호흡 기술을 습득한 후에는 평화로운 생각을 시각화하도록 하거나 아름다운 곳을 마음속에 그림으로 띠올리도록 하면 2~3분 내에 효과적으로 스트레스를 풀 수 있다.

4. APA의 학습자 중심 교육 원리

미국은 1983년 『Nation at Risk』라는 보고서를 통해 미국 학생들의 학업 성취가 다른 선진국의 경우보다 저조하다는 비판을 제기했다. 이후 APA(American Psychological

Association)는 1997년 그간 학습에 대해 100년 동안 이루어진 연구 결과들을 기초로 학습자 중심 교육 원리들(LCPs)을 제시하고, 이를 미국의 새로운 교육개혁의 방향으로 제시하였다. 이 14개 학습자 중심 교육 원리는 그대로 배움 중심 수업의 원리로 채택할 수 있는데, 크게 인지적/메타인지적 요인, 동기적/정의적 요인, 발달적/사회적 요인, 개인차 요인이라는 네 가지 차원으로 구분한다.

첫째, 인지적/메타인지적 차원이란 학습자의 지적 역량들과 그것들이 학습과정에 미치는 영향의 차원이다. 둘째, 동기적/정의적 차원이란 동기와 정서가 학습에 미치는 역할의 차원이다. 셋째, 발달적/사회적 차원이란 학습자의 다양한 발달적 측면과 인간 상호적 측면이 학습과 변화에 미치는 영향의 차원이다. 넷째, 개인차 차원이란 개인적 차이들이 학습에 미치는 영향, 교사와 학생 및 행정가들이 학습의 다양성에 적응하는 방법, 교육과정 표준과 평가가 학습자들의 개인차를 가장 잘 지원하는 방법에 대한 영역의 차원이다.

APA의 14개 학습자 중심 교육 원리를 이 네 가지 차원에서 제시하는데, 그것을 정리하면 〈표 2-3〉과 같다(McCombs & Miller, 2007).

표 2-3 14개 학습자 중심 교육 원리와 네 가지 차원

차원	학습자 중심 교육 원리
인지적/메타인지적 요인	제 1 원리: 학습과정의 성격 제 2 원리: 학습과정의 목표 제 3 원리: 지식의 구성 제 4 원리: 전략적 사고 제 5 원리: 사고에 대한 사고 제 6 원리: 학습의 맥락
동기적/정의적 요인	제 7 원리: 학습에 미치는 동기적, 정서적 영향 제 8 원리: 학습의 내적 동기 제 9 원리: 노력에 미치는 동기의 효과
발달적/사회적 요인	제 10 원리: 학습에 미치는 발달적 영향 제 11 원리: 학습에 미치는 사회적 영향
개인차 요인	제 12 원리: 학습에 있어서의 개인차 제 13 원리: 학습과 다양성 제 14 원리: 교육과정 표준과 평가

APA의 14개 학습자 중심 교육 원리의 전반적인 특징을 개괄하면 다음과 같다.

- 인간의 학습과 동기는 자신의 발달에 대하여 스스로 책임의식을 갖도록 할 때 증진한다.
- 학습이란 계선적인 성격을 넘어 순환적이고 지속적이고 복잡하고 관계적이고 자연스러운 것이다.
- 학습은 지원적인 인간관계 속에서 그리고 안전하고 서로 돌보는 학습 환경 속에서 더 나아가 자신의 학습과정에 대해 통제력을 가질 때 증진한다.
- 초 · 중등학교 및 대학, 성인 교육에서도 공히 적용된다.
- 수업 외에도 배움 중심 교육을 평가하고, 학교 정책을 개발하고, 학교 구성원들이 상호작용하는 방식에도 적용된다.

APA의 14개 학습자 중심 교육 원리와 각 원리를 소개하면 다음과 같다(McCombs & Miller, 2007, pp. 45-63).

제1원리: 학습과정의 성격

> 복잡한 내용 학습은 정보와 경험으로부터 의미를 구성하는 의도적 과정일 때 가장 효과적이다. 학습에는 여러 유형이 있는데, 예를 들어 움직임 학습에서의 습관 형성, 지식을 생성하는 학습, 인지적 기능과 학습 전략 학습 등이다. 학교에서의 학습은 학생이 정보, 경험, 스스로의 사고와 신념으로부터 의미를 구성하는 의도적 과정을 사용할 것을 강조한다. 성공적인 학습자는 능동적이고, 목표 지향적이고, 자기조절적이고 자신의 학습에 대해 책임을 진다. 이 문서에서 설정된 원리들은 이런 유형의 학습에 초점을 둔다.

제1원리는 학습이란 의미를 구성하는 의도적 과정이기 때문에 학생이 스스로 의미 구성 과정에 의도적으로 관여하지 않으면 학습은 성공적으로 이루어질 수 없다는 것을 적시한다. 그리고 학생이 의도적으로 학습과정에 참여하려면 학습에 대한 책임을 학생이 질 것을 강조한다. 발달심리학자들과 두뇌연구가들은 어린 학생도 새로운 정보를 효과적이고 효율적으로 처리하여 기억하는 데 학습 전략을 사용할 수 있다고 보고한다(Bransford, Brown, & Cocking, 1999). 이런 이유로 수동적으로 교사가 전해 주던 지식을 '받아먹기만

하면서' 학습을 해 오던 학생은 처음에는 배움 중심 수업을 싫어할 수도 있다. 그러나 배움 중심 수업에 익숙해지면 학생은 학습을 좋아하고 학습의 의미를 찾게 된다. 교사와 학부모도 마찬가지로 처음에는 배움 중심 수업을 싫어할 수 있다. 그러나 나중에는 배움 중심 수업의 가치를 알고 지지하게 된다.

제2원리: 학습과정의 목표

성공적인 학습자는 지원과 교수 안내를 통해 의미 있고 통일성 있는 형태로 지식을 표상할 수 있다. 학습의 전략적 성격은 학생들이 목표 지향적일 것을 요구한다. 지식을 유용하게 표상하기 위해서 그리고 평생을 통해 지속적이고 성공적인 학습을 하기 위해서는 필요한 사고 전략과 학습 전략을 습득하도록 하고, 학생들은 개인적으로 적절한 목표들을 생성하고 추구하도록 해야 한다. 처음에는 학생들의 단기 목표들과 학습은 한 영역에서 불완전하지만 점진적으로 학생들은 이해의 간극을 채우고, 불일치를 해결하고, 내용 지식을 깊게 함으로써 정교화할 수 있다. 그에 따라 학생들은 장기 목표들에 도달할 수 있다. 교육자는 학습자가 자신의 개인적, 교육적 포부와 흥미에 부응하는 의미 있는 학습목표들을 창조하도록 도울 수 있다.

제2원리는 학생들은 학교에서 배우는 많은 내용 지식에서 의미를 찾지 못하여 지루하게 느끼고, 심지어는 포기하는 학생들이 있다는 데 주목하고 있다(예: 우리의 경우 수포자). 그 이유로 제2원리는 학교에서 배우는 내용 지식들이 학생들이 개인적으로 꿈꾸고 있는 장단기적 목표와 연계되지 못하고 있기 때문이라고 진단한다. 학교에서 학생들은 배우도록 요구받고 있는 것과 관련하여 개인적 목표를 갖는 것이 쉽지 않다. 교사는 학교에서 배우는 많은 정보가 학생들과 관계를 맺고 있지 못하여 지루할 수 있고, 학습의 목표가 학습의 과정에 활기를 불어넣고 조형하는 데 영향을 미친다는 점을 인식하고 학교 학습에서 장단기적 학생의 목표를 설정하고 학교에서 배우는 지식과 연계하도록 하는 데 도움을 제공해야 한다. 즉, 학생이 학교에서 배우는 지식들은 자신의 꿈을 이루는 데 연계되어 있고 또 도움이 된다는 것을 알도록 해야 한다.

제3원리: 지식의 구성

성공적인 학습자는 새로운 지식을 기존의 지식과 의미 있게 연계해야 한다. 학생이 새로운 정보와 경험 그리고 기존의 지식 기반 사이에 연계를 형성할 때 지식이 넓어지고 깊어진다. 이런 연계의 성격은 다양한 형태를 취할 수 있는데, 예를 들어 기존 지식이나 기능의 추가, 수정, 또는 재구성의 형태들이다. 이렇게 연계하거나 발달하는 방식은 교과마다 다르고 학생이 지닌 재능, 흥미, 능력에 따라 다르다. 그러나 새로운 지식이 학습자의 사전 지식과 이해에 통합되지 않으면 그 새로운 지식은 고립해서 존재하고, 새로운 과제에 효과적으로 사용할 수 없고, 새로운 상황에 수월하게 전이되지 않는다. 교육자는 다양한 능력의 학습자들에게 효과적인 전략들, 예를 들어 개념망, 주제 조직, 또는 분류하기를 사용하여 지식을 습득하고 통합할 수 있도록 도와줄 수 있어야 한다.

제3원리는 지식이 구성되는 원리, 즉 기존 지식과 새로운 지식 간의 연계의 원리를 강조한다. 이 원리가 중요한 이유는 학생은 새로운 지식을 기존에 가지고 있던 지식과 연결하지 않으면 지식을 의미 있게 조직할 수 없고, 학교에서 매일매일 배우는 새로운 지식들은 모래알처럼 흩어져 쓸모없는 지식이 되어 버리고 만다고 보기 때문이다(정보처리이론에서 기억은 거미줄과 같은 네트워크 시스템이다). 이에 따라 배움 중심 수업에서 학생은 정보를 자신에게 의미 있도록 조직하고 분류하는 등 지식을 능동적으로 구성하여 자신의 이해를 정교화할 수 있도록 도와주어야 한다.

제4원리: 전략적 사고

성공적인 학습자는 복잡한 학습목표들을 성취하기 위해 일련의 사고와 추론 전략들을 창조하고 사용한다. 성공적인 학습자는 학습, 추론, 문제 해결, 개념 학습에 대한 접근에서 전략적 사고를 사용한다. 이들은 학습목표를 달성하고 지식을 새로운 상황에 적용하는 데 필요한 다양한 전략을 이해하고 사용할 수 있다. 또한 그 전략들이 자신에게 기능적이었는지 반성하고, 안내적 교수와 피드백을 받고, 적절한 모델들을 관찰하거나 그들과 상호작용함으로써 자신의 전략 레퍼토리를 지속적으로 확장한다. 교사가 학생이 전략적 학습 기술을 개발하고, 적용하고, 평가하는 것을 돕는다면 학생의 학습 결과를 증진시킬 수 있다.

제4원리는 학생이 성공적이고 자기주도적인 평생 학습자가 되도록 하려면 학습 전략을 지도해야 한다는 것을 들고 있다. 학습 전략이란 학습 기술이라고도 하는데 소위 '공부하는 방법'이다. 학교 현장에서 학습 기술에 대한 교수는 암시적으로 지도해 왔으나 명시적인 교수를 해야 효과적이라는 연구들이 보고되고 있다. 명시적 교수란 학습 기술들의 이름을 명시적으로 사용하면서(예를 들어, 요약하기, 개념망 만들기, 분류하기 등의 이름을 그대로 사용하면서) 그 기술이 어디에 왜 필요한지 설명해 주고, 교사의 모델링을 통해 연습시킨 후, 여러 교과 영역에 실제로 전이하도록 지도하는 것이다. 앞에서 정보처리 학습이론에서 언급한 바, 학습 기술은 오랫동안 기억에 저장하는 기억술, 글의 의미를 파악하는 구조 전략, 학습 내용을 기존의 지식과 연계하는 생성 전략이 있다(Mayer, 2003).

제5원리: 사고에 대한 사고

> 정신적 조작들을 선택하고 모니터하는 고등 수준의 전략들은 창의적 사고와 비판적 사고를 촉진시킨다. 성공적인 학습자는 자신이 어떻게 사고하고 학습하는지를 반성하고, 적절한 학습 전략이나 방법을 선택하고, 목표 성취를 위해 과정을 모니터한다. 아울러 성공적인 학습자는 문제가 발생하거나 목표를 향한 진보가 충분하지 못하면 무엇을 해야 할지를 알고, 목표 달성을 위해 대안적 방법들을 생성하거나 목표의 적절성과 유용성을 재평가하기도 한다. 학습자가 이런 고등 수준의 메타인지 전략을 발달시키도록 돕는 데 초점을 맞춘 교수법들은 학생의 학습과 학습에 대한 책무성을 증진시킬 수 있다.

제5원리는 메타인지에 대해 주목하고 있다. 메타인지는 초인지라고도 불리는데, 자신의 사고에 대해 사고하는 능력을 말한다. APA에서 학습자 중심 교육의 원리로 메타인지를 제5원리로 포함시키는 이유는 메타인지는 자기주도적인 학습자가 되도록 하는 데 중요한 능력이라고 보기 때문이다. 메타인지를 발달시키려면 학생에게 무엇을 어떻게 학습했고, 이루고 있는 진보와 문제를 반성할 시간을 주어야 한다. 그러나 진도 나가기에 급급하고 서열 중심의 상대평가식의 학력고사에만 대비시키는 교육은 이런 기회를 제공해 주지 못한다.

제6원리: 학습의 맥락

학습은 문화, 테크놀로지, 교수의 실제 등을 포함하여 여러 가지 환경적 요인에 의해 영향을 받는다. 학습은 진공 상태에서는 발생하지 않는다. 교사는 학생 및 학습 환경과 상호작용적 역할을 하는데 중요한 위치에 있다. 학생에 대한 문화적 또는 집단적 요인들은 동기, 학습에 대한 오리엔테이션, 사고방식 등과 같이 교육적으로 적절한 변인들에 대해 영향을 준다. 테크놀로지와 교수적 실제들은 학습자의 사전 지식 수준, 인지적 능력, 학습 전략 및 사고 전략에 적절해야 한다. 학급 환경, 특히 그것이 양육적인지 또는 비양육적인지의 정도는 학생의 학습에 상당한 영향을 준다.

제6원리는 학생이 자존감을 갖고 학습할 수 있는 양육적인 환경을 중요하게 생각한다. 양육적인 환경은 물리적인 시설 외에도 심리, 사회적인 측면까지 포함한다. 특히 학급 내에서 학생과 교사와의 친밀하고 신뢰적인 인간적 관계 형성은 매우 중요하다. 학습자 중심 교육에서 교사는 모든 학생이 자신들을 가치로운 존재로 간주하고 성취할 수 있다는 자긍심을 갖도록 긍정적 학습 환경을 만드는 데 결정적인 역할을 하는 인물이 되어야 한다.

제7원리: 학습에 미치는 동기적, 정서적 영향

무엇을 얼마나 많이 학습하는가는 학습자의 동기에 영향을 받는다. 그리고 학습하고자 하는 동기 역시 학생의 정서적 상태, 신념, 흥미와 목표, 사고의 습관이 영향을 미친다. 사고, 신념, 목표, 성공 또는 실패에 대한 기대로 구성되는 내적 세계는 학습자의 사고와 정보처리의 질을 증진시키거나 저해한다. 학생이 학습자로서 갖는 자신과 학습의 성격에 대한 신념은 학습 동기에 심대한 영향을 미친다. 동기적, 정의적 요인들 또한 사고와 정보처리의 질과 학습 동기에 영향을 미친다. 호기심과 같은 긍정적인 정서들은 일반적으로 동기를 증진시키고 학습과 수행을 촉진시킨다. 저절한 수준의 근신 또한 학습자의 주의를 특정 과제에 집중하도록 함으로써 학습과 수행을 증진시킨다. 그러나 높은 수준의 불안감, 분노, 경쟁심 등은 동기를 딴 곳으로 돌리게 하고, 학습을 방해하고, 낮은 수준의 수행으로 이어지게 한다.

제7원리는 학생이 어릴 때는 호기심으로 주변을 탐구하고 발견하고 알고자 하는 학습 동기가 왕성하면서도 매우 자연스러운데, 점차 성장하면서는 이런 자연스러운 학습 동기를 감추거나 상실한다는 데 주목한다. 학습자 중심 교육에서는 그 이유를 학생이 학년을 올라가면서 자신의 성취를 타인들과 비교하면서 점차 자신의 능력에 대해 부정적 생각을 갖기 때문이라고 본다. 따라서 배움 중심 수업에서 교사는 전 학년에 걸쳐 성공적인 경험 제공과 지원을 통해 학생이 자신감을 회복하고 학습 동기를 유발하도록 도와야 하며, 동시에 또래들 간의 비교우위를 평가하기보다는 성장 지향적 평가를 해야 한다. 다시 말해, 배움 중심 수업에서는 지적 능력 못지않게 동기적, 정의적인 요인들이 학생들의 학습의 질에 큰 영향을 미친다고 보고 중요하게 생각해야 한다는 것이다.

제8원리: 학습의 내적 동기

> 학습자의 창의성, 고등사고력, 자연적 호기심 모두는 학습 동기에 기여한다. 내적 동기는 과제가 최적 수준의 난이도와 새로움을 지니고, 개인적 흥미에 적절하고, 개인적으로 선택하고 통제할 때 증진된다. 호기심, 융통적이고 통찰적인 사고, 창의성은 학습자의 내적 동기의 주요 지표들이고, 그 내적 동기는 유능해지고 개인적 통제를 행사하고자 하는 기본 욕구를 만족시켜 주는 기능을 한다. 내적 동기는 학습자가 과제에 흥미를 느끼고 자신에게 의미 있고 적절하다고 느낄 때, 학습자의 능력에 비추어 적당히 복잡하고 어려울 때 그리고 그것에 성공할 수 있다고 느낄 때 촉진된다. 내적 동기는 또한 과제가 실생활의 상황에 부응하고 개인의 선택과 통제의 요구를 만족시켜 줄 때 촉진된다. 교사는 학습자의 그런 점들에 주의하면서 그들의 자연적 호기심과 학습 동기를 격려하고 지원할 수 있다.

제8원리는 학교에서의 학습활동은 대개의 경우 학생들에게 자연적으로 호기심을 일으킬 만큼 흥미롭지는 않다는 데 관심을 두고 있다. 따라서 배움 중심 수업에서 학교의 학습활동이 내적 동기를 지니도록 학습을 흥미롭고, 의미 있고, 삶에서의 경험에 적절하도록 만들어야 한다. 데시와 라이언(Deci & Ryan, 1991)은 교사가 학생의 내적 동기를 신장시키기 위해 교사가 학생에게 느끼도록 해야 할 세 가지 조건 또는 요구가 있다고 제시한다. 첫째, 학생이 할 수 있고 성공할 수 있다고 느끼도록 해야 한다. 둘째, 학생 자신이 자율적이고 자기결정적일 수 있다고 느끼도록 해야 한다. 셋째, 학생이 소속감과 적응감을 느끼도록 해야 한다는 것이다.

제9원리: 노력에 미치는 동기의 효과

복잡한 지식과 기능을 습득하려면 학습자에게 보다 큰 노력과 학습을 안내해야 한다. 학습자의 학습 동기가 없으면 이런 노력을 하고자 하는 의도는 강요될 수밖에 없다. 노력은 학습 동기의 주요 지표 중의 하나이다. 복잡한 지식과 기능을 습득하기 위해서 학생은 상당한 수준의 에너지와 전략적 노력을 지속적으로 해야 한다. 교사는 학습과 높은 수준의 이해를 향해 학습자의 노력과 헌신을 증진시키는 전략들을 동원하여 동기를 촉진시켜야 한다. 효과적인 전략들은 유목적인 학습활동, 학습에 대한 내적 동기와 긍정적 정서를 증진시키는 연습 안내, 과제가 흥미롭고 개인적으로 적절하다는 학습자의 지각을 증진시키는 방법들을 포함한다.

제9원리는 기존의 학습에 대한 연구들이 발견한 중요한 사실 중의 하나는 학업에서의 성공은 능력보다는 노력이 더 크게 기여한다는 것이다. 학생이 부정적 사고와 자연적 호기심과 학습 동기를 저해하는 공포로부터 자유롭다면, 학습에 대한 내적 동기를 불러일으키는 기본 요구가 지원된다면 학습에 자유롭게 그리고 충분하게 노력을 기울이게 된다.

제10원리: 학습에 미치는 발달적 영향

학생들은 발달하면서 학습에 대해 서로 다른 기회와 제약을 갖게 된다. 학습은 학생들의 신체적, 지적, 정서적, 사회적 발달의 개인차를 고려할 때 가장 효과적이다. 학생은 학습재료가 자신의 발달 수준에 적절하고, 즐겁고 흥미롭게 제시될 때 가장 잘 학습한다. 학생들은 여러 발달 영역에 걸쳐 개인차가 있기 때문에 여러 교과 영역에서의 성취도도 다양하다. 한 유형의 발달적 준비도, 예를 들어 읽기 준비도에 대해 과도하게 강조하는 것은 다른 영역에서의 수행에서 좀 더 능력을 발휘할 수 있는 기회를 박탈할 수 있다. 학생 개개인의 인지적, 정서적, 사회적 발달과 학생들이 어떻게 삶의 경험들을 해석하는지는 이전의 학교교육, 가정, 문화, 지역사회 요인들이 영향을 미친다. 학교교육을 조기에 그리고 지속적으로 받는 것과 성인과 학생 간의 언어적 상호작용과 쌍방향 의사소통의 질은 여러 발달 영역에 영향을 미친다. 여러 발달 영역에서의 발달적 개인차에 대한 인식과 이해는 최적의 학습 배경을 창조하는 일을 촉진시킨다.

제10원리는 학생들은 성장하면서 환경의 차이로 인해 지적, 정서적, 사회적 발달 상황이 다르다는 것을 인정하고, 그 발달의 개인차를 수업에 반영하도록 하는 데 주목한다. 앞

에서 피아제의 인지적 구성주의가 제공하는 학습의 원리인 "교육과정의 심리화"가 제10원
리에서도 강조되고 있다.

제11원리: 학습에 미치는 사회적 영향

학습은 사회적 상호작용, 대인 간 관계, 타인과의 의사소통의 영향을 받는다. 학습은 학습자가
학습과제에 관해 다른 사람들과 상호작용하고 협동할 기회를 가질 때 증진된다. 사회적 상호작
용을 허용하고, 다양성을 존경하는 학습 환경은 융통적 사고와 사회적 효능감을 증진시킨다. 상
호작용적이고 협동적인 교수적 환경에서 학생은 상호 간의 관점을 살펴보고 고등 수준의 인지
적, 사회적, 도덕적 발달과 자긍심을 형성하는 반성적 사고를 할 기회를 갖는다. 안전성, 신뢰, 돌
봄을 제공하는 질 높은 인간적 관계는 학습자의 소속감, 자기존중, 자기수용을 증진시키고, 긍정
적인 학습 분위기를 제공한다. 가족의 지원, 긍정적인 인간 상호 간의 지원, 자기동기화 전략을
사용하는 교수는 특정 교과에서의 효능감에 대한 부정적 신념, 높은 수준의 시험 불안, 부정적인
성 역할 기대, 학업 성취에 대한 과도한 압력과 같이 최적의 학습을 방해하는 요인들의 영향을
상쇄한다. 긍정적인 학습 분위기 또한 좀 더 건강한 수준의 사고, 감정, 행동을 할 배경을 설정
하는 데 도움을 준다. 그런 배경들은 학습자가 생각을 나누고, 능동적으로 학습과정에 참여하고,
학습 공동체를 창조하는 데 있어 안전감을 느끼도록 한다.

제11원리는 학습의 사회적 측면에 주목하여 학생들 간 그리고 교사와 학생들 간의 사
회적 상호작용의 중요성을 강조한다. 또래끼리의 협동학습은 긍정적인 인간관계 형성뿐
만 아니라 지적 능력의 발달에도 중요하다고 본다. 그리고 교사와 학생들의 관계와 긍정
적 학습 환경은 학생들의 학습 동기와 학업 및 비학업적 성취를 예측하는 중요한 요인이
라고 본다.

교사와 학생들 간의 갈등 수준이 낮고, 상호 간에 친밀하고 지원적인 관계와 긍정적 학
습 환경이 마련되면 학생들에게 몇 가지 효과가 있다. 첫째, 학업은 의미 있고, 개인적이
고, 자신들의 다른 목표들을 보완하고, 이해를 증진시키는 활동이라고 간주하고, 그 반대
로 부정적인 사회적 관계와 환경의 경우에는 학업을 강압적이고 반복적이고 고립적이고
부적절하고, 자신들의 사회적, 학업적 목표들에 상반된다고 간주한다(Davis, 2006). 둘째,
사고력, 창의성, 문제 해결 능력을 촉진한다(McCombs, 2004). 셋째, 전인적 학습자로의 성
장과 읽기와 수학에서의 높은 성취에 기여한다(Noddings, 2005).

교사와 학생들의 좋은 인간적 관계와 긍정적 학습 환경 조성을 위해서 필요한 일들은 다음과 같다(Noddings, 2005). 학급 공동체와 상호 존중 분위기를 조성하고, 사회적 책무성을 창조한다. 또 학생들 서로 간에 다양성을 인정하고, 정서적 소양(emotional literacy)을 개발하며, 갈등을 경영하고 해결한다.

제12원리: 학습에 있어서의 개인차

학생들은 학습에 대한 전략, 접근, 능력이 이전의 경험과 유전의 기능으로 서로 상이하다. 학생은 스스로의 능력과 재능을 가지고 태어나며 개발시킨다. 그리고 학습과 사회적 순응을 통해 특정 학습 방법과 학습 속도를 선호하게 된다. 그러나 이런 선호들은 학습자가 스스로의 학습목표들에 도달하도록 돕는 데 있어 항상 유용한 것은 아니다. 교사는 자신의 학습 선호 양식을 검토하거나 필요시 수정할 수 있도록 도움을 제공할 필요가 있다. 학습자의 개인차와 교육과정 및 환경적 조건들 간의 상호작용은 학습 결과에 영향을 주는 또 하나의 핵심적 요인이다. 교사는 일반적으로 학생의 개인차에 민감할 필요가 있다. 또한 학생 개인차가 수용될 수 있는 정도를 결정하고 교수의 방법과 내용을 달리할 수 있는 정도에 대해 고민해야 한다.

제12원리는 학생들이 타고나는 유전적 소질과 적성이 모두 다르다는 개인차를 인정하고, 개인별 능력과 소질에 맞는 교수의 내용과 방법을 달리할 것을 주문한다. 학습자 중심 교육은 모든 학생의 학습을 같은 수준으로 평준화하려는 것이 아니라 학습의 기회를 개별적 능력과 소질에 맞게 최적화하여 제공하는 데 관심을 둔다. 실제로 교육은 인간의 타고나는 상이한 능력들을 평준화할 수는 없는 것이고, 다만 학습 기회의 형평성을 학생 개개인에게 맞게 최적화하는 것만 가능할 뿐이다.

제13원리: 학습과 다양성

학습은 학습자의 언어적, 문화적, 사회적 배경의 개인차를 고려할 때 가장 효과적이다. 학습 동기, 효과적인 교수의 기본 원리들은 모든 학습자에게 동일하게 적용된다. 그러나 언어, 문화, 인종, 신념, 경제사회적 지위 모두 학습에 영향을 미칠 수 있다. 교수 상황에서 이런 요인들에 대해 주의를 기울이는 것은 적절한 학습 환경을 설계하고 실행하는 가능성을 증진시킨다. 학생들은 자신들의 능력, 배경, 문화, 경험에서의 개인차가 귀하게 여겨지고, 존경받고, 학습과제와 배경에 조절된다고 지각하게 되면 학습 동기와 성취 수준을 증진시키게 된다.

　　제13원리는 학생들의 언어적, 문화적, 사회적 배경에서의 다양성과 개인차까지도 고려할 것을 강조한다. 이에 따라 배움 중심 수업을 하는 교사는 언어, 문화, 사회적 배경이 다른 학생들에게 똑같은 내용을 똑같은 방식으로 지도하지 않고, 각 개인에게 가장 적절한 지원 전략을 세워 제공해야 한다(Rodriguez, 2005). 배움 중심 수업을 하는 교사는 학생들의 이런 다양성을 고려하여 그들의 강점을 살리는 교육을 펼치고(Collins, 2005), 공평한 교육 기회를 제공해야 한다.

제14원리: 교육과정 표준과 평가

　　적절한 수준에서 높고 도전적인 표준을 설정하고 학습자와 진단평가, 과정평가, 결과평가를 포함하는 학습과정을 평가하는 일은 학습과정에서 핵심 부분이다. 평가는 학습자와 교사에게 학습과정의 모든 단계에서 중요한 정보를 제공한다. 효과적인 학습은 학생이 적절한 수준의 높은 목표를 향해 활동하도록 도전을 받을 때 발생한다. 따라서 학습자의 약점과 강점, 현재의 지식과 기능 수준을 평가하는 것은 최적의 난이도를 지닌 교수 내용을 선택하는 데 중요하다. 교육과정 내용에 대한 학습자의 이해도를 지속적으로 평가하는 것은 학습목표들을 향한 진보를 학습자와 교사 모두에게 피드백해 준다. 학습자의 진보와 결과에 대한 표준화된 평가는 개인 내에서 또는 개인 수준에서 성취에 대한 한 유형의 정보를 제공하고, 교육프로그램을 결정하는 정보로 활용될 수 있다. 아울러 수행평가는 학습 결과 습득에 대한 또 하나의 정보를 제공한다. 아울러 학습 진보에 대한 자기평가 또한 학생들의 자기평가 기능, 학습 동기, 자기주도적 학습을 증진시킨다.

　　제14원리는 학생이 성취할 학습의 표준을 적당히 높이고(너무 쉽거나 너무 어렵지 않게), 또 도전적인 성격을 띨 것을 주문한다. 그리고 평가도 진단평가, 과정평가, 결과평가까지 학습의 전 과정을 평가할 것을 주문한다. 아울러 교사만 평가에 참여하는 것이 아니라 학생 자신도 스스로 자신의 학습 진보 상황을 평가하고 점검하는 것을 중시하여 자기주도적 학습을 증진시키도록 하는 데 관심을 둔다.

　　전국학력평가와 같은 중요한 시험들(high-stake tests)에 대한 학생들의 성적에 과도하게 초점을 두는 학교와 교사들은 학생들이 흥미를 가지고 있는 학습 내용들을 탐색하는 데 주저하게 만들고, 생애를 거쳐 자기주도적인 학습자들이 되는 길을 걷지 못하게 방해할 수 있음을 인식해야 한다(Moon, Callahan, & Tomlinson, 2003). 특히 이런 중요한 시험들은 낮은 사회경제적 지위에 있는 학생들에게 불리하고, 교사는 시험 준비를 위해 교수하게 하고, 부정 행위를 통해 성적은 실제와 다르게 부풀려지는 부작용도 발생할 수 있다. 이런 이유로 중요한 시험들은 형성평가, 자기평가, 개별화 계획 등을 통한 조치들이 마련되어 중요한 시험들이 가져올 수 있는 폐해가 보완되어야 한다.

배움 중심 수업 이론: 학습의 개별화 원리

03

톰린슨(Tomlinson, 2005, p. 1)은 "우리가 공유하는 것은 우리를 인간으로 만들고, 우리가 다른 것은 우리를 개인으로 만든다."라고 하였는데, 이는 학교교육이 학생을 시민으로 기르는 공통 교육과 개인으로 기르는 개별화 교육이 필요하다는 것을 시사한다. 개별화 교육은 공통 학습(common learning)을 배제하는 것이 아니고 공통된 학교활동(common schoolwork)을 배제한다(Schlechty, 2011). 21세기 교육은 평등과 수월성을 추구해야 하고 그것을 성취하는 방법은 공통에 기반을 둔 개별화 교육이다. 슐렉티(Schlechty, 2011)는 이를 다음과 같이 진술한다.

지식을 균등하게 분배한다면 그리고 평등과 수월성을 동시에 추구하는 것을 목표로 한다면 학생이 지식을 균등하게 접근하도록 해야 한다. 지식에 균등하게 접근한다 함은 모든 학생에게 동일한 교육과정을 제공한다는 의미는 아니다. 오히려 공통 학습(common learning)을 목표로 차별화 교육과정(differentiated curriculum)을 제공하는 것을 의미한다. 공통 학습을 위한 비공통적 교육과정은 중핵교육과정(core curriculum)의 개념보다 미래의 학교에 더 적절한 슬로건이다. 모든 학생을 위한 중핵 학습(core learning)은 적절할 수 있으나 통일된 교육과정은 적절하지 않다(p. 70).

개별화 교육은 학생의 개개인 학습을 강력하게 만든다. 브란트(Brandt, 1998)는 인간이 가장 잘 배울 수 있는 열 가지 조건을 제시하였다.

- 학습이 개인에게 의미가 있을 때
- 배우는 것이 도전적이고 그 도전을 받아들일 때
- 학습하는 내용이 발달적 수준에 적절할 때
- 자신의 방식으로 학습하고 선택할 수 있고 통제력을 가질 때
- 기존의 지식을 사용하여 새로운 지식을 배우도록 할 때
- 사회적 상호작용을 할 기회를 가질 때
- 도움이 되는 피드백을 제공받을 때
- 전략들을 습득하고 활용할 때
- 긍정적인 정서적 분위기를 경험할 때
- 환경이 의도적인 학습을 도울 때

그런데 이 모든 조건은 개별화 교육을 고려하지 않으면 성취되기 어려운 조건들이다. 이런 배경에서 배움 중심 수업은 공통 교육과 개별화 교육 모두에 관심을 두어야 한다. 총체적(완전) 개별화 수업(wholistic or fully individualized instruction)은 우리나라와 같이 20~30명의 학생을 대상으로 한 다인수 학급에서는 매우 어렵다. 총체적 개별화 수업은 학생 각각의 현재 위치를 파악하고 거기서부터 진보하도록 돕는 교수인데, 이 접근은 학급에 있는 20~30명의 학생들 각자에게 다른 교수를 펼치도록 요구하여 교사에게 큰 부담을 준다. 그리고 20~30명 각자의 학습 전 수준(entry level)을 정확히 파악하고 적절한 교수를 하기 위해서는 교수 행위를 기능 단편들(skill fragments)로 나누어야 하기 때문에 학습을 파편적으로 만들고 대부분의 경우 적절하지 못하다(Tomlinson, 2005). 따라서 다인수 학급 상황에서 학생의 개인차를 고려하는 수업 접근은 부분적 개별화 수업(partially individualized instruction)의 방법론이고, 이를 코르노와 스노(Corno & Snow, 1986)는 적응적 수업(adaptive teaching)으로, 톰린슨(2005)은 차별화 수업(differentiated instruction)으로 불렀다.

부분적 개별화 수업이 총체적 개별화 수업과 같은 점은 학생이 학습할 내용, 방법, 결과의 개별화를 도모한다는 점이다. 다른 점은 총체적 개별화 수업이 내용, 방법, 결과를 개별화하는 근거는 주로 학생의 사전 지식에 따른 학습 준비도(readiness)에 두었는데, 부분적

개별화 수업은 학습 준비도 외에 흥미와 요구, 학습 프로파일(학습양식)을 근거로 한다는 데 있다. 또 하나의 다른 점은 국가 수준의 교육과정 표준을 공통으로 하면서 부분적으로 학습 내용, 방법, 결과에 따라 학습경험을 개별화한다는 것이다. 따라서 공통성과 개별성을 공히 중시한다. 이런 부분적 개별화 수업은 상이한 강점과 약점을 가진 학생들에게 상이한 교수 전략을 펼침으로써 학급에서의 개인적 다양성이 학업 성취를 방해하지 않도록 하는 접근이다. 즉, 학생의 개인차와 관계없이 모든 학생의 성취를 높인다는 것이다(Corno & Snow, 1986; Slavin, 1991; Tomlinson, 2005). 이에 반해, 능력별 집단 구성(소위 우열반)은 상위 성취자와 하위 성취자 간의 성취의 간극을 증가시키고, 하위 집단 학생들의 자긍심과 동기를 감소시킨다(Slavin, 1991). 혼합 능력 학급(mixed-ability classroom) 내에서의 부분적 개별화 수업은 선진국 교육에서 채택하는 방식이고, 개발도상국의 교육일수록 공통성에만 치중하는 경향이 있다. 이 장에서는 배움 중심 수업에 필요한 부분적 개별화 수업의 학습 원리들을 살펴보고자 한다.

1. 개별화 수업의 준거

개별화 수업은 무엇을 근거로 하는가? 학생들의 개인차는 학습에의 흥미, 학업 효능감, 학업에서 중요한 것에 대한 지각, 학교에 대한 태도, 추론 능력, 사전 지식과 성취도, 가정과 지역사회에서의 경험, 문화적 배경, 약물 남용, 능력의 예외성, 모국어, 반사회적 성향 등 다양하다(Cangelosi, 2000). 그러나 개별화 수업에서 관심을 두는 주된 준거는 학생들의 사전 지식(또는 준비도), 흥미, 학습 프로파일(학습양식)의 세 가지이다(Tomlinson, 2005).

1) 준비도

준비도(readiness)란 수업 상황에 가져오는 학생의 사전 지식의 이해와 기능의 수준을 말한다.

(1) 톰린슨의 학생의 준비도에 따른 개념적 틀
톰린슨(2005)은 학생의 준비도에 따라 학습할 내용이 여덟 가지 차원에서 달라질 수 있다는 개념적 틀을 제시한다.

- 근본적(fundamental)—변형적(transformational) 차원의 스펙트럼이다. 근본적인 지식에 대한 이해 수준에서 그 아이디어를 확장하고 변형시키고 다른 아이디어들과 통합하여 새로운 이해 수준을 창조하는 변형적 수준까지의 학습 내용 스펙트럼이다. 예를 들어, 수학 교과 시간에 분수 개념에 대한 근본적인 지식을 필요로 하는 학생에게는 과일을 잘라 여러 사람에게 똑같이 나누어 주는 활동을 시키고, 변형적 지식을 필요로 하는 학생에게는 어떤 분수를 나타내는 음악을 작곡하는 활동을 시킬 수 있다.

- 구체적(concrete)—추상적(abstract) 차원의 스펙트럼이다. 어떤 아이디어에 대한 구체적 경험이 필요한 수준에서 그 아이디어의 의미와 시사점을 습득하는 추상적 경험이 필요한 수준까지의 스펙트럼이다. 예를 들어, 어떤 소설에 대한 이해를 갖도록 하기 위해 플롯(사건들에 대한 것으로 좀 더 구체적인 성격의 것임)을 이해시킨 후 주제(좀 더 추상적인 성격의 것임)에 대한 이해로 이동한다.

- 단순성(simplicity)—복잡성(complexity) 차원의 스펙트럼이다. 어떤 주제에 대한 큰 그림 또는 개략적인 뼈대만 이해하는 수준에서 그 주제에 대해 좀 더 명료한 이해의 틀을 갖추기 위해 세부 내용, 이슈, 문제, 기능 등을 필요로 하는 수준까지의 스펙트럼이다. 예를 들어, 어떤 스토리의 주제만 학습할 수준에 있는 학생이 있을 수 있고, 주제와 상징 간의 상호 관계를 학습할 수준에 있는 학생이 있을 수 있다.

- 단면(simple facet)—복면(multiple facet) 차원의 스펙트럼이다. 문제를 해결하는 데 있어 한 측면만 다루는 수준에서 문제의 여러 측면을 다루어야 하는 수준까지의 스펙트럼이다.

- 작은 도약(small leap)—큰 도약(great leap) 차원의 스펙트럼이다. 정신적 도약이 크지 않은 활동(예: 책에서 사실적 내용을 읽은 후 재생하기)에서 정신적 도약이 큰 활동(예: 수학 시간에 측정 단원에 대해 학습하고 어떤 건축 프로젝트에 필요한 자료를 구입하기 위해 넓이를 계산해 내고 비용을 산출해 내기)까지의 스펙트럼이다.

- 구조화(structured)—개방화(open-ended) 차원의 스펙트럼이다. 정답을 내는 데 필요한 정보와 절차가 다 주어져 있어 학생이 그대로 따르기만 하면 해결되는 문제 해결 수준에서 문제에 대한 정보가 부족하여 학생이 다른 자원에서 정보를 더 구해 와야 하고 절차 수행에서도 학생이 융통적으로 결정해야 하는 수준까지의 스펙트럼이다.

- 의존적(dependent)—독립적(independent) 차원의 스펙트럼이다. 학습활동의 계획, 실행, 평가 과정에 교사나 타인에게 의존해야 하는 수준에서 자기주도적으로 처리하는 수준까지의 스펙트럼이다.

- 느리고(slow)−빠른(fast) 차원의 스펙트럼이다. 느린 속도로 진행해 나가야 할 과제의 수준에서 빠른 속도로 처리할 수 있는 과제 수준까지의 스펙트럼이다.

개별화 교육은 모든 학생에게 적절하게 도전적이고, 일관되고, 강력하고, 전이 가능하고, 진정하고, 의미 있는 학습경험을 제공하는 것을 목적으로 한다. 이를 위해 학생들은 현재의 수준에서 시작하여 이러한 스펙트럼이 상위 지점으로 이동하도록 노와야 한다. 따라서 낮은 준비도 수준의 학생이라고 해서 항상 스펙트럼의 하위 지점에 해당하는 학습경험만 제시해서는 안 되고 항상 학습의 난이도 수준을 조정해서 제시해야 한다. 톰린슨(2005)은 이 여덟 가지 준비도의 스펙트럼 차원의 양극단을 조절하여 학생 개개인에게 최적 수준의 학습경험을 제시할 것을 제안한다. 이는 스테레오의 여러 가지 버튼을 조절하여 개인이 원하는 최적의 음악을 들을 수 있도록 조치하는 일과 비슷하다. 톰린슨은 스테레오 음향조정 장치(equalizer)라는 이름을 붙이고 개개인에게 적절한 학습경험을 제시할 것을 [그림 3−1]과 같이 제시한다.

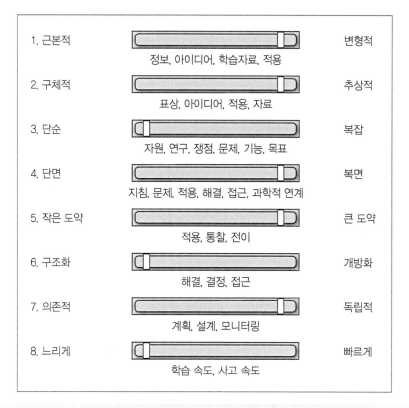

[그림 3-1] 톰린슨(Tomlinson)의 개별화 조정 장치

일반적으로 학생들은 수업의 내용이 자신의 준비도 수준에 맞거나 또는 맞지 않을 때는 수업에서의 행동이 상이하게 나타날 수 있는데, 보리치(Borich, 2011b, p. 101)는 〈표 3-1〉과 같이 제시하고 있다.

표 3-1 보리치(Borich)의 학습 준비도: 상, 중, 하

학습자의 준비도보다:

낮은 수준의 수업	적절하거나 약간 높은 수준의 수업	높은 수준의 수업
• 서로 잡담한다. • 교사의 질문을 잘 듣지 못한다. • 다른 교과를 공부한다. • 교사의 권위와 지식에 도전한다.	• 교사에게 집중한다. • 교사의 질문에 자발적으로 답하려고 한다. • 교사의 요청에 따른다. • 질문을 자주 한다.	• 수업 일탈 행동을 보인다. • 교사의 질문에 틀린 답을 한다. • 교사의 질문을 이해하지 못한다. • 자세와 눈 움직임이 수업과 조화를 이루지 못한다.

(2) 보리치의 개별화 수업을 제공하는 방식

보리치(2011b)는 학생들의 이러한 행동들을 관찰하고 현재의 준비도 수준을 파악한 후에 그 수준에 맞추어 개별화 수업을 제공하는 몇 가지 방식을 제시하였다.

첫째, 과제 능력 집단(task ability grouping)을 구성한다. 즉, 특정 수업에서 필요한 특정 기능에 따라 학급을 여러 소집단으로 구성한다. 예를 들어, 읽기 능력이 우수한 학생들은 수업 시간 때 선진도 독서 글을 읽도록 하고, 읽기 능력이 떨어지는 학생들은 소집단을 꾸려 읽기 교정교육을 하는 것이다.

둘째, 또래 튜터링(peer tutoring)의 방법을 이용한다. 즉, 수업 관련 사전 지식이 부족한 학생을 위해 또래 학생들 가운데 자격이 있는 학생이 튜터링을 해 주도록 하는 것이다.

셋째, 학습 센터(learning center)를 이용한다. 학습 센터 또는 컴퓨터 워크스테이션에서 수업에 필요한 사전 지식이나 기능이 부족한 학생들에게 개별화된 학습을 하도록 한다.

넷째, 보조 학습자료를 이용한다. 부족한 부분을 보완할 보조 학습자료를 이용하여 부족한 사전 지식을 학습하는 데 개별적으로 임하도록 한다. 보조 학습자료로 컴퓨터 소프트웨어, 프로그램 학습 교재 등을 사용할 수 있다.

2) 흥미

흥미(interest)란 학생이 수업 상황에 가지고 오는 호기심 또는 열정을 말한다. 학생의 흥

미를 개별화 수업의 준거로 삼는 이유는 흥미는 학교에서 배우는 내용이 자신의 고유한 학습 요구와 연계되어 있다는 것을 인식하고, 학습에 대한 동기를 증진시키고, 학생이 흥미를 가지고 있었던 영역에서 이미 습득한 기능이나 아이디어를 학교에서 배우는 덜 친숙한 기능이나 아이디어를 학습하는 가교로서 사용할 수 있도록 해 주기 때문이다.

(1) 흥미를 사용하여 학습의 효과를 보는 방식

톰린슨(2005)은 정규 교육과정에서 학생의 흥미를 사용하여 학습의 효과를 보는 세 가지 방식을 제시하였다.

첫째, 보조 학습(sidebar studies)이다. 학교 교육과정의 단원을 학습할 때 관련 토픽들 중 흥미 있는 것을 찾아 학습함으로써 정규 교육과정 단원의 학습을 깊이 있게 해 주는 것이다. 예를 들어, 남북전쟁이라는 단원을 학습할 때 그 당시의 삶, 문화, 갈등, 변화, 독립심 등 흥미 있는 것을 혼자 또는 소집단을 이루어 보조적으로 학습한다. 이때, 교사는 학생의 학습을 흥미에만 맡길 것이 아니라 작업 계획하기, 스케줄 정하기, 작업의 목표 정하기, 작업 결과의 질을 판단할 준거 정하기에 도움을 주고 학생들의 진보를 점검하고 리서치에 대한 짧은 수업들을 실시한다.

둘째, 흥미 센터(interest centers) 또는 흥미 집단(interest groups)에서 학습하도록 하는 것이다. 이 방식은 학생이 흥미로워하는 것을 좀 더 넓고 깊게 학습할 수 있도록 돕는다. 예를 들어, 흥미 센터에서 같은 흥미를 가지고 있는 학생들끼리 소집단을 형성하여 함께 읽고, 독서 토론에 임하고, 조사를 통해 알게 된 것을 공유하고, 흥미 센터를 설계하는 계획을 세우고 필요한 작업을 하도록 한다.

셋째, 전문가 팀(speciality teams)을 운영한다. 같은 흥미를 가지고 있는 서너 명의 학생으로 구성하여 전문가 팀으로 지명하고 흥미를 탐구하고 학급 내 동료들에게 교수하는 역할을 하도록 한다.

학생의 흥미는 기존의 흥미를 넘어 새로운 흥미로 확장해 줄 필요가 있다. 이를 위해서 교과에서 배운 아이디어나 기능들을 실제 삶에 적용시킬 기회를 준다. 예를 들어, 수학에서의 분수나 소수를 배웠다면 이것들이 실제 직업(예: 차 수리점, 미디어 전문가, 비서, 약, 작곡, 기업가, 마취학 등)에서 어떻게 사용하는지 배우도록 한다.

(2) 흥미를 기반으로 한 효과적인 개별화 수업의 지침

톰린슨(2005)은 흥미를 기반으로 한 효과적인 개별화 수업의 지침을 다음과 같이 제시하고 있다.

첫째, 흥미 기반 탐구를 교육과정의 핵심적 요소와 연계한다. 교육과정의 핵심적 요소를 흥미 영역 탐구를 통해 알게 하고, 학생의 자아발달과 교육과정의 목표를 동시에 만족시킨다. 그리고 교육과정의 공통적 핵심 아이디어들을 학생들이 공유하도록 한다.

둘째, 학생의 학습 성공의 가능성을 높이는 구조를 제공한다. 즉, 학생들의 독립적 학습 능력을 높이는 데 도움이 될 비계를 제공한다. 예를 들어, 탐구 문제 제기하기, 목표 설정하기, 루브릭(rubrics)과 일정표 만들기, 점검 요점표(checkpoints) 만들기, 보고서 초고에 대해 또래들의 비평을 받기, 리서치를 수행하는 미니 워크숍 등을 제공한다.

셋째, 흥미 기반 발견학습의 결과들을 공유하는 효과적인 방식을 개발한다. 같은 흥미를 가지고 있는 네 명이 소집단을 이루고, 각 학생이 나머지 세 명에게 발표하도록 하는 포맷은 전체 학생을 대상으로 한 공유 포맷보다 더 효과적이다. 그러나 때로는 다른 흥미를 가진 학생들과의 공유와 성인과의 공유도 필요하다. 타인을 대상으로 구두 발표 외에도 타인들의 보고서 정독을 통해 발견한 결과들을 서로 공유하는 것도 필요하다.

넷째, 학생의 흥미를 존중하고 알고 싶어 한다는 분위기를 조성한다. 교사는 학생들이 지닌 흥미와 아이디어가 무엇인지 알고 싶어 한다는 분위기를 만들면 학급 토론을 활성화시키고, 그들의 흥미를 확장할 방법에 대해 반성해 보게 하고, 학습에 대한 주인의식을 증진시킬 수 있다.

다섯째, 강한 열정을 지닌 학생에게 열린 마음을 갖는다. 학생 중에는 정규 교육과정의 부분이 아닌 영역에 강한 흥미를 가지고 있는 학생들이 있을 수 있는데, 이럴 경우 그 학생에게 그 흥미를 탐구하도록 기회를 제공한다. 비록 그것이 그 학생에게 교사가 지도하고자 하는 내용과 다를 수 있어 교육과정 지도에서 공백이 생길 수 있을지 모르나, 장기적으로는 학업적 손상이 심각한 수준으로 발생하지 않으며 그 학생에게 여러 가지로 도움이 될 수 있다.

여섯째, 흥미 기반 개별화 수업은 다른 종류의 개별화 수업과 결합시켜 혼용할 수 있다. 흥미 기반 차별화 수업은 준비도 및 학습 프로파일 기반 개별화 수업 유형들과도 연계하는 계획과 수업을 고려할 수 있다.

(3) 흥미에 기반을 둔 개별화 수업의 효과적인 지원 전략

이렇게 흥미에 기반을 둔 개별화 수업은 효과적인 지원 전략으로 몇 가지가 보고되고 있다.

- 아이 서치(I-Search) 전략이다. 학생은 자신의 흥미를 발견하고, 문제에 대한 답을 구하는 데 도움이 되는 자원들을 발견하고 사용하며, 자신이 발견한 내용을 진술하고, 교사는 그 작품의 질을 판단하는 데 도움을 준다(Joyce & Tailman, 1997; Macrorie, 1988).
- 오비탈(orbitals) 전략이다. 개인과 또래 학습을 연계한다. 학생이 개별적으로 흥미 있는 문제를 끄집어내고, 그 문제에 대한 답을 발견하는 방법을 알아내고, 발견한 것을 동료들과 공유하도록 한다. 학업 성취 수준이나 조사 능력에서 서로 상이한 수준에 있는 학생들이 이 접근을 통해 흥미를 발달시킬 수 있다(Stevenson, 1992).
- 소집단 조사(group investigation) 전략이다. 학생들끼리 서너 명으로 구성된 전문가 팀을 구성하여 공통 흥미를 탐구하고 학급 토론에서 지도적 역할을 하도록 한다.
- 웹 퀘스트(Web Quests) 전략이다. 인터넷을 통해 개별 학생이나 소집단 학생들에게 흥미로운 주제를 조사하고, 문제를 해결하고, 기본 기능들(문제를 발견하고, 결론을 도출하고, 산출물을 내는 기능들)을 사용하는 법을 습득하도록 한다(Kelly, 2000).
- 직소(jigsaw) 협동 학습법 전략이다. 흥미 주제의 여러 측면을 또래들과 나누어 함께 조사한 후 자신이 학습한 것을 원래의 소집단(home-base group)에 돌아와 보고하고 공유한다(Clarke, 1994).
- 문학 서클(literature circles) 전략이다. 학생들은 흥미를 가지고 있는 토픽들에 대해 같은 읽기 자료를 읽고 다른 학생들과 함께 토론을 통해 공유한다(Daniels, 1994).

3) 학습 프로파일

학습 프로파일(learning profile)이란 학생이 선호하는 학습 방법을 말한다. 개별화 수업에서 학습 프로파일을 고려하는 목적은 학생 개개인이 자신에게 가장 잘 기능하는 학습 모드를 이해하고, 최적의 학습 상황을 발견하도록 하기 위한 것이다.

(1) 학습 프로파일 유목

톰린슨(2005)은 학생들은 네 가지의 학습 프로파일 유목이 서로 다르다고 주장하는데, 각 유목은 연구를 통해 학습과정에서 중요하다고 밝혀졌고, 서로 어느 정도 중첩이 되지만 독립적으로 또는 통합적으로 나타나는 경향이 있다.

첫째, 학생마다 선호하는 학습양식(learning-style preferences)이 다르다는 것이다. 어떤 학생은 돌아다니면서 학습하는 것을 선호하고, 또 어떤 학생은 조용히 앉아서 학습하는 것을 선호한다. 그리고 어떤 학생은 보고 만지고 작동할 수 있는 것들로 가득 채워진 학급을 선호하고, 또 어떤 학생은 잘 정리 정돈되고 물건들이 별로 없는 학급을 선호한다. 아울러 학생마다 방 안의 밝기, 자극 정보의 성격(언어적 성격, 시각적 성격, 촉각적 성격)에 대한 선호도가 다르다.

둘째, 학생마다 지능적 선호(intelligence preferences)가 다르다. 지능적 선호란 "두뇌 기반 성향의 종류"를 말한다. 가드너(Gardner, 1993)는 학생은 언어적, 논리−수학적, 시각적, 공간적, 음악적, 신체적, 개인 간, 개인 내, 존재적 지능의 선호도가 다르고, 스턴버그(Sternberg, 1985)는 학생이 분석적, 실용적, 창의적 지능의 선호도가 다르다고 주장한다.

셋째, 학생마다 문화 기반적 선호(culture-influenced preferences)가 다르다. 문화는 사람이 학습하는 방식에 영향을 준다. 어떤 학생은 전체에서 부분으로(whole-to-part) 학습하는 것을 선호하고, 또 어떤 학생은 부분에서 전체로(part-to-whole) 학습하는 것을 선호한다. 그리고 어떤 학생은 맥락적이고(contextual) 개인적인(personal) 자료를 학습하는 것을 선호하고, 또 어떤 학생은 분절적(discrete)이고 비개인적(impersonal) 자료를 학습하는 것을 선호한다. 그 외 창의적 접근과 순응적 접근의 선호도가 문화마다 차이가 있을 수 있고, 각 문화 안에서도 차이가 있을 수 있다. 개별화 수업에서는 특정 문화에서 자란 학생들을 특별한 방식으로 학습하도록 하는 것이 아니라 어떤 집단이든지 존재하는 학습 선호도가 다양하다는 것과 각 개인에게 가장 생산적인 방식으로 학습하도록 충분히 융통적인 학급을 창조하는 데 그 목표를 둔다.

넷째, 학생마다 성 기반적 선호(gender-based preferences)가 다르다. 성 또한 사람이 학습하는 방식에 영향을 주는데, 성 안에서도 다양성이 존재한다. 예를 들어, 남자는 여자보다 경쟁적 학습을 선호하는 경향이 있지만, 어떤 남자는 협동적 학습을, 어떤 여자는 경쟁적 학습을 선호한다. 또한 문화의 영향을 받는 어떤 요소들은 성에 따라 다르게 영향을 미친다. 예를 들어, 표현적 방법 대 침묵적 방법 선호, 집단 지향 대 개인 지향 선호, 분석적 사고 대 창의적 사고 선호 등이다.

개별화 수업을 위해 고려해야 할 학생들의 주요 학습 프로파일의 요소들을 제시하면 다음 〈표 3-2〉와 같다(Tomlinson, 2005, p. 61).

표 3-2 학습 프로파일의 주요 요소들

유형	요소
선호하는 학습 집단	독립적/의존적, 집단 지향적/짝 지향적, 성인 지향적
선호하는 인지 양식	창의적/순응적, 본질적/사실적, 전체에서 부분으로/부분에서 전체로, 표현적/통제적, 계선적/비계선적, 귀납적/연역적, 인간 중심적/사물 중심적, 구체적/추상적, 협동적/경쟁적, 개인 간 지향/개인 내 지향, 짧은 주의 집중 시간/긴 주의 집중 시간, 집단적 성취/개인적 성취, 구두적/시각적/운동감각적, 반성 지향적/행동 지향적
선호하는 학습 환경	조용한/시끄러운, 따뜻한/선선한, 정지(靜止) 상태/기동(起動) 상태, 융통적/고정적, 분주한/한산한
선호하는 지능	분석적, 실제적, 창의적, 언어적, 논리-수학적, 공간-시각적, 신체 운동적, 음악적, 개인 간 지능, 개인 내 지능, 자연적 지능, 존재적 지능

(2) 학습 프로파일을 기반으로 개별화 수업을 할 때 고려해야 할 지침

톰린슨(2005)은 이렇게 다양한 학생의 학습 프로파일을 기반으로 개별화 수업을 할 때 고려해야 할 지침을 다음과 같이 제시하고 있다.

첫째, 학생들이 각자가 선호하는 양식과 서로 간의 차이를 이해하도록 한다. 학생들에게 다양한 학습양식이 존재함을 설명하고, 어떤 학습양식이 자신의 학습을 가장 자연스럽고 효과적이게 할 수 있는지 생각해 보고, 서로 토론하며 차이점을 알도록 한다.

둘째, 교사 구조와 학생 선택을 모두 활용한다. 교사는 여러 지능을 사용하여 학생들이 탐구하도록 어느 정도 학습 상황을 구조화하고, 학생들이 시간을 융통성 있게 사용하고, 선호하는 학습양식과 다양한 표상 모드를 선택하도록 함으로써 학급을 자연스럽고 효과적인 학습 환경으로 만든다.

셋째, 교사와 학생의 학습 프로파일이 충돌을 일으켜 부정적인 효과를 낼 수 있음을 인식하고, 교사 자신의 학습 프로파일을 확장하는 데 관심을 둔다. 교사가 청각 지향적 학습자이면 같은 청각 지향적 학습자의 경우에 학습양식이 일치되어 긍정적인 학습 효과가 날 수 있다. 그러나 시각 지향적이거나 운동감각 지향적 학생과는 불일치가 있어 부정적인 학습 효과가 날 수 있다. 교사가 분석적, 독립적, 부분에서 전체로 진행하는 학습 선호를 가지고 있으면 창의적, 맥락적, 전체에서 부분으로 진행하는 학습 선호를 가지고 있는 학생에게 좋지 않은 효과를 낼 수 있다. 따라서 교사는 자신의 학습 프로파일을 여러 가지 모드로 확장하여 교수에 적용함으로써 다양한 학습양식을 가진 학생들이 모델링할 수 있도록 기회를 제공해야 한다.

넷째, 교사는 학생에 대해 배우는 학생의 자세를 취한다. 학생의 학급활동을 관찰하고, 기능하는 접근과 기능하지 않는 접근에 대해 토론하고, 학부모에게도 이와 관련한 정보를 물으며 학생 개개인의 학습 프로파일에 대한 이해와 적용 방법을 학습해야 한다.

(3) 학습 프로파일에 기반을 둔 개별화 수업을 지원하는 전략

톰린슨(2005)은 학습 프로파일에 기반을 둔 개별화 수업을 지원하는 전략을 몇 가지 제시하는데, 협동적 과제를 통해 각 학생이 선호하는 학습 모드를 살려 기여하도록 하고, 그 기여에 대해 학생들끼리 서로를 인정하고 격려하는 활동을 하도록 한다.

- 복합적 교수 학습 전략이다. 각 학생이 어떤 강점 지능을 가지고 있는지 확인하여 그 것을 고취시키는 고등 수준의 복잡한 학습과제를 협동적으로 학습하도록 설계한다. 이에 따라 복잡한 학습과제 해결에 각각의 강점 지능이 기여하도록 하고, 집단 구성원들이 서로 간의 기여를 인정할 기회를 제공한다.
- 토픽 탐구 전략이다. 학생들이 개인별로 선호하는 학습양식에 따라 적절한 토픽을 탐구하도록 하고 학급에서 공유하는 시간을 갖는다. 예를 들어, 문학 탐구, 과학 탐구, 예술적 탐구, 신체적 기능 탐구 등을 하고 그 토픽에 대해 토론이나 전시 기회를 제공한다.
- 4-MAT 전략이다. 교사는 토픽을 탐구하는 수업을 정보의 습득, 핵심 아이디어의 이해, 개인적 관여, 토픽과 관련하여 어떤 것을 창조하기의 네 가지가 각각 강조되는 학습 계열을 고려하여 계획한다. 그리고 모든 학생은 선호하는 토픽 학습 계열에 능동적으로 참여하여 토픽 학습에 기여하고 덜 선호하는 학습 모드에서의 약점을 보완할 기회를 갖게 된다(McCarthy, 1996).
- 아이디어 조직 전략이다. 학생이 자신의 생각을 조직하여 아이디어들을 이해하고, 분명하게 의사소통하고, 정보를 보유하고 재생할 수 있도록 여러 가지 전략(요약하기, 마인드 맵핑, 개념 맵핑, 스토리텔링 등)을 지도한 후, 학생에게 이들 전략 가운데 자신에게 적절한 전략을 선택하여 활용할 기회를 제공한다.

2. 개별화 수업의 범주

개별화 수업은 학생에게 구체적으로 무엇을 상이하게 경험하도록 해야 하는가? 앞에서 살펴본 것처럼 학생의 사전 지식(또는 준비도), 흥미, 학습 프로파일(학습양식)이라는 세 가지 준거를 기초로 상이한 학습경험을 제공하는데, 그 상이한 학습경험은 구체적으로는 학습 내용, 학습 과정, 학습 결과로 상이하게 나타나게 된다(Tomlinson, 2005).

1) 학습 내용의 개별화

학습 내용(content)이란 교수와 학습의 투입 변인으로 교사가 가르치거나 학생이 학습하는 실체(substance)이다. 학습 내용의 개별화란 교사가 학생에게 가르칠 내용을 준비도, 흥미, 학습 프로파일을 고려하여 다르게 하는 것이다. 준비도의 경우, 앞에서 설명한 톰린슨의 개념적 틀인 스테레오 음향조정 장치(equalizer) 비유에 기초하여 여덟 가지 차원에서 개별화한다. 흥미의 경우, 학생의 개별적 흥미에 따라 학습 내용을 선택하도록 한다. 학습 프로파일의 경우, 학생 개개인이 선호하는 학습양식에 따라 학습할 내용을 다르게 한다. 예를 들어, 언어, 소리, 그림 내용, 재료들을 선호하는 양식에 따라 선택하도록 한다.

(1) 학습 내용을 개별화하는 전략

톰린슨(2005)은 학습 내용을 개별화하는 전략을 다섯 가지 제시한다.

① 개념 기반 수업 전략이다

개념은 집을 지을 때의 블록들로서 여러 가지 장점을 지니고 있다. 기억하기보다는 이해하도록 해 주고, 아이디어와 사실의 기억을 오랫동안 지속시켜 주고, 주제의 여러 하위 측면끼리 그리고 여러 다른 주제와 연계하도록 해 주고, 개념적 아이디어들을 자신의 삶과 연계하고, 미래의 지식을 효과적으로 다루는 데 도움이 되는 의미 네트워크를 형성한다.

개념은 여러 사실적 지식과 하위 개념들의 집합체이기 때문에 개별화의 세 가지 준거에 기초하여 학습 내용을 다르게 제공할 수 있다. 예를 들어, 과학에서 '멸종(extinction)'이라는 개념을 지도하기 위해 한 집단에게는 공룡을 사용하여 멸종에 미친 변화를 조사하도록 하고, 다른 집단에게는 공룡의 멸종을 현대의 우림 지대와 비교하여 멸종 패턴에서의 공통점과 차이점을 조사하도록 한다. 이 경우 두 집단은 과학적 원리, 특정한 예들, 가설 형성과 결론 도출 등을 학습하지만, 첫 번째 집단은 좀 더 근본적이고 구체적이고 단면적으로 내용을 학습하고, 두 번째 집단은 좀 더 변형적이고 추상적이고 다면적으로 내용을 학습한다.

② 교육과정 압축 전략이다

교육과정 압축은 3단계로 이루어진다(Reis & Renzulli, 1992). 첫 단계에서는 학습할 토픽이나 단원과 관련하여 학생들이 알고 있는 것과 모르는 것을 학습 시작 전 또는 초기에 평가해야 한다. 이 평가는 형식적이거나 비형식적일 수 있다.

두 번째 단계에서는 학습할 내용을 이미 습득하고 있는 학생의 경우 정규 수업에서 제외하고 좀 더 도전적이고 흥미로운 내용을 선택하여 학습하도록 한다. 예를 들어, 과학 시간에 학습할 토픽이나 단원과 관계된 공상 과학 소설을 쓰게 하거나 수학 시간에 학습할 토픽이나 단원과 관계된 컴퓨터 소프트웨어를 제작하도록 한다. 그러나 학습할 기능이나 내용을 아직 습득하지 못한 학생의 경우에는 그것을 학습할 계획을 세운다. 그 계획에는 다른 학생들과 함께 공부하도록 하거나 숙제를 내 주거나 교사가 직접 교수한다.

세 번째 단계에서는 학습의 진보를 평가하고 전시회나 토론을 통해 학습한 내용들을 공유하도록 한다. 이 과정에서 학생은 준비도와 흥미에 따라 상이한 내용을 학습하되 교과 교육과정 표준에 따른 내용을 공통 학습함으로써 공통성과 개별성을 모두 충족시킨다.

③ 다양한 텍스트와 자료를 사용하는 전략이다

개별학습이나 협동학습을 통해 학습과제를 해결하는 데 필요한 자료로 다양한 텍스트, 보조 자료(예: 잡지, 뉴스레터, 브로셔, Internet 자료, 조작물, 비디오 및 오디오 자료 등)를 마련하여 학생의 흥미와 학습양식에 따라 학생 개개인이 학습할 내용의 복잡성, 추상성, 깊이, 폭 등을 달리하도록 한다.

④ 학습 계약 전략이다

학생 개인과 또는 소집단별로 학습 내용 요소(기능 및 내용)들을 달리 계약하여 학습하도록 한다. 학습 계약에는 학습 과제의 내용, 성취할 목표, 목표 성취를 확인할 최종 결과물, 학습 추진 일정 및 방법, 교사 또는 학부모가 제공할 보상의 내용을 담고 교사, 학생, 학부모(관련이 되어 있는 경우)가 서명을 한 후 사본을 각기 한 부씩 보관한다.

학습 계약은 몇 가지 장점이 있다(Tomlinson, 2005). 첫째, 학생의 흥미와 요구에 적절하도록 내용과 기능을 연계하여 통합적으로 학습하도록 해 준다. 둘째, 학생에게 불필요한 기능을 연습하는 진부함을 제거해 준다. 셋째, 학생에게 적절한 속도로 학습하도록 해 준다. 넷째, 자기주도적 학습자로서 성장하는 데 필요한 계획 기능과 의사 결정 기능을 연습하도록 해 준다. 다섯째, 교사에게는 학생 개인별 또는 소집단별로 지도할 시간을 갖도록 해 준다. 여섯째, 학생이 흥미를 가지고 있는 토픽에 대한 학습을 확장하여 학습하도록 격려한다. 일곱째, 조사 기능, 비판적이고 창의적인 사고, 기본 교과 기능의 적용, 통합적 내용 학습을 증진시킨다.

톰린슨(2005)은 학습 계약을 통해 학생들의 개별화 교육을 지원할 때 교사가 고려해야 할 지침을 제시한다. 첫째, 기능 학습과 내용 학습을 연계하여 통합적으로 학습하도록 한다. 둘째, 학습자의 준비도, 흥미, 학습양식을 고려하여 기능과 내용 제시를 적정화한다. 셋째, 학생들에게 학습할 내용에 대해 선택권을 부여한다. 넷째, 목표 성취의 표준을 명료하고 도전적인 것이 되도록 설정한다. 다섯째, 되도록 계약의 초점을 개념, 주제, 또는 문제에 맞추고, 적절한 기능들이 프로젝트나 산출물의 요구 사항들과 연계되어 적용되도록 한다. 여섯째, 학생의 준비도에 일치하도록 학생의 독립적 학습의 수준과 필요한 시간을 다양화한다.

⑤ 다양한 지원 체제를 사용하는 전략이다

학습 동아리 친구들, 읽기 파트너, 오디오 및 비디오 리코더, 또래 및 성인 멘터 등과 같은 지원 체제를 사용하여 학습할 내용을 개별화한다.

톰린슨이 제시하는 몇 가지 예들을 살펴보면 다음과 같다.

- 읽기 파트너(reading partners)와 오디오나 비디오테이프를 사용하는 경우: 5학년 학생이 읽기에 어려움을 지닌 2학년 학생들을 위해 책을 읽어 녹음하여 그 자료를 주도록 하거나 고등학생이 특정 토픽에 대한 잡지의 기사를 요약하여 녹음하고 6학년 영재들에게 듣고 공부하도록 줄 수 있고, 6학년 학생이 연설 방법에 대한 비디오테이프를 제작하여 4학년 학생들에게 보고 배우도록 할 수 있고, 4학년 영재가 지역사회의 건축물 유형에 대한 비디오테이프를 만들어서 유치원의 학습 센터에서 사용할 수 있도록 한다.
- 학습 동아리를 활용하는 경우: 학습 능력이 높은 학생이 동아리 내에 텍스트를 읽거나

강의를 듣고 이해하는 데 어려움을 가진 학생을 돕기 위해 텍스트나 강의의 내용을 시각적으로 개요화하여 제작하여 제공해 주도록 하거나 텍스트나 보조 자료들의 중요한 부분을 두드러지게 만들어 강조하여 제공하면 부진 학생이 텍스트나 강의 전체 내용을 습득하는 데 도움이 된다.

- 멘터를 활용하는 경우: 방과 후 또는 정규 학습 시간에 학생들을 또래 멘터와 성인 멘터를 사용하여 학습하는 내용을 다르게 제공할 수 있다.

2) 학습 과정의 개별화

앞에서 살펴본 바 학생들은 학습 준비도의 수준과 선호하는 학습 집단 오리엔테이션, 인지 양식 및 학습 환경과 강점 지능 및 약점 지능의 측면에서 서로 다르다. 따라서 이런 학생 개개인의 상이한 학습 준비도 수준과 상이한 학습 프로파일을 학습의 과정(process)에서 고려하고 반영하면 학습의 효과를 올릴 수 있다.

다음 2학년과 6학년의 두 학급에서의 교사의 사례는 학생들이 학습 준비도와 학습 프로파일을 고려하여 학습 과정을 달리하고 있는 것을 보여 준다(Tomlinson, 2005, pp. 81-82).

2학년 담임교사 잭슨(Jackson)은 사회 교과에서 '공동체'라는 주제로 수업을 하고 있었다. 학생들은 동물의 공동체와 인간의 공동체의 같은 점과 차이점은 무엇인지 조사하고 있었다. 지난주에는 학생들이 개미 공동체에 대한 비디오를 보았고, 어제는 벌 공동체에 대한 글을 읽었고, 교사가 제시한 동물 목록에서 어느 한 동물을 선택하여 개별적으로 조사도 하였다. 잭슨은 오늘 수업에서 학생들이 공동체의 개념적 요소들을 이해하고 동물들의 공동체 세계에 적용하는 방법을 알도록 목표를 세웠다. 학생들이 공동체의 개념적 요소들에 대해 이해하도록 정육면체 주사위 놀이를 하였다. 각 면은 학생들이 할 활동에 대한 지시문이 적혀 있었는데 기술하고, 비교하고, 느낌을 말하고, 요소들을 지적하고, 좋은 점과 나쁜 점을 이야기하도록 하는 것이었다. 잭슨은 각 학생에게 푸른색 또는 초록색 정육면체를 갖도록 했다.

푸른색 주사위를 사용하는 학생들은 2학년 수준의 읽기와 쓰기 준비도 수준에 약간 못 미치는 학생들이었고, 이들의 활동 과제는 다음 여섯 가지였다.

1. 개미 공동체를 그림을 그리거나 글로 기술하시오.

2. 개미 공동체와 인간 공동체를 그림이나 글로 비교하시오.

3. 개미 공동체를 보고 느낀 점을 기술하는 단어들을 열거하시오.

4. 개미 공동체의 부분들을 지적하고 단어 또는 그림을 사용하거나 만들어서 각 부분에서 무슨 일을 하는지 말하시오.

5. 개미 공동체가 인간 공동체에서의 삶과 일들을 이해하는 데 어떻게 도움을 주는지 이야기하시오.

6. 개미 공동체의 좋은 점과 나쁜 점에 대해 이야기하시오.

초록색 주사위를 사용하는 학생들은 2학년 수준의 읽기와 쓰기 준비도 수준을 넘는 학생들이었고, 이들의 활동 과제는 다음 여섯 가지였다.

1. 개미 공동체를 적어도 세 문장을 사용하여 그리고 각 문장 내에는 적어도 세 단어를 사용하여 기술하시오.

2. 벤 다이어그램을 사용하여 개미 공동체와 자신이 선택한 동물의 공동체를 비교하시오.

3. 개미들이 인간처럼 생각을 할 수 있다고 가정해 보자. 개미가 개미 공동체에서 하루 생활을 마치고 어떤 생각을 할지 글로 쓰거나 그림을 그려 보시오. 또 자신이 선택한 동물의 공동체에서의 하루 생활에 대해서도 글로 쓰거나 그림을 그려 보시오.

4. 자신이 선택한 동물의 공동체를 다이어그램으로 만들어 보시오. 각 부분의 이름과 하는 일에 대해서도 적어 넣으시오.

5. 공동체에서 함께 살아가는 규칙을 적고 두 개의 서로 다른 공동체에게 어떻게 도움이 될지 이야기하시오.

6. 공동체의 부분이 된다는 것이 좋은 점과 나쁜 점에 대해 노래를 한 곡 만들거나 그림을 그리시오.

학생들은 같은 색깔의 주사위를 가진 다른 학생들과 함께 테이블에 함께 둘러앉아 정육면체 놀이를 시작한다. 학생들은 순서대로 주사위를 던진다. 첫 번째로 굴렸을 때 원하지 않는 과제가 나타나면 다시 한 번 주사위를 던지도록 한다. 학생들이 자신의 과제를 할 때 서로 도울 수 있도록 허용한다. 학생들이 과제를 완성하면 잭슨은 좌석을 다시 배치하여 같은 과제를 한 학생들끼리 4~5명이 소집단을 꾸려 자신들이 과제를 해결하려고 취했던 접근과 아이디어를 공유하도록 한다.

푸른색 주사위 과제들은 공동체의 핵심 요소들이 어떤 동물 공동체에 적용될 수 있는 다양한 방법에 대해 학생들이 생각하도록 돕는다. 초록색 주사위 과제들은 다수의 동물 공동체들을 연계하는 것에 대해 생각하도록 돕는다. 푸른색 주사위 과제들에 비해 초록색 주사위 과제들은 좀 더 변형적이고, 복잡하고, 다면적이고, 통찰과 전이에 있어 더 큰 도약을 요구한다. 이 단원 학습 후반에 들어가면 푸른색 주사위 과제들을 완성한 학생들은 소집단을 구성하거나 교사의 직접 교수를 통해 초록색 주사위 과제들의 일부분을 완성하도록 한다. 이렇게 함으로써 모든 학생이 자신의 학습 프로파일과 요구에 어울릴 뿐만 아니라 여러 가지 학습의 연속체들을 향해 학습 동기를 갖고 아이디어 습득과 정보처리 활동에 참여하도록 할 수 있었다.

다음은 6학년 교사 밀러(Miller)의 사례이다.

6학년 담임교사 밀러는 학생들이 책을 함께 읽는 활동은 유용하다는 것을 알고 있었기 때문에 『Tuck Everlasting』이라는 소설을 함께 읽는 시간을 마련하였다. 그러나 밀러는 이 소설이 몇몇 학생에게는 어려울 수 있어 모든 학생에게는 최선의 책은 아닐 수 있다고 보고 학생들의 준비도 수준과 흥미에 따라 개별화된 절차적 전략을 사용하였다. 개별화된 상호적 일기(interactive journals) 방법을 사용하여 밀러는 학생들에 쓰기 프롬프트들(writing prompts)을 제공하였다. 이 프롬프트들은 학생들로 하여금 책과 상호작용하도록 하였는데, 예를 들어 다음에 나타날 것이 무엇인지 예측하기, 방금 일어난 사건에 대해 숙고해 보고, 갈등이나 비유어와 같은 문학적 요소들에 대한 이해를 적용해 보고, 저자가 이야기하고자 하는 핵심적인 의미를 찾아내 보도록 하였다.

이전에 밀러는 이와 같은 상호적 일기 프롬프트들을 제공해 본 적이 있었고, 금년에는 개별화 수업을 펼치기 위해 어떤 날에는 학생들의 흥미와 요구에 기초하여 그 프롬프트들을 학생 개개인에게 달리 제공하였고, 또 어떤 날에는 모든 학생에게 공통된 아이디어에 대해 생각해 보도록 하기 위해 같은 프롬프트들을 제공하기도 하였다.

소설 『Tuck Everlasting』을 시작하기 바로 전 날에 밀러는 학생들에게 "everlasting"이라는 단어의 의미를 써 보라고 요청하였다. 그 반응을 검토하고 난 후 밀러는 다음 날 수업이 시작되었을 때 세 가지 일기 프롬프트(journal prompts)를 제시하였다. 그리고 이 단어에 대해 친숙하지 않은 학생들을 짝을 지어 다음과 같은 활동을 하도록 하였다.

1. "everlasting"이라는 단어가 어떤 의미인지 추측해서 적어 보시오.

2. "everlasting"이라는 단어의 정의를 두 개의 사전을 통해 살펴보고 나름대로의 정의를 내려 보시오.

3. "everlasting"이라는 단어의 정의를 1학년 학생들이 앞에 있다고 가정하고 설명하시오.

4. "everlasting"하다고 생각되는 것 5개를 예로 제시하고 왜 그렇게 생각하는지 적어 보시오.

5. 『Tuck Everlasting』이라는 소설이 무엇에 대한 이야기일지 생각해 적어 보시오.

많은 학생은 "everlasting"이라는 단어를 이해는 하나 어휘와 독해 수준이 6학년 수준에 머물러 있는 것으로 보였고, 밀러는 이들을 대상으로 혼자 또는 짝을 지어 다음과 같은 활동을 하도록 하였다.

1. 『Tuck Everlasting』이라는 소설이 무엇에 대한 내용일지 예측해 보고, 왜 그렇게 생각하는지 적어 보시오.

2. "everlasting한 것들"을 다룬 책이 있다고 가정해 보자. 여러분이 이 세상에 사는 동안에 이 책 속에 담겨야 할 "everlasting 한 것들"로 어떤 것들이 있어야 하는지 제시해 보고, 그 이유를 적어 보시오.

3. 200년 전에 "everlasting 한 것들"을 다룬 책이 있다고 가정해 보자. 여러분이 그 시대에 살았더라면 이 책 속에 담겨야 할 "everlasting 한 것들"로 어떤 것들이 있어야 했는지 제시해 보고, 그 이유를 적어 보시오.

4. 200년 후에 "everlasting 한 것들"을 다룬 책이 있다고 가정해 보자. 여러분이 그 시대에 살게 된다면 이 책 속에 담겨야 할 "everlasting 한 것들"로 어떤 것들이 있어야 하는지 제시해 보고, 그 이유를 적어 보시오.

마지막으로, 소수이기는 하지만 일부 학생은 어휘 수준, 작문 능력, 추상화 능력이 뛰어남에 따라 이들을 대상으로 다음과 같은 집단 활동을 하도록 하였다.

1. 금, 석탄, 사랑, 우정, 에너지, 시간, 공포, 행복, 그 외 자신이 선택한 것들을 "덜 영속적인 것"에서 "더 영속적인 것"으로 이어지는 연속선상에 위치시키시오.

2. 그런 것들을 그렇게 위치시킨 이유를 시로 표현해 보시오.

3. 『Tuck Everlasting』이라는 소설이 무엇에 대한 내용일지 예측해 보고, 왜 그렇게 생각

하는지에 대해 설명하시오.

　밀러는 학급의 모든 학생에게 상호적 일기를 사용하여 사고와 통찰의 도약을 이루도록 하였고, 앞으로 읽을 『Tuck Everlasting』이라는 소설의 핵심적 개념을 갖도록 하였다. 이 세 가지 종류의 상호적 일기 과제들은 점점 더 변형적이고, 추상적이고, 개방적인 성격을 띠어 학생들의 준비도에 따른 세 가지 수준의 개별화 수업 자료로 사용하였고, 성공적인 읽기를 위해 필요한 사고와 통찰을 얻는 계기를 마련해 주었다.

　『Tuck Everlasting』이라는 소설 읽기를 시작하는 날, 밀러는 상호적 일기 자료를 나누어 주고 소설의 처음 15 페이지를 읽도록 지시했다. 그리고 각자에게 적절한 속도로 주어진 시간만큼 읽되 다 못 읽은 부분은 집에서 읽도록 과제로 부여했다. 그러자 학생들은 편안한 마음으로 읽기에 들어갔고 모든 학생은 목적을 가지고 읽기에 임할 수 있었다. 그리고 충분한 시간을 부여함에 따라 모든 학생이 추후 토론 시간에 임할 준비를 할 수 있었다.

3) 학습 결과의 개별화

　학습 결과(product)의 개별화는 "교육과정의 핵심적 공통 내용(core commonalities)에 기초하여 학생들의 준비도, 흥미, 학습 프로파일을 고려함으로써 산출물을 다양화하는 것이다. 이런 방식으로 교사는 모든 학생이 각자의 흥미와 강점을 끌어올리도록 격려하고, 모든 학생은 적절한 도전 수준에서 성장하게 된다."(Tomlinson, 2005, p. 92) 개별화 수업에서 최적의 산출물은 학생 개개인이 핵심적인 이해와 기능들을 습득하고 응용하고 확장시키는 성격의 것이어야 한다.

(1) 학습 결과의 개별화를 위한 교사가 취해야 할 단계

　톰린슨(2005)은 교사가 학생들이 개별화된 산출물을 생산하도록 지도하기 위해 취해야 할 단계를 제시한다.

　첫째, 산출물 과제의 구조를 결정한다. 즉, 학생이 단원 학습의 결과로 알아야 하는 내용 지식(사실, 개념, 원리)과 기능을 확인한다.

　둘째, 산출물의 형식이나 옵션을 확인한다. 필수적으로 포함되어야 할 것, 예를 들어 시, 그림, 실험, 그래프, 차트 등을 정하고, 학생이 재량으로 포함시키고 싶은 것을 정하도록 한다.

셋째, 산출물의 질적 기대 수준을 정한다. 내용의 측면에서는 사실적 정보, 아이디어, 개념, 원리 등을 포함시키고, 과정적 측면에서는 계획하기, 목표 설정, 관점 지지, 조사, 편집 등 학생이 어떤 과정을 거쳤는지를 포함시키고, 결과적 측면에서는 산출물의 크기, 구성, 내구성, 구성 부분을 알려 준다. 그리고 학생은 자신의 준비도, 흥미, 학습 프로파일에 기초하여 과제의 세부 사항에 대해 교사와 조정하고 협의하도록 한다.

넷째, 과제 수행 과정에서 다양한 비계적 지원을 제공한다. 예를 들어, 과제 수행에서 아이디어를 얻도록 브레인스토밍 기법을 사용하기, 리서치를 수행하고 발견한 것들을 종합하는 방법에 대해 워크숍을 제공하기, 과제 수행 과정을 계획하고 목표를 설정하고 평가하는 루브릭을 작성하기, 또래들로부터 자문을 얻고 수정하는 데 도움을 받도록 하기, 실제 또래 자문과 편집에 대해 조언을 받기, 프레젠테이션 기술 등이다.

다섯째, 산출물을 생산하도록 하고 필요시 코칭을 한다. 학생이 교사와 협의하여 설정한 목표와 세운 계획에 따라 과제를 수행하도록 하고, 그 과정에서 어려움에 당면하면 자문과 함께 필요한 자료를 제공하거나 자원을 소개해 준다.

(2) 학습 결과의 개별화를 위한 교사의 가이드라인

톰린슨(2005)은 교사가 학생들이 성공적으로 산출물을 생산하도록 돕기 위한 교수의 가이드라인을 제시한다.

첫째, 단원 학습의 결과물을 생산하는 데 필요한 지식과 기능은 사람들이 실제 세계에서 실제적인 문제와 이슈를 해결하는 데 사용되고 있다는 것을 이해하도록 돕는다.

둘째, 비판적이고 창의적인 사고의 필요성에 대해 자주 이야기해 준다. 산출물을 생산하는 과정에서 추구하는 아이디어들에 대해 열정을 갖도록 돕는다.

셋째, 산출물을 생산하는 데 있어 다양한 정보원을 통합하여 사용하도록 돕는다.

넷째, 학생의 독립적 학습 능력 수준에 적절하게 계획하고 실제적인 시간 스케줄을 잡는 일을 강조한다.

다섯째, 다양한 표현 모드, 자료, 테크놀로지를 사용하도록 지원한다.

여섯째, 내용 지식뿐만 아니라 필요한 생산 기능들을 학습하도록 돕는다.

일곱째, 학부모에게 산출물 생산에 필요한 시간선(timeline), 요구 조건, 배경, 도움을 주는 방법, 피해야 할 일 등에 관해 알려 준다.

여덟째, 웹 설계, 문제 해결, 시나 책을 쓰기, 조사 보고서, 게임 만들기, 그림, 작곡, 모형 개발 등 산출물의 유형은 다양할 수 있음을 알려 준다.

아홉째, 평가 준거를 만들고 자기주도적으로 또는 또래와 함께 형성평가와 총괄평가를 하도록 한다.

열째, 학생들의 산출물 전시회를 열어 여러 사람이 관람하고 피드백을 줄 수 있도록 한다.

다음은 유치원과 고등학교 학생들을 대상으로 학습 결과를 다양화하는 사례이다 (Tomlinson, 2005, pp. 88-90).

유치원 교사 애플턴(Appleton)은 지역사회에 대해 수업을 하고 있었다. 학습의 결과물로 자신이 살고 있는 마을의 모습에 대해 조사하고 축소 모형을 만드는 과제를 하기로 하였다. 학급 전체가 함께 참여하여 최종 모형을 만들기로 하였다. 학생들은 함께 몇 가지 의사 결정을 하여 모델의 기본 내용을 결정하고 먼저 "빈 건물"을 세우고 나중에 실제 건물처럼 만드는 작업에 참여하기로 하였다.

그리고 학생들은 개인적으로 자신이 흥미를 가지고 있는 영역을 고려하여 지역사회 구성원을 한 사람 만나 면접을 하고 이 과제를 수행하는 데 필요한 데이터를 얻기로 하였다. 또 어떤 소집단의 학생들은 건물들의 상징을 만드는 활동을 하기로 하였다.

애플턴은 이에 더해 각 학생의 강점을 살려 수학의 측정 기능이 있는 학생에게는 빌딩의 규모를 그림으로 그리도록 하였고, 소근육 움직임 기능이 높은 학생에게는 복잡한 모양을 가위로 잘라 만들도록 하였고, 읽기 능력이 우수한 학생에게는 건물들의 상징을 찾아내기 위해 정보를 수집하도록 하였다.

애플턴은 모든 학생이 스스로 선택한 과제와 교사가 제시한 과제를 모두 할 수 있도록 하였고, 어떤 과제는 협동적으로 하도록 하고, 또 어떤 과제는 독립적으로 하도록 안배하였다.

스페인어 교사 가르시아(Garcia)는 학생들과 함께 언어와 문화 프로젝트 수업을 하였다. 프로젝트의 목표는 어떻게 문화의 요소들이 서로 연계되어 있고, 또 구별된 국민성 형성에 영향을 미치는지에 대해 좀 더 깊은 이해를 갖도록 하는 것이었다. 학생들은 스페인 여행 가이드북을 쓰고, 비디오를 만들고, 다큐멘터리 필름을 제작하고, 드라마를 함으로써 스페인의 문화를 탐색하도록 하였다. 학생들은 역사, 종교, 경제, 문학, 미술, 언어 구조를 조사하였고, 이런 요소들이 어떻게 서로 연계를 맺고 있는지를 탐색하였다.

학생들은 여러 가지 산출물의 요구 조건들을 제시받았지만, 스스로도 성공적인 산출물의 준거를 추가하였다. 더 나아가 학생들은 홀로 작업할지, 아니면 소집단을 이루어 작업할지,

어떤 표현 모드를 사용할지, 어떤 문화적 요소에 초점을 맞출 것인지 그리고 어떤 자원들을 조사 자료로 사용할지에 대해 선택할 수 있도록 하였다.

학생들 중 세 명은 스페인어 능력이 높았고, 두 명의 학생은 스페인어가 모국어였다. 가르시아는 이 세 명의 스페인어 능력이 높은 학생에게는 학급의 다른 학생들과 동일한 주제를 다루도록 하였으나, 그들의 능력을 고려하여 과제를 개별화해서 문화들 간의 차이를 비교하도록 하였다. 이 세 학생은 스와힐리어, 페르시아어, 중국어, 일본어, 헤브라이어, 러시아어와 같은 언어와 그런 언어들이 생성된 문화를 조사하였다. 그리고 이 세 학생은 최종 산출물과 최종 종착점에 도달하는 과정을 설계하는 데 있어 자유를 좀 더 많이 부여하였다. 학급의 다른 학생들과 같이 홀로 작업을 하든지 소집단 작업을 하든지 선택할 수 있었고, 자신들의 산출물을 제시하는 형태로 자유롭게 결정하도록 하였다.

3. 개별화 수업의 원리

부분적 개별화 수업은 국가 수준 교육과정 기준에 기초하여 개별 학생이 사전에 지니고 있는 지식 이해와 기능 수준에 따라 학습할 내용, 방법, 결과를 달리하는 것이다. 즉, 학습할 과제의 복잡성을 달리하고 흥미와 요구를 기초로 선택하도록 해서 학습할 내용을 달리하고, 학생의 학습 프로파일에 따라 자신이 선호하는 학습 방식으로 아이디어를 이해하고, 표현하여 산출물을 내도록 하는 활동이다. 개별화 수업은 학생들이 흥미를 보이고, 학습 전 과정이 적절하다고 생각할 때 학습 참여도를 높일 수 있으며, 그때 학습경험이 가장 효과적으로 형성된다는 전제를 가지고 있다. 아울러 학습에 대한 접근을 획일화하는 것은 흥미롭지도 않고 효과적이도 않으며, 추후의 이해는 이전의 이해를 기반으로 하고, 모든 학생이 학습의 시작점에서 같은 이해 수준에 있지 않다고 본다.

코르노와 스노(Corno & Snow, 1986), 톰린슨(2005)은 여러 가지 부분적 개별화 수업의 성격을 설명하는데, 배움 중심 수업에서 채택할 수 있는 몇 가지가 개별화 수업의 원리는 다음과 같다.

첫째, 수업 계획은 사후적(事後的, reactive)이라기보다는 사전적(事前的, proactive)이어야 한다는 것이다. 모든 학생에게 하나의 수업을 계획하여 처치한 후 어떤 학생에게 그 계획이 기능하지 않아 수정하려는 사후적 성격보다는 사전에 학생의 사전 지식 및 기능 수준, 흥미와 요구, 학습양식을 고려하여 다양한 학습활동을 계획함으로써 개별화의 효과성을 높인다. 학생들에게 행동의 기본 규칙(ground rules for behavior)을 인식시키고, 구체적인 활동에 대해 지시와 모니터링을 제공하고, 각 학습경험 활동의 계열을 감독한다. 아울러 필요시 교사는 계획한 학습에 들어가기 이전에 미리 교정적 접근(remedial approach)을 한다. 즉, 개별 및 소집단 협동학습 과제를 부여하거나 전체 학급을 대상으로 별도의 시간을 마련하여 계획한 수업을 성공적으로 마치는 데 필요한 선행 지식, 기능, 행동 및 정서를 보완해 주는 접근을 편다.

둘째, 수업 활동은 양적(quantitative)이라기보다는 질적(qualitative)인 측면에 초점을 맞추어야 한다는 것이다. 학생들의 능력에 따라 단순히 과제의 양을 조정하는 것은 개별화 수업이 아니다. 예를 들어, 우수한 학생에게 독후감 한 편을 쓰는 것이 쉬워서 두세 배로 그 양을 늘리는 것은 그 학생의 능력 개발에 효과적이지 않다. 그것은 오히려 벌을 주는 것으로 오인할 수 있다. 같은 성격의 과제의 양을 두세 배 늘릴 것이 아니라 과제의 질적 성격을 달리하여 학생의 능력, 흥미와 요구, 학습양식에 부응하도록 해야 한다.

셋째, 평가는 수업을 근간으로 한다. 전통적인 학습에서는 평가를 학습이 끝난 후에 습득 정도를 파악하는 차원에서 하지만, 개별화 수업에서는 학습 전, 도중, 후에 걸쳐 일어나고, 그 평가를 통해 얻은 정보는 학습을 계획하고, 실행하고, 조정하는 데 사용한다.

넷째, 학습에 대해 책임을 학생과 공유한다. 전통적인 수업에서 교사는 학생의 학습을 책임진다. 그러나 개별화 수업에서는 학생이 자신의 학습과 성장에 대해 책임감을 갖고, 학생이 학습에 결정을 내리고 평가하는 데 능동적으로 참여하도록 한다. 이렇게 교사가 학생과 함께 학습에 대한 책임을 공유하는 것은 교사가 여러 집단과 개인들을 지도할 수 있는 시간적 여유를 갖도록 해 주고, 학생에게는 더 나은 삶을 살 역량을 갖추도록 해 준다.

배움 중심 수업을 위한
지원 전략

04

지금까지 교사가 배움 중심 수업을 하려면 학습의 일반적 원리와 개별화 원리에 대한 이해를 필요로 한다는 것을 살펴보았다. 그리고 그 이해를 수업에서 실천으로 옮기는 과정에서 수집한 학생 개인 정보를 바탕으로 수많은 처방적 판단을 내리며 그 결과를 기록하며 관리해야 한다. 이는 배움 중심 수업의 큰 그림, 소위 '숲'을 그리는 일로 비유할 수 있다. 그러나 숲을 제대로 조성하려면 '나무' 하나하나를 성공적으로 키우는 일이 필요한데, 이는 교사가 일상의 수업을 성공적으로 수행하는 일에 해당한다. 나무 하나하나를 제대로 키우려면 양분을 주고 가지치기를 해야 하듯이 일상의 수업을 성공적으로 수행하려면 학생과의 심리·사회적 상호작용 측면에서 효과적인 전략들이 필요하다. 이에 이 장에서는 배움 중심 수업을 성공적으로 수행하기 위한 지원 전략들을 살펴보고자 한다.

1. 민주적 학습 공동체 만들기

배움은 학생들이 대부분의 시간을 보내고 있는 학교와 교실에서 배움을 즐기고 현재적 삶에서 행복을 느낄 때 최적화된다. 일찍이 듀이(Dewey, 1913, 1938, 1969, 1971)는 학생의 학교에서의 현재적 삶은 미래를 위해 희생해야 할 것이 아니고, 오히려 학생이 현재적 삶을 충분히 탐구하며 즐길 때 미래를 가장 잘 준비할 수 있다고 주장한 바 있다. 즉, '그때 그곳(There and Then)'보다는 '지금—여기(Here and Now)'에서 행복해야 한다는 것이다.

학교와 학급이 행복한 학습 공동체가 되려면 '지금—여기'를 중요시하고, 돌봄과 민주적 가치를 존중하는 공동체적 삶을 함께 살아가며 학생들이 상호 간에 지적, 정서적, 사회적으로 발달하도록 해야 한다. 그럴 때 'school'이라는 용어의 원래 의미인 '즐거움'이 살아난다. 이런 학교와 학급의 모습을 민주적 학습 공동체라고 하는데, 이런 공동체에서 학생은 자신이 지닌 민주 시민으로서의 권리를 존중하고, 타인에 대한 돌봄의 책임감을 형성하는 체제와 언어를 습득한다. 학생들은 상호 간의 개인차와 인간적 권리를 존중하는 문화적 환경에서 함께 학습하며 성장하는 과정과 결과를 통해 학교생활에서 행복을 느낀다(Gathercoal, 2001).

듀이(1944)는 민주적 학습 공동체를 시민으로서의 도덕 공동체(moral community of citizens)와 탐구자로서의 인식론적 공동체(epistemological community of inquirers)라는 두 가지 개념이 상호 보완적으로 영향을 미치며 존재하는 공동체로 보았다. 시민으로서의 도덕 공동체 개념과 관련하여 듀이는 사람들은 나이와 관계없이 국가와 학교 공동체의 구성원으로서 권리와 의무를 가지고 있다고 보았다. 즉, 학생도 성인처럼 시민으로서 권리를 존중받고 그에 따른 의무를 행사하면서 상호 간에 서로 돌보는 도덕적인 삶을 살아야 하며, 학교는 그런 삶을 살 기회를 제공하고 지원하는 공동체여야 한다고 본다. 그렇게 했을 때 학생은 성인이 되기 전에 민주주의의 가치와 방식에 친숙해지고, 장차 사회에 나가서는 시민으로서 민주 사회의 유지와 발전에 기여할 수 있게 된다.

발달연구센터(Developmental Studies Center)에서는 연구를 통해 학교가 돌봄과 민주적 학습 공동체 문화를 형성하기 위해서 세 가지 상호 연결된 심리적 요소가 기본적으로 필요하다는 것을 발견하였다(Solomon, Battistich, Watson, Schaps, & Lewis, 2000). 그것은 자율성(autonomy), 소속감(belonging), 역량감(competence)으로 ABC라고 부른다.

자율성이란 자신의 행위에 대해 자율 의지를 발휘하는 것이다. 자율이라고 하여 다른 사람으로부터 도움을 받지 않거나 다른 사람을 고려하지 않고 행동하는 것을 의미하지는 않는다. 따라서 어떤 학생이 수학 문제를 해결하는 방법을 이해하기 위하여 교사와 또래에게 도움을 받고 성공한 행위를 두고 자율성을 발휘하지 않은 것이라고 말하지 않는다. 또 어떤 학생이 교실의 규칙에 대한 배경을 묻고 이해한 후 규칙을 따르는 것 또한 마찬가지이다. 다시 말해, 학생이 지시나 규칙에 따르더라도 자신의 내적 신념에 따라 행동하면 자율감을 경험하는 것이다.

소속감이란 교사가 진정으로 학생들을 아끼고 자신들을 안전하게 지켜 줄 만큼 신뢰할 수 있고, 필요로 하는 것에 도움을 제공해 주고, 또래들도 자신을 좋아하고 함께 활동하기를 원한다고 믿는 것을 말한다. 학생은 교사와 친구들을 이런 돌봄 제공자라고 신뢰를 하면 그들과 함께 자신의 학업적, 인성적 발달에 협력하게 된다.

역량감은 학생들이 학습과제에서 성공함으로써 자신이 능력 있는 사람이라고 자긍심을 느끼는 것이다. 학생들은 자신을 성공적인 학습사로 간주하지 않으면 학교나 학급의 경험을 돌봄 공동체로 보지 않고 교사의 능력에 대한 신뢰감을 떨어뜨리게 된다. 교사들은 종종 학생들이 갖게 되는 능력에 대한 요구를 자긍심에 대한 요구와 동일시하고 수행 수준이 낮은 학생들도 칭찬함으로써 자긍심을 보존하도록 행동하는데, 이런 칭찬은 비효과적이고 어떤 경우에는 교사에 대한 신뢰를 떨어뜨리고는 한다. 왜냐하면 학생들은 교사의 그런 칭찬은 진정성이 없는 거짓이라는 것을 알기 때문이다.

배움 중심 수업을 하는 교사는 학급에서 이 세 가지 심리적 요소를 증진시켜 민주적 학습 공동체 문화를 형성할 필요가 있다. 이를 위해 왓슨과 벤슨(Watson & Benson, 2008)은 교사가 취해야 할 유용한 활동들을 다음과 같이 제시한다.

1) 학생의 자율성을 증진시키는 활동

첫째, 학급회의를 통해 교실의 규칙이나 절차를 만드는 기회를 갖게 한다. 학생은 학급의 일에 대해 '목소리와 선택권'을 가질 때 스스로 동기 유발되고 보다 친사회적인 행동을 하게 된다.

둘째, 학생들의 협동과 상호작용을 격려한다. 학생은 본능적으로 다른 학생들과 이야기를 나누고 상호작용하기를 원하기 때문이다. 그들에게 협동적으로 상호작용할 기회를 제공하는 것은 그들의 자율성 요구를 만족시켜 주는 일이다. 학습활동을 협동적으로 수행하고 사회적 상호작용을 활발히 일어나도록 구조화하는 것은 사회적, 정서적, 도덕적 능력을 길러 주는 가교 역할을 한다. 우정을 나눌 분위기를 창조하고, 교과 교육과정에서 교과 내용을 습득하면서도 자율감을 증진시키는 등 여러 가지 이점을 가지고 있다.

셋째, 학생에게 학습에서의 선택을 장려한다. 교사는 학생에게 많은 양의 지시를 부과하지 않아도 학생에게 학습활동 선택의 기회를 제공한다면 학생의 자율성을 증진시킬 수 있다. 이 방법으로는 학습할 내용을 선택하도록 하거나 학습을 표상하는 방법, 예를 들어

글, 그림, 역할 놀이 등을 선택하도록 하거나 개방형 프로젝트를 제시하여 학생이 자기주
도적으로 수행하도록 하는 것이다. 이런 소집단 프로젝트 협동학습은 창의성, 학업수행,
사회성 발달에 효과가 있다. 협동학습은 "집단적 책무성에 기반한 협동적 노력으로 미래
세계화 시대의 교육 모델이다."(Goldsmith, Greenberg, Robertson, & Hu-Chan, 2003, p. 4)

넷째, 자율을 발휘한 후에는 책임을 지도록 한다. 자율과 책임은 동전의 양면과 같아 학
생이 학급의 생활을 공동체로 발전시키고 스스로 민주시민으로서 성장하기 위해 자율적
행위에는 책임이 뒤따르도록 한다.

다섯째, 학급 생활에 재미(fun)를 도입한다. 학급에서의 공동체적 삶은 필연적으로 학생
개개인의 자유를 어느 정도 제한해야 하기 때문에 학생들에게 파티, 축하회, 재미, 웃음 등
을 제공하면 학생은 이러한 활동을 통해서 자유를 제한하는 것에 동반할 수 있는 스트레스
를 어느 정도 보상받게 된다.

2) 학생의 소속감을 증진시키는 활동

첫째, 교사와 학생 간, 학생과 학생 간에 서로를 알 수 있는 활동을 한다. 예를 들어, 교
사는 상호적 일기 또는 작문, 대화를 통해 자연스럽게 학생 개개인이 선호하는 것, 학교 밖
에서 하는 활동, 배우고 싶어 하는 것 등을 알아내어 인간으로 이해하고 그의 눈으로 세상
을 볼 수 있도록 한다.

둘째, 따뜻하고 정감 있는 태도로 돌보는 교사의 이미지를 전달한다. 예를 들어, 학생의
눈높이에 맞추어 자세를 낮추어 대화하기, 미소 짓기, 눈과 눈을 마주치기, 학생에게 신상,
생각, 의견 등에 관해 질문하기, 능동적으로 듣기, 학생의 성장과 진보에 대해 코멘트해 주
기, 격려와 감사의 말을 전하기 등의 활동을 한다.

셋째, 학생들끼리 서로 알고 좋아하도록 한다. 예를 들어, '서로 알기 게임'을 하여 서로
특정 진술(예: 애완견을 갖고 있다, 탐정 소설을 좋아한다, 집안일을 잘한다 등)이 학급 내 어떤
학생을 가리키는지 찾도록 하거나 좋아하는 것과 이룬 성취에 관해 상호 면접을 하는 등의
활동을 한다.

넷째, 협동적이고 비경쟁적인 환경을 마련한다. 소집단 또는 학급 전체의 프로젝트는
학생들에게 교과의 내용을 학습시킬 뿐만 아니라 상호 친밀한 감정을 갖게 해 주고 조화
를 이루어 함께 활동하는 데 필요한 기능을 습득할 기회를 준다. 효과적인 협동적 프로젝
트 학습을 하려면 다음 두 가지 조치를 취해야 한다. 하나는, 교실의 일반적 분위기도 협동

적인 성격을 띠도록 하는 것이다. 교사가 학생을 동기 유발하기 위해 상대적 우위에 기반한 경쟁적 수단들을 동원하면 학생들은 또래들 간에 우정보다는 적개심을 갖고, 인간적 측면보다 수행적 측면을 강조하는 교사에게 인간적인 신뢰를 갖지 않게 된다. 또 하나는, 함께 친밀한 분위기에서 효과적으로 활동하도록 하는 일반적인 사회적, 정서적 기능 외에 특별히 능동적으로 듣기, 다른 사람의 생각에 반응하고 발전시키기, 협상하기, 공정하게 의사결정하기 등과 같은 협동학습 기능들을 시도한다. 그러나 협동석 환성이라고 하여 반드시 경쟁이 없는 환경을 말하는 것은 아니다. 학생들이 일단 경쟁이 가져오는 강한 정서적 반응을 다룰 수 있는 조절 능력을 갖추고 공정하고 상호 존중하는 자세로 협동하는 방법을 습득한 후에는 공정하고 상호 존중적인 방식으로 경쟁하도록 도울 필요가 있다. 특히 중·고등학교 수준에서는 경쟁을 피하기 어렵기 때문에 상호 발전을 위한 파트너십으로서의 경쟁을 통한 학습을 강조한다.

다섯째, 친절하고 사려 깊은 행동을 지원한다. 학생들은 무작위적으로 비도덕적 행위를 하는 경향이 있기 때문에 교사는 주의 깊게 권위자의 역할을 해야 한다. 특히 학년 초에 교사는 비도덕적 행위를 단호하게 제지하고, 비록 교수 행위를 방해하지 않는 미미한 것들이라도 즉시 심각하게 다루거나 나중에 비행 학생들과 진지한 대화를 나눔으로써 바른 인성에 대한 교사의 메시지를 강력하게 전달해야 한다. 학급에서는 비도덕적 행위들이 많이 발생하고 이에 일일이 대응하기 어렵기 때문에 교사는 수업을 크게 방해하지 않으면 묵인하고 넘어가고 싶은 유혹을 느끼는데, 교사는 이 점에 유의해야 한다. 교사는 학급 내 돌봄 환경을 유지하는 데 있어 학생들과 함께 집단적 책무성을 지고 있다는 것을 공지하고 학생들도 스스로 또래들의 비도덕적 행위에 대항하는 용기를 지니도록 지도해야 한다.

여섯째, 문학을 통해 공감과 돌봄의 개념을 습득하도록 한다. 문학은 학생을 자신으로부터 그리고 현재적 환경으로부터 이동시켜 정상적인 환경에서는 인식하지 못하는 감정과 이해에 '불을 지피고 눈을 뜨게' 한다(Ryan & Bohlin, 1999). 문학은 중요한 인성교육 자료이다.

일곱째, 사회적 기술과 정서적 기술을 지도한다. 학생은 학교에 입학할 때 학업뿐만 아니라 정서적, 사회적 기능 수준에서 상당한 차이가 있는데, 학년이 올라감에 따라 정서적, 사회적 차원에서 새로운 도전들이 생기고 또 그 수도 증가하기 때문에 입학 전 그런 기능들이 잘 발달한 학생들의 경우에도 어려움을 겪는다. 따라서 사회 정서적인 기술을 익히도록 꾸준히 지도해야 한다.

3) 학생의 역량감을 증진시키는 활동

첫째, 학습과제가 학생들 개개인의 현재 기능 수준에 너무 벅찬 것인지 아니면 학습과제가 자신들의 삶과 홍미에 부적절하다고 느끼는 것인지 그 여부를 파악하고 적절하게 학습과제의 난이도 수준을 조절한다.

둘째, 학습의 결과에 대해 학생들에게만 책임을 지도록 하기보다는 교사가 그들의 학습을 모니터하고, 학생들 또한 자신의 학업 성취를 스스로 모니터하도록 한다.

셋째, 강압직으로 외직 보상 체제나 벌을 통해 순종할 것을 종용하지 말고, 학습과제에서 실제로 성공할 수 있도록 학생들이 성취할 수 있는 과제로 수정하고, 그 과제가 학생의 홍미와 현재 및 미래의 삶에 중요하고도 적절하다는 것을 알게 한다.

이 세 가지 심리적인 조건은 상호 연결되어 있다. 예를 들어, 학생이 소속감을 가지게 되면 학습과제에 참여할 때 발생할 수 있는 위험도 감수할 만큼 교사를 신뢰하게 되고, 과제에 도전하여 성공하게 되면 역량감을 형성하고, 역량감을 형성하면 자율성도 증진된다. 교사가 학급 내에 이런 민주적 학습 공동체 문화를 형성하기 위해서 학교는 전체 학교 차원에서 정책적으로 교사를 도울 필요가 있다. 라이언과 보린(Ryan & Bohlin, 1999)은 이런 민주적 학습 공동체 문화를 먼저 학교가 학교의 정체성과 목적에 부응하는 가치들을 찾아내어 적절한 비전 선언문을 작성·공표하고, 가정과의 협력 네트워크를 구축하고, 교사들을 비롯하여 식당 종사원, 운전기사, 행정실 직원들의 총체적 팀워크를 구성하여 일관적으로 지원하고, 정규적으로 학교 및 학급에서 이런 세 가지 개념을 만족시키고 있는지 지속적으로 평가하는 노력이 필요하다고 말한다.

2. 배움 중심의 교사 오리엔테이션 취하기

민주적 학습 공동체는 학급을 '같은 배를 타고 항해하는 공동체'로서 듀이의 시민으로서의 도덕 공동체와 탐구자로서의 인식론적 공동체를 형성하고, 발달연구센터에서는 자율성, 소속감, 역량감을 길러 주는 기본적인 환경을 제공한다. 교사는 이런 공동체라는 배를 이끌어 가는 선장으로 매우 중요한 역할을 한다. 그렇다면 이 배를 어느 방향으로, 또 어떻게 이끌어 가야 하는가? 배움 중심의 교사 오리엔테이션은 이에 대한 답을 제공한다.

배움 중심의 교사 오리엔테이션은 교사가 학교에서 하는 일에서 최우선하는 목적을 학생들의 배움에 둔다. 즉, 교사가 학교에 출근하는 이유는 학생의 지적, 인격적, 신체적 성장과 발달을 돕는 과제를 수행하기 위함이라는 자세를 취하고, 학생도 교사의 이런 오리엔테이션을 인지하도록 해야 한다. 다시 말해, 교사는 학교 교육과정의 목적과 내용을 학생이 성취하도록 돕는 것을 교사의 최우선적인 업무 및 사항임을 인식하고 학생과의 상호작용에 시간과 노력을 투자하는 교사의 태도를 말한다. 이런 태도를 업무 중심 교사 오리엔테이션(teacher task orientation, Berliner, 1979) 또는 업무 지향적 교사 오리엔테이션(businesslike teacher orientation, Cangelosi, 2000)이라고 부른다. 연구 결과에 따르면 이런 교사 오리엔테이션을 지니고 학생과 상호작용을 극대화하는 교사는 학생의 성취도 수준을 높이는 것으로 나타났다(Berliner, 1979; Berliner & Biddle, 1995; Porter, 1993).

보리치(Borich, 2011a)에 따르면 그 상호작용과 관련하여 업무 지향적 태도를 지닌 교사는 다음과 같은 질문에 답을 얻으려고 노력한다.

- 교사로서 강의하고, 질문하고, 학생이 자기주도적으로 사고하고 탐구하도록 하는 데 얼마나 많은 시간을 투자해야 하는가?
- 교사로서 학생이 학업 성취를 올리도록 하기 위해 교수를 조직하는 데 얼마나 많은 시간을 투자해야 하는가?
- 교사로서 학생의 성취도를 평가하는 데 얼마나 많은 시간을 투자해야 하는가?

업무 지향적 오리엔테이션을 가진 교사는 학생을 위해 계획한 학습활동을 가치로운 목표들을 성취하는 데 필수적이라고 믿는다(Cangelosi, 2000). 학생은 교사에 비해 학습활동의 중요성을 인식하지 못하기 때문에 그것이 중요하다고 학생에게 이야기해 주는 것은 시간 낭비이다. 교사는 그것을 행동으로 보여 주어야 한다. 보리치(2011a)는 업무 지향적 오리엔테이션을 가진 교사들은 다음과 같은 행동 지표를 보여야 한다고 주장한다.

첫째, 단원과 차시별 수업을 계획하는 데 교육과정 지침의 주요 특징들을 반영하거나 관련 텍스트를 채택한다. 예를 들어, 차시별 수업을 단원 계획, 교육과정 지침, 텍스트에 맞게 조정함으로써 수업의 적절성을 검증한다. 교육과정 지침과 텍스트에서 가장 적절한 부분들에 대해 동료 교사들과 협의한다.

둘째, 행정적이고 사무적인 일들은 수업에 방해가 되지 않도록 별도의 적절한 시간을 할당하여 처리한다. 예를 들어, 사무 행정을 처리하는 데 있어 매 수업 시간마다 5분 정도를 할애하여 처리할 수 있는 것만 처리하고, 나머지 일들은 수업 전이나 후로 연기한다.

셋째, 학생이 학습 일탈 행위를 할 때 수업의 방해를 최소화하면서 멈추거나 억제하는 조치를 취한다. 예를 들어, 가장 보편적으로 일어나는 학습 일탈 행위들에 대해 규칙을 정하고 모두가 볼 수 있도록 한다. 수업 도중에 학습 일탈 행위를 보이는 학생만 확인하고 나중에 별도로 만나 조치한다.

넷째, 달성해야 할 수업 목표와 관련하여 가장 적절한 교수 모델을 선택한다. 예를 들어, 목표가 사실, 규칙, 행위 계열의 습득에 관한 것이면 교사 중심의 직접 교수법을 선택하고, 개념, 패턴, 추상화에 대한 것이면 학생 중심의 간접 교수법을 선택한다.

다섯째, 단원의 목표를 성취하기 위해 주별로 그리고 월별로 검토하는 시간을 갖고 학생들이 궁금해하는 내용에 대한 피드백을 제공한다. 그리고 어느 정도 학습했는지를 점검하는 시험 시간을 설정한다. 예를 들어, 형성평가와 총괄평가, 검토와 피드백 시간 등과 같은 분명한 목적을 가진 활동들에 대해 시간표를 만들고 시행한다.

교사의 업무 지향적 태도는 교사가 모든 것을 전제하는 상호작용 패턴을 의미하는 것은 아니다. 교사 또는 부모가 학생과 상호작용하는 패턴은 세 가지로 제시되고 있는데(Baumrind, 1971; Canter & Canter, 1992), 교사의 업무 지향적 태도는 그중에서 권위적 또는 주장적 상호작용 패턴을 취한다.

첫 번째의 상호작용 패턴은 허용적(permissive) 패턴이다. 이 상호작용은 비처벌적이고, 요구 수준이 매우 낮으며, 학생에게 상당한 자유를 부여하는 패턴이다. 학생이 학습 일탈 행위를 할 때 단호하게 저지하지 못하고 위협만 가하고 우유부단하게 대응한다. 이런 이유로 캔터와 캔터(Canter & Canter, 1992)는 비주장적(nonassertive) 패턴이라고 불렀다. 이 패턴에서는 학생은 미성숙하고 퇴행적인 행동을 보이고 리더십을 행사할 만한 능력을 습득하지 못하게 된다. 다음은 교사가 이런 패턴으로 상호작용하는 예이다.

중학교 생물교사 튜(Tew)는 수업 시간에 떠드는 세 명의 학생 때문에 골머리를 앓고 있었다. 그들은 자리에 앉으면 잡담을 하고 조용히 개별학습을 하는 시간에 일어나 돌아다니며 어항을 휘젓거나 다른 과학 도구들을 가지고 장난을 하며 소란을 피우고는 했다. 어느 날 조용히 개별학습을 하는 시간에 이 세 명 가운데 우두머리인 에릭(Eric)이 다른 두 명인 알마(Alma)와 데이비드(David)를 교실 뒤편으로 나오도록 꼬드겨 어항 속에 손을 넣어 고기를 잡기 시작했다. 튜는 처음에는 이들을 쳐다보지도 않았다. 튜는 오랫동안 이 세 학생의 일탈 행동에 지쳐 있었기 때문에 되도록 이들에게 주의를 집중하는 행동을 하지 않으려고 노력하였다. 그러나 이들이 소란을 피우고 떠들썩하게 행동하는 것이 다른 학생들의 학습을 방해하는 수준에까지 이르자 튜는 그들에게 행동을 멈출 것을 요청했다. 튜는 절망감을 갖고 이 세 명을 향하여 "자리에 앉아서 개별학습을 해라. 너희는 아직 개별 과제를 못했고 그렇게 하다가는 시간이 끝날 때까지 제출하지 못할 것 같구나!"라고 말했다.

이 세 명은 하던 일을 멈추고 튜를 불만스럽게 흘겨보고는 그 요정을 부시한 제 하던 장난을 계속하였다. 5분 뒤 그들이 내는 소음은 참을 수 없을 정도까지 커졌다. 이에 튜는 "이봐, 너희 그만해라. 도대체 너희를 어떻게 해야 할지 모르겠구나. 너희는 먼저 자리에 앉는 것부터 배워야겠다. 너희는 지금 다른 학생들의 학습을 방해하고 있다. 이런 소란은 더 이상 참을 수가 없다."라고 탄식하듯 말했다. 그러자 에릭은 속어를 사용하여 욕을 내뱉었고, 대부분의 반 학생들은 그 말을 듣고 큰 웃음을 터뜨렸으나 튜는 무슨 말인지 이해할 수 없었다. 튜는 얼굴이 붉어진 채로 "나는 이 일을 참을 수 없다. 너희는 조심하지 않으면 혼날 것이다."라고 위협했다(Edwards, 2008, p. 72).

이 사례에서 교사는 학생이 비행을 저지르면 위협하지만 더 이상 그 위협을 저지할 행동을 하지 못하고, 심지어는 그 비행을 종종 무시한다.

두 번째의 상호작용 패턴은 독재적(authoritarian) 패턴이다. 이 상호작용은 구속적이고 행동 통제에서 처벌을 강조하는 패턴이다. 이런 이유로 캔터와 캔터(1992)는 적대적(hostile) 패턴이라고 불렀다. 이 패턴에서 학생은 사회적 비교 우위에 큰 관심을 보이며 근심 수준이 높고 사회적 상호작용에서 비효과적인 행동을 한다. 다음은 교사가 이런 패턴으로 상호작용하는 예이다.

교사 애플게이트(Applegate)는 '철권'으로 학급을 다스렸다. 애플게이트는 학생이란 모름지기 교사의 기대에 엄격히 부응하여 좀 더 책임감 있는 인물로 성장해야 한다고 믿었다. 그러나 몇몇 학생은 수시로 교사에게 거부감을 보이며 저항했다. 이들은 숙제를 정시에 제출하는 법이 없었고, 학습활동에 참여하는 경우가 매우 적었고, 수업 시간에 잡담을 하며 다른 학생들의 학습을 방해했다. 어느 날 이들은 시끄럽게 장난을 했고 애플게이트는 이 집단의 리더 격인 학생에게 다가가 "세상에 너희 같이 못된 녀석들이 있을까! 나는 너희의 못된 버릇과 장난을 오래 동안 참아 왔다. 학교는 왜 오니? 이제는 참을 수 없다. 앞으로 나와 벌을 받아라!"라고 버럭 소리를 질렀다(Edwards, 2008, p. 73).

이 사례에서 교사는 학생의 권리와 감정을 고려하지 않고 신경질적으로 학생에게 모욕적인 언사와 위협적인 태도로 벌을 가했다.

세 번째의 상호작용 패턴은 권위적(authoritative) 패턴이다. 이 상호작용은 따뜻하고 양육적인 태도로 학생의 독립심을 격려하지만 그들의 행위에 한계를 정하고 그 한계를 넘었을 때는 교사의 권위를 사용하여 교사의 기대 수준을 말해 주며 통제력을 가하는 패턴이다. 이런 이유로 캔터와 캔터(1992)는 주장적(assertive) 패턴이라고 불렀다. 이 패턴에서 학생은 자율성을 발휘하고 사회적 능력과 자기 의존성을 기른다. 다음은 교사가 이런 패턴으로 상호작용하는 예이나.

> 5학년 담임교사 로메로(Romero)의 학급에는 프레드(Fred)라는 학생이 있었다. 프레드는 거의 매일 습관적으로 다른 학생들을 괴롭히고 싸움을 하였다. 어느 날 오후, 프레드는 로이(Roy)라는 학생을 때리고 자기 자리에 돌아와서는 크게 웃었다. 로이는 프레드보다 키도 작고 몸도 왜소했다. 프레드는 대개 자기보다 신체가 작은 친구들을 괴롭히고는 했다. 로메로는 프레드를 보고 "프레드, 싸움을 멈춰라!"라고 단호하게 말했다. 그러고는 "프레드, 나는 학급에서 네가 싸움을 거는 것을 용인할 수 없다. 나는 너의 싸움으로 인해 학급의 분위기가 나빠질까 매우 걱정이다. 선택해라. 싸움을 멈출 것이냐 아니면 교장실로 가겠느냐?"라고 말했다. 그러자 프레드는 "교장실에 가고 싶지 않아요! 교장 선생님은 무서워요."라고 말했다. 로메로는 "좋다! 그러면 다음에 네가 싸움을 하면 교장실로 가야 한다. 알겠니?" 프레드는 "알았어요!"라고 대답했고, 로메로는 "좋아! 네 자리로 돌아가서 수업을 준비하렴."이라고 지시했다(Edwards, 2008, p.74).

이 사례에서 교사는 자신의 요구와 감정을 학생에게 분명히 전달하고 한 말을 행동으로 옮기며 상호작용을 하였다. 교사의 요구와 기대가 비합리적이지 않는 한 학생들에게 한계를 제시하고 시행하며 명시적으로 지시를 내린다.

교사의 권위적 또는 주장적 상호작용 패턴은 민주적 학습 공동체를 배움 중심의 학급 분위기로 이끌어 가는 중요한 자세이다. 이런 교사 오리엔테이션은 학생의 배움을 위해 바람직한 행동은 강화하지만 비행에 대해 처벌하는 것은 피한다. 캔터와 캔터(1992)는 교사가 전통적으로 학생의 요구를 충족시키기 위해 교사 스스로의 요구와 필요를 참는 것이 교사의 임무라고 생각하는데, 이는 오해이며 오히려 많은 비행을 낳게 한다고 보고 있다. 교사도 학생과 마찬가지로 요구와 감정을 가지고 있고, 이를 충족시킬 때 훈육을 바르게 할 수 있다. 배움 중심 수업을 위해 교사는 학급 내 훈육에 대해 우유부단한 접근을 펼치면 안 되고, 교사로서 만족해야 할 교사로서의 권리를 주장해야 한다. 그리고 자신의 요구를 분명하고 단호하게 학생에게 의사소통하고 자신이 한 말을 적절하게 행동으로 옮겨야 한다. 교사가 이런 업무 지향적인 배움 중심 오리엔테이션을 가지려면 학급에서의 행동 규칙을 창조하고, 학생과의 관계에서 자신의 요구와 감정을 확인하고, 학생에게 자신의 요구와 감정을 분명하고 솔직하게 전달하고, 자신의 요구와 감정에 있어 일관적이어야 하고, 단호한 목소리 톤을 사용하고, 눈을 마주치며 의사소통하고, 말과 함께 비언어적 제스처(gesture) 도 적절하게 사용하고, 학생은 학습 일탈 행위의 결과에 대해 스스로 대가를 치르며 책임을 지도록 해야 한다(Canter & Canter, 1992).

3. 효과적으로 의사소통하기

민주적 학습 공동체에서 교사의 의사소통 방식은 친절하고, 사려 깊고, 유용하고, 심지어는 도전적이어야 한다. 이러한 의사소통 방식에서 학교 및 학급 구성원들은 상호 간에 돌봄과 통찰력 있는 토론 및 상호작용을 통해 적절한 내용을 전달하고 전달받으며 성장할 수 있다. 그러나 학생은 특히 학습의 초기에 의사소통이 대립적이거나 독점적이거나 반성적이지 못하여 소수의 학생만 참여하는 의사소통 패턴이 야기될 수 있고, 그 결과는 다른 사람들에게 해를 끼치거나 학급 전체 학생의 상호작용 및 학습에 부정적인 영향을 미칠 수 있다(Mercer, 2002). 이런 과정이 초래하는 부정적 결과는 자연스럽게 학급 전체로 확산된다. 사람들은 다른 사람들로부터 부정적인 말을 듣게 되면 그것과 관련된 나쁜 감정을 두뇌에 저장하는데, 이때 의도적으로 그 나쁜 감정을 해석하고 조정하려고 노력하지 않으면 두뇌에 저장된 그 감정은 그대로 다른 사람들에게 의식적 또는 무의식적으로 재순환되어 사람들의 전체적 관계가 부정적인 성격을 띠게 된다(Penfield, 1952).

번(Berne, 1966)에 따르면 두뇌에 저장된 메시지는 부모, 아이, 성인이라는 세 가지 자아 상태(ego-states)로 존재한다. 각 자아 상태는 삶의 경험으로부터 형성되고 그때 생긴 감정은 두뇌에 의식적 또는 무의식적으로 저장되는데, 그 감정은 다른 사람들과의 대화에서 일관된 언어적 표현으로 나타난다. 이렇게 감정에 부수하여 나타나는 언어적 표현은 어디서 오는지도 모르고 어떤 의식적 생각도 없이 생성되는데, 이는 마치 녹음기를 자동으로 켜는 것과 같아 과거에 저장되었던 정보들이 그저 단순히 재생되는 것처럼 다른 사람들과의 대화에서 그 단어와 감정이 과거에 학습되었던 대로 표출된다.

번의 세 가지 자아 상태의 특징은 다음과 같다.

- 부모로서의 자아 상태: 생후 초기 5년 동안 경험된 사건들의 기록 총합이다. 부모에게서 받은 경고, 의견, 판단으로 이 경험들은 어린 나이에 이루어지기 때문에 학생의 입장에서는 그 경험을 수정하는 방법을 몰라 편집되지 않고 그대로 저장된다. 그리고 판단력의 부족으로 이 시기의 아동은 부모의 적대적 반응이 자신이 아니라 다른 사람들에 의해 촉발된 것임에도 불구하고, 그 원인이 자신의 부족함으로 인해 생긴 것으로 내면화한다. 이에 따라 부모가 자녀에게 적대적인 경우 그 경험은 부모로서의 자아 상태에 부정적인 성격으로 기록되고, 부모나 다른 성인들에게서 나오는 모든 경고, 규칙, 법칙의 저장고가 되는데, 부모가 표현한 언어뿐만 아니라 어조, 얼굴 표정, 신체적 접촉의 경험이 포함된다. 그리고 나중에 아동이 자라 성인기에 얻는 경험이 비록 긍정적이고 양육적이라고 하더라도 어린 시절의 이런 부정적 경험을 변화시키기 어렵다. 따라서 부모로서의 자아 상태는 타인과의 언어적 상호작용에서 경고, 위협, 판단, 명령, 지배 등의 성격을 띠게 되어 타인과의 의사소통이 부정적인 성격을 띠도록 만든다. 학교 현장에서 많은 교사의 의사소통은 이런 부모로서의 자아 상태에 기초한 패턴으로 나타나는 경우가 많다.
- 아이로서의 자아 상태: 부모로서의 자아 상태와 동시에 기록되는데, 아동이 보고 들은 것에 대한 자신의 반응들로 구성된다. 이 반응들은 대개 감정인데, 그 이유는 어린 시기의 아동은 언어의 의미를 거의 이해하지 못하기 때문이다. 아이로서의 자아 상태도 부모로서의 자아 상태와 마찬가지로 타인과의 언어적 상호작용에 부정적인 영향력을 강하게 미치는데, 후에 어린 시절에 경험했던 것과 비슷한 여러 상황에 처하게 되면 같은 경험과 표현을 생성하는 힘을 가지고 있기 때문이다. 그 결과 정서적 통제력을 잃고, 분노가 이성을 압도하여 효과적인 언어적 상호작용을 어렵게 한다.
- 성인으로서의 자아 상태: 부모로서의 자아 상태와 아이로서의 자아 상태를 모니터하고 현재의 조건에서 자신의 언어적 표현이 타당하고 유용한지 확인한다. 부모로서의 자아 상태로부터 너무 많은 명령을 받고, 아이로서의 자아 상태로부터 너무 많은 공포가 흘러나오면 의사소통이 긍정적이지 못한데, 성인으로서의 자아 상태는 부모 또는 아이로서의 자아 상태로부터 흘러나오는 감정과 표현을 해석하고 조정한다. 다시 말해, 부모로서의 자아 상태에서 나오는 명령과 규칙들의 신뢰성 및 적용 가능성을 타

진하고, 아이로서의 자아 상태에서 나오는 감정과 표현이 수용할 만한 것인지 아니면 쓸모없는 것인지를 조사하고 결정한다. 성인으로서의 자아 상태에서 하는 이런 타진과 조사는 부모 또는 아이로서의 자아 상태에서 저장된 데이터를 자동적으로 제거하지 못하지만, 이런 감정과 표현에 대한 영향력을 조정하는 방법을 제공한다.

교사가 성인으로서의 자아 상태에서 내화하는 방법을 배우고, 학급에서 일어나는 학생들의 언어적 상호 작용을 분석하고 교정하도록 하면 민주적 학습 공동체로서 학급의 문화가 긍정적으로 정착되고 학급에서 훈육 문제도 줄어든다. 그 구체적인 절차는 다음과 같다.

첫째, 교사는 자신과 학생들의 내적 심리 상태를 살펴 의사소통 패턴이 어떤 자아 상태에서 나오고 있는지를 파악하는 데 능숙해야 한다. 학생의 내적 심리 상태를 파악하려면 학생이 제공하는 언어적 정보 외에도 비언어적 단서(예: 얼굴 표정, 제스처, 어조 등)에 주목해야 한다. 예를 들어, 부모로서의 자아 상태에서 의사소통하려는 경우, 학생의 언어 표현이 대개 요구, 명령, 꾸중, 비판, 낙인찍기(labeling)의 형태를 띠고, 그 목적도 남을 통제하거나 지시하는 데 두어진다. 비언어적 단서의 경우, 학생이 허리에 두 손을 위치시키고, 가슴 쪽으로 두 팔을 겹치고, 한숨을 쉬고, 약지로 손가락질을 하고, 머리를 좌우로 젓고, 눈썹을 찌푸리며, 입술을 깨물고, 발로 바닥을 구르며, 혐오의 눈빛으로 바라보면 부모로서의 자아 상태에서 의사소통하려고 하는 것임을 파악할 수 있다. 아이로서의 자아 상태에서 의사소통하려는 경우, 통제되지 못한 언어 표현의 형태를 띠는데 흥분이나 증오의 말들이 나타난다. 비언어적 단서로는 눈물을 흘리기, 투정부리기, 불평하기, 입술을 내밀고 토라진 얼굴하기, 입술을 떨기, 어깨를 들먹이기, 킬킬거리기, 머뭇거리기, 박장대소하기, 눈을 아래로 까는 모습을 보인다. 성인으로서의 자아 상태에서 의사소통하려는 경우, 학생의 언어 표현이 이성적이고 신중하며, 대개 정보를 구하고 부모와 아이로서의 언어 및 비언어적 표현을 중재하고 삼간다.

둘째, 학급에서의 의사소통을 증진시키려면 교사는 철저히 성인으로서의 자아 상태에서 학생도 성인으로서의 자아 상태를 유지하도록 격려해야 한다(Harris, 1967).

학급 내에서 교사의 지위와 역할은 학생들에게 거의 절대적인 성격을 띠기 때문에 교사의 의사소통 기술은 학급 내에 민주적 학습 공동체를 형성하는 데 강력한 요인으로 작용한다. 교사는 학생들과의 의사소통에서 인간적인 교류를 증진시키기 위해 인격적인 동시에 학생의 학습을 증진시키는 데 효과적이어야 한다.

다음은 교사가 이런 의사소통을 위해 필요한 부대적 기술들이다.

1) 능동적으로 듣기

상담분야 연구 결과에 의하면 상담사가 내담자의 고충을 가만히 들어주기만 하여도 내담자의 고통스러운 감정을 상당히 완화시켜 주고 문제 해결에 대한 주인의식을 가지도록 해 준다. 이를 수동적 듣기(passive listening)라고 하는데, 교사가 수동적으로 듣기만 해도 학생은 학급 생활 중의 여러 가지 고민과 문제로 인한 고통과 스트레스를 줄이고, 학생이 문제의 성격을 파악하고, 스스로 문제를 해결하도록 도울 수 있는 계기를 마련해 줄 수 있다. 그러나 많은 교사는 학생의 문제를 교사가 직접 말해 주이야만 한다는 강박을 가지고 그렇게 행동하고는 한다. 그러면 학생은 자신의 고민을 털어놓을 기회를 상실하고, 당면한 문제도 자신이 아니라 교사가 주도해서 해결하는 방향으로 의사소통을 한다. 그리고 학생들은 대부분의 경우 자신을 괴롭히는 문제를 숨기고 만다.

능동적 듣기(active listening)는 수동적 듣기를 넘어서 학생의 말을 듣고 적극적으로 이해하고자 하는 수용적인 자세를 말하는데, 학생이 제공하는 언어적 정보와 비언어적 정보가 제공하는 단서들을 면밀히 관찰하고 교사도 그런 언어적 또는 비언어적 수단을 동원하여 관심을 보이며 반응한다. 예를 들어, "아, 그래." "알겠다." "그랬구나." 등의 언어와 눈 마주치기, 고개 끄덕이기, 미소 짓기, 학생 쪽으로 몸을 기울이기, 얼굴 찌푸리기, 기타 신체로 반응하여 학생으로 하여금 교사가 자신에게 주의를 기울이고 있고 자신을 수용하려고 한다는 것을 알게 한다.

아울러 능동적 듣기는 적절한 전략을 추가로 사용할 때 효과적이다.

(1) 능동적 듣기를 위한 적절한 전략

첫째, 소위 '잠긴 문을 여는 장치(door openers)'를 사용한다. 예를 들어, "그것에 대해 좀 더 말해 주겠니?" "그거 참, 흥미로운 아이디어이다. 계속 이야기해 주겠니?" "네가 지금 말하는 것은 네게 중요한 것 같구나." "네가 지금 이야기하고 있는 것은 매우 흥미롭구나." 등의 질문 또는 진술을 통해 학생이 가지고 있는 고민을 털어놓도록 유도한다. 이 장치는 평가적 성격을 지니지 않으며, 교사가 학생이 말하는 것을 듣고 이해하고 있다는 것을 확신시켜 주기 때문에 의사소통을 원활히 해 주고, 학생이 마음을 열고 자신을 괴롭히는 것이 무엇인지 좀 더 완전하게 탐색하도록 도와준다.

둘째, 침묵과 인정을 사용하여 반응한다. 다음은 그 예이다(Edwards, 2008, p. 185).

학생: 우리 협동학습 팀에서는 누구도 자신이 맡은 과제를 책임감 있게 해내려고 하지 않아요. 저도 제가 맡은 일을 하지 않을 거예요.

교사: (고개를 끄덕이며 침묵한다.)

학생: 우리 팀원들은 각자 과제의 한 부분을 맡아하기로 약속을 했지만, 다음에 만났을 때 과제를 해 오지 않아요. 그러고는 다른 팀원들에게 그 일을 떠넘겨요. 그래서 우리는 그들이 발표하기로 한 내용을 배울 수가 없어요.

교사: (음······.)

학생: 우리는 팀원들이 어떻게든 자신들이 맡은 과제를 해 오도록 할 수 있는 방법을 찾아내야 할 것 같아요. 다음에는 과제를 해 온 팀원들끼리 모여서 다른 팀원들이 해 오기로 약속한 과제를 해 오도록 할 계획을 세워야 할 것 같아요.

교사: (고개를 끄덕이며 침묵한다.)

학생: 아, 아니에요. 더 좋은 생각이 떠올랐어요. 우리 팀원들이 모두 만나서 우리 팀이 맡은 과제에 대해서 어떤 감정을 느끼는지 이야기해 보는 것이 좋을 것 같아요. 과제를 해 오지 않는 사람들은 팀원들이 어떤 감정을 느끼는지 이해할 필요가 있을 것 같아요. 과제를 해 오라고 이야기를 해 보았자 소용이 없을 것 같아요. 단지 그 애들은 우리 팀의 과제 완수는 그들에게도 달려 있다는 것을 이해할 필요가 있을 것 같아요.

교사: (고개를 끄덕이며 음······.)

학생: 내일 학교에서 회의를 열고 이 문제를 해결하는 것이 좋을 것 같아요.

교사: 좋구나.

(2) 능동적 듣기가 중요한 이유

능동적 듣기가 중요한 이유는 다음과 같다.

첫째, 학생은 대개 상대방에게 신뢰를 가지기 전까지는 자신의 감정을 쉽게 노출하지 않기 때문이다. 학생이 그렇게 하는 이유는 자신의 감정을 정확하게 말하는 데 어려움을 느낄 뿐만 아니라 정죄를 받을 가능성을 피하기 위해서이다. 이에 학생은 자신의 메시지를 암호화하고 상대방에게 신뢰를 형성하기 전까지는 자신의 감정을 감추고 방어적인 진술로 일관한다. 에드워즈(Edwards, 2008, p. 186)는 학생이 자신을 보호하기 위해 메시지를 암호화하는 예를 들고 있다. 학생이 시험에서 실패할 것을 염려하면서 "왜 우리가 생물 교과의 크랩스 사이클(Krebs cycle)을 암기해야 하죠? 저는 그게 무슨 쓸모가 있는지 모르겠어요.", 체육 시간에 반 대표 육상 선수로 뽑히지 못할까 봐 걱정하면서 "오늘 육상용 체육복

을 가지고 오는 것을 잊었어. 나는 반 대표 육상 선수 선발 시합에 못 나갈 것 같아.", 숙제
를 가장 늦게 마쳐 꾸중들을 것을 염려하여 "이 숙제는 너무 어렵다. 집에 돌아가서 해 보
려니 도무지 모르겠다.", 친구들로부터 따돌림을 받을까 걱정이 되어 "학교에 도당들이 너
무 많아 참을 수가 없다. 그것들은 모두 분쇄되어야 해.", 과학 경진 대회에서 1등을 하지
못할 경우 낙심이 될까 염려되어 "나는 과학이 싫다. 결코 과학자는 안 될 것이다." 등의 말
을 하는 것이다.

둘째, 교사는 학생들이 암호화한 메시지에 그대로 반응하기보다는 그 숨은 이면의 메시
지를 해독해야 학생을 효과적으로 지도할 수 있다. 이를 위해 능동적 듣기가 필요하다. 다
음은 어떤 교장이 중학교 남학생의 암호화된 메시지를 적절히 해독하는 예이다(Edwards,
2008, pp. 186-187).

학생: (머뭇거리며) 저는 화학 선생님에게 가지고 있는 불만이 있는데 교장 선생님께 말해야 할지 모르
　　겠네요…….

교장: 너는 화학 선생님과의 문제에 대해 내게 이야기할지 말지 고민 중이구나.

학생: 글쎄요……. 화학 선생님이 안 계신 상황에서 이야기를 하자니 그러네요. 만약에 화학 선생님이
　　나중에 이 일을 아시면 제게 나쁜 성적을 주실까 걱정도 되고요. 더 나아가 저를 보시면 매우 화
　　를 내실 것도 같아요.

교장: 그렇구나. 너는 화학 선생님이 네가 나에게 와서 두 사람 사이의 문제를 내게 이야기한 것을 아시
　　게 되면 네 성적에 나쁜 영향을 미칠까 걱정이구나.

학생: 네.

교장: 그렇다면 네가 괜찮다고 이야기하기 전에는 절대 화학 선생님께 우리의 대화를 이야기하지 않겠다.

학생: 그렇다면 안심이 되네요. 무슨 일인가 하면요……. 제가 실수로 실험실에서 약간의 산을 친구의
　　옷에 흘렸어요. 그러자 화학 선생님이 제게 매우 화를 내시고 다음부터는 실험실에 오지 말라고
　　말씀하셨어요. 그런데 제가 실험실에 못 가면 과제를 완성해 낼 수 없거든요. 그런데 그 친구도 제
　　바지에 산을 조금 뿌렸어요. 그래서 바지에 구멍이 생겼어요. 나중에 어머니가 바지에 구멍이 생
　　긴 것을 아시면 야단을 치실 것이고, 학교에서 늘 얌전한 형을 닮으라고 또 꾸중을 하실 거예요.

교장: 너는 네 성적에 대해 염려하고 있으면서도 네 어머니가 꾸중하실 것과 어머니가 항상 네 형과 비
　　교할 것에 대해 염려를 하고 있구나.

학생: 네. 어머니는 매사에 형과 비교하시고 형처럼 되라고 그러세요. 그러나 저는 형처럼 될 것이라고는
　　생각하지 않아요. 형은 최고 성적이고 어머니를 기쁘게 만드는 일은 어떤 것이든지 다해요.

교장: 너는 어머니를 기쁘게 해드리는 것이 불가능하다고 생각하는구나. 그리고 학교에서 형만큼 성적을 낼 수 없다고 생각하는구나.

학생: 네. 아마 그럴 거예요. 저는 학교에서 그렇게 잘하지는 못해요. 더구나 형처럼 매우 우수할 것이라고는 생각하지 않아요.

교장: 너는 학교에서 잘할 수 있으나 형만큼은 뛰어나게 잘할 수는 없다고 이야기하는 것이구나.

학생: 맞아요. 저는 학교에서 잘할 수 있을 것이라고 생각해요. 특히 과학에는 사신이 있어요. 그러나 과학 선생님이 실험실에 들어오지 말라고 하셨어요. 제가 가장 좋아하는 수업인데도 불구하고요. 제가 실험실에서 안전 규칙을 지키지 못한 것은 알아요. 그러나 다른 아이들도 그래요. 저는 단지 선생님에게 발각되었을 뿐이에요.

교장: 너는 실험실에 다시 들어가도록 허락만 받으면 과학 시간에 열심히 할 것 같구나.

학생: 네. 그게 바로 제가 진정으로 원하는 것이에요.

이 대화에서 교장은 능동적 듣기를 통해 다음 세 가지 특징을 드러내고 있다. 첫째, 학생이 모호하게 암호화한 메시지를 전달하는 상황에서 문제를 해결하는 방향 쪽으로 좀 더 분명하게 이동하고 있다. 둘째, 교장은 학생이 암호화한 메시지를 정확히 해독하고 있는지 그 정확성을 질문들을 통해 점검하고 있다. 셋째, 교장은 문제 상황 그 자체보다는 그 상황이 가져온 정서적 측면에 초점을 맞추어 학생이 문제 해결에 책임감을 갖도록 하고 있다.

능동적 듣기에서 가장 핵심은 학생이 정서를 표현했을 때 교사가 그것을 이해하고 수용한다는 느낌을 들게 하는 교사의 지원적 반응이다. 특히 중등학교 학생은 복잡한 문제와 정서를 느끼고 있어 능동적 듣기가 중요하다. 대니얼스(Daniels, 1998)에 따르면 중등학교 학생은 호르몬의 변화로 인해 새로운 요구가 등장하고(예: 자신의 정체성 찾기), 많은 학업 과제의 부담으로 힘들어하고, 문제에 직면하여 자신만이 홀로 스트레스를 받고 있다고 느끼고, 또래들 속에 소속되고 싶으면서도 자신의 독특성을 유지하고자 하는 독립성의 상충에서 오는 스트레스 등으로 고민을 많이 하고 있다. 인간의 두뇌는 언어를 인지적 신경 통로 외에도 정서적 신경 통로 모두를 사용하여 처리한다(Connell, 2005). 즉, 인간이 듣고 읽는 단어의 인지적 측면은 좌뇌의 측두엽에서 처리하고, 정서는 우뇌의 측두엽에서 처리한다. 따라서 언어의 정서적 측면에 관심을 두고 의사소통하면 이성적 판단을 보다 효과적으로 하게 한다(Zull, 2002).

다음은 교사가 학생의 정서를 수용하지 못하고, 학생은 교사가 자기의 이야기를 듣지 않고 있다고 생각하게 만드는 비지원적 반응의 두 가지 사례이다(Cangelosi, 2000, pp. 133-136).

수학교사인 레너드(Leonard)는 학생들이 개별적으로 수학 문제를 푸는 활동에 임하고 있을 때 교실을 순회하고 있었다. 학생이 교사가 자신의 책상을 지나갈 때 "문제가 너무 어려워서 풀지를 못 하겠어요."라고 말하였다. 그러자 교사는 "너 같이 영리한 학생에게 식은 죽 먹기 아니니? 칠판에 써있는 예제 문제들을 보고 풀어라. 매우 단순한 문제다. 네가 푸는 방법을 보여 줄게. 먼저, 이것부터 시작하면……."이라고 대답하였다.

체육교사인 레이턴(Layton)에게 학생이 "오늘도 반바지 체육복을 입어야 하나요? 반바지 체육복을 입으면 바보같이 보여요. 내 다리는 너무 밀랐거든요!"라고 말하였나. 그러사 교사는 "왜? 네 다리는 괜찮아. 네가 교복을 입고 운동장에 나가면 교복이 엉망이 될 거야. 그리고 싶니?"라고 대답하였다. 그러자 그 학생은 "나는 괜찮지 않아요!"라고 대꾸했다. 교사는 이에 대해 "아냐, 너는 괜찮아."라고 응답했다. 그러자 학생은 "교복을 입고 체육을 해서 엉망이 되어도 상관없어요."라고 퉁명스럽게 대답하였다.

다음은 같은 학생의 반응이라도 교사가 학생의 정서를 수용하고 지원하는 두 가지 사례이다(Cangelosi, 2000, pp. 133-136).

수학교사인 팔시크(Palcic)는 학생들이 개별적으로 수학 문제를 풀고 있을 때 교실을 순회하고 있었다. 학생이 교사가 자신의 책상을 지나갈 때 "문제가 너무 어려워서 풀지를 못 하겠어요."라고 말을 하였다. 그러자 교사는 "그 문제는 실제로 어렵단다. 너는 문제를 풀지 못해 힘들어하는구나. 그래 그러면 5번 문제를 나에게 읽어 주렴."이라고 대답하였다.

체육교사인 피셔(Fisher)에게 학생이 "오늘도 반바지 체육복을 입어야 하나요? 반바지 체육복을 입으면 바보같이 보여요. 내 다리는 너무 말랐거든요!"라고 말하였다. 그러자 교사는 "반바지 체육복을 입을 때 외양이 마음에 안 드는 모양이구나. 선생님도 반바지 체육복을 입을 필요가 없으면 좋겠구나. 곧 배구를 할 텐데, 재미있게 하려면 서둘러서 반바지라도 입었으면 좋겠구나."라고 대답하였다.

(3) 능동적 듣기를 수행하는 교사의 자세

능동적 듣기를 잘 수행하기 위해 교사가 취해야 할 자세는 다음과 같다(Gordon, 1974, pp. 75-76).

- 학생이 궁극적으로는 자신의 문제를 스스로 해결할 능력을 가지고 있다는 신뢰를 보인다. 학생의 말이 현재는 두서없고 결론을 내지 못하고 우왕좌왕하지만 머지않아 문제에 대한 해결책을 도출할 수 있다고 믿어 준다.

- 학생이 표현하는 감정을 진정으로 수용한다. 비록 학생이 문제에 대해 생각하고 느끼는 것에 오류가 있다고 하더라도 학생이 현재 느끼는 감정을 수정하려고 하지 말고 있는 그대로 수용한다. 학생은 자신의 심성을 숨기지 않고 표현할 수 있고 검토하고 깊이 탐색할 수 있다고 믿게 되면 지금의 문제로 인한 괴로운 감정으로부터 탈출할 수 있다.

- 학생이 느끼는 감정은 대개의 경우 일시적이라는 것을 이해한다. 교사는 능동적 듣기를 통해서 학생이 순간적으로 느끼는 감정들을 이런 모양 저런 모양으로 옮겨 가면서 표현하도록 한다. 이 과정에서 학생의 감정을 산개시키고 소진시키고 방출하도록 해 준다.

- 학생이 스스로 문제를 해결하는 것을 돕기 원한다고 말해 주고 필요한 시간을 주고 지켜보며 기다려 준다.

- 학생의 문제와 느끼는 감정에 공감하고 있다는 말을 해 주되 교사는 자신의 정체성을 유지한다. 교사는 학생이 표현하는 감정에 몰입해서 자신의 위치와 역할을 망각하지 않도록 한다. 즉, 교사는 학생의 감정을 이해할 필요는 있지만 그것을 자신의 것으로 소유할 필요는 없다.

- 학생은 처음에는 문제의 핵심적인 측면을 쉽게 파악해 내기 어려울 수 있다는 것을 이해한다. 학생이 얼마나 심층적으로 자신의 문제를 교사와 공유할 수 있는지는 교사가 얼마나 능숙하게 듣느냐에 달려 있다.

- 학생이 자신의 문제 및 본인에 대해 교사에게 진술한 것에 대해서는 비밀로 한다. 학생의 입장에서 교사는 자신이 교사와 공유한 것에 대해서는 프라이버시 보호 차원에서 폭로하지 않는다는 절대적 신뢰를 갖도록 한다.

이와 같이 능동적 듣기는 학생으로 하여금 자신에게 해로울 수 있는 격한 감정들을 분산시키거나 해소하도록 하고, 자신의 감정에 대한 원인을 분석하고, 문제를 해결하는 데 책임감을 갖고 해결하도록 한다. 그런데 많은 교사는 능동적 듣기와 관련하여 오해를 가지고 있다(Edwards, 2008). 학생의 훈육 문제를 교사 자신이 지도를 잘못하여 생긴 자신의 문제로 잘못 정의하는 것이다. 이에 따라 학생과의 의사소통에서 장애가 생기고, 학생으로 하여금 문제에 대해 느끼는 감정과 태도를 바꾸도록 강요하고, 학생을 대신해서 문제 해결에 노력하려고 한다. 이런 교사의 자세로 인해 학생은 자신의 감정을 불신하고, 행동하고 느끼는 방법에 대하여 타인이 말해 주도록 하는 의존성을 키운다. 또 학생을 문제로부터 보호하려는 것이다. 이에 따라 학생은 자신의 문제행동의 결과로 나타나는 것들을 책임감 있게 다룰 기회를 박탈당하게 된다.

2) 아이 메시지를 사용하기

학생은 자신의 요구를 충족시키려고 화를 내고, 거칠게 대들고, 고집스럽고, 시끄럽게 소리치고, 부주의하고, 이기적이고, 사려 깊지 못하고, 멍하고, 파괴적인 행동을 할 수 있기 때문에 능동적 듣기만으로는 해결되기 어려운 경우가 종종 있다. 이 경우 대항적 아이 메시지(I-message)가 필요하다. 아이 메시지란 교사의 의견을 분명하게 제시하여 학생이 순응적 행동을 하도록 이끄는 대화 기법이다. 예를 들어, 학생이 학습에 임할 준비를 하지 않고 딴짓을 할 경우 "나는 네가 책을 펴고 학습에 임했으면 좋겠다."라고 말을 하는 것이다. 아이 메시지에는 대항적인 것과 예방적인 성격의 두 종류로 나뉜다(Edwards, 2008).

(1) 대항적 아이 메시지

대항적(confronting) 아이 메시지는 학생의 비행으로 생기는 교사의 어려움을 해결하기 위해 교사가 능동적으로 메시지를 전달하는 것이다. 대항적 아이 메시지는 학생, 환경, 교사라는 세 가지 변인을 고려하는데, 예를 들어 교사가 어떤 학생을 돕고 있는데 옆에서 다른 학생이 조용히 하지 않고 떠들며 교사의 행위를 방해하는 경우, 그것의 부적절성을 학생에게 단호하고 분명하게 이야기해 주며 대항적으로 의사소통하는 것이다. 그런 다음 활동지를 주어 풀도록 환경을 수정하고, 필요하다고 생각되는 경우 그 학생에게도 시간을 할애하여 요구를 만족시켜 준다.

교사들이 효과적으로 대항적 아이 메시지를 보내는 것은 쉽지 않은 일이다. 고든(Gordon , 1974, pp. 126-141)의 연구 결과에 따르면 90~95%의 교사들은 다음과 같은 결과로 이어지는 메시지로 학생을 대면하는 것으로 나타났다.

- 학생이 행동 변화를 거부하도록 만든다.
- 학생이 자신을 무능하거나 어리석다고 믿게 만든다.

- 학생은 교사가 자신의 감정과 요구에 관심을 두지 않고 있다고 느끼도록 만든다.
- 학생이 자신을 죄스럽고, 부끄럽게 느끼도록 만든다.
- 학생의 자아존중감을 떨어뜨리도록 만든다.
- 학생이 자신을 방어하도록 만든다.
- 학생에게 분노를 일으키도록 만든다.
- 학생이 퇴행하거나 포기하도록 만든다.

적절한 형태의 아이 메시지는 세 부분으로 이루어진다.

첫째, 어떤 것이 교사를 곤란하게 만드는지를 학생에게 분명하게 이야기한다. 즉, 학생의 문제행동이 무엇인지를 진술해 준다. 문제행동을 비난하거나 판단하지 않는 진술로 언제, 어떤 부정적인 말이나 행동이 발생했는지를 이야기해 준다. 이것은 학생의 인격적 측면을 부정적으로 진술하는 것이 아니라 특정 시간에 특정 말이나 행동이 문제라는 것과 그래서 변해야 한다는 것을 전달하는 것이다. 예를 들어, "다른 학생을 비난하는 글을 여러 사람에게 보내는 것을 보았는데…….""책상에 한 낙서들을 보았는데…….""학급 토론 시간에 다른 학생이 발표하는 것을 저지하던데…….""시험 볼 때 부정행위를 하던데……." 등으로 진술하는 것이다.

둘째, 학생의 문제행동이 가져오는 가시적이고 구체적인 결과들을 이야기한다. 즉, 행동 결과들을 진술한다. 학생은 종종 자신의 행동이 다른 사람들에게 미치는 영향을 잘 모르고 자신의 요구만 만족시키려고 하는 경향이 있다. 따라서 무비판적으로 진술하되 그 행동에 따르는 결과들을 의식할 수 있도록 이야기한다. 예를 들어, "네가 같은 주걱으로 여러 가지 다른 화학물질을 떠 오는데 사용하면(무비판적 진술), 그 주걱은 오염된다(가시적 결과).""네가 어항에 손을 넣어 장난하면(무비판적 진술), 물고기들이 죽을 것이다(가시적 결과).""네가 시험을 보는 도중에 다른 사람의 시험지를 보던데(무비판적 진술), 네 시험지가 진정 너의 것인지 나는 확신할 수 없구나(가시적 결과)." 등이다.

셋째, 학생의 문제행동으로 교사가 어떤 감정을 갖게 되는지를 이야기한다. 즉, 문제행동으로 인한 교사의 정서를 진술한다. 교사도 감정, 요구, 한계를 지닌 인간으로 학생의 문제행동이 교사에게 어떤 정서를 야기시키는지 인식시켜서 교사와 학생 간의 평등 의식에 기초하여 학생이 부정적 결과에 이르지 않고 자신의 행동에 대한 통제력을 행사하고 타인에 대한 책임감을 형성하도록 한다. 예를 들어, "네가 토론 시간에 떠들면(무비판적 행동 진술) 다른 학생들이 듣는 데 어려움을 겪게 되어(가시적 결과) 시험 준비를 잘하지 못할 것 같아 걱정이구나(교사의 감정)." "네가 실험실에서 화학물질들을 여기 저기 버리면(무비판적 행동 진술) 친구들이 심각하게 부상을 입을 수 있다(가시적 결과). 그러면 내가 책임을 지게 되어 곤란한 처지에 놓일까 봐 걱정이야(교사의 감정)." "네가 미끄럼틀에서 다른 사람을 밀치면(무비판적 행동 진술) 친구들이 높은 데서 떨어지게 되고(가시적 결과) 큰 부상을 입을까 봐 걱정이 된다(교사의 감정)."

　교사가 아이 메시지를 잘 구사해도 학생은 종종 저항하는 경우가 있다. 그 이유는 아이 메시지는 교사가 어떻게 느끼고 무엇을 원하는지를 소통하는 것이지만, 학생은 그것에 관심이 없고 오로지 자신의 흥미와 요구를 만족시키는 것에만 몰입하기 때문이다. 이 경우 아이 메시지를 지속적으로 사용하는 것은 효과가 없기 때문에 능동적 듣기로 전환하는 것이 필요하다. 이렇게 되면 학생은 교사가 스스로의 요구를 보류하는 참을성과 학생의 요구에 민감하다는 메시지 그리고 그것은 학생 자신이 하기 어려운 포용력을 교사가 가지고 있다는 것을 전달하게 되어 학생은 저항을 줄이고 자신의 행동을 적절히 수정하려는 의지를 보이게 된다. 이것을 기어 변환(gear shifting)이라고 한다. 다음은 이런 기어 변환의 예이다(Edwards, 2008, p. 191).

　　교사: 톰(Tom). 네가 숙제를 늦게 제출하면 선생님도 곤란해. 여러 학생의 과제를 보고 검토 의견을 써 주어야 하는데 나는 그럴 시간이 부족하게 된다.

　　학생: 아, 선생님. 지난 주에 할 일이 많았어요. 그래서 숙제를 제대로 할 시간이 없었어요.

　　교사: (능동적 듣기로 기어 변환을 하면서) 그래, 숙제하기 어려운 상황이었구나.

　　학생: 괜찮아요. 다른 교과도 숙제가 있어요. 그리고 숙제 제출 시간도 내일 모레까지예요. 시간 내에 제출 못하면 성적이 나쁘게 나올 거예요.

　　교사: 그렇구나. 다른 교과 숙제들을 하느라 내 수업의 **숙제**를 할 시간이 없었구나.

　　학생: 네. 선생님도 제출 시간 내에 숙제를 해서 내기를 원하시는 것 알아요. 수요일이면 숙제를 시작할 수 있을 것 같아요. 지금은 다른 교과 숙제를 해야 해요. 다음에는 늦지 않도록 할게요.

　　교사: 그렇구나. 너는 숙제 문제를 해결하겠구나. 네가 현재 하고 있는 일과 어려움을 알게 되어 고맙구나.

　종종 아이 메시지와 기어 변환도 학생의 행동을 변화시키지 못하는 경우가 있다. 이 경우 학급 내에서 상호적 문제 해결을 시도할 필요가 있다. 이 상호적 문제 해결은 다음 6단계를 거친다.

① 1단계: 문제를 정의하는 단계이다

문제를 적절히 정의하지 않으면 문제 해결이 어려워진다. 종종 문제는 학생이 전달하는 암호화한 메시지에 숨어 있는 경우가 많아서 분명하지 않은 경우가 흔하다. 아울러 교사는 가끔 자신이 느끼는 감정을 적절하게 진술하지 못하거나 문제를 정의하기보다는 문제에 대한 해결책으로 직행하고는 한다. 예를 들어, 교사가 어떤 소집단 학생들의 과제 해결을 도와주고 있는데 다른 학생들이 이탈하여 소란을 피우는 경우 "내가 지금 이 그룹을 도와주어야 하는데, 시끄러워서 이야기를 나누기가 어렵구나."라는 문제를 정의해야 하는데, "야, 너희 교실에서 조용히 해야지."라고 말한다. 이것이 해결책이다. 문제 정의 단계에서 교사는 아이 메시지를 사용하여 학생이 교사가 느끼는 것을 정확하게 인식하도록 해주고, 동시에 능동적으로 들음으로써 학생이 자신의 요구를 정확하게 표현하도록 해 주어야 한다. 교사는 학생이 처음에는 요구와 해결책을 구별하기 어렵다는 것을 알고, 능동적듣기에서 해결책보다는 요구 간의 갈등을 충분히 표현하도록 하는 데 초점을 둔다.

② 2단계: 가능한 해결책을 강구하는 단계이다

교사가 자신의 해결책을 제시하기 전에 학생들이 해결책에 대한 아이디어를 개진하도록 한다. 아울러 이 단계에서는 학생들이 제시한 해결책들을 평가하지 않고, 정당화 과정도 생략하고 모든 아이디어를 수용하는 것이 현명하다.

③ 3단계: 아이디어를 평가하는 단계이다

학생들에게 최선의 해결책이라고 생각하는 것을 진술하도록 한다. 어떤 학생이든지 어떤 이유로 부정적으로 평가한 해결책이 있으면 목록에서 삭제하고, 교사도 자신의 의견과 선호를 진술한다. 이때, 아이 메시지가 유용하다(예: 이 아이디어는…… 때문에 나는 수용하기 어렵다). 학생들도 자신들이 지지하는 아이디어의 장점을 진술하고, 모든 학생이 토론에 참여하도록 하여 주인의식을 갖도록 한다.

④ 4단계: 의사를 결정하는 단계이다

합의가 중요하기 때문에 투표는 피하는 것이 좋다. 하나의 해결책으로 합의를 도출하는 방향으로 진행하면 그것이 어떻게 기능할지를 학생들에게 물어보면서 그 해결책을 검증하고, 모든 학생이 적어도 시험 적용해 볼 만하다는 합의가 있기 전까지는 어떤 해결책도 채택하지 않는다. 이것은 제안된 해결책은 최종적인 것이 아니면 검증될 성격의 것이라는 메시지를 학생들에게 전달한다.

⑤ 5단계: 결정한 것을 실행에 옮길 방법을 정하는 단계이다

누가, 언제, 어디서, 무엇을 할지를 정한다. 교사는 학생들에게 해결책을 실행에 옮기려면 무엇을 해야 할지를 묻고, 동시에 그 계획을 실행에 옮기는 기준을 정하도록 한다. 어떤 학생이 제시하는 모호한 기준을 채택하거나 겉만 그럴듯한 실행 계획을 세우는 일을 지양하고, 집단적으로 기준을 정하고 모니터한다. 이 과정에서 부딪히는 문제를 이후 토론 주제로 사용할 수 있으며, 합의한 해결책과 시간표를 포함하여 실행 수단을 칠판과 종이에 기록하고 추후 실행 과정에서 참조한다.

⑥ 6단계: 평가하는 단계이다

아이디어의 실행 과정과 그 결과를 주기적으로 모니터하고 평가한다. 평가 결과 비효과적인 해결책이거나 예상하지 못했던 어려움이 나타나면 학생들이 그 해결책을 자유롭게 폐기할 수 있도록 한다.

이와 같은 학급 내 상호적 문제 해결은 교사와 학생 간의 갈등으로 인해 성공하지 못하는 경우가 종종 있다. 그 갈등은 교사와 학생들이 서로 소중히 여기는 신념, 가치, 개인적 선호, 삶의 양식이 다르기 때문에 나타난다. 예를 들어, 구성원 각자의 종교적 신념, 폭력 집단 구성원으로서의 의무감, 약물 중독, 외양적 모습에 대한 취향, 개인적 삶의 철학과 행동 강령 등이 서로 충돌할 수 있다. 이런 가치 갈등 상황의 경우 교사는 상호 간 문제 해결 시 다음을 고려해야 한다(Gordon, 1974, pp. 283-284).

첫째, 이런 가치 갈등 상황은 요구 간의 갈등 상황과 다르다는 것을 알아야 한다. 요구 갈등 상황과는 달리 가치 갈등 상황은 학생들이 학급에서의 상호적 문제 해결 과정에 교사의 아이 메시지도 수용하지 않으려고 하며, 문제가 있다고 느끼지 못하며, 설사 문제가 있더라도 교사가 관여할 성질의 것이라고 보지 않는다.

둘째, 교사는 학생들에게 컨설턴트의 역할을 한다. 교사가 학생들에게 컨설턴트로 수용

되려면 교사는 학생들을 평가하지 않고, 변화를 강요하지 않을 것이라는 믿음을 갖도록 해주어야 한다. 이를 위해 교사는 학생들과 여러 이슈를 토론하고 아이디어를 공유하되 교사의 관점을 관철시킬 의도가 없음을 알려 주어야 한다. 교사는 지식적으로 준비하여 이슈에 대한 다양한 관점을 제시하고, 학생들은 교사의 관점이 자신들에게 도움이 된다고 인정해야 한다. 교사가 한 가지 관점에서만 지식을 제공하면 학생들은 교사가 편견을 가지고 있다고 보고 교사의 컨설턴트로서의 역할을 평가 절하한다.

셋째, 가치 관련 질문들로 학생들을 괴롭히지 않는다. 교사는 단지 아이디어를 한 번만 공유한다. 그렇지 않으면 학생들은 저항하고 방어적인 자세를 취한다. 그 이유는 학생들은 자신들의 신념에 대해 방어적인 경향이 있기 때문이다. 만약에 학생들이 저항하면 능동적 듣기 자세로 전환한다. 효과적인 컨설턴트는 학생들의 저항과 방어를 정확하게 해석하고 그들이 느끼는 감정을 수용하는 의사소통을 한다. 예를 들어, "너는 그 아이디어가 그렇게 바람직한 것이라고는 보지 않는구나." "내가 말한 것은 너의 경험에 부합하지 않는 것 같구나." "너는 내가 말한 것이 믿기 어렵다고 생각하는구나." "너는 내가 말한 것에 대하여 의심을 가지고 있구나." "내가 제안한 것에 대해 너는 이해가 안 되는 것 같구나."라고 대응한다.

넷째, 가치 관련 문제에 대해 학생 스스로 책임을 지도록 한다. 컨설턴트로서 교사의 역할은 새롭게 생각하고 행동하는 방법에 대한 정보를 제공해 주는 것이기 때문에 학생들이 교사의 관점을 수용하도록 해야 성공적이라고 생각할 필요는 없다. 교사는 궁극적으로는 학생이 학습한 것과 연계하여 자신들의 관점을 변화시킬 책임을 가지고 있다.

다섯째, 교사 자신이 가치롭게 여기는 가치를 모델링한다. 모델링은 학생들로 하여금 가치를 자동적으로 바꾸게 하지는 않지만, 위선 없이 모델링을 하는 교사들은 학생들로부터 존경을 받고, 비록 교사가 모델링한 가치를 학생들이 일반적으로 거부해도 학생들은 위선이 없는 교사를 그들을 위한 하나의 모델로 수용한다.

(2) 예방적 아이 메시지

대항적 아이 메시지는 이미 발생한 문제행동을 수정하도록 하는 데 목적을 두고, 예방적 (preventing) 아이 메시지는 예상되는 어떤 상황에서의 미래 행동을 수정하는 데 목적을 두는 점이 다르다. 예방적 아이 메시지는 교사가 필요로 하거나 원하는 것을 학생이 사전에 알게 하여 교사가 계획한 것을 수행할 때 나타날 수 있는 불시의 의외성을 낮추고 학생에게 교사가 원하는 행동 변화를 인식하도록 해 준다.

예방적 아이 메시지는 공격적이거나 강요하거나 전제적이어서는 안 되고 적절히 전달되어야 한다. 예를 들어, "네가 금요일까지 제출해야 할 보고서가 어느 정도 준비되었는지 알고 싶다. 그래야 나도 금요일에 무엇을 해야 할지 예상할 수 있단다." "우리는 다음 주에 박물관에 가기로 되어 있는데 너희는 그때 지킬 규칙으로 어떤 것들이 있을지 생각해 보았으면 한다. 그래서 너희가 예상할 수 있는 있는 문제들을 예방할 수 있었으면 한다." "너희 소집단에서 다음 주의 과제를 발표하게 되어 있는데, 누군가 준비하는 데 참여하지 않을 때 어떻게 해야 할지 생각해 보았으면 한다. 그렇지 않으면 소집단의 발표가 불완전해지기 때문이다."라고 한다.

예방적 아이 메시지는 교사에게 다음과 같은 교육적 효과를 가져다준다(Gordon, 1989, pp. 119-121).

- 교사는 자신의 요구와 감정을 인식하고 통제할 수 있다.
- 학생은 교사의 요구와 감정을 배울 수 있다.
- 교사는 개방성, 지도성, 정직성을 모델링하여 학생들에게도 같은 행동을 습득시킨다.
- 미지의 요구들 또는 소통하지 않은 요구들이 야기할 수 있는 미래의 갈등과 긴장을 피할 수 있다. 그리고 문제를 예견하지 못해서 나타날 수 있는 불쾌한 의외성을 줄일 수 있다.
- 학생이 미래 계획과 요구에 대해 전적으로 책임을 지도록 한다.
- 개방성, 정직성, 상호적인 요구의 만족을 통해 교사와 학생의 관계를 개선할 수 있다.

3) 주장적으로 반응하기

아이 메시지는 교사의 의견을 분명하게 하여 학생이 순응하도록 하는 대화 기법으로 제안적 성격을 띠고 있다. 그러나 학생들은 종종 자신들의 요구를 관철하기 위해 교사가 제시하는 제안을 받아들이려 하지 않는 경우가 있다. 이런 경우에는 좀 더 강력한 메시지를 조용하면서도 단호하게 전달해야 한다. 단호한 어조라고 해서 거칠거나 신랄하거나 협박적이어서는 안 되고, 교사가 한 말은 진정이며 필요한 경우 벌이 주어질 수 있다는 메시지를 전달한다. 캔터와 캔터(1992)는 이것을 주장적 반응(assertive response)이라고 불렀는데, 다음은 주장적으로 반응하는 교사의 사례이다(Cangelosi, 2000, pp. 38-39).

학생 1: 선생님, 과제를 이번 주 금요일까지 제출하라고 하셨죠?

교사: 그랬지. 무슨 일인데?

학생 1: 다음 주 월요일까지 제출하면 안 될까요?(학급의 다른 학생들도 "그래요, 선생님. 월요일까지 제출하게 해 주세요."라고 말하면서 맞장구를 친다.)

학생 1: (미소를 머금으며) 이번 주 금요일에 운동 시합이 있어요. 선생님도 우리가 우리 반 대표팀을 응원할 수 있기를 바라지 않으실까요?

학생 2: 맞아요. 선생님은 우리 반이 그 운동 시합에 참여하기를 바라지 않으세요?

학생 3: 그래요, 선생님. 이번 한번만 너그럽게 봐 주세요.

교사는 이런 상황에서 학생들의 말대로 너그러워지고, 학생들에게 양보하여 받을 갈채를 즐기고자 하는 유혹에 젖는다. 그러나 교사는 다음 세 가지를 의식하게 된다.

- 과제 제출을 연기하게 되면 반 전체의 수업이 계획된 수업 스케줄보다 뒤처지게 된다는 것
- 금요일에 학생들의 과제를 받지 못하면 주말을 통해 학생들의 과제를 읽고 주석을 달아 줄 수가 없다는 것
- 학생들의 말을 따르면 운동 시합도 놓치지 않고 과제를 해 올 가능성도 높아진다는 것

이런 것들을 생각하고 교사는 다음과 같이 말을 해 준다.

교사: 나는 너희가 우리 반 운동 시합에 참여하기를 원하고 과제도 잘해서 내기를 원한다는 것을 이해한다. 그래서 너희가 염려하고 있다는 것도 안다. 그런데 제출 마감 시간을 변경하면 우리의 수업 스케줄이 엉망이 되고, 또 나는 주말에 너희의 과제를 읽고 주석을 달아 주어야 한단다. 그래서 과제 제출 기일인 금요일을 변경하기가 힘들어.

학생 4: (큰 소리로) 선생님, 그것은 공평하지 않아요.

교사가 주장적 반응을 해서 학생들이 교사에게 순응하고 학습하도록 하려면, 먼저 교사로서 권리를 강하게 인식하고 있어야 한다(Canter & Canter, 1992). 예를 들어, 최적의 학급 환경을 만들 학급의 규칙과 절차를 설정해야 할 권리, 학생들이 자신들의 사회적, 교육적 발달에 필요한 행동을 하도록 요구할 권리, 학부모와 학교 행정가들로부터 학생 훈육에 도

움을 받을 권리이다. 교사 자신의 요구를 분명하고 단호하게 학생에게 전하고 자신이 한 말을 적절한 행동으로 시행할 준비가 되어 있음을 알려야 한다.

이와는 반대로 덜 주장적인 교사들은 학생의 요청에 따르지 않으면 학생과의 관계가 위험에 처해질 것이라고 염려하여 주장적으로 반응하지 못한다. 이렇게 되면 교사가 원하는 것과 원하지 않는 것을 학생에게 분명히 전달하지도 못하고, 교사 자신이 한 말을 적절하고 단호한 행위로 지원하지도 못한다. 학생이 비행을 저지르며 위협하지만 더 이상 그 위협을 지지하지도 않고, 나아가서 학생의 비행을 무시한다.

주장적 반응 양식은 오히려 나음의 이유로 인해 학생과의 관계를 증진시킨다. 학생은 교사가 자신의 학습활동을 중요하게 생각하고 있으며, 교사의 생각이 변하지 않는다는 것을 알게 해 주기 때문이다. 또 학생은 교사의 계획에 따르지 않으면 교사가 화를 낼 것임을 알기 때문이다.

교사의 주장적 반응 양식은 몇 가지 특징이 있다.

첫째, 적대적이지 않다. 교사가 적대적인 반응을 하면 학생은 위협이나 모욕을 느끼고, 나아가서 학생의 빈정거림을 동반할 수 있다. 예를 들어, 교사가 다음 사례와 같이 반응하면 적대적인 성격을 띠게 된다(Cangelosi, 2000).

> **교사**: 너희는 항상 공부를 하지 않으려고 하는구나. 너희는 운동 시합이 수업보다도 중요하다고 생각하니? 수업은 너희의 미래 삶에 운동 시합보다 더 중요하다는 것을 모르니? 너희가 게으르지만 않다면 운동 시합에 참여하는 시간이면 충분히 과제를 할 수 있다.
> **학생**: (개별학습 시간에 소리를 지르며) 선생님, 저는 이것을 할 수 없어요.
> **교사**: 어린애 같은 소리를 하는구나. 다시 한 번 소리를 지르면 교실 밖으로 내보낸다!

아울러 교사가 학생의 권리와 감정을 고려하지 않고 신경질적이거나 모욕적인 언사나 비하하거나 위협하는 태도를 보이면 학생의 반응은 적대적이다.

둘째, 수동적이지 않다. 교사의 수동적 반응은 학생의 반응이 위협적으로 나타날 것을 염려하여 교사가 자신이 원하는 메시지를 전달하는 데 실패하는 행동으로 학생들의 학습활동을 통제하는 능력을 떨어뜨린다. 예를 들어, 다음 사례와 같이 반응하면 수동적인 성격을 띤다(Cangelosi, 2000, p. 149).

교사: 너희는 금주 금요일까지는 과제를 제출해야 할 필요가 있다. 나는 주말에 너희 과제를 검토해야 할 것 같다. 너희가 다음 주 월요일로 제출 기일을 연장하도록 요구하지 않았으면 좋겠는데……. 왜냐하면 나는……(학생들 얼굴을 쳐다보며) 아아…… 알았다. 이번 한 번이다. 앞으로는 없다는 것을 명심해.

학생: (개별학습 시간에 소리를 지르며) 선생님, 저는 이것을 할 수 없어요.

교사: 왜 소리를 지르니? 다음에는 손을 들고 기다렸으면 좋겠다!

이렇게 소리를 지르는 학생의 경우, 주장적인 교사의 말은 "개별학습 시간에 소리를 지르면 안 된다. 선생님의 도움이 필요하면 조용히 손을 들어라!"라고 말하는 것이다(Cangelosi, 2000, p. 148). 아울러 학급에서 학년 초에 주장적 훈육에 대한 오리엔테이션을 통해 학생들은 순응하지 않을 경우 벌이나 결과가 뒤따르게 될 것이라는 것을 알고 있어야 한다. 그리고 순응하지 않을 경우 실제로 그런 조치를 내려야 한다. 그렇지 않고 교사가 주장적인 말만 하면 학생들은 교사의 말을 무시한다.

셋째, 감정을 중요하게 생각하고 정서적 반응과 이성적 반응을 구별한다. 다음 사례는 교사에게 적대적으로 대드는 학생의 행동을 비판적으로 검토하면서 학생에게 존경심을 표하는 모델링을 하고 있다. 또한 교사는 감정을 중요하게 생각하고 있다는 것과 정서적 반응과 이성적 반응을 구별하는 것을 시범 보이고 있다. 무례한 학생의 말은 긍정적으로 강화되지 않고 있으며 적개심은 점증되지 않고 사라지고 있다.

고등학교에서 근무하는 여교사 딜(Dill)은 우연히 수업 시간에 한국인 아동을 입양한 사실을 학생들에게 말해 주었다. 며칠 후 평소에 교사에게 적대적이었던 한 학생이 "(얼굴에 비웃음을 지으며) 선생님, 그 조그만 에그 롤(egg roll, 동양인을 얕보는 속어)은 어떻게 지내요?"라고 물었다. 딜은 화가 나고 어떻게 대응해야 할지 몰라서 잠깐 생각해 보았다. 학생이 곤혹스럽게 느끼도록 퉁명스럽게 맞받아치는 말을 할까도 생각해 보았다. 그러나 그것은 이 학생이 파놓은 함정에 빠져드는 일이라고 생각해서 "전혀 반갑지 않은 질문이구나? 수업이 끝난 후 잠깐 만나자구나."라고 침착하게 말한 후 수업을 시작했다. 딜은 방과 후에 학생을 만나 다음과 같이 대화를 이어갔다(Cangelosi, 2000, p. 74).

교사: 네 말은 나를 매우 화나게 하고 슬프게도 만들었다. 살면서 너는 감정이 상한 적이 없었니?

학생: 감정이 상한 적이 많았죠!

교사: 그러면 너는 감정이 상하는 것을 좋아하니?

학생: 아니요!

교사: 나도 감정이 상하는 것이 싫다. 나에게 왜 그런 말을 했니?

학생: 학생들에게 주목을 받으려고 그랬어요!

교사: 알았다. 다시는 그런 일이 없기를 바란다.

아울러 주장적인 교사의 말에 몇 가지 조치나 전략을 추가하면 보다 효과적이다(Canter & Canter, 1992).

① 학생 이름을 부르며 이야기한다

학생을 호명하면 주의 집중을 시킬 수 있기 때문이다. 학생이 집단으로 소란할 때도 "너희, 조용히 해라."라는 말보다 그 집단 속의 개개인을 호명하면서 이야기하면 효과적이다.

② 학생의 부적절한 행동에 대한 변명을 수용하지 않는다

또래의 압력, 부적절한 부모 양육, 학습장애, 스트레스, 나쁜 건강 등 이런 요인들이 자신의 행동에 대한 책임으로부터 벗어나게 해 주는 것이 아니기 때문이다. 학생들은 이성적인 존재이고 또 그렇게 성장해야 하기 때문에 교사의 의사소통의 초점은 행동의 선택에 두어야지 그들의 환경이나 이유에 두어서는 안 된다.

③ 요구를 반복한다

학생이 교사의 주장적인 말을 무시하거나 순응하지 않으려고 할 때 교사는 요구를 여러 번 반복한다. 이것을 반복 기법(broken record technique)이라고 하는데, 다음 예와 같다.

교사: 철수야. 과제에 집중했으면 좋겠다.

학생: 아무도 과제를 시작하지 않았네요? 왜 저만 가지고 그러세요?

교사: 그것이 문제가 아니다. 나는 네가 지금 과제를 시작했으면 한다.

학생: 네. 조금 있다 가요.

교사: 나중에 할 필요 없다. 지금 시작해라.

학생: 알았어요. 할게요.

교사가 요구를 반복할 때는 그 반복의 수는 세 번 정도로 제한하는 것이 좋고, 그 후에도 순응하지 않을 경우에는 벌이나 어떤 조치가 뒤따를 것을 재인식시켜 주어야 한다.

지금까지 진술한 것처럼 교사의 아이 메시지나 주장적 반응이 지닌 성격은 교사들이 흔히 쓰는 유 메시지(You-message)와는 다르다. 유 메시지는 교사가 경고하고, 명령하고, 설교하고, 논리적 주장을 펼치고, 판단하고, 충고하고, 비난하고, 성형화하고, 해석하고, 분석하고, 증명하고, 심문하고, 재확인하는 등의 성격을 띤다(Edwards, 2008). 유 메시지의 예로 "너, 자리에 앉아 입 다물어라."(명령), "너, 제자리에 앉는 것이 좋을 것이다."(경고), "너, 바르게 행동해야지 훌륭한 어른이 된다는 것 알지?"(설교), "네가 관심을 갖고 신경을 쓰면 책상을 잘 정리할 수 있다."(논리), "너가 줄 서는 것을 보면 6학년이 아니라 1학년 같구나."(비난), "너는 정말 노력을 안 하는구나. 성적이 나쁜 이유를 알겠다."(분석), "너는 그 일을 왜 했니?"(심문) 등이다. 유 메시지는 교사가 학생이 비난받아야 하며 교사의 지시에 따라야 함을 주장하는 메시지로서, 학생들로 하여금 방어 자세를 취하게 만들 뿐만 아니라 긍정적인 행동 변화를 이끌어 내는 데 필요한 정보를 충분히 제공해 주지 못한다.

교사들은 종종 학생들이 보여야 할 적절한 행동과 피해야 할 행동을 주장적으로 명시해 주는 데 어려움을 겪는 경우가 많이 있다. 교사는 대개 모호하고 일반적인 단어를 사용하여 적절한 행동과 피해야 할 행동을 진술하는 경향이 있다. 그러나 이런 용어로는 행동 수정에 필요한 계획을 세우기 어렵다. 교사의 이런 주장적 행동의 부족은 교사의 개인 문제 외에도 학교 시스템상 공식적인 지원 부족에 기인한다.

학교에서는 학생들이 지켜야 할 규칙을 공식적으로 정해 놓고 주지시켜야 한다. 운동장, 복도, 식당, 등하굣길, 출석 등의 루틴에서 지켜야 할 일과 해서는 안 될 일을 정의해 놓고 지도한다. 예를 들어, 학교 운동장에서 지켜야 할 안전 규칙을 설정하고, 복도에서 뛰거나 밀치거나 물건 던지기를 금지하고, 식당에서는 줄을 서서 배식 받기, 잔반 처리하기, 음식 가지고 장난하지 않기 등의 규칙을 지도해야 한다. 나아가서 학교는 규칙을 시행하고 범칙할 경우 그 범칙 빈도에 따라 조치를 취해야 한다. 예컨대, 첫 번째 범칙할 경우 3일간 운동장 사용권을 빼앗고, 두 번째 범칙할 경우 일주일 사용 금지와 운동장 청소, 부모에게 사인 받아오기, 세 번째 범칙할 경우 부모, 교장, 학생이 참여하는 협의회 열기, 네 번째 범칙할 경우 며칠간 정학을 내리는 것이다.

캔터와 캔터(1981)는 범칙의 경중을 정하는 기준으로 다른 학생에게 의도적으로 신체적 해를 가하는 수준, 의도적으로 학교 소유물을 파괴하는 수준, 교사의 지시를 맹목적으로 거부하는 수준의 세 가지로 구분한다.

　다음은 어느 중학교에서 운영한 주장적 훈육 프로그램에 대한 사례이다(Cangelosi, 2000, pp. 40-41).

　　새 학년이 시작되기 전, 앨파인(Alpine) 중학교에 등록한 학생의 부모들은 학교의 주장적 훈육 프로그램에 대해 안내를 받았다. 이 안내 글에서는 학교의 주장적 훈육 프로그램을 성공적으로 정착시키기 위해 필요한 교사, 학생, 부모, 교장의 책무를 설명했다. 부모들은 이 안내 글을 읽고 프로그램의 규정에 따른다고 동의하는 서명을 하고 학교에 보냈다. 그리고 새 학년 첫 주에 학생을 대상으로 학교의 주장적 훈육 프로그램 오리엔테이션을 했다.

　　앨파인 중학교의 주장적 훈육 프로그램은 다음과 같은 특징을 지니고 있었다.

　① 학급 담임 교사는 학급에서 학생의 행동 강령 규칙을 명시하고 번호를 매겼다. 그리고 한 학년을 지내면서 새로운 규칙이 필요한 경우 학생들과 합의를 거쳐 결정하고 이전의 규칙을 폐기하였다. 수정된 규칙은 항상 교실에 게시하였다.

　② 학생이 처음으로 이 규칙을 어기면 교사는 그 학생의 이름을 화이트보드에 게시했다. 그리고 이름 옆에 규칙을 어긴 횟수를 기록했다. 교사는 학생의 범칙에 대해서 아무런 이야기도 하지 않고 그저 학생의 이름과 범칙 횟수만 기록하고, 수업을 계속하였다.

　③ 학생이 두 번째로 규칙을 어기면(비록 같은 규칙이 아니더라도), 그 규칙의 번호를 보드에 적힌 이름에 추가해서 기록하였다.

　④ 같은 수업 시간에 세 번째로 규칙을 어기면, 학생을 교실에서 축출하고 학교에서 마련한 구류 교실(detention room)에 가도록 하였다.

　⑤ 한 번 범칙한 학생에게는 벌이나 어떤 의무 행동을 부과하지 않았다.

　⑥ 두 번째 범칙한 학생에게는 방과 후에 교사를 만나 그 범칙에 대해 상담하고 추가적인 범칙의 발생을 예방하였다.

　⑦ 세 번째 범칙한 학생의 경우 부모를 학교에 소환하여 범칙 행위에 대해 상담하고 학생, 교사, 교장과 함께 범칙을 예방하였다.

4) 판단적 언어보다 기술적 언어를 사용하기

판단적 언어(judgmental language)는 학생의 행동, 성취, 인격 또는 능력 차원에서 낙인을 찍거나 명명하며 평가하는 것이다. 기술적 언어(descriptive language)는 학생의 학습과제, 상황을 있는 그대로 드러내는 것이다. 캔겔로시(Cangelosi, 2000, p. 123)의 예를 들면, 학생이 그림을 그려왔을 때 "오, 그림이 멋있나. 너는 썡상한 화가구나!"라고 말하거나 수업 시간에 한 학생이 다른 학습자의 발표를 가로막을 경우, "너는 남이 발표를 할 때 이야기를 하다니 무례한 아이구나!"라고 말하면 판단적 언어를 사용한 것이다. 그러나 같은 경우에 대해 "너의 그림에서 초록색과 갈색은 내가 마치 숲속에 있는 것 같구나!"라고 말하거나 "네가 말을 하니 내가 발표자의 발표를 들을 수가 없구나."라고 말하는 것은 기술적 언어를 사용한 것이다.

학생은 판단적 언어보다 기술적 언어를 사용하는 교사와 수업할 때 덜 위협적이고, 덜 방어적이고, 학습에 더 잘 참여한다(Van Horn, 1982). 그 이유는 기술적 언어는 학생이 한 일과 무엇을 해야 할지에 대한 정보를 담고 있어 자신의 특정 행동이 미치는 영향을 예측하게 해 주기 때문이다. 피드백 이론의 관점에서 볼 때, 피드백은 행동주의의 강화로서의 피드백과 인지주의의 정보로서의 피드백 이론으로 나눌 수 있다(Mayer, 2003). 강화로서의 피드백은 자극과 반응 간의 연합의 강도를 높여 행동이 다시 출현하도록 하는 데 중점을 두고, 정보로서의 피드백은 학습자가 피드백을 자신의 학습에 유의미하게 활용하도록 하는 데 중점을 둔다. 이렇게 볼 때 판단적 언어는 강화로서의 피드백에, 기술적 언어는 정보로서의 피드백에 상응한다. 따라서 기술적 언어가 학습에 도움을 주는 효과가 더 크다. 또 기너트(Ginott, 1972)는 학생이 문제행동을 일으켰을 때 인격이나 능력을 명명하는 인격 진술(characterizing)을 피하고 문제 상황 자체를 이야기해 주는 상황 진술(describing)을 권장한다. 그리고 기너트는 상황 진술이 학생으로 하여금 문제행동을 멈추고 학습활동으로 돌아가도록 하는 데 효과적이라고 보고한다.

다음은 교사가 학생의 사려 깊지 못한 행동을 인격적 무례함으로 명명하고, 특정 행동보다는 인격에 초점을 맞추어 비난하는 부정적인 예이다(Cangelosi, 2000, pp. 31-32).

> 6학년 교사 로빈슨(Robinson)의 국어 시간, 학생들은 시를 읽고 느낀 점을 발표하는 활동을 하고 있었다. 학생 저스틴(Justin)이 "이 시를 읽으니 일곱 살 때 했던 일이 생각납니다. 그것은……."이라고 말하는 순간, 학생 테레사(Theresa)가 말을 가로채며 "그래, 너는 일곱

살이지. 누가 일곱 살짜리 아기가 생각하는 것을 듣겠니?"라고 말했다. 그러자 로빈슨은 "테레사! 무례한 아이구나! 머리가 나쁘니? 왜 그리 생각이 깊지 못하냐? 저스틴, 계속 발표해라. 버릇없는 여자 애 때문에 네 감정이 상한 것 같아 미안하구나! 너는 절대 일곱 살짜리 아기가 아니다. 더 이야기해 주렴."이라고 말했다.

이 사례에서 캔겔로시(2000)는 교사 로빈슨이 인격 진술보다는 상황 진술에 초점을 맞추어 다음과 같이 테레사에게 말을 해 주었어야 한다고 주장한다.

테레사에게 몸을 돌려 정면으로 응시하고 단호하나 침착하게 "저스틴이 지금 발표하고 있다. 네가 저스틴이 말하는 것을 가로채면 나와 우리 학급 친구들이 저스틴의 생각을 들을 기회를 빼앗는 거다. 나는 이것에 대해 화가 많이 나 있다."라고 말했다.

상황 진술은 학생의 인격이나 능력을 문제삼지 않고 명명하지도 않으며 상황을 언급하되 무례했던 행동 그 자체에만 초점을 맞춘다. 동시에 그 문제 상황에 대한 자신의 감정(예: 화가 난 감정)을 솔직하게 표현한다. 학생은 평상시와는 달리 교사가 감정을 표현하면 자신이 한 문제행동에 대해 주의를 깊게 기울이는 시간을 갖고, 다시 학습활동에 임하게 된다. 더 나아가 교사는 사람이 화가 났을 때의 감정 표현 방식에 대해 학생들에게 모델링해 주게 된다. 즉, 화가 났으나 그 감정을 완전히 통제하며 욕을 하거나 모욕을 주거나 냉소적이지 않은 자세를 시범 보여 주는 것이다.

학생의 인격이나 능력을 명명하는 인격 진술은 칭찬(예: 머리가 좋다, 뛰어나다, 빠르게 문제를 푸는구나 등)이라고 해도 학생이 학습에 협동하고 참여하도록 하는 데 비효과적이다. 다음은 교사가 칭찬을 인격 진술로 명명하는 부정적 사례이다(Cangelosi, 2000, pp. 31-32).

학생들에게 채점한 과학 시험지를 나눠주면서 교사 존슨(Johnson)은 "휘트니(Whitney), 너는 높은 점수를 받았네. 머리 좋은 대단한 과학자로구나. 그렇게 훌륭한 학생인 것이 자랑스럽다!"라고 말했다. 휘트니는 학생들 앞에서 칭찬을 받아 자부심을 느꼈다. 이를 옆에서 듣고 있던 재나(Jana)가 "선생님, 저는 점수가 나빠 과학을 할 수 없는 학생인가요?"라고 퉁명스럽게 물었다. 휘트니도 한편으로 걱정이 되었다. 그것은 '다음 과학 시험에 교사가 한 칭찬에 부응하는 높은 점수를 받지 못하면 어쩌지!'라는 염려가 들었기 때문이었다. 그러자 휘트니는 다음 과학 시험이 어려워지면 교사의 기대에 부응하지 못할 것이 걱정되니 아예 시험 준비를 하지 말아야겠다는 생각도 하고, 현재 명명 상태를 유지하기 위해 시험에서 부정을 저지를까 하는 유혹도 들었다.

이 사례는 교사가 높은 과학 점수로 휘트니를 능력 측면에서 "머리가 좋다." "대단한 과학지로구나." "훌륭한 학생이구나."라고 명명하며 칭찬하는 인격 신술보다는 "너는 3번 문제에서 뉴턴(Newton)의 움직임 제2법칙을 정확하게 답했구나."라고 기술하는 상황 진술로 제시했어야 더 효과적이었다.

칭찬은 학생 그 자신에게가 아니라 학생의 학습활동이나 바람직한 행동에 초점을 맞추어 제시해야 한다. 칭찬은 다른 사람이 지각한 것을 기초로 자긍심을 높여 줄 때에만 동기유발적이다. 때문에 학생은 다른 사람들의 지각에 기초한 칭찬의 덫에 걸릴 수 있는 위험도 있다. 따라서 학생은 자신의 자긍심을 다른 사람들의 지각이 아니라 자신이 성취한 결과를 기초로 올릴 수 있도록 지도해야 학습활동에 지속적인 동기를 갖도록 할 수 있다.

이 사례에서 보듯이 칭찬도 벌과 같이 부정적인 효과를 낼 수 있다. 기너트(1972)는 칭찬을 외부에서 제공하는 강화인으로서 타인의 명시적 또는 암시적 요구를 만족시켜 주어야 하는 강박감을 갖게 하기 때문에 몇 가지 부정적인 반동적 현상이 나타난다고 보았다.

- 자신 스스로의 포부를 추구하기보다는 외부인에 대한 의존성을 높인다.
- 실패했을 경우에 방어적 자세를 취하도록 유도한다.
- 외부인의 명명 수준에 부응하기 위해 근심 상태를 만들어 낸다.

에드워즈(2008) 또한 칭찬의 문제점을 다음과 같이 지적한다.

- 학생이 문제를 해결하는 데 구체적인 도움을 제공하지 못한다.
- 학생이 문제를 해결할 만한 능력을 가지고 있지 못하다고 느낄 때 칭찬을 하면 '쇠약해진 감정'을 극복하는 데 도움을 얻지 못한다.
- 성공에 대한 귀인을 자신의 노력에 두어야 추후 과제에 도전적으로 임할 수 있는데, 능력에 대한 칭찬은 추후 노력에 대한 가능성을 떨어뜨린다.
- 학생은 칭찬을 조건으로 받아들여서 추후 실패하면 교사가 수용하지 못할 것이라고 근심을 한다.

• 칭찬을 계속 받기 위해 자신의 능력 밖으로 과도하게 노력함으로써 스트레스와 소진 및 절망감을 느낄 수 있다.

5) 신체언어를 사용하기

교사가 신체언어(body language)를 함께 사용하면, 예를 들어 학생과 눈을 마주치며 손 제스처(hand gesture)를 사용하고 학생의 어깨에 손을 얹거나 팔을 잡으며 이야기하면 교 사의 밀이 진정성과 의도성을 얻게 된다. 다만, 신체 접촉은 학생에 따라 부적절하고 남용 적인 것으로(성희롱) 받아들일 수 있기 때문에 교육청이나 학교의 지침을 따라야 한다. 다 음은 학급 전체 학생에게 영향을 주지 않고 대상 학생에게만 어깨 대 어깨, 눈 대 눈의 신 체언어로 교사의 메시지를 효과적으로 전달하는 사례이다(Cangelosi, 2000, p. 130).

국어교사 로(Lowe)는 학생들에게 교과서의 글을 읽도록 하고 의자에 앉아 있었다. 로는 우디(Woody)라는 학생이 교사가 부여한 과제를 하지 않고 화학 숙제를 하고 있는 것을 발견 했다. 로는 우디에게 걸어가서 정면에서 웅크리고 앉아 눈을 마주쳤다. 그러고는 낮은 목소 리로 "우디야, 지금 국어 교과서 글을 읽어야 할 시간이다!"라고 조용히 속삭여 주었다. 그러 자 우디는 화학 숙제를 멈추고 국어 교과서의 글을 읽었다. 로는 일어서서 교사 책상으로 돌 아갔다.

다음은 교사가 스트레스를 받고 있고, 또 학급에 대한 통제력을 잃고 있다는 단서를 학 생들에게 보여 주는 좋지 않은 사례이다(Cangelosi, 2000, p. 131).

화학교사 네이글(Nagle)은 판서를 하고 있었다. 그런데 학생들이 뒤에서 웅성거리며 소 요가 일고 있는 것을 느꼈다. 네이글은 교실이 시끄러워지자, 판서를 계속하면서 "조용히 해!"라고 말했다. 이 말에 학생들은 잠시 멈추었다. 그러나 곧 교실은 다시 시끄러워졌다. 네 이글은 판서를 계속하면서 잠깐 고개만 돌린 후 "너희, 지금 시끄럽게 하고 있는 것 안다. 조 용히 해!"라고 말했다. 그러자 학생들은 잠시 잡담을 멈추었으나 다시 떠드는 패턴이 반복되 었다.

이 사례의 경우, 교사 네이글은 먼저 분필을 놓고 돌아서서 학급 전체 학생 한 사람 한 사람의 눈을 마주치는 신체언어를 사용해야 했다. 그러고는 학생들이 들을 준비가 되어 있을 때 "너희가 소란해서 판서하기가 힘들어."라고 말하고 정자세를 취하고 조용해지는 것을 확인한 후 다시 판서를 했어야 했다.

6) 불필요한 말이나 지시를 하지 않기

교사가 불필요한 말이나 지시를 하면 효과가 없고 교사에게는 에너지 낭비일 뿐이다. 또 학생들로 하여금 추후 교사의 말을 무시하는 습관을 형성하게 하여 교사의 전문성을 떨어뜨린다.

다음은 이미 학습으로 돌아간 학생들에게 지시를 내려 학생들은 들을 필요가 없는 말을 한 경우이다(Cangelosi, 2000, p. 129).

> 4학년 교사 채프먼(Chapman)이 학습할 활동을 설명하자, 학생들은 학습에 참여하기 시작했다. 그러자 채프먼은 "자, 학습을 시작하자."라고 말을 하였다.

이 사례를 비유적으로 말하면 이미 잠을 잘 자고 있는 환자를 깨워서 수면제를 먹이는 일과 같다. 교사는 이미 학습으로 돌아간 학생들에게 "학습하라."고 지시를 했고, 이는 학생들의 학습활동을 방해한다. 교사가 한 말은 중요하게 들을 필요가 없는 말이 되었다. 교사는 학생들이 들어야 할 말에 한해서 해야 한다.

다음은 교사가 흥미 유발 차원을 넘어 학생들이 느껴야 할 일을 불필요하게 또 장황하게 말한 예이다(Cangelosi, 2000, p. 129).

> 5학년 교사 화이트(White)는 학생들에게 다음과 같이 설명하고 있었다. "너희는 이 학습활동을 좋아할 거야! 우리가 지금까지 했던 것보다 더 재미있을 것이다! 너희는 학습활동을 시작하면 멈추기를 원하지 않을걸!"이라고 말했다.

이 사례는 학습활동이 재미있을 것인지에 대한 판단을 학생들이 내려야 할 것인데 교사는 장황하게 판단을 하고 있어 학생들은 교사의 판단을 무시하고 듣지 않게 된다.

따라서 교사는 지시를 내리기 전에 학생들이 듣지 않을 지시는 내리지 않아야 한다. 병법에 "명장은 들을 명령만 내린다."라는 말이 있듯이 교사는 할 말과 내릴 지시가 불필요한 것인지 사전에 한 번 더 생각해야 한다. 다음은 지시를 내리기 전에 상황을 판단하고 생각하지 않아 학생들에게 불필요한 말이나 지시가 된 두 가지 사례이다(Cangelosi, 2000, p. 128).

> 4학년 교사 프렌(Prenn)은 과학 교과서 17쪽에서 21쪽까지 묵독하도록 지시를 내렸다. 그리고 잠시 후 학생 모린(Maureen)이 옆에 있는 왈트(Walt)에게 말을 건네는 것을 목격했다. 프렌은 "모린, 지금은 조용히 교과서를 읽는 시간이다. 옆 사람과 이야기하면 안 된다."라고 말하였다. 모린은 "죄송합니다. 저는 단지 왈트에게 몇 쪽을 읽어야 하는지를 말해 주고 있었어요."라고 대답하였다. 그러자 프렌은 "그렇다면 괜찮다."라고 말했다.

> 피바디(Peabody) 중학교 교사들은 "복도에서 달리기 금지"라는 복도 통행 규칙을 정하고 복도에서 지켜보고 있었다. 교사 아담스(Admas)는 캐롤(Carol)과 마크(Mark)가 자신들의 학급으로 가려고 복도를 달려가는 모습을 목도했다. 이 두 학생은 막 자신들의 학급으로 들어가려는 순간, 교사가 "뛰지 마라!"라고 고함을 지르는 것을 등 뒤로 들었다. 이들은 이미 학급에 들어가려고 뛰는 것을 멈춘 상태였다. 학생들은 교사의 고함 때문이 아니라 목적지인 학급에 도착했기 때문에 이미 멈춘 것이다.

7) 의도하지 않은 메시지를 전달하지 않기

의도하지 않은 메시지란 교사의 말이 의도하지 않았음에도 불구하고 어떤 학생들에게는 학습 일탈 행위를 야기시키는 것이다. 이런 일은 교사의 말과 지시에 대한 학생들의 해석이 달라 발생한다. 따라서 교사의 말은 항상 학생에게 오해의 위험이 있어 교사는 의사소통이 야기하는 오해로부터 완전히 자유로울 수 없다. 그러나 다음과 같이 이를 최소화할 수는 있다.

첫째, 업무 지향적 태도(business-likc attitude)를 모델링한다. 업무 지향적 태도란 마치 사업가들(businessmen)이 사람들과의 대화에서 비즈니스를 최우선적으로 하듯이 교사도 교사로서 해야 할 업무를 최우선으로 삼는 자세를 말한다. 다음은 교사가 업무 지향적 태도를 보여 주지 못해서 학생에게 학습이 최우선적인 것이 아니라는 메시지를 잘못 전달한 경우이다(Cangelosi, 2000, p. 136).

고등학교 보건교사 쿤리(Coonley)는 강의와 토론으로 수업을 진행하는데, 교장 로드리게즈(Rodriguez)가 복도 교실 문에 나타나 쿤리를 향해 손짓을 하며 교실 밖으로 나와 달라고 요청하였다. 쿤리는 학생들에게 "애들아, 미안하다. 교장 선생님과 일이 생겨서 잠깐 나갔다 올 테니 조용히 하고 있어!"라고 말하였다. 로드리게즈는 그 날 저녁에 있을 회의에 관해 쿤리와 10분간 대화를 하였다. 그동안 학생들은 학습에서 일탈하여 소란을 피웠다. 로드리게즈가 떠나고 쿤리는 교실로 들어왔다. "자, 토론으로 다시 돌아갈까? 우리가 어디까지 했었지?"라고 말했다.

교사 쿤리가 수업이 최우선이라는 업무 지향적인 태도를 학생들에게 보여 주려면 교장 선생님과의 급한 일로 인해 학생들에게 양해를 구하는 행동을 했어야 했다. 예를 들어, 학생들에게 "교장 선생님이 갑자기 급한 볼 일이 있으신 것 같아 잠깐만 나갈 테니 우리가 토론하던 내용에 대해 생각하고 있으렴."이라고 양해를 구한 뒤, 교장 선생님에게 10초 정도 시간을 할애하고 "교장 선생님, 저녁에 있을 회의에 대해서 제가 쉬는 시간에 뵙고 말씀을 나누도록 하겠습니다."라고 말한 후, 학급으로 돌아와 수업을 계속했어야 했다.

둘째, 교사의 행동이 학급 내 전체 학생의 학습활동을 방해하지 않아야 한다. 교사는 의도하지 않았지만 학급 내 전체 학생의 학습을 방해하는 행동을 할 수 있다. 그렇게 하면 학생들에게 '수업을 방해하는 행위를 허용할 수 있다.'는 잘못된 메시지를 전달하게 된다.

다음은 교사가 수업을 방해하는 행동을 하여 학생의 학습이 최우선적인 사항이 아니라는 부정적 메시지를 전달한 경우이다(Cangelosi, 2000, p. 136).

6학년 교사 밀러(Miller)는 교과통합 수업에서 과제를 내 주고 그 해결책을 글로 쓰도록 하였다. 학급 내 학생들은 각자 조용히 해결책에 대해 고민을 하고 있는데, 교실 뒤편에 앉아 있던 로버트(Robert)와 채드(Chad)는 서로 이야기를 하기 시작했다. 교사는 이 장면을 목도하고 큰 소리로 "이 과제는 각자가 혼자의 힘으로 해결하는 거야. 모든 학생이 해결책을 내기까지는 이야기하지 말아야 한다. 로버트! 채드! 지금 당장 이야기하는 것을 멈춰라."라고 알렸다. 그러자 학생들은 해결책을 글로 쓰던 도중 교사의 소리침에 얼굴을 들고 바라보았고, 어떤 학생은 로버트와 채드가 무슨 일을 하고 있었는지 궁금해서 몸을 돌려 쳐다보았다.

교사 밀러는 로버트와 채드를 향해 큰 소리로 지시를 하여 학급 전체 학생의 학습을 중지시키고 방해하는 행동을 하는 대신에 조용히 로버트와 채드에게 다가가서 눈을 마주치고 낮은 소리로 그러나 업무 지향적인 태도로 "해결책에 대해서 각자가 글로 쓰는 시간이다."라고 말해 주었어야 한다. 교사의 이런 지시는 로버트와 채드 근처에 앉아 있던 한두 명 정도에게만 들리기 때문에 학급 전체 학생의 학습활동에는 방해가 되지 않는 행동이다.

셋째, 잘못된 강화를 하지 않는다. 강화는 바람직한 행동을 증진시키기 위하여 제공하는데, 강화는 종종 의도하지는 않지만 학생의 학습을 방해하는 결과를 초래하는 부작용이 있을 수 있다. 예를 들어, 학생이 청소를 잘 완수했을 때 교사가 "너는 오늘 청소를 잘했으니 선생님이 내 준 숙제는 하지 않아도 된다."라고 말하면, 학생은 '숙제는 중요하지 않다.'는 메시지를 듣는다. 또 학생이 교사가 제시한 문제에 정확하게 답을 했을 때 교사가 "이렇게 어려운 문제에 답을 내다니 머리가 좋구나!"라고 강화해 주면, 학생은 자신의 능력을 믿고 노력을 줄일 수 있다. 교사는 정적 강화인을 사용할 때는 항상 의도하지 않았던 메시지를 전달하거나 학습에 부작용을 일으킬 가능성이 있다는 것을 생각해야 한다.

넷째, 벌은 특정 행동을 억제하는 데 효과적이나 의도하지 않았던 부작용을 일으킬 수 있다. 다음은 교사가 숙제를 해 오지 않은 학생을 꾸짖고 체벌을 하는 예이다. 교사는 숙제를 해 오지 않는 행동을 억제하기 위해 벌을 내리고 있지만 그 억제력은 미지수이며, 해당 학생은 물론 다른 학생에게도 교사는 신뢰할 만하지 못하고 전문가답지도 못하다는 메시지를 전달하고 업무 지향적인 교실 분위기를 해친다.

5학년 교사 파비안(Fabian)은 수업 시간에 어제 내 준 숙제의 정답을 검토하고 있었다(Cangelosi, 2000, pp. 138-139).

> 교사: 버질(Virgil)! 어제 내 준 숙제 중 6번 문제에 대한 답을 발표해 보렴.
> 학생: 어제 숙제를 못 했어요!
> 교사: 숙제를 못 했다고? 왜 못 했니?
> 학생: 어젯밤에 야구 시합이 있었어요!
> 교사: (버질의 머리를 손가락으로 쿡 박으며 비아냥거리는 말투로) 그랬어? 너는 탁월한 야구선수지! 너는 숙제를 하느라 시합에서 빠지기에는 팀에서 너무 중요한 인물이지! 너는 장차 야구로 먹고 살려는 생각이니?
> 학생: (또래들 앞에서 창피를 당해 얼굴을 붉히며) …….

다음은 교사의 폭력이 학급에서 일어날 수 있고 사람들은 원하는 것을 성취하기 위해 난폭한 행동을 할 수 있다는 부정적인 메시지를 전달한 경우이다(Cangelosi, 2000, pp. 138-139).

3학년 교사 제닝스(Jennings)는 학생들에게 읽기 과제를 부여했다. 그런데 학생 번 (Vern)이 책을 읽는 대신 장난을 하였다. 제닝스는 번의 등 뒤로 가서 머리에 '꿀밤'을 박았다. 번은 고통으로 몸을 움츠렸다. 번은 읽기를 시작하는 듯 했지만 머리는 계속 아팠다.

8) 신호를 사용하여 의사 전달하기

신호(cue)란 학생이 이전에 학습했던 행동 패턴을 보이도록 자극하는 암호(signal)이다. 이런 신호를 사용하는 것을 신호화라고 하는데, 특히 비언어적 신호화는 학급을 효율적이고 순조롭게 운영하는 수단이 될 수 있다.

다음은 전등빛을 깜박거려 떠드는 학생들이 목소리를 낮추도록 신호화하는 예이다 (Cangelosi, 2000, p. 332).

2학년 교사 세처(Setzer)는 학생들이 짝을 지어 학습활동을 하도록 하였다. 그런데 곧 학급의 소음 수준이 참을 수 없을 정도로 높아졌다. 세처는 조용히 전등 스위치로 다가가서 한 번 전등을 켰다가 껐다. 그러자 학급의 소음 수준이 수용할 수 있을 정도로 낮아졌다.

다음은 교사가 자신의 목소리를 낮춤으로써 학생들을 조용히 시키는 신호화의 예이다 (Cangelosi, 2000, p. 332).

고등학교 교사 위버(Weaver)는 화학 실험실에서 학생들에게 실험하는 절차를 설명했다. 학생들이 교사의 지시에 따라 실험을 할 때 서로를 돕기 위해 목소리가 높아졌다. 위버는 그때 하던 말의 목소리를 낮추었다. 그러자 학생들은 교사의 말이 학급의 소음으로 인해 들리지 않게 되자, 서로에게 소음을 낮추라는 신호를 보내 학급은 조용해졌다.

다음은 교사가 장난을 하고 있는 학생에게 조용히 다가가 과제에 임하도록 신호화한 예이다(Cangelosi, 2000, p. 332).

6학년 교사 페터슨(Petterson)은 학생들에게 과제를 제시하였다. 학생 타이론(Tyrone)은 한 문제를 푼 후에 빈둥거리고 교실의 여기저기를 둘러보고 있었다. 페터슨은 타이론에게 다가가 조용히 그의 공책을 들여다보았다. 그러자 타이론은 다시 과제로 돌아와 문제를 풀기 시작하였다.

9) 학급 전체에게 하는 말을 줄이고 개인적으로 도움 제공하기

교사가 학급 전체를 대상으로 지시를 내리는 시간을 줄이고 학생 개개인에게 도움을 제공하는 것은 여러 가지 이점이 있다.

- 학습활동을 시작하기 전에 학생들이 이동하는 시간을 감독하고 경영하는 데 좀 더 자유로워진다.
- 학생들마다 학습 속도가 다르기 때문에 다음 활동을 준비 중인 학생들은 아직 마치지 못한 다른 학생들을 기다릴 필요가 없게 한다.
- 전체 학생에게 지시를 내려야 할 때를 위해서 목소리나 에너지를 아낄 수 있다.
- 전체 학생을 대상으로 이야기하는 것을 줄이면, 나중에 그럴 기회가 생길 때 학생들은 더 집중을 한다.
- 전체 학생을 대상으로 이야기하는 시간을 줄이고 개별 접촉 시간을 늘리면 교사의 지시를 오해하는 몇몇 학생을 바로잡아 줄 수 있다.

다음은 앞에서 말한 다섯째의 이점을 살리지 못하는 비효과적인 예이다. 과학교사인 맥다니엘(McDaniel)은 학급 학생 25명 전부에게 다음과 같이 지시했다(Cangelosi, 2000, p. 110).

> 교사: 색깔이 연한 것부터 가장 어두운 것까지 5개의 물질이 있다. 너희는 각자 측정도구를 가지고 그 물질을 색깔이 연한 것부터 가장 어두운 것까지의 순서로 무게를 측정해라. 질문 있니?
>
> 학생 1: 그리고 나서 무엇을 해요?
>
> 교사: 곧 이야기해 줄 거야.
>
> 학생 2: 왜 우리가 색깔이 연한 것부터 측정해야 돼요?
>
> 교사: 곧 알게 될 거야. 그래프 용지에 각 물질의 무게를 기록해라. 세로축은 색깔의 명암이 표시되어 있고, 가로축에는 무게를 기록하게 되어 있단다. 서둘러라. 시간이 없다.

이에 비해 다음은 효과적인 예이다.

과학교사인 존슨(Johnson)은 교사 맥다니엘(McDaniel)과 같은 활동을 수업 시간에 하였다. 그러나 존슨은 각 실험 집단 책상에 교사의 지시를 써 넣은 종이를 한 장씩 붙여 두었고, 그 옆에 5개의 물질과 그래프 용지를 비치해 두었다. 학생들은 스스로 교사의 지시문을 읽었고, 존슨은 학생들이 지시에 얼마나 잘 따르는지 관찰했다. 그러자 학생 미키(Mickey)가 지시문을 잘 이해하지 못한 듯하여 존슨은 미키에게 조용히 다가가 그저 미키가 빠뜨린 부분을 언급한 교사의 지시문 부분을 손가락으로 짚어 주었다.

미키: 선생님! 우리가 무엇을 해야 하는지 모르겠어요.

교사: 지시문의 두 번째 문단을 나에게 읽어 줄래?

미키: 선생님! 우리가 무엇을 해야 하는지 모르겠어요.

교사: 가장 색깔이 어두운 것부터 가장 연한 것까지 5개 물질을 일렬로 늘어놓으라는 것이다.

교사: (미키가 지시문을 따라하지 않고 있다는 것을 이미 관찰하였기 때문에 다음과 같이 말해 주었다.) 지시문의 두 번째 문단이 지시하는 대로 하렴. 그리고 난 후 세 번째 문단이 지시하는 대로 하렴.

교사 존슨은 교사 맥다니엘이 지시를 반복하는 것과는 달리 교사의 지시를 이해하지 못한 학생에게만 한하여 지시문을 참조하도록 지도하고 있다.

4. 선행조직자 사용하기

전형적인 수업 패턴은 도입-전개-정리 순으로 구성된다. 도입 단계에서 교사는 전시 학습 상기, 흥미 유발, 본시 학습목표를 제시하는 활동을 한다. 전시 학습을 상기하는 이유는 학생의 사전 지식을 투입 정보로 확인하려는 것이다. 이는 새로운 정보를 추론하는 주요 요인이고, 새로운 정보를 덩어리(chunk)로 묶어 처리함으로써 활동 기억에서의 처리 용량을 확장해 주고, 처리의 속도를 높여 준다(Gredler, 2001).

효과적인 교사는 학생들의 사전 지식과 경험을 수업의 목표를 달성하기 위한 도구로 사용하며 그것을 검토하고, 요약하고, 재진술하고, 자극하여 수업 활동으로 통합해 낸다. 그러나 경험 많은 교사도 구두 질문을 통해 50% 정도 사전 지식을 이끌어 내면서 수업을 시작하는 것으로 보고되고 있다(Good & Grouws, 1979). 선행조직자(advance organizer)는 단순히 복습 차원의 전시 학습 상기를 넘어 학습할 내용을 효과적으로 사전 지식과 연계시키는 아이디어의 비계(ideational scaffolding)로서 지식의 통합과 보유를 증진시킨다(Ausubel, 1968).

선행조직자는 "학습 전에 제공하는 포괄적이고 적절한 자료로서 고도의 추상성, 일반성, 포괄성을 지닌 내용이다(Ausubel, 1968, p. 148)." 선행조직자는 짧은 언어적 또는 시각적 정보 세트로 원칙적으로는 수업의 시작, 중간, 종료 어느 시점에서 제공해도 되지만 수업을 시작할 때 제시해야 보다 효과적이다. 선행조직자는 학습할 내용 중에서 어떤 특정한 내용을 포함시키는 것이 아니고 학생의 현재 지식 구조와 학습할 내용을 연계시키는 정보로 조심스럽게 선택한 것이다. 그렇게 했을 때 학습할 내용 요소들 간 논리적 관계를 생성하고, 학생의 정보처리 과정을 순조롭게 해 준다. 따라서 선행조직자는 학습자와 교과 내용과 관련하여 상대적인 성격을 띤다. 즉, 한 학습자에게 선행조직자로서 기능하던 텍스트라고 해서 다른 학습자에게도 같은 기능을 하는 것은 아니다.

제2장에서 제시한 바, 오스벨(Ausubel)은 선행조직자로 설명식 조직자(expository organizer)와 비교식 조직자(comparative organizer) 두 가지 종류를 제시한다. 설명식 조직자는 학습할 내용과 논리적 관계를 맺는 조직자로서 학생이 적절한 선행 포섭자(prerequisite subsumers)를 가지고 있지 않은 경우 명시적으로 제시하는 것이다. 비교식 조직자는 학습할 내용과 비교의 참조 틀을 제공해 주는 조직자로서 학생이 가지고 있는 선행 포섭자와 학습할 내용 간 관계를 형성시킨다.

보리치는 여러 교과 수업에 활용할 수 있는 선행조직자의 예들을 다음과 같이 제시한다(2011b, p. 97).

- 모음 수업을 하기 전에 모음과 자음의 예 들기(국어)
- 수업에서 다룰 어떤 사건이나 토픽에 대한 그림을 보여 주고 그 토픽에 대해 학생들이 알고 있는 것을 토론하기(문학, 과학, 사회, 수학)
- 오염의 결과에 대해 설명하기 전 오염의 원인에 대해 토론하기(사회)
- 여러 동물의 골격 형태를 설명하기 전에 골격의 진화를 예증하는 차트 보기(생명 과학)
- 직각삼각형을 소개하기 전에 다양한 삼각형의 예를 보여 주고 유사성 찾기(기하)
- 화학 원소들을 소개하기 전에 주기율표의 기원 설명하기(화학)

이 선행조직자들은 단순히 이전의 학습을 검토하기 위해 제시하는 것들이 아니고 개념을 제시함으로써 본시 수업에서 다룰 내용 및 단원 내에서 관련된 모든 차시의 내용을 잘 포섭하고 있다. 즉, 선행조직자는 수업의 토픽을 확장하고, 모든 차시가 전혀 새로운 것은 아니라는 것을 인식시키고, 단원 학습의 결과로서 보다 큰 패턴들로 관련 개념들을 통합시키는 기반을 제공한다.

더 나아가 보리치(2011b, p. 97)는 교사들이 수업의 구체적인 상황에서 선행조직자를 사용하여 성취하는 구체적 목적을 다섯 가지로 제시한다. 각 목적별로 선행조직자를 사용하기 위해 언어적 진술(verbal markers)을 다음과 같이 제시한다.

- 학습할 내용을 이전의 학습과 연계하기 위해

    오늘 우리는 어제 배운 것을 식염수에 실제로 사용해 보는 실험을 할 거야.

- 학습할 내용을 요약하기 위해

    오늘 수업의 주요 요점은 첫째…… 둘째…… 셋째…… 이다.

- 학습할 내용을 미래의 학습과 연계하기 위해

    우리는 학급을 반으로 나누어 토론을 할 것이다. 나는 먼저 각 편의 토론에서 승리하기 위해 필요한 사실들에 대해 이야기해 줄 것이다.

- 탐색할 내용에 대해 단서를 제공하기 위해

    오늘 수업은 측정에 대한 것이다. 여러분이 내가 측정도구들을 사용하여 무게를 재는 모습을 주의 깊게 살펴보기 바란다.

- 수업 시작 때 인쇄물을 나눠 주고 설명하기 위해

    지금 나눠 주는 인쇄물은 우리가 오늘 수업에서 다룰 내용과 그 순서에 대한 것이다. 1분 정도 시간을 줄 테니 인쇄물에 있는 각 요점을 살펴보기 바란다.

5. 설명식 수업에서 주의 집중시키기

학생은 자신의 요구에 부응하고 흥미롭게 여기는 과제를 자기주도적으로 탐구하고 조사하는 학습을 할 때 주의를 집중하여 학습한다. 그러나 교사 주도의 설명식 수업에서 교사가 미리 정한 학습 계열에 따라 진도를 나갈 때 학생들이 지속적으로 주의를 기울이기는 쉽지 않다. 특히 초등학생들과 같이 주의 집중 시간이 짧은 학생들에게는 매우 그러하다. 그리고 중등학교 학생들에게도 쉽지는 않다. 따라서 설명식 수업에서 교사가 학생들이 주의를 집중해서 교사의 설명을 잘 듣도록 하려면 전략이 요구된다.

첫째, 수업의 도입 부분에서 학생들의 흥미를 자극하고 수업에 관심을 갖도록 한다. 높은 수준의 동기 유발 활동으로 수업을 시작하거나 학습할 내용이 학생들이 중요하다고 생각하는 이슈들과 어떻게 관련되어 있는지 개관해 준다. 그리고 학생들이 불필요한 책, 종이, 기타 정신을 분산시킬 물건들을 제거하고 수업에 임할 준비가 될 때까지 수업 시작을 늦춘다.

아울러 수업 도입 부분에서 오프너(openers)를 사용한다. 오프너란 학생들의 주의를 끌기 위해 제시하는 질문을 말하는데 학습할 내용에 대해 호기심을 유발하고, 놀람의 반응을 이끌어 내고, 논란이나 모순을 야기하는 성격을 띤다. 예를 들어, 생물교사가 "물속에서도 살 수 있고 땅 위에서도 살 수 있는 동물이 있는데, 이게 어떻게 가능할 것 같니?"라고 질문하면, 학생들이 양서류를 학습하려는 호기심을 유발한다. 지구과학교사가 "여러분 중에 태양은 종국에는 그 모든 에너지를 잃게 되고 지구는 암흑의 세계로 들어갈 것이라는 것을 생각해 본 사람이 있니?"라고 질문한다. 학생들이 놀라는 반응을 이끌어 내면 그들은 태양에 대한 학습에 집중하게 된다. 국어교사가 "어떤 작가는 사람은 항상 자신이 살고 있는 사회와 투쟁해야 한다고 말하는데, 또 어떤 작가는 사회와 조화를 이루어야 한다고 말한다. 어느 것이 진실인가?"라는 질문으로 논란을 만든다. 또 역사교사가 "왜 고대 그리스 제국은 가장 강할 때 멸망했을까?"라는 질문으로 모순을 느끼게 한다. 이런 오프너들은 수업에 주의를 집중하도록 해 준다(Borich, 2011b, pp. 116-117).

이런 오프너들은 단 하나의 정답을 가지고 있지 않고, 심지어는 본시 학습에서 배울 구체적인 내용들을 반영하지도 않는다. 단지 호기심, 놀람, 즐거움, 자극성, 심지어는 당황하게 해서 본시 학습에서 배울 내용에 대해 보다 적극적으로 관심을 기울이도록 해 준다.

둘째, 수업의 전개 부분에서 교사의 설명에 학생들의 주의를 집중시키며 따라오도록 하는 여러 가지 전략을 사용한다(Borich, 2011a; Cangelosi, 2000; Connell, 2005; Edwards, 2008).

① 학생들이 주의를 집중해야 할 중요한 부분에서 관심을 기울일 것을 지시한다. 예를 들어, "내가 지금부터 설명할 부분은 매우 중요하다. 여러분, 눈과 귀를 나에게 집중시켜 주었으면 좋겠다. 잘 듣고 공책에 기록했으면 좋겠다!"라고 말해 준다.

② 선행조직자를 사용하여 학생들의 사고의 방향을 제시해 주면 학생들은 수업에 좀 더 집중한다. 예를 들어, 수업에서 다룰 토픽이나 문제들에 대한 개요를 적어 주고 수업을 시작하면 학생들의 사고의 방향을 잡아 주어 그들은 수업에 좀 더 집중할 수 있다.

③ 신호들, 특히 비언어적 신호들은 학생들을 효율적으로 집중시킨다. 예를 들어, 약속한 수신호를 보내거나 짧게 박수를 친다든지, 종을 친다든지, 또는 오버헤드 프로젝

터를 껐다가 다시 켠다든지 하여 교사가 제시할 설명에 집중하도록 한다.

④ 교사가 설명하는 도중에 학생들의 질문을 받거나 짧은 토론을 할 시간을 마련하여 지루한 설명 일변도의 수업에 변화를 준다. 로(Rowe, 1974)의 연구에 의하면 교사는 질문하고 학생들의 응답을 기다리는 시간이 평균 0.9초로 짧다. 학생들이 주의를 집중하려면 적어도 교사는 5초 정도는 기다려 주는 것이 효과적이다. 어떤 경우에는 10초까지도 기다리는 것이 필요하다. 학생들을 무작위로 지명하여 답을 하도록 하면 학생들은 누가 지명될지 몰라서 교사에게 집중하며 답을 준비한다. 아울러 학생들이 스스로 질문을 던지고 답을 하도록 유도한다. 학생들이 스스로에게 질문을 하려면 상당한 수준으로 교사의 수업에 집중해야 하기 때문이다.

⑤ 교사가 전달하고자 하는 메시지와 학생들의 수준에 따라 목소리의 크기, 고저(pitch), 억양(inflection), 리듬, 속도를 전략적으로 조정한다. 메시지 그 자체가 중요하고 자극적이라 하더라도 단조로운 목소리로 전달하면 학생들은 지루해한다. 메시지의 핵심 부분을 목소리에 변화를 주어서 강조한다. 핵심적인 내용을 전달하고 질문을 한 후에는 전략적으로 잠깐의 휴지(pause)를 두어 학생들이 생각하고 기록할 기회를 준다.

⑥ 강의와 함께 그림, 이야기, 그래프, 시범, 실물 모델, 필름, 비디오 등 다양한 시청각 매체를 사용하면 학생들은 강의에 좀 더 집중한다. 학생들은 어려운 내용의 경우 단순히 글을 읽고, 그림을 보고, 말을 듣도록 요구받을 때 집중이 약해진다.

⑦ 미리 강의를 비디오로 녹화한 후 수업에서 학생들에게 보여 준다. 비디오로 녹화한 수업은 학생들이 코멘트하거나 질문을 할 때 가끔 발생할 수 있는 교사의 생각에서의 가로막힘이나 설명 시의 실수를 피할 수 있다. 그리고 교사는 학생들의 행동을 좀 더 주의 깊게 모니터할 수 있고 학습 일탈의 징조에 효과적으로 대응할 수 있다. 아울러 강의를 쉽게 시작하고 중지하고 재생하고 종료하고 수정하고 반복할 수 있다.

⑧ 가끔씩 유머 또는 주의를 끄는 재미 요소를 첨가하여 강의를 한다. 그러나 이런 재미 요소는 수업의 목표를 향한 학생들의 주의를 분산시키지 않는 범위 내에서 해야 한다.

⑨ 학생들과 눈 맞춤을 유지한다. 오버헤드 프로젝터를 사용하는 강의가 칠판을 사용하는 강의보다 학생들과의 눈 맞춤을 하는데 보다 용이하고 효과적이다.

⑩ 교실을 천천히 이동하면서 강의한다. 교사가 한 곳에만 서서 강의를 하면 학생들은 지루함을 느끼고 딴생각을 하거나 공상을 할 수 있다. 교사는 의도적으로 교실을 나누어(예: 공간을 삼분 또는 사분하기) 강의의 흐름에 따라 자연스럽게 이동하면서 학생들이 눈으로 따라올 수 있도록 한다. 예를 들어, 강의의 도입부는 교실 앞쪽 공간에서

시작하고, 첫 번째 토픽에 대한 내용 설명은 왼쪽 공간에서, 두 번째 토픽은 우측 공간에서, 질문 및 토론은 뒤쪽 공간에서 그리고 수업의 마무리는 다시 앞쪽 공간에서 끝낸다.

⑪ 강의 내용에 학생들의 이름을 의도적으로 삽입시켜(interject) 주의를 끈다. 예를 들어, 수학의 속도 개념에 대한 설명을 할 때, "철수네 집에서 영수네 집까지 거리가 1km라고 생각을 해 보자. 갑수가 거기를 10분에 걸었다면 그 속도는 얼마일까?"라고 질문함으로써 학생들은 교사의 강의 내용에 자신들의 이름이 등장하면 주의를 집중하게 된다.

⑫ 학생들이 수동적으로 앉아서 듣기만 하지 않고 교사의 사고 패턴을 따라가면서 능동적으로 듣도록 하기 위해 학생들에게 일어나는 인지 과정을 생각하며 강의를 해 간다. 예를 들어, 좀 더 어려운 부분에서는 천천히 그리고 자세하게 설명하고, 좀 더 쉬운 부분에서 빠르게 진행한다.

⑬ 강의 도중 학생들이 교사의 설명을 어느 정도나 이해하고 있는지 자주 모니터한다. 이를 위해 휴지(breaks)를 계획하고 질문을 하고 그 결과에 따라 그다음 단계의 설명으로 넘어갈지 아니면 보충 설명을 해야 할지를 결정한다.

⑭ 교사가 학생들에게 친숙하지 않은 단어, 표현, 공식, 또는 상징을 사용하면 학생들의 주의 집중은 떨어질 수 있다. 그럼에도 불구하고 교사가 학생들이 자신의 설명을 이해하고 있다고 가정하고 계속 진행하면, 학생들은 그것들을 파악해 내느라 분주해짐에 따라 더 이상 교사의 설명을 듣지 않게 된다. 만약 그런 것들을 강의에서 사용해야 한다면 강의 이전에 선행 조건적 지식으로 습득시켜야 한다.

⑮ 학생들의 참여를 독려한다. 예를 들어, 학생들이 제시하는 중요한 요점들을 칠판이나 오버헤드 프로젝트에 기록하여 보여 줌으로써 학생들이 참여한 아이디어가 존중받고 가치롭게 여겨진다는 것을 알린다.

⑯ 교사가 설명하는 내용이 학생들에게 중요함을 알린다. 예를 들어, 학생들의 삶 속에서 꼭 필요한 내용이라든지, 앞으로 배울 내용에 핵심이 되는 내용이라든지, 시험에 출제될 것이라든지 등 그 필요성을 강조한다.

6. 효과적으로 질문하기

질문은 학생에게 어떤 반응을 이끌어 내어 좀 더 깊은 이해를 갖도록 해 주는 교수 전략이다. 그리고 교사가 제시한 내용과 그것에 대한 학생의 이해 사이의 간극을 줄이기 위한 연계적 도구이기도 한다. 학급에서 총 수업 시간의 80% 정도까지 교사의 질문과 그에 대한 답이 차지할 정도로, 질문은 그 편의성과 효과성이 뛰어나다(Borich, 2011a).

2001년 NREL(Northwest Regional Educational Laboratory)은 K-12 교사들을 대상으로 그들이 학급에서 하는 질문을 광범위하게 연구했는데(Borich, 2011a 재인용), 질문을 하지 않고 끝내는 수업보다 수업 도중에 질문을 할 경우 학생의 학업 성취에 더 효과적이었고, 시험에서 정답률이 높았고, 수업 중 구두 질문이 글로 질문하는 것보다 학습에 더 효과적이었다. 수업의 핵심 내용에 학생의 주의를 집중시키는 질문이 그렇지 않은 질문보다 학생의 수업 내용 이해 증진에 더 효과적이었다. 아울러 확산적 질문과 고등 수준의 질문은 사고, 개념과 추상화의 형성, 의사결정과 판단 기능의 발달에 기여했다(Gall, 1984; Redfield & Rousseau, 1981).

그러나 교사가 하는 질문 중에는 효과적인 질문들이 많지 않다는 사실도 보고되고 있다. 효과적인 질문이란 학생이 능동적으로 답하고 그에 따라 학습의 과정에 적극적으로 참여하게 만드는 것인데, 교사가 하는 질문들은 이런 효과적인 질문이 아닌 경우가 많았다. 1900년대 초반에 이루어진 연구에 의하면 교사가 한 질문 중 70~80%가 단순한 사실적 지식을 재생하는 질문이었고, 고등 수준의 사고를 요구하는 질문(명료화하고, 확장하고, 일반화하고, 추론하기 등)은 20~30% 정도인 것으로 보고하였다(Corey, 1940). 그런데 교사의 질문에 대한 이런 상황은 지금도 큰 변화가 없는 것으로 나타났다. 1900년대 후반과 2000년대에 한 연구에 의하면 교사의 질문 중 60% 정도가 사실적 지식을 묻는 질문이고, 20% 정도가 고등사고를 하도록 하는 질문, 20% 정도가 그 중간의 것들이었다(Atwood & Wilen, 1991; Brown, 2001; Brown & Wragg, 1993; Chuska, 2003; Dantonio & Beisenherz, 2000; Power & Hubbard, 1999; Wiske, 1997; Wragg, 2001).

일반적으로 학급에서 교사가 하는 질문은 몇 가지 문제가 있다고 지적되고 있다(Borich, 2011a).

첫째, 교사가 하는 질문은 복잡하고, 모호하고, 이중적이라는 것이다. 이는 교사들이 부지불식간에 성인의 관점에서 두 개 이상의 질문을 복잡한 문장으로 제시하기 때문이다. 이런 식의 질문은 매우 복잡하여 심지어는 질문을 한 교사 자신도 다시 질문을 해 달라는 요청을 받았을 때 정확하게 재생하지 못하고 다른 버전으로 질문하는 경우가 있을 정도이다. 따라서 이런 질문에서는 학생이 질문의 요점을 놓치기 쉽다. 이런 질문을 피하려면 하나의 아이디어로 하나의 질문으로 만들어 제시하고, 주요 아이디어를 하나씩 진술하고, 구체적인 용어를 사용하고, 가능한 한 단어를 적게 사용해야 한다.

둘째, 교사가 기대하는 답만 수용한다는 것이다. 특히 새로운 내용을 지도할 때 교사는 자신에게 친숙한 답으로만 학생의 답을 제한하려고 하는 경향이 있다. 그리고 신규교사는 확산적 질문을 꺼려하고 기대하는 답이 나오는 수렴적 질문을 하는 경향이 있다. 질문은 학생의 사고와 학습을 증진시키려는 것이기 때문에 부분적으로 정답인 반응, 심지어는 기대하지 못했던 유별난 반응들도 나오도록 탐색적 질문을 하고 이를 토론으로 이끌어서 수업의 목표를 성공적으로 달성하는 중요한 소재로 질문을 사용해야 한다.

셋째, 왜 질문을 하는지에 대해 불분명할 때가 있다는 것이다. 즉, 교사는 어떤 목적으로 질문을 하는지 잘 모르고 또 목적에 맞는 질문을 하지 못해서 논리적이지 못한 경우가 있다. 질문을 통해 학습하고자 하는 내용이 사실적 지식, 규칙, 행위 계열(action sequences)에 관한 것인지 아니면 개념, 패턴, 추상화에 관한 것인지 결정하고 질문해야 한다. 전자의 경우에는 지식, 이해, 적용 수준에 해당하는 수렴적 질문을, 후자의 경우에는 분석, 종합, 평가에 해당하는 확산적 질문을 하는 것이 필요하다.

넷째, 교사가 질문을 하고 스스로 답하는 경우가 있다는 것이다. 심지어는 학생이 답을 내려고 할 때도 초반부에 끊고, 나머지 부분은 교사가 답을 하는 경우가 있다. 이런 경우 학생은 완성된 답을 할 기회를 박탈당하거나 자존심을 상하게 된다. 학생의 반응을 자주 가로막는 교사는 정답에 대한 열망을 과도하게 가지고 있거나 학생을 지배하고자 하는 인성을 가지고 있거나 말하기를 좋아하는 경우가 많다.

다섯째, 학생을 빌하거나 학생이 빙어적인 자세를 취하게 하는 질문을 하는 경우가 있다. 예를 들어, 숙제를 해 오지 않은 학생에게 의도적으로 숙제와 관련한 질문하기, 발표를 자원하지 않은 학생에게 항상 질문하기, 오답을 낸 학생에게 더 어려운 질문하기, 학급에서 말썽을 피우는 학생에게 질문하기, 답을 낼 수 없는 어려운 질문하기, 불성실하게 답한 학생에게 연이어서 4~5개의 질문하기 등이다. 흥미롭게도 교사들은 이런 질문을 한다는 것을 자신이 인식하지 못하는 경우가 많다. 이런 질문은 학생이 의미 있는 학습에 능동적으로 참여하지 못하게 하고, 학생의 자존심을 상하게 하고 자신감을 상실하게 하고 근심 수준을 높인다.

배움 중심 수업에서 교사가 효과적인 질문을 하려면 질문 제시의 순서, 질문의 인지적 복잡성 수준, 질문에 대한 답을 기다리는 시간을 고려해야 한다.

(1) 질문 제시 순서와 관련하여 질문을 일차적 질문과 이차적 질문으로 구분할 수 있다

일차적 질문은 학생으로부터 어떤 종류의 반응이든지 이끌어 내기 위한 질문으로 반응적 질문(respondent questioning)이라고도 한다. 이차적 질문은 일차적 질문에 대한 답을 명료화하거나 새로운 정보를 유도하거나 방향을 다시 잡아 좀 더 생산적인 답을 내도록 하는 질문으로, 탐색적 질문(probing questioning)이라고도 한다. 보리치(2011a, pp. 310-311)의 예를 들면, 탐색적 질문에서 답을 명료화하도록 하기 위해 "지금 한 대답을 다른 말로 해 주겠니?"라고 물을 수 있다. 이 질문은 학생이 했던 대답을 고쳐 말하거나 바꾸어 말하도록 요청하는 것으로써 학생에게는 자신이 알고 있는 것을 좀 더 드러내고 자신이 이해하고 있는 것을 정확하게 표현하도록 하고, 교사에게는 학생의 대답에 기저하고 있는 이해의 정도와 수준을 알 수 있도록 해 준다. 그리고 새로운 정보를 유도해 내기 위해 "너는 지금 화학실험실이라는 곳은 새로운 원소를 발견하는 데 최선의 환경이라고 생각하는 것 같구나. 그렇다면 너는 새로운 원소를 발견하기 위해 어떤 종류의 실험을 하고 싶니?"라는 질문을 다시 하여 학생이 좀 더 복잡한 수준으로 반응하도록 유도한다. 유도적 탐색 질문은 학생이 이전에 답한 것에서 약간의 도약이 필요한 것이어야 한다. 너무 큰 도약을 요하는 것이면 학생은 어리둥절하게 되고 전혀 새로운 질문처럼 느낄 수 있기 때문이다. 아울러 방향을 다시 잡아 좀 더 생산적인 답을 하도록 하기 위해 "너는 지금 화학실험실이라는 곳은 새로운 원소를 발견하는 데 최선의 환경이라고 생각하는 것 같구나. 그렇다면 화학실 외에 다른 곳에서는 새로운 원소를 발견할 수 없을까?"라는 질문을 다시 해서 학생이 자신의 사고 채널을 바꾸어 좀 더 생산적인 답을 낼 수 있도록 한다.

배움 중심 수업에서 질문의 제시는 일차적 질문에서 시작하여 이차적 질문으로 이어지는 순서를 밟는 것이 중요하다. 브라운과 에드먼슨(Brown & Edmondson, 1984)은 이 질문 제시의 계선 유형을 일곱 가지로 다양하게 할 수 있다고 제시한다.

- 확장하기(extending): 같은 토픽에 대해 같은 유형의 질문을 연쇄적으로 하는 것이다.
- 확장하고 들어올리기(extending and lifting): 같은 유형의 사례를 이끌어 내는 질문을 한

다음, 다른 유형의 질문으로 도약하는 식이다. 보편적인 계선은 기억해 내기를 한 다음, 추론과 가설에 이르도록 단순 연역과 진술을 이끌어 내는 것이다.

- 깔때기 작업하기(funneling): 처음에는 열려 있고 개방적인 질문들을 한 후 단순 연역과 기억해 내기 또는 추론과 문제 해결에 이르도록 질문을 좁혀서 하는 것이다.
- 씨 뿌리고 거두기(sowing and reaping): 문제를 제시하고, 개방적인 질문을 하고, 좀 더 특정화된 질문을 하고, 처음에 제시했던 문제를 재진술하는 것이다.
- 한 단계씩 올라가기(step-by-step up): 기억해 내기에서 문제 해결, 평가 또는 열려 있는 상태로 나아가는 일련의 질문들을 체계적으로 하는 것이다.
- 한 단계씩 내려가기(step-by-step down): 평가 질문으로 시작해서 문제 해결을 거쳐 기억해 내기로 나아가며 일련의 질문들을 체계적으로 하는 것이다.
- 뱃머리 가라앉히기(nose-dive): 평가와 문제 해결로부터 시작하여 곧바로 기억해 내기로 이동해 나가는 것이다.

(2) 질문은 인지적 복잡성 수준이 낮은 것에서 높은 것으로 하고, 수업의 목표와 학생의 사전 지식 및 능력 수준에 맞게 다변화해야 한다

앞에서 언급한 것처럼 전형적으로 교실에서 교사가 하는 질문은 대부분 낮은 인지적 수준의 질문들이다. 배움 중심 수업을 하는 교사는 고등 수준의 사고를 요하는 질문으로 좀 더 확대해 나가야 한다. 질문의 인지적 복잡성 수준을 구별하는 기준으로 블룸 등(Bloom et al., 1984)이 인지적 영역의 교육목표 분류학에서 제시하는 지식(knowledge), 이해(comprehension), 적용(application), 분석(analysis), 종합(synthesis), 평가(evaluation)의 순서를 따르는 것이다.

보리치(2011a)는 이 여섯 가지 인지적 수준에 해당하는 질문의 성격과 그 예들을 다음과 같이 제시하고 있다.

① 지식 수준의 질문이다

이미 기억하는 사실적 지식들을 회상하거나 기술하거나 정의하거나 인지하도록 한다. 이 수준의 질문에 사용하는 동사들은 정의하라, 확인해 내라, 명명하라, 기술하라, 열거하라, 구술하라 등이다. 예를 들면, "삼각형의 정의가 무엇입니까?" "12라는 숫자를 만들려면 몇 개의 자릿수가 필요합니까?" "소유격 문장을 만드는 첫 번째 규칙은 무엇이죠?" 등이다. 지식 영역에 대한 질문은 사실적 지식을 기억해 내는 불연속적인 질문이지만 다른 형태의 지식과 연계하면 점진적으로 높은 수준의 사고를 하도록 하는 데 디딤돌 역할을 한다.

② 이해 수준의 질문이다

이 질문은 이미 기억하는 사실적 지식들을 설명하거나 요약하거나 정교화하도록 한다. 이 수준의 질문에 사용하는 동사로 바꾸어라, 확장하라, 재진술하라, 설명하라, 바꾸어 설명하라, 요약하라 등이다. 예를 들면, "네 자신의 말로 자본주의가 무엇인지 설명해 보겠니?" "12에 단위(units)가 몇 개 필요하니?" "소유격 단어를 비소유격의 형태로 만들기 위해 첫 번째 규칙을 적용할 때 무엇이 재진술되어야 하겠니?" "삼각형을 그릴 때 필요한 단계는 무엇이니?"이다. 이해 수준의 질문에 답을 하려면 처음에 학습한 형태의 지식을 변화시켜야 하고, 그러기 위해서는 그것을 재처리하는 과정을 거쳐야 한다. 이해 수준의 질문은 지식 영역에 대한 질문보다 장기 기억에 더 효과적으로 보유하도록 해 준다.

③ 적용 수준의 질문이다

이 질문은 사실적 지식과 그에 대한 이해를 단순히 기억하거나 번역하는 수준을 넘어 그 지식을 학습했던 상황에서 다루었던 것과는 다른 어떤 문제, 배경 또는 환경에 적용한다. 이 수준의 질문에 사용하는 동사로는 적용하라, 채택하라, 해결하라, 시범으로 보여라, 조작하라, 사용하라 등이다. 예를 들면, "열거된 국가 중에서 자본주의 경제 체제를 가지고 있는 나라들은 어디인가?" "연필 12개를 내게 보여 주겠니?" "소유격을 만드는 첫 번째 규칙을 적용하여 다음 글에서 오류를 찾아내라." "삼각형을 그려서 나에게 보여 주어라." 등이다. 적용 수준의 질문은 학습한 내용을 새롭고 다른 상황에 전이하도록 하는 것인데, 질문 관련 모든 개별적 단위들(사실들)을 동시다발적으로 회상하고 고려해야 하는 것과 개별적 단위들을 하나의 조화로운 계선으로 구성하여 답을 해야 하는 두 가지 인지적 과정을 요구한다. 아울러 적용 수준의 질문은 학생으로 하여금 이전에 학습한 것들을 실제 세계에 가까운 조건하에서 제시하는데, 두 가지 선결 과제를 요구한다. 하나는, 지식 수준 질문에서 얻는 사실적 지식과 이해 수준 질문에서 얻는 이해이다. 또 하나는, 이전에 학습한 사실적 지식과 규칙을 새로운 상황에 적용하는 것이다.

④ 분석 수준의 질문이다

이 질문은 문제를 구성하는 부분들을 분해하고 상호 관계를 찾아내도록 한다. 따라서 분석 수준의 질문은 논리적 오류를 찾아내고, 사실, 의견, 가정을 구별하고, 결론을 도출하고, 추론 또는 일반화를 하는 등 주어진 정보 뒤에 있는 논거를 발견하도록 하는 데 목적을 둔다. 이 수준의 질문에 사용하는 동사들은 분해하라, 구별하라, 관계 지어라, 지적해 내라, 지지하라 등이다. 예를 들면, "자본주의를 사회주의와 구별하는 것은 무엇인가?" "어느 상자가 12개(사물)를 가지고 있지 않은가?" "다음 글에서 제1 소유격 오류와 제2 소유격 오류를 구별하라." "다음 도형들 중에서 삼각형은 어느 것인가?" 등이다. 분석 수준의 질문은 개념, 패턴, 추상화(abstractions)를 형성하는 데 효과적이어서 개념 학습, 탐구 학습, 문제 중심 학습에 주로 사용한다. 그러나 분석을 요구하는 질문 대부분은 단 하나의 최선의 답을 가지고 있지 않기 때문에 좀 더 폭넓은 범위의 반응들을 평가해야 한다. 비록 모든 반응을 예상할 수 없지만, 학생들의 반응을 평가할 시간을 좀 더 많이 갖도록 덜 통제적이고, 좀 더 신중하고, 좀 더 느린 속도로 상호작용한다.

⑤ 종합 수준의 질문이다

이 질문은 해결책을 설계하고, 반응을 구성하고, 전에 본 적이 없는 문제에 대한 결과를 예측하는 등 독특하고 독창적이다. 이 수준의 질문에 사용하는 동사는 비교하라, 형성하라, 창조하라, 예측하라, 구안하라, 생산하라 등이다. 예를 들어, "자본주의와 사회주의의 주요 특징을 종합한 경제 체제는 어떤 모습일까?" "12개씩 더함으로써 만들 수 있는 수들은 무엇일까?" "소유격 부호 's를 사용하지 않고 소유격의 문장을 만들어라." "자를 사용하지 않고 삼각형을 그릴 수 있는 방법은 무엇일까?" 등이다. 종합 수준의 질문은 종종 창의적 사고와 연결되어 있어 분석 수준 질문보다 다양한 답을 할 수 있고, 반응들이 동등한 수준의 수용 가치를 지니고 있어 판단하기가 더 어려울 수 있다. 따라서 교사는 덜 수용 가능한 반응들을 좀 더 정확하고, 조리 있고, 효율적인 반응들로 이어지도록 반응의 다양성을 처리해야 한다. 예를 들어, 다음과 같이 처음의 질문들을 확대하거나 제한한다(Borich, 2011a, p. 309).

교사: 주기표(periodic table)를 사용하지 말고 아직 발견되지 않은 원소들을 예측할 수 있는 방법은 무엇일까?

학생 1: 달에 가서 우리 지구에는 없는 원소들이 있는지 찾아보면 될 것 같아요.

학생 2: 지구의 중심부로 파고 내려가서 우리가 놓치고 있는 원소들이 있는지 살펴보면 될 것 같아요.

학생 3: 운석의 잔해들을 연구하면 무엇인가를 발견할 수 있을 것이라고 보여요.

교사: 모두 좋은 대답이다. 그러나 세 가지 방법 모두 비용과 시간이 많이 들면 어떡하지? 새로운 원소들을 발견하기 위해 우리가 이미 지구에서 가지고 있는 원소들을 사용할 수 있는 방법은 없을까?

학생 4: 아! 그래요. 우리가 가지고 있는 원소들을 조합하는 실험을 통해서 새로운 원소들을 만들어 낼 수 있는지 살펴보면 될 것 같아요.

이렇게 포괄적인 답들을 수용하고 질문들을 좀 더 숍히고 종합함으로써 다양하게 반응하게 하고 좀 더 깊이 탐구하게 해서 좀 너 상위 수준의 결과들을 도출해 낼 수 있도록 한다.

⑥ 평가 수준의 질문이다

이 질문은 준거를 사용하여 판단하고 결정하도록 한다. 준거는 개인적 가치 체제와 같은 주관적인 것과 과학적 준거나 절차와 같은 객관적인 성격의 것이 가능한데, 둘 다 사용 가능하다. 이 수준의 질문에 사용하는 동사들은 평가하라, 결정하라, 정당화하라, 사정하라, 방어하라, 판단하라 등이다. 예를 들면, "자본주의와 사회주의 국가 중에서 어느 편이 더 잘 사는지 증거를 대어 주장하시오." "다음 수들 중에서 12개의 배수들은 어떤 것인가?" "소유격을 만드는 규칙 1과 2를 사용하고 정확한 용법의 경우 1점을 부여하는 준거를 가지고 친구의 에세이에 점수를 주시오." "다음 기하 형태의 파편들 중에서 삼각형을 구성하는 데 사용될 수 있는 것은 무엇인가?" 등이다. 학생들은 삶에서 판단과 결정을 요구하는 일들을 많이 가지고 있기 때문에 평가 질문들은 나이와 관계없이 삶에서의 실제 문제들(authentic problems)을 사용하는 것이 효과적이다. 그러나 학교에서 평가 수준의 질문은 대개 단원의 끝 무렵에 제시하고, 중·고등학생들에게나 적절하다고 판단하는 편이다. 그러나 이는 잘못된 것이다. 교사는 삶에서의 실제 문제들을 초·중등학교 학생의 인지적 발달과 경험 수준에 적절하게 만들어 제시할 수 있어야 한다.

2001년 NREL의 연구(Borich, 2011a 재인용)는 질문의 인지적 수준과 관련하여 몇 가지 주요한 사실들을 발견했는데, 교사가 학생에게 상이한 인지적 수준의 질문을 제시할 때 참고할 정보가 된다.

- 초등학교 저학년 학생에게는 특히 특수아동의 경우에 낮은 인지 수준의 질문들이 높은 인지 수준의 질문들보다 더 효과적이다.
- 교사가 사실적 지식을 전달하거나 암기하도록 돕는 경우에는 낮은 인지 수준의 질문들이 더 효과적이다.

- 낮은 인지 수준의 질문들을 제시하는 것이 적절한 상황에서 질문 제시의 빈도가 높을 수록 학업 성취와 정적인 상관이 있다.
- 초등 저학년 수준을 넘는 대부분의 학급에서는 높은 인지 수준의 질문들과 낮은 인지 수준의 질문들을 조합해서 제시하는 것이 어느 하나에만 의존하는 경우보다 학습에 더 효과적이다.
- 높은 인지 수준의 질문들의 사용을 증대시키면(질문의 20% 이상), 초등 고학년 학생들과 중·고등학교 학생들에게 좀 더 우수한 학업 성취를 올리도록 한다.
- 학생들에게 추론을 하도록 지도하고 그 연습을 시키면 높은 수준의 인지적 학습과 학업 성취로 귀결된다.
- 초등 고학년 학생들과 중등학교 학생들에게 높은 인지 수준의 질문들의 사용을 증대시키는 것은(질문의 50% 이상) 수업에의 참여, 학습 몰입 행동, 학생들의 답의 길이에 정적인 상관이 있다.

(3) 질문을 한 후에는 학생이 답을 생각해 볼 시간을 주고 기다려야 한다

이 시간을 기다리는 시간 또는 대기 시간(wait time)이라고 하는데, 질문 후 기다리는 시간은 너무 길거나 짧아서도 안 된다. 게이지와 베를리너(Gage & Berliner, 1998)의 연구에 의하면 교사의 평균 대기 시간은 1초 정도인 것으로 매우 짧다. 교사가 첫 번째 질문을 한 후 두 번째 질문으로 이동하거나 다른 학생을 호명하기 전에 적어도 3~4초 이상 대기 시간을 가져야 하고, 확산적 사고와 고등 수준의 사고를 요하는 질문들은 15초 정도까지 대기 시간을 가지는 것이 효과적이다.

기다리는 시간에는 두 종류가 있다(Rowe, 1987; Tobin, 1987). 하나는, 1형 대기 시간으로 교사의 첫 번째 질문에 대해 학생의 답을 기다리는 시간이다. 전형적인 학급에서는 1형 대기 시간이 짧아(2~3초 정도) 학생이 질문에 답하기 전에 생각할 시간을 충분히 갖지 못하고 있다. 1형 대기 시간이 짧으면, 교사는 질문을 반복하거나 다른 학생을 호명하며 같은 질문에 답을 하도록 하는 패턴을 갖는다. 또 하나는, 2형 대기 시간으로 학생의 답에 대해 교사 또는 다른 학생이 긍정하거나 부정하는 반응을 하기까지 기다리는 시간이다. 2형 대기 시간이 길면, 학생에게 대답했던 내용을 수정하고 확장하도록 다시 생각할 시간을 주고, 짧을 경우에는 다른 학생이 자주 끼어들게 된다.

다음 대화는 이 두 종류의 대기 시간을 보여 준다(Borich, 2011a, p. 313).

교사: 넬다(Nelda), 어제 화산에 대해서 배웠는데, 칼데라가 무엇이었지?

교사: ……(제1 유형의 대기 시간에 들어가며, 학생이 이 질문에 대해 생각할 시간을 주고 추가로 탐색적 질문을 해야 하는지 학생의 동태를 살핀다.)

넬다: 네, 기억나요. 화산의 가운데가 붕괴되어 형성된 분화구예요. 확실하지는 않지만, 분화구를 통해 밑에서 나오는 증기와 가스를 배출해요.

교사: ……(제2 유형의 대기 시간에 들어가며, 넬다와 다른 학생들도 넬다가 답한 내용에 대해 긍정할 것인지 부정할 것인지 생각할 시간을 준 후) 그래, 맞다. 나도 교과서에서 분화구로부터 연기가 나오는 그림을 본 적이 있다.

넬다: 제 답이 맞아요. 어제 우리가 칠판에도 화산을 그렇게 그렸어요. 너희는 그렇지 않니?

교사: 아, 그랬구나! 그 밖에 칠판에 그린 화산은 어떤 모습이었니?

제2 유형의 대기 시간을 좀 더 길게 주는 교사(적어도 3초 이상의 시간을 주는 교사)는 학생에게 좀 더 생각을 깊이 하고 논리적인 태도로 반응하도록 한다. 구체적으로는 다음과 같은 효과가 있다(Rowe, 1987).

- 학생이 한 답의 길이가 평균 300%에서 700%까지 증가한다.
- 학생이 추론하면서 좀 더 많은 증거와 논리를 사용한다.
- 학생이 하는 질문 수가 증가한다.
- 학생들끼리 의견 교환을 더 많이 하고, 교사가 전달하는 정보는 감소한다.
- 반응에 실패하는 학생 수가 줄어든다.
- 학습 일탈 행위가 줄어든다.
- 좀 더 많은 학생이 자발적으로 반응한다.
- 더 자신 있게 답한다.

배움 중심 수업을 하는 교사가 학생의 사고와 문제해결력을 증진시키려면 수업 전에 질문할 것을 계획해 두어야 한다. 수업의 목표와 관련하여 질문 유형, 난이도 수준, 계열에 대해 수업 전에 계획해야 효과적으로 질문할 수 있다. 그리고 질문을 간결하고 분명하고 요점을 살려서 제시한다. 효과적인 구두 질문은 효과적인 글쓰기와 유사하다. 모든 단어가 필요하고, 자연스럽고 대화적인 언어가 되도록 한다. 아울러 학생의 응답을 앵무새처럼 반복하고 짧게 강화하는 패턴을 피한다. 이를 질문-반응-인정(question-responseacknowledgement) 패턴이라고 하는데(Edwards, 1980), 예를 들어 "2곱하기 2는 얼마지? 4요. 그래 4지. 잘했어." 이런 패턴은 학생의 탐구 능력을 저하시키고, 학생이 하는 답의 길이와 질을 저하시킨다. 그리고 학생이 교사의 질문에 집중하도록 하기 위해 학생을 호명할 수 있다. 무작위로 호명하기도 하여 학생들이 자신이 호명될 수도 있다는 긴장감을 갖게 하면 수업 참여나 책무성, 주의 집중, 각성 수준이 높아진다. 그리고 피드백은 즉시 제공한다. 그렇게 할 때 학생의 답은 강화되고, 미완의 답은 정교화되거나 부가적 탐색을 동반하게 한다. 아울러 신속한 피드백은 학생들로 하여금 교사가 자신들의 말을 들었고 평가한나는 것을 인식하도록 해 준다.

7. 생산적으로 피드백하기

피드백이란 교사의 지시나 질문에 대한 학생의 반응을 교사가 반응해 주는 것을 말한다. 지금까지 피드백은 두 가지 관점으로 연구되어 왔다(Mayer, 2003).

첫째, 강화(reinforcement)로서 피드백 연구이다. 이 연구들은 행동주의 학습에 기초한 접근으로, 피드백은 자극과 반응의 연합을 강화하거나 약화한다고 본다. 즉, 긍정적인 피드백은 자극과 반응의 연합을 강화하고, 부정적인 피드백은 그 연합을 약화한다고 본다. 그리고 피드백이 반응을 강화하거나 약화하는 과정은 자동적이고, 학습자의 인지적 해석을 필요로 하지 않는다고 본다.

둘째, 정보(information)로서 피드백 연구이다. 이 연구들은 인지주의 학습에 기초한 접근으로, 피드백을 학습자가 자신의 학습 에피소드(episode)를 의미 있게 해석해 주는 것으로 본다. 강화로서 피드백에서는 학습이 피드백 자체에 의존한다고 보는 데 반해, 정보로서 피드백에서는 학습을 학습자가 그 피드백의 의미를 어떻게 해석하는가에 의존한다고 본다. 즉, 의미 있는 학습은 피드백이 학습자의 지식 구성 과정을 안내하는 정보로서 의미 있게 인식될 수 있도록 제공하는 범위에 달려 있다고 본다. 예를 들어, 강화로서 피드백은 동전을 목표 공간 안에 던지기, "3+3"이라는 플래시 카드를 보고 "6"이라고 말하기, 발표하기 전에 손을 들기, 수돗가에서 물을 먹기 위해 수도꼭지 돌리기 등과 같은 반응 학습(response learning)의 경우 교사가 "잘했다." "맞다."라고 피드백을 주면, 학습자는 자신에게 일어나고 있는 학습을 인식하지 않고 자동적으로 습득한다고 본다. 그러나 정보로서

"잘했다." "맞다."라는 피드백은 학습자로 하여금 추후에도 그 절차로 반응하는 것이 옳다는 정보를 주기 때문에 능동적으로 그리고 의식적으로 학습을 하게 한다고 본다. 따라서 반응학습보다 더 복잡한 기능학습(skill learning)이나 개념학습(concept learning)에서는 정보로서 피드백이 필수적이다.

아담스(Adams, 1976)는 강화로서 피드백과 정보로서 피드백 가운데 어느 것이 학습에 더 효과적인지 비교하는 연구를 종합하고, 단순히 행동주의는 '맞다-틀리다'의 강화적 차원에서 피드백은 학생에게 학습 동기를 제공하지만, 학습을 하게 만들지는 못한다고 결론을 내리고 피드백을 자신의 학습을 완수하는 데 필요한 정보로서 활용하는 인지적 관점의 피드백이 더 학습에 효과적이라고 주장했다. 이 결론은 피드백은 학습자의 학습에 도움을 주는 높은 수준의 질적 정보를 가지고 있을 때 유용하다는 것을 의미한다. 즉, 학습의 효과를 높이려면 학습자가 수행하고 있는 것에 대해 특정하고 자세하게 말해 주는 피드백이 필요하다는 것이다.

아담스(1976)의 피드백에 대한 종합적 검토가 내리는 또 하나의 결론은 학생이 일단 완전학습을 하면 교사가 '맞다-틀리다'의 행동주의적 피드백이든, 질적 정보를 담은 자세한 인지주의적 피드백이든 더 이상 제공할 필요가 없다는 것이다. 즉, 피드백이란 교사의 지시나 질문에 대한 초기 학생 반응이 미숙하고 부적절한 경우에 좀 더 정교해지고, 적절해지도록 하여 높은 수준의 정확한 반응을 도출해 내도록 도울 때만 필요하다는 것이다.

교사가 학생에게 피드백을 제공해서 학습을 완성하도록 돕는 일반적인 방법은 애매모호해서는 안 된다는 것이다. 학생이 한 반응이 정확한지 구체적으로 정보를 제공해 주어야 한다(Borich, 2011b). 동시에 학생에게 당혹감이나 모욕감을 주어서는 안 된다. 특히 학생의 초기 반응은 비논리적이고 우스꽝스러운 경우가 종종 있다. 때문에 또래 학생들이나 교사로부터 그런 반응을 일으킬 수 있으니 조심할 필요가 있다. 이를 위해 피드백은 교수 직후에 무비판적이고 지원적이어야 한다. 예를 들어, "그거 좋은 시도였다. 그러나 내가 생각하던 답과는 조금 떨어져 있구나. 계속 생각해 보렴. 답을 곧 찾을 수 있을 거야."라고 말해 주는 것이 무비판적이고 지원적인 피드백이다. 그 외 워크북에서 정답을 찾아 읽어 주거나 답이 담긴 핸드아웃을 나눠 주거나 학생이 각 답을 완성한 후에 오버헤드로 하나씩 보여 주는 방법도 있다.

교사의 피드백은 학생의 반응이 정확한지를 점검하고 학습을 완성시키는 효과도 있지만, 학급 전체 학생의 수업 참여를 높이는 수단으로서도 기능한다. 그 방법은 학생들이 처음 반응에서 제시한 아이디어들을 활용하여 피드백을 제공하는 것인데, 보리치(2011a)는 다섯 가지 방법을 제시한다.

- 인정하기(acknowledging): 학생이 제시한 정확한 반응을 수용하고 학급 전체 학생에게 반복해서 말해 줌으로써 수업의 명료성을 높인다.
- 수정하기(modifying): 학생이 제시한 아이디어를 바꾸어 말하거나 교사의 언어 또는 다른 학생의 언어로 개념화하여 수업의 다양성을 창조한다.
- 적용하기(applying): 학생이 제시한 반응을 활용하여 하나의 추론을 생성하거나 문제를 논리적으로 분석하는 다음 단계로 넘어가서 학생들이 수업에서 성공하도록 돕는다.
- 비교하기(comparing): 학생이 제시한 아이디어를 다른 아이디어와 비교해서 학습과정에 참여를 고취시킨다.
- 요약하기(summarizing): 학생이 제시한 아이디어를 수업에서 지도한 개념으로 다시 포착하거나 검토함으로써 수업의 목표 달성도를 증진시킨다.

다음은 학생이 제시한 아이디어를 앞의 방법들을 사용함으로써 학급 학생들의 학습 참여를 증진시키는 예이다(Borich, 2011a, p. 17).

교사: 톰(Tom), 피타고라스의 공리는 무엇이지?

톰: $c^2 = a^2 + b^2$ 예요.

교사: (단순히 "정답이다."라고 반응하는 대신) 칠판에 그려 보자. 여기에 삼각형이 있다. 톰이 이야기한 대로 해 보자. 톰은 높이 a를 제곱한 것과 밑변 b를 제곱한 것을 더하면 빗변 c를 제곱한 것과 같다고 했다. 칼(Carl), 앞으로 나와서 톰이 이야기한 공식을 이용하여 우리가 어떻게 빗변 c의 길이를 알아낼 수 있는지 보여 줄 수 있겠니?

칼: 네. a가 3이고 b가 4이면 3과 4를 각각 제곱한 뒤에 더하고 난 후 제곱근을 구하겠어요. 그럼 5가 나오고, 그것이 빗변의 길이예요.

교사: 그랬구나. 3을 제곱하고, 그것을 4를 제곱한 것과 함께 더하고 제곱근을 구하는구나. 그래서 5가 나왔고, 그것이 빗변의 길이구나. 나와서 칠판에 공식을 적용해서 계산해 볼 수 있겠니?

이 대화에서 교사는, 첫째, 톰의 반응을 칠판에 그림으로 나타내고 톰의 답을 다음 단계인 증명하기로 유도하고 있다. 둘째, 톰이 답한 것을 다시 말하면서 톰의 기여가 지닌 가치를 학급에서 인정하고 있다. 셋째, 다른 학생을 호명하여 톰의 답이 정확한지 증명하도록 함으로써 공리를 요약하고 있다. 교사는 이 모든 것을 톰의 단순한 반응인 $c^2 = a^2 + b^2$로 부터 도출하고 있다.

이렇게 학급에서 자연스럽게 나오는 학생의 반응을 피드백으로 사용하는 여러 가지 방법을 통해 수업을 촉진시킬 수 있다. 이를 교사 중재 대화(teacher-mediated dialogue)라고 부르는데, 이런 대화는 학생에게 정답을 묻고 난순히 "잘했다." "맞았다."라는 강화로서의 피드백보다는 정보로서의 피드백을 제공하여 학생이 학습한 것을 정교화하고, 확장하고, 자신의 생각을 정리하도록 하고, 그 의미를 내면화하도록 돕는다(Chaille, 2007; Fosnot, 2005; Phillips, 2000; Richardson, 1997).

8. 학년 초 적응 활동 계획하기

"시작이 반이다."라는 말이 있듯이 학년 초를 잘 출발하는 것은 학기 중의 생활지도와 학습지도를 순조롭게 만드는 데 중요하다. 학년 초에는 학생들이 새로운 담임과 친구들을 만나기 때문에 서로 서먹한 분위기이면서도 교사와 또래들에게 상당한 수준의 호기심을 갖고 그에 따른 기대를 갖는다. 따라서 학년 초에는 교사와 학생 그리고 학생들이 서로 친밀해지도록 하는 친교를 맺고, 추후 학습활동에 적응력을 길러 주는 활동을 계획할 필요가 있다.

1) 친교 활동

학생들이 교사에 대해 그리고 또래들에 대해 알 기회를 주는 활동을 계획한다. 특히 학년 초나 첫날은 교사와 학생들이 서로 알아가는 중요한 시간이다. 에드워즈(2008)는 학기 초에 교사와 학생들 그리고 학생들끼리의 친교 활동을 위해 몇 가지를 제언한다.

첫째, 학생들끼리 서로 알도록 하기 위해 서로의 이름을 외우는 활동과 학생 각자가 자신에 대해 소개하는 이야기를 한다. 예를 들어, 이름 릴레이 게임을 할 수 있다. 교실에 둘러앉아서 하나의 선을 만들고, 첫 번째 사람이 자신의 이름을 말하면 그다음 사람이 그 사람의 이름과 자신의 이름을 옆 사람에게 말해 준다. 이것을 전체 줄이 끝날 때까지 릴레이

식으로 이어 간다. 첫날에 학생들의 이름을 다 외우기 어려우면 다음 날 다시 하거나 소집 단부터 시작한 후 소집단들끼리 모여 할 수도 있다. 교사들은 학생들의 이름을 기억하기 위해 좌석표를 만들기도 한다. 이 게임이 끝난 후에는 학생 각자가 서로를 소개하는 활동을 한다. 처음 만나는 날이라 학생들이 서먹해하면 짝을 지어 상대방에게 자신을 소개하도록 하고, 짝이 상대방이 이야기한 것을 학급 전체에 소개해 주는 방식도 있다.

둘째, 교사가 최고로 잘할 수 있는 수업을 제공하여 학생들이 교사에 대한 기대 수준을 높인다. 그리고 학생들에게 교사 자신을 소개하고, 교사의 재능 영역에 대해 이해하도록 하고, 교사가 인간으로 수용할 만하고 상당한 교수 능력을 가지고 있다는 것을 알게 한다. 예를 들어, 미술교사는 학생들 중 한 명의 초상화를 다른 학생들이 보는 앞에서 그려 주거나 음악교사는 악기를 연주하거나 노래를 하고, 드라마 교사는 극의 대사를 표현하고, 과학교사는 자신의 탐구 프로젝트를 이야기해 주고, 국어교사는 자신이 쓴 글을 읽어 주거나 어려웠던 과정을 어떻게 극복했는지 이야기해 준다. 그리고 난 후 학교 경영 정책, 시험 정책, 숙제 정책 등 교사가 학기 중에 행하는 정책과 학생들에 대해 가지고 있는 기대를 이야기해 준다.

셋째, 학생들이 좋아하는 것과 싫어하는 것, 좋아하는 활동, 학습 선호 양식, 진로 포부 등을 조사한다. 그런 후에 학생들끼리 서로 의견을 나누며 상호 간에 공통점과 차이점을 알도록 한다. 교사는 특히 학생들 간의 차이점을 존중하며 추후의 학습에서 그 차이점을 반영하기 위해 노력할 것이라는 것을 알려 주는 동시에 학생들도 서로 간의 차이점을 인정하고 상호 존중하는 마음을 갖도록 한다.

특히 초등학교 1학년 학생들은 학교에 대한 근심과 걱정 및 기대가 크다. 때문에 교사는 예비 소집을 통해 학생과 라포르(rapport)를 형성하여 친밀한 관계를 만들 필요가 있다. 다음의 예는 예비 소집에서 교사가 교실에서 학생을 개인별로 그리고 부모가 동반한 경우에는 함께 만나 학생과 라포르를 형성하는 예이다(Cangelosi, 2000, pp. 90 92).

유진 스트리트(Eugene Street) 초등학교는 학년 시작 며칠 전에 학생들과 학부모들을 대상으로 오리엔테이션을 한다. 그 목적은 학생들과 학부모들이 교사를 만나고, 학교 캠퍼스에 익숙해지도록 하고, 학교의 정책과 운영 절차에 대해 알도록 하기 위함이다. 1학년 교사 만다(Manda)는 오리엔테이션을 시작하기 전에 학생들의 예비 출석부와 학생에 대한 파일을 받고, 학생들이 유치원에 다녔는지 여부와 학생의 적성과 준비도 검사에서의 점수를 살펴보았다. 그리고 학부형이 기록해서 제출한 학생에 대한 일화 기록도 검토했다.

그리고 오리엔테이션 날 교실에 1학년 학생들의 발달 수준에 적절한 그림과 글로 환영 포스터를 만들어 붙이고, "여러분 환영합니다. 앞으로 1년 동안 함께 공부하게 되어 기쁩니다."라는 따뜻한 목소리로 대화를 이끌어 갔다. 주위를 둘러보고 출석부에 기록되어 있는 20명의 학생들 중 12명은 부모와 함께 참석한 것을 파악했다.

교사: 여러분. 선생님 이름은 만다예요. (악수를 하며) 네 이름은 무엇이니?

류: 저는 류(Liu)예요.

교사: 만나서 반갑구나. 옆에 계신 어른은 누구신지 선생님에게 소개해 줄래?

류: 엄마예요.

류의 어머니: 안녕하세요? 선생님. (악수를 하며) 팡 순 휴산(Fang Sun-Husan)이예요.

교사: 와 주셔서 감사합니다. 류의 1학년 담임 더스틴 만다예요. 이것이 류의 개인 사물함인데 (손으로 가리키며) 이 옆에 앉으시죠. (류를 바라보며) 류야, 너는 유치원에 다닌 적이 있지?

류: 네.

류의 어머니: 류는 웨스트뷰(Westview) 유치원에 다녔어요. 우리는 지난달에 이 동네로 이사왔어요.

교사: (류에게 돌아서며) 그랬구나. 오늘은 너에게 재미있는 날이 되겠구나. 새로운 집에, 새로운 친구들에, 새로운 학교에……. 류야, 너는 우리 학교 이름을 알고 있니?

류: 유진 스트리트 학교예요.

교사: 그래 맞다. (준비했던 유인물을 주며) 이 종이에는 학교 이름, 선생님 이름, 교실 번호, 학급 친구들 이름이 적혀 있단다. 그리고 집에 가서 엄마와 함께 읽어 보며 학년 초에 준비할 내용이 있단다. 다음 주 월요일 아침 8시 30분에 오도록 하고, 종이에 엄마 사인을 받아서 가지고 오렴.

류의 어머니: 류야. 선생님께 종이를 받았으면 어떤 말을 해야 하지?

류: 선생님, 감사합니다.

교사: 그래, 착하구나. 그리고 선생님이 준비한 편지가 있는데(다음의 개별화된 편지 참조) 엄마에게 보여드려라. 우리 반과 우리 학교에 대해 설명한 글이란다. 자, 이제 (학급을 둘러보며) 엄마와 함께 학교도 둘러볼 시간이다. (그 외 류가 어떤 질문이 있는지 묻고 답을 해 주는 대화를 조금 더 이끌어 간 후 예비 소집 면담을 마친다.)

Eugene Street Elementary School

Southside School District

류의 학부모님께

류가 초등학교에 입학하여 1학년을 시작하는 일은 류에게 매우 중요한 사건입니다. 1학년 학교생활
을 통해 얻는 경험은 류의 자신에 대한 태도, 학습 동기, 학습 습관, 사회적 태도 및 기능, 자기 통제력,
학업 능력과 기능 그리고 신체적 발달에 영향을 줍니다. 류의 1학년 담임교사로서 저는 류에게 이런 발
달이 최적으로 이루어지도록 책임감을 갖고 최선의 노력을 다할 것입니다. 이런 책임을 다하기 위해
제가 지닌 전문적 능력을 총동원할 것입니다. 그러나 제 노력 하나만으로는 부족하기 때문에 학부모님들
과의 협동 또한 필요합니다. 이런 이유로 저와 학부모님들은 정기적으로 류의 진보에 대해 소통할 필요가
있습니다. 저는 앞으로 다음과 같이 저의 교육 활동과 류의 진보 상황에 대해 학부모님께 알려드리고 대
화를 나누고자 합니다.

1. 매월 학부모님께 뉴스레터를 보내드리겠습니다. 이 편지는 네 가지 영역으로 구분할 것입니다. 제1
   영역은 '돌아보기' 코너로서 지난달에 한 학급 활동과 성취에 대해 요약하는 부분이고, 제2 영역은
   '이달에는' 코너로서 이번 달에 이루어질 활동과 성취 목표들을 알려드리는 부분이고, 제3 영역은 '앞
   으로' 코너로서 다음 달에 이루어질 활동과 목표들을 알려드리는 부분이고, 제4 영역은 '자녀로부터'
   코너로서 자녀들이 이루어 낸 예술 작품과 기타 학업 성취 결과를 게재해 드리는 부분입니다.

2. 저희 반에는 25명 정도의 친구들이 공부합니다. 제가 원하는 만큼 학부모님들을 개별적으로 만나 의
   견을 나누기는 어려울 것입니다. 학생들이 학교에 나오는 날 저녁에 두세 분의 학부모님에게 전화를
   드림으로써 2주에 한 번은 한 학부모님과 대화를 나눌 수 있을 것입니다. 저의 일과 스케줄의 제한으
   로 인해 이런 간헐적 전화 협의는 10분을 초과하지는 않을 것입니다. 비록 짧지만 류의 진보에 대해
   알려드리고 류의 성장과 발달을 위한 효과적인 방법에 대해 의견을 나눌 수 있을 것입니다.

3. 동봉한 자료는 유진스트리트 학교의 학사력입니다. 이 달력에는 네 번의 교사-학부모 협의회가 계
   획되어 있습니다. 이 협의회에서 저는 류의 학업 성취와 행동발달 상황에 대해 의견을 나눌 것입
   니다.

4. 일주일에 몇 번씩 류는 학교에서 활동한 결과물 샘플들을 집으로 가져갈 것입니다. 이 결과물을 보시고 류에게 학부모님의 관심 어린 격려와 조언을 해 주시기를 바랍니다.

5. 숙제는 일주일에 3~4회 내 줄 것입니다. 그리고 각 숙제를 하는데 30분 정도 걸릴 것입니다. 대개 류의 숙제는 익혀야 할 단어 목록에 단어 읽기와 쓰기를 연습하고, 학교에 가지고 올 자료나 데이터를 수집하고, 독서 목록에서 선정된 읽기 자료를 읽어 오는 것입니다.

6. 가끔씩 학부모님과 저는 협의회를 갖고 류가 혹여 학교에서 가질 수 있는 적응 문제 등을 함께 해결하거나 류가 지닌 재능을 발견하고 개발하는 일에 대해 의견을 나눌 것입니다.

7. 저와 면담이나 협의를 갖는 것이 필요하다고 생각하시면 언제든지 학교에 전화하셔서 오전 7시 34분에서 오후 4시 45분 사이에 약속을 잡아 주시길 바랍니다. 학교 교무실의 비서인 소냐 호이트(Sonya Hoyt)는 학부모 면담이나 협의 업무를 담당하고 있어 전화를 하시면 저를 개인적으로 또는 전화로 만나실 수 있는 약속 날짜와 시간을 알려드릴 것입니다.

8. 학부모님은 언제든지 학급을 방문하셔서 저와 학생들이 함께 공부하는 모습을 보실 수 있습니다. 처음 방문하시는 경우에는 '학급 방문 및 관찰자 지침'을 꼭 읽어 보시길 바랍니다. 학교 정책은 모든 방문자는 학급을 방문하려면 학교 교무실에 들러 방문증을 교부받도록 하고 있습니다. 이 정책은 학교의 안전을 위협할 수 있는 외부인으로부터 자녀를 보호하기 위해 마련한 것입니다.

동봉된 내용들은 다음과 같은 것들입니다.

- 유진스트리트 학교의 학사력
- 시간표
- 교과 교육과정 내용 진술 목록
- 담임교사의 교육 철학

조만간 류와 함께 학교에서 뵙기를 바랍니다.

담임교사 만다 올림

2) 학습 적응 활동

학년 초에 복잡한 교과 수업으로 바로 들어가면 학습에 대한 공포를 느끼고 추후 학습에 적응하기 힘들어하는 학생이 나타날 수 있다. 학년 초에는 쉽고 복잡하지 않고 재미있는 학습 내용을 선택하여 성공적인 경험을 하도록 함으로써 학생들이 추후 학습에 기대감을 갖도록 할 필요가 있다. 그런 학습 내용은 구조화된 교과의 내용을 학생들이 흥미와 요구를 가지고 있는 실제 삶과 연계할 때 잘 마련될 수 있고, 또 그것을 문제해결학습 활동으로 실계하여 제시할 때 그들의 흥미와 요구를 만족시켜 주게 되고 학습에 대한 내적 동기가 증진된다.

다음의 예는 앞에서 소개한 유진 스트리트 학교의 초등학교 1학년 담임교사가 학년 초 학습 적응 활동을 한 사례이다(Cangelosi, 2000, pp. 243-244).

교사 만다는 예비 소집일에 학생과 학부모와 만나 라포르를 형성하였다. 그리고 그날의 정보를 기초로 다음 주 월요일 첫 등교 날 순조로운 학교생활을 출발할 수 있도록 하는 동시에 공부라는 것이 매우 중요하다는 메시지를 전달하였다. 먼저, 다음의 활동 목적을 세웠다.

- 학교 학습활동 중에서 재미있는 활동을 하여 학교라는 새로운 학습 환경에 긍정적인 오리엔테이션을 갖도록 한다.
- 모두가 따라할 수 있는 쉬운 활동을 하여 학생별 활동 수행 모습을 모니터하고 학생들의 개인차를 파악한다.
- 학생이 교사와의 학교 활동을 통해서 자신의 개인적 흥미를 계발시키고, 자신의 판단을 존중해 준다는 인상을 갖도록 한다.
- 교과와 연계한 실생활에서의 내용 소재를 활동으로 설계하여 교과 학습과 자신들의 삶이 연계되어 있다는 인식을 갖도록 한다.

그리고 교사 만다는 이 네 가지 목적을 달성하기 위하여 학생의 실생활에서의 내용 소재를 가지고 스티커 붙이기, 그림 그리기, 움직임 운동 등 여러 가지 쉽고도 간단한 학습활동을 하였다. 각 학습활동에 대한 지시는 간단하고 명료하게 내리고 학급의 모든 학생이 동시에 지시에 따라 학습활동을 하도록 하고, 모든 학생이 활동에서 성공하도록 하여 학습활동에 대해 자신감을 갖게 하고 추후 학습에 대한 성공 기대를 높이도록 하였다. 아울러 학생이 지시에 따라 같은 과제를 수행하는 모습을 모니터하고 학생의 개인차를 파악하고 기록한 후 추후 개별 학습에 참고할 계획을 세웠다.

　다음은 고등학교 역사교사가 학년 초 학습 적응 활동으로 실제 삶의 문제를 대면하도록 하여 문제해결학습 활동을 한 사례이다(Cangelosi, 2000, pp. 243-244).

　　　고등학교 역사교사 피스카텔리(Piscatelli)는 학생들이 20세기 전반부의 미국 의회의 활동을 더 잘 이해하도록 2주 분량의 단원을 개발하였다. 피스카텔리는 학생들이 관심을 두고 있는 현대의 이슈를 찾아내고 다음과 같은 문제에 초점을 맞추었다. 마리화나가 합법화되어야 하는가? 연방 정부는 실업 문제에 대해 어떤 일을 해야 하는가? 의회는 소수 민족 집단의 권리를 담보하기 위해 어떤 일을 해야 하는가? 미국은 남녀평등 헌법 수정안을 필요로 하는가? 연방 정부는 낙태 문제에 대해 어떤 조치를 취해야 하는가? 연방 정부는 환경오염 문제에 대처하기 위해 어떤 자세를 견지해야 하는가?

그리고 다음과 같은 학습활동을 펼쳤다.

1. 학생들을 6개의 협동학습 과제 집단으로 나누었다. 한 집단은 의회가 20세기 초반 술 금지법을 시행했는지 그리고 그 시대의 역사적 교훈이 현대의 이슈인 마리화나 금지법과 어떻게 관계를 맺고 있는지 조사하도록 하였다. 이 집단은 그 시대의 술 금지와 현대의 마리화나 금지가 지닌 공통점과 차이점을 찾아내고 의회가 마리화나 금지법을 철회하기 위해 취할 수 있는 논리적 배경에 대해 보고하도록 하였다. 나머지 5개 협동학습 과제 집단도 각각 같은 방식으로 다른 문제를 조사하고 보고하도록 하였다.
2. 각 협동학습 집단에게 소집단을 운영할 조직적 구조를 제공하고 정보를 얻을 자료 목록을 안내하고, 하위 과제들의 마감 기일 목록을 제공하고, 학습할 내용을 어떻게 보고할 것인지에 대해 지시하였다.
3. 20세기 전반부 의회 운영 분위기에 대한 전반적인 모습을 알고, 그 시대의 문제와 현대의 문제를 보다 잘 비교할 수 있도록 하기 위해 모든 학생은 역사 교과서(1901년과 1935년 사이의 역사를 다룬 장)를 읽도록 하였다.
4. 각 집단은 스케줄에 따라 학급 전체 학생에게 보고하였다.
5. 각 집단의 보고 후, 학생들은 보고 내용에 대해 토론하고 현대의 문제를 해결할 아이디어를 제안하였다.

중등학교의 경우, 학년 초에 교과의 교수요목을 제작하여 이에 대한 이해를 공유하면 추후 학습에 순조롭게 적응하도록 도움을 준다. 이는 교과 코스의 목적, 학습할 내용 구조, 학생들의 학습에 대한 이해를 증진시킨다. 다음은 잘 제작된 미국 레인보우 고등학교(Rainbow High School)의 역사교과 교수요목의 예이다(Cangelosi, 2000, pp. 100-104).

미국 역사교과 교수요목

1. 이 코스는 무엇을 배우는가?

이 코스는 미국의 역사를 다룬다.

- 미국의 탄생에서 현재까지 시간 여행을 한다.

- 오늘날의 이슈와 문제들을 다루는 데 있어 역사가 주는 교훈을 어떻게 활용할지 발견한다.

2. 역사란 무엇인가?

역사는 세 가지 측면이 있다.

- 과거의 모든 사실적 사건

- 역사가들이 과거 사건들을 발견하고 기술하며, 그 원인과 영향을 설명하는 방법

- 역사가들의 활동 결과로 나타난 기록 문헌들

3. 왜 미국 역사를 배워야 하는가?

우리는 일상의 삶에서 어떻게 행동할 것인지, 무엇을 할 것인지, 어디를 갈 것인지, 누구를 만날 것인지, 무엇을 먹고 입을지 등을 결정한다. 이런 결정들은 과거의 삶에서 발생했던 사건들에 의해 영향을 받는다. (즉, 각자의 개인적 역사에 의해 영향을 받는다). 예를 들면, 우리는 여행을 가고자 할 때 과거 경험을 통해 지루했던 곳보다는 즐거웠던 곳을 가기를 더 선호한다. 과거의 사건들에 대한 우리들의 이해는 우리가 현재와 미래의 사건들을 통제하는 데 도움을 준다. 세계 시민으로서, 특히 미국에서 살고 있는 우리는 미국의 현재와 미래의 사건들에 영향을 미친다. 그런 사건들은 우리의 일상의 삶에 영향을 준다. 미국의 과거 사건들을 이해하면 미래에도 좀 더 좋은 방향으로 영향을 줄 수 있게 될 것이다. 아울러 다음과 같이 역사를 배워야 하는 좀 더 현실적인 이유들도 있다.

- 일반 고등학교와 직업 고등학교, 기술학교, 또는 입학할 대학에서 여러분이 이수할 다양한 코스에서 성공하는 일은 여러분의 역사에 대한 이해에 의존한다.

- 고등학교를 졸업하기 위해서는 미국 역사 코스에 대한 1년 학점을 필요로 한다.

- 어느 정도의 미국 역사에 대한 이해는 오늘의 사회를 살아가는 교양 있는 시민에게 기대되고 있고 또 많은 직업 세계에서 필요하다.

4. 이 코스는 누구와 함께 공부하게 되는가?

낸시 피셔(Nancy Fisher) 선생님이 여러분에게 미국 역사를 가르칠 것이다. 학급의 또래들도 각각 이 코스에서 배울 것이다. 또한 여러분도 미국 역사에 대해 가지고 있는 아이디어, 통찰, 문제, 해결책 등을 제시하고 또래들과 공유하면서 이 코스에서 배울 것이다.

5. 이 코스를 어디에서 배울 것인가?

교실 203호에서 주로 공부하지만, 가정 및 여러 지역사회를 탐방하면서 미국 역사에 대해 공부할 것이다.

6. 이 코스에서 어떻게 학습할 것인가?

여러분은 위협이나 협박을 당하거나 당혹감에 빠지는 일이 없이 자유롭고 즐겁게 공부할 권리를 가지고 있다. 그러나 피셔 선생님도 여러분의 학습을 방해하거나 혼란스럽게 만드는 일이 발생하지 않도록 조치할 권리를 가지고 있다. 따라서 이 코스에서의 여러분은 다음과 같은 다섯 가지의 행동 규칙을 준수해야 한다.

- 역사를 배우는 데 있어 최선을 다하여 참여한다.
- 다른 학생들이 역사를 배울 기회를 방해하지 않는다.
- 이 코스에 참여하는 모든 구성원(교사, 또래, 자기 자신을 포함)의 권리를 존중한다.
- 수업과 학급 운영 절차에 대해서는 피셔 선생님의 지시를 따른다.
- 학교의 규칙과 절차를 지킨다.

7. 이 코스에서 어떤 학습자료들이 필요한가?

모든 수업에 다음과 같은 학습자료들을 지참한다.

- 교과서: DiBacco, T.V., Mason, L.C., & Appy, C.G.(1991). History of the United States. Boston: Houghton Mifflin.
- 4개 영역으로 구성된 공책
  - 영역 ①은 수업에서 노트할 부분
  - 영역 ②는 숙제와 수업에서 부여한 과제를 기록할 부분

　　－영역 ③은 개별학습과 협동학습을 통해 수집한 역사 유물 사진을 보관하는 부분

　　－영역 ④는 정의와 사실들에 대한 참고문헌을 정리하는 부분

　• 스크래치 패드(메모 용지철)

　그리고 5개의 컴퓨터 디스켓이 필요하다. 이 디스켓들을 모든 수업에 가지고 올 필요는 없으나 학교에서 언제든지 사용할 수 있도록 개인 사물함에 보관해 둔다.

　교과서는 1년간 대여해 줄 것이다. 깨끗하게 사용하고 수업이 종료되는 날 피셔 선생님에게 반납한다. 그 외 학습 준비물은 교내 서점이나 기타 상점에서 구입할 수 있다.

　8. 이 코스에서 여러분이 할 일은 무엇인가?

　이 코스는 22개의 단원으로 구성되었는데, 한 단원은 1주 또는 3주 동안 다룬다. 각 단원을 이수하는 동안 여러분은 다음과 같은 활동을 하게 된다

　• 피셔 선생님의 이야기를 듣고, 선생님의 시범을 관찰하고, 선생님의 설명을 노트에 필기한다.

　• 또래들이 이야기하고 시범 보이는 것을 듣고 관찰하면서 또래의 설명을 노트에 필기한다.

　• 여러분 본인도 이야기하고 시범을 보이며 여러분이 설명한 것을 또래들이 노트에 필기한다.

　• 질문을 하고, 이에 답하면서 또래들과 토론한다.

　• 소집단 협동학습에 참여하여 또래들과 함께 학급에서의 과제를 해결한다.

　• 개별적으로 부과된 학급에서의 과제들을 독립적으로 해결한다.

　• 몇 개 소규모의 퀴즈 시험들을 치르는 데 참여한다.

　• 숙제를 완수한다.

　• 단원의 종합 시험을 치르는 데 참여한다.

　9. 이 코스에서 여러분이 배우는 것은 무엇인가?

　각 단원은 새로운 역사적 토픽을 소개하거나 이전에 학습했던 토픽을 더 깊이 이해하게 될 것이다. 단원을 학습하는 동안 여러분은 다음과 능력을 습득할 수 있다.

　• 아이디어나 아이디어들 간의 관계를 발견하게 될 것이다.

　• 역사적 방법을 사용하는 능력을 증진시키게 될 것이다.

　• 새로운 정보를 습득하거나 이전에 습득했던 정보에 대한 이해를 보다 깊게 할 것이다.

• 역사가 주는 교훈을 현재의 문제를 해결하는 데 사용하는 능력을 신장시킬 것이다.

22개 단원의 제목은 다음과 같다.
① 과거의 교훈에 비추어 미래를 내다보기: 역사적 방법
② 초기 미국인, 탐험 그리고 식민지화
③ 새로운 국가
④ 미국 헌법과 새로운 공화국
⑤ 확장
⑥ 시민혁명과 재건설기
⑦ 산업시대의 미국 출현, 새로운 개척지들
⑧ 도시 사회와 호황기의 정치
⑨ 저항과 진보 운동
⑩ 확장주의
⑪ 제1차 세계대전
⑫ 포효하는 20대들
⑬ 세계 대공황과 뉴딜 정책
⑭ 평화의 추구와 제2차 세계대전
⑮ 냉전 시대
⑯ 갈등과 희망의 정치
⑰ 시민 권리 운동
⑱ 베트남 전쟁
⑲ 추한 정치
⑳ 글로벌 사회를 향하여
㉑ 새로운 국수주의
㉒ 학습한 것을 새로운 세기로 확장하기

(1~12 단원은 1학기에, 13~22 단원은 2학기에 이수한다.)

10. 미국 역사를 학습했다는 것을 어떻게 알 수 있는가?
모든 사람은 적어도 역사의 일정 부분을 알고 있지만 그것을 완전하게 아는 사람은 없다.

여러분은 이 코스에서 학습한 것을 사용하여 역사의 교훈을 일상의 의사결정에 적용하는 능력을 발달시킬 것이다.

문제는 역사를 배웠는가의 여부가 아니고 역사를 얼마나 잘 배웠는가이다. 이 코스를 이수하는 동안 여러분이 완성한 작업에 대한 피셔 선생님의 피드백 코멘트, 짧은 퀴즈 시험에서의 성적들 그리고 단원학습, 중간고사, 기말고사에서 얻은 성적을 통해 여러분이 얼마나 진보했는가에 대한 피드백을 받게 된다.

11. 이 코스의 성적은 어떻게 결정되는가?

1~12 단원에 대한 시험 성적, 6단원과 7단원 사이에 계획되어 있는 중간고사 성적 그리고 기말고사 성적을 종합해서 1학기의 성적을 정한다. 이 시험들이 1학기 성적에 반영되는 비중은 다음과 같다.

- 1~12 단원 시험 성적   60%(각 5%)
- 중간고사 성적   15%
- 기말고사 성적   25%

13~22 단원 성적, 17단원과 18단원 사이에 계획되어 있는 중간고사 성적 그리고 기말고사 성적을 종합해서 2학기의 성적을 결정한다. 이 시험들이 2학기 성적에 반영되는 비중은 다음과 같다.

- 13~22 단원 시험 성적   60%(각 5%)
- 중간고사 성적   15%
- 기말고사 성적   25%

9. 배움 중심 교실 환경 꾸미기

교실 환경을 심리·사회적 환경과 물리적 환경으로 구분할 수 있는데 학생의 배움을 활성화시키는 그런 환경은 일련의 특징들을 지니고 있다. 따라서 배움 중심 수업을 하는 교사는 이런 특징들을 지닌 교실 환경을 조성하려고 노력해야 한다.

1) 교실의 심리 · 사회적 환경과 물리적 환경

(1) 교실의 심리 · 사회적 환경은 교사와 학생 그리고 학생들끼리의 상호적인 환경을 말한다

① 로저스가 말하는 교실의 심리 · 사회적 환경

로저스(Rogers, 1961)는 교실의 심리 · 사회적 환경이 다음과 같아야 한다고 세 가지를 지적한다.

- 교사가 학생 개개인에 대해 무조건적인 긍정적 관점(unconditional positive regards)을 갖는 것이다. 즉, 학생 각자가 처한 현재적 상황과 관계없이 학생 모두가 자아를 실현할 수 있는 인물로 보고 학생을 무조건적으로 수용하고 존경하는 긍정적이면서도 미래 지향적인 자세를 취한다. 자아실현이란 학생이 되고자 하는 인물이 되는 것(becoming oneself)을 말하는데, 무조건적인 긍정적 관점은 학생이 현재 성적이 나쁘든지 품행이 바르지 않든지 간에 미래에는 자아를 실현하는 인물이 될 수 있다고 긍정적으로 본다는 의미이다.
- 공감적 이해(emphatic understanding)이다. 즉, 학생이 현재 행하는 모습의 원인을 학생의 입장에서 조망한다. 왜 학생이 현재 성적이 나쁘고 품행이 바르지 못한지를 그의 입장에서 살펴본다. 이런 조망은 학생에 대해 교사가 이해하지 못했던 부분을 새로 인식시켜 주고 그에 적절한 교육적 처방을 내리도록 해 준다.
- 비교 평가의 부재(lack of comparison)이다. 즉, 학생들 간의 상대적 비교를 하지 않는다. 이 개념은 학생 모두가 소질과 적성에서 다르다는 점을 인정하고, 인간 존엄성을 기저로 삼는다는 의미이다. 배움 중심 수업에서는 학생을 서열화하는 상대평가 체제에서 교육과정의 목표를 어느 정도나 성취했는지를 살펴보는 절대평가 체제로 변환하고, 모든 학생은 소질과 적성이 서로 상이하기 때문에 그 교육과정의 목표를 성취하는 정도가 서로 상이할 수 있다는 것을 인정해야 한다. 그러는 과정에서 학생은 자신의 장단점을 파악하고 나름대로의 정체적 성격을 발달시키도록 돕는다.

② 톰린슨이 말하는 교실의 심리 · 사회적 환경

톰린슨(Tomlinson, 2005)은 학생 중심 교실에서는 심리 · 사회적 환경이 다음과 같아야 한다고 일곱 가지를 지적한다.

- 모든 학생이 환영받는 학급이어야 한다. 교사는 학생 개개인에게 직접적이고 긍정적인 관심을 갖고, 학생들끼리는 다른 학생들의 존재를 인정하고, 교실은 학생들의 작품들로 채워야 한다.
- 인격적 상호 존중을 가장 귀한 가치로 여기는 학급이어야 한다. 성, 문화, 학습 속도, 언어, 복장, 인성적 특징과 관계없이 수용과 존경의 감정을 모든 학생이 공유해야 한다.
- 학생들이 신체적, 심리적 안전감을 느끼는 학급이어야 한다. 신체적 위험이나 정서적 위험에서 자유로운 환경, 학생은 도움이 필요하면 도움을 요청하고 잘 모르는 부분은 모른다고 말할 수 있을 정도로 교실은 안전감이 있어야 한다. 자롤리멕과 포스터 (Jarolimek & Foster, 1995, pp. 316-317)도 이를 다음과 같이 강조하고 있다.

> 정의적 학습을 위해서 위험이 없는 학교 환경이어야 한다. 위험이 없는 학교 환경이란 학생이 교사의 지원과 격려를 당연한 것으로 받아들이는 환경을 말한다. 학생은 교사를 자신을 지지해 주는 사람으로 인식해야 한다. 더 나아가 학생은 교사가 학급에서 자신을 보호해 줄 방패로 인식해야 한다. 학생은 새로운 아이디어를 시험하고 실패하더라도 파괴적인 비평이나 처벌을 두려워하지 않고 대안을 제시하는 것이 안전하다는 것을 직관적으로 알고 있어야 한다. 교사는 학생이 창의적으로 상상하도록 격려하고 이를 위한 안전망을 제공해 주어야 한다. 교사와 학생 간의 관계는 비형식적일 필요는 없으나 학생이 심리적으로 그리고 정서적으로 편안하게 느끼도록 해야 한다.

- 철저히 성장을 기대하는 학급이어야 한다. 모든 학생은 자신이 할 수 있는 만큼 성장할 수 있다고 기대하고, 자신의 성장을 차트화하고, 자신의 학습목표와 그것을 성취하는 방법을 상호 토의할 수 있어야 한다.
- 교사는 모든 학생의 성공을 위한 수업을 해야 한다. 교사는 모든 학생이 학습에 성공하는 데 필요한 조치를 취하며 선발적 관점이 아니라 성장적 관점을 취해야 한다.
- 개별화 교수가 지닌 교육 기회가 공평해야 한다. 공평성은 종종 모든 학생을 똑같이 취급하는 것으로 간주하지만, 학생의 소질과 능력을 고려하는 개별화 교수에서 공평성은 각 학생은 성장하고 성공하기 위해 필요한 것들을 가지고 있고 학생에 대한 교수적 처치는 다를 수 있다는 교육 기회의 공평성 관점으로 접근한다.
- 교사와 학생은 상호 간에 성장과 성공을 위해 협동해야 한다. 모든 학생은 자신 및 타인의 안녕을 책임진다. 학생은 어떤 특정한 시간대에 상이한 책임감을 가져야 하는 동

시에 학생으로서 그리고 학습 공동체의 구성원으로서 책임감과 독립심을 증진시켜야 한다.

(2) 교실의 물리적 환경은 시설과 가구의 공간적 배치와 학습재료의 설치를 말하는데, 예 술적 측면과 기능적 측면을 동시에 만족시켜야 학생의 배움을 활성화할 수 있다

먼저, 교실의 물리적 환경은 인간 삶의 예술적 차원에 대한 이해를 반영해야 학생의 정 의적, 인지적 발달을 증진시킬 수 있다. 책걸상만 있는 학급 공간이 아니라 예술적 공간이 되도록 교실을 설계하고, 푹신한 안락의자, 독서 램프, 식물, 예술적 그림이나 조각품 등을 배치하고, 게시판에는 학생들이 탐구할 질문들을 적어 놓고, 교실 뒤편에 책과 잡지들을 놓아두고 읽도록 하거나 조용히 혼자 음악을 들을 수 있는 시설을 제공할 필요가 있다. 자 롤리멕과 포스터는 이런 물리적 환경의 중요성을 다음과 같이 강조한다(1995, p. 317).

새로 지은 학교는 대부분 미적이다. 학교의 건물은 합리적인 가격으로 교육적 시설들이 기 능적일 뿐만 아니라 미적인 것들이 되도록 설계할 수 있다. 교사도 학급 환경을 미적인 공간 으로 창조할 수 있다. 게시판이나 전시 공간들은 정의적 메시지를 전달하는 자료들로 채울 수 있다. 유명 화가의 그림이나 조형물을 이용할 수도 있고, 책, 시각적 자료, 잡지, 음반 등 을 비치하는 노력이 필요하다.

와인스타인(Weinstein, 1979)의 연구에 따르면 교실의 물리적 환경이 미적으로 즐겁고 편안하고 안전감이 있고 학습을 유도하는 것일 때 학생은 학습에 더 참여하고, 또래들과의 갈등이 적고, 피로감과 불만을 덜 느끼고, 교사도 학생을 덜 통제하고, 더 우호적이고, 더 인간적이라고 보고했다.

엘킨드(Elkind, 1976)는 초등학교 저학년의 경우에 교실에 소위 '조용한 공간(quiet corner)'을 설계해 예술적 공간으로 꾸미고, 이 공간에는 조그만 양탄자를 깔고, 부드러운 베개, 카세트 리코더, 책 등을 갖춘 조용한 공간을 갖추어 주고 혼자 있고 싶을 때, 작업을 중지하고 잠깐 쉬고자 할 때, 지루해졌을 때 쉬도록 한다. 피아제(Piaget)는 아동이 성인과 는 정신적 구조가 다르지만 정서적으로 성인과 흡사하다는 점을 지적하며, 아동도 성인처 럼 쉴 때가 필요하다고 말한다.

그리고 교실의 물리적 환경은 학생의 학습에 도움을 줄 수 있도록 학습재료와 시설 및 가구를 기능적으로 배치한다.

피아제(1970c)는 이를 '활성적(active)' 학급이라고 표현하는데, 좀 더 구체적으로 말하면 조작적, 회화적, 암시적 학습이 활발하게 일어나도록 하는 학급이다. 피아제에게 학습은 동화와 조절의 측면을 가지고 있기 때문에 이 중 어느 한 가지가 우세한가에 따라 학습의 형태가 다르다. 즉, 동화과정을 강조하는 학습, 조절과정을 강조하는 학습, 동화와 조절을 통합하는 학습이다.

조작적 학습(operative learning)은 동화가 우세한 추상화 학습으로, 학생의 지능이 재료를 통해서 적극적으로 관여하면서 나타난다. 예를 들어, 크기순으로 막대기를 늘어놓는 활동을 함으로써 늘어놓는 활동 그 자체를 추상화한다. 양의 보존개념에서 지적 변화에 따른 논리적 갈등과 모순을 대면할 때 그것을 조작해 봄으로써 보존개념을 추상화하는 학습을 한다. 조작적 학습은 일반적인 지적 발달뿐만 아니라 실제적 지능(practical intelligence)을 발달시킨다. 실제적 지능이란 일상의 삶을 위해 습득해야 하는 지식과 조작이다.

회화적 학습(figurative learning)은 현실의 어떤 측면은 재구성 또는 재발견할 수 없고 대부분 복사해야 한다. 예를 들어, 언어, 얼굴 표정, 제스처, 화자 간의 거리 유지 등 의사소통의 많은 과정은 문화를 조건으로 하는 학습이다. 즉, 조절이 우세한 학습이다. 따라서 회화적 학습은 추론 과정보다는 연합 과정이며, 그 외에도 수학적 사실, 전화번호, 시를 암기하는 것은 회화적 학습의 예이다. 회화적 학습은 조작적 학습보다 더 단순해 보이지만, 조작적 지능을 구성한다. 예를 들어, 작대기를 크기순으로 늘어놓은 것을 기억하기 위해서는 먼저 아동 스스로 늘어놓을 수 있어야 한다. 회화적 학습을 통해 얻는 지식을 상징적 지능(symbolic intelligence)이라고 부른다. 상징적 지능은 인간 상호 간 의사소통과 관계가 있으며, 언어뿐만 아니라 수학, 상징적 논리, 움직임, 신호 등을 포함한다. 이는 상징과 관계하기 때문에 귀먹은 사람들도 이런 학습을 하는 데 문제가 없다. 실제로 그들도 상징적 지능은 부족하지 않다.

암시적 학습(connotative learning)은 개념과 언어적 상징을 연계하는 학습을 말한다. 아동은 무의식적으로 개념은 모르지만 많은 단어를 듣고 습득(회화적 학습)하는데, 단어는 모르지만 그 개념을 실제적 지능의 무의식적 작용으로 인해 습득하고 있다(조작적 학습). 암시적 학습은 그 단어(상징)와 개념을 연계하여 의미를 재구성하는 학습을 말한다. 즉, 동화와 조절이 통합되는 학습이다. 예를 들어, 시를 쓰거나 소풍 경험을 기술하는 학습은 암시적 학습인데, 이 활동에서 아동은 생각(개념)을 언어로 꿰맞추거나 언어를 생각(개념)에 꿰맞추는 활동을 한다. 암시적 학습의 동기는 내적이면서도 사회적이다. 즉, 놀이가 동기이다. 아동은 개념이나 단어를 습득하면 그것을 가지고 놀기를 원하는데, 개념을 가지고 노는 것은 다양한 언어적 표현으로 그 개념을 시험해 보고, 단어를 가지고 노는 것은 개념에 그것을 묶는 것이다.

배움 중심의 학급 환경은 이 세 가지 학습을 활성화하기 위해 학습자료를 풍부히 구비해야 한다. 예를 들어, 조작적 학습자료로 기하판, 칩, 블록, 조개껍데기, 나뭇잎, 암석 등을, 회화적 학습자료로 수학, 읽기 워크북, 복사된 학습지 등을, 암시석 학습자료로 리놀륨 블록, 전시물, 꽃꽂이, 조작, 골동품 등을 준비한다. 특히 동식물과 같은 학습자료는 이 세 가지 학습을 증진시킨다. 동식물이 성장하는 모습을 측정하고 차트로 그리는 것은 조작적 학습을 돕고, 명명하기, 동식물끼리 서로 관계 짓기를 통해 어휘를 증진시키고, 동식물 간 차이점, 암수 구별 등은 회화적 학습을 돕고, 서술문 쓰기, 스케치하기 등은 암시적 학습을 돕는다. 그 외 교실은 지역사회를 끌어들이는 공간이 되어야 한다. 지역사회의 모습을 교실에 담아서 친환경적 분위기를 연출할 수도 있고, 지역사회의 산이나 강에 대한 사진, 꽃, 암석, 화석, 골동품, 사료 등 자연세계와 문화 세계를 교실 안에 비치함으로써 학생들이 교실을 지역사회, 가정의 연장이라고 생각하게 하여 편안함을 느끼도록 한다. 초등학생의 경우에 지역의 자연세계를 교실로 연계하는 것을 더 강조하고, 중등학생의 경우에 지역의 사회 세계를 연계하는 것을 더 강조할 수 있다. 예를 들어, 청소년의 우상 사진, 정치적 인물이나 문학적 인물 사진, 추상적 미술품이나 조각품 등을 전시할 수 있다. 또 교실은 좀 더 전문화되어 전시하는 물품은 교과의 내용을 반영할 필요가 있다. 예를 들어, 프랑스에 대한 사회과 시간에 파리의 사진, 포도주를 만드는 기계 등을 전시하여 청소년들의 호기심을 불러일으키고, 어휘를 확장시키고, 심미적 감각을 만족시키도록 할 필요가 있다.

2) 교실의 공간 배치

학급의 시설과 가구 배치 또한 학습에 도움을 줄 수 있다. 학생의 학습에 순기능적인 교실 공간 배치에 대한 연구들은 몇 가지 중요한 제언을 한다(Edwards, 2008; Glasser, 1977; Good & Brophy, 1986; Jones, 1987; Tomlinson, 2005; Valett, 1970; Weinstein, 1979).

(1) 가구, 책걸상과 같은 학급의 물리적 정렬은 교수 프로그램에 맞추어져야 하고, 개별학습, 소집단 학습, 전체 학습활동에 맞춰 융통성 있게 조정할 수 있어야 한다

좌석 배치도 교수의 목적에 상응하게 해야 한다. 유일한 최선의 방법은 없다. 학생들의 상호작용을 제한하고 교사의 설명을 듣거나 독립적 학습을 증진시키려면 줄 따라 앉게 하는 것이 좋다. 직사각형 테이블에서 학생들이 창의적인 글쓰기를 하면 학생들은 서로를 바라보느라 집중하기 어려워하고 과제를 완성하는 데 어려움을 겪는다. 토론을 활성화하고 의견 교환과 토론에의 집중력을 높이고자 하면 원 배치가 좋고, 소집단이나 클러스터를 꾸미면 구성원들 간의 상호작용을 높이고 순시적으로 참여를 유도할 때 사용히기 좋다. 학급의 칸막이는 다른 학생들을 방해하지 않고 프라이버시를 보호하면서 학습 몰입 행동을 높이는 데 필요하다.

(2) 학급의 가구들의 가동성을 극대화하고 접근이 수월하게 한다

이런 접근성은 학생들에게 순간순간 접근을 편이하게 해 준다. 가구 사이의 공간도 적절하여 교사 및 학생의 움직임 패턴에 맞추어 조정해야 한다. 교사가 쉽고 빠르게 학급의 모든 공간에 접근하도록 가구를 배치하고, 학생들과의 접근 거리와 그 사이의 물리적인 장벽들을 최소화한다. 예를 들어, 교사의 책상은 학급의 정면에 놓아 두지 않는다. 이렇게 되면 교사의 움직임을 제한하고 학생에게로의 접근성이 줄기 때문이다. 교사의 책상은

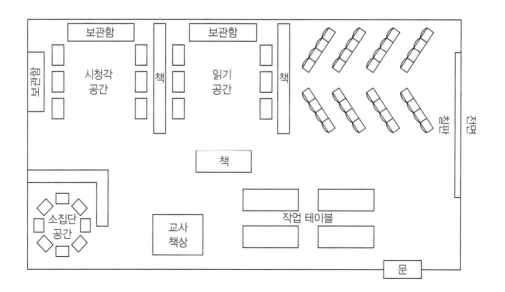

[그림 4-1] 수업 중심의 교실 모습

교실 뒤편이나 코너 안쪽에 두는 것이 적절하다. 이런 곳에서 교사는 개별 학생들의 비밀을 지켜 주며 지도할 수 있고, 학생들은 당혹감을 덜 가지면서 교사와 감정을 나눌 수 있다(Savage, 1991). 특히, 교사의 책상을 학급의 뒤에 위치시키면 학생들은 언제 자신들이 관찰되고 있는지를 덜 의식하게 되고, 학습 몰입 행동을 증진시킨다.

앞에서 설명한 제언을 만족시키는 교실 모습의 예는 [그림 4-1]과 같다(Edwards, 2008, p. 379).

(3) 교사는 자리 배치에서 학생에게 자유를 주기보다 배정하는 것이 더 효과적이다

자리 배치에 자유를 주면 우수학생은 앞자리에 앉으려고 하고, 학습부진아는 뒷자리에 앉으려고 하여 학생 훈육에 비효과적이다. 오히려 학습부진아나 잠재적 말썽쟁이들을 앞자리에 앉혀 교사가 쉽게 감시하도록 하고, 자기조정적인 능력이 있는 우수학생들을 뒷자리에 앉히는 것이 학급 훈육에 더 효과적이다. 그러나 학생들을 충분히 파악하기 전인 학년 초에는 '가나다' 순이나 무작위 순으로 앉히고 좌석 배치가 몇 주 후에 있을 것이라고 예고한다.

(4) 활동 구역을 학급의 거의 모든 곳으로 한다

아담스와 비들(Adams & Biddle, 1970)은 교사가 수업하는 학급의 앞 중앙을 활동 구역(action zone)이라고 명명하였는데, 그 구간은 교사와 학생의 상호작용이 매우 활발히 일어나고 학생들이 학업에 좀 더 성공적인 곳이다. 그 이유는 교사와 학생 간의 공간적 거리가 가까울수록 학생들과의 언어적, 비언어적 의사소통이 활발해지고 더 많이 상호작용이 있기 때문이다(Borich, 2011b). 이에 따라 학생들은 활동 구역에서 수업에 좀 더 참여하고, 학습에 좀 더 몰입하고, 더 나은 태도를 갖는다. 그러나 활동 구역 밖에 앉은 학생들은 교사의 지명을 덜 받고, 교사가 덜 모니터하고, 모든 학급 활동에 덜 참여하는 편이어서 학업 성취와 자아존중감도 낮아지고, 교사가 근접하면 불안감을 느낀다. 딕만과 레이스(Dykman & Reis, 1979)에 따르면 자아존중감이 낮은 학생들과 학습 몰입 행동을 유지하는 데 어려움을 갖는 학생들이 활동 구역 안에 자리를 잡게 되면 좀 더 긍정적으로 바뀐다고 보고한다. 그 이유는 이 자리에서 교사와 좀 더 활발한 의사소통과 상호작용으로 인해 학업에의 참여가 높아지기 때문이다. 따라서 교사는 학급의 거의 모든 곳이 활동 구역이 되도록 수시로 이동할 필요가 있다.

(5) 학습 센터를 마련한다

학습 센터(learning center)는 학생들이 개인별로, 소집단별로 그리고 어떤 경우에는 학급 전체 학생이 주제를 탐구하거나 기능을 연습하는 데 필요한 학습자료들을 구비한 장소이다. 소위 학급 내 '작은 학급이나 도서관'이다. 교사는 학생들의 다양한 준비도 수준, 학습 양식, 흥미와 요구에 부응하는 학습활동을 학습 센터를 통해 구현할 수 있는데, 배움 중심 수업에서 이는 중요한 개념이다. 학습 센터 설치는 학생 수가 많지 않은 소규모 학급에서는 비교적 쉬운 일이나 대규모 학급에서는 공간을 확보하기 어렵기 때문에 쉽지 않다. 그러나 교사가 의지가 있고 또 창의성을 발휘하면 학급 내 학습 센터를 만들 수 있다. 이것이 어려우면 학년별 또는 교과별 공동 학습 센터를 설립해 볼 수도 있다. 학습 센터에서 주로 하는 학습은 학생들의 자기주도적 학습이다. 하지만 학습 센터에서 학생들이 학습하는 모습에 대해 교사는 면밀히 관찰하고 모니터해야 한다. 특히 학습 센터에서의 학습활동 지시는 명료해야 하고, 학습 센터에서의 학습이 성공적이었는지를 판단하는 준거를 분명하게 제시하고, 개인별로 또는 소집단별로 상호 점검하도록 해야 한다.

교사는 행·재정적인 한계는 있겠지만 학생들의 학습에 순기능을 부여하기 위하여 교실의 환경을 개선해 나가는 나름대로의 노력을 할 수 있다. 다음은 그 사례이다(Cangelosi, 2000, pp. 278-283).

고등학교 영어와 스페인어 교사 델 리우(Del Rio)는 수업을 하고 또 읽기에서 학습 부진을 겪는 학생들을 지도하는 교실로 129호실을 배정받았는데 그 모습은 [그림 4-2]와 같았다.

델 리우는 문제 해결과 학생 중심 학습을 강조하기 때문에 교실 129호실의 배치를 교사와 학생이 활동하기에 불편하고, 공간 배치가 학생들의 다양한 학습활동에 융통적이지 못하다고 생각했다. 이에 델 리우는 자신이 원하는 교실 설계를 위해 필요한 것들을 다음과 같이 목록화하였다.

① 교사가 학생들에게 빠르고 쉽게 접근할 수 있으면 좋겠다.
② 학생의 개별학습을 위해 혼자 공부하는 조용한 공간이 있으면 좋겠다.
③ 학급 학생 전체를 대상으로 강의하고, 미디어 프리젠테이션을 하고, 튜터링 학습을 하고, 토론할 수 있는 활동 공간이 정해져 있으면 좋겠다.
④ 소집단별로 활동이 필요할 경우, 그것이 가능했으면 좋겠다.
⑤ 장비와 교수-학습자료를 보관할 공간이 있으면 좋겠다.

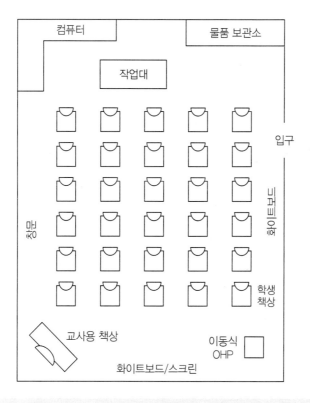

[그림 4-2] 129호실 초기 배치

⑥ 학생들을 잘 관찰할 수 있는 곳에 교사 책상을 놓을 수 있으면 좋겠다.

⑦ 한 번에 여러 명씩 조용히 독서할 수 있는 소규모 미니 도서관이 있으면 좋겠다.

⑧ 학습 일탈 행위를 보이는 학생을 잠시 동안 조용히 있게 할 타임아웃 공간이 있으면 좋겠다.

⑨ 다른 학생들로부터 방해를 받지 않고 학생과 학부모와 회의를 할 수 있는 회의실 공간이 있으면 좋겠다.

⑩ 학급에 위기 상황이 발생했을 때 연락할 수 있는 쌍방향 의사소통 도구가 있으면 좋겠다.

델 리우는 원하는 이 모든 사항을 학급에 구비할 수 있기는 어렵지만, 129호 교실을 되도록 그가 원하는 이상적 교실로 만들고자 했다. 학년을 시작한지 세 번째 달에 델 리우는 학교 행정실과 협의하여 30개의 전통적인 학생 책상을 10개의 타원형 테이블과 30개의 접의자로 교환하였다.

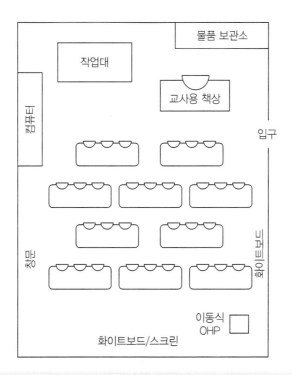

[그림 4-3] 대집단 활동을 위한 129호실 초기 배치

[그림 4-3]과 같이 각 테이블에는 3명씩 앉게 되자 교실 뒤편에 활동 영역이 좀 더 넓어졌다. 그리고 교사는 학생을 개인 지도하기가 더 쉬워졌다. 소집단 토론 활동도 학생들이 테이블과 의자를 재정렬하면 쉽게 할 수 있었다.

델 리우는 교실 뒤편에 물품을 보관하는 벽장이 필요했고, 교실에서 조용히 공부하는 작업 공간도 필요했다. 그래서 학교 관리인에게 부탁하여 [그림 4-4]와 같이 교실 앞 두 코너에 화이트보드와 프로젝트 스크린을 갖춘 벽장을 설치하였다.

델 리우는 교실 앞 이 두 코너는 거의 사용을 하지 않았었는데, 교실 뒤편에 물품 보관 공간과 좀 더 넓은 공간은 그대로 유지하면서도 교실 앞 편에 좀 더 잘 보이는 칠판과 스크린 영역을 확보할 수 있어 그 활용도가 높아졌다. 그리고 학교운영위원회에서는 학생들의 안전한 학교생활을 위해 위기 상황에 쓸 수 있도록 교사에게 이동식 전화를 제공해 주었다.

여름 방학을 하자, 델 리우는 학부형과 학생들 중에서 봉사할 사람들을 소집하여 교실 뒤편에 미니 도서관, 독서실, 타임아웃 공간, 회의실, 방과 후 교사 쉼터를 파티션으로 꾸몄다. 중고 선반들, 낮은 테이블, 소파, 의자 들을 마련하여 설치했다. 델 리우는 학부형들 중에 목수 일을 하시는 분께 부탁하여 교실 뒤편 조용한 공간에 컴퓨터를 갖춘 개인 학습 공간을 마

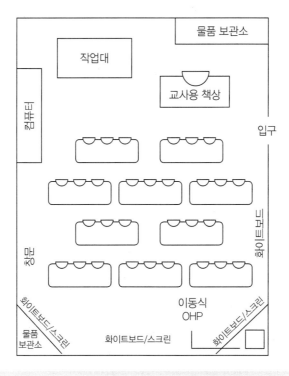

[그림 4-4] 129호실 뒤 공간 배치

련했다. 그 결과 새 학년에 갖추어진 교실의 모습은 [그림 4-5]와 같았다.

델 리우는 지난 해보다 올해는 이렇게 교실을 배치해서 학생들이 좀 더 학습에 몰입하도록 할 수 있었다. 그러나 교실 앞에서의 학습활동이 소란해지면서 교실 뒤에서 하는 개별 활동이 방해를 받는 문제가 있었다. 이를 해결하기 위해 델 리우는 학교의 '가정과 학교 연합회'라는 모임에 나가 교실 상황을 설명하고 교실 방문을 요청하였다. 연합회 회원들은 델 리우의 노력을 인상 깊게 보고 그 문제를 해결해 주기 위해 두 개의 문과 방음 유리를 설치하는 비용을 후원하였다. 그 결과 129호 교실은 [그림 4-6]과 같은 모습을 띠게 되었다.

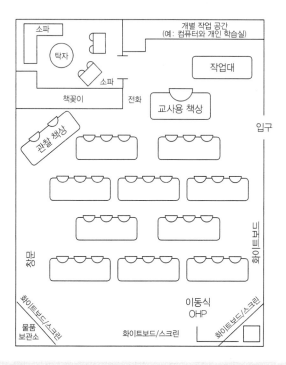

[그림 4-5] 델 리우 2년차 초기 129호실 배치

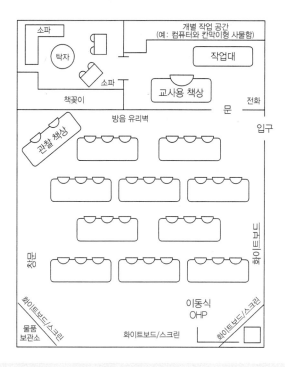

[그림 4-6] 129호실 최종 배치

10. 학습 집단을 융통성 있게 운영하기

전통적으로 학교나 학급에서 대표적인 학습 집단 그룹핑은 주로 능력별 조직이었다. 능력차와 관련하여 피아제(Elkind, 1976 재인용)는 수직적 차이[vertical dëcalage(dëcalage는 separation의 뜻임)]와 수평적 차이(horizontal dëcalage)를 구별하는데, 수직적 차이는 정신적 능력의 질적 차이를, 수평적 차이는 어느 한 정신능력 수준 내에서 다양한 경험을 습득하는 연령의 차이이다. 예를 들어, 구체적 조작기 아동과 형식적 조작기 학생의 차이는 수직적 차이이고, 구체적 조작기 안에서 학생에 따라 수의 보존개념이 길이의 보존개념보다 1년 먼저 나타나는 것은 수평적 차이이다.

따라서 학급이나 학습 집단 그룹핑은 두 가지 종류가 가능하다. 하나는, 인지발달 수준 차이를 근거로 한 수직적 그룹핑이고, 다른 하나는 인지적 개념 습득의 차이에 근거한 수평적 그룹핑이다. 수직적 그룹핑은 수평적 그룹핑보다 더 중요하다. 왜냐하면 수직적 그룹핑은 서로 상이한 인지발달 수준에 있는 학생들에게 큰 수준에서 상이한 교육과정을 제공하는 것을 상정하고 있기 때문이다. 그에 반해, 수평적 그룹핑은 소규모의 수준에서 학습자료를 그룹핑하여 학습 내용을 구별해서 제공하는 데 편리하다. 즉, 학습자료의 구별을 통해서 좀 빨리 학습하는 학생들에게 지루함을 방지하고, 좀 더 늦게 학습하는 학생들에게는 학습 부진의 누적에 따른 학습 소진을 방지하는 방법이다. 수직적 그룹핑은 현재의 학제에서 학교급별 또는 학년별 개념에 반영되어 있다. 이에 따라 배움 중심 수업에서 관심을 기울여야 할 그룹핑은 주로 수평적 그룹핑이다. 수평적 그룹핑은 개인차의 인정과 인간적 상호 존중의 분위기 속에서 융통성을 갖고 개인별 성장 패턴에 따라 계속적으로 다양하게 변화시킨다면 부정적 영향을 미치지 않는다. 그 이유는 능력별 그룹핑을 학년 내내 고정적으로 운영하지 않고 능력의 변화에 따라 수시로 융통적인 그룹핑으로 운영하면 모두가 성장할 수 있고 그에 따라 만족감을 충족시키기 때문이다.

융통적인 학습 집단 구성이란 학습과제를 수행하는 집단을 학생들의 준비도, 흥미, 학습양식에 적절하도록 짜는 것이다. 그 형태는 학생 개인, 소집단, 학급 전체 집단으로 나눌 수 있는데, 집단을 조직하는 경우 준거상 동질 또는 이질 구성원들을 참여시켜 학습하도록 하는 형태이다. 때로는 학생들이 학습 집단을 선택하고, 또 때로는 교사가 학생들을 배정하기도 한다. 아울러 학습 집단별 학습과제 부여는 의도적이기도 하고 또 무작위적으로 하기도 한다. 융통적인 학습 집단 구성은 학생들의 개인차를 인정하고 존중하면서 서로 협동해서 학습하도록 하는 것이 핵심이다(Tomlinson, 2005).

융통적 학습 집단을 구성하는 이유는 몇 가지가 있다(Tomlinson, 2005, p. 102).

첫째, 학생들에게 학습 내용을 보다 효율적으로 습득하게 하고, 학습에 좀 더 시간이 필요한 학생들에게는 추가적인 탐색의 기회를 제공한다.

둘째, 독립적 학습과 동시에 협동적 학습을 허용한다.

셋째, 학생들에게도 학습 집단 선택에 권한을 부여하여 학습에 대한 주인의식을 갖게 한다.

넷째, 학생들에게 다양한 학생과 교류할 기회를 제공한다.

다섯째, 다양한 학습과제 해결 상황에서 교사가 학생들의 개인차를 확인할 수 있다.

여섯째, 학생들의 능력 수준에 따라 학습이 지루해지거나 소진되지 않도록 한다.

일곱째, 학생들에게 서로 배우고 가르치는 기회를 부여하여 학급의 역동성을 증진시킨다.

아울러 학급에서 교사가 융통적 학습 집단을 구성할 때 몇 가지 지침이 있다(Tomlinson, 2005, p. 102).

- 모든 학생에게 준비도, 흥미, 학습양식에서 서로 동질적이거나 이질적인 친구들과 함께 학습할 기회를 갖도록 한다.
- 사전 평가나 교사의 학생들에 대한 지식에 근거하여 그들의 준비도, 흥미, 학습양식에 적절한 과제를 부여한다.
- 학생들이 학습과제를 해결할 때 적절한 또래들을 선택할 기회를 제공한다.
- 학습 집단 배정은 교사와 학생이 번갈아 가며 한다.
- 모든 학생이 협동적으로 그리고 독립적으로도 학습할 기회를 제공한다.
- 모든 학생에게 집단 내에서의 활동 지침을 사전에 숙지시킨다.

초·중등 보통교육은 국민 공통교육으로서 이질적 능력을 지닌 학급의 모든 학생에게 국가가 제공하는 교육과정을 이수하도록 하는 공통성을 추구하는 동시에 학생들의 개인차에 부응하여 상이성을 추구해야 하는 과제를 안고 있다. 이런 이중적 과제를 동시에 만족시키기 위한 효과적인 전략은 학습 집단을 융통적으로 운영하는 수업 패턴을 채택하는

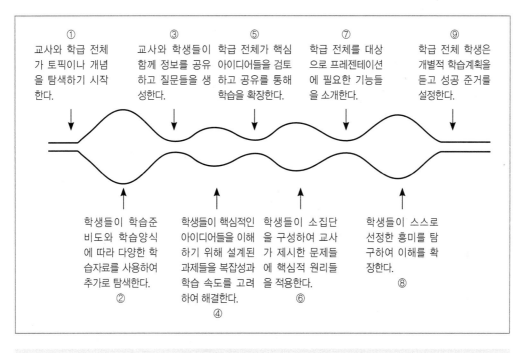

① 교사와 학급 전체가 토픽이나 개념을 탐색하기 시작한다.

③ 교사와 학생들이 함께 정보를 공유하고 질문들을 생성한다.

⑤ 학급 전체가 핵심 아이디어들을 검토하고 공유를 통해 학습을 확장한다.

⑦ 학급 전체를 대상으로 프레젠테이션에 필요한 기능들을 소개한다.

⑨ 학급 전체 학생은 개별적 학습계획을 듣고 성공 준거를 설정한다.

학생들이 학습준비도와 학습양식에 따라 다양한 학습자료를 사용하여 추가로 탐색한다. ②

학생들이 핵심적인 아이디어들을 이해하기 위해 설계된 과제들을 복잡성과 학습 속도를 고려하여 해결한다. ④

학생들이 소집단을 구성하여 교사가 제시한 문제들에 핵심적 원리들을 적용한다. ⑥

학생들이 스스로 선정한 흥미를 탐구하여 이해를 확장한다. ⑧

[그림 4-7] 학습 조직 패턴의 다변화

것이다. 톰린슨(2005)은 [그림 4-7]과 같이 교수 패턴은 전체 학급을 대상으로 학습하고, 개인 또는 소집단 조직을 통해 학습하고, 다시 모여 학습한 것을 공유하고, 추후 학습 계획을 세우는 패턴을 반복할 것을 제시한다.

　이렇게 학습 조직을 융통성 있게 바꾸어 하는 수업은 40분이나 50분 단위의 수업에서도 할 수 있으나 수업의 내용이 복잡한 경우에는 이런 단위 수업들을 둘 이상 블록 시간으로 통합하여 활용한다. 어느 경우든 융통성 있는 학습 집단을 조직하려면 교사의 입장에서는 상당한 수준의 사전 준비가 필요하다.

　먼저, 전체 학급을 하나의 학습 집단으로 하는 수업을 할 때 국가 교육과정 표준을 중간 능력 수준의 학생들에게 초점을 맞추어 교사 중심의 직접 수업 또는 학생 중심의 간접 수업을 한다. 그리고 개인 또는 소집단 활동을 통해 심화 또는 보충하는 수업을 한다. 개인 조직을 통해서는 심화 또는 보충 학습을 하는 독립 학습의 형태를 띨 수 있다. 교사와 학생이 수업과 관련한 문제나 관심 있는 토픽을 찾고, 학생이 자기주도적으로 조사 또는 탐구를 하고 그 결과로 어떤 작품을 생산하거나 아이디어를 발견하는 심화학습을 한다. 이런 독립 학습의 결과는 주어진 수업 시간 안에 할 수도 있고 그다음 수업으로 연계할 수도 있다. 아울러 개별 조직을 통한 독립 학습은 보충 학습에 활용할 수 있다. 교사가 마련하거나 학생이 선택한 보충 학습자료를 학습하고 점검한다. 그리고 소집단 학습 조직을 통한 협동학습도 심화 또는 보충 학습으로 활용할 수 있다. 이런 심화와 보충 학습을 한 후에는 다시 전체 학급 집단으로 돌아가 지금까지 학습한 내용을 공유하는 시간을 갖고 추후 학습으로 필요한 것들을 계획할 수 있다.

이런 융통적인 학습 조직을 운영하는 것과 관련하여 배움 중심 수업에서 중요한 것은 소집단 학습 조직으로 협동학습을 하는 것이다. 일찍이 듀이(1938)는 공통적인 경험은 개별 학습에 영향을 미친다고 주장했고, 비고츠키(Vygotsky, 1978)도 아동의 정신 발달의 근본은 아동의 생각을 점진적으로 사회화하는 데 있다고 주장하며 인지를 사회와 연계시켰다. 이후 연구에서도 이 점을 꾸준히 지지해 왔다. 디크만과 블레어(Dickmann & Stanford-Blair, 2009)는 학생이 협동하는 사회적 상황에서 그리고 학습활동이 적절하다고 느낄 때 가장 효과적으로 배우고, 해티(Hattie, 2009)의 협동학습의 효과에 대한 메타분석 결과에서도 학생은 개인적인 학습 상황보다 협동적인 동시에 경쟁적인 학습 상황에서 더 잘 잘 배운다고 보고했다. 딘 등(Dean et al., 2012)도 학생이 협동적인 학습 상황에서 더 잘 배우고 더 깊은 의미를 발견한다고 보고했다.

캔겔로시(Cangelosi, 2000)는 소집단 협동학습을 네 가지로 제시한다.

- 문제 해결 집단으로 활용한다. 수업 관련 프로젝트를 수행하거나 아이디어를 생성하기 위해 활동한다.
- 흥미 탐구 집단으로 활용한다. 같은 흥미를 가지 학생들로 집단을 구성하고[이 경우를 클러스터(cluster)라고 부름], 역할을 분담하여 주제를 탐구하도록 한다. 이 두 가지 형태의 집단은 심화학습의 수단으로 활용할 수 있다.
- 연습 집단으로 활용한다. 수업에서 다루는 지식과 기능을 함께 검토하고 연습하고 서로 피드백을 제공한다.
- 또래 교수 집단으로 활용한다. 소집단 내에서 구싱원들이 서로 멘터와 멘티의 역할을 하며 이해가 부족했던 부분에 대해 지도하거나 토론하고 또는 문제를 해결한다. 이 세 번째와 네 번째 형태의 집단은 보충 학습으로 활용할 수 있다.

소집단 협동학습이 학생 주도의 활동이라고 해서 학습을 학생에게만 일임하는 것은 아니다. 교사의 분명하고 자세한 안내가 없으면 학생의 학습 참여는 저조하게 된다(Fisher, Berliner, Filby, Marliave, Cahen, & Dishaw, 1980).

다음 사례는 소집단 과제와 수행 방식에 대한 자세하고 충분한 교사의 지시와 안내가 부족하여 소집단 내 학생의 학습 참여가 부족한 경우이다(Cangelosi, 2000, p. 260).

> 4학년 교사 킨(Keene)은 과학 수업 시간에 물을 담은 용기에 기름과 단풍 시럽을 각각 넣으면서 밀도의 속성을 시범 보였다. 그리고는 킨은 6명씩 네 개의 소집단을 꾸려 왜 단풍 시럽은 물 밑으로 가라앉고 기름은 물 위로 떠오르는지 토론하도록 하였다. 토론을 시작한 시약 6분이 지나자 첫 번째 소집단의 학생들은 지루함을 느끼고 서로 잡담을 하는 등 학습 일탈 행동을 보이기 시작했다. 이때 킨은 두 번째 집단의 학생들에게 질문에 대해 설명을 하고 있었기 때문에 이 집단의 이런 학습 일탈 행동을 파악하지 못하고 있었다. 세 번째 집단도 잡담으로 시끄러워지기 시작하자 킨은 몸을 돌려 "잡담을 하지 마라. 토론에 집중하지 않으면 밀도의 중요한 속성을 발견할 수 없을 것이다."라고 목소리를 높였다. 그리고 네 번째 집단에서는 학생 테리(Terri)가 왜 무거운 물질이 가라앉는지를 자기 집단의 학생들에게 설명하느라 토론 시작 후 처음 5분을 혼자서 주도하고 있는 것을 발견했다. 그리고 이 집단의 학생 셜리(Shirley)는 테리의 설명에 관심을 갖고 둘이서 토론을 하였으나 나머지 네 명의 학생은 이 토론에서 관심을 돌리고 다른 일들을 하고 있었다.
>
> 킨은 두 번째 집단이 토론에 임하도록 조치를 한 후, 시끄러운 세 번째 집단으로 이동하여 "너희는 선생님의 지시에 따르지 않는구나. 너희는 선생님이 실험한 것을 보고 토론을 해야 해."라고 말했다. 그리고는 소집단 토론 시간이 얼마 남지 않아 학생들이 스스로 발견해야 할 밀도의 속성에 대해 설명해 주고는 "자, 여러분, 이제는 밀도의 개념에 대해 이해했을 테니 토론을 그만하고 처음으로 다시 돌아가자."라는 말을 하고 토론 활동을 중지시켰다.

슬라빈(Mayer, 2003 재인용)에 의하면 협동학습이 성공적이기 위해서는 협동적 과제 구조(cooperative task structure)와 협동적 인센티브 구조(cooperative incentive structure)가 필요하다. 전자는 협동학습 집단 구성원 모두가 함께 성취해야 할 과제가 무엇인지 확실하게 인식하는 것이고, 후자는 그 과제 수행에 있어 구성원 각자가 기여하는 바가 인센티브를 통해 인정될 때 성립한다. 그렇지 않으면 협동학습은 학생들만 소집단으로 구성했을 뿐 개별학습과 차이가 나지 않고, 소위 '무임승차' 행위가 발생하여 오히려 학습이 일어나지 않을 수 있다. 협동학습은 교사 주도의 설명식 수업 못지않게 교사의 입장에서 세심한 설계가 필요하다. 캔겔로시는 협동학습 설계에서 교사가 고려해야 할 일곱 가지 사항을 제시하고 있다(2000, p. 263).

① 협동학습 집단이 성취해야 할 과제와 각 구성원의 개별적 책무성에 대해 명료하게 정의해 주지 않으면 학습 일탈 행위가 발생한다.

② 모든 구성원이 협동학습 집단의 해결 과제에 공통적으로 책임을 지고 각자가 맡은 개별적 역할을 완수하는 데 책임감을 갖도록 한다.

③ 소집단을 형성하고 해체하는 데 필요한 이동 루틴을 효율적으로 설정하여 그런 이동에 걸리는 시간을 최소화한다.

④ 소집단이 성취해야 할 과제에 대하여 초점을 맞추도록 과제에 대한 전반적인 그림을 제공하기 위해 과제 개요 목록과 선행조직자를 활용한다.

⑤ 학급의 모든 학생이 소집단 협동학습에 참여하기 전에 수행해야 할 과제를 명시하고 지시를 명료하게 내림으로써 협동학습 도중에 지시를 다시 내려 학습을 방해하는 것을 피한다.

⑥ 소집단 내 학생들의 활동을 모니터하고 개별학생들이 맡은 바 역할을 침해하지 않는 범위 내에서 필요한 만큼 안내를 한다.

⑦ 교사가 능동적으로 다른 사람의 의견을 듣는 행동을 모델링한다. 교사의 이런 시범이 없으면 소집단 내 학생들은 다른 학생들의 말을 능동적으로 들을 생각을 하기 어렵다.

다음 사례는 교사 킨과는 다르게 교사의 지시와 안내가 자세하고 명료하여 소집단 협동학습을 성공적으로 수행해 낸 경우이다(Cangelosi, 2000, pp. 261-262).

4학년 교사 헨슬러(Hensler)는 과학 수업 시간에 밀도에 대한 개념을 지도하기 위해 봉해진 60cm×37cm×30cm 크기의 판지 상자 두 개를 마련하였다. 헨슬러는 학생들 모르게 한 판지 상자에는 깨끗한 신문지를 차곡차곡 채워 넣었고, 또 다른 판지 상자에는 신문지를 공 모양으로 구겨 엉성하게 여기저기 채워 넣었다.

학생들은 이 두 판지 상자를 만지지 않고 살펴보았고, 두 판지 상자는 같은 용량을 가지고 있는 것처럼 보인다고 말하였다. 헨슬러는 두 판지 상자는 신문지로 위에서 아래까지 그리고 왼쪽에서 오른쪽까지 채워져 있다고 말해 주었다. 그리고 학생들이 각 판지 상자를 들어보라고 하였다. 학생들은 두 상자의 무게는 다르다는 것에 동의하였으나 헨슬러가 두 상자의 내용에 대해 이야기해 준 것만 가지고는 왜 무게 차이가 나는지는 알 수가 없었다.

그 다음날 헨슬러는 각 학생에게 푸른색, 초록색, 오렌지색, 또는 핑크색 카드를 나누어 주고 같은 색으로 표시된 작업 장소로 가도록 지시하였다. 각 카드에는 소집단 내에서 해야 할 역할도 적혀 있었다. 그 역할들은, 첫째, 팀장으로 소집단이 해야 할 활동들을 수행하고 구성원들이 과제에 몰두하도록 하는 역할이었고, 둘째, 지시문 전달자로서 구성원들에게 과제를 완수할 지시문을 읽어 주고 할 일과 관련한 질문들에 답을 하는 역할이었고, 셋째, 자료 관리자로서 소집단 활동 자료를 관리하고 분배하고 보관하는 역할이었고, 넷째, 리포터로서 소집단 활동들을 기록하고 학급 전체에 보고하는 역할이었고, 다섯째와 여섯째는 활동자로서 할당된 과제를 실제로 수행해 내는 역할이었다.

헨슬러는 네 가지 색깔로 표시된 작업 장소를 마련하고, 6명을 한 조로 총 4개의 협력학습 집단을 구성하여 자신들의 작업 장소에서 지시문을 읽고, 각 집단은 상호 독립적으로, 즉 다른 집단이 어떤 활동을 하는지 모르도록 과제를 수행하도록 했다. 과제는 다음과 같았다.

• 푸른색 카드 집단은 두 개의 동일한 판지 상자, 100개의 고무공, 포장 테이프 1개 롤, 판지 상자의 무게를 재는 도구를 받았다. 집단 각 구성원마다 특정 역할을 하고, 지시대로 구성원들은 하나의 판지 상자를 25개의 고무공으로 꽉 채웠고, 나머지 75개의 고무공은 두 번째 판지 상자에 억지로 밀어 넣도록 했다. 그래서 고무공들은 판지 상자에 집어넣기 위해 납작해질 정도로 찌그러뜨려야만 하였다. 학생들은 자신이 속한 소집단의 활동을 다른 집단이 모르도록 해야 했기 때문에 모두 다 목소리를 낮추고 활동했다. 두 판지 상자를 봉하고 각각의 무게를 재었다. 소집단의 활동 절차와 실험 결과를 기록하는 역할을 맡은 학생은 서면 보고서를 작성하였다.
• 초록색 카드 집단은 유사한 활동을 하였으나 두 판지 상자 중 하나는 다른 하나의 1/3 크기인 것만 달랐다. 이 집단에 내린 지시는 같은 수의 고무공을 두 상자에 넣는 것이었다. 이것은 더 작은 박스에 고무공들을 찌그러뜨려 넣어야만 하는 것을 의미했다. 두 판지 상자는 봉했고 각각의 무게를 측정하고 서면 보고서도 작성하였다.
• 오렌지색 카드 집단은 푸른색 카드 집단과 같은 활동을 하였으나 고무공들로 판지 상자를 채우는 대신에 같은 용량의 두 쓰레기봉투를 채우도록 하였다. 한 쓰레기봉투에는 빈 둥근 알루미늄 캔들로 채우고, 다른 쓰레기봉투에는 납작하게 찌그린 알루미늄 캔들로 채우도록 하였다. 쓰레기봉투 2개는 봉했다.
• 핑크색 카드 집단은 초록색 카드 집단과 같은 활동을 하였으나 하나의 큰 쓰레기봉투

에는 빈 둥근 알루미늄 캔들로 채우고, 나머지 작은 쓰레기봉투에는 같은 수의 납작하게 찌그러진 알루미늄 캔들로 채웠다. 쓰레기봉투 2개는 봉했다.

4개의 소집단들이 활동에 들어가자, 헨슬러는 교실을 순회하면서 가끔씩 팀장에게 구성원들이 각자의 역할을 충실히 하고 있는지 점검하라고 주의를 환기시켜 주었으나 교사는 어느 소집단에도 참여하지 않았다. 예를 들어, 헨슬러가 오렌지색 카드 집단을 지나가려고 할 때, 학생 잭(Zach)이 "선생님, 쓰레기봉투를 다 채우려면 몇 개의 캔을 가지고 있어야 해요?"라고 질문을 하였다. 그러자 헨슬러는 그 집단의 팀장인 사라(Sara)를 향해 "너는 너의 집단의 지시문 전달자로 하여금 잭의 질문에 대해 어떤 결정을 내려야 할 것 같구나!"라고 말해 줄 뿐이었다.

나중에 학급 전체 조직으로 다시 정렬한 후, 헨슬러는 각 집단의 실험 결과를 나머지 세 집단에게 검토시켰다(내용물은 개봉하지 않고). 그리고 헨슬러는 질문 시간을 갖고, 관찰한 현상을 가지고 각 집단이 무엇을 했는지를 추측해 보도록 하였다(예를 들어, 부피는 같으나 다른 질량을 가진 두 물체). 탐색적 질문을 통해 헨슬러는 학생들이 밀도의 개념을 발견하도록 이끌었다. 그러나 교사는 수업에서 '밀도'라는 단어를 전혀 사용하지 않았으나 학생은 'squishness(으깨짐)'이라는 아이디어를 사용하기로 동의하였다. 학생들은 부피와 질량에 비추어 'squishness'의 정의를 만들었다. 학생들은 새 개념을 그 전날 그들이 작업하였던 두 상자의 미스터리를 설명하는 데 적용하였다.

11. 학급 규칙과 루틴 정하기

학급의 규칙과 루틴을 잘 정하는 일은 학교에서의 생활지도는 물론 학습지도에 긍정적인 영향을 미친다. 학급의 규칙 설정은 교실의 심리 · 사회적 환경을 상호적 돌봄과 안전한 곳으로 만들고, 학급의 루틴 설정은 학교의 일상에서 반복적으로 일어나는 일을 효과적 수행하게 하여 학생의 배움에 순기능을 한다.

그러나 교사들이 학급의 규칙을 정하는 것에 대해 몇 가지 오해를 가지고 있는데, 이 오해들은 학생의 훈육에 문제를 야기하고 배움 중심으로 학급의 문화를 형성하는 데 부정적으로 영향을 미친다(Jones, 1987).

첫째, 학생들이 학급에 들어오면 어떻게 행동해야 하는지에 대해 이미 알고 있다고 생각하는 것이다. 그러나 이것은 오해이며 실제로 학생들은 대개 학급에서의 행동방식에 대해 잘 모를 뿐만 아니라 학급 규칙에 대한 교사의 생각을 알고 싶어 한다. 따라서 학생들은 학급의 규칙을 명료하게 정하기까지 자신의 행동양식이 어디까지 가능한 것인지 여러 가지로 실험하면서 학습 일탈 행위를 보일 수 있다.

둘째, 학급의 규칙에 대해 지도하는 데 시간을 많이 들이면 수업을 하는 데 필요한 시간을 많이 낭비하게 될 거라고 생각하는 것이다. 그러나 이것은 오해이며 교사는 학생들이 학급의 규칙을 이해하도록 돕는 데 필요한 시간을 투자해야 한다. 그것이 비록 많은 시간을 필요로 할지라도 그러하다. 에버슨과 앤더슨(Evertson & Anderson, 1979)의 연구에 따르면 학년 초 2주의 대부분의 시간을 학급의 규칙, 루틴, 표준, 교사의 기대를 이해시키는 데 사용하는 교사는 이후 학급에서 훈육 문제를 더 적게 경험하는 것으로 보고하고 있다.

셋째, 학급의 규칙은 일반적인 안내여야 한다고 생각하는 것이다. 그러나 일반적인 규칙도 어느 정도 있어야 하지만, 특정한 요구 사항들을 동반해야만 효과적이다. 교사는 분명하고 상세하게 자신이 원하는 것이 무엇인지를 설명하고, 학생들이 교사의 이런 기대에 부응하기 위해 어떤 방법이 있는지를 설명해 주어야 한다.

넷째, 학생들에게 학급의 규칙을 공표하기만 하면 학생들은 이를 이해한다고 생각하는 것이다. 그러나 학급의 규칙은 공표를 넘어 자세히 지도되어야 한다. 학생들이 학급을 잘 이해할 때 비로소 지도했다고 할 수 있다. 학급의 규칙과 절차를 단순히 알려 주는 것은 교사가 기대하는 것을 학생들이 충분히 이해하고 명료화한 것이 아니다. 교사는 학생들과 함께 학급의 규칙과 절차에 대해 대화를 충분히 나누어야 한다.

다섯째, 학년 초에 학급의 규칙을 잘 지도하면 나중에 다시 언급할 필요가 없다고 생각한다. 그러나 학급에서 훈육 문제를 피하려면 1년 내내 주기적으로 학급의 규칙을 지도해야 한다. 학생들은 규칙을 잊는 경향이 있어서 종종 학급 규칙을 지키는 행위를 환기시키고 강화해야 한다. 그렇지 않으면 규칙에 대해 전혀 들은 적이 없는 것처럼 행동한다.

여섯째, 훈육은 근본적으로 교사가 규칙을 엄격하게 시행만 하면 잘 될 것이라고 생각한다. 그러나 규칙은 전제적으로 시행되어서는 안 된다. 학생들의 협력이 동반되어야 규칙에 대한 순응을 담보할 수 있다. 훌륭한 훈육가는 편안하고 정서적으로 따뜻한 사람이지 군대의 훈육 담당 교관처럼 거칠게 반응하지 않는다.

일곱째, 학생들은 본래 학급 규칙을 싫어하고 분개한다고 생각한다. 그러나 학생들은 오히려 학급을 체계적으로 조직하고 관리하는 교사들에게 고마워한다. 학급에 규칙이 없어 결국 혼란스러우면 학생들이 학습하기 어렵기 때문이다. 대부분의 학생은 질서 있는 학급이 어떤 이점이 있는지 알고 있고, 규칙을 적절하게 적용해서 학급을 통제하는 교사를 선호한다.

학급의 규칙은 "학생들에게 요구하는 행동, 금지하는 행동을 안내하는 형식적인 진술문"이다(Cangelosi, 2000, p.155). 학급의 규칙이 효과적이기 위해서 만족시켜야 하는 몇 가지 기준이 있다(Cangelosi, 2000; Edwards, 2008; Gathercoal, 2001).

- 학교의 목적과 규범에 부합해야 하고 교사의 개인적 선호와 혼동되어서는 안 된다.
- 학생들이 행힐 수 있는 모든 가능한 행동을 반영할 만큼 충분히 포괄적이어아 한다. 특정 상황을 다루는 좁은 성격의 규칙은 학급의 규칙으로 설정하기보다는 이 포괄적 진술들의 예로서 제시한다.
- 학생들에게 긍정적이어야 한다. 학생들이 규칙을 학교에서 겪을 수 있는 어려움을 해결하도록 돕고 학습을 증진시키기 위한 것으로 이해해야 한다.
- 규칙은 사실에 기반을 둔 실질적인 것이어야 한다. 학생들의 긍정적인 성장과 발달을 증진시키는 방법으로 잘 알려진 연구 결과를 근거로 해야 한다. 예를 들어, 학생의 자아 개념을 손상시키는 규칙을 채택해서는 안 된다.
- 규칙의 개수는 일반적으로 10개 이내로 소수가 적절하다. 그 이유는 적은 수의 규칙이 많은 수의 규칙보다 규칙의 중요성을 더 부각시키고, 더 잘 기억하고 이해하며, 행동의 유목적성에 관심을 기울이게 해 준다. 학생들이 자신들의 행동에 대해 좀 사려 깊게 반성하도록 해 준다.

다음은 이런 기준을 만족시키는 학급 규칙의 예들이다(Edwards, 2008, p. 245).

- 안전하고 건전하게 행동한다.
  운동장의 시설을 적절하게 사용하고, 도서실의 안전 규칙을 따르고, 학급 및 지정된 장소에서 조용히 걸으며, 다른 사람들을 걸어 넘어지게 하거나 때리지 않으며, 방과 후에는 곧장 집으로 돌아간다.
- 모든 물건을 조심히 다룬다.
  교과서와 도서관의 책들을 파손하지 않고, 학교의 시설을 함부로 다루지 않고, 다른 사람의 물건을 사용하고자 할 때는 허락을 받으며, 체육관에서는 운동화를 신는다.
- 다른 사람의 권리와 요구를 존중한다.

혼자서 공부해야 할 경우에 자신이 스스로 하고, 다른 사람들과 협동적으로 공부해야 할 경우에 맡은 역할을 성실히 수행한다. 선생님과 학급의 친구들에게 예의 바르게 행동하고, 바른 말을 사용하고, 무리를 지어 남을 위협하지 않는다.

• 자신의 배움에 대해 스스로 책임감을 갖는다.

모든 과제는 주어진 시간에 완성하고, 시험을 보는 날에는 시험을 치를 준비를 해서 참여하고, 선생님의 말씀에 귀를 기울이고 배운 것을 자신의 생각과 비교해 보고, 학습 준비물들을 잘 챙겨서 등교하고, 학교 활동에 최선을 다한다.

학급의 규칙은 학생들의 행동강령인 반면, 학급의 루틴은 학급에서 일상적으로 특정 행동을 수행하는 절차이다. 예를 들어, 수업이 끝나면 다음 차시 학습을 준비하는 순서, 화장실을 사용하는 순서, 체육 시간에 체육복을 갈아입고 운동장에 나가는 순서, 시험을 보는 절차, 토론에 임하는 절차, 학습자료를 사용하는 절차, 학습 집단을 다양하게 구성하는 절차, 긴급 상황에 대처하는 절차, 식당에 가서 배식을 받는 절차, 기타 행정적 업무를 수행하는 절차 등이다. 이런 학급의 루틴들을 잘 정해서 학생들도 수행 절차에 익숙해지면, 교사가 일일이 지시하지 않아도 되고 수업을 비롯한 학교생활 전반을 효율적이고 효과적으로 운영할 수 있다.

학급 루틴을 잘 설정하면 그 시행은 교사의 단서 또는 신호를 통해 간단히 이루어질 수 있다. 다음은 그 사례이다(Cangelosi, 2000, p. 111).

3학년 담임교사 모리슨(Morrison)은 자신의 반 28명을 대상으로 다양하게 학습 집단을 조직해서 수업한다. 따라서 학습 집단 조직 유형을 수시로 바꾸어야 할 필요성이 있는데, 학습 조직의 변화를 매번 말로 설명하고 지시하기보다는 루틴을 설정하고 신호를 통해 실시한다. 모리슨은 먼저 교실의 한쪽 벽면에 학습 조직에 대한 포스터 그림을 붙여 놓았다. 그리고 학습활동이 끝나고 다음 학습활동으로 넘어갈 필요성이 있을 때, 포스터 그림 근처에 배치된 작은 종을 쳐서 소리를 내어 학생들의 주의를 집중시켰다. 그런 후에는 학습 조직을 그린 포스터 그림 중의 어느 하나를 지적하여 학생들이 몇 명으로 구성된 어떤 학습 조직을 구성할 것인지 신호로 지시를 내렸다. 그리고 교사 책상 근처에 수업 시간에 완성한 과제를 내는 코너와 집에서 해 온 숙제를 제출하는 코너를 마련해 놓았다. 그리고 학생들이 과제를 제출하거나 다시 받아가는 신호를 포스터 그림으로 만들어 올려놓으면 학생들은 교사의 지시를 기다릴 필요 없이 그 그림을 단서로 과제나 숙제를 제출하거나 교사의 검토가 끝난 것들은 다시 받아 가기도 하였다.

학급에서 규칙과 루틴을 학년 초나 학기 중에 정할 수 있는데, 양자를 종합해서 실시하면 보다 효과적이다(Cangelosi, 2000).

학년 초에 정할 때 효과적인 이유는 몇 가지가 있다.

- 교사에게는 학년 초가 학생들에게 기대하는 바를 공식적으로 이야기할 좋은 시기이기 때문이다. 학습 일탈 행동들 중 어떤 것들은 나타날 기회를 주지 않게 된다.
- 학생들이 아직 새 학년 상황에 익숙해지지 않은 상황이라 표준과 루틴 절차를 좀 더 쉽게 수용한다.
- 학생들이 학급 규칙과 루틴 절차를 빨리 알수록 그것들을 실행에 옮기는 연습 기회를 더 많이 갖게 된다.

학기 중에 정할 때 효과적인 이유도 몇 가지가 있다.

- 학년 초에만 학급 규칙과 루틴을 정하면 수시로 등장하는 규칙과 루틴 파괴적 행동들을 규제하기 어렵기 때문이다.
- 새로운 요구가 등장할 때마다 그 요구에 맞추어 규칙과 루틴을 정하면 학생들도 이를 더 잘 이해할 수 있다.
- 학기 중에 규칙과 루틴을 하나씩 더해 가면 학생들이 학년 초에 여러 개를 한꺼번에 정할 때보다 규칙이나 루틴을 더 깊이 이해한다.
- 학생들이 어릴수록 학년 초에 규칙과 루틴을 정하는 일은 시간이 많이 걸리기 때문에 이런 학생들은 학기 중에 정하는 것이 효과적이다.

학급의 규칙과 루틴을 정하는 방법은 다양하다. 교사가 모든 것을 정하고 그 필요성을 설명해 줄 수도 있고, 교사가 정하되 학생들의 의견을 들어서 그 결정을 내리는 방법도 있다. 나아가서 학생들이 학급회의나 토론을 통해서 제안하고 투표로 정할 수도 있다. 이 방법은 민주적 의사결정을 중시하는 학급 분위기를 조성하고 그 결정에 대한 학생들의 주인의식과 수행 의지를 높인다는 이점이 있다. 학급회의나 토론을 통해 학급 규칙과 루틴을 정하는 방식은 인지적, 정서적 발달 수준이 높은 학생들에게 적절하다. 이때 좋은 학급은 어떠해야 하는가? 학생들의 역할은 어떠해야 하는가? 교사와 학생 모두 어떤 의무와 책임을 지녀야 하는가? 어떤 행동이 학급을 나쁜 곳으로 만드는가? 등의 질문들은 학생들의 생각을 이끌어 내어 토론을 활발하게 유도하는 데 도움을 준다(Edwards, 2008).

다음은 학생들과 함께 학급 규칙을 정하는 활동의 사례이다(Edwards, 2008, pp. 251-253).

교사: 어러분, 여기 종이를 나누어 줄게요. 여러분은 학생이지만 동시에 미국의 시민이기노 합니다. 송이에 시민으로서 여러분이 가지고 있다고 생각하는 권리들을 적어 봅시다.

(학생들이 시민으로서의 권리 목록 작성을 완성하기를 기다린 후, 발표를 시켜 나온 의견들을 칠판에 적는다.)

교사: 자, 이제는 여러분이 학교에서 가지고 있다고 생각하는 권리들을 적어 봅시다.

(학생들이 학생으로서의 권리 목록 작성을 완성하기를 기다린 후, 발표를 시켜 나온 의견들을 칠판에 적는다.)

교사: 자, 여러분! 시민으로서의 권리들과 학생으로서의 권리들이 거의 같다는 것을 발견할 수 있습니까? 오늘은 학교의 시민들로서 여러분이 가지고 있는 권리들에 대해 토론하고, 이런 권리들을 공고히 하는 방법을 살펴볼 것입니다. 우리의 권리들이 무엇이고, 그 권리들을 지키는 방법을 아는 것은 학교 사회에서 책임 있는 시민이 되는 데 있어 중요합니다.

교사: 자, 이제 열거된 권리들을 검토하고 몇 가지 유목으로 분류해 봅시다. 이 활동을 하기 전에 먼저 우리의 권리와 특권을 보장하는 미국의 헌법과 수정안에 대해 이야기를 나누어 볼 필요가 있습니다. 첫째, 넷째 그리고 열네 번째 수정안들은 학교에서 생활하는 우리들에게 적용되는 것들입니다.

교사: 첫 번째 수정안은 발언, 언론, 평화로운 집회, 탄원의 자유를 보장하고 있습니다. 그러나 이 조항은 다른 사람들에게 입힐 수 있는 해를 생각하지 않고 말하거나 출판할 수 있다는 것이 아니라 우리의 권리들은 임의로 제한될 수 없다는 것을 의미합니다. 우리는 우리의 권리들을 불평등하게 제한하고 있다고 느끼면 법적 절차에 따라 탄원할 권리를 가지고 있다는 것을 의미합니다.

교사: 네 번째 수정안은 불합리한 조사나 체포로부터 우리를 보호합니다. 예를 들어, 여러분의 사물함에 불법적인 것이 들어 있다고 확신이 들지 않는 한 조사를 하지 않습니다. 학교 정책은 학교에 무기나 마약을 가지고 들어오는 것을 금지하고 있는데, 만약 이런 것들이 학생들의 사물함에 들어 있을 것이라는 의심을 할 만한 이유가 생기면 학교 당국은 사물함을 조사할 권리와 사회적 책무성을 가지고 있습니다. 이것은 학교 당국이 학생들의 건강과 안녕을 보호해야 할 책임이 있기 때문입니다. 여러분의 소유물을 학교에서 다른 학생들의 학습을 방해하는 데 사용하고 있다는 증

거가 없으면 압수되지 않습니다.

교사: 열네 번째 수정안은 우리들의 권리는 평등하게 보호받을 수 있다는 것이 적법한 절차입니다. 적법 절차는 시민으로서 권리들을 박탈당하게 되면 만족시켜야 할 조건들을 강제합니다. 시민으로서의 권리들은 우선하는 이익의 상황에서만 박탈할 수 있습니다. 적법 절차의 규정들은 개인적 권리들과 사회적 요구들을 균형 잡도록 도와줍니다. 우선하는 이익의 상황들은 네 가지 유형의 사회적 요구들로 나눠집니다. 소유권의 상실이나 손해를 피하기 위한 권리, 모든 학생에게 합법적인 교육 경험들을 담보할 권리, 모든 사람에게 건강과 안전을 담보할 권리, 학습 환경이 심각하게 방해받지 않도록 보호할 권리입니다. 개인적 권리들은 이런 네 가지 유형의 이익보다 중요하지 않습니다. 평등한 보호는 차별을 금지하는 모든 법과 규칙을 포함하고 있습니다. 모든 학생은 성, 인정, 국적, 장애, 결혼 여부, 나이, 종교와 무관하게 평등한 교육의 기회가 있습니다. 자, 이제 칠판에 적혀 있는 권리 목록 중에서 어느 것이 내가 지금 설명한 세 가지 수정안에서 나온 것인지 찾아봅시다.

(학생들이 세 가지 수정안에 비추어 권리 목록을 분류하는 데 참여하도록 한다.)

교사: 권리들은 여러분이 어디에 있는지 그리고 어떤 역할을 하는지에 따라 다릅니다. 예를 들어, 여러분은 학급에서 선생님보다 더 많은 권리를 가지고 있습니다. 여러분은 학교에서 특정 학생을 회장으로 지지하는 홍보용 단추를 달 수 있지만 선생님은 그렇게 할 수 없습니다. 또 선생님은 학교에서 여러분에게 특정 교단의 교리를 가르칠 수 없으나, 내가 다니는 교회의 종교 모임에서는 할 수 있습니다. 심지어 여러분 중 누가 그 교회의 종교 모임에 나온다하더라도 가르칠 수 있습니다. 교사로서 나의 개인적 권리에 제약을 가하는 것은 무엇이고, 학교 공동체에서 학생으로서의 여러분의 권리에 제약을 가하는 것은 무엇입니까?

(학생들은 열거된 다양한 권리와 전체 학교 공동체의 권리를 범하지 않도록 수정할 방법이 있는지 토론한다.)

교사: 자, 네 명씩 소집단을 구성하고 사회가 언제 우리의 권리들을 박탈할 수 있는지에 대해 토론해 봅시다. 이떤 패턴을 발견할 수 있을까요? 사회가 우리의 권리들을 박탈할 때는 어쩔 수 없는 이익 상황이 있기 때문입니다. 나는 돌을 남의 집 창문을 향해 던질 수 없습니다. 왜냐하면 다른 사람의 소유물을 파괴하는 것이기 때문입니다. 나는 빨간색 신호등에서 자동차 운전을 할 수 없습니다. 왜냐하면 다른 사람들의 목숨을 앗아갈 수 있기 때문입니다. 나는 극장 안에서 아무 이유 없이 "불이야!"라고 외칠 수 없습니다. 왜냐하면 다른 관람객들의 건강과 안녕을 위협하는 것이기 때문입니다. 이 원리를 우리가 칠판에 열거한 권리들에 어떻게 적용할 수 있는지 소집단별로 토론해 봅시다.

(학생들에게 우선하는 이익 상황으로 인해 칠판에 열거한 개인적 권리들이 각하될 수 있는 상황에 대해 토론할 시간을 충분히 제공한 후, 학급 전체를 대상으로 토론을 하여 소집단별로 토론한 것을 공유한다.)

교사: 우리는 어떻게 개인적 권리에 우선하는 이익 상황과 균형을 맞출지에 대해 생각해 보았습니다. 이제는 이 토론의 내용을 가지고 우리 학급의 규칙 또는 절차를 만들 때 어떻게 사용할 수 있는지 함께 생각해 봅시다.

(학생들의 토론을 통해 공유할 수 있는 학급 규칙들을 칠판에 적는다.)

교사: 우리는 지금까지 우선하는 이익 상황과 여러분의 시민으로서의 권리에 대해 토론을 하였습니다. 이제는 규칙을 위반했을 때 치러야 할 응분의 대가에 대해 토론해 봅시다. 응분의 대가란 벌과 다른 것입니다. 벌이란 임의적이고 규칙 위반 행동과 특정한 관련을 맺고 있지 않을 수 있으나 응분의 대가는 규칙 위반 행동에 대한 논리적인 관계를 갖고 있습니다. 여러분은 학급 규칙들을 도출해 냈습니다. 이제는 규칙을 어겼을 때 치러야 할 상식적이고 공정한 응분의 대가 목록을 만들 단계입니다. 우리는 규칙을 위반한 학생에게 고통을 가하는 데 관심이 없습니다. 응분의 대가는 적절하고 합리적이고 또한 교육적이어야 합니다.

(학생들은 합리적인 응분의 대가들을 제시했고, 교사는 칠판에 기록했다. 그리고 학생들이 빠뜨린 응분의 대가들을 적절히 추가했다.)

개더콜(Gathercoal, 2001)은 학급의 규칙을 위반했을 때 학생에게 벌을 내리기보다는 학생이 응분의 대가(consequences)를 치르도록 하는 것이 학급의 규칙을 보다 잘 지키도록 하고 이성적이고 합리적인 학급을 만드는 데 효과적이라고 한다. 예를 들어, 학생이 이유 없이 결석하거나 게으름을 피우고 지각하는 경우 교사들은 성적을 감하고는 한다. 개더콜은 결석이나 지각으로 인해 성적을 감하는 것은 비이성적이라고 보고 대안으로 응분의 대가를 치르도록 해야 한다고 본다. 예컨대, 방과 후나 주말에 학생이 특별 수업을 받도록 하거나 또래 튜터링을 제공해 주거나 과제를 부여하거나 놓친 학습 내용에 대해 시험을 치루거나 보고서를 제출하거나 부모에게 결석한 사유서를 받아오도록 하는 등의 조치를 취하는 것이다. 아울러 출석의 중요성과 지각할 경우 학급의 수업을 방해하지 않고 입실하는 방법을 지도한다. 응분의 대가는 학생의 나이, 지적, 정서적, 신체적 조건에 적절해야 한다.

학급 규칙이나 루틴을 정하고 그것을 어겼을 때 응분의 대가를 합의하는 일은 교사가 주도하여 할 수 있지만, 학급 회의를 통해 하면 학생들의 자율성과 민주성을 증진시키고, 합의한 내용들에 대해 주인의식(ownership)을 높이고, 그것들을 지키는 데 헌신하도록 돕는다. 에드워즈(2008), 개더콜(2001)은 학급회의를 통해 학급의 규칙과 루틴을 성공적으로 설정하고 운영하는 데 필요한 핵심 요소들을 제시한다.

첫째, 학급회의를 수시로 개최하여 필요시 학년 초에 정한 규칙들을 재고한다. 어떤 규칙은 명료화하고, 어떤 규칙은 수정하거나 제거한다.

둘째, 규칙 위반이 발생하면 학급회의 주제로 올려서 학생들을 개별적으로 비난하지 않고 공적으로 문제를 검토하게 한다.

셋째, 학급회의의 성공 여부는 교사가 학생들로 하여금 다룰 이슈의 모든 측면을 조망할 수 있도록 돕는 능력에 달려 있다. 따라서 학생들은 서로 적절한 질문을 하고 의견을 제시하며 다른 사람들의 의견을 조심스럽게 듣는 방법을 지도해야 한다.

넷째, 학급회의의 개최, 장소, 시간을 정하는 수단이 있어야 한다. 누가 그리고 어떤 이유로 학급회의를 소집할 수 있는지 사전에 결정해야 한다.

다섯째, 학급회의에서 학생들의 좌석은 상호 면 대 면으로 이야기를 나누도록 배치해야 한다.

여섯째, 학급회의에서 좋지 않은 말이나 행동이 나타나면 그 당사자의 이름을 호명하지 않는다. 문제가 된 상황을 언급하고 다룰 뿐 해당 학생의 이름을 거론하지 않는다.

일곱째, 학급회의 주제에 대해 초점을 맞추도록 하고 학생 개개인의 가족 상황에 대한 정보는 공개되지 않도록 유의한다.

여덟째, 대개의 경우 교사가 학급회의를 이끈다. 학급을 민주적으로 운영하는 절차를 만들되 교사가 학급회의에서 리더십을 발휘하며 모델링한다.

아홉째, 학생들의 학급회의에의 참여를 강제하지 않는다.

열째, 교사와 학생들은 학급회의 일지를 만들어 자신들의 생각과 목표를 기록한다.

12. 학습 기술 지도하기

배움이란 농사일과 비슷하여 기본적으로 땀을 흘려야 소출을 얻을 수 있는 활동이다. 그러나 같은 소출을 얻는 데 있어 효율적이고 효과적이라고 알려진 과학적인 영농 방법이 있듯이 배움에도 같은 노력과 시간을 들여 보다 높은 학습의 효과를 얻을 수 있는 방법이 있다. 그것이 과학적으로 연구해서 효과적이라고 검증된 학습 기술(study skill) 또는 학습 전략(learning strategies)이다. 즉, 배움에는 왕도(王道)는 없으나 정도(正道)는 있다. 그 정도
가 학습 기술을 학습에 적용하여 학습하는 것이다.

학습 기술은 교과의 내용 지식(content knowledge)을 다루는 지식으로 절차적 지식
(procedural knowledge) 또는 학습 방법에 대한 지식이라고도 한다. 지식이 날로 급증하는
정보화 사회에서 학습 기술의 중요성은 점차 강조되고 있다. 여기서는 배움 중심 수업과
관련하여 그 중요성을 두 가지로 살펴볼 수 있다.

첫째, 학습 기술은 배움 중심 수업의 주요 목적 중의 하나인 자기주도적 학습자로의 성
장에 꼭 필요하다. 캔디(Candy, 1991)는 자기주도적인 학습자로 성공한 유명인들은 100개
이상의 학습 기술 역량을 가지고 있는 것으로 보고하고 있다.

둘째, 학습 기술을 사용하는 학습은 학생들의 배움을 정교화하고 기억에 오래 남게 하
고 지식 활용에서의 전이를 높인다. 현재 학교에서는 많은 양의 내용을 '진도 나가기' 식으
로 교사 주도의 설명식으로 다루면서 학습을 피상적으로 만들고 있다. 그럼에도 불구하
고 설명식 수업이 아직도 강세를 띠고 절차적 지식을 소홀히 다루는 이유가 있다. 와이머
(Weimer, 2013)는 그 이유를 두 가지로 제시한다. 하나는, 설명식 수업에서 교사는 자신이
잘 알고 있는 내용을 설명하는 것이 편하기 때문이다. 또 하나는, 교사가 복잡하고 많은 내
용을 지도해야 하는데 설명식 수업이 교사의 내용에 대한 전문성을 노출시키기 때문이다.
따라서 내용을 쉽게 하거나 줄이는 것은 교사의 전문성 표준을 낮추거나 줄이게 하는 일이
되어서 피하게 된다. 그러나 교사의 지식 설명과 그에 따른 학생의 내용 암기와 재생은 망
각으로 쉽게 이어진다. 핀켈(Finkel, 2000, p. 3)은 이를 다음과 같이 지적한다.

과거 25년간의 교육 연구들은 의심할 바 없는 하나의 사실을 입증했다. 그것은 강의를 통
해 학생들에게 전달한 내용은 유의한 시간 동안 보유되지 못한다는 것이다. 자신의 경험을
생각해 보자. …… 고등학교와 대학에서 강의를 통해서 공부한 내용 중에서 당신은 얼마나
기억하고 있는가?

배움 중심 수업에서 교과 내용 지식은 그 기능이나 역할이 바뀌어야 한다. 교과의 내용
지식은 그 자체를 습득하고 재생해야 할 것이 아니라 학생들이 삶을 영위하는 데 필요한
기반을 확대하는 데 사용해야 한다. 카르발류(Carvalho, 2009, pp. 132-133)는 이 점을 다음
과 같이 진술하고 있다.

교사들은 가능한 한 많은 내용의 정보를 학생들에게 노출시키는 데 몰두해 왔다. 학생들이 정보를 얼마나 많이 적용할 수 있는가에는 상대적으로 관심을 두지 못했다. 교사들은 진도 나가기에 급급하여 교과의 내용을 총괄적으로 전달하는 데 많은 시간과 노력을 투자하고 상대적으로 심층적 학습과 지식의 응용에는 관심을 두지 못했다.

배움 중심 수업에서는 적은 양의 교과 내용을 학습 기술을 사용하여 깊이 배우도록 하는 일이 중요하다. 즉, 적은 내용을 깊이 가르치는 것이 더 많이 가르치게 된다는 '최소주의의 역설(irony of minimalism)'이 존재한다. 이것은 학습 기술을 사용하여 교과의 내용을 학생이 자기주도적으로 학습하도록 할 때 가능하다.

우리나라에서 학생들은 초·중등학교에서 명시적으로 학습 기술을 배우지 않고 있다. 미국의 경우도 1950~1960년대에 초등학교에서 교사들이 학습 기술을 거의 지도하지 않았다(Durkin, 1979). 가디너(Gardiner, 1998)가 745명의 대학생을 대상으로 연구한 결과, 초·중등학교에서 학습 기술을 지도 받은 경험이 있는 학생을 조사하였는데, 14%의 학생들만 경험했다고 보고했다. 그러나 노먼(Norman, 1980, p. 97)은 학습하는 방법에 대해 명시적이고 직접적인 교육을 해야 한다고 주장한다.

우리는 학생들이 학습하기를 바라면서 학습에 대해서는 거의 가르치지 않는다. 이것은 이상한 일이다. …… 우리는 종종 학생들이 상당한 양의 내용을 기억하기를 요구하면서 기억술에 대해 가르치지는 않는다. 이제는 이런 결함을 보완해야 할 시점이다. 학습에 대해 응용 학문을 개발해야 할 시점이다. …… 우리는 학습하는 방법, 기억하는 방법에 대한 일반적 원리들을 개발할 필요가 있다. 이런 관점에서 이들 응용 과목들을 개발하고 정규 학교 교육과정에 이 과목들이 자리 잡도록 해야 한다.

미국의 경우 1990년대에 들어와 이런 상황이 크게 바뀌어 초·중등학교에서 학습 기술을 포함한 인지적 전략들을 지도하고 여러 영역에서 학업 성취에 효과가 있다는 것을 밝히는 연구들이 나오고 있다(Pressley & Woloshyn, 1995). 우리나라의 경우도 국가 수준의 교육과정이나 교과서 내용에 학습 기술을 포함시켜서 지도하도록 할 필요가 있다.

댄서로우(Dansereau, 1985, p. 210)는 학습 기술을 "정보의 습득, 저장 그리고 활용을 촉진시키는 일련의 과정 또는 전략"으로 정의한다. 그리고 이 전략을 일차적 전략과 지원적 전략으로 나눈다. 일차적 전략은 텍스트에 직접 사용하는 학습 기술이고, 지원적 전략은 적절한 학습 분위기를 유지하는 데 사용하는 학습 기술이다. 일차적 전략은 정보를 좀 더 이해하기 쉽고 기억하기 좋도록 처리하는 전략으로, 정보를 습득하고 저장하는 전략들이다. 노트 필기하기, 바꾸어 쓰기, 네트워킹, 핵심 개념 분석하기, 요약하기, 기억술 등이다. 지원적 전략은 계획하고 스케줄 잡기, 학습 분위기 설정과 분위기 유지하기, 학습을 점검하고 진단하기, 시험 보는 기술 등이다. 메이어(Mayer, 2003, p. 362)는 학습 기술을 "학습자들이 인지적으로 능동적인 학습자가 되도록 돕는 전략"이라고 정의한다. 사실적 정보와 어휘의 기억을 돕는 기술로서 학습할 내용을 기존의 정보와 연계시키는 기억술, 적절한 정보들을 선정하여 함께 관계 지음으로써 하나의 틀을 만드는 구조 전략(맵핑과 아웃라이닝), 기존의 지식에 내용들을 통합하는 생성 전략(요약하기와 질문하기)으로 나눈다.

학습 기술은 명시적으로 지도해야 효과적이다. 즉, 학습 기술 명칭을 직접 사용하면서 그것이 언제, 왜 필요한지 설명하고 어떻게 사용하는지를 시범 보이고 안내하고 연습을 통해 습득시킨 후 여러 교과의 학습에 적용하도록 하는 것이다(Swartz, Costa, Beyer, Reagan, & Kallick, 2008).

와이머(2013)는 다음과 같이 학습 기술을 명시적으로 지도하는 데 도움이 되는 가이드라인을 제시한다.

첫째, 학습 기술 중 학생이 현재 할 수 있는 것과 할 수 없는 것을 파악한다. 쉬운 학습 기술에서 어려운 학습 기술까지 위계를 설정하고 학생이 현재 할 수 없는 것부터 명시적으로 지도한다. 기본 기능(예: 3Rs)을 습득한 후에 지도해야 한다고 기다릴 필요 없이 학생이 현재 할 수 없는 것부터 시작한다.

둘째, 지도할 표적 기술을 집중적으로 지도한다. 학생들이 배워야 할 학습 기술 목록 가운데 많은 것을 피상적으로 지도하지 말고, 지도할 교과 내용의 맥락에서 필요한 표적 학습 기술 두세 가지를 집중 지도한다.

셋째, 한 번에 많은 시간을 투자하여 많은 학습 기술을 지도하지 말고, 정규적으로 짧은 시간에 여러 번에 걸쳐 간격을 두고 지도한다. 교사는 학습 기술을 지도하는 데 별도의 시간을 할애하기 어렵다. 정규 수업 중 짧은 시간에 여러 번 간격을 두고 학습 기술을 개발하는 활동을 하여 내용 학습과 학습 기술 습득을 연계하면서 누적적으로 습득하도록 한다.

넷째, 학습할 준비가 되어 있는 적기(ready-to-learn moments)를 활용한다. 즉, 학생들이 학습 기술을 필요로 하는 적기에 학습 기술을 지도한다. 예를 들어, 시험 보기 전과 후에 시험 보는 기술을 지도한다.

다섯째, 학습 코칭 전문가들이 있으면 연대하여 학생을 지도한다. 교사와 학습 기술 전문가가 공동 책임을 갖고 학습 기술을 지도한다. 교사가 학생에게 "학습 코치에게 가라."는 정도로 연대하면 오히려 학생에게 부정적인 영향을 미칠 수 있다. 왜냐하면 도움을 필요로 하는 학생은 대개 도움을 구하려 하지 않기 때문이다. 도움의 필요성과 그 과정 및 결과에 대해 긴밀히 협조하는 교수를 펼쳐야 한다. 카라베닉(Karabenick, 1998)에 의하면, 학생이 외부 전문가의 도움을 받으려면 먼저 자신에게 문제가 있음을 인식하고, 도움을 받으면 그 문제가 해결될 수 있다는 것을 알고, 실제로 그런 도움을 받고자 하는 의사결정을 해야 한다. 그러나 이는 쉽지 않은 일이다. 왜냐하면 학생들은 남에게 도움을 요청하면 자존심이 상하는 문화에 살고 있기 때문이다. 교사는 이런 부분에 유념하고 학습 기술 전문가들과 협동해서 가르치기 위해서 학생을 설득해야 한다. 협동 교수의 예로, 역사과 교수가 자료를 제시하고, 학생과 학습 코칭 전문가가 노트필기를 하고, 학생이 노트한 것을 학습 코치에게 제출하고 피드백을 받도록 하거나 시험을 보기 전에 온라인을 통해 학생들이 어떻게 준비하고 있는지 기술하고, 학습 코치의 검토를 받고 토론하도록 한다.

여섯째, 보조 자료를 사용하여 학습 기술을 지도한다. 사용 가능한 상업 자료들을 활용한다. 예를 들어, LASSI(Learning and Study Skills Inventory)(Weinstein, Schulte, & Palmer, 1987)는 학생들에게 자신들의 학습 기술에 대한 종합적이고 건설적인 개관을 제공해 주고, PEEK(Perceptions, Expectations, Emotions, & Knowledge about College Inventory)(Weinstein, Palmer, & Hanson, 1995)는 학생들로 하여금 대학에서 성취할 수 있는 개인적, 사회적, 학업적 변화에 대한 자신들의 사고, 신념, 기대를 평가하도록 도와준다.

[그림 4-8]은 좀 더 구체적으로 학교에서 교사들이 학습 기술을 지도할 때 활용할 수 있는 명시적 교수 모델의 예이다.

이 교수 모형은 40분의 단위의 수업에서 활용할 수 있는 모형이 아니라 학습 기술을 지도하는 데 필요한 시간을 확보하고 블록 단위로 하는 수업 모형이다. 따라서 이 모형은 40분 과정에서 거치는 단계가 아니라 80분 이상의 과정에서 거치는 단계이다.

- 도입 단계: 지도할 학습 기술을 정의하고, 소개하고, 학습 동기를 유발시키고, 설명과 함께 사용 시범을 보이고, 학습목표를 설정한다. 좀 더 구체적으로 설명하면, 첫째, 학습 기술의 명칭을 직접 사용하여 그것이 무엇인지 말해 준다. 둘째, 동기 유발 활동에서는 학생들이 과거에 특정 학습 기술을 일상생활과 학교에서 직접 사용해 보았거나 다른

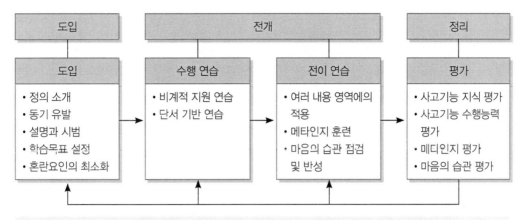

[그림 4-8] 학습 기술 지도 모형(정지선, 정선미, 강충열, 2014, p. 147)

사람의 수행을 보고 느꼈던 경험, 교과서를 비롯한 책이나 실제 삶에서 수행해 본 경험을 서로 이야기한다. 아울러 사용 절차, 성공 경험, 실패 경험, 유용한 점, 부족했던 점을 발표한다. 또 학습 기술과 관련하여 유명인들의 사례를 소개하는 등 학습 기술을 배우려는 동기를 유발한다. 그리고 그것들이 언제, 왜 필요한지 설명해 주고 그것들이 지닌 유용성을 알게 해 준다. 셋째, 설명 및 시범 활동에서는 모델링 기법을 통해 학습 기술 사용 절차와 성공 준거를 말해 준다. 각 단계를 수행해 나가면서 교사는 머릿속에서 일어나는 일을 말로 진술하는 독백(獨白) 기법(think-aloud, 생각을 입 밖에 내어 말하는 기법)을 사용하여 교사가 수행하는 과정과 결과를 학생들이 이해할 수 있도록 한다. 아울러 또래 모델링을 통해 또래 학생들이 학습 기술을 성공적으로 수행하는 모습을 독백 기법으로 보여 줌으로써 학생들에게 자신감을 불러일으킬 수 있다. 넷째, 학습 기술을 배우는 데 있어 방해가 될 수 있는 요인들, 예를 들어 어려운 교과 내용, 그런 교과와 관련된 부정적 정서, 최근에 학습한 다른 학습 기술들과의 혼란을 최소화한다.

• **수행 연습 단계:** 학습 기술 그 자체를 습득하여 수행할 수 있는 능력을 길러 주는 활동을 한다. 교사는 학습 기술을 수행의 과정으로 안내하고 피드백을 제공한다. 수행 연습 초반부에서는 안내의 구조화 정도가 강하고, 후반부에서는 점점 약해진다. 따라서 초반부의 연습은 매우 구조적이고 집중적인 성격을 띠며, 후반부의 연습은 덜 구조적이고 간헐적인 성격을 띤다. 수행 연습의 초반부에 하는 구조화는 학습 기술 수행 절차 체크리스트를 사용하여 학생들의 수행의 과정을 안내하고 그에 따른 피드백을 제공한다. 이를 비계적 지원이라고도 부른다. 교사는 학생들이 이 비계적 지원을 통해 학습 기술을 연습할 때 피드백을 제공하며 상호작용을 함으로써 학생들의 수행 절차

에 대한 기능을 명시적으로 증진시킨다. 학습 기술 용어를 명시적으로 사용하여 설명하면서 모델링과 독백 기법을 통해 사고 절차에 따르는 수행의 바른 모습을 직접적으로 보여 주면서 학생들의 수행을 교정하거나 보완한다. 학생들도 소집단 활동을 통해 같은 기법을 사용하여 상호 간에 자신들의 수행 절차를 비교하고 반성하면서 교정하거나 보완한다. 수행 연습의 후반부에서 하는 구조화는 초반부와는 달리 교사의 직접적이고 집중적인 개입을 간접적이고 간헐적인 개입으로 바꾼다. 교사는 단서 또는 힌트를 제공하여 학생들이 보다 주도적으로 학습 기술을 사용하도록 하고, 교사는 그것에 대해 피드백을 제공하는 정도로 관여 수준을 낮춘다. 단서 또는 힌트는 학습 기술의 용어를 사용하거나 약호화한 기억술 도구[프롬프트라고 불리는데 예를 들어, 의사결정 사고 전략의 경우, PMI(Plus, Minus, Interest)]를 언급해서 학생들이 이전 단계에서 학습한 학습 기술 수행 절차를 상기시키고 그것을 수행하도록 돕는다. 아울러 이 단계에서는 학생들이 지루함이나 어려움을 느끼고 그에 따른 부정적인 마음이 들 수 있기 때문에 긍정적인 습관을 유도하고 강화한다. 그리고 교사가 제시하는 단서를 가지고 학생들이 주도적으로 수행하여 학습 기술 자체에 대한 완전학습이 이루어지도록 유도한다. 따라서 이를 단서 기반 연습 단계라고도 부른다.

- 전이 연습 단계: 수행 연습 단계에서 습득한 학습 기술을 다른 여러 상황, 교과의 다양한 내용에 적용하는 활동을 한다. 그리고 자기주도적으로 학습한 기술을 사용한 과정을 반성하는 활동을 한다. 전자의 활동을 융합적 접근이라고 하고, 후자의 활동을 메타인지의 체계적 훈련 접근이라고 한다. 융합적 접근에서는 전이 유도 질문과 프롬프트를 사용하여 다양한 내용 영역에 학습 기술을 적용하여 문제를 해결한다. 예를 들어, "우리는 요약하기 학습 기술을 배웠는데, 사회과의 '정부'라는 단원을 읽고 요약하는 데 사용하면 어떨까?"라고 전이 유도 질문을 할 수 있고, "우리 학교가 교복을 단체로 구입해서 입으려고 하는데 이에 대해 PMI를 해 보자."라고 프롬프트를 제시할 수 있다. 후자의 메타인지의 체계적 훈련 접근에서는 자신의 학습 기술 수행을 성찰해서 자기주도적인 학습 기술 수행 능력을 증진시킨다.

- 평가 단계: 학생들의 성취 수준 정도를 평가하는 활동을 한다. 즉, 학습 기술의 습득 수준을 평가한다. 학습 기술의 습득 수준은 학습 기술에 대한 지식, 실행 능력, 메타인지에 대한 평가로 구분한다. 학습 기술에 대한 지식 평가는 선다형 지필평가나 면접을 통해 할 수 있고, 학습 기술을 수행으로 옮기는 능력을 평가할 경우에는 내용의 난이도를 통제하고 세 번 정도 평가한다. 학습 기술을 여러 내용 영역에 적용하는 전이 능

력 평가는 주로 선다형이나 수행평가의 형식을 취한다. 그리고 이런 평가를 통해 얻은 정보는 전 단계인 도입, 수행 연습, 전이 연습 단계 및 추후 다른 사고기능 및 마음의 습관 지도(habits of mind)에 참고한다.

13. 수업 만들어서 하기

배움 중심 수업은 그동안 학교에서 해 온 수업을 혁신하자는 의미를 담고 있다. 그동안 학교에서 하는 수업을 교사가 책임지던 것을 그 주도권과 책임을 학생과 나누면서 교수 중심의 지식 전달 수업을 학생 중심의 배움이 있는 수업으로 바꾸고자 하는 메시지를 담고 있다.

그동안 교실에서 해 온 전형적인 수업, 가령 '사람들의 입에 오르내리는 수업'(Jackson, 1968), '1차적 질서보다 2차적 질서를 따르는 수업'(Cuban, 1987), '학교교육의 문법이 된 수업'(Tyack & Tobin, 1994)을 바꾸어 보려는 시도들은 꾸준히 있었다. 우리나라에서도 소위, '맨손 수업' '교사 중심 수업' '설명식 수업' '내용 전달식 수업' '교과서 진도나가기 수업'(김정원, 1997; 류방란, 2003; 이정선, 2004; 이종각, 1988; 조영달, 1999)을 '활동 중심 수업' '학생 참여형 수업'으로 바꾸어야 한다는 정책적 노력이 있었을 뿐만 아니라 '배움 중심 수업'(손우정, 2012), '아이 눈으로 보는 수업'(서근원, 2009a, 2009b), '과학으로 보는 수업을 예술로 보는 수업으로의 수업 비평'(이혁규, 2008), '교실에서 하는 수업 만들어서 하기'(정광순, 2012)를 주창해 왔다. 그러나 교사 중심의 수업을 학생의 배움 중심 수업으로 개선하려는 이런 다양한 시도에도 불구하고, 단위학교에서 이런 시도들은 늘 실패하거나 한계에 부딪혀 중단하고는 한다.

배움 중심 수업에서 학교 수업의 변화는 두 가지 방향에서 접근할 수 있다. 하나는, 교사의 수업 수행 자체를 교수 중심에서 배움 중심으로 바꾸는 것이다. 이를 위해서 교사가 지금까지 몸으로 익혀서 펼쳐 온 교수 중심의 수업 수행 방식이나 방법 전략이나 기술들을 바꾸어야 할 뿐만 아니라 수업을 보는 철학, 태도, 자세도 배움을 중심으로 바꾸어야 한다. 다른 하나는, 수업 수행을 바꾸어야 할 뿐만 아니라 수업 자체도 바꾸어야 한다. 즉, 지금까지 학교에서 해 온 수업은 교과서에 담긴 수업을 교사가 학생에게 가르치는 수업이었다. 교과서에 담긴 수업이란 국가 수준 교육과정 특히 교과 교육과정에서 제시하는 교육과정 내용(성취기준이 포함하고 있는 내용)을 주어진 시간만큼 차시로 만들어 놓은 것이다.

이렇게 만든 수업을 내용 중심 수업이라고 부를 수 있다. 중심 내용을 구성하고 있는 하위 내용 요소를 찾아서 이 요소들을 내용으로 하는 차시(lessons)를 만들기 때문이다. 이런 내용 중심 수업은 주로 누가 만드는가? 주로 교사가 수업을 만들어야 한다는 책무성을 지닌다. 무엇으로 만드는가? 주로 국가 수준 교육과정으로 제시하는 교과별 성취기준을 재료로 하여 수업을 만든다. 어떻게 만드는가? 학생의 발달 적절성, 시의적 특수성, 지역 및 학교, 학생의 요구(흥미나 관심)를 고려하여 교수학적으로 적절한 수업을 만든다. 이에 내용 중심 수업은 내용 적합형을 1차 원리로 삼고, 학생 적절형을 2차 원리로 삼는다.

반면, 배움 중심 수업을 하는 교사는 이런 내용 중심 수업을 내포하면서 학생 중심 수업을 만들어야 한다. 학생 중심 수업이란 학생이 배우고 싶어 하는 것(내용일 수도 있고, 활동일 수도 있고, 과제나 미션일 수도 있다)을 하게 하는 수업이다. 동시에 수업의 내용을 제공하는, 가령 2015 개정 국어과 교육과정에서 제공하는 성취기준들을 이수할 수 있는 수업이어야 한다. 이런 학생 중심 수업을 만들려면 교사는 교과의 내용을 제시하는 교과별 성취기준 뿐만 아니라 학생이 하고 싶어 하는 것을 수업을 만드는 원료로 사용해야 한다. 가령, 학생이 '로봇 만들기'를 하고 싶어 한다면 학생들과 함께 로봇 만들기 과정을 계획해야 한다. 이렇게 계획한 것에 기반을 두어 학생들이 실제로 로봇을 만들어 간다. 물론 로봇을 만들기 위해 세운 계획은 실제로 로봇을 만들면서 수정, 보완, 변경되기 일쑤이다. 교사는 학생이 로봇을 만드는 일련의 과정에서 어느 교과, 어떤 성취기준을 이수할지 정해야 한다. 가령, 1학년 교사가 국어과 성취기준 2개와 수학 1개, 슬기로운 생활 1개를 이수하고 총 50시간을 사용하여 로봇 만들기 수업을 할 수 있다.

예 로봇 만들기 수업(50시간, 2주간 집중수업)

[이수할 교과의 성취기준과 배당 수업 시간]

[2국01-02] 일이 일어난 순서를 고려하며 듣고 말한다. (14시간)
[2국03-04] 인상 깊었던 일이나 겪은 일에 대한 생각이나 느낌을 쓴다. (14시간)
[2수02-01] 교실 및 생활 주변에서 여러 가지 물건을 관찰하여 직육면체, 원기둥, 구의 모양을 찾고, 그것들을 이용하여 여러 가지 모양을 만들 수 있다. (8시간)
[2슬04-02] 여름에 사용하는 생활 도구의 종류와 쓰임을 조사한다. (6시간)
창의적 체험활동 9시간

 이렇게 수업을 교과 내용뿐만 아니라 학생의 흥미나 관심사 및 요구를 중심으로 만든 수업을 학생 중심 혹은 배움 중심 수업 만들기라고 부를 수 있다. 이런 수업은 내용을 중심으로 하고, 학생의 흥미나 관심을 도구로 하는 내용 중심 수업과는 달리, 학생의 흥미나 관심을 중심으로 하고 내용을 도구로 하는 수업이다. 먼저, 학생의 요구를 찾아서 이 요구를 충족시키면서 동시에 이수할 수 있는 적절한 성취기준을 연계하는 방식으로 차시(lessons)를 만든다. 이런 학생 중심 수업은 주로 누가 만드는가? 교사와 학생이 함께 만든다. 무엇으로 만드는가? 학생의 요구를 외형화하고 국가 수준 교육과정에서 제시하는 교과별 성취기준을 내포해서 만든다. 어떻게 만드는가? 학생이 수행하는 과제(tasks)나 미션을 중심으로 하고 성취기준을 도구적으로 이수하는 방식으로 학생 적절형 수업을 만든다. 이에 배움 중심 수업은 학생 적절형을 1차 원리로 삼고, 내용 적합형을 2차 원리로 삼는다.

 학교나 교실에서 교사와 학생이 할 수업을 만들어서 하려면 먼저 교사는 교육과정 문해력을 습득해야 한다(김세영, 2014; 정광순, 2012; Ariav, 1988; Ben-Peretz, 1990; Rudduck, 1987). 즉, 교사의 교육과정 전문성을 필요로 한다.

 교사에게 교육과정(curriculum)은 두 가지 의미가 있다. 하나는 교육과정이 '주어진다'는 의미이고, 다른 하나는 '만들어야 한다'는 의미이다. 교사에게 주어지는 교육과정(mandated curriculum)은 단적으로 지금 교사에게 주어지는 현행 교육과정, 즉 2015 개정 각 교과 교육과정 문서에서 제공하는 '성취기준'과 '수업시간'이다. 2015 개정 교육과정은 흔히 총론과 각론으로 구분하고, 총론에서는 교과 수업시간 총량을 제시하고, 각론은 교과별 교육과정이다.

- 교사에게 주어지는 교육과정이란 각 교과의 '성취기준'과 '수업시간'이다. 가령, 현행 2009(혹은 2015) 개정 교육과정 시행 중 초등학교 모든 교사에게 교육과정이란 국어 과목의 경우, '25개의 내용 성취기준과 수업 시간 448시간'이다.

 이 각론에서는 학교의 교과 수업에서 다룰 내용을 성취기준에 담아서 제시한다. 따라서 교사에게 주어지는 성취기준에는 수업에서 다룰 '내용'이 들어 있기 때문에 이를 교육과정 내용이라고 한다. 도일(Dolyle, 1992)은 이를 제도적 수준의 교육과정 혹은 교육 내용이라고 명명했다.

 교사에게 주어지는 교육과정을 알고 나면, 교사는 이를 교실에서 학생과 함께하는 수업과 평가에 사용해야 한다. 가령, 교사가 '만드는' 수업이 곧 교사가 '만드는' 교육과정

(curriculum making)의 의미이다. 수업을 만들기 위해서 교사는 한편으로는 학생들이 하고 싶어 하는 것을 찾고, 다른 한편으로는 '주어지는' 성취기준에서 학생에게 가르칠 '핵심 내용'을 해석해 내야 한다. 이 둘을 재료로 해서 교실에서 학생과 함께 수업을 만들고 만든 수업을 실행한다.

학교 수업에 사용하는 주 도구인 '교과서'는 이렇게 성취기준에서 제시하는 내용을 중심으로 학생이 학습할 수 있는 수업을 만들어 놓은 것이다. 즉, 교과서가 해 온 일이란 다른 식으로 말하면 교사와 학생이 교실에서 직접 할 일을 대행해 왔다는 의미이다. 이런 측면에서 교과서란 수업의 다른 말이라고 할 수 있다. 즉, 교사와 학생이 할 수업이 교과서에 들어 있다. 또 교과서의 수업이란 교육과정(성취기준)을 학교에서 해야 할 수업 시간만큼의 차시를 만들어서 놓은 것이다.

이에 국가 수준에서 제공하는 교사에게 주어지는 교육과정으로서 '성취기준'은 교과서에서 '단원'과 연결되어 있다. 교과서 '단원 내–차시들'은 성취기준을 단원 내 차시로 만들어 놓은 것이다. 이렇게 교사에게 주어지는 교육과정과 교사가 만드는 교육과정을 구분하기 위해서 벤 페레츠(Ben Pretz, 1990)는 교육과정과 교육과정 자료라는 말로 구분한다. 즉, 2015 개정 교과교육과정에서 제시하는 성취기준은 교육과정이고, 그런 성취기준으로 만든 교과서나 시험지 등은 모두 '교육과정 자료'라고 할 수 있다([그림 4-9] 참조).

엄격하게 구분하면 수업은 벤 페레츠(1990)의 용어로 교육과정 자료를 개발해야 가능하다. 수업은 국가 수준 교육과정의 요구를 공통성으로 수용하고, 학생의 요구를 개별성으로 수용해야 하는 공간이다. 수업을 만들어서 한다는 의미는 국가 수준에서 요구하는 교육과정을 통한 공통성을 충족시킬 뿐만 아니라 학생이 요구하거나 하고 싶어 하는 것을 충족시켜야 한다. 교사와 학생이 수업을 만들어서 한다는 것도 이런 의미이다.

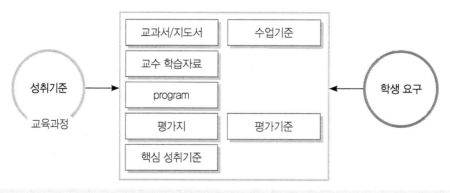

[그림 4-9] 교육과정과 교육과정 자료 구분

우리나라 교사들은 대부분 교과서를 매개로 국가 수준 교육과정을 간접적으로 사용해 왔다. 교사가 수업에 사용하는 주요 도구는 늘 '교과서'였고, 이 교과서를 사용하기만 하면 국가 수준 교육과정을 이수하게끔 되어 있는 구조였기 때문이다. 즉, 교과서는 교사와 학생이 만들어야 할 수업 혹은 교사 교육과정 개발을 대행해 왔다. 이에 교사가 교육과정을 개발한다 혹은 수업을 만든다는 의미는 일면 그동안 교과서가 해 온 일을 교사와 학생이 직접 해야 함을 의미한다.

그동안 교사가 해야 할 일을 대행해 온 교과서가 한 일이란 구체적으로 어떤 일인가?

수업을 만드는 첫 번째 단계는 교과에서 가르칠 것으로 설정해 놓은 '성취기준' 중 어느 것을 어느 학기에 가르칠지를 정하는 작업으로부터 시작한다.

듣기· 말하기	[2국01-01] 상황에 어울리는 인사말을 주고받는다. [2국01-02] 일이 일어난 순서를 고려하며 듣고 말한다. [2국01-03] 자신의 감정을 표현하며 대화를 나눈다. [2국01-04] 듣는 이를 바라보며 바른 자세로 자신 있게 말한다. [2국01-05] 말하는 이와 말의 내용에 집중하며 듣는다. [2국01-06] 바르고 고운 말을 사용하여 말하는 태도를 지닌다.
읽기	[2국02-01] 글자, 낱말, 문장을 소리 내어 읽는다. [2국02-02] 문장과 글을 알맞게 띄어 읽는다. [2국02-03] 글을 읽고 주요 내용을 확인한다. [2국02-04] 글을 읽고 인물의 처지와 마음을 짐작한다. [2국02-05] 읽기에 흥미를 가지고 즐겨 읽는 태도를 지닌다.
쓰기	[2국03-01] 글자를 바르게 쓴다. [2국03-02] 자신의 생각을 문장으로 표현한다. [2국03-03] 주변의 사람이나 사물에 대해 짧은 글을 쓴다. [2국03-04] 인상 깊었던 일이나 겪은 일에 대한 생각이나 느낌을 쓴다. [2국03-05] 쓰기에 흥미를 가지고 즐겨 쓰는 태도를 지닌다.
문법	[2국04-01] 한글 자모의 이름과 소릿값을 알고 정확하게 발음하고 쓴다. [2국04-02] 소리와 표기가 다를 수 있음을 알고 낱말을 바르게 읽고 쓴다. [2국04-03] 문장에 따라 알맞은 문장 부호를 사용한다. [2국04-04] 글자, 낱말, 문장을 관심 있게 살펴보고 흥미를 가진다.
문학	[2국05-01] 느낌과 분위기를 살려 그림책, 시나 노래, 짧은 이야기를 들려주거나 듣는다. [2국05-02] 인물의 모습, 행동, 마음을 상상하며 그림책, 시나 노래, 이야기를 감상한다. [2국05-03] 여러 가지 말놀이를 통해 말의 재미를 느낀다. [2국05-04] 자신의 생각이나 겪은 일을 시나 노래, 이야기 등으로 표현한다. [2국05-05] 시나 노래, 이야기에 흥미를 가진다.

국어 1-1
국어 1-2
국어 2-1
국어 2-2

1. 장면을 떠올리며
2. 인상 깊었던 일을 써요
3. 말의 재미를 찾아서
4. 인물의 마음을 짐작해요
5. 간직하고 싶은 노래
6. 자세하게 소개해요
7. 일이 일어난 차례를 살펴요
8. 바르게 말해요
9. 주요 내용을 찾아요
10. 칭찬하는 말을 주고받아요
11. 실감나게 표현해요

[그림 4-10] 성취기준과 단원 연결해서 보기

이렇게 학기별로 가르칠 성취기준을 배정하는 일을 교육과정 편성 혹은 교육과정 계획(curriculum planning)이라고 하며, 교과서에서는 단원 개발이라고 한다. 사실 교과의 성취기준을 편성하는 방식에 따라 단위학교는 학교마다 가시화하고 싶은 특성을 드러낼 수 있다. 즉, 단위학교에서 학교 교육의 철학과 비전에 맞는 주제를 찾아 그 주제가 드러나도록 교과의 '성취기준'을 편성하면 되는 것이다. 이렇게 해서 학교의 독자성을 살리는 학교교육과정을 현시할 수 있다. 이것이 학교마다 교육과정을 차별화하고 독자화하는 방식이다.

수업을 만드는 두 번째 단계는 하나의 성취기준으로 몇 개의 차시를 만들어 내는 일이다. 교과서로 비유하면, 한 단원에 배정된 성취기준을 사용하여 40분 혹은 80분 등 다양한 단위의 차시(lessons)들을 만드는 일이다. 이 일을 교사의 교육과정 개발(curriculum making)이라고 하고, 배움 중심 수업에서 교사와 학생이 할 수업을 만들어서 한다는 의미이다. 이는 지금까지 교과서를 통해서 성취기준의 교육과정 내용을 중심으로 학생과 교실에 적절한 수업을 하는 데 주력해 왔다면, 배움 중심 수업에서는 지금, 여기서 학생이 하고자 하는 활동을 중심으로 성취기준을 이수할 수 있는 수업을 만들어서 하고자 하는 것이다. 즉, 교과서를 넘어서 혹은 교과서를 재구성해서 특정 지역, 특정 학교, 특정 학생의 여건에 안성맞춤인 교실 수준에서 교사와 학생이 교육과정을 '만들어서 수업하고자 한다'.

아주 초보적으로는 교사가 성취기준을 준거로 교과서를 재구성하면서 시작할 수 있다. 예를 들어, 교사가 5학년 1학기 국어 교과서 1단원 '문학의 즐거움'(총 6차시) 수업을 한다고 가정해 보자.

가령, 국어 5학년 1학기 1단원 '문학의 즐거움'을 보자.
- 국어과 성취기준–(듣기 말하기) 경험담을 듣고 비언어적 표현의 전달 효과를 파악한다.
- 교과서: 국어 5-1. 1. 문학의 즐거움(총 6차시)

 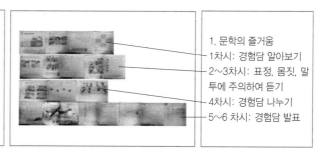

[그림 4-11] 1. 문학의 즐거움 단원 차시(예시)

이 단원에서 이수하기로 계획한 국어 내용 성취기준은 '경험담을 듣고 비언어적 표현의 전달 효과를 파악한다.'이다. 수업은 학생들이 '비언어적 표현'을 알고 쓸 수 있도록 하면 된다.

이에 어떤 교사 ①은 교과서 수업을 그대로 가르치는 수업을 하고, 교사 ②는 주어진 학교, 교실, 학생에게 맞춰 교과서의 차시를 재구성하고, 교사 ③은 학생이 하고 싶어 하는 것을 중심으로 수업을 새로 만들어서 하는 세 가지 경우를 상정해 보자. 흔히 '진도나가기 수업'이란 교사 ①이 하는 수업이다. 요즘 많이 듣는 '교육과정 재구성'은 실상 교과서 재구성으로 교사 ②가 하는 수업이라고 할 수 있다. 교사 ②는 교과서의 어떤 차시는 변형하거나 순서를 바꾸거나 제재나 활동을 바꾸거나 한두 차시를 버리거나 만들어서 교과서 체제에서 교과서를 보완하는 방식을 취한다. 교사 ③은 학생이 특정 경험담에 비언어적 표현을 사용할 수 있는 수업을 만든다. 가령, 아이들이 자신의 일기장에서 경험담 하나씩을 골라서 비언어적 표현을 첨가해 보는 연습을 하고 일기 중 한 편을 골라서 줄글을 대화글로 바꾸는 활동을 한다. 즉, 일기장의 줄글에 비언어적 표현을 지문으로 삽입하면서 대화글로 바꾸는 글쓰기를 해 본다. 교사는 학생들이 쓸 수 있는 다양한 형태의 비언어적 표현들을 판서하거나 예시들을 게시하여 학생들이 자신의 일기장 속 줄글에 적절한 비언어적 표현을 선택해서 쓸 수 있도록 도와준다. 작성한 대화글로 구연대회를 하면서 수업을 마칠 수 있다.

교사 ①, ②, ③ 모두 수업을 통해서 동일한 성취기준을 이수하기 때문에 세 교사의 수업은 모두 의미상 동일한 수업이다. 특히, 교사 ③은 국가수준 교육과정을 설정하여 모든 학생이 성취기준을 중심으로 공통성을 확보하면서 각 교실에서 원하는 소재 활동 미션 과제로 '개별성'을 확보할 수 있다.

저마다의 학교나 교실에서 교사와 학생이 수업을 만들어서 할 경우 공통성과 다양성을 모두 충족시킬 수 있다. 배움 중심 수업이란 학생이 하고 싶어 하는 것을 중심으로 성취기준을 충족시켜 주는 수업을 교사와 학생이 만들어서 하기를 권한다. 수업 자체의 관점에서 수업을 개선하는 데 기여한다.

이런 관점에서 배움 중심 수업을 하는 교사는 교육과정 계획(curriculum planning)과 교사와 학생이 함께 수업을 만드는 교실 수준 교육과정 만들기(curriculum making)를 할 수 있는 교육과정 전문성을 발휘해야 한다.

현재 학교에서 대부분의 교사가 하고 있는 '교육과정 계획'의 모습을 짚어 보자.

무엇보다 학교교육과정 계획을 교과서의 단원과 차시들을 그대로 옮겨놓은 방식을 취

월	주	국어(6)	사회(3)	도덕(1)	수학(4)	과학(3)	음악(2)	미술(2)	창체(3)	체육(3)	영어(2)	시간
8	4	1. 재미가 솔솔(11)	1. 우리 지역, 다른 지역(21)	5. 내 힘으로 잘해요(4)	1. 곱셈(12)	1. 동물의 생활(10)	옥수수 하모니카(2)	7. 손끝으로 빛어서(4)	교실			
9	1						모심기 노래(2)		동학년			
9	2	2. 띄어쓰기를 잘해요(10)					밤의 작은 음악(2)	8. 즐거운 하루(4)	전교생			
9	3				2. 나눗셈(8)		숲속을 걸어요(2)		교실			
9	4	3. 내용을 간추려 보아요(10)		6. 감사하는 생활(4)		2. 지층과 화석(10)	매쿠타(2)	9. 사진기와 눈자(4)	교실			
10	1		2. 달라지는 생활 모습(18)		3. 원(12)		새는 새는(2)		동학년			
10	2	4. 들으면서 적어요(12)					하수아비 아저씨(2)	10. 먹과 붓으로(4)	전교생			
10	3						멜로디언 연주(2)		교실			
10	4	5. 낱말의 짜임(10)		7. 함께 사는 세상(4)	4. 분수(16)	3. 액체와 기체(10)	여러 나라 놀이(2)	10. 우리글 쓰기(4)	교실	전담		29
11	1						군밤타령(2)		전교생			
11	2	6. 글에 담긴 마음(9)					경기장 이야기(2)	11. 한지로 꾸며요(4)	동학년			
11	3						휴파람과 개(2)		전교생			
11	4	7. 감동을 느껴 보아요(12)	3. 다양한 삶의 모습(15)	8. 자랑스러운 대한민국(4)	5. 들이와 무게(12)	4. 소리의 성질(10)	건명국 조명국(2)	12. 나와 내가 만드는 문화(4)	교실			
12	1						아리랑(2)		전교생			
12	2	8. 실감나게 말해요(10)					옛날이야기(2)	13. 미술관 박물관 여행(4)	동학년			
12	3				6. 자료의 정리(8)		정리하기		교실			
12	4	9. 마음을 읽어요(12)		정리하기		정리하기		정리하기	교실			
2	1	정리하기	정리하기		정리하기				전교생			
18주		108	54	18	72	54	36	36	54	54	38	

[그림 4-12] ○○초등학교 3학년 2학기 교육과정 계획(예시)

하고 있다. 왜냐하면 대부분의 초등학교는 영어, 체육, 음악, 미술, 실과를 제외한 국어, 수학, 사회, 과학, 도덕 교과가 모두 국정교과서이다. 전국의 모든 학교에서 교과서를 중심으로 같은 수업을 한다는 것을 의미한다. 그래서 학교교육과정 수준에서 하는 교육과정 계획을 '시수 맞추기' 정도로 인식하고 이를 연구 부장이 해야 하는 일(업무)로 본다.

배움 중심 수업을 하는 교사라면, 가령 교사 ②나 교사 ③의 경우 교육과정 계획을 교과서를 기반으로 한다고 하더라도 학생이나 상황이 요구하는 것들을 중심으로 수업을 만들 소재나 주제를 먼저 설정하고(수업명이라고 명명한 칸을 먼저 채운다), 이 주제를 구현하면서 이수할 성취기준(교과서 단원에 편성된 성취기준)을 선정하는 식으로 교육과정 계획을 한다.

월	주	수업명	국어	사회	도덕	과학	음악	미술	창체	수학(4)	체육(3)	영어(2)	시간
8	4	새로운 시작(20)	1. 재미가 솔솔(11)		1. 소중한 나(4)		옥수수 하모니카(2)		환경정화(2)	1. 곱셈(12)	전담	전담	29(20)
9	1	동물원 가자(20)				1. 동물의 생활(10)		7. 손끝으로 빚어서(4)	동물원 방문(5)				
	2	내가 사는 곳(40)	3. 내용을 간추려 보아요(10)	1. 우리 지역, 다른 지역(21)			모심기 노래(2)	12. 문화재(4)	지역탐방(3)				
	3												
	4									2. 나눗셈(8)			

[그림 4-13] 배움 중심 수업을 하는 교사의 교육과정 계획(예시)

가령, 주당 총 시수(3학년 기준 29시간)를 기준으로 교과전담제로 운영하는 교과(가령, 체육3, 영어2)의 시수를 제외하고(29-5=24시간), 담임이 분리 운영해야겠다고 생각하는 교과(가령, 수학4)도 제외하면(24-4=20시간) 주당 총 20시간을 표준으로 20시간만큼의 교과 단원을 주제에 맞춰서 선택하여 배치하는 식으로 교육과정 계획을 한다. 이런 방식에서는 모든 교과를 주당 시수 개념을 적용하여 골고루 배치할 필요가 없다. 이런 방식으로 첫 주 수업은 '새로운 시작'이라는 주제로 국어(11시간), 도덕(4시간), 음악(2시간), 창체(3시간)로 총 20시간 수업을 만들어서 할 수 있다. 즉, 3월 첫 주 일주일 동안은 국어, 도덕, 음악, 창체만으로 수업을 만들어서 한다. 이 첫 수업에서 도덕은 4시간을 모두 수업하는 집중 운영을 하기 때문에 남은 3월 2, 3, 4주에는 도덕 수업을 하지 않아도 된다.

다음은 윤 교사의 '함께 뛰자 폴짝!' 수업 사례이다(이윤미 외, 2015, pp. 236-248).

윤 교사는 전북 신동초등학교 4학년 동학년 10명의 교사가 협업으로 여러 개의 수업을 만들어서 한다. 학기 초 교육과정 편성표에서 해당 주의 몇 개 교과를 중심으로 주제를 찾아 주제 중심통합수업을 만든다. 다음 '함께 뛰자 폴짝!' 수업은 11월 3주(1주일 분량) 수업이다.

첫째, 당초의 11월 3주 교육과정 계획을 조정한다. 윤 교사와 동학년 교사들은 11월 3주 역량 및 인성 수업('협동')을 주제로 '함께 뛰자 폴짝!'이라는 수업을 기획하였다. 그들은 학기 초 짜놓은 교육과정 계획서에서 11월 3주 수업을 수학 5단원, 도덕 7단원, 체육 4단원, 음악 3단원, 미술 5단원만 수업할 수 있도록 교과를 조정하였다. 11월 2주와 11월 4주를 조금씩 조정한 것이다.

월		교과					
		국어	수학	도덕	체육 (지학사)	음악(비상)	미술
11	1주	5. 컴퓨터로 글을 써요.	3. 다각형		3. 경쟁활동	4. 장단의 빛깔과 노래의 맛	4. 만드는 즐거움
	2주	6. 우리말 여행을 떠나요	3. 다각형			5. 음악의 쓰임새	5. 재료를 자유롭게
	3주	6. 우리말 여행을 떠나요	5. 꺾은선그래프	7. 힘을 모으고 마음을 하나로	4. 표현활동	3. 악기에 음을 싣고	5. 재료를 자유롭게
	4주	7. 적절한 의견을 찾아요				6. 이야기를 담은 음악	5. 재료를 자유롭게

[그림 4-14] 신동초등학교 11월 3주 교육과정 계획(예시)

둘째, 성취기준을 중심으로 '함께 뛰자 폴짝!'(협동) 수업을 만든다. 그리고 11월 3주 수업인 '함께 뛰자 폴짝!'을 다음과 같은 수업을 만들었다.

성취기준	교과서
• 협동의 의미와 중요성을 알고, 일상생활에서 공감하고 소통하여 협동하는 자세를 지닌다.	도덕 7. 힘을 모으고 마음을 하나로(4)
• 신체활동으로 리듬감을 익히며, 신체활동에 나타나는 리듬의 유형과 요소를 이해한다.	체육 4. 표현활동(5)
• 생활 자료를 수집하여 막대그래프로 나타낼 수 있다. • 연속적인 변량에 대한 자료를 수집하여 꺾은선그래프로 나타낼 수 있다. • 여러 가지 자료를 찾아 목적에 맞는 그래프로 나타내고, 막대그래프와 꺾은선그래프의 특성을 비교할 수 있다.	수학 5. 꺾은선그래프(10)
• 다양한 주제를 탐색하여 자유롭게 표현한다.	미술 5. 재료를 자유롭게(2)
• 악곡을 외워서 혼자 또는 여럿이 노래를 부르거나 악기로 연주할수 있다.	음악 3. 악기에 음악을 싣고(2)

수업명	함께 뛰자 폴짝!	학년	4학년	시수	25차시(11월 3주)

[수업 만들기]

① '돌멩이국' 그림책 읽고 이야기 나누기

② 꺾은선그래프 알기

③ 꺾은선그래프를 그리고 해석하기

④, ⑤ 긴줄넘기, 그래프 그리기, 협동놀이

(⑨, ⑩/⑭, ⑮/⑲, ⑳/㉑, ㉒ 동일)

⑥, ⑦ 그래프에서 물결선의 필요성 알고 그려보기

⑧ 협동의 가치와 필요성 알기

⑪, ⑫ 협동작품 만들기

⑬ '에델바이스' 이중주 연습

⑯, ⑰ 자유주제 학습

⑱ '에델바이스' 합주

㉓ 그래프 해석하기

㉔, ㉕ 소감 나누기, 협동나무 만들기

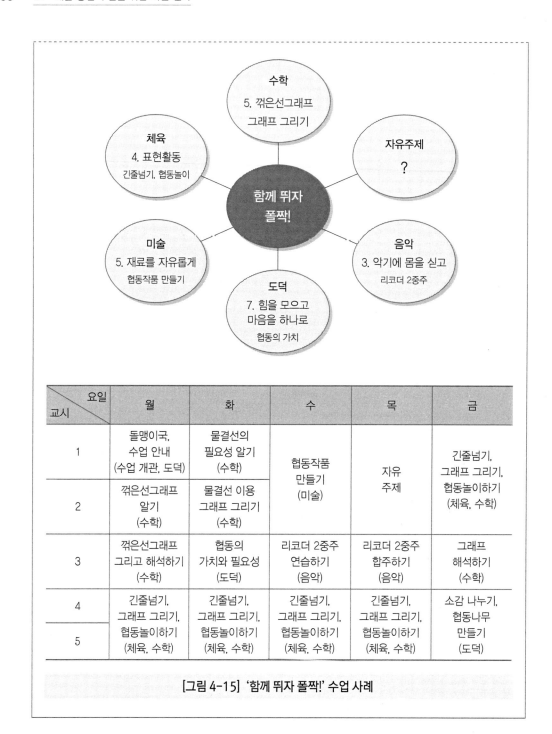

교시＼요일	월	화	수	목	금
1	돌맹이국, 수업 안내 (수업 개관, 도덕)	물결선의 필요성 알기 (수학)	협동작품 만들기 (미술)	자유 주제	긴줄넘기, 그래프 그리기, 협동놀이하기 (체육, 수학)
2	꺾은선그래프 알기 (수학)	물결선 이용 그래프 그리기 (수학)			
3	꺾은선그래프 그리고 해석하기 (수학)	협동의 가치와 필요성 (도덕)	리코더 2중주 연습하기 (음악)	리코더 2중주 합주하기 (음악)	그래프 해석하기 (수학)
4	긴줄넘기, 그래프 그리기, 협동놀이하기 (체육, 수학)	긴줄넘기, 그래프 그리기, 협동놀이하기 (체육, 수학)	긴줄넘기, 그래프 그리기, 협동놀이하기 (체육, 수학)	긴줄넘기, 그래프 그리기, 협동놀이하기 (체육, 수학)	소감 나누기, 협동나무 만들기 (도덕)
5					

[그림 4-15] '함께 뛰자 폴짝!' 수업 사례

셋째, 수업 실행 및 수업 자료를 준비한다. 수업은 '함께 뛰자 폴짝!' 수업이 협력의 가치를 경험하는 주제 중심 통합수업임을 학생에게 공지하면서 시작한다. 이 수업은 수학, 도덕, 체육, 음악, 미술을 통합한 수업이고, 특히 수학의 '꺾은선그래프'와 체육과의 '긴줄넘기'를 축으로 만들었다. 먼저, 동학년 교사들은 초안을 만들고 학생들의 의견을 반영하여 확정하였다. 확정한 수업을 1주일 동안 '함께 뛰자 폴짝!' 집중수업으로 실행하였다.

이 수업을 만든 동기는 11월 날씨가 추워지면서 움츠러드는 몸을 한두 명의 학생들이 긴 줄넘기를 하여 극복하기 시작하면서 5학년 동학년 전체로 긴줄넘기가 유행을 하였고, 긴줄넘기라는 학생의 요구를 수업으로 수용한 것이다.

'돌맹이국' 그림책으로 수업을 시작한 후, 학생들은 매일 아침 자습 시간 모둠별로 긴 줄을 넘은 개수를 기록하여 큰 종이에 꺾은선그래프를 그려나가면서 수업은 한편으로는 서로 협력해서 줄넘기 개수를 변화시키는 데 주력하게 했고, 다른 한편에서는 꺾은선그래프를 배워 나갔다. 그러던 중 학생들은 학급 전체 꺾은선그래프 그리기를 제안했고, 줄을 넘는 개수가 급격히 커지면서 물결선을 사용하게 되었다. 그리고 그 사이 사이에 박광철(2010)의 협력놀이에 나오는 '마법의 양탄자' 놀이(모둠원의 발이 밖으로 나가지 않게 하면서 양탄자 뒤집기, 모둠원 모두 양탄자에 타서 이동하기, 반 전체가 릴레이로 5분 안에 트랙 한 바퀴 돌기)를 하며 몸을 부대끼고, 서로 호흡을 맞추며 하나가 되어 갔다. 교과서 수록곡인 '에델바이스'로 리코더 2중주 연습을 하고, 목요일 5교시에 4학년 전체 합주를 했다. 또 이경원(2014)의 '교육과정 콘서트'의 수업 아이디어를 빌려와 평소 즐겨하는 놀이를 하는 자신을 그려서 게시판에 부착하면서 같이 노는 모습을 만들어 나갔다. 이런 활동으로 4학년 복도 게시판 주변에서 자기 그림 옆에서 노는 친구의 모습에 관심을 갖게 되었다. 마지막으로 협력이란 주제로 모둠 문장 만들기를 하고, 평가하면서 마무리하였다.

14. 학습 몰입 시간 늘리기

학습과 관련한 시간은 학습 배당 시간(allocated time), 수업 시간(instructional time), 학습 몰입 시간(engaged time), 이동 시간(transition time)의 네 종류가 있다(Borich, 2011a). 학습 배당 시간은 학교가 교육과정에 배당한 시간이고, 수업 시간은 교사가 실제로 내용을 교수하는 데 사용하는 시간이고, 학습 몰입 시간은 학생들이 능동적으로 교사가 교수한 내용에 관여하고 사고하고 처리하는 시간이고, 이동 시간은 학습활동 시간 사이에 다음 학습을 위해 필요한 시간, 즉 계획된 학습활동의 전후에 필요한 시간이다.

이런 시간 가운데에 학생의 학업 성공과 가장 관계가 깊은 시간은 학습 몰입 시간이다. 학습 몰입 시간은 학생이 교사의 설명을 듣고, 개인이나 소집단별로 토론 또는 학습과제 해결에 능동적으로 참여하는 등 학생에게 실제적 학습이 일어나기 때문이다. 피셔(Fisher) 등(Borich, 2011a, 재인용)은 교사가 초등학교 2학년 학생들을 대상으로 학습 몰입 시간을 25일 간 하루에 4분에서 52분으로 늘리자, 읽기 능력이 표준화 학업 성취도 검사에서 38%에서 66%로 28% 올랐을 정도로 학업 성취에 효과가 있다고 보고한다. 브로피와 에버슨(Brophy & Evertson, 1976)도 전형적인 학급에서 평균적으로 학생은 높은 성공의 기회를 제공하는 과제를 해결하는 데 수업 시간의 약 50%를 사용하고 있으나 이 시간을 60~70%로 늘리면 학습 내용을 완전학습하고, 학습한 내용을 응용하고, 추론하고, 문제 해결하고, 자기주도적으로 비판적으로 생각하도록 하고, 학교와 교사를 보다 긍정적으로 대하는 태도를 갖는다고 보고한다.

그러나 실제로는 학생이 학교에 등교한 후 학습에 몰입하는 시간은 매우 적은 것으로 보고하고 있다. 레이섬(Latham, 1985)은 교사가 수업 시간의 57%를 학급 내부와 외부 사항 관련 공지, 잡무, 학습 일탈 행동 등 이를 방해하는 사건을 처리하고, 학생이 한 학습활동에서 다른 학습활동으로 이동하는 데 많은 시간을 부여하는 등 실제로 수업에 투자하는 시간은 단위 수업 당 19분 48초 정도라고 보고한다. 따라서 배움 중심 수업에서 학생이 학업을 성취하기 위해서는 학습 시간과 관련하여 관심을 기울이고 불필요한 학교 시간의 낭비를 줄이는 노력을 해야 한다.

캔겔로시(2000)는 다음과 같이 학생의 학습 몰입 시간을 늘리는 전략을 제시한다.

첫째, 교사가 매일 반복해서 해야 하는 일은 학생에게 과제를 부여한 후 학생이 과제에 임하는 시간 동안 마치도록 한다. 다음은 수업 시간을 효율적으로 사용하는 사례이다

(Cangelosi, 2000, pp. 105-106).

　　4학년 담임교사 드렉슬러(Drexler)는 학교 정책에 따라 매일 교무실에 결석한 학생의 이름과 점심을 먹을 학생의 수를 무료 식사, 자비 식사, 할인 식사로 나누어 보고하고 있었다. 그리고 학생도 전날에 결석을 하고 다음 날 등교하면 학교 출석 담당자를 찾아가 재출석 확인서를 받아 담임교사에게 제출히도록 하였다. 아울러 지각을 해서 두 번째 수업을 시작한 후에 학급 수업에 참여하려면 지각 신고를 하고 학교 출석 담당자의 사인을 받은 쪽지를 담임교사에게 제출하도록 되어 있었다. 그리고 매주 월요일에는 담임교사가 학생들의 머릿니(head lice) 검사를 실시하고 청결하지 못한 학생의 이름을 적어 학교에 보고하기로 되어 있었다. 그리고 출석을 점검하고 학교 공지 사항을 알려 주도록 되어 있었다.

　　드렉슬러는 이렇게 매일 반복되는 행정적 일들은 시간이 많이 들고, 학생들은 교사가 이런 일들을 수행하는 동안 빈둥거리며 앉아 있거나 장난을 치고 있었다. 이를 극복하고 학생의 학습 몰입 시간을 늘려 주기 위해 아침마다 학생에게 공지 사항을 알려 준 후에는 전날에 내준 숙제를 책상 좌측 상단 코너에 올려놓도록 하고, 그날의 점심 식사는 어떤 식으로 할 것인지는 포스트잇 쪽지에 적어서 숙제 위에 붙여놓도록 하였다. 그리고는 그날 공부할 교과 관련 문제지를 나누어 주고 풀도록 하였다. 학생이 문제 풀이를 하는 동안 교사는 교실을 순회하면서 점심 식사 유형 점검 양식 차트에 기록하였다. 그리고 동시에 머릿니 검사와 출석 점검 결과도 그 차트에 기록하였다. 이런 방식으로 매일 반복하는 일들을 처리하여 수업 시간의 낭비를 가능한 한 줄였다.

　둘째, 차시 학습에 필요한 학습자료들과 활동 지시문을 미리 준비하여 쉬는 시간에 분배함으로써 차시 학습활동을 순조롭게 한다. 다음은 학습자료들을 미리 준비하여 차시 수업 시간으로의 이동이 효율적으로 이루어지도록 하는 사례이다.

　　5학년 담임교사 주콜라(Jukola)는 체육 시간이 끝나자 학생들을 교실로 들어가게 했다. 그다음 수학 시간에 학습활동으로 짝을 지어 종이돈으로 활동을 할 계획을 세운 터였다. 그간의 체육 시간 종료 후의 경험에 비추어 볼 때 학생들이 짝을 찾아 자리에 앉고, 학습자료를 나누어 주고, 활동 지시를 내리는 일은 시간이 많이 걸렸다. 이 와중에도 학생들은 잡담을 하고 소란스러우며 또 그 과정에서 수업 시간을 많이 잡아먹는다는 것을 알고 있었다. 이런 이유로 체육 시간이 시작되기 전에 학습자료를 미리 짝이 나올 학습 집단을 고려하여 교탁 위에 여러 꾸러미로 나누어 놓았다.

체육 시간이 끝날 즈음에 교사는 짝 짓기 놀이를 할 짝과 함께 교실로 들어가 수학 시간 학습자료 꾸러미를 하나씩 가지고 자리에 앉도록 말했다. 학생들은 교실로 들어오자 곧 학습자료 꾸러미를 하나씩 가지고 가서 지시문에 따라 학습활동에 임하였다. 주콜라는 일일이 학습자료 꾸러미를 나누어 줄 필요가 없었기 때문에 학생들 사이에서 학습 일탈 행위가 일어나지 않도록 주의를 기울이고, 지시문에 대해 이해가 부족한 집단에 보충 설명을 해 주었다. 학생들이 수학 학습활동을 시작하는 시점은 달랐으나 곧이어 학생들은 모두 지시문에 따라 학습활동 과제를 수행하느라 여념이 없게 되었고 우려했던 잡담이나 소란은 일어나지 않았다.

셋째, 학생의 학습 속도를 고려하여 과제를 계열화하여 제시한다. 다음은 학급에서 자주 발생하는 과제 학습 상황으로서, 개별 학생의 학습 속도의 차이를 고려하여 과제를 계열화하지 못해 수업이 효과적으로 이루어지지 못한 사례이다(Cangelosi, 2000, p. 115).

6학년 담임교사 우터(Uter)는 지리과의 어떤 토픽에 대해 학급 전체 토론을 이끌 계획이었다. 학급 전체 토론은 사전 지식을 활성화는 것이 효과적이기 때문에 토론에 앞서 지리 교과서를 참고 자료로 사용하여 학생들이 개별화 학습을 하도록 18개 문항으로 구성된 활동지를 나누어 주었다. 학생들은 35분 동안 이 활동지의 답을 내는 활동을 하였고 학급 전체 토론에 들어가기 전에 제출하도록 하였다. 15분 정도 지나자 몇몇 학생은 모든 문항에 답을 다 하였고, 또 어떤 학생은 4문항도 답하지 못한 상태였다. 답을 먼저 낸 학생들은 한가롭게 앉아 나머지 학생들이 끝마치기를 기다리고 있었다. 시간이 좀 더 지나자 과제를 끝낸 학생 수가 늘어났고, 이 학생들은 교사의 다른 지시를 기다리느라 지루해하면서 학급은 점점 소음이 커지고 아직 끝마치지 못한 학생들을 방해하는 말과 행동들이 나왔다. 우터는 이 상황을 참지 못하고 과제 활동을 끝내며 "자, 여러분 모두가 대부분 끝마친 것 같구나. 모두 활동지를 제출하도록 하자. 그리고 토론에 들어가자."라고 말했다.

교사는 이 경우 과제를 일찍 끝낸 학생들을 위해 별도로 개별학습을 하도록 심화학습활동(활동지 관련 책 읽기, 인터넷 탐색하기 등)을 제시하여 참여하도록 하였어야 했다. 그러면 먼저 끝낸 학생의 학습 몰입 시간을 늘려줄 수 있고, 학급에서의 소란은 발생하지 않고 과제 수행 중에 있는 학생들을 방해하지 않을 수 있었다. 그리고 모든 학생이 활동지 과제를 마치고 준비된 사전 지식을 가지고 토론에 들어갈 수 있었을 것이다.

넷째, 소집단 협동학습을 통해 학생들의 학습 속도에 따른 개인차를 고려하고 학습 몰입 시간을 늘린다. 다음은 학습 집단을 전체 집단에서 소집단 학습 집단으로 바꿈으로써 학생들의 학습 몰입 시간을 늘린 사례이다(Cangelosi, 2000, p. 115).

중학교 체육교사 매크리리(McCreary)는 농구의 패스 방법 중 두 손으로 공을 잡고 가슴에서부터 패스하는 방법을 지도하고자 하였다. 매그리리는 힉급 전체 학생을 한 줄로 세우고 맨 앞에 있는 학생에게 농구공을 패스하고, 그 학생은 패스 받은 공을 다시 교사에게 패스한 다음 교사의 "잘했다." 또는 "가슴의 위치에서 패스하지 못했다."는 등의 피드백을 받은 후, 그 줄의 맨 뒤로 돌아가서 다시 자기 차례를 기다리도록 하였다. 이 방법은 학급 전체 학생 개개인에게 피드백을 주며 지도한 것이나 수업이 끝난 후 다른 학생들은 자기 차례를 기다리느라 오랜 시간을 기다리며 지루해하였다고 교사에게 말해 주었다. 이에 매크리리는 다음 반의 학생들에게는 두 명으로 구성된 7개 집단과 3명으로 구성된 3개 집단을 만들어 각 집단에 공을 하나씩 제공하고 집단 내에서 패스 연습을 하도록 하였다. 그리고 교사는 각 집단을 순회하면서 잘된 점과 잘못된 점을 피드백하였다. 그리고 학생들은 농구 패스 방법에 대해 학습 몰입 시간을 수업이 끝날 때까지 확장할 수 있게 되었다.

그 외 연구들이 제시하는 학습 몰입 시간 증진 전략들은 다음과 같다(Evertson, 1995; Emmer, Evertson, Clements, & Worksham, 1997; Tauber, 1990).

첫째, 학생들이 교사의 허락을 매번 얻지 않고도 자신의 개인적, 절차적 요구를 만족시킬 수 있도록 규칙을 정한다. 그리고 학생들이 시간별로 어디로 가고 무엇을 해야 할지에 대해 친숙해 있도록 학급 루틴을 잘 설정하고 친숙해지도록 한다.

둘째, 학생이 각각 자리에 앉아서 하는 학습활동을 모니터하고 학생의 진보에 대해 교사가 잘 인지하고 있다는 것을 학생에게 알리기 위해 교실 내 공간을 순회한다.

셋째, 개별적으로 수행하는 독립 학습과제가 흥미롭고, 가치롭고, 또 교사의 지시 없이도 학생이 완수해 낼 수 있을 만큼 쉽게 제시한다. 그리고 학생의 현재 이해 수준에 있거나 그보다 약간 높은 내용의 학습자료를 충분히 확보해 제공한다.

넷째, 교사가 수업이 바뀔 때마다 일일이 지시를 내리지 않고 하루의 학교생활 스케줄을 칠판에 기록함으로써 학생이 그 스케줄에 따라 스스로 미리미리 수업을 준비하고 임하도록 한다.

다섯째, 학생의 학습 일탈 행동이 발생하거나 심해지는 것을 막기 위해 적절한 시간대에 예방 조치를 함으로써 학급에서의 전체 학습활동에 부정적 영향이 확산되지 않도록 한다. 소위 개입 타이밍의 기회를 놓치는 일이 없도록 한다.

15. 학습 일탈 행동 줄이기

학생의 학습 일탈 행동과 학습 몰입 행동은 반비례 관계에 있다. 따라서 학습 일탈 행동을 줄이는 일은 학생 자신과 또래의 안녕을 위해서도 중요하지만, 이 일은 학생의 학습 몰입 행동을 늘리는 일이기도 하다. 다음은 학습 일탈 행동에 대처하는 일반적인 전략과 특정적인 일탈 행동에 대처하는 전략이다.

1) 학습 일탈 행위에 대처하는 일반적인 전략

캔젤로시(2000)는 다양한 학습 일탈 행위에 대처하는 일반적인 수준에서의 전략을 열네 가지로 제시하는데, 이 전략들은 비록 일반적이기는 하지만 학급에서의 훈육 문제를 예방하거나 작은 비행이 큰 문제로 비화하지 않도록 하는 데 도움을 준다.

전략 1: 학습 일탈 행동이 교사에게 심각한 문제로 커지기 전에 다룬다

학급 내에서 학생들이 학습 일탈 행동을 보일 때 교사는 종종 수업이나 기타 업무 등이 바빠 내버려두는 경향이 있다. 그러나 일탈 행동이 지속되어 교사의 교수를 방해할 정도까지 심각해지면 큰 스트레스로 다가온다. 그때는 이 상황을 바르게 다루기 어렵게 된다.

나음 사례는 학생의 학습 일탈 행동이 교사가 참기 어려운 상황에까지 이른 경우이다 (Cangelosi, 2000, p. 300).

> 작문 수업에서 교사 에드워즈(Edwards)는 학생의 글을 컴퓨터에 올려놓고 학생들이 짝을 지어 컴퓨터에 함께 앉아 서로의 글을 편집하는 활동을 하도록 하였다. 그런데 학생 클라렌스(Clarence)와 페이지(Paige)는 서로의 글을 편집하는 활동을 하기보다는 플로렌스 (Florence)라는 학생의 글에 악플을 달고 있었다. 교사는 그의 행동이 곧 사라지기를 기대하

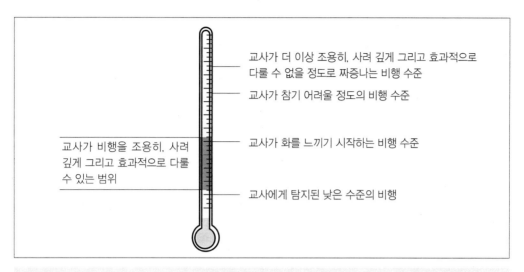

교사가 비행을 조용히, 사려 깊게 그리고 효과적으로 다룰 수 있는 범위

교사가 더 이상 조용히, 사려 깊게 그리고 효과적으로 다룰 수 없을 정도로 짜증나는 비행 수준

교사가 참기 어려울 정도의 비행 수준

교사가 화를 느끼기 시작하는 비행 수준

교사에게 탐지된 낮은 수준의 비행

[그림 4-16] 교사 개입의 적절 수준

고 간섭하지 않았다. 그러나 3분 정도 지난 뒤, 그 옆에 있던 두 학생도 플로렌스에 대해 험담을 하며 속삭이는 것을 보게 되었다. 에드워즈는 이 학생들이 편집 활동에 집중하도록 해야 한다는 염려를 떠나 다른 편에 앉아 있던 플로렌스가 그런 험담을 들을까 걱정이 되었다. 에드워즈는 화가 났지만 플로렌스가 눈치채지 않기를 바라며 참고 있었다. 그러나 곧 학생들의 일탈적 대화가 교실 전체로 퍼졌다. 에드워즈는 "너희는 편집 활동에는 관심이 없는 듯하니 지금까지 한 그대로 인쇄해서 당장 제출해라!"라고 소리쳤다. 그리고 "우리 반에서 어떤 학생은 다른 사람들을 깔보는 행동을 하는데 자신부터 제대로 행동했으면 좋겠구나!"라고 한탄하며 말했다. 그러나 대부분의 학생은 교사가 무슨 말을 하는지 눈치채지 못했다.

교사는 몇몇 학생의 비행이 학급 전체로 번지기 전에 적절한 때에 개입하여 그 행동을 저지했어야 했다. 캔겔로시(2000, p. 301)는 그 적절한 때를 온도계에 비유하여 [그림 4-16]과 같이 제시하고 있다.

전략 2: 학습 일탈 행동을 단호하게 다루거나 무시한다

학급에서 학생이 학습 일탈 행동을 보일 때 교사는 종종 수업이나 기타 업무로 인해 그것을 단호하게 다루지 않고 그냥 지나치는 경우가 많다. 이런 비행은 단호하게 다루어야 하는데, 그 이유는 다음과 같다(Cangelosi, 2000, p. 302).

첫째, 교사가 학생이 학습 일탈 행동을 보이는 것을 관찰했음에도 불구하고, 학생이 그 행동을 학습 몰입 행동으로 바꾸도록 하지 않으면 학생은 학습 일탈 행동에 대해 교사가 심각하게 생각하지 않고, 학습 몰입 행동에 대한 기대가 높지 않다고 생각한다. 그 결과 학습 지향적인 학급 분위기를 조성하는 데 부정적인 영향을 미친다.

둘째, 교사가 학생이 바르게 행해야 할 것을 말로만 하고, 실제로 그것을 따르도록 하는 어떤 행동을 취하지 않으면 학생은 교사의 말을 들을 필요가 없는 것으로 생각한다. 교사는 학생이 학습에 임하도록 지시를 여러 번 반복함에도 불구하고 학생이 따르지 않을 경우, 종국에서 화를 내고 평정심을 잃기도 한다. 이런 교사의 행위는 학생이 교사가 화를 내고 평정심을 잃을 때까지 듣지 않도록 조건화하는 것이다.

셋째, 교사의 행위가 건성이면 학급의 수업을 생산적이지 못하게 하거나 오히려 역효과를 내도록 한다. 그것은 교사의 귀중한 시간과 에너지를 낭비하는 일이 된다.

다음 사례는 교사가 학생의 학습 일탈 행동에 단호하게 대처하지 못한 경우이다 (Cangelsoi, 2000, pp. 301-302).

5학년 교사 힐야드(Hillyard)는 대문자를 사용하는 규칙에 대해 설명한 후 다음과 같이 질문했다.

교사: 자, 그럼 누가 이 문장에서 어떤 단어가 대문자로 시작해야 하는지 말해 볼까? (그러고는 칠판으로 돌아서서 문장 하나를 쓰기 시작했다.)

교사: (그런데 뒤에서 학생들이 서로 이야기하며 웅성거리는 소리를 듣고, 어깨 너머로 세 명의 학생이 서로 이야기를 나누고 있는 것을 관찰했다.)

교사: (어깨 너머로 이야기를 했다.) 야, 너희 세 명 수다쟁이들아. 잡담을 멈추고 선생님이 칠판에 쓰는 문장에 집중해라!(그러고는 칠판에 문장 쓰기를 계속했다.)

세 학생: (어깨 너머로 이야기한 까닭에 교사에게 충분히 집중하지 못하여 교사의 말을 거의 듣지 못하고 계속 잡담을 했다.)

교사: 야, 너희 세 명에게는 더 이상 말하기 싫구나!

교사: (다른 학생들을 바라보며) 내가 쓴 첫 번째 문장에서 대문자로 바꿔야 할 부분에 대해 누가 발표해 볼까?

앞의 사례는 교사가 세 명의 학생이 보인 학습 일탈 행동을 건성으로 다루고 수업을 계속 진행한 상황으로 교사가 학생의 비행을 단호하게 다루지 못한 것이다. 교사 힐야드는 칠판에 문장을 쓰는 것을 멈추고 돌아서서 그 세 학생에게 다가가 눈을 마주치고 낮지만 단호한 목소리로 "자세를 바로 하고, 선생님이 칠판에 쓰는 문장을 써 보고 어디서 대문자로 시작해야 하는지 찾아보라."라고 말해 주고, 지시대로 따르는지 확인한 다음 칠판으로 돌아갔어야 했다.

전략 3: 학습에 임하도록 지도하는 것과 인성교육을 구별한다

교사가 학생의 일탈 행동을 학습에 임하는 행동으로 바꾸어 수업의 목표를 달성하는 일은 학생의 인격을 형성하여 도덕적인 인간이 되도록 하는 일과는 다르다. 교사의 책무는 학생의 일탈 행동 그 자체에 초점을 맞추고 바른 행동으로 대체하여 학습에 임하도록 하는 데 있는 것이지, 학생에게 수치심을 느끼도록 하거나 학생의 인격적 측면에 대한 비난을 통해 학생의 행동을 통제하려고 해서는 안 된다.

다음 사례는 교사가 학생의 비행에 화를 내어 학생의 문제행동 그 자체보다는 인격적 측면을 비난함으로써 교사의 책무를 잊어버린 부적절한 경우이다(Cangelsoi, 2000, p. 303).

> 1학년 교사 블랜차드(Blanchard)는 독서 시간에 학생 토드(Todd)가 학생 셀리아(Celia)의 머리카락을 확 잡아당겨 뒤로 자빠져 울게 만드는 것을 보았다. 블랜차드는 "이 꼬마 녀석, 이리 와!"라고 소리쳤다. 토드는 교사에게 다가왔고 다른 학생들은 그것을 구경하느라 독서하던 것을 멈추었다.
>
> **교사:** 토드, 내가 네 머리카락을 잡아당기면 어떻겠니? 네가 뭐 거친(tough) 남자라고 생각하니? 나는 너보다 더 거칠 수 있다! 나는 네가 남을 괴롭히는 사람이 된 것을 후회하게 만들어 줄 수 있다. 세리아에게 네 머리카락을 잡아당기도록 할까? 좋겠니? 그래, 그렇게 하도록 할까?
>
> **학생:** 저는 머리카락을 잡아당기지 않았어요.
>
> **교사:** 뭐라고? 머리카락을 잡아당기지 않았다고? 비열하게 거짓말까지 하다니! 그래. 너는 너보다 덩치 큰 상급생들한테 괴롭힘을 당해 봐야 정신을 차리겠구나!

다음은 학생의 인격적 측면에 대한 비난은 자제하고 비행 자체에 초점을 두어 바른 학습 태도를 갖도록 지도한 적절한 사례이다(Cangelsoi, 2000, p. 304).

> 고등학교 학생인 리바(Libba)는 등교 중에 편의점에 들렀다. 8시 45분에 시작하는 학급회의 전에 캔 맥

주를 세 병 사서 다 마셨다. 담임교사나 1교시 수업에 들어온 역사교사는 리바의 행동에서 이상한 낌새를 눈치채지 못했다. 그러나 2교시 과학 시간에 교사 왜거너(Wagoner)는 리바가 비틀거리는 모습을 보았다. 왜거너는 두 명의 학생에게 그 시간에 할 과학 실험 준비를 하도록 시키고, 리바에게만 조용히 신호를 보내 복도로 나오도록 하고 다음과 같이 대화를 이어갔다.

교사: (리바에게서 술 냄새가 나자) 리바야. 네 인생을 망치기로 작정한 것이라면 그것은 네 일이다만. 너에게 과학을 지도하는 것은 내 일이다. 그런데 네가 이런 상태라면 너에게 과학을 가르칠 수가 없구나. 잠시 후에 교실로 들이기되 조용히 앉아서 앞을 쳐다보는 데 집중해라. 알아들었니?

학생: 네. 알겠어요. 선생님!

교사: 그래. 알았다. 그리고 내일 아침 8시 15분에 나에게 오너라. 그때. 이 문제에 대해 더 이야기하자. 내일 올 수 있겠지? 내가 오늘 저녁에 전화해서 상기시켜 줄까?

학생: 아니에요. 내일 아침에 선생님께 갈게요. 전화하실 필요는 없어요!

다음 날 아침 8시 15분에 리바는 왜거너 선생님의 과학실에 나타났다.

교사: 리바야. 잘 잤니? 다음에도 술을 먹거나 다른 약물에 취해서 내 과학 수업에 나타나면 나는 교장실에 이 사실을 보고하여 어떤 조치가 내려지도록 할 수밖에 없다. 그리고 네 담임 선생님에게도 너를 이런 상태에서 지도할 수 없다고 말할 수밖에 없다. 내 말을 이해하겠니?

학생: 네. 알겠어요. 그런데 선생님! 저만 그런 것이 아닌데요.

교사: (리바의 말을 가로막으며) 나는 다른 사람들의 이야기를 하는 것이 아니다. 너의 이야기를 하는 것이다. 나는 네 문제를 다른 학생들과 섞어서 이야기하고 싶지 않다. 네 문제를 이야기하는 거야. 알겠니?

학생: 네. 알겠어요.

교사: 어제 과학 시간에 네가 빠졌을 때 다른 학생은 내 교사용 지도서에 있는 실험을 분석하는 것을 배웠다. 너는 이 지도서를 오늘 집으로 가져가서 79쪽에서 84쪽까지 실험을 분석해서 짧은 보고서를 내게 제출하기 바란다. 그래야 너는 다른 학생들보다 뒤처지지 않고 따라갈 수 있을 것이다. 내가 빠른 기일 내에 시간을 내서 네 보고서에 대한 피드백을 제공해 주겠다. 알겠니?

학생: 네. 알겠어요.

교사: 그래. 다음 과학 시간에 만나자.

전략 4: 학습 일탈 행동이 지속적인지 일시적인지 구별한다

학생의 일탈 행동이 일시적으로 한 번 나타난 것인지, 지속적으로 나타나는 것인지를 구별한다. 그 이유는 양자에 대한 대처 방식이 다르기 때문이다. 첫째, 지속적인 비행 패턴은 다루기가 더 어렵지만 교사는 그것에 대한 대처 전략을 세울 시간이 필요하다. 그러나 일시적인 비행 행동은 그것이 발생할 때 즉시 대처하기 때문이다. 둘째, 지속적 비행은 행동수정의 원리들(예: 소거와 조형의 원리)을 사용하여 대처하지만, 일시적 비행은 그런 원리로 대처하다가는 그것이 학생에게 정적 강화가 되어 도리어 지속적 비행으로 발전할 수 있다. 일시적인 비행은 그 자리에서 조용히 지적해 주고 다시 발생하지 않도록 해야 한다.

전략 5: 학습 일탈 행동을 다루기 위해 필요한 시간과 장소를 통제한다

교사가 학생의 일탈 행동에 대처할 때는 지도할 학생의 성격과 특징, 문제 상황을 고려하여 시간과 장소를 통제할 필요가 있다. 예를 들어, 평소에 부끄러움을 많이 타고 내성적인 학생이 어쩌다 비행 행동을 했을 때 그것을 학급 전체 학생 앞에서 지적하여 그 행동이 바람직하지 않다는 것을 여러 학생에게 알려 주는 것은 그 학생에게 당혹감과 분노를 일으키게 한다. 이는 교사가 학급을 협동적이고 학습 지향적인 분위기로 만들기 어렵게 하는 데 영향을 미친다.

교사는 비행에 대처할 행동을 취하기 전에 다음과 같은 사항을 고려해야 한다. 첫째, 교사 자신의 생각을 정리하고 실행 계획을 세울 시간을 먼저 갖는다. 둘째, 다른 학생을 돌보지 않아도 될 시간에 지도한다. 비행 학생에게만 투자할 시간과 장소를 생각한다. 셋째, 비행 학생이 다른 학생들의 시선과 생각을 염려하지 않고 자유롭게 의사를 개진할 수 있는 시간과 장소를 생각한다. 넷째, 교사와 비행 학생 모두가 냉정을 찾은 후 그런 시간을 가진다.

전략 6: 비행 학생의 체면과 품위를 손상시키지 않고 비행을 멈추도록 한다

비행을 저지른 학생의 인격과 품위를 손상하는 상태로 교정 지도를 하는 것은 그 대가가 크고 또 반작용을 불러일으키기 쉽다. 교사는 학생이 품위 있는 방식으로 비행을 멈출 수 있도록 지도한다.

다음은 교사가 학급 전체 학생 앞에서 비행 학생의 인간적 존엄과 자존심을 손상시키며 상호작용한 사례이다(Cangelsoi, 2000, pp. 305-306).

> 3학년 교사인 파비안(Fabian)은 작문 수업에서 학생들이 순번으로 돌아가며 세 단어 문장을 칠판에 쓰도록 하고 있었다. 교사는 학생 밸러리(Valerie)를 쳐다보며
>
> 교사: 자, 밸러리, 네 차례이구나. 칠판에 나와서 네가 만든 문장을 쓰렴.
>
> 학생: (다른 곳을 쳐다보며 의자에서 일어나지 않는다.)
>
> 교사: 밸러리, 칠판에 나와서 네가 만든 문장을 써 보겠니?
>
> 학생: 아직 문장을 못 썼어요.
>
> 교사: 그래? 선생님이 도와줄게. 세 단어 중에서 선생님이 두 단어를 줄게. 그러면 네가 세 단어 문장을 만들면 된단다.
>
> 학생: 싫어요!
>
> 교사: (학생들 앞에서 교사의 권위가 위협받음에 따라 다른 학생들도 교사의 지시를 따르지 않을 것을 걱정하여) 밸러리, 선생님이 다섯까지 세겠다. 그 안에 칠판으로 나오너라.
>
> 학생: 싫어요! 안 나갈 거예요.
>
> 교사: 자, 그럼 센다. 하나, 둘, 셋, 넷, 밸러리, …… 다섯!
>
> 학생: 알았어요! 알았어요! 칠판으로 나갈게요.
>
> 교사: 밸러리, 너무 늦었다. 이미 다섯을 셌단다.
>
> 학생: 칠판에 나가서 문장을 쓴다고 했잖아요?
>
> 교사: 밸러리, 너는 사과를 해야 한다. 너는 무례했고, 우리 반 친구들의 시간을 낭비했다. 그것에 대해 사과하거라.
>
> 학생: (학급 전체 학생 앞에서 얼굴을 숙이고 부끄러움으로 어정쩡한 미소를 지으며) 미안해!
>
> 교사: 밸러리, 선생님한테는 무슨 할 말 없니?
>
> 학생: (교사를 째려보며 미뭇기린다.) 죄송합니다!

이 사례에서 교사는 학생에게 사과를 요구하였는데, 이는 교육적으로 의미 있는 요구가 아니다. 일시적으로 교사의 권위가 추락할까 봐 내린 보복 차원의 성격이 강하다. 교사에게는 위안을 가져다줄 수 있을지 모르지만 교사와 학생 간 관계는 건강하지 못하다. 교사는 학생이 인격적으로 품위 있게 반응할 것을 기대하면서 교사가 먼저 학생의 인격적 품위를 위협하는 것은 피해야 한다. 학생의 비행이 비록 교사에게 무례하고 교사의 화를 돋운

다고 할지라도 교사도 학생에게 똑같은 방식으로 대응하는 것은 전문적인 행위는 아니다. 더 나아가 학급의 분위기를 부정적으로 만들고 학생으로부터 역화(逆火, backfire)를 맞을 가능성이 있다. 교사는 학생의 비행을 바로잡는 과정에서 학생의 인격적 품위와 자존심을 상하게 하지 않는 방식으로 접근해야 한다(Cangelosi, 2000).

전략 7: 학생과 '탐정놀이(game of detective)'를 피한다

교사는 학생의 학습 일탈 행위의 원인을 찾기 위해 탐정처럼 은밀하게 행동하지 말아야 한다. 이런 행동을 학생은 탐정놀이처럼 간주하여 학생은 비행을 멈추기는커녕 오히려 비행을 '숨기는' 방식을 모색하게 한다.

다음은 교사가 탐정놀이를 한 사례로 학생의 학습 일탈 행위를 전혀 방지하지 못하고, 오히려 학생이 교사의 행위를 탐정놀이로 생각하도록 하여 비행을 계속하게 만든 부적절한 경우이다(Cangelsoi, 2000, p. 307).

> 중학교 생물교사 브루바허(Brubacher)는 수업 도중 몇몇 학생이 정규적으로 "우! 우!" 하며 은밀하게 숨어서 괴상한 소리를 내고, 수업을 방해하는 것을 즐기는 모습을 보았다. 처음에 브루바허는 "우리 반에 새가 몇 마리 있구나. 사냥 면허가 있는데 잡을까?"라고 농담을 하면서 그들의 수업 방해 행동에 대수롭지 않게 대처했다. 그러나 며칠이 지난 후, 그 행동이 지속되자 더 이상 참을 수 없게 되었다. 브루바허는 "나는 너희들에게 맹세하건데 이 말썽꾸러기들을 찾아내어 더 이상 장난을 못하도록 하겠다."고 선언하였다. 그러자 학생들 사이에서 탐정놀이가 시작되었다. 그러자 브루바허는 그 은밀한 소리가 어디서 나오는지 찾아내는 것이 더 어려워졌다. 학생들은 점점 더 은밀하게 소리를 내며 게임에 몰두했고, 들키지 않고 그런 소리를 낼 수 있는 창의적인 방법들을 찾아 점점 더 대담해졌다.

다음 사례는 생물교사 피셔(Fisher)가 앞 사례와 똑같은 학습 일탈 행위에 정면으로 대응하여 원인도 찾고, 학생들은 탐정놀이를 하지 못하게 만들어 해결한 경우이다(Cangelsoi, 2000, pp. 307-308).

> **교사:** (학급 학생 전체를 대상으로) 나는 누가 그런 괴상한 소리를 내는지 알았으면 해. 그러나 나는 그 애들을 찾아내는 탐정놀이는 하지 않겠다. 나는 단지 그런 행동으로 수업을 방해하는 것을 참을

수 없을 뿐이다. 그 애들은 내가 그 소리 때문에 화가 나 있다는 것을 알고 있다. 따라서 나는 화
가 안 난 것처럼 행동하지는 않겠다. 내일 내 수업에서 다시 그런 일이 발생할 것을 대비하여 대
안적인 수업 계획을 짜 가지고 오겠다.

교사: (다음 날 수업 시간에도 어제처럼 괴상한 소리가 나면서 학생들 몇몇이 웃었다. 강의를 멈추고 조
용히 다음과 같은 지시가 적힌 지시문을 오버헤드 프로젝터기에 올려놓았다.) 오늘도 괴상한 소
리가 나는구나. 이런 소음 속에서는 오늘 하기로 한 소화기관에 대한 설명을 할 수가 없구나. 너
희가 내 설명을 듣기를 원하지 않는다면 나도 설명을 할 생각이 없다. 그러나 너희에게 교육과정
에 나와 있는 소화기관을 알려 주는 것은 내 일이다. 오늘 수업에서 다루려고 했던 교과서 179쪽
에서 191쪽까지 내용을 각자가 읽고 공부한다. 그리고 다음 주 월요일에 소화기관에 대한 형성
평가를 할 것이다. 잊지 않기를 바란다. 행운을 빈다.

교사 피셔는 대부분의 학생들이 혼자 시험 대비 공부를 하기보다는 교사의 설명을 듣기
를 원한다는 것을 알고 있었다. 이런 대안으로 학생들은 괴상한 소리를 낸 학생이 중단하
도록 압력을 가할 것이라고 생각했다. 결과는 예상대로 괴상한 소리가 더 이상 나오지 않
았다.

전략 8: 학습 일탈 행위에 대응할 대안을 준비한다

학생이 수업에 참여하는 것은 교사가 기대하는 것처럼 항상 순조롭지는 않다. 학생의
학습 일탈 행위는 항상 발생할 수 있기 때문에 그것에 대비하여 대안을 가지고 있어야 한
다. 이런 대안적 수업 계획은 세 가지의 조건을 만족시켜야 한다.

첫째, 원래 수업 계획에서 지도하고자 했던 내용을 빠뜨리지 않아야 한다. 그래야 교사
는 학습목표 달성이라는 과제를 최우선적으로 생각하는 업무 지향적인 교사의 이미지를
유지할 수 있고, 또 학생에게 수업 결손의 부정적 결과를 최소화할 수 있기 때문이다. 앞
사례의 교사처럼 강의 대신 독서를 통해서 교사가 지도하려고 했던 학습 내용을 습득하도
록 해야 한다.

둘째, 대안적 수업 계획은 원래 수업 계획에 비해 그 유용성이나 흥미도가 떨어지는 것
이어야 한다. 그래야 학생들이 학습 일탈 행위를 멈추고 원래 수업 계획에 따른 학습을 원
한다. 앞 사례의 교사처럼 학생이 개인적으로 독서를 통해서 공부해야 하는 것 때문에 학

생들은 대부분 비행을 멈추기를 바라거나 동료들이 비행을 멈추도록 강요한다. 학생들은 교사의 원래 수업으로 되돌아갈 것을 요구하게 된다.

셋째, 대안적 수업을 개별로 할 수도 있고 집단으로 할 수도 있도록 준비한다. 예를 들어, 어떤 학생이 학습 일탈 행위를 보일 때 그 학생에게만 적용하는 대안적 수업 계획을 할 수 있다. 가령, 수업에서 하는 게임에 참여시키지 않고 혼자 해당 교과서의 글을 읽도록 할 수 있다. 이런 대안적 방법은 소집단별로 또는 학급 전체 학생에게 적용할 수도 있다.

전략 9: 동료 교사의 협조를 구한다

학생의 학습 일탈 행위에 따른 훈육 문제는 담임교사 한 사람의 노력만으로는 해결되기 어려운 경우가 있다. 그럼에도 불구하고 교사는 종종 학급에서 발생하는 일을 혼자 해결하지 못하면 전문적 자존심이 손상된다고 생각한다. 이것은 소위 "훌륭한 교사(macho teacher)" 이미지를 강조하던 전통에서 나온 것이다. 그러나 전문가들은 동료 전문가들의 전문적 의견과 도움을 받는 일을 부끄럽게 여기지 않는다. 교사도 전문가로서 동료 전문가들의 의견을 듣고 도움을 받아 학생의 훈육 문제를 해결할 수 있어야 한다. 이는 배움 중심 수업과 업무 지향적 자세를 동시에 견지하는 일이다. 교사는 훈육 문제에 대해 동료 교사들과 함께 협동해서 해결할 계획을 세우고, 그 해결에 협력하고, 학생의 학습 몰입 행동을 촉진시킬 아이디어를 공유하거나 자문을 요청할 필요가 있다.

전략 10: 학부모와 교장 및 장학사의 도움을 요청한다

학생의 학습 일탈 행위에 따른 훈육 문제가 가정의 협조를 필요로 하는 경우 학부모의 도움을 요청한다. 아울러 그 문제가 학급 차원을 넘어 학교 및 외부에서의 지원을 필요로 하는 경우 교장 및 장학사의 도움을 받아 문제를 해결한다. 교사는 학생의 훈육 문제 해결과 잠재력의 극대화를 위해 학부모, 교장, 장학사에게 필요한 도움을 요청할 권리가 있다. 학부모, 교장, 장학사 또한 그런 요청에 따라 도움을 제공할 의무가 있다.

이런 요청은 앞에서의 "훌륭한 교사의 신화(myth of macho teacher)" 이미지에서 벗어날 것을 요구하는데, 캔터와 캔터(Canter & Canter, 1976, pp. 6-7)는 이를 다음과 같이 진술하고 있다.

오늘날 교사는 훌륭한 교사의 신화와 싸워야 한다. 이 신화는 기본적으로 교사는 자신의 학급에서 일어나는 학생의 모든 문제 행동을 스스로의 힘으로 학급 내에서 해결할 수 있어야 한다는 신념을 심어 준다. 즉, 교사가 능력이 있다면 그런 문제를 가지고 학부모나 교장에게 가서 도움을 요청할 필요가 없어야 한다고 생각한다. …… 그러나 어떤 교사도 본인이 아무리 능력이 있다고 하더라도, 또 얼마나 많은 훈련을 받았든지 간에 모든 학생을 외부의 도움이 없이 성공적으로 해결할 수는 없다. 오늘날에는 행동이 너무나 부정적이고 파괴적인 학생들이 많아서 훈육 문제를 효과적으로 해결하려면 교사는 교장과 학부모의 도움을 받지 않을 수 없다. 이 신화는 학급 내 학생들의 훈육 문제가 발생하여 통제하기 어려워지면 교사에게 죄책감의 짐을 지운다. 이 죄책감에 따른 부적절한 감정들은 교사로 하여금 필요한 도움을 받지 않도록 만든다.

전략 11: 체벌(corporal punishment)을 사용하지 않는다

체벌은 성인이 고안한 벌이다. 학생에게 신체적 고통이나 불편함을 고의적으로 가하는 것이다. 따라서 학생에게 신체적으로 고통이나 불편을 가하더라도 자연적으로 발생하는 것이라면 그것은 체벌이 아니다. 체벌은 훈육 문제를 해결하는 데 비효과적일 뿐만 아니라 부작용을 가져온다.

다음 두 사례는 회초리와 같은 매를 사용하지는 않지만 체벌에 해당한다(Cangelosi, 2000, p. 313).

보니(Bonnie)는 학교 복장에 대한 규칙을 반복적으로 여겨 교장 선생님이 귀를 잡아당기면서 꾸중을 하였다. 보니는 귀에 통증을 느꼈다.

테레사(Theresa)는 친구와 말다툼하며 욕을 하였다. 이를 들은 교사 로이카노(Loycano)는 비누를 가져와 강제로 입을 씻겼다. 테레사는 입안에 비누 거품이 남아 괴로워했다.

다음 두 사례는 교사가 신체적인 힘을 사용하였지만 체벌에 해당하지 않는다(Cangelosi, 2000, p. 314). 비록 교사가 힘을 사용해서 학생은 고통스러웠지만 교사의 목적이 학생에게 고통을 주려고 한 것이 아니라 비행 행동을 즉각 통제하려는 것이었기 때문이다.

교사 트리치(Triche)는 복도에서 두 학생이 격렬하게 몸싸움을 하는 것을 보았다. 트리치는 두 학생의 목을 두 팔로 안아 잡고서 둘을 떼어 놓았다. 두 학생은 자신들의 목을 감은 트리치의 팔에서 벗어나고자 몸부림을 쳤지만, 트리치는 힘을 풀지 않고 교장실까지 데리고 갔다.

고등학교 여교사인 말린(Marlin)은 역사교과 수업을 하고 있었는데, 평소 학급에서 폭력을 잘 휘두르는 학생 존(John)이 수업에 참여하지 않고 휴대용 가세드테이프의 음악을 이어폰으로 듣고 있었다.

교사: 존, 수업이 끝날 때 까지 음악 듣는 것을 중지해라.

학생: 왜요?

교사: 수업에 집중하지 않으면 교실에 있을 필요가 없다.

학생: 그래요? 교실에 그대로 앉아 있으면 어쩔래요?

교사: (존에게 다가가며) 다른 학생들이 들을 필요가 없으니 우리 복도에 나가서 이야기하자.

학생: 나가기 싫어요!

교사: (존의 팔을 붙잡고) 소란 피울 필요 없다. 그냥 단둘이 복도에서 이야기하자!

학생: (벌떡 일어서며 소리친다) 내 몸에 손대지 마. 늙은 여자야! 그러고는 존은 말린의 등을 밀쳐 교실 바닥에 쓰러뜨리고는 주먹으로 내려치려고 하였다. 그러자 위험을 느낀 말린은 발로 존의 사타구니를 걷어찼고, 존은 바닥에 넘어졌다.

교사: (가까스로 몸을 추스르고 일어나 존에게서 멀어지며 학급 전체 학생을 향하여 소리쳤다.) 존만 빼고, 여러분 모두 복도로 빨리 나가라! 그리고 신시아(Cynthia), 너는 빨리 교장실로 가서 지금 일어나는 일을 알리고 도움을 청해라!

전략 12: 교사의 권한과 한계를 인지한다

교육청마다 교사가 훈육 문제에 대처할 때 교사의 권한과 한계를 정해 놓고 있다. 예를 들어, 교사가 체벌 또는 그와 유사한 어떤 조치를 취하는 것에 대한 법적, 행정적 한계를 정해 놓고 있다. 교사는 훈육 문제가 발생하면 과거에 조치를 취하던 방식을 습관처럼 적용하는 경향이 있다. 이런 경우 교사는 그런 조치로 인해 법적, 행정적 소송에 휘말려 시간 투자와 경제적 손실을 입을 수 있다. 따라서 교사는 훈육 문제에 어떤 행동으로 대처하기 전에 교육청이 정해 놓은 권한과 한계를 알고 이를 먼저 생각해서 학교장 및 장학사와 협의를 하는 것이 좋다. 그렇지 않으면 교사가 학생의 훈육 문제를 바로잡는 옳은 일을 하고도 소송에 휘말릴 수 있다.

전략 13: 훈육 문제에 대처할 때 교사가 선택 가능한 사항들(options)을 보유한다

교사가 훈육 문제에 대처하기 위해 지시나 명령 또는 기타 행동 등과 같은 조치를 취할 때 하나의 조치가 효과를 발휘할 수 있을 거라고 생각하는 것은 너무 낙관적이다. 따라서 교사는 여러 가지 조치 옵션을 가지고 있어야 한다. 그래야 한 가지 조치가 효과를 발휘하지 못하면 다음 조치로 넘어갈 수 있기 때문이다. 예를 들어, 학생이 학급에서 학습 일탈 행위를 보일 때 교사는 학생에게 "교실 밖으로 나가 복도에 서 있어라."라는 옵션만 가지고 있고, 학생이 그 명령에 따르지 않을 때 교사에게 다른 옵션이 없다면 교사는 어떻게 하지 못하는 상황에 처하게 된다. 따라서 훈육 문제에 대처할 때 "자신을 코너로 몰아넣지 마라." "준비가 되어 있지 않으면 총을 뽑지 마라." "자신에게 주어진 권한의 범위를 알고 다 소진하지 마라." 등의 말들이 교사들 사이에서 나온다. 이런 말들은 교사들의 경험적 표현이자 훈육에 대한 암묵적 지식이다.

전략 14: 교사는 자신과 학생에 대해 잘 알고 있어야 한다

교사가 자신의 전문적 능력과 한계 그리고 학생 개인의 특징에 대해 세세한 정보를 보유하고 있으면 학생의 문제행동에 대해 보다 단호하고 민감하고 그리고 융통적으로 대처할 수 있다. 교사는 자신이 사용하는 훈육 문제 대처법에 대한 동기를 자주 생각해 보아야 한다. 왜 그런 방법을 사용하고 있는지? 훈육 계획을 얼마나 오랫동안 사용할 것인지? 특정 훈육 문제에 대해 얼마나 많은 시간과 에너지를 투자할 수 있고, 또 투자할 용의가 있는지? 어떤 위험성은 없는지? 이런 질문에 대해 솔직하게 답해 보는 노력을 해야 한다.

아울러 학생 개개인의 능력, 성격, 가정의 환경적 특징 등에 있어 차이를 잘 알고 있어야 한다. 한 학생에게 효과적이었던 훈육법이 다른 학생에게는 효과적이지 못할 수도 있고 또 큰 정서적 부작용을 일으킬 수도 있기 때문이다. 따라서 어떤 학생의 특성을 잘 모르고 있는 경우 그 학생에게 새로운 훈육법을 시도하는 것은 조심할 필요가 있다. 교사가 자신에 대해 그리고 학생에 대해 보다 잘 알면 학생의 학습 일탈 행위에 대해 보다 적절하고 효과적인 조치를 할 수 있다.

2) 특정 일탈 행동에 대한 대응 전략

앞서 언급한 학습 일탈 행위에 대한 일반적인 대처 전략들은 예방적 차원의 성격이 강하나 특정한 학습 일탈 행위는 그 문제의 특성에 맞는 처방적 차원의 전략을 필요로 한다. 캔젤로시(2000)는 학급에서 일어날 수 있는 특정한 학습 일탈 행위들을 다음과 같이 열거하고, 그에 대한 대처 방법을 제시하고 있다.

(1) 잡담으로 수업을 방해하는 행동 다루기
학생이 수업 시간에 잡담을 하며 수업을 방해하는 것은 전형적인 학습 일탈 행동 중 하나로 교사에게 여러 가지 어려움을 준다.

이에 대처하는 방법으로, 첫째, 거래적 보상 기법이 있다. 잡담을 하지 않는 대가로 다른 보상적 활동을 제공하는 것이다. 다음 사례는 거래적 보상 기법을 통해 잡담을 제거한 경우이다(Cangelosi, 2000, p. 375).

> 4학년 교사 브라보(Bravo)는 대개 매일 조용히 하는 학습활동과 서로 이야기하며 하는 학습활동을 번갈아 가며 사용했다. 학생들은 대개 이렇게 서로 이야기하며 하는 학습활동을 좋아했다. 하루는 조용히 혼자 하는 학습을 하는 시간에 몇몇 학생이 간헐적으로 잡담을 하더니 점점 잡담을 하는 학생들이 늘면서 학습을 방해하는 것을 보았다. 브라보는 학생들의 주의를 끌기 위해 학급의 전등을 껐다가 켜며, "잡담을 하는 학생들이 많아 조용히 학습을 하는데 방해가 된다. 우리는 조금 후에 너희들이 좋아하는 게임을 30분간 하기로 되어 있는데 너희들 모두가 어느 한 사람도 잡담을 하지 않는 시간만큼 게임 시간을 늘려 주겠다. 그리고 잡담을 하면 그 시간만큼 게임 시간을 줄이겠다. 자! 지금부터 초시계로 시간을 잰다."라고 말했다. 그러자 학생들은 잡담하는 것을 멈추고 조용히 학습에 임했다.

둘째, 잡담으로 인해 학습활동이 어려워지면 이를 중지하고 숙제를 옵션으로 부가하는 것이다. 다음 사례는 학습활동을 중지하고 과제를 주는 옵션을 준비하고 있던 교사가 이를 시행한 경우이다(Cangelosi, 2000, p. 375).

> 고등학교 러시아어 교사인 앨런(Allen)은 수업 말미에 러시아어로 된 텍스트를 각자 영어로 번역하는 활동을 하였다. 그런데 여러 학생이 잡담을 하며 다른 학생의 번역 활동을 방해

하는 것을 보았다. 앨런은 잡담을 그치도록 해당 학생들에게 신호를 보냈으나 잡담은 학급 전체로 퍼져 나갔다. 이에 앨런은 번역 활동을 중지시키고, "여러분이 번역을 하려면 조용히 해야 하는데 잡담이 많아 번역을 하기 힘들게 되었다. 여러분 각자가 집에 가서 숙제로 하거나 쉬는 시간 중간 중간에 각자가 번역 작업을 마쳐서 다음 시간에 가져오도록 한다."라고 말했다. 그리고 계속해서 "하던 번역 작업은 중지하고 남은 시간은 러시아로 대화하는 활동을 하겠다."라고 말한 후 회화 수업을 하였다.

셋째, 신체언어를 사용하여 잡담을 하는 학생을 갈라놓는다. 다음 사례는 교사가 설명식 수업을 하다가 잡담을 하는 학생을 신체언어를 사용하여(말로 지시를 한마디도 내리지 않고) 잡담하던 학생을 갈라놓은 경우이다(Cangelosi, 2000, pp. 375-376).

물리교사인 헤이모위츠(Haimowitz)는 수업 시간에 옴(Ohm)의 법칙을 설명하고 있었다. 두 명의 학생이 잡담을 하였다. 헤이모위츠는 설명을 계속하면서 두 학생에게 다가가 두 학생 사이의 공간에 자리 잡고 전체 학급 학생을 대상으로 설명을 계속했다. 그러자 두 학생은 말하기를 멈추고 교사의 설명에 귀를 기울이는 듯했다. 헤이모위츠는 5분 동안 그 자리에서 설명을 한 후, 다른 공간으로 옮기자 두 학생은 다시 잡담을 시작했다. 헤이모위츠는 이를 발견하고, 설명을 계속하면서 두 학생에게 다가가 한 학생의 책상 위에 있던 교과서를 집어 들고는 학급 뒤에 있는 빈자리에 갖다 놓고는 그 빈자리에 앉도록 신호를 보냈다. 이 과정에서 헤이모위츠는 두 학생에게 말로 어떤 지시도 내리지 않았고, 계획했던 내용에 대한 설명도 빠뜨리지 않았다.

넷째, 교사의 목소리를 낮춘다. 다음은 교사가 목소리를 낮추고 학생들은 자신들의 잡담으로 인해 교사의 말이 들리지 않자 잡담을 중지한 예이다(Cangelosi, 2000, p. 376).

사회과 교사인 에글린(Eglin)은 학생들이 잡담으로 교실의 소음 수준이 높아지자 자신의 목소리를 낮추었다. 그러자 교사의 말을 듣느라 애를 쓰던 몇몇 학생은 잡담을 하던 학생들에게 "선생님의 말을 들을 수 없으니 조용히 하라."고 요청을 했다. 그 결과 잡담은 중지되었고, 에글린은 다들 들을 수 있도록 목소리를 다시 높였다.

다섯째, 여러 가지 대응 옵션을 만들어 대처한다. 다음은 교사가 세 가지의 대응 옵션을 만들어 수업을 방해하는 잡담에 대처한 예이다(Cangelosi, 2000, pp. 376-377).

리오라(Leora)와 낸(Nan)은 6학년 여학생으로 서로를 절친으로 생각하고 있다. 학교에서도 늘 같이 다녔다. 담임교사인 헬믹(Helmick)은 그들의 관계가 건전해서 어떤 개입도 하지 않았다. 그러나 수업 시간에 잡담이 많아지고, 낄낄거리고, 조용히 독립 학습을 하는 시간에도 서로 쳐다보고 쪽지를 주고받았다. 교사 헬믹은 그들이 수업을 방해하는 잡담을 고쳐 주어야 한다고 보고, 다음과 같은 세 가지의 대안적 계획을 세웠다.

첫째, 잡담을 할 때마다 교실을 나가 빈방(time-out room)에서 이야기를 하도록 한다. 그리고 그 방에서 그들이 방해한 수업 활동을 끝내게 한다.

둘째, 조용히 독립 학습하는 활동이 끝날 때까지 성공적으로 조용히 한 경우 "자유 대화(free talking)" 시간을 준다. 그러나 독립 학습에서 잡담으로 낭비된 시간은 자유 대화 시간에서 그 시간만큼 뺀다.

셋째, 손목에 차고 있던 초시계로 하루 동안 방해적 잡담 행위를 한 시간을 측정하고, 방과 후에는 그만큼의 시간을 남아서 보충학습을 하도록 한다. 부모에게 이 상황을 알리고 귀가 시간이 늦을 것임을 알려 준 후 협조를 구한다.

교사 헬믹은 리오라와 낸은 수업에서 제외되는 것을 원하지 않을 것이라고 믿고 있었기 때문에 첫 번째 계획에 대해서 자신감을 가지고 있었다. 사실상 수업 활동 중의 여러 측면은 종종 리오라와 낸에게 잡담을 할 거리를 제공해 주고 있었다. 더 나아가 빈방에서 마음껏 잡담하도록 하면 포만의 원리에 의해서 수업 도중에 잡담하는 일이 사라질 것이라고 생각했고, 빈방에서는 그들의 대화를 오랫동안 지속시킬 만한 자극들이 없기 때문에 빈방에서의 잡담은 곧 중지되고 수업 참여를 원하게 될 것이라고 생각했다. 교사 헬믹은 두 번째 계획도 또래들이 리오라와 낸에게 잡담을 중지하도록 압력을 가할 것이기 때문에 효과적일 것이라고 생각했다. 세 번째 계획은 리오라와 낸이 교사가 초시계를 멈출 때 자신들의 행동을 통제하게 만드는 부적 강화의 힘이 작용하여 효과적일 것이라고 생각했다.

(2) 남의 발표를 가로막는 행동 다루기

교사의 수업을 방해하는 학생의 행동 중에는 교사의 질문에 답할 차례를 기다리지 않고 돌출적으로 답을 내뱉는 것이 있다. 이런 행동은 교사로 하여금 질문을 통해 여러 학생이 생각해 볼 시간을 주고, 평소 발표를 잘하지 않는 학생들에게 기회를 주고자 하는 시도를 어렵게 만든다. 이렇게 남의 발표를 가로막는 행동은 통제해야 한다. 그러나 그것에 대한 과도한 억제는 그 학생의 학습 열정을 저하시킬 수도 있어 조심스럽게 대처해야 한다.

다음은 발표를 가로막는 일탈 행동의 예이다(Cangelosi, 2000, p. 377).

> 초등학교 교사 콜드웰(Caldwell)은 수업 도중 평상시 질문에 대해 답을 잘 하지 않는 로렌(Lorene)에게 "7에 몇을 곱하면 42가 될까?"라고 질문하였다. 로렌은 "음. …… 그게 …… 좀 생각해 보고요!"라고 말했다. 그러자 평소에 남의 발표를 가로채는 일을 자주하는 샌디(Sandy)라는 학생이 교사가 시키지도 않았는데, "6이요!"라고 불쑥 답해 버렸다. 로렌은 부끄러우면서도 안도의 눈빛을 지었고, 샌디는 미소를 지었다. 그러나 교사 콜드웰은 로렌에게 발표력을 키워 주기 위해 의도적으로 질문한 것인데, 그 계획이 샌디의 가로막기로 인해 수포로 돌아갔다. 교사 콜드웰은 샌디를 보고 "왜 남의 발표를 가로막느냐?"라고 면박을 주자, 샌디는 "로렌에게 도움을 주려고요."라고 응대하였다.

샌디의 행동은 로렌에게 답을 생각할 시간도 주지 않고, 발표할 기회를 빼앗은 것이다. 로렌의 행동은 교사 콜드웰에게도 물론 전혀 도움이 되지 않았다. 따라서 샌디의 가로막기 행동은 통제해야 하지만, 샌디의 발표 열정을 억누르는 일 또한 피해야 할 일이어서 교사 콜드웰에게는 이것이 일종의 딜레마였다.

다음은 가로막기 행동이 발생했을 때 해당 학생에게 발표 또는 발언권을 얻는 규칙을 상기시켜 줌으로써 추후 가로막기 행동의 출현을 억제시킨 예이다(Cangelosi, 2000, p. 378).

> 초등학교 4학년 담임교사 브리튼(Brittain)은 학급 토론의 절차를 정하고 토론 시간에는 발언권을 얻어서 말을 하도록 하였다. 발언권은 손을 들고 요청해야 하며 토론 의장이 지명하였을 때 얻는다. 발언권을 얻은 사람은 다른 사람이 발언권을 얻기 위해 손을 들면 1분 안에 그 발언권을 상실한다. 선생님은 각 사람이 말할 기회를 공평하게 갖고 토론이 주제에서 벗어나지 않도록 하기 위해 토론 과정에서 언제든지 개입하도록 하였다.
>
> 대도시와 시골 마을에 사는 것의 차이에 대해 토론을 하는 중에 학생 크리스털(Crystal)이 발언권을 얻었다. 시골 마을을 여행하는 것이 더 쉬운 이유에 대해 설명하고 있었다. 그때, 학생 오랄(Oral)이 갑자기 손을 들고 "그래? 도시에서는 지하철을 탈 수 있다!"라고 말하며, 크리스털의 발표를 가로막았다. 크리스털은 "나는 지금 발언을 하고 있다! 나는 네게 발언할 것을 요청하지 않았다!"라고 대응했다. 그러자 오랄은 "그렇지만 …… 네가 틀린 이야

기를 하는 것 같아서……."라고 말을 이어가려고 하였다. 교사 브리튼은 오랄을 가로막으며, "오랄, 토론 절차는 손을 들고 발언권을 얻은 다음에 말을 하기로 되어 있다. 자, 나는 크리스털의 이야기를 더 듣고 싶다." 토론은 교사 브리튼의 세심한 모니터링 속에서 계속되었다.

다음 사례는 차별 강화 기법을 사용하여 가로막기 행동을 한 학생에게는 발표 또는 발언권을 얻을 때까지 기회를 주지 않고, 정당한 절차를 밟은 경우의 학생에게만 기회를 줌으로써 추후 가로막기 행동의 출현을 억제시킨 경우이다(Cangelosi, 2000, p. 378).

교사 러크네트(Rutknecht)는 수학 시간에 자와 컴퍼스를 가지고 각을 이등분하는 방법을 설명하고 있었다. 학생 데비(Debbie)가 "첫 번째 원호에 필요한 반지름의 크기가 얼마예요?"라고 질문하며 불쑥 끼어들었다. 교사 러크네트는 데비가 수업의 주제에 맞는 질문을 했다는 것을 인식했다. 또 데비의 흥미와 그런 유형의 질문을 격려하고 싶었지만, 교사의 설명 도중에 끼어드는 가로막기 행동을 정적으로 강화하고 싶지는 않았다. 이런 이유로 교사 러크네트는 데비의 가로막기 질문에 눈살을 찌푸려 대응하고, 설명을 계속 이어나가면서 발표 기회를 얻기 위해 손을 드는지를 지켜보았다. 그러자 조금 후에 학생 린(Lynn)이 손을 드는 것을 발견하고 발표권을 주었다. 린은 질문도 하고 교사의 설명 부분에 대한 자신의 의견도 제시하였다. 그 후 손을 들어 발표권을 얻은 학생에게는 기회를 주었고, 그런 절차를 받지 않고 이야기하는 학생의 말은 도중에서 끊었다. 그리고 인내심을 가지고 발표권을 얻기 위해 손을 들고 있었던 한 학생에게 "고맙다."고 칭찬을 해 주었다.

다음 사례는 소거와 차별 강화 기법을 사용하여 가로막기 행동을 교정한 것이다 (Cangelosi, 2000, p. 379).

역사교사 펙(Peck)은 미국 서부로의 이주 역사에 대해 수업을 하고 있던 중, "왜 그 당시 미국 사람들이 서부로 이주하게 되었는가?"라고 질문하였다. 학생 모린(Maureen)이 발언권을 얻어 "그 당시 사람들이 서부로 이주하게 된 이유는 ……"라고 말하던 중 학생 휴(Hugh)가 갑자기 "그 당시 사람들은 만약 ~했었다면 이주하지 않았을 거예요!"라고 자신의 의견을 제시하며 끼어들었다. 교사 펙은 휴의 이런 가로막기 습관을 이전에도 경험한 바 있기 때문에 이번에는 이 행동을 수정해야겠다고 마음먹었다. 그날 밤 교사 펙은 다음과 같이 생각하였다. 소거의 원리를 사용하여 휴의 가로막기 행동을 고쳐 주어야겠다. 휴가 가로막기로 얻는 것이 뭘까? 무엇이 휴의 가로막기 행동을 강화하는가? 아마도 휴는 교사와 또래 친구들이 그가 알고 있는 것을 인정해 주기를 원하기 때문에 그런 행동을 하는 것 같다. 가로막기를 통해 자신의 우수성을 증명하려는 것 같다. 휴가 원하는 것이 관심이라면 휴가 자신이 말할 순서가 오기까지 기다리도록 한 후 발표 기회를 주도록 해야겠다. 가로막기를 통해 관심을 얻도록 하는 것을 금지시켜야겠다. 앞으로는 휴가 가로막기를 할 때마다 무시해 버리고 그가 가로막은 학생이 한 마지막 말들을 반복해서 말하는 행동을 해야겠다. 휴를 쳐다보지도 말아야겠다. 내가 오히려 휴의 말을 가로막고 마지막 학생이 한 말을 "너는~라는 이야기구나."라고 반복하여 요약해 주는 것으로 대신해야겠다.

이렇게 계획을 세우고, 다음 날 수업에서도 또 휴가 쉬(Sue)의 말을 가로막았을 때, "(휴의 말을 가로막으며) 쉬, 너는 ~라는 생각이구나."라고 말하고 쉬에게 발표를 계속시켰다. 그러자 휴는 교사에 의해 가로막기를 당하고 잠자코 앉아 있었다. 즉, 소거를 행한 것이다. 그리고 "다음에 발표할 사람?"이라고 질문을 하자 휴가 손을 들었다. 그러자 교사 펙은 휴에게 발표할 기회를 주었고, 휴가 발표를 마치자 "순서를 기다려 잘 발표했다."라고 칭찬하며 차별 강화를 하였다.

(3) 수업 시간에 딴생각을 하거나 공상하는 행동 다루기

학생이 수업 시간에 딴생각을 하거나 공상을 하는 행동은 대표적인 비방해적(nondis-ruptive) 일탈 행동이다. 즉, 다른 학생의 학습을 방해하는 행동은 아니고, 자신의 학습만 방해하는 성격을 띤다. 그러나 비방해적인 일탈 행동도 학습 부진으로 이어지고 누적되면 학교생활에 지루함과 좌절을 느끼고 종국에는 방해적인(disruptive) 일탈 행동으로 바뀐다. 따라서 이에 대한 지도도 적극적으로 해야 한다.

딴생각하기는 아이디어와 이미지를 통제가 불가능할 정도로 쫓는 행위이고, 공상도 딴생각하기와 비슷하지만 공상은 인지적으로 통제할 수 있다는 점에서 딴생각하기와 다르다(Gold & Cundiff, 1980). 공상은 인지적 발달에 중요하며, 공상의 빈도는 창의적 성취와 상관이 있어 공상 자체를 제거해야 할 것은 아니다. 다만, 공상을 통제할 수 있어야 학습활동을 방해하지 않는다. 학생은 딴생각하기를 통제하고 공상하는 시간도 통제해야 학습활동을 방해하지 않는다.

딴생각하기와 공상은 탐지하기 어려우나 학생의 신체언어를 읽고, 허공을 쳐다보는 눈동자를 인지하고, 발문을 통해 탐지할 수 있다.

다음은 교사가 수업에서 하는 말이나 활동을 학생이 공상의 단서로 사용하고 있는 것인데 교사는 인식하지 못하고 있는 사례이다(Cangelosi, 2000, pp. 343-344).

중학교 생물교사 민초(Minchot)는 다윈(Darwin)과 월리스(Wallace)가 어떻게 자연도 태 이론을 만들어 냈는지를 설명하고 있었다. 대부분의 학생은 집중해서 듣고 있었다. 학생 어밀리아(Amelia)는 똑바로 앉아 교사를 정면으로 바라보고 있었으나 자신이 말을 타고 강 둑을 달리는 모습을 상상하고 있었다. 교사 민초는 어밀리아가 조용히 앉아 자신을 바라보고 있는 것에 기뻐하며 계속 설명했다. 어밀리아가 사실은 학습에서 일탈하고 있다는 것을 알아 채지 못했다.

다음은 앞과 같은 상황이나 교사가 학생이 공상을 하고 있다는 의심을 질문을 통해 확 인한 후, 학생에게 무안을 주지 않으면서도 자연스럽게 수업을 계속 이어간 사례이다 (Cangelosi, 2000, p. 344).

중학교 생물교사 스미스(Smith)는 다윈과 월리스가 어떻게 자연도태 이론을 만들어 냈는지를 설명하고 있었다. 대부분의 학생은 집중해서 듣고 있었다. 그러나 학생 애니타(Anita)는 똑바로 앉아 교사를 정면 으로 바라보고 있었으나 공상을 하고 있는 듯 보였다. 교사 스미스는 다음과 같이 애니타에게 질문을 던졌다.

교사: 애니타! 다윈이 자신의 이론을 발표하기까지 왜 그렇게 오랜 시간을 기다렸다고 생각하니?

애니타: 네? 질문이 무엇이었죠?

교사: [옆에 앉아 있던 학생 마이클(Michael)에게 향하고] 마이클, 선생님의 질문을 미쳐 못 들은 학생들 을 위해 네가 선생님의 질문이 무엇이었는지 이야기해 볼래!

마이클: 다윈은 그의 이론을 발표하기까지 왜 그렇게 오랜 시간을 기다려야 했는지에 대해 질문하셨습 니다.

교사: 그래, 그랬지! 잘 기억하고 있구나!

교사: [옆에 있던 데비(Debbie)를 바라보며] 데비, 선생님의 질문에 대해 너는 어떻게 생각하니?

교사: (데비의 의견을 들으며, 애니타가 공상에서 벗어났는지 살핀다.)

다음은 집중력이 떨어지는 초등학교 저학년 학생이 공상에서 벗어나도록 휴식과 유연 체조를 하고 학습을 계속한 예이다(Cangelosi, 2000, p. 345).

초등학교 2학년 담임교사인 카발라로(Cavallaro)는 교실을 순회하면서 산수 계산 문제를 푸는 학생들이 제대로 활동하는지 점검하였다. 그런데 학생 리처드(Richard)가 허공을 바라보고 있는 것을 발견했다. 카발라로는 리처드의 시선을 따라 움직이며 눈을 맞추었다. 그러자 리처드는 문제 풀기를 다시 시작했다. 그러나 카발라로는 잠시 후에 학급 전체를 돌아보니 딴생각을 하고 있는 학생들이 점점 많아지고 있다는 것을 발견했다. 카발라로는 학생들이 아직 발달적으로 이 활동을 효율적으로 해내기에는 주의 집중 시간이 짧다는 생각이 들어서 계산하기 활동을 중지시키고 학생들을 교실 밖으로 데리고 나가 5분 동안 유연체조를 하였다. 그런 후 교실로 다시 들어와 계산하기 활동을 마쳤다.

다음의 사례는 단서화(cueing)를 통해, 즉 시각적 또는 청각적 신호를 사용하여 수업을 망치지 않으면서도 공상에서 벗어나 다시 학습에 임하도록 한 조치이다(Cangelosi, 2000, pp. 345-346).

중학교 영어교사인 레깃(Legget)은 학습활동 중, 특히 강의 또는 대집단 토론 시에 몇몇 학생이 공상을 하는 모습을 발견하였다. 교사 레깃은 습관적으로 딴생각을 하는 행동을 보이는 학생 로잘리(Rosalie)에게 하나의 전략을 시험해 보기로 하고, 효과적이면 다른 학생들에게 적용할 계획을 세웠다. 교사 레깃은 로잘리를 만나 이 문제에 대해 이야기하고 다음과 같이 해 보자고 말했고, 로잘리도 동의했다.

첫째, 고무로 작은 개구리 상(像)을 만들어 로잘리가 대집단 토론 활동에 참여할 때 책상 위에 올려놓는다.

둘째, 좀 더 큰 개구리 상을 만들어 교사 책상 위에 올려놓고 학급 학생들을 바라보도록 한다.

셋째, 로잘리가 자신의 책상 위에 올려놓은 개구리 상이 자신을 바라보고 있는 것을 인식할 때마다 교사 책상 위에 있는 개구리 상을 쳐다보고 공상을 할 때가 아니라는 것을 자신에게 상기시킨다.

이 계획의 성공은 개구리 상이 로잘리로 하여금 공상을 해도 되는 때와 해서는 안 되는 때를 구별하도록 힌트 또는 단서를 제공할 수 있느냐에 달렸다. 교사 레깃은 로잘리가 공상을 해도 되는 때는 책상 위에 개구리 상을 올려놓지 않았다. 2주 동안 실험 후, 레깃과 로잘리는 만나서 그 효과에 대해 이야기를 나누었다. 서로 대집단 토론 시에 공상하는 행동이 많이 줄었음을 알았다.

레깃은 로잘리의 성공에 힘입어 마이크(Mike)에게도 똑같이 시도했다. 그러나 마이크는 공상을 할 때 위를 노려보고 아무것도 보지 않으려는 경향이 있어서 개구리 상 전략은 실패했다. 레깃은 마이크에게는 소리 단서 접근이 필요함을 느꼈고, 마이크의 동의를 얻어 마이크가 공상을 할 때 교사가 교탁의 종을 잠깐 울리기로 하면 공상에서 벗어나 선생님께 주목하기로 하였다. 이 전략은 마이크에게 성공적이었다.

레깃은 공상을 하는 여러 학생에게 다양한 단서를 사용하는 실험을 하였는데, 일부에게는 성공적이었으나 어떤 학생에게는 별 효과가 없었다. 이에 레깃은 학급회의를 열고, 앞으로는 세 명 이상의 학생이 공상을 하면 초시계의 호출 장치를 누를 테니 교사에게 집중하도록 이야기를 해 주었다. 2주 시행을 한 결과 성공적이었다.

(4) 수업 활동에 참여하기를 거부하는 학생을 다루기

학생들은 딴생각을 하거나 공상을 하는 행동 외 다른 이유로도 수업 활동에 참여하지 않거나 거부하는 행동을 한다.

다음 사례는 소집단 팀 작업에서 팀원의 괴롭힘으로 인해 수업 활동에 참여하기를 거부하는 학생을 안심시킨 경우이다(Cangelosi, 2000, pp. 346-347).

초등학교 1학년 담임교사 웨브(Webb)는 5명씩 협동학습 팀을 만들고 교실 벽면에 그림을 그려 아름답게 꾸미는 과제를 냈다. 그런데 학생 소피아(Sophia)는 팀원들이 작업 장소로 이동하여 과제 수행에 대해 토론을 하는 데 참여하지 않고 홀로 자리에 앉아 있는 것을 발견하고, 소피아에게 다가가 조용히 말했다.

교사: 소피아, 너는 팀원들과 함께 학습하지 않는구나. 무슨 일이 있니? 선생님이 도와줄 일이 있니?

학생: 아니에요! 저는 괜찮아요.

교사: 너는 왜 팀원들과 함께하지 않고 혼자 있니?

학생: 스콧(Scott) 때문에 그래요. 나를 괴롭혀요.

교사: 왜 화가 났는지 좀 더 자세히 이야기해 줄래?

학생: 스콧이 나를 멍청이라고 불러요.

교사: 그랬구나! 다른 사람이 나를 멍청이라고 부르면 화가 날 거야.

학생: …….

교사: (소피아가 약간 화가 풀린 모습을 보고) 자! 팀 작업에 참여하자. 네가 함께 작업하면 훌륭한 벽화가 나올 것 같은데 ……. 스콧이 다시는 너를 보고 멍청이라고 부르는 일이 없도록 하겠다.

학생: (자기 자리에서 일어나 팀원들이 작업하는 작업대로 옮긴다.)

다음 사례는 수업 시간에 잠을 자는 학생에게 남의 눈에 띄지 않도록 쪽지를 건네서 다른 학생들의 학습을 방해하지 않고 추후 학습에 참여를 독려한 경우이다(Cangelosi, 2000, p. 347).

고등학교 불어 교사인 사비드(Sabid)는 12개의 불어 문장을 번역하는 과제를 내 주었다. 그리고 수업 끝 무렵 번역한 과제를 수합하여 다음 날 피드백을 제공하여 다시 나누어 줄 계획이었다. 다른 학생들은 번역 작업에 들어갔는데 학생 데랄드(Derald)만 책상에 엎드려서 잠을 자고 있었다. 교사 사비드는 '그냥 자게 놔두고 방과 후에 남겨서 번역 과제를 내고 집으로 돌아가도록 할까? 아니면 다른 학생들에게 방해가 되기 전에 깨울까? 평소답지 않은데 오늘 데랄드에게 무슨 일이 있었나? 아무튼 수업 시간에 잠자는 버릇이 들면 안 되지! 아! 그렇다. 쪽지를 써 주어야 되겠다. 쪽지는 다른 사람을 방해하지 않을 것 같으니…….' 교사 사비드는 이런 생각으로 다음과 같은 쪽지를 썼다.

데랄드
오늘 퇴근 전까지 너의 번역 과제를 받지 못하면 내일 수업 시간에 네게 피드백을 줄 수가 없게 된다. 내가 퇴근하기 전까지 번역 과제를 해서 제출하고 집에 가거라.

그리고 교사 사비드는 데랄드에게 다가가 어깨를 조용히 흔들어 눈을 뜨게 하고, 쪽지를 건네주었다. 그러고는 데랄드가 어떤 이야기도 꺼내기 전에 자리를 떴다. 사비드는 데랄드가 과제를 제출하지 못하면 그의 부모를 면담할 계획을 세워야겠다고 생각했다.

다음 사례는 수업 활동에 참여하지 않으려는 학생에게 대화를 통해 수업에 참여할 것인지 아니면 귀찮은 다른 일을 할 것인지 선택의 기회를 주고 학습에 참여하도록 독려한 조치이다(Cangelosi, 2000, pp. 347-348).

초등학교 5학년 담임교사 번스-휘틀(Burns-Whittle)은 학급 전체 학생을 대상으로 단어 인식 활동을 하고 있었다. 학생 제이미(Jamie)는 홀로 자기 책상에 앉아 참여하지 않는 것을 발견했다. 번스-휘틀은 제이미에게 조용히 다가가 눈을 맞추고 함께 참여하라는 손 신호를 보냈다. 그래도 제이미는 교사의 신호를 보지도 않고 그저 멍하니 딴 곳만 바라보고 있었다. 번스–휘틀은 제이미에게 속삭이듯 "제이미, 지금 선생님이 내는 단어 인식 활동에 참여했으면 좋겠다."라고 말했다. 그러고는 제이미가 곧 활동을 시작할 것이라고 생각하고 자리를 떴다. 그러나 20분이 지나도 제이미가 활동하지 않자 교사는 교실 밖으로 나오도록 신호를 보냈다. 그리고 교실 밖 복도에서 부드럽고 조용하게 이야기했다.

교사: 왜 수업 활동에 참여하지 않았니?

학생: 참여하기 싫어서요!

교사: 참여하기 싫다는 것은 이해한다. 그렇지만 수업에 참여해야지 나중에 하는 수업에서도 뒤처지지 않을 것이다.

학생: 그 활동을 하지 않을 거예요!

교사: 제이미야. '선택'이란 단어의 뜻을 아니?

학생: 몰라요!

교사: 선택이란 말은 어떤 것을 택한다는 뜻이다. 너는 둘 중에 하나를 선택해야 한다. 활동에 참여하지 않으려면 교장 선생님의 방에 가서 내가 수업이 끝나는 2시까지 기다려라. 아니면 수업에 참여해야 한다. 둘 중에 어느 하나를 선택해라.

학생: 교장 선생님 방에 가기 싫어요!

교사: 그래. 그러면 학습활동에 참여하는 것을 선택하는 것이지? 나도 다른 학생들이 하는 활동을 지도해야 한단다.

학생: 알았어요. 교장 선생님 방에는 가기 싫어요!

교사: 그래. 이제 학습활동에 참여하는 거지?

(5) 무례한 행동 다루기

교사가 협동과 상호 존중의 분위기 속에서 인성 및 학업을 최우선으로 생각하는 업무 지향적 태도로 수업을 하려면 평소에 타인들을 무례하거나 사려 깊지 못한 태도로 대하던 학생이 수업을 방해하는 행동을 통제할 수 있어야 한다. 교사는 이런 학생의 무례한 행동으로 인해 다른 학생들이 모욕감을 느끼거나 불편해하거나 위협감을 느끼지 않도록 환경을 조성할 책임이 있다.

다음 사례는 무례한 언사를 사용하는 학생에게 그런 말을 하게 된 상황을 인정하되 바른 언사를 하도록 기회를 준 조치이다(Cangelosi, 2000, p. 382).

중학교 수학교사 코머(Comeaux)는 문제를 내 주고 학생들이 풀도록 했다. 학생 수전

(Susan)이 날카로운 목소리로 "뭐, 이런 문제를 주는가? 나는 이 쓰레기 같은 엉터리 문제들을 풀지 않겠다!"라고 소리를 질렀다. 코머는 "수전, 문제에 대해 매우 불만스러운 모양이구나. 문제가 어려운 게 사실이다. 도움이 필요하면 예의 바르게 요청을 해라."라고 응답해 주었다.

다음 사례는 평소에 무례한 행동을 하는 학생들에게 반대급부적인 결과를 경험하게 함으로써 추후에는 그런 행동을 하지 않도록 자극을 준 조치이다(Cangelosi, 2000, p. 382).

2학년 담임교사인 벨처(Belcher)는 인형극을 하는 강당으로 가기 위해 학생들을 줄 세우고 있었다. 평소에 무례하고 공격적인 두 학생 잭(Jack)과 엘리스(Ellis)는 서로 앞줄에 서려고 밀치며 "야! 내가 먼저야. 저리 가."라고 소리를 질렀다. 벨처는 이 광경과 함께 평소 학습에서 공격적인 성향을 보이는 학생들이 앞문 선두에 서려고 몸싸움을 벌이는 것을 목도했다. 벨처는 조용한 목소리로 "자, 줄을 서라. 교실을 나서기 전에 발을 좀 뻗고 교실을 천천히 걸어 보자."라고 지시했다. 학생 셰리(Cheri)가 줄에서 가장 뒤에 서자, 벨처는 "셰리야, 뒤로 돌아서 네가 앞장서서 뒷문으로 출발해라. 나는 엘리스 뒤에 섰다가 교실 문을 닫고 따라 가겠다."라고 말했다. 그러자 교실을 나서는 순서가 이상하게 바뀌자 학생들은 놀라면서도 조용히 뒤돌아서 셰리를 따라 강당으로 갔다.

다음은 무례한 행동이 나타났을 때 교사가 그것에 대해 학생과 왈가왈부하지 않고 그 행동 자체를 종결시키고, 학습을 성공적으로 마무리하는 데 초점을 두는 업무 지향적 접근의 예이다(Cangelosi, 2000, p. 382).

중학교 사회과 교사 터너(Turner)는 소집단 협동학습의 형태로 토론을 시키고 있었다. 이때 한 집단에서 학생 켄들(Kendall)이 팀원인 러스(Russ)에게 "네가 바보가 아니라면 어떻게 그렇게 생각을 할 수 있니?"라고 말하는 소리를 어깨 너머로 들었다. 이에 터너는 "켄들, 네가 그런 무례한 말을 하는 것을 보니 화가 많이 난 것 같구나. 그런데 네가 말하고자 하는 것이 무엇인지 모르겠구나."라고 큰 소리로 말해 주었다. 터너가 큰 소리로 말한 이유는 학급 전체 학생에게 불경하고 신중하지 못한 언사는 학습 시간에 수용될 수 없다는 메시지를 전달하기 위함이었다. 그리고 터너는 켄들이 왜 무례한 언사를 사용했는지에 대해 묻는 것을 피했다. 그것은 무의미하고 비생산적인 의견 교환일 뿐이라고 생각했기 때문이다. 또한 러스를 보호하기 위해 "러스, 너는 바보가 아니다. 기분 나쁠 필요 없다."라는 말이나 어깨를 두드려 주는 행동도 하지 않았다. 왜냐하면 그런 말은 러스가 자신이 느끼는 감정을 다룰 능력이나 자신감의 부족을 알리는 일이 된다고 생각했기 때문이다. 교사 터너는 무례한 언사의 사용을 종결시키고 학습활동을 성공적으로 끝내는 데 초점을 두었다.

(6) 어릿광대 행동 다루기

학생들은 자신들의 요구가 만족되지 못하면 어릿광대 행동과 같은 퇴행적 행동을 통해 교사의 관심을 끌려고 할 수 있다. 이런 어릿광대 행위는 자신의 학습과 미래를 자기주도 적으로 이끌어 나가는 태도를 기르는 데 방해가 된다.

다음 사례는 어릿광대 행위에 침착하고 냉정하게 대응하면서 수업을 이끌어 가는 조치 이다(Cangelosi, 2000, pp. 379-380).

> 초등학교 6학년 교사 홀트(Holt)는 학급 전체를 대상으로 영양에 대한 수업을 하고 있었 다. 그때, 여학생 비키(Vickie)가 "선생님, 저는 아무거나 먹지 않을래요. 저는 몸조심을 하 고 있어요!"라고 교사의 질문에 답하였다. 그러자 학생 우드로(Woodrow)가 일어나서 "여기 네 몸속에 집어넣을 수 있는 것이 있다."라고 소리치며 자기의 사타구니를 움켜잡았다. 순간 교실에는 웃음이 터졌다. 그러나 교사 홀트는 화를 내지 않고 심각한 얼굴 표정을 지으며 우 드로를 냉정하게 쳐다보았다. 그러자 학급의 학생들은 교사가 이런 어릿광대 같이 우스운 말 을 좋아하지 않는다는 것을 눈치챘다. 홀트는 "우드로, 너는 우리 반 아이들을 웃기고 싶은가 보구나. 그러나 나는 그런 농담을 듣는 것을 좋아하지 않아. 점심시간에 나에게 오너라. 우리 이야기를 좀 해야겠다."라고 말했다. 그리고 비키를 바라보고 "네 생각을 이야기하는 중 방 해가 있어 미안하구나. 너는 음식을 조심스럽게 선택해서 먹는다고 이야기를 하던 중이지. 계속 이야기하렴."이라고 말하며 수업을 이어 갔다.

다음 사례는 어릿광대 행위를 할 때 그 학습 장면에서 이탈시켜 다른 공간으로 이동하여 학습을 마무리하도록 하고, 학습에 긍정적으로 대안적인 행동을 취할 때 강화한 접근이다 (Cangelosi, 2000, p. 380).

> 유치원 교사 기민스키(Giminski)는 학년 초 첫 주를 맞이하고 있었다. 그림 그리기 과제를 내 주고 개 별적으로 작업을 하는 시간이었다. 이때, 학생 브라이언(Brian)이 자리에서 벌떡 일어나 교실 앞으로 나

아가 "날 봐라! 날 봐라!" 외치며 춤을 추기 시작했다. 두 명의 학생이 작업을 멈추고 낄낄거리며 웃었으나 대부분의 학생은 무시하고 작업을 계속했다. 교사 기민스키는 브라이언의 손목을 잡고 다른 방으로 데리고 가서 말했다.

교사: 여기 조용히 앉아 그림을 그려라. 다 그리면 나에게 가져오너라. 무엇을 해야 하는지 알겠지?

학생: 네, 그림을 다 그리고 선생님께 내는 거요!

교사: 그래 맞다. 그렇게 해라.

교사 기민스키는 브라이언이 남의 눈길을 끌기 위해서 어릿광대 행동을 한다는 것을 알았기 때문에 그 후 며칠 동안 그런 행동을 할 징조가 있는지 관찰하고, 그런 행동을 하지 않고 학습을 잘 따라 할 때 관심을 주어 강화하였다.

다음 사례는 어릿광대 행위를 하는 학생과 일대일 면담을 통해 중지 신호 약속을 정하고 실행에 옮긴 조치이다(Cangelosi, 2000, pp. 380-381).

고등학생 홀리(Holly)는 빈정거리고, 과도한 제스처로 얼굴을 일그러뜨리는 어릿광대 행동을 하여 학급 또래들에게 웃음을 터트리고는 하였다. 담임교사 스미스(Smith)는 이런 어릿광대짓은 유머스럽고 고단한 학업 일과 중에서 기분 전환을 야기시키는 건강한 측면이 있다고 생각하였다. 그러나 홀리의 어릿광대 행동이 잦아지고 수업을 방해하는 지경에 이르렀다. 스미스는 홀리의 어릿광대 행동을 중지시키기 위해 방과 후에 홀리를 남겨서 솔직하게 대화를 하자고 제안을 하였다.

교사: 홀리야! 네가 수업 시간에 보이는 어릿광대 행동은 학생들로 하여금 수업에서 이탈하게 만들어 내가 수업을 하는 것을 어렵게 만들고 있다. 그래서 힘들어. 내가 제안을 하겠다. 괜찮겠니?

학생: 네……

교사: 네가 어릿광대 행동을 하려고 하면 내가 엄지손가락을 쳐들게. 그러면 그 행동을 중지해라. 이것은 너와 나만의 약속이다. 다른 학생들은 모를 거야! 어떠니?

학생: 좋이요.

(7) 어지럽히는 행동 다루기

학생이 정리 정돈을 하지 못하면 교실을 혼잡하게 만들고, 운동장에 쓰레기가 널려 있고, 실험실의 도구들을 흩어져 놓고, 학습 도구들을 손상시키는 등 물건과 공간을 어지럽힌다. 이것은 자신에게 나쁜 습관일 뿐만 아니라 다른 학생들의 학습활동을 방해하는 요인이다.

다음 사례는 학교의 여러 공간 및 물건들을 정리 정돈하는 시간을 갖고 그 보상으로 학생들이 좋아하는 활동을 하게 한 접근이다(Cangelosi, 2000, p. 383).

초등학교 3학년 교사 존슨(Johnson)은 종종 시간을 정하여 학생들이 교실 청소를 하고 물건들을 정리 정돈하는 활동을 한다. 그리고 그 후에 학생들이 진정으로 좋아하는 활동을 할 시간을 준다. 이에 학생들은 교실을 정리 정돈하고 청결하게 하는 시간을 자신들이 즐거운 활동을 할 수 있는 시간으로 연결하게 되었다.

다음 사례는 과학 실험실을 청소하고 정리 정돈하기 전까지는 학습활동을 시작하지 않음으로써 불결함과 무질서로 학습을 방해하는 요인을 제거한 조치이다(Cangelosi, 2000, p. 383).

고등학교 생물교사 램버트(Lambert)는 종종 학생들이 실험실을 이용해야만 해결할 수 있는 숙제를 내 준다. 그러나 학생들이 실험실을 청결하게 청소하고 도구를 정리 정돈해 놓기 전까지는 숙제의 내용에 대해서는 알려 주지 않는다.

다음 사례는 미술 재료와 도구를 정리 정돈하지 않는 학생들이 어지럽히는 행동을 한 결과에 대해 책임지도록 하여 이런 행동을 교정한 조치이다(Cangelosi, 2000, p. 383).

교사 디피(Diffy)는 미술 시간에 학생별로 미술 재료와 도구들을 담아 놓는 사물함을 배치해 사용하도록 하고 있다. 그리고 학생에게는 수업이 끝난 후에는 재료와 도구들을 청결하게 닦아 보관하고 다음 수업 시간에 사용할 수 있도록 사물함에 보관하도록 지시했다. 그러나 학생 후안(Juan)과 캔디(Candy)는 붓, 물감, 도화지, 천 등을 사물함에 보관하지 않은 채 여기저기 버려두고 교실을 떠났다. 후안과 캔디의 이런 어지럽힘 행동을 디피는 그들이 교실을 나가기 전에 이미 관찰했으나 아무 말도 하지 않았다. 디피는 그들이 나간 뒤 도구들을 닦아서 여러 가지 폐품을 두는 창고에 넣어 두었다. 다음 날 후안은 "내 붓이 어디 갔지? 내 도화지는? 어제는 있었는데!"라고 불평을 토로하기 시작했다. 캔디도 "내 초록색 물감이 어디 있지?"라고 말하며 당황해했다. 교사 디피는 "아…… 어저께 내가 깨끗하게 닦아 놓은 것들이 너희 것이었던 모양이구나? 그렇게 사물함에 보관하지 않고 버려 두어서 폐품 창고에 넣어 두었지. 다른 물건들과 섞여 있어서 찾기는 쉽지 않겠네. 잃어버린 미술 재료와 도구는 너희가 찾아와야 한다."고 말해 주었다.

(8) 시험 부정행위를 다루기

학생들의 시험 부정행위는 교사가 생각하는 것보다 빈번한 편이다. 시험 부정행위는 K-12 학년 모두에서 나타나는데, 그 빈도는 학년이 올라감에 따라 증가한다(Brandes, 1986). 9세 이전 학생들은 시험 부정행위에 대한 개념이 잘 발달되어 있지 않은 상태이다(Pulaski, 1980).

일반적으로 학생들은 다음과 같은 지각을 형성할 때 시험 부정행위에 참여하는 경향이 높다(Cangelosi, 2000, p. 369).

- 자긍심, 승인, 또는 장학금 등 외적 보상을 얻기 위해 경쟁을 할 수밖에 없다고 지각할 때
- 시험 볼 내용에 대해 가치를 거의 느끼지 못할 때
- 시험 부정행위를 들킬 가능성이 낮다고 느낄 때
- 교사가 자신의 시험 부정행위를 파악하지 못할 것이라고 느낄 때
- 학급이 학습을 최우선으로 하는 분위기가 없을 때
- 학교의 정책이 학습 자체보다는 시험 성적에 큰 가치를 둘 때

학생들의 시험 부정행위를 줄이기 위해서는 다음 세 가지 원칙을 준수하는 일이 필요하다.

- 학생들이 자긍심, 존경, 사랑 등과 같은 개념들을 학업 성취가 아니라 다른 것으로부터 느끼도록 한다.
- 총괄평가보다 형성평가를 더 강조한다.
- 시험 성적은 총괄적 평가 정보로만 활용하고 학업 성취의 보상으로 사용하지 않는다.

학생들의 시험 부정행위는 이런 원칙들을 준수하더라도 완전히 제거하는데 오랜 시간이 필요하다. 그 과정에서 교사는 다음과 같은 전략들을 동원해서 시험 부정행위를 지속적으로 줄이려고 노력해야 한다(Cangelosi, 2000, p. 370).

첫째, 교사가 학생의 학습을 최우선적으로 생각하는 업무 지향적인 말과 태도를 유지하여 학생이 시험 부정행위를 해서는 안 된다고 생각하도록 메시지를 전한다.

둘째, 시험을 보는 과정을 면밀히 감독한다. 특히, 초등학교 학생들은 자기의 힘으로 정

답을 내는 것이나 시험 부정행위를 해서 정답을 내는 것의 차이를 잘 모르는 경향이 있다. 따라서 어린 학생들에게는 시험 부정행위를 처벌하는 것은 교사가 자신을 믿지 못하고 있다고 인식하고 부정적 자괴감에 빠지도록 할 가능성이 있다. 중학교 학생들에게도 시험 부정을 하지 말라고 하는 경고는 쓸모가 없다. 따라서 시험 과정을 면밀하게 감독하여 부정한 방법으로 정답을 낼 기회를 사전에 차단하는 것이 필요하다.

셋째, 같은 유형의 시험을 반복적으로 사용하지 않는다.

넷째, 시험지 원본을 복사하는 대로 일련번호를 붙이고 원본은 안전하게 보관한다.

다섯째, 시험지를 채점할 때 틀린 답의 경우 점수를 감하기보다는 정답의 경우 점수를 더해 준다.

여섯째, 시험지를 채점할 때 점수 외에도 주석(annotation)을 달아 준다. 이 주석은 학생에게 피드백을 제공해 줄 뿐만 아니라 나중에 왜 교사가 그렇게 채점을 했는지 상기하는 데 도움을 준다. 이런 주석이 있으면 학생들도 시험지를 되돌려 받고 난 다음 시험지에 어떤 조작을 가한 후 교사에게 항의할 가능성이 크게 줄어든다.

일곱째, 시험을 보기 전에 시험의 매수와 페이지의 순서가 정확한지 확인시킨다.

여덟째, 암기하여 그대로 재생해 내는 시험을 지양한다. 학생들은 암기로만 시험을 치를 수 있다고 생각하면 커닝 페이퍼를 사용하고자 하는 유혹에 빠질 가능성이 높아진다.

다음 사례는 학생이 시험 부정행위를 저지른 것 같다는 의심은 드나 증거가 없을 경우, 학생의 자존심이나 교사에 대한 신뢰 문제를 공개적으로 손상시키지 않고 재시험을 치르도록 함으로써 자신의 시험 부정행위를 반성하도록 한 조치이다(Cangelosi, 2000, p. 371).

고등학교 교사 브루사드(Broussard)는 단원이 끝난 후 형성평가를 하고 시험지를 채점하던 중 학생 조(Joe)의 시험지에서 불일치를 몇 가지 발견했다. 몇 개의 어렵고 응용을 요구하는 문항에서는 정답을 내었으나 매우 기본적이고 쉬운 문제에서는 오답을 낸 것이다. 브루사드는 '기본적인 문제들을 틀리면서 어떻게 어려운 문제에서 정답을 낼 수 있다는 말인가?'라는 의문이 들었다. 그리고 학생 레미(Remy)의 시험지를 채점하던 중 브루사드는 그 어려운 문제들에 답으로 제시한 단어들이 조가 사용한 단어들과 매우 비슷하다는 것을 발견했다. 브루사드는 조와 레미의 시험지를 비교해 본 결과 매우 독특한 유사성을 발견했다. 선다형 문제에서는 조의 답은 레미의 것과 똑같았다. 즉, 틀린 문제는 같이 틀리고 맞는 문제는 같이 맞은 패턴을 발견했다.

브루사드는 조가 레미의 시험지를 베낀 것으로 의심을 하고, 다음 날 수업 말미에 조만 빼고 채점과 주석을 단 시험지를 학생들에게 나누어 주고 교실을 나왔다. 그러자 조가 따라 나오면서 말했다.

학생: 선생님! 제 시험지는 안 주셨는데요?

교사: 그렇다. 안 주었지. 잠깐 교무실로 나를 따라 오겠니?

교사: (교무실에 조가 오자) 조, 무슨 일이 생긴 것 같니?

학생: 모르겠는데요. 시험을 쳤는데요!

교사: (학생들의 성적을 기록한 표를 보여 주며) 조, 네 이름 옆에 점수가 있니?

학생: 아니요. 빈칸이네요!

교사: 조, 나는 네게 재시험을 치르게 할 것이다. 내일 어떻겠니?

학생: 저만 다시 시험 보는 것은 공평하지 않아요.

교사: 세상일이란 것이 항상 공평한 것은 아니다. 자, 그럼 언제 재시험을 칠지 시간을 정해 보자.

다음 사례는 비슷한 상황으로 시험 부정행위가 있었던 것으로 의심이 가는 경우, 한 학생이 아니라 학급 전체를 대상으로 재시험을 치르게 함으로써 시험 부정행위에 대한 경각심을 학급 학생들에게 고취시킨 경우이다(Cangelosi, 2000, pp. 371-372).

사회과 교사 스토더드(Stoddard)는 매번 시험 성적을 가지고 학생들의 성취 수준에 대한 평가를 내리기 전에 시험의 타당성을 점검한다. 기말 시험 결과와 시험 도중 몇몇 학생이 보이는 수상한 행동들을 관찰한 것을 분석한 결과, 학생들의 시험 부정행위가 시험 결과의 타당성을 오염시켰다는 의심을 갖게 되었다. 이에 따라 스토더드는 "이번 시험의 결과는 타당하지 않다. 시험 점수들 간에 중요한 불일치가 발견되었다. 통계적으로 분석한 결과, 이번 시험은 신뢰롭지 못하여 여러분의 성취 수준을 정확히 평가하기 어렵게 되었다. 이에 따라 나는 이번 시험 결과를 무시하고, 다음 주 수요일에 좀 더 통제된 조건에서 재시험을 치르겠다."고 학생들에게 공지하였다.

다음 사례는 시험 부정행위가 있었던 학생을 개인적으로 면담하되 시험 부정행위 그 자체에 대해서는 지적하지 않았다. 그 이유는 학생이 부인을 할 경우 그것에 증거를 대는 일로 왈가왈부하게 되어 교사와 학생 간에 신뢰가 손상되고, 또 교사에게는 전문가적인 태도로 문제를 해결한 것이 되지 못할 가능성 때문이었다. 그 대신 객관적으로 부인하기 어려운 상황을 만들어서 시험 부정행위를 인정하고 고치도록 기회를 준 조치이다(Cangelosi, 2000, p. 372).

초등학교 4학년 담임교사 마지오(Maggio)는 중간고사 문제를 배부하고 시험 감독을 하던 중, 학생 네티(Nettie)가 교사를 틈틈이 쳐다보며 교사가 다른 곳을 볼 때마다 정답이 나와 있는 교과서를 책상 속에 넣었다 뺐다 하는 것을 목격하였다. 시험이 끝난 후 마지오는 네티의 시험지를 검사했더니 대부분의 문제를 맞혔다는 것을 알았다. 마지오는 네티를 개인적으로 불러, 네티가 시험에서 정답을 한 문제들 중에 하나를 제시하고 풀어 보도록 했다. 그러나 이번에는 네티가 정답을 내지 못했다. 이전에 정답을 한 다른 문제들 중에서 두 가지를 더 제시했으나 마찬가지로 정답을 내지 못했다.

교사: 네티, 네가 시험에서는 정답을 냈는데, 같은 문제들인데 이번에는 정답을 내지 못하는 이유가 무엇이니?

학생: 모르겠는데요.

교사: 네티, 네가 이 문제들에 대해 정답을 내지 못하는 한 내가 낸 시험지의 같은 문제들을 정답으로 처리할 수 없다. 내가 왜 그렇게 조치하는지 네 스스로 생각해 보렴.

학생: …….

(9) 약자를 괴롭히는 행동 다루기

미국의 경우, 6명의 학생 중 한 명은 적어도 일주일에 한 번 정도 신체적으로 공격을 당하고 인간적으로 모욕을 받는 괴롭힘(bully)을 당하고 있다(Rigby, 2000). 고등학교의 경우, 괴롭힘 행동은 학교에 이미 만연하고 있으나 교사는 이를 처리하기 힘들다고 생각한다(Hazler, 1999). 심지어는 교사들도 괴롭힘을 당할 수 있는데, 공립학교의 28%가 언어적으로 괴롭힘을 당했고, 15%가 신체적 상해 위협에 처한 적이 있었고, 3%는 실제로 학생에게 신체적으로 공격을 당한 적이 있다고 보고했다(Batsche & Knoff, 1994).

괴롭힘을 당하는 학생은 특별한 사회적 지원이 없는 경우, 자살을 생각하고 낮은 자긍심과 정신적 건강 문제를 겪는다(Rigby, 2000; Rigby & Slee, 1999). 또한 희생자는 외로움, 고립, 낙심, 부정적 자아개념을 경험한다(Espelage, Mebane, & Swearer, 2004). 괴롭힘의 영향은 장기간 지속되어 학교 결석 및 중도 탈락으로 이어진다(Rigby, 2000). 괴롭힘 현상이 증가하면 희생자뿐만 아니라 다른 학생도 안전 문제로 인해 학습활동에 전심으로 임하기 어렵다. 괴롭힘으로 인한 안전 문제에 대한 염려는 학생만의 것이 아니라 교사와 학부모를 포함해서 학교 전반에 학습 지향적 분위기를 해친다.

워커, 콜빈과 램지(Walker, Colvin, & Ramsey, 1995, pp. 189-191)는 이런 상황을 다음과 같이 진술한다.

반사회적 행동 중의 하나인 약자를 괴롭히는 행동은 강요, 협박, 안녕에 대한 위협 등을 동반하는 매우 공격적 행동이다. …… 괴롭힘은 한 사람이 할 수도 있지만 집단적 괴롭힘의 형태가 더 많다. …… 학생들은 괴롭힘 상황에서 희생자, 괴롭히는 자, 방관자 중의 어느 하나의 역할을 할 수 있다. 대부분의 학생이 선호하는 역할은 방관자이지만, 희생자 또는 방관자의 역할은 종종 학생 개인이 의지적으로 선택할 수 있는 것이 아니다. 장애를 가진 학생이나 이상한 특징(두꺼운 안경을 쓰거나 이상한 이름을 가지고 있거나 특이한 복장을 하거나 수줍음을 잘 타고 겁이 많거나 바보 같은 모습을 지니고 있거나 등)을 지닌 학생들이 괴롭힘의 희생자가 되기 쉽다. 집단적 괴롭힘은 종종 희생자가 우연 또는 상황에 의해 선택되기도 한다. 괴롭힘 현상이 높은 비율로 나타나면 그것은 종종 학교 폭력 발생의 전조이자 적신호이기 때문에 그 비율을 줄이기 위해 즉각적이고 강력한 조치가 취해져야 한다.

① 학교 차원에서의 개입 원리

올베우스(Olweus, 1991)는 괴롭힘 현상을 줄이기 위해 학교 차원에서의 개입 원리를 다음 네 가지로 제시한다.

- 성인이 학교와 가정에서 온정, 긍정적인 관심, 관계를 중시하는 환경을 창조하되 수용 불가능한 행동에 대한 한계를 강력하게 설정한다.
- 이런 한계를 넘는 행동이 발생하면 비적대적이고 비신체적인 제재들을 지속적으로 적용한다.
- 학생의 활동에 대한 세심한 모니터링과 감독이 학교 안과 밖에서 이루어지도록 한다.
- 성인은 학생들과의 모든 상호작용, 특히 괴롭힘 현상이 발생했을 때 책임 있는 권위자로 행동한다.

② 개입 원리의 적용

올베우스(1991)는 학교 차원에서의 네 가지 개입 원리를 학교, 학급, 개인 수준에서 적용하는 전방위적 개입 방안을 제시하였다.

- 학교 차원: 괴롭힘 현상에 대해 학교 회의를 개최하고, 쉬는 시간에 감독을 강화하고, 학교 운동장을 좀 더 매력적인 곳으로 만들고, 긴급 연락 전화를 설치하고, 학부모와의 회의를 자주하고, 학교 문화를 긍정적으로 만들고, 공부하고 토론하는 학부모 서

클을 만들어 운영한다.
- **학급 차원:** 괴롭힘에 대항하는 학급의 규칙을 만들고, 정규적으로 학급회의를 하고, 협동학습을 강화하고, 교사-학생-학부모 회의를 열고, 공통적이면서도 긍정적인 활동들을 전개하고, 역할 놀이를 자주 실시하고, 문학 교육을 강화한다.
- **개인 차원:** 괴롭히는 학생과 괴롭힘을 당한 학생 그리고 해당 학부모와 심각하게 대화하고, 다른 학생들이 방관하지 않고 개입하는 기술을 지도하고, 가정 통신을 활용하여 학부모들에게 자문하고, 해당 학부모들과 토론 집단을 운영하고, 학급 내 분위기를 긍정적으로 변화시킨다.

③ 괴롭힘 현상 관련 중요한 지식

괴롭힘 현상을 효과적으로 억제하는 학교 프로그램에서 중요한 것은 괴롭힘 현상 그 자체에 대한 이해와 대처 방법에 대한 교육을 통해 학교장을 비롯하여 교사 및 직원, 학생, 학부모가 괴롭힘 현상에 대한 지식을 공유하는 것이다. 괴롭힘 현상과 관련하여 공유해야 할 중요한 지식을 제시하면 다음 네 가지이다.

첫째, 괴롭힘 현상에 대한 잘못된 '신화'가 존재한다는 것을 인식할 필요가 있다. 신화란 사실이 아닌데 사실인 것처럼 받아들여지는 생각을 말하는데, 괴롭힘은 아동기에 정상적으로 일어나는 것이고 교사가 개입하면 오히려 증대될 것이라고 생각하는 것이다. 이것은 잘못된 생각이다. 괴롭힘은 비정상적으로 개인적 욕구를 만족시키기 위해 벌이는 비행이다. 괴롭힘은 가해자가 가시적 보상(예: 갈취한 돈, 빼앗은 놀이터 시설 등)이나 비가시적 보상(예: 또래들로부터의 관심 끌기, 타인에 대한 권력적 지위 획득 등)을 얻기 위해 벌이는 비행이다(Horne, Orpinas, Newman-Carlson, & Bartolomucci, 2004). 아울러 괴롭힘은 교사와 또래 학생들의 개입이 있어야 중지될 수 있다. 교사를 비롯한 성인은 괴롭힘 현상을 파악하고 저지하는 데 효과적이지 못하여 학생은 괴롭힘 현상에 오래 노출되어 무감각해지고 그에 따라 괴롭힘 현상은 증대된다. 연구에 따르면 교사를 비롯한 성인은 괴롭힘 현상이 발생하는 시간의 5% 정도만 그 현장에서 존재하고 있을 정도로 개입이 적다(Nishina, 2004). 아울러 방관자 학생들이 괴롭힘을 당하는 학생들을 돕는 방법을 몰라 실제로 저지 행위를 취하지 않아 괴롭힘 행위가 증대하고 있다.

둘째, 괴롭힘 현상에 존재하는 삼자, 즉 가해자, 희생자, 방관자의 특징에 대한 지식을 공유할 필요가 있다. 가해자들은 종종 추종자들을 모으고 성인으로부터의 탐지를 피하는

데 능숙한 경우가 많다(Sutton, Smith, & Swettenham, 1999). 희생자들은 종종 신체적으로 유약하고, 온순하고, 어떤 면에서 상이하게(우스꽝스럽게 걷고 신체적으로 이상한 외모를 갖고 있다고) 인식되는 학생들이다. 영재들의 경우, 특히 체육을 잘 못하거나 과도하게 괴롭힘을 당하고 심각한 소외감으로 고통을 받으며, 촌뜨기, 얼간이 등으로 명명되어 학교에서 고립되고 괴롭힘을 당하기도 한다(Wallace, 2000). 가해자와 희생자는 모두 같은 문제를 공유하고 있는 경우가 많다. 예를 들어, 과도한 우울증, 근심, 심동적(psychosomatic) 징후이다(Kaltrala, Rimpela, Rantanen, & Rimpela, 2000). 방관자들은 괴롭힘을 수동적으로 방관하는 데 괴롭히는 시간의 54%를 사용한다(O'Connell, Pepler, & Craig, 1999). 그리고 방관자들 중 21%는 능동적으로 괴롭힘을 가하는 학생을 모방하고, 25% 정도만 괴롭힘을 당하는 학생들을 옹호할 뿐이다. 방관자들 중 남학생들은 여학생들보다 괴롭힘에 좀 더 가담하는 편이지만, 여학생들은 괴롭힘을 당하는 학생을 옹호하는 편이다(Mills, 2001). 아울러 방관자들도 희생자처럼 무력감을 느낀다(Hazler, 1999).

셋째, 희생자와 방관자들에게 괴롭힘 상황에서 무엇을 해야 할지, 어떻게 지원을 해야 할지를 교육해야 한다. 특히, 괴롭힘을 당하는 희생자 학생에 대한 대처 능력 개발 교육이 필요하다. 그 구체적인 내용으로는 자신이 괴롭힘을 당하고 있다고 타인에게 말하도록 하고, 친한 친구를 갖도록 하고, 괴롭힘을 싫어한다는 것을 보이도록 하고, 괴롭히는 자에게 원하는 것을 줌으로써 복종적인 자세를 취하지 말게 하고, 괴롭히는 자에게 역으로 신체적인 공격을 가하지 않도록 하고, 무력함을 전달하는 메시지를 피하도록 하는 것이다.

아울러 괴롭힘을 가하는 학생들은 다른 개입자들에 의해 자신의 괴롭힘 행위가 저지되면 그 개입자에게 공격을 한다. 따라서 괴롭힘 행위에 친구로서 개입하고자 할 때의 가이드라인 교육이 필요하다. 피어스(Pearce, 2002)는 그 가이드라인으로 다음을 제시한다.

- 괴롭히는 자에게 도전하기보다는 괴롭힘을 당하는 희생자를 괴롭힘 장면에서 가능한 한 빨리 제거하는 데 초점을 두도록 한다.
- 괴롭힘을 가하는 자에게 공격적인 행위를 하거나 어떤 벌을 받게 될 것이라고 경고함으로써 노하게 하지 않고 그저 괴롭힘 행동이 중지되도록 하는 데에만 초점을 두도록 한다.
- 신체적인 완력을 사용하기보다는 설득과 같은 평화적 수단을 사용하여 괴롭힘 행위를 중지시키도록 한다. 왜냐하면 신체적 완력을 쓰면 누군가 신체적으로 손상을 입을 가능성이 높을 뿐이기 때문이다. 부득불 신체적 개입이 필요하다면 주위에서 가능한

많은 추가적 도움을 구하도록 한다.

넷째, 괴롭힘의 유형에 대한 지식을 공유할 필요가 있다. 그 유형은 두 가지로 나뉘는데, 하나는 관계적 공격(relational aggression) 유형이다. 남학생들보다 여학생들에게서 자주 나타나는데, 사회적으로 어떤 학생을 제외시키고 부정적이고 파괴적인 루머를 증명하지도 않고 많은 사람에게 일시적으로 퍼뜨려 사회적 관계 형성을 방해하는 공격이다. 관계적 공격은 희생자가 수용되고자 하는 욕망과 추가적인 추방에 대한 두려움이라는 복합적 정서로 인해 조용히 이런 공격에 당하도록 하기 때문에 특히 해가 된다(Mullin-Rindler, 2003). 또 하나는, 사이버 괴롭힘(cyber-bullying)이다. 이메일, 휴대전화 등 정보 통신 기술을 이용하여 희생자들에게 좀 더 쉽게 그리고 익명적으로 공격하도록 하는 것이다. 특히, 여학생들이 자주 사용하는 괴롭힘의 유형이다. 사이버 괴롭힘에 대한 대응 전략이 몇 가지 제시되고 있다(Keith & Martin, 2005).

- 개인적 정보, 비밀번호, 전화번호를 공유하거나 제공하지 않는 것이다.
- 악의적 메시지를 받으면 믿을 만한 성인에게 보이도록 한다.
- 보낸 악의적 메시를 읽지도 않고 지우지도 않는다. 지우게 되면 후속적인 메시지를 유발시킨다.
- 모르는 사람으로부터 온 메시지를 열지 않도록 한다.
- 악의적 메시지 제공자에게 응답하지 않도록 한다.

④ 학교 훈육 정책 수립과 교육과정 운영

괴롭힘 현상을 효과적으로 억제하는 학교 프로그램에서 또 하나의 중요한 영역은 학교 훈육 정책 수립과 교육과정 운영이다.

첫째, 학교 훈육 정책과 관련하여 학교는 학급, 복도, 식당, 운동장 등을 포함하여 학교에서 일어나는 모든 활동에 대한 분명한 행동 가이드라인을 마련하여 학생들에게 인식시키는 일이 필요하다. 이 행동 가이드라인에는 괴롭힘을 억제하는 내용과 학습 공동체로서 타인들과 연계하여 학습하는 것을 강조하는 내용을 포함해야 한다. 행동 가이드라인에는 그것을 위반하였을 때에 가해지는 처벌이 있음도 누구나 이해하기 쉽게 명료하게 진술하여 공표한다. 그리고 준수 의지가 굳건함을 학생들이 알도록 해야 한다.

둘째, 운동 경기, 토론, 과학 클럽, 악기 다루기, 미술, 사진 찍기 등과 같은 다양한 특별 활동 코스를 개설한다(Orpinas & Horne, 2006). 학생들은 특별활동을 통해 자신이 배우고 자 하는 영역에서 같은 취미를 가진 학생들과 함께 학습 공동체를 이루어 협동하며 능력을 개발하면 괴롭힘 현상이 줄어든다. 특별활동은 상대평가 활동을 지향하는 교과 활동보다 타인과 관계하여 학습하고 그래서 서로 헌신하는 학습 공동체를 더 쉽게 형성하는 데 기여 한다. 서로 성장하기 위해 서로 헌신하면 학생들은 자신의 학업적 책무성을 집단 내에서 완수하고 즐거워한다. 나아가 다른 학교 활동에도 즐겁게 참여한다(Fors, Crepaz, & Hayes, 1999).

셋째, 학교에서 사회적 역량감을 형성하는 프로그램을 운영한다. 긍정적으로 의사결정 하기, 폭력 없이 평화적으로 갈등 해결하기, 미래 계획 세우기, 부정적인 또래 압력에 저항 하기, 친구를 사귀기, 다양한 문화적 배경을 가진 사람들과 어울리기, 자신을 사랑하고 아 끼기, 자신의 삶의 목적 정하기, 미래에 대한 긍정적인 관점 갖기, 미래 사건들과 활동을 위해 현실적 삶에 대해 통제감 형성하기 등의 내용을 담은 프로그램을 운영해서 여러 가지 긍정적 사례를 홍보하고 토론하는 기회를 제공함으로써 사회적 역량감을 형성하도록 한 다(Welch, Park, Widaman, & O'Neil, 2001).

다음 사례는 괴롭힘 현상을 다루기 위한 교사의 대처 계획인데 학급의 환경을 학생들의 학습에 순기능을 하도록 하는 데 초점을 두고, 괴롭히는 자를 처벌하거나 어떤 긴 시간의 도덕적 수업을 펼치기보다는 괴롭힘 행동 그 자체를 멈추고 재발하지 않도록 하는 데 초점 을 둔다. 교사는 자신의 분노를 통제하되 괴롭힘 행동을 용납하지 않는다(Cangelosi, 2000, pp. 387-388).

초등학교 5학년 담임교사 듀크(Duke)는 학생 프랭크(Frank), 마운셀(Maunsell), 미키 (Mickey) 그리고 몇 명이 학교 수업 시작 전과 휴식 시간에 교실에 남아 교사와 함께 시간을 보내고 싶어 한다는 것을 알았다. 교사는 "너희는 왜 밖에 나가서 신선한 공기를 마시고 들어 오지 않니?"라고 물었다. 그러나 이들 남학생은 어깨만 움츠릴 뿐 대답을 하지 않고 계속 교 사와 함께 교실에 머물렀다. 그리고 교사는 그중의 한 아이인 미키의 학교 결석 패턴이 이상 하다는 것도 알아챘다. 미키는 월요일, 수요일, 금요일에는 매우 활발하게 학교 활동을 하는 데, 화요일과 목요일에는 아프다는 핑계로 학교에 오지 않았다. 아울러 그 몇 명에게도 다른 이상한 사건들이 나타났다. 예를 들어, 이들이 같은 날의 숙제로 해 온 보고서가 모두 똑같이 물에 젖어 구겨져 있었는데 이에 대해 어떤 설명도 하지 않았다. 또 이들은 학교 시간의 거의 모든 시간을 교사 듀크의 주위에 머물렀지만, 불안해한다는 인상을 받았다. 그러나 이들은 교사에게 어떤 설명도 하지 않았다.

듀크는 아이들을 관찰하기 시작했다. 아침에 수업 시작 전에 학급에 머무르는 대신 대부분의 학생이 놀고 있는 운동장을 걸었다. 그러던 중 학생 보비(Bobby), 로널드(Ronald), 스탠드(Stand) 그리고 윈즐로(Winslow)는 거의 함께 몰려다녔다. 그들이 교사 듀크에게 다가와 "안녕하세요, 선생님!"이라고 인사를 하면 듀크 주위를 따라 다니던 프랭크, 마운셀, 미키는 안절부절못하며 불편해했다. 이를 본 교사 듀크는 보비, 로널드, 스탠드, 윈즐로가 또래들을 괴롭히고 있으며, 프랭크, 마운셀, 미키의 학교생활을 어렵게 만들고 있다고 의심했다.

교사 듀크는 이 문제에 대처할 계획을 다음과 같이 세웠다. '남을 괴롭히는 행동을 그대로 두고 넘어 갈 수는 없다. 학생들이 공포를 느끼는 상황에서 학습을 이끌어갈 수 없다. 내가 보비 일당들을 직접 대면한다면 이들은 프랭크, 마운셀, 미키가 고자질했다고 생각하고 더 괴롭힐 수 있다. 보비 일당들이 운동장에서, 버스 정류장에서, 강당이나 식당에서 어떤 일을 하는지 좀 더 상세히 관찰할 필요가 있다. 우선 보비와 마운셀을 짝 지어 수업 전에 공동 프로젝트를 수행하도록 해야겠다. 그러면 수업 전에 보비 일당들을 분리시켜 놓게 되고, 두 사람이 협력해서 활동하게 할 수 있을 것이다. 이 시도가 성공하면 다른 학생들도 협동적인 프로젝트에 참여시켜야겠다. 그러나 이 시도를 성공시키지 못하면 학급회의를 해서 공개적으로 이 문제를 협의해야겠다.'

(10) 또래들끼리 싸우는 행동 다루기

학생들 간의 싸움은 3단계를 거치는 경향이 있는데, 각 단계는 약 1분 이하의 시간이 걸린다(Cangelosi, 2000). 1단계는 자세잡기와 도전 단계이다. 신체 폭력을 가하기 전에 서로 말이나 신체언어로 위협을 가하면서 폭력 행위를 준비하는 단계이다. 여학생보다 남학생이 이런 싸울 준비 활동을 많이 하는 편이다. 2단계는 신체로 공격하는 단계이다. 자세잡기와 위협이 실제로 신체적 공격으로 발전한다. 3단계는 진정 단계이다. 싸움으로 서로 피로를 느끼고 싸움이 강도가 약해지며 쉬는 순간을 갖는다.

볼프강(Wolfgang, 1995)은 싸움이 다음 네 단계로 변화한다고 보고 각 단계별로 교사가 취할 조치를 제시한다.

- 잠재적 위기 단계(stage of potential crisis): 학생들이 좌절감을 느끼고 폭발할 준비를 한

다. 주먹을 쥐고 공격 자세를 잡는다. 시선에 특징이 없이 눈길을 돌리거나 노려본다. 이 단계에서는 교사의 말에 긍정적으로 반응할 만큼 충분히 이성적이다. 교사는 이 단계에서 학생을 다른 학생과 상호작용하지 못하게 격리시키고 개인적인 공간을 제공한다. 그리고 요구 사항을 최소화하고 학생의 말을 듣는다.

- **발달적 위기 단계**(stage of developing crisis): 상대방에게 힘을 행사하고 우위를 차지하려고 한다. 대개 고함을 지르고 위협을 하며 욕도 하고 맹세도 한다. 교사는 이 단계에서 비위협적인 방식으로 접근하여 학생이 자신의 공격성을 누그리도록 한다. 그리고 학생의 언어적 공격이나 욕에 대해서는 반응하지 않는다. 학생이 싸움 중지 요청을 거부하면 가능한 결과 조치를 조용히 알려 주고, 안전을 약속하고, 좌절을 신체적 개입 없이 누그러뜨릴 시간과 공간을 제공한다.
- **급박한 위기 단계**(stage of imminent crisis): 교사 또는 친구에 대해 공격을 행사한다. 적개심을 갖고 비이성적이며 폭력을 행사한다. 교사는 이 단계에서 먼저 자신을 보호하고, 학생의 공격을 피하거나 공격이 자신에게서 벗어나도록 한다.
- **평정심을 찾는 단계**(stage of achieving equilibrium): 학생이 통제력을 회복한다. 교사는 이 단계에서 학생이 상황에 대해 이야기하도록 격려하며 능동적으로 듣는다. 그리고 학생과 긍정적인 관계를 재확인한다.

또래들끼리 싸움은 가능하면 1단계에서 교사가 개입하여 격렬한 신체적 싸움으로 번지지 않도록 중지시킨다. 다음 사례는 교사가 싸움을 멈추기 위해서 1단계에 개입하는 과정이다. 교사는 맞서고 있는 두 학생의 이름을 부르며 개입하여 일단 학생들을 분리시켜서 싸움을 멈추고, 대화로 문제를 해결할 것을 주문하고 있다. 그 후 교사는 두 학생을 또래 중재 프로그램에 넘겨 갈등을 해결하는 조치를 취했다. 아울러 교사는 두 학생 간에 끼어 싸움에 휘말리지도 않고 냉정하게 대처하고 있다.

중학교 역사교사 데인스(Daines)는 수업을 하려고 교실에 들어섰다. 학생들이 두 남학생을 둘러싸고 모여 있는 것을 목도했다. 데인스는 방관자들 사이로 끼어 들어가 살펴보니 두 남학생이 서로 맞서 있었다. 그중 한 학생이 자신의 주머니에서 장신구와 열쇠들을 꺼내 놓고 있었다. 그리고 나머지 한 학생은 윗도리를 벗고는 "빨리해. 시간 없어!"라고 소리치고 있었다. 데인스는 이 장면을 보고 혼자 다음과 같이 생각했다.

'나는 이 두 학생을 모르기 때문에 조심해서 나서야 할 것 같다. 잘못 접근했다가는 이 두 학생은 나에게 대들 수 있다.' 그러고는 낮은 목소리로 데인스는 방관자 중의 한 학생에게 "이 학생들의 이름이 무엇이냐?"고 물었다. 그러자 한 학생이 "왼쪽에 있는 학생이 어니(Ernie)이고, 오른쪽에 있는 학생이 스티브(Steve)예요."라고 답하였다.

데인스는 그 두 학생으로부터 3미터 정도 떨어져서 조용하지만 굳건한 목소리로 "스티브, 어니. 당장 멈추어라. 무슨 일인지 이야기해 보자."라고 말했다. 스티브는 데인스를 흘낏 쳐다보았고, 어니는 계속 앞을 노려보고 있었다. 데인스는 이 둘의 태도로 보아 스티브가 이 내립 상황에서 벗어나기를 좀 더 원하고 있고, 그에 따라 자신의 지시에 좀 더 잘 따를 것이라는 생각이 들었다. 그래서 데인스는 "스티브, 지금 나를 따라 오너라. 그리고 어니, 너는 좀 진정하고 거기 있어."라고 지시했다. 그러고는 방관하고 있던 학생들을 향하여 "너희들은 일이나 해라. 모두 수업할 교실로 가거라. 여기서 너희가 구경할 것 없다!"라고 말해 주었다.

스티브가 데인스를 따라가자, 학생들도 흩어졌다. 어니는 스티브를 뒤따라왔다. 그러자 데인스는 "어니, 너는 그 자리에 서 있어라. 우리는 이 상황을 싸우지 않고도 해결할 수 있다. 싸움은 문제만 더 크게 만들 뿐이다."라고 말했다. 그러자 어니는 "스티브는 이미 나에게 문제를 많이 일으키고 있어요!"라고 소리를 쳤고, 스티브도 제자리에 섰다. 데인스는 스티브를 바라보고 "스티브, 너는 다음 시간에 어느 교실이지?"라고 물었다. 스티브가 "미술실이에요."라고 대답을 하자, 데인스는 "스티브, 지금 곧 미술실로 가거라. 어니는 여기서 나 좀 보자."라고 말했다. 어니는 "왜 스티브만 보내요?"라고 불평을 했다. 데인스는 스티브가 미술실로 향하는 것을 보고, 어니와 대화를 시작했다.

교사: 어니. 네 담임 선생님은 누구시니?

학생: 내가 왜 그것을 알려 줘야 해요?

교사: 나는 교장 선생님에게 너희 두 명과 함께 만나 또래 중재 프로그램을 통해 이 문제를 해결할 것을 요청하려고 하는데, 네 담임 선생님이 누구지 알아야 해.

학생: 보르듀(Berdeaux) 선생님이에요.

교사: 그래, 알았다. 너는 이번 시간에 어느 교실로 가야 하니?

학생: 스티브처럼 미술실로 가야 해요.

교사: 그래. 그러면 나와 함께 미술실로 가자. 그래서 스티브와 네가 진정할 시간을 갖도록 하자. 미술 선생님에게는 내가 말씀드려 지각으로 인한 불이익이 없도록 하겠다.

교사 데인스는 곧 교장 선생님에게 이 사실을 보고함으로써 스티브와 어니가 또래 중재 회의에 참여하도록 하였고, 폭력적인 싸움이 일어날 수 있는 상황을 미연에 방지했다.

그러나 다음 사례는 싸움의 2단계에서 두 학생이 복도에서 이미 싸우고 있었다. 방관자들은 그들을 둘러싸고 싸움을 부추기고 있었다. 교사는 이미 격렬해진 싸움에서 학생들을 분리시킬 상황이 되지 못한다는 것을 직감하고 말로 중지할 것을 명령한 후, 안전하고 성공적으로 통제할 방법들을 찾아 조치한 예이다. 이 사례에서는 도움을 요청하기, 관중들을 해산시키기, 위험한 물건을 제거하기, 개입할 기회를 찾기 위해 싸움을 모니터링하기, 진정 단계에 개입할 것을 준비하기, 지원 세력을 기다리기 등의 행동을 취했다.

　　고등학교 교사 워셀(Wessels)이 점심시간에 쉬고 있는데, "야, 여기 복도에서 싸움이 났다!"라는 고함 소리기 들렸다. 워셀은 벌떡 일어나 복도로 달려갔다. 학생 퀸(Quinn)과 카를로스(Carlos)가 복도에서 서로 붙잡고 구르며 치고 박고 있었다. 약 15명의 학생들이 그 둘을 둘러싸고 구경하고 있었다. 워셀은 싸움이 격렬하여 위험한 상황이라고 판단이 되었고, 신체적인 힘을 가하여 두 학생을 떼어 놓을 수도 없었다. 워셀은 주위의 방관자들을 살펴보니 몇몇 학생은 두 사람이 더욱 격렬하게 싸우도록 고취시키고 있었고, 또 어떤 학생들은 그저 수동적으로 구경만 하고 있었다.

　　워셀은 그 방관자 중에서 평소에 알고 있던 베니토(Benito)를 향해 "베니토, 빨리 교무실로 달려가 아무 선생님이나 모셔와." 그리고 방관자들이 오히려 싸움을 북돋고 있다고 판단하고 "너희들 모두 여기서 떠나라. 학교 안전 요원들이 도착하기 전에 교실로 들어가. 빨리 돌아가!"라고 말했다. 대부분의 학생은 교실로 들어갔으나 몇몇은 그대로 남아 있었다. 워셀은 남아 있는 방관자들과 싸우는 두 사람 사이에서 왔다 갔다 하면서 싸우는 두 사람에게서 일정한 거리를 유지했다. 그리고 조용하면서도 큰 목소리로 "싸움을 중지하라. 당장 중지하라!"라고 명령하였다. 싸움은 강렬하게 계속되었으나 곧 진정될 것 같았다. 그리고 싸우는 두 학생이 무기로 사용할 수 있거나 넘어져 부딪칠 수 있는 물건들, 예를 들어 의자, 쓰레기통, 바닥에 떨어져 있는 연필들을 치웠다. 그러면서 남아서 구경하고 있는 학생들을 교실로 돌려보냈다.

　　워셀은 "싸움을 중지하라!"라고 다시 한번 명령을 내렸다. 그러나 그 두 학생에게는 여전히 별 영향을 미치지 못했다. 워셀은 두 학생의 주의를 분산시키기 위해 쓰레기통을 바닥에 몇 번 던지고는 "지금 당장 싸움을 중지하라!"라고 소리쳤다. 그러자 카를로스가 흘낏 쳐다보았다. 워셀은 "카를로스, 진정하고 뒤로 물러서라. 현명하게 행동해야지. 퀸, 너도 너무 늦기 전에 빨리 싸움을 멈춰라. 아직 현명하게 행동을 할 시간이 있다."라고 말했다. 두 학생은 옷과 피부가 찢기고 타박상을 입어 고통스러운 듯 얼굴을 찡그렸다. 카를로스는 퀸보다 더 심한 상처를 입은 듯 보였다. 드디어 진정 기미가 보였고, 아직 남아서 구경하던 학생들도 다 교실로 돌려보냈다. 교무실에서 두 명의 교사가 당도하자, 워셀은 조금 안심하고 싸우는 두 학생에게 좀 더 다가가 싸움을 중지하라고 다시 명령을 내렸다. 두 학생은 방관자들은 없고 성인만 세 사람 있는 상황에서 드디어 싸움을 멈추고 뒤로 물러났다. 두 학생은 교장실로 갔다.

그러나 다음 사례는 교실에서 일어나는 사소한 다툼이 발생했을 때 그 다툼의 원인을 밝히려고 하지 않고, 우선적으로 다툼을 그치게 하는 데 초점을 두어 학급 전체 학습이 방해받지 않도록 하고 방과 후에 남겨 대화를 통해 해결한 예이다.

> 초등학교 4학년 담임교사 실버스테인(Silverstein)은 학생들에게 개별적으로 문제를 풀도록 하고 학생 재커리(Zachary)의 문제 풀이를 도와주고 있었다. 갑자기 뒤에서 학생 베스(Beth)가 "그만 둬!"라고 비명을 질렀다. 실버스테인이 뒤로 돌아서자 학생 로잔나(Roxanna)가 뺨에서부터 목까지 긁혀 울고 있고, 베스는 그것을 보며 서 있었다.
>
> **로잔나:** (계속 울면서 소리쳤다.) 베스가 할퀴었어요!
>
> **교사:** (무슨 일이 벌어졌는지 알지 못했지만 그 원인을 알아내려고 하기보다는 로잔나가 필요로 하는 즉시적 요구를 다루기로 마음먹고, 몸을 구부려 로잔나를 팔로 안고) 다쳤구나. 미안하구나.
>
> **로잔나:** 베스가 할퀴었어요. 나쁜 얘예요!
>
> **교사:** (말을 가로막으며) 지금은 아무 얘기도 하지 마라. 긁힌 상처를 소독해야겠다.
>
> **베스:** 로잔나가 먼저 찔렀어요.
>
> **교사:** (다시 말을 가로막으며 베스는 쳐다보지 않고) 말은 충분히 했으니 됐다. 지금은 로잔나의 상처를 돌봐야 하니 아무 얘기도 듣고 싶지 않다. 재커리, 선생님 책상에서 깨끗한 종이 화장지를 두 장 가지고 와라. 하나는 물에 적셔서 가지고 오너라. 네이딘(Nadine), 너는 구급상자를 가져오너라. 그리고 나머지 학생들은 하던 문제 풀이를 계속해라.

실버스테인은 로잔나를 일어서게 한 후 교실 뒤편으로 데리고 가면서 '이런 상황을 다루고 재발을 방지할 방법을 생각할 시간을 벌었다. 그리고 두 학생이 냉정해질 시간도 주었다. 이들이 좀 진정해져야 상황을 좀 더 효과적으로 다룰 수 있을 것 같다.'고 생각했다. 실버스테인은 재커리와 네이딘에게 수고했다고 이야기한 후, 로잔나의 상처를 치료해 주었다. 그리고 '베스와 로잔나를 모아 놓고 자신들의 행동을 검토하도록 해야겠다. 언제 할까? 오늘 학교가 파하기 전에 해야 할 것 같다. 베스의 할퀴는 행동을 그대로 놔둔다면 올해 내가 매우 어려워질 것 같다. 오늘 바쁘지만 이 일은 해결해야겠다.'고 생각했다.

모든 학생이 문제 풀이를 시작한 후 9분 뒤에 실버스테인은 베스와 로잔나를 교사 책상 앞으로 불렀다.

교사: 로잔나, 오늘 학교 공부가 끝나면 무엇을 할 예정이니?

로잔나: 걸스카우트 모임에 가야 해요.

교사: 어디서 하니?

로잔나: 엘리(Ellie) 선생님의 집에서요.

교사: 언제 끝나니?

로잔나: 몰라요.

교사: 엘리 선생님의 집이 여기서 머니?

로잔나: 언덕 너머에 있어요.

교사: 그곳까지 어떻게 가는지 알려 줄 수 있니?

로잔나: 네.

교사: 그래, 고맙다. 베스, 너는 오늘 공부가 끝나면 무엇을 할 예정이니?

베스: 57번 버스를 타요.

교사: 버스를 타고 집으로 곧장 가니?

베스: 네.

교사: 집에 도착하면 누가 있니?

베스: 아빠요.

교사: 네, 아빠가 지금 집에 있니?

베스: 아마도요. 아빠는 야간 작업조라 지금쯤 주무시고 계실 거예요.

교사: 그렇구나.

베스: 선생님, 로잔나가 찔렀어요.

교사: (말을 가로막으며) 지금 말하지 말고. 베스, 학교 공부가 끝난 후에 이야기하자.

로잔나: 저는 걸스카우트 모임에 가야 하는데요.

교사: (말을 가로막으며) 베스야, 오늘 너는 버스를 안 타도 된다. 내가 네 아버지에게 전화를 해서 너를 집으로 데리고 가시도록 할 것이다. 그리고 로잔나, 네 걸스카우트 선생님에게 전화를 해서 네가 모임에 늦게 갈 것이라고 설명할 것이다. 너희 둘은 학교 공부가 끝나면 지금 여기에 남을 것이고, 오늘 발생한 일이 다시는 일어나지 않을 방도에 대해 이야기를 나눌 것이다. 이야기가 끝나면 너희들이 갈 곳에 대해 갈 준비를 해 놓을 것이다. 네 자리들로 돌아가서 문제 풀이를 해라.

학교가 파한 후 로잔나와 베스만 교실에 남았고, 실버스테인은 그들이 보는 데서 걸스카우트 선생님께 전화하여 늦을 것이고 본인이 직접 차를 몰고 데려다줄 것이라고 말했고, 베스의 아버지에게 전화하여 30분 뒤에 베스를 태우고 가도록 이야기했다.

교사: 베스, 30분 뒤에 네 아빠가 너를 태우러 오실 것이다. 그때까지 오늘 일어난 일에 대해 이야기해 보자.

로잔나: 저는 베스에게 아무 일도 안 했어요.

베스: (말을 가로막으며) 내 옆구리를 쿡 찔러 아프게 한 것이 아무것도 아니란 말이야?

로잔나: 나는 그저 장난이었어. 그런데 손톱으로 내 얼굴을 긁어 놓니?

베스: (손을 들어 손톱 모양을 취하며) 너는 아직 진짜를 보지 못했어!

로잔나: (주춤하며) 선생님, 보세요. 다시 할퀴려고 해요.

교사: 아니야. 그러지 않을 거야. 베스야, 내가 무슨 생각을 하고 있는지 알고 있니?

베스: (정상적이고 비위협적인 태도를 취하며) 뭔데요?

교사: 나는 로잔나가 너를 친구처럼 지내려고 책상을 지나다가 찌른 것이라고 생각한다. 다시 말해, '베스야, 나 여기 있다. 나를 좀 봐!'라는 의미로 그런 것이다. 로잔나, 맞니?

로잔나: 네.

베스: 그렇지만…….

교사: (말을 가로막으며) 쉬…… 그리고 로잔나, 너는 심하게 찔렀다. 그리고 그 바람에 베스는 하던 일에 방해가 되었다. 베스, 맞니?

베스: 네.

교사: 그리고 베스는 화가 나서 깊이 생각하지 않고 로잔나를 할퀸 것이다. 베스, 너는 먼저 조금 깊게 생각했으면 할퀴지 않았을 것이다. 나는 지금 누가 옳고 누가 그른지에 대해 관심이 없다. 내가 관심이 있는 것은 우리 반 학생 누구도 다른 사람에게 상처를 입히는 일이 없도록 하는 것이다. 만약에 베스가 화가 나는 것을 통제만 했다면 로잔나가 찌른 것쯤은 무시했을 수도 있었을 것이고, 모든 것이 문제가 없었을 것이다. 그리고 로잔나도 베스의 문제 풀이를 하는 동안에 방해만 안 했으면 이런 일은 벌어지지 않았을 것이다. 내 말이 맞니?

교사: (로잔나와 베스는 고개를 끄덕여 동의하자) 베스, 이런 일이 다시 일어나지 않을 거지?

베스: 네. 로잔나가 찌르지 않는다면…….

교사: (말을 가로막으며) 베스, 로잔나, 너희 둘은 모두 이런 일이 다시 일어나지 않도록 할 수 있다. 너희 둘 중 누가 무슨 일을 하더라도 너희는 이런 일이 다시 일어나지 않도록 할 수 있지?

베스: 네. 그렇게 할 수 있어요.

로잔나: 네. 저도 그렇게 할 수 있어요.

교사: 좋아. 그 말을 지키렴. 베스의 아버지가 차 태우러 오실 때까지 기다렸다가 나는 로잔나를 태워 걸스카우트 선생님 댁에 데려다줄 것이다.

다음은 위험한 무기를 가지고 이루어지는 싸움에 개입한 예이다. 이 예에서 교사는 싸움을 말리기 위해 두 학생 사이에 끼어들었는데 이는 대부분의 경우에 잘못된 전략이나, 교사는 무기를 소지한 학생에 대해 잘 알고 있어서 위험하지 않다는 자신감을 가지고 있었기 때문에 이런 대처 방법을 사용하였고, 다행히 그 결과는 효과적이었다. 만약 교사는 학생들과 이전에 좋은 관계를 갖고 있지 못했다면 이런 전략은 사용하지 말아야 할 사례이다.

고등학교 사서교사 손더스(Saunders)는 도서관에서 학생들의 활동을 관찰하고 있었는데, 학생 스탠리(Stanley)가 도서관으로 뛰어들어와 책상에 앉아 있던 학생 로니(Ronny)와 맞닥뜨렸다.

스탠리: 너, 내게 빚진 것 같아.

로니: (주머니에서 칼을 꺼내 들고 일어서서) 저리 꺼져. 찔러 버릴 거야!

스탠리: 너는 그럴 수 없을 걸…….

교사: (두 학생에게 다가가며 침착한 목소리로) 무슨 짓들이냐? 그만둬! 스탠리, 뒤돌아서 복도로 나가. 우리를 기다려라.

스탠리: 저는 나갈 필요 없어요.

교사: (스탠리를 등 뒤에 두고) 냉정해라. 스탠리. 네 말이 맞으나 지금은 냉정하게 행동하고 당장 내 말대로 해라.

로니: (빈정거리며) 그래, 왜 선생님 말대로 하지 않니?

교사: (말을 가로막으며) 로니, 입 다물어라. (그리고 방관자들을 향해) 너희는 자리로 돌아가 하던 일을 해라. 여기 문제는 끝났다.

스탠리가 복도로 나가고 방관자들도 자리로 돌아간 후, 손더스와 로니만 남겨졌고 두 사람은 칼을 사이에 두고 얼굴을 마주했다.

교사: (침착하고 부드러운 목소리로) "자, 로니, 정리되었다. 더 이상 칼이 필요 없다. 네 주머니에 다시 넣어라. 교장 선생님에게 이 사건을 보고한 후. 넌 교장실로 가게 될 것이다. 내가 너라면 교장 선

생님이 소환하기 전에 그 칼을 당장 버리겠다. 아니면 나에게 넘겨라. 네가 나에게 그 칼을 주면 누구도 그 칼을 다시 볼 수 없을 것이다.

로니는 칼을 주머니에 집어넣고 자리에 앉았고, 손더스는 자리로 돌아가 교장 선생님께 전화를 걸어 사건을 보고했다. 그러자 로니는 손더스에게 다가와 말했다.

로니: 이 칼을 저 대신 없애 주실래요? 그게 제게 좋겠어요.
교사: 그렇게 하마.
로니: (칼을 넘기며) 여기 있어요.

손더스는 로니가 있는 자리에서 교장 선생님께 전화 보고를 마쳤고, 로니와 스탠리는 훈육 프로그램에 들어가게 되었다.

이 사례에서 교사는 로니가 교사를 해치지 않을 것이라는 확신이 있었기 때문에 성공한 것이다. 일반적으로 교사는 학생이 무기를 가지고 있을 때는 교사 자신의 안전을 먼저 염려해야 하고, 다음과 같은 전략을 취해야 한다(Lee Canter & Associates, 1994).

첫째, 냉정을 잃지 않는다. 숨을 깊게 들이 마시고 교사 자신과 학생들의 안전을 위해 침착하고 이성적인 태도로 대처한다.

둘째, 느리고 신중하게 움직인다. 빠르고 예상하지 않았던 움직임들은 공격자를 깜짝 놀라게 할 수 있고, 이것은 반작용적으로 공격을 받을 가능성을 높인다.

셋째, 옆으로 몸을 돌리면서 세 걸음 물러나기(three-step turn-and-withdraw) 기법을 사용한다. 느리고 조심스럽게 몸을 옆으로 돌리면서 세 걸음 뒤로 물러난다. 빈손을 보여 주면서 천천히 팔을 내려 무기를 가지고 있지 않다는 것을 알게 한다. 이렇게 하여 교사와 공격자 간의 거리를 두고, 팔과 다리를 사용하여 중요한 신체 부위를 보호한다.

넷째, 공격자에게 방관하는 학생들을 해산시킬 것이라는 것을 알려 준다. 공격자에게 방관자들을 해산시킬 것이라고 이야기해 준 후 방관자들을 뒤로 물러나 그 장소를 떠나라고 요청한다.

다섯째, 공격자에게 여러 가지 옵션을 제시한다. 특히 현 장면에서 벗어날 수 있는 옵션을 제시한다. 예를 들어, "여기서 떠나라. 우리는 문제를 일으키고 싶지 않다. 지금 떠나라."라고 이야기해 준다. 공격자들은 종종 대면적인 상황에서 벗어날 방도를 찾기 때문에 이런 옵션은 매우 중요하다.

여섯째, 요구에 부응해 준다. 공격자가 요구하는 사항들이 다른 사람들에게 해를 가져오지 않는 것이라면 들어 주겠다고 말해 준다.

일곱째, 외부 도움을 요청한다. 위기 상황에서 지원 세력을 갖는 것은 매우 중요하다. 가용한 인적 자원들이 위기 장면에 도착하여 안전한 해결책이 도출되는 데 도움을 줄 수 있도록 사전에 계획을 세운다.

아울러 교사의 개입으로 인한 학생들 간의 싸움의 중지는 학생들 간의 갈등이 해결되었다는 것을 의미하지 않는다. 따라서 근본적으로 학생들 간의 갈등을 해결하려는 노력이 있어야 하며, 이것이 성공하면 학교에서의 폭력은 예방될 수 있다. 그 방법은 학교교육과정 전반에 통합하여 지도하는 것 외에도 갈등해결 체제를 학교 전체에 정립해야 한다. 예를 들어, 또래 중재법(peer mediation method)이다. 또래 중재 갈등 해결이란 학생들끼리 강압하지 않고 평화롭게 갈등을 해결하는 것으로 학생들은 자발적으로 자신들의 갈등을 또래 패널(peer panels)의 중재를 통해 합의를 도출하는 활동을 말한다.

또래 중재에서 또래 패널을 구성하고 중재 절차에 대한 훈련을 시키는 것이 핵심적이다. 또래 패널은 비편견적이고, 존경받고, 공감적인 청자(listeners) 훈련과 갈등을 중재하는 데 필요한 요소 역량 훈련으로 역량을 갖추어야 한다(Schrumpf, Crawford, & Usadel, 1991). 예를 들어, 중재회의 분위기 설정하기, 언어 사용에 대한 합의 이끌어 내기(예: 욕하기나 가로막기 하지 않기), 갈등 내용에 대한 정보 수집하기, 갈등 상황에 있는 학생들의 공통 관심사에 초점 맞추기, 옵션 만들기, 옵션들을 평가하고 해결책을 선택하기, 합의서를 작성하고 종결하기이다.

또래 중재 회의는 대개의 경우, 참여자와 중재회의의 내용을 비밀로 부치기로 합의하고 교사는 중재 과성에 대한 피드백을 제공한다. 그리고 또래 중재 회의를 통해 협상(negotiation)을 도출해 내도록 한다.

협상을 도출해 내는 절차는 6단계인데, ① 갈등 상황에 있는 학생들이 각자가 원하는 것을 정의한다. ② 각자가 느끼는 감정을 기술한다. ③ 각자가 원하는 것과 느끼는 것의 이유를 설명한다. ④ 양쪽에서 갈등을 보기 위한 관점을 바꾸어 생각한다. ⑤ 양자에게 최대한의 이익을 가져다줄 세 가지의 합의 옵션을 만든다. ⑥ 합의를 이행하기 위한 행위 코스(course of action)에 합의한다(Johnson & Johnson, 1989, pp. 66-67).

(11) 교사에 대한 폭력 행동 다루기

학생들은 다양한 이유로 교사에게 신체적 폭력을 가하는 실수를 저지르는데, 다음과 같은 경우는 흔히 발생한다.

첫째, 학생이 막다른 '코너'에 몰려 교사에게 신체적 폭력을 가하는 것이 또래들로부터 체면을 손상하지 않고 벗어날 수 있는 유일한 방법일 경우이다. 다음은 그 사례이다 (Cangelosi, 2000, pp. 396-397).

중학교 여교사 밀드러드(Mildred)는 강의를 하던 중 학생 짐(Jim)과 잰(Jan)이 잡담을 하는 것을 목도하고 화가 났다. 밀드러드는 강의를 멈추고 "너희 두 명, 조용히 할 수 없니? 계속 잡담하며 쓸데없이 시간만 보낼 거니? 너희는 평소에 잡담을 하지 않고 수업에 충실했다면 이 과목에서 낙제는 하지 않았을 텐데!"라고 야단을 쳤다.

짐은 교사의 핀잔에 당혹해했다. 짐은 잰을 매우 좋아했고, 또 밀드러드가 잰 및 또래 친구들에게 가지고 있는 자신의 지위를 손상시키는 도전을 했다고 느꼈다. 이에 짐은 큰 목소리로 소리를 질렀다.

짐: 저는 쓸데없이 시간을 보낸 적이 없어요!

교사: (당혹해하며 소리를 질렀다.) 뭐라고? 내 말이 그런 의미겠니? 앞으로 나와 사과해. (짐은 얼굴에 미소를 띠고 발을 질질 끌며 밀드러드에게 다가갔고, 또래 친구들 중에 누가 자기를 주시하고 있는지 곁눈질도 하였다.)

교사: 네 얼굴에서 그 어리석은 웃음을 지워라! 너의 무례한 행동에 재미난 일은 하나도 없다! (짐은 발 아래를 보며 입을 가리고 웃음을 억지로 감추는 듯한 자세를 취했다. 그러고는 또래 학생들이 자신에 대해 무슨 생각을 할지 염려가 되었고 솟아오르는 공포와 분노를 웃음으로 가리려고 애썼다.)

교사: (짐을 정면으로 바라보며) 그 미소를 지우고 사과해.

짐: (손으로 입을 한 번 쓱 문대고) 네. 웃음을 지웠어요! 됐어요? (짐은 또래 친구들이 낄낄거리며 웃는 소리를 듣자 억지로 웃음을 터뜨렸다. 밀드러드는 짐이 학생들 앞에서 교사를 깔보는 행위를 한다고 생각하고 격노하여 짐에게 저서는 안 되겠다는 결심을 하였다.)

교사: (짐을 정면으로 바라보며) 나는 네가 이 학교에 발을 디디고 들어선 것에 대해 후회하게 만들어 줄 수 있다. 지금 당장 나에게 사과를 해라. 그렇지 않으면 혹독한 벌을 가하겠다.

짐은 밀드러드의 맞닥뜨림이 또래 친구들로부터 자신에 대한 존경심을 상실하게 하고, 또 원래의 상황으로 되돌릴 수 없는 지경에까지 이르렀다는 생각이 들었다. 짐은 공포에 질렸고, 또 그 상황에서 벗어날 수 있는 다른 바람직한 방법을 몰라 갑자기 얼굴이 어두워졌다. 짐은 이를 갈며 낮은 목소리로 "마음대로 해. 늙은 암캐야!"라고 말하며 밀드러드의 어깨에 두 손을 얹고 밀쳤다. 밀드러드는 뒤로 넘어졌고, 짐은 교실 밖으로 뛰어나갔다.

일주일 뒤 짐은 퇴학 처분을 받았고 교육청의 규정에 따라 1급 범죄를 저지른 것으로 판정받은 학생들이 모이는 대안학교에 등록했다.

둘째, 학생이 분노를 신체적 폭력으로 표출하고자 할 때 교사가 표적이 되기 쉽다. 다음은 그런 예늘이다(Cangelosi, 2000, p. 397).

중학교 교사 디엘(Diel)은 수업을 하기 위해 교실로 들어갔는데, 학생 크래머(Kraemer)가 학생 대니(Danny)를 향해 달려들면서 "뭐라고 그랬지! 다시는 그런 말 하지 못하게 만들어 주겠다!" 하며 소리를 쳤다. 이에 대니는 막 말대꾸를 하려고 했는데, 디엘이 들어오는 것을 보고 잠자코 있었다. 디엘은 크래머의 오른쪽 어깨를 만지며 "크래머, 냉정해!"라고 이야기하였다. 크래머는 뒤로 돌아서면서 오른팔을 흔들었고, 그의 팔꿈치는 디엘의 입 주변을 가격하게 되었다. 디엘은 이가 부러졌고 입술이 터져 피가 났다.

중학교 체육교사 르블랑(Leblanc)은 수업 시간에 축구를 했는데 양 팀의 점수가 매우 비슷하고 경쟁적인 상황이었다. 르블랑은 학생 피니스(Finis)가 반칙을 하여 페널티를 가했다. 피니스는 자신이 패널티를 받을 플레이를 했다고 생각하지 않았기 때문에 "나는 반칙을 하지 않았어요!"라고 항의를 했다. 르블랑은 피니스의 말을 가로막으며 "반칙이 맞다!"라고 했다. 피니스는 좌절하고 화가 나서 주위에 있는 아무에게나 화풀이를 한다고 팔을 휘둘렀는데 가장 가까이에 있던 르블랑의 코를 가격했다.

셋째, 학생이 교사에게 통제력을 행사하여 또래들로부터 인정을 받고자 하거나 교사에게 복수를 하고자 하거나 교사의 안녕을 해치는 못된 장난을 하여 지루함을 달래고자 할 때 나타나기 쉽다. 다음은 이런 사례이다(Cangelosi, 2000, p. 398).

고등학교 교사 하이딩스펠더(Heidingsfelder)는 학교가 파한 후 차를 몰고 집으로 향하고 있었다. 그런데 차 밑에서 폭발음이 들려 깜짝 놀랐다. 타이어에 펑크가 났던 것이다. 하이딩스펠더의 차는 균형을 잡지 못하고 반대편 차선으로 넘어갔다. 하이딩스펠더는 사고를 막기 위해 급회전을 했고, 차는 도랑에 빠졌다. 다행히 하이딩스펠더는 다치지는 않았으나 차 앞부분이 망가졌다.

하이딩스펠더는 이 사고를 그저 단순한 타이어 펑크로 생각했으나, 다음 날 출근을 하자 몇몇 학생이 "선생님, 괜찮아요? 오늘 자동차를 몰고 학교에 출근하셨어요? 어제 학교가 파한 후 아무 일도 없으셨어요?"라고 묻는 것이었다. 하이딩스펠더는 타이어 사고는 고의에 의한 사고였음을 직감했다. 그러나 용의자가 될 만한 학생을 찾을 수 없었고, 학생들의 장난이 성공했다는 사실을 알려 줌으로써 그들에게 만족감을 제공해서는 안 되겠다는 생각이 들었다. 그래서 "그래, 괜찮다. 너희들이 관심을 가져 주니 고맙구나. 그런데 왜 어제 아무 일도 없었는데 왜 그런 질문을 하니?"라고 응답해 주었다.

넷째, 교사로 인해 위험을 지각하고 자신을 방어해야만 한다고 느낄 때 나타나기 쉽다. 다음은 그 사례이다(Cangelosi, 2000, pp. 398-399).

중학교 교감 모(Moe)는 몸집이 거구이다. 모는 학교의 훈육 질서를 유지하기 위해 체벌을 가하며 엄격하게 학생들을 다루는 사람으로 평판이 나 있었다. 어느 날 모는 학생 루돌프(Rudolph)가 마약 담배를 피우는 것을 보았고, 루돌프도 교감 모에게 들켰다는 것을 알아챘다. 루돌프는 모의 등장에 소스라치게 놀랐고, 어쩔 줄 몰라 하다가 마침 학교 목공 직원이 마룻바닥에 남겨 두었던 망치를 모를 향해 던졌다.

이 예와 같이 교사는 이런저런 이유로 학생들의 폭력 희생자가 될 가능성이 있다. 다음은 그 가능성을 줄이는 원리들이다(Cangelosi, 2000, p. 399).

- 학생에게 체벌로 위협을 가하지 않는다.
- 교사는 또래들에게 자존심을 세우려는 학생과 자존심 경쟁을 하지 않는다. 학생의 자존심을 눌러 교사의 자존심을 세우려고 하지 않는다.
- 교사가 신체적 힘을 사용할 경우는 학생이 자신 또는 다른 사람들을 해칠 가능성이 높은 극적인 상황에 한해서 한다.
- 잠재적으로 위험할 수 있는 상황에 대해 민감하고 학생이 부지불식간에 교사를 공격의 대상으로 삼을 수 있는 상황에서 벗어난다.
- 학생이 순응하지 않을 때 교사가 할 수 있는 최후의 수단으로 가장 엄격하고 강한 강

도의 제재는 피한다. 교사가 그런 제재를 가하는 데 집중하면 학생은 더 나쁜 행동을
해도 더 이상 잃을 것이 없다고 생각하게 된다.
- 교사의 면전에서 일어나는 폭력 행위를 참지 않는다. 교사는 폭력 행위 또는 폭력의
위협을 방지하기 위해 동원할 수 있는 법적 권한을 가지고 있다.
- 학생들을 존중하고 또 학생들로부터 존중을 받는 긍정적인 관계를 형성한다.
- 교사들은 서로 협력하여 안전한 학교 프로그램을 일관되게 실천한다.

(12) 교내 학생 폭력 집단 다루기

학교 내 폭력은 학생들 개개인의 갈등으로 인해 일어나기도 하지만 조직적인 학교 폭력
집단(gang)이 일으키기도 한다. 학생 폭력 집단이란 공격, 기물 파괴, 도둑질, 약물 판매,
강탈 등의 범죄 활동에 참여하는 학생 집단을 말한다. 학대를 당하는 학생들은 학교 폭력
집단에 들어갈 가능성이 4배 정도 더 많고(Calabrese & Noboa, 1995), 여학생도 폭력 집단
에 많이 들어간다(Esbensen, Deschenes, & Winfree, 1999). 학생이 학교 폭력 집단에 들어가
는 이유는, 첫째, 빈곤, 차별 등으로 인해 어려운 삶을 벗어나려고 하기 때문이다(Calabrese
& Noboa, 1995). 둘째, 여학생들의 경우는 범죄, 학대 가정, 다른 폭력 집단으로부터 벗어
나려고 하기 때문이다(Walker-Barnes & Mason, 2001). 셋째, 지역사회의 범죄 상황에 영향
을 받는다. 학교에서의 범죄는 지역사회의 범죄를 반영한다(Laub & Lauritzen, 1998). 빈곤
과 사회경제적 불평등, 인종 차별, 한부모 가정, 가정에서의 학대, 밀집 주거 지역, 인구 이
동이 많은 지역의 학교에서는 폭력 문제가 많은 편이다(Sampson & Lauritsen, 1994). 가정의
요인들을 제외하더라도 지역사회의 환경도 청소년 범죄에 심각한 영향을 미친다(Peeples
& Loeber, 1994).

① 학교 폭력자의 유형

존스(Jones, 1987)에 따르면 학교 폭력자는 세 가지 유형이 있다.

- 반응적 폭력자(reactive offenders): 자신의 권리, 특권, 삶의 방식이 위협을 받거나 손상
될 염려로 인해 폭력을 행사한다. 이에 따라 가해하는 행동에 대해 죄의식을 갖지 않
는다.
- 사명적 폭력자(mission offenders): 사회의 악을 제거하기 위해 신으로부터 임무를 부여
받았다고 믿고 폭력을 행사한다. 이들은 심리병적이고, 환상적이고, 합리적 추론 능

력이 손상되어 있다.

- **흥분 추구자**(thrill seekers): 전율과 흥분을 느끼고 폭력 집단으로부터 인정을 얻기 위해 폭력을 행사한다.

② 학생 폭력 집단의 특징

학생 폭력 집단은 몇 가지 특징을 지니고 있다(Cangelosi, 2000).

- 집단의 이름을 가지고 있다.
- 구성원들은 다른 학생들이나 폭력 집단과는 구별되는 상징들을 사용한다. 옷, 제스처, 머리 모양, 문신 등을 통해 신호체제를 가진다.
- 나름대로의 활동 영역을 가지고 있다. 다른 학생들이나 폭력 집단으로부터 영역을 방어하기 위해 싸운다.
- 학교 폭력 집단의 출현은 매우 빠른 속도로 이루어지기 때문에 주의와 경계가 필요하다.

③ 학교 내 폭력 집단 출현의 징후

학교 내에 폭력 집단이 출현할 때는 여러 징후가 나타난다(Lee Canter & Associates, 1994).

첫째, 지역사회가 폭력 집단 활동이 있었던 경우 학교도 학교 폭력 집단이 발생할 가능성이 높다. 폭력 집단 구성원의 전통은 종종 부모와 형제로부터 전달되어 가정으로 승계된다.

둘째, 폭력 집단은 종종 비슷한 인종적 배경을 가진 사람들로 형성된다. 그 이유는 그들은 다른 인종적 배경을 가진 집단으로부터 소외되거나 위협을 받기 때문이다. 학교에 인종적 갈등이 증폭하는 현상은 학교 폭력 집단 출현의 징후가 된다.

셋째, 학교 건물 내에서나 또는 근처에 그라피티가 나타나기 시작한다. 그라피티는 폭력 집단의 언어이다. 교사는 그라피티를 읽음으로써 폭력 집단의 출현 가능성을 인식할 수 있다. 따라서 교사가 폭력 집단의 활동을 예견하고 효과적인 대응 전략을 세우려면 폭력 집단 구성원들이 의사소통하는 방식을 이해할 필요가 있다. 폭력 집단이 그리는 그라피티는 네 가지 특징이 있다.

- 양식에 있어 모서리각을 세운다.
- 예를 들어, 십자로 그은 그라피티는 라이벌이 되는 폭력 집단이 자신들의 영역에 존재하는 것에 반항하여 싸우겠다는 신호이다. 예측 가능한 패턴을 따른다.
- 주변에 폭력 집단이 존재한다는 것을 알린다.
- 폭력 집단의 이름을 확인시켜 준다.

넷째, 학교 내 또는 근처에서 약물을 사용하고 비행하는 사람들이 늘어난다. 폭력 집단은 약물을 운반하고 판매하고 집단들끼리 그 주도권을 잡기 위해 폭력을 행사한다.

다섯째, 경쟁 관계에 있는 폭력 집단들끼리 맞닥뜨렸을 때 서로 간에 째려보기(hard looking)와 '땀 흘리기(sweating)' 행동을 한다. 째려보기는 개인 대 개인 차원에서 시작하는데, 째려보는 학생들은 아무 말도 하지 않는다. 그냥 지나친 후 동료 폭력 집단 구성원들을 모아 희생자를 에워싼다. 이 순간 신체적 폭력이 일어날 가능성이 높아진다. '땀 흘리기'란 위협 행위로서 한 폭력 집단 구성원이 경쟁 관계에 있는 폭력 집단 구성원에 머리를 쳐들고 맞닥뜨리고 모욕과 비난으로 싸움을 도발하는 행위이다. 폭력 집단의 행동 강령은 경쟁 관계에 있는 폭력 집단의 구성원을 만나면 격렬하게 싸울 것을 지시하고 있으며, 물러나는 것을 용납하지 않는다.

여섯째, 학교 내에서의 폭력 집단 활동은 무단결석이나 지각 등이 늘어나는 현상으로 나타난다.

일곱째, 무기 사용은 폭력 집단에서 사용되는 주요 도구라서 가방이나 숲 또는 비밀 장소에 숨겨 두고는 한다.

여덟째, 다른 지역의 폭력 집단이 나타나면 무기를 보여 주고 과시함으로써 자신들의 등장을 알린다. 이런 과시는 그 지역에 폭력 집단끼리의 싸움이 임박해 있음을 알리는 신호이다.

아홉째, 학교 폭력 집단 구성원들끼리 휴대전화를 들고 다니며 서로 연락을 하고 범죄활동을 수행하기 위해 모의한다.

학교장이나 교사는 이런 징후들을 포착할 경우 즉시 대응 전략을 세워 실천에 옮겨야 한다. 학교 폭력 집단은 구성원들에게 소속감, 연계, 목적, 강해지고 있다는 느낌 등 학생들에게 여러 가지 강화를 제공한다. 이에 따라 조직 구성원들의 폭력 조직과의 연계와 지지는 매우 강력하다.

교사들이 이런 강력한 학교 폭력 집단의 영향에 대응하여 학생들이 학교 폭력 집단에서 이탈하도록 하기 위한 일반적인 원리는 학교가 학생들 간의 학업적, 사회적 연계를 생성 유지시켜 주는 것이다(Edwards, 2008). 학교에서 학생들이 학업을 할 때 그 경험이 학생 개개인에게 적절하고 또 성취감을 만족시키는 방향일 때, 학생들은 학업적 역량감을 느끼게 되고 그런 역량감은 학교 폭력 집단으로부터 이탈하도록 돕는다. 또한 학생이 학교에서 생활을 할 때 또래들과 의미 있는 관계를 형성하도록 하고, 교사는 학생을 잘 알아주고 돌보아 줌으로써 성인과도 긍정적으로 관계하도록 한다.

학교 폭력 집단에 들어간 학생이 그 집단에서 빠져나오기는 어렵다(Cantrell & Cantrell, 1993; Garcia, 1994; Torok & Trump, 1994). 교사는 폭력 집단 학생이든 아니든 학교에서 적절히 행동하고 교사가 계획한 학습활동에 참여시키는 것이 중요하다. 학교 폭력 집단에 들어간 학생들은 보통 학생들보다 교사가 제시하는 과제를 하고 협동적으로 학습하는 데 어려움을 겪는다. 이때, 교사는 자신의 가치와 일치하는 학교 폭력 집단의 가치를 가지고 상호작용하면 그들의 협력을 구하는 데 도움을 얻을 수 있는데, 그것은 세 가지로 제시되고 있다(Lee Canter & Associates, 1994).

첫째, 공평성(fairness)이다. 폭력 집단 구성원들은 자신들에게는 성공에 필요한 공평한 기회가 주어져 있지 않다고 지각하는 경향이 있고, 그 지각을 타당화하는 기회를 찾고는 한다. 이에 따라 교사는 학급에서 공평한 분위기를 조성하고 실제로 학생들을 다룰 때도 공평하게 다루려고 노력하고 언어도 공평하게 사용해야 한다(교사가 편견을 가지고 있으면 학생은 교사가 불공평하다고 판단하고 저항한다). 교사가 공평성을 유지하기 위해서는 행동에 대한 한계를 분명히 하고, 행동 표준을 공표하고, 인종, 종교, 성, 폭력 집단 가담, 문화적 배경과 상관없이 모든 학생에게 똑같이 적용해야 한다. 송사 절차(due process)를 두고 갈등이 발생할 때 당사자들이 자신의 입장을 이야기할 기회를 공평하게 주고, 폭력에 대한 대안적인 해결책을 찾도록 해야 한다.

둘째, 존경심(respect)이다. 교사는 폭력 집단 구성원들과 상호 존경의 관계를 맺어야 한다. 교사가 존경을 표하지 않으면 그들 또한 교사에게 존경을 표하지 않는다. 이를 위해 교사는 적개심을 품거나 수동적으로 대응하지 않고 평가적 언어보다는 상황 진술적 언어를 사용하고, 솔직하게 말하며, 전문적 자긍심을 보호하고, 지원적 응답과 능동적 듣기 기법을 사용하고, 또래들 앞에서 당사자를 곤란에 처하게 만드는 행동을 피하면서 일관성 있고 주장적(assertive)이어야 한다.

셋째, 충성심(loyalty)이다. 충성심은 폭력 집단 구성원들이 가장 중히 여기는 가치이다. 이들은 폭력 집단 구성원들의 명예를 지키기 위해 필요하다고 생각하는 모든 행동을 한다. 신뢰와 존경적인 관계를 형성하는 일은 충성심을 형성하는 핵심이다. 교사는 그들의 관심사를 듣고, 공평하게 대하고, 존경심을 가지고 대하고, 교사도 그들에게 중요한 이슈에 관심을 갖고 있다는 것을 보여 주고, 그들의 사고와 감정을 인정해 주어야 한다. 폭력 집단 학생이 교사에게 충성심을 갖게 되면 교사를 희생시키지 않고 또 희생당하는 것을 허용하지 않으며 심각하고 긴박한 폭력 집단의 활동에 대해 중요한 정보들을 공유하기도 한다.

④ 학교 폭력 집단 학생들과의 상호작용 전략

아울러 학교 폭력 집단에 들어가 열심히 활동하고 있는 학생들은 다음과 같이 좀 더 구체적인 상호작용 전략이 필요하다(Congelosi, 2000 재인용).

- 학생의 이름을 알아 둔다. 학교 폭력 집단에 들어간 학생들은 하루 종일 자신의 이름이 불리는 것을 듣지 못하고 학교생활을 한다. 이름을 불러 주는 일은 그에게 학교생활에서의 유대감을 갖도록 하는 데 도움을 준다.
- 협동학습 전략을 자주 사용한다. 만나기 어려운 학생들과 함께 작업할 기회를 마련하여 긍정적이고 지원적 상황 아래서 다른 학생들과 상호작용하며 긍정적인 또래 관계를 형성시켜 준다.
- 클럽에 가입시킨다. 클럽은 교사 및 다른 학생들과 비관습적이고 비위협적인 분위기에서 상호작용하도록 해 주기 때문에 보다 인간적인 관계를 형성하는 데 도움을 준다.
- 학급 밖에서는 비형식적으로 말한다. 점심시간이나 수업 시간 전에 그들과 라포르를 형성하고 긍정적인 관계를 형성할 시간을 가지면 다른 학생들에게 어떤 반대급부적인 반응을 유도하지 않으면서도 교사가 그들을 인정하고 있다고 알리는 계기가 된다.
- 교사는 항상 도울 자세가 되어 있다는 것을 알리도록 한다. 학교 폭력 집단 구성원들은 자신들 외에는 문제를 해결하기 위해 의논할 성인을 가지고 있지 못하다. 교사가 늘 그들을 도울 자세가 되어 있다는 것을 알리게 되면 교사에게 신뢰를 가지게 되고, 폭력 집단 관련 활동에 대한 정보를 제공할 수도 있다.

⑤ 학자들이 제시하는 폭력 집단 가입 저지 및 이탈 전략

그 외 학자들이 폭력 집단 가입 저지 또는 이탈 전략으로 제시하는 것들을 살펴보면 다

음과 같다.

- 학업 성취를 중히 여기는 학생들과 친구를 맺어 주어 긍정적으로 학업을 격려하고, 폭력 집단, 약물, 술에 저항하도록 돕는다. 이렇게 하면 학생 폭력 집단에 들어간 학생은 학업 성취에서 긍정적인 경험을 얻고, 친구 및 교사들과 긍정적인 관계를 형성해 폭력 집단에의 가입 저지 또는 이탈을 돕는다(Gianeola, 2000).
- 학생들 간에 유대를 형성하도록 지원한다. 학생들 간의 적절한 유대는 학생들로 하여금 자신의 성취 수준을 결정하는 데 능동적으로 참여하게 한다(Herrnstein & Murray, 1994; Mortimore, 1993).
- 지역사회에 충분한 사회적 네트워크를 구축하여 학생들에게 성공적인 삶을 위한 사회적 기능들을 발달시키도록 한다. 지역사회의 사회적 네트워크는 학생들의 사회적 고립을 막고 비행에 대한 억제력을 높인다(Sampson & Laub, 1993).

학교에서 폭력은 예방이 최선이다. 폭력은 도덕적 개념 중의 하나라서 사람들은 폭력에 대면하여 분노와 정죄로 대응하는 경향이 있다. 이런 정서적 대응은 폭력을 예방하지도 못하며 협동적 능력을 발달시키지도 못하게 한다(Krisberg & Austin, 1993; Lindquist & Molnar, 1995). 따라서 학교 폭력은 징벌보다는 예방에 초점을 두어야 한다.

⑥ 학교 폭력 예방의 3단계 전략
브렌트로와 롱(Brendtro & Long, 1995)은 학교 폭력 예방의 3단계 전략을 제시한다.

- 일차적 예방(primary prevention) 전략: 어린 시기부터 시작하는 것이 폭력 문제에 대처하는 장기적인 해결책이며 가장 유망한 접근이다. 문제행동은 자기 지속적이고 일관적이고 애정적이고 안전한 환경에 대한 욕구를 만족시켜 줌으로써 깨어진 사회적 유대를 회복하고 자기 훈육을 배워 극복할 수 있게 된다. 지역사회는 포괄적으로 가정을 지원하며 문제행동을 통제할 수 있는 프로그램을 제공하고 가족감을 회복시키기 위한 노력을 해야 한다.
- 초기 중재(early intervention) 전략: 사회적 유대의 파괴로 인해 폭력의 위험에 처한 학생들을 대상으로 학교, 사회기관, 종교단체, 기업 등에서는 성인 지원자들의 멘토링을 활용하여 중재하는 것이 효과적이다(Freedman, 1993). 아울러 부모들을 대상으로 훈

련과 멘터링을 제공하여 가정에서 일어나는 강요적이고 비일관적이고 거친 훈육 방식을 바꾸도록 중재하여 건전한 부모−자녀 상호작용 패턴을 정착시킨다. 약자를 괴롭히고 '왕따'를 하는 폭력자들을 대상으로 이들의 괴롭힘은 성인이 되어 범죄로 이어지게 하는 초기 예언 증상임을 경고한다.

• **치료의 재발명**(reinvention of treatment) **전략**: 전통적인 회복 접근(rehabilitation approaches)은 부족과 일탈을 통제하는 데 초점을 둔다. 그러나 새로운 교정 접근은 학생의 강점을 살리고 탄력성(resilience)을 증진시키는 데 초점을 둔다(Guetzloe, 1994; Palmer, 1992). 탄력성이란 폭력 행위를 하지 않고 어려운 상황을 대면하는 능력인데, 폭력 행위자들은 탄력성이 부족한 것이 특징이다. 그러나 베르너와 스미스(Werner & Smith, 1989)에 따르면 정신적으로 건강하지 못하고, 학대하고, 약물을 남용하고, 범죄가 기승하고, 가난한 지역사회에서 성장한 학생들이라도 그중의 1/2에서 2/3 정도는 잠재적으로 위험하고 어려운 상황에서도 탄력성으로 폭력 행사 충동을 극복할 수 있다. 이런 탄력성은 타고나는 능력으로 사회적 역량감, 문제 해결 능력, 비판적 의식, 자율성, 삶의 목적의식 개발에 도움을 준다. 폭력을 행사하는 학생들의 탄력성을 개발하려면, 첫째, 학생들에게 높은 기대 수준을 가져야 한다. 학생들은 대개 높은 기대 수준에 좀 더 잘 수행하고 자신을 긍정적으로 보려고 한다. 특히, 자신들이 기대하는 탁월성을 정의하도록 도울 때 그러하고, 그런 반응 과정에서 개인적 책무성을 스스로 지려고 하고 삶의 목적에 좀 더 헌신하려고 한다(Sarason, 1990). 둘째, 학생들에게 문제 해결과 의사결정에 참여시키고, 학급의 목표를 설정하는 데 도움을 제공한다(Fox, 1994). 학생들이 교육과정 구성과 자신의 성취를 평가하는 데 목소리를 내도록 할 필요가 있다(Bernard, 1993). 학생들에게 교육과정의 개인적 적절성을 증진시킴으로써 학생들은 학습에 대한 책무성과 주인의식을 증진시킬 수 있다. 아울러 학교는 교사들이 정신건강 전문가, 약물 남용 카운슬러, 법 시행 전문가들과 같이 외부 자원들과 협력하고 학생들도 능동적 파트너로서 협력적인 역할을 담당하도록 한다(Vorrath & Brendtro, 1985).

16. 학습부진아 지도하기

공립 초 · 중등학교는 보통 수준에 맞춘 국가의 표준을 지도하여 장차 사회에 나가 일상의 삶에 필요한 표준적 지식과 기능을 습득하도록 하는 데 중점을 둔다. 이에 따라 능력 스펙트럼의 하위 단계에 속하는 학습부진아들은 그들에게 적합한 교육 서비스를 받기 어려운 형평성 문제가 있다. 배움 중심 수업은 학생 개개인 모두에게 적합한 교육의 질을 제공한다는 데 목적을 두고 있다. 따라서 학습부진아들을 대상으로 한 교육 서비스를 제공하는 데도 관심을 가져야 한다.

학습부진아를 지도하는 효과적인 방법으로 진단−처방 모델(Diagnostic-Prescriptive Teaching Model: D-P 모델)이 제시되고 있다(Deffenbaugh, 1976; Stellern, Vasa, & Little, 1976). 진단−처방 모델은 의학계에서 널리 사용해 왔는데, 의사가 환자의 질환을 진단할 때 여러 증상을 관찰하고 지표들을 분석한 후 치료를 계획하고 실행하고 결과를 평가하듯이 진단−처방 교수 모델은 교사가 학생의 학업 및 행동 상의 강점과 약점의 원인을 확인하여 수업을 계획하고 실행하고 결과를 평가하는 과정이다. 즉, 진단−처방 모델은 학습자의 개별 학습 및 행동 상황을 파악하여 체제적으로 수업을 계획하고 실행하고 평가하는 모델이다.

진단−처방 모델은 "진단 + 처방 = 성공"이라는 공식을 가지고 있다(Stellern, Vasa, & Little, 1976). 진단−처방 교수 모델에서도 이 공식을 적용한다. 블룸(Bloom, 1976)은 학생의 학업 성취의 차이에 영향을 주는 세 가지 변인으로 학생이 학습에 임할 때 가져오는 인지적 수준, 정의적 행동 특징, 교수의 질을 들었는데, 각각은 그 순서대로 학업 성취 변량의 50%, 25%, 25%까지 설명한다고 보고하였다. 학생의 인지적 수준과 정의적 행동 특징은 학생을 진단할 때 주로 고려하는 변인이며, 교수의 질은 처방에서 주로 고려하는 변인이다. 따라서 이 세 가지 변인을 최적으로 조합하여 교수를 하면 학업 성취의 변량을 100%까지 설명할 수 있다.

진단−처방 교수 모델은 전통적 교수 모델과 다르다(Deffenbaugh, 1976; Strange & Allington, 1977; White, 1997). 전통적 교수 모델은 직접 교수법과 직접 강화에 기초한다. 교수는 모든 학생을 대상으로 하고, 같은 교육과정을 처방하고, 수업 지도안에 기초한 암기(recitation)에 초점을 두었다. 이에 따라 교수 후에는 학생에게 질문하여 정답이 나오면 직접적으로 강화하였다. 평가도 가끔 시험을 봄으로써 그 결과에 기초하여 학생의 학습의 질과 수준에 대한 정보를 얻는 방식을 취하였다. 그러나 진단−처방 교수 모델은 학생이 아직 습득하지 못한 아이디어나 기능 습득에 직접적으로 초점을 맞춘다. 이에 중요한 것은 학년 수준이 아니라 학생이 현재 알고 있는 것, 알고 있지 못한 것, 다음에 배워야 할 것이다. 그리고 각 학생의 인지적, 정서적 구조의 강점과 약점을 진단하고 확인하여 개별화에 기초한 교수를 처방함에 따라 교육과정과 수업 지도안은 학생에게 지도하는 과정의 한 부분이자 수단이 된다. 아울러 사고, 감정에서 각 학생의 변화된 행동과 희망이라는 정서

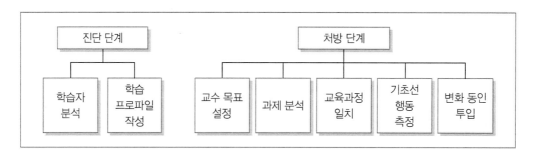

[그림 4-17] 진단-처방 교수 모델의 단계

를 반영한 활동을 교수에서 가장 중요한 부분으로 간주한다. 그리고 학생은 미리 계획된 일련의 학습 트랙에 따라 자신의 속도에 맞추어 학습한다.

진단-처방 교수 모델은 [그림 4-17]과 같이 크게는 진단과 처방 단계로 구분하고, 좀 더 자세히는 진단 단계에서의 경우 학습자 분석과 학습 프로파일 작성 단계로, 처방 단계에서는 교수목표 설정, 과제 분석, 교육과정 일치, 기초선 행동 측정, 변화 동인(change agents)을 포함한다(Stellern, Vasa, & Little, 1976).

1) 학습자 분석

진단-처방 교수 모델에서는 학습자 개개인이 중심이며, 교수의 시작이며 끝이다. 이에 따라 형식적 또는 비형식적 평가를 통해 학습자 개개인에 대한 진단적 정보를 얻는 일이 교수 계획의 출발점이다. 진단적 정보는 인지적, 정서적, 신체적 영역 모두를 포함하여 강점과 약점을 파악하는 데 초점을 두고 수집한다. 이런 정보는 학습부진아들의 지도를 위해 처방을 내릴 때 약점을 보완하는 데 중점을 두되 강점도 살리고 강점으로 약점을 보완하는 전략적 정보이다.

진단적 정보는 다섯 가지가 중요하다.

첫째, 습득된 문제 해결 능력과 잠재적 문제 해결 능력이다. 습득된 문제 해결 능력이란 학교의 공부를 통해 습득한 전형적인 문제 해결 능력을 말한다. 잠재적 문제 해결 능력이란 지능 검사(특히 개인지능검사) 또는 적성 검사(aptitude tests)를 통해 얻은 점수로 확인한다. 교사가 습득된 문제 해결 능력에만 관심을 둘 경우 교사는 학생에 대한 기대를 접게 되고, 학생은 자성 예언적 결과로 정체 또는 퇴보로 이어진다. 그러나 학생의 잠재적 문제 해결 능력에 관심을 두고 이를 문제 해결의 기대 수준으로 사용하면 교사는 학생이 좀 더 높은 수준의 능력을 습득하도록 하는 데 노력을 기울일 수 있다.

둘째, 학습 특징이다. 학생은 다섯 가지의 주요 학습 채널[청각, 시각, 언어, 시각-운동 협응, 촉각과 네 가지 주요 학습과정(투입, 기억, 의미, 산출)]을 가지고 있다. 이 정보들은 학습자에게 적절한 교정 프로그램을 처치하는 데 중요한 정보를 제공한다. 이런 정보가 없으면 교사는 상식에 기초하여 주먹구구식의 교정적 처치를 하게 된다. 예를 들어, 초등학교 3학년 학습 부진아의 경우 교사는 대개 낮은 수준의 읽기 능력 집단에 배정해서 읽기 학습 시간 내내 옆에 앉혀 놓고 워크북을 바꿔 주면서 발음 지도를 하는 교정적 처치를 한다. 교사는 저조한 진보에 실망하게 된다. 그러나 이 학생의 학습 특징을 조사한 결과, 언어 영역의 IQ는 낮지만(82) 수행 영역의 IQ는 높고(128), ITPA 검사 결과 청각적 기억 능력에 문제가 있으나 시각적, 수행적 능력은 우수하다는 점에 주목하면 읽기를 소리 내어 읽는 청각적 지도보다는 시각적으로 읽는 지도를 했을 것이고, 이는 더 좋은 처방적 교수가 되었을 것이다.

셋째, 도구교과 성취 수준 및 학습지수(learning quotients)이다. 도구교과란 읽기, 언어, 수학, 쓰기와 같이 학업적 교과로서 표준화된 학업 성취 검사를 통해 그 정보를 얻는다. 도구교과의 성취 수준은 대개 학년 수준(grade level)과 학습지수(learning quotient)의 형식으로 제공된다. 학년 수준 점수란, 예를 들어 3학년 학생이 읽기에서 4.0이 학년 지수라면 4학년 수준의 높은 읽기 능력을 가졌다는 것을 의미한다. 그러나 이 학년 수준 지수는 학생이 3학년 평균 학생들보다 높은 수준의 읽기 능력을 가졌다는 것을 의미하는 것이지 반드시 4학년 학생들이 가진 읽기 능력을 보유하고 있다는 것을 의미하는 것은 아니다. 그리고 학습지수를 내는 공식은 '학습지수 = (도구교과의 학년 수준+5)/정신연령 × 100'이다 (Johnson & Myklebust, 1967). 이 공식에서 5는 상수로서 5년을 나타내는데 태어나서 정상적으로 학교에 입학하는 햇수를 말한다. 정신연령은 'IQ × 생득연령/100'이라는 공식으로 산출한다. 학습지수는 약 100이라는 평균을 가진다. 따라서 학습지수가 90이면 학습장애는 아니나 학습에 문제를 가지고 있다고 할 수 있다. 학년 수준 지수는 대단위의 표준화된 표집에 비추어 해석하는데, 학습지수는 학습자의 문제 해결 능력(즉, 정신연령)에 비추어 성취 수준에 대한 정보를 제공한다.

넷째, 학습자의 인성 특징으로, 학습자를 둘러싼 인성 관련 요인에 대한 정보이다. 예를 들어, 가족의 사회 경제적 배경, 부모, 형제와의 관계의 적절성, 학습자에 대한 부모 기대의 현실적 적절성, 부모가 학습자에게 행사하는 언어적, 행동적 적절성, 학습자와 기타 가족 구성원들의 일반적인 안정성 수준, 가족 구성원들이 상호에게 보여 주는 돌봄의 수준, 학습자 자신의 공격성, 의존 요구, 성 역할 정체성에 대한 안정성과 가족 구성원들의 그것들에 대한 안도감, 전반적인 가족의 개방성과 방어성 수준, 학습자가 가지고 있는 문제의 성격과 그에 가족 구성원의 대처 상황 등이다. 이런 정보들은 학생에 대한 구체적인 처방을 하도록 돕는다. 예를 들어, 행동 수정과 관련하여 보상의 종류, 조건, 보상가를 가진 가족 구성원 등에 대한 정보를 얻어 정교하고, 심리적으로 타당하고, 실행 가능성 높은 목표를 설정하게 해 준다. 그리고 학교 안과 밖의 환경 조성을 적절히 해 준다. 예를 들어, 학생 지도에 임할 교사의 성이나 인성을 고려하고, 교사-상담가-교장의 교수적 목표와 처방 설정, 권장할 클럽 활동, 취미 등이다. 아울러 상담 또는 심리치료에 대한 정보를 제공하기도 한다.

다섯째, 강화적 특성이다. 학습자가 좋아하는 것과 싫어하는 것에 대한 정보는 처방적 교수에서 중요한 정보이다. 이것들을 관찰을 통해 확인하는 것은 쉽지 않기 때문에 친구, 부모, 교사들과 면담이 필요하다.

2) 학습 프로파일 작성

학습 프로파일이란 학생 개인에 대한 배경적 정보와 진단적 평가를 통해 얻은 정보들과 학습 진보 상황을 종합적으로 기록해 놓은 문서이다. 학생의 연령, 가정환경 및 인지적, 정의적, 신체적 발달 수준과 특징, 학습의 진보 상황을 연대기적으로 누가 기록하고 개별화된 교수적 처방을 내릴 때 중요한 정보 자료로 활용한다(Kay, 2001; Stellern, Vass, & Little, 1976; Valett, 1970).

좀 더 구체적으로 다음에 열거한 항목들은 학습 프로파일에 포함할 수 있는 것들인데, 학교 및 학급의 형편에 따라 적절히 조정할 수 있다.

① 학생의 배경 정보
  - 이름, 나이, 성별
  - 부모의 이름 및 직업/형제 관계
  - 담임
② 진단 정보
  - 지능 검사 점수[총점(백분위)과 하위 영역별 점수]
  - 학업 성취 수준(학년 지수 또는 학습지수)
  - 감각 능력(청각, 시각, 언어, 시각-운동 협응, 촉각 능력)

- 학습양식
- 진로 적성
- 인성적 특징
    - 학습자의 인성 및 태도: 검사 도구 및 결과
    - 부모, 형제와의 관계의 안정성 및 적절성
    - 학습자에 대한 부모 기대의 현실적 적절성
    - 가정의 권위자(family authority)가 학습자에게 행사하는 적절성
    - 학습자와 기타 가족 구성원들의 안정성과 돌봄의 수준
    - 학생의 공격성, 의존 요구, 성 역할 정체성에 대한 안도감과 가족의 반응
    - 가족의 개방성과 방어성 수준(양육 방식)
    - 학생이 가진 문제와 그에 대한 가족 구성원들의 지각 및 해결 노력
        - 현재 학습 부진을 보이는 문제 영역
        - 강화적 특성(학생이 강화인으로 선호하는 것과 선호하지 않는 것)
③ 처방 정보
- 처방의 과정과 결과

3) 교수 목표 설정

학생의 학습 프로파일에 기초하여 학생이 변화를 일으켜야 할 목표를 설정하고 우선순위를 결정하여 순차적으로 달성해 나간다. 학습부진아들을 위한 교수 목표는 그들의 일반적인 인지적, 정의적 특성상 다음 세 가지를 만족시킬 필요가 있다.

첫째, 목표는 학생이 달성하기에 적절한 수준의 난이도를 지녀야 한다(Valett, 1970). 즉, 너무 어렵거나 쉬워도 안 되며 85~90%의 성공률을 가진 목표가 적절하다.

둘째, 목표는 단기 목표로 설정한다(Strange & Allington, 1977). 장기 목표로 설정하는 것은 적절하지 않고(예: 3개월에 걸쳐 달성해야 할 목표 설정하기), 단기 목표(예: 일주일에 걸쳐 달성해야 할 목표)를 설정하는 것이 효과적이다. 단기 목표를 설정하면 교수의 효과를 좀 더 자주 평가해 주고, 학생이 자신의 진보를 더 잘 볼 수 있게 해 주고, 학생에 대한 진단적 정보를 좀 더 자주 수집하게 해 주는 이점이 있다.

셋째, 행동 목표(behavioral objective)로 진술한다(Stellern, Vasa, & Little, 1976). 행동 목표

란 학습자가 성취할 종착 행동(terminal behavior)과 관련하여 개입의 결과로 의도하는 것을 행동적으로 진술한 것이다. 종착 행동은 다음의 준거들이 만족되었는지를 확인할 필요가 있다. 하나는, 학습자가 목표를 성취하였다는 것을 보여 줄 수 있는 행동적인 용어로 진술하였는지 확인한다. 이 행동적 용어는 객관적 측정을 가능하게 한다. 또 하나는, 종착 행동이 일어날 주요 상황이나 조건을 제시하였는지 확인한다. 그리고 개입의 성공을 평가하는 데 사용할 수 있는 수용 가능한 수행의 준거를 확인한다. 수행의 준거는 시간(예: 5분 내에), 정확도(예: 90%의 이해), 난이도 수준(예: 2학년 수준의 읽기로부터)이라는 세 개념을 포함한다. 종합하면 행동 목표는 개입으로 인해 기대되는 학습자의 수행 기반 종착 행동, 종착 행동이 수행되는 조건들, 종착 행동이 평가될 수 있는 수준(시간, 정확도, 난이도에 비추어)을 포함한다. 이런 행동 목표의 준거에 비추어 볼 때 '1학기가 지나면 읽기를 할 수 있다.'라는 목표는 행동 목표로 적절하지 못하고, '3학년 수준의 읽기 자료를 20분 내에 3쪽을 95%의 정확도를 가지고 읽는다.'라는 목표는 행동 목표로 바르게 진술된 예이다. 행동 목표가 진단-처방 교수에서 중요한 이유는 개입의 방향을 정해 주기 때문이다. 즉, 교사가 어디서 개입해야 할지 위치를 정해 주고, 개입의 시행착오를 줄이고, 개입 과정을 체계적으로 돕는다. 또 개입의 성공 증거를 얻도록 해 준다.

4) 과제 분석

과제 분석이란 학생을 관찰한 행동(현재 수준)에서 교수 목표로 진술한 종착 행동에 도착하기까지의 계선적 단계를 확인하는 활동이다. 과제 분석은 현재 수준에서부터 시작하여 목표를 달성할 성공 가능성을 높이는 기능을 한다(Stellern, Vass, & Little, 1976).

과제 분석을 하기 위해서는 목표를 그 구성 요소들로 작게 나누고 발달적인 계선에 따라 그 요소들을 정렬해야 하는데, 다음 여섯 가지 준거를 만족시켜야 한다.

- 과제 분석의 진술은 단순하고 분명해야 한다.
- 학생이 밟아야 할 중요 단계들만 언급한다.
- 다른 사람들도 과제 분석의 계열을 이해하고 실제로 그 계열을 밟을 수 있도록 상식적으로 진술해야 한다.
- 불필요한 단어들을 사용하여 혼란을 일으켜서는 안 된다.
- 시작 단계에서부터 최종 단계에 이르기까지 계선적으로 정렬해야 한다.

- 단계들의 정렬에서 간격들이 크지 않아야 한다. 간격들이 크면 계선적으로 종착 행동에 도달하는 데 필요한 주요 개념과 기능들을 놓칠 수 있기 때문이다.

과제 분석과 행동 목표는 상보적 관계에 있다. 즉, 행동 목표가 단순하면 과제 분석도 단순하고 행동 목표가 복잡하면 과제 분석도 복잡하다. 일반적으로 학습부진아들을 위해서는 복잡하지 않은 과제 분석을 위해 단순한 행동 목표가 적절하다. 그리고 양자는 여러 측면에서 조작적으로 유사하다.

첫째, 양자는 모두 개입을 위해 체계적인 방향을 제시한다. 즉, 행동 목표는 개입의 전반적인 목표를 확인시켜 주고, 과제 분석은 행동 목표에 이르는 주요 요소들을 확인하고 정렬해 준다.

둘째, 양자는 모두 개입을 정교화하는 기초를 제공한다. 행동 목표는 개입의 기본적인 방향적 정보와 개입의 성공을 증거할 준거를 제공해 주고, 과제 분석은 행동 목표에 이르는 주요 요소들과 학습자에 대한 정보에 기초한 개입의 초기 수준을 확인해 준다.

셋째, 양자는 모두 기초선 측정과 함께 진단-처방 교수 과정에 자연적인 책무성 체제를 제공한다. 즉, 행동 목표는 수용 가능한 수행의 준거들을 명시하고, 이 준거들은 개입 성공이 이루어졌다는 지점을 적시한다. 기초선 측정으로 개입의 진행이 과제 분석의 단계와 목표에 기초하여 측정된다. 그 결과 개입의 성공 여부를 기록하기 위해 사용될 수 있는 책무성의 완수를 공시하도록 해 준다.

아울러 양자는 여러 측면에서 상이하기도 하다.

첫째, 행동 목표는 그 자체로서 기능할 수 있지만, 과제 분석은 그 태생과 의미에 있어 행동 목표에 의존하고 행동 목표와는 독립적으로 존재하지 않는다.

둘째, 행동 목표는 효과적인 실행을 위해 몇 개의 핵심적 요소를 가지고 있지만, 과제 분석은 그런 요소들을 가지고 있지 않다. 과제 분석이 지닌 단 하나의 실행적 요구 사항은 요소적 단계들이 계열적이고 학습의 진행을 방해할 수 있는 개념적 간격이 없도록 요소들을 충분히 작게 나누어야 한다는 것이다.

셋째, 과제 분석은 행동 목표와는 달리 절대적으로 옳거나 틀린 방식이 없다. 단지 자연스럽게 목표로부터 유도되고, 큰 간격이 없이 계선적이어야 하고, 성격상 상식적이어야 한다.

과제 분석은 교수 목표에 따라 복잡해질 수가 있는데, 이럴 때는 두세 개 과제 분석 단계를 함께 묶어 중간 단계의 목표로 설정함으로써 과제 분석의 복잡성을 줄일 수 있다. 이 중간 목표도 역시 목표이기 때문에 행동적인 목표 형태로 진술해야 하고, 앞에서 언급한 목표가 지녀야 할 핵심 요소들을 포함해야 한다.

다음은 정수의 뺄셈 지도와 학교에 대한 공포심 때문에 등교를 거부하는 초등학교 1학년 학생의 행동 변화를 위한 교수 목표와 과제 분석의 예이다.

예 정수의 뺄셈 지도를 위한 교수 목표와 과제 분석(Gredler, 2001, p. 172)

> 교수 목표: 정수의 뺄셈 20문제를 90%의 정확도를 보이며 푼다.
>
> 과제 분석
>
> ① 한 자릿수 단순 뺄셈하기(예: 7-2=5)
>
> ② 받아내림이 없는 두 자릿수 단순 뺄셈하기(예: 45-21=24)
>
> ③ 감수에 0이 있어 그대로 내려 쓰는 뺄셈하기(예: 17-10=7)
>
> ④ 받아내림이 없는 세 자릿수 뺄셈하기(예: 658-234=424)
>
> ⑤ 받아내림하는 한 자릿수 감수 뺄셈하기(예: 12-8=4)
>
> ⑥ 받아내림을 해야 자릿수 확인하기(피감수가 감수보다 작은 자릿수)
>
> ⑦ 어느 자릿수에서 한 번의 받아내림을 하는 뺄셈하기(예: 123-41=82)
>
> ⑧ 연속적인 받아내림은 없는 뺄셈하기(예: 3572-2324= 1248)
>
> ⑨ 매 자릿수마다 받아내림을 하는 뺄셈하기(예: 3532-2754= 778)
>
> ⑩ 두 자릿수 위에서의 받아내림이 있어야 하는 경우의 뺄셈하기(예: 3502-2754=748)

예 등교를 거부하는 학생의 행동 변화 시도를 위한 교수 목표와 과제 분석(Stellern, Vass, & Little, 1976, p. 217).

> 교수 목표: 학교에 등교하여 책상에 앉아 30분간 공부한다.
>
> 과제 분석
>
> ① 시계 알람에 맞추어 자리에서 일어나 식사하고 집을 나선다.
>
> ② 인도자와 함께 학교를 향해 반쯤 걷는다.
>
> ③ 인도자와 함께 학교 교문에 들어선다.

④ 인도자와 함께 교실 앞에 이른다.

⑤ 인도자와 함께 교실 안에 있는 친구들에게 인사한다.

⑥ 친구의 안내를 받아 자리에 앉는다.

⑦ 자리에 앉아 5분 동안 공부한다.

⑧ 자리에 앉아 학습하는 시간을 30분으로 늘린다.

5) 교육과정 일치

학습자에게 적절한 교육과정을 제공하는 일을 교육과정 매칭(curriculum match)이라고 부르는데, 다음의 네 가지를 고려해야 한다(Stellern, Vasa, & Little, 1976, pp. 189-193).

첫째, 학습자의 학습 특징이다. 학습자의 학습 특징 프로파일에 적절한 교육과정을 제공한다.

둘째, 이전 학습의 평가이다. 표준화 학업 성취 검사 결과를 분석하여 학습자가 배운 것과 배우지 못한 것에 대한 정보, 학습자의 상대적 학업 성취 수준을 알아보고, 교과의 특정 기능을 학습할 수 있는지 확인한다. 표적으로 하는 기능 습득과 관련한 이전 학습 수준을 파악한다.

셋째, 과제의 계열이다. 학습의 연속성을 통해 목적으로 하고 있는 기능의 계열을 파악하여 완전학습까지의 단계를 분석한다.

넷째, 교육과정 자료이다. 교육과정 자료가 요구하는 다음 일곱 가지 사항을 평가하여 학습자와의 교육과정 간의 일관성을 도모한다.

① 학습자의 신체적 능력

교수 자료가 요구하는 학생의 신체적 요구 사항이 다르기 때문에 요구되는 시각, 청각, 촉각의 예리함의 수준, 시각-운동의 능력, 신체 조정(대근육과 소근육 운동의 조정) 능력, 신체적 수행 기간과 속도를 고려해야 한다.

② 학습자의 집중 유형과 기간

교수 자료가 요구하는 학생의 주의 집중 요구 사항이 다르기 때문에 다음 사항들을 고려해야 한다.

- 어떤 자극이 학생에게 주의를 기울이도록 요구하는가?
- 얼마나 많은 자극이 동시에 주의를 기울이도록 요구하는가?
- 학생이 자극들 간에 얼마나 자주 주의를 번갈아 가며 기울이도록 요구하는가?
- 얼마나 빨리 학생이 주의를 번갈아 기울이도록 요구하는가?
- 어떤 특정 자극에 얼마나 오랫동안 학생이 주의를 기울이도록 요구하는가?
- 어떤 특정 과제에 얼마나 오랫동안 학생이 주의를 기울이도록 요구하는가?

③ 투입 요구 사항

대부분의 교수 자료는 하나 이상의 투입 유형을 처리하도록 요구한다. 예를 들어, 수학의 경우 시각적 투입 자료를 효과적으로 처리하고, 구체적 사물들을 조작하고, 언어적 지시를 처리하도록 요구한다. 그러나 학생들은 선호하는 투입 유형에서 개인차가 있다. 예를 들면, 청각적 학생은 시각과 청각 투입 유형으로 제시하는 내용보다는 시각적 내용을 더 잘 수행한다. 따라서 교수 자료의 투입 유형은 학생이 선호하는 투입 유형과 일치하도록 선택해야 한다.

④ 반응 요구 사항

학생이 강점을 보이는 반응 채널을 사용하여 반응하도록 교수 자료에 반영해야 한다.

⑤ 인지적 요구(과제 해결에 필요한 인지적 발달 수준)

인지발달이론을 기초로 보면 교수 자료들이 발달 단계별로 다음의 특징을 보이는지 평가한다.

- 감각동작기(0~2세): 몇 가지 반사 신경(reflexes)을 통해 행동과 지각을 발달시키고 조정하고, 유사점과 차이점을 인지하고, 언어를 통해 행동과 지각을 상징적으로 표상하는 활동을 돕는 자료들이어야 한다.
- 전조작기(유아기와 초등 저학년): 표상적이기는 하지만 아직 개념적이지 못하고, 자기중심적이어서 세상을 자신과 관계지어 바라보고, 논리에서 구체적이며 다중적 분류와 상호관계성을 이해하지 못하며, 지각적으로 우월한 물체의 특징에만 초점을 맞추고, 지각한 것은 믿고, 우월한 지각에 모순되는 정보를 효과적으로 다루지 못하며, 기능을 기계적으로 수행해 내지만 기저하는 개념을 완전 습득하는 것은 어렵다. 이런 이

유로 교수 자료는 다음의 성격을 지녀야 한다.

- 하나 이상의 일차적 지각원(primary perceptual source)으로부터 결론을 도출하는 활동은 안 된다.
- 물리적 지각에 반하는 정보를 포함해서는 안 된다. 예를 들어, 큰 나무 조각 또는 작은 철 조각이 물에 뜨는지 질문하면 크기에 초점을 맞추고 큰 것이 가라앉을 것이라고 가정한다. 행위의 역(reversals of action)은 효과적으로 다룰 수 있지만(예: 큰 것과 작은 것이라는 극을 다룰 수 있다), 하나의 행위에서 이전의 행위를 취소하거나 무효화하는 조작의 역(reversals of operation)은 다루지 못한다(예: 부분-전체의 관계는 다루지 못한다).
- 지각적 차원(크기, 색깔, 모양, 무게 등)의 수는 한 번에 하나씩 다루어야 한다.
- 학습자료는 구체성을 띠어야 한다.
- 다루는 개념은 절대성(absoluteness)을 지녀야 한다. 전조작기 아동에게 세상은 검거나 희든지, 사물은 옳거나 그르다고 보는 절대성의 세계이기 때문이다.
- 논리의 방향은 가역적이기보다는 일방적(straight-line)이어야 한다.

• **구체적 조작기(초등 중·고학년 대부분)**: 지각한 것을 더 이상 믿지 않고, 투입 정보들을 이전의 경험에 비추어 비교하고, 결론을 도출한다. 그러나 추론의 대부분은 구체적 경험에 기초하고 있어 개념들을 이해하려면 개념의 구체적인 예들을 필요로 한다. 따라서 교수 자료들과 학습은 다음과 같은 성격을 띠어야 한다.

- 다차원적 분류 능력을 다루는 것이어야 한다.
- 가역성을 다루는 것이어야 한다.
- 영역, 질량, 부피 등에 대한 보존개념을 다루는 것이어야 한다.
- 추론(주로 귀납적 추론)을 다루는 것이어야 한다.
- 단순 추상(simple abstractions)을 응용하는 것을 다루는 것이어야 한다.

• **형식적 조작기(초등 고학년 일부분)**: 성인 수준의 추론을 하여 가설을 설정하고 검증한다. 그러나 많은 개념을 경험을 통해 습득하기 때문에 아직 경험이 부족한 형식적 조작기의 학생들은 추상적 개념을 습득하는 데 한계가 있다. 따라서 교수 자료는 정의 또는 조작을 구체적으로 규명하거나 표상하여(예: 화학 실험의 도해 또는 실례들) 성인 수준의 논리에 필요한 개념들을 충분히 습득시키도록 한다.

⑥ 재료의 조직

교수 재료의 조직은 교사가 직접 제시하거나 직접적인 지시 없이도 제시할 수 있는데, 어떤 경우에는 짧고 특정한 과제로 제시하고, 각 과제는 분명한 시작과 끝을 지니고 있거나 아니면 좀 더 길고 분명한 시작과 끝을 가지지 않은 경우도 있을 수 있다. 교수 자료를 잘 조직했는지 평가할 때는 교사가 제시하는 요구 사항, 조직의 계선, 과제 단위의 구별성 및 길이, 과제 완수에 필요한 누적적 또는 특정 학습을 고려해야 한다. 학생의 학습 특징에 따라 과제 제시는 다르게 하되 모든 학생이 학습에 책임을 스스로 지도록 하기 위해 과제의 구조화를 다양하게 하여 궁극적으로 독립적인 학습을 하고, 그 결과를 강화하면서 자기 주도적인 학생이 되도록 한다. 그 과정에서 다음 사항에 유의한다. 첫째, 주의 집중 시간이 짧고 충동적인 학생들에게는 짧고 특정한 과제 제시가 필요하다. 둘째, 교사의 지시에 의존하는 학생들은 튜터링 또는 소집단 교수를 통한 과제 제시가 필요하다. 셋째, 자율성이 높은 학생들에게는 짧은 단원을 제공하여 독립 학습을 하고 보상을 받도록 한다.

⑦ 교육과정 재료에 내재된 강화적 요인들

학생들은 학습에 대한 가치를 느낄 때 가장 수행을 잘하는데, 어떤 교수 자료는 내재적으로 강화적이나 어떤 자료는 그렇지 않다. 따라서 교수 자료가 내재적으로 강화적이지 못할 경우는 외적 강화 체제를 마련해 주어야 한다. 교수 자료의 강화적 요인을 평가하려면 교수 재료의 내적, 외적 강화의 성격, 강화의 양, 강화 스케줄, 특정 학생에 대한 강화의 상대적 가치를 고려한다.

6) 기초선 측정

"기초선 측정(baseline measurement)이란 표적 행동(target behavior)의 빈도를 확인하는 방법이다."(Stellern, Vasa, & Little, 1976, p. 249) 시간과 빈도라는 두 축을 이용하여 처방의 이전-도중-이후의 표적 행동 빈도 변화를 통해 개입의 성공을 판단한다.

기초선 측정은 두 가지 기능을 한다. 처방의 성공 확률을 높이고 처방에 따른 책무성 완료를 판단하는 참조점을 제공한다. 또 처방의 실패는 주로 과제 분석이 너무 넓거나 강화 스케줄이 부적절한 경우에 나타나는데, 그 실패의 원인을 찾도록 해 준다.

(1) 기초선 측정의 방법

기초선 측정의 방법은 다음과 같은 단계를 밟는다.

① 표적 행동의 빈도를 계산하고 기록한다. 표적 행동이 추상적인 개념(예: 사랑, 위험, 신념 등)의 습득이라도 관찰 가능하고 측정 가능한 행동적 용어로 진술한다.

② 표적 행동을 계산할 때 계수기나 계수표(tally sheet)를 사용하면 편리하다.

③ 표적 행동을 기록할 때 그래프지(graph paper)와 2차원 격자표(grid)를 사용하면 편리하다. [그림 4-18]과 같이 2차원 격자표는 Y축의 경우 표적 행동의 빈도를, X축은 그 빈도가 측정된 기간을 기록한다(Stellern, Vasa, & Little, 1976, p. 250). 아울러 Y축은 가능하다면 백분율의 형태로 제시될 때 상이한 측정 단위를 가진 표적 행동들 간 비교를 가능하게 한다.

④ 표적 행동을 개입 이전, 개입 도중, 개입 이후에 측정한다. 개입 이전 측정은 하루에 몇 차례, 여러 날에 걸쳐 한다. 개입 도중 측정을 통해 표적 행동이 향상되고 있으면 개입이 효과가 있음을 시사하고 계속해야 함을 의미한다. 표적 행동이 향상되지 못하거나 퇴보하면 개입 전략을 수정해야 한다는 것을 의미한다. 개입 종료 후 측정은 예정했던 개입의 기간이 끝난 후 측정하고 성공 여부를 판단한다.

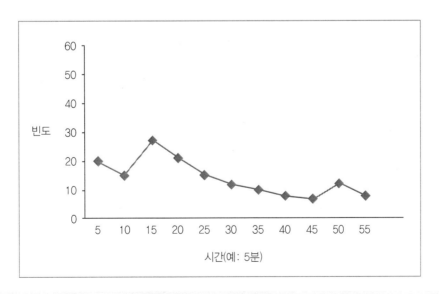

[그림 4-18] 표적 행동 기록

표적 행동의 빈도를 측정하는 일이 쉽지 않은 경우가 있는데, 특히 높은 빈도로 나타나는 표적 행동의 경우에 그러하다(예: 빼먹고 읽기, 좌석 이탈 행동, 허짤배기소리하기 등). 따라서 표적 행동이 정기적으로 매우 높은 빈도를 가지고 나타날 경우, 매번 발생할 때마다 계산하지 않고 보다 용이하게 정보를 얻는 시간표집법으로 세 가지를 사용한다. 그러나 표적 행동이 비정기적으로 낮은 빈도를 가지고 나타날 경우에는 계수 샘플링이 있다.

- 무작위 시간 샘플링(random time-sampling): 무작위적으로 일정 시간 동안(예: 1분) 계산하고, 하루에 몇 번 시행하여 발생 빈도의 평균을 내는 것이다.
- 고정 시간 샘플링(fixed time-sampling): 하루에 몇 번 고정된 시간대(예: 10:00∼10:05, 13:15∼13:20, 14:05∼14:10 등)를 정하고, 그 시간 동안 빈도를 측정하고 평균을 내는 것이다.
- 고정 시간 내 무작위 시간 샘플링(random within fixed time-sampling): 하루에 몇 번 고정된 시간대(예: 10:00∼10:05, 13:15∼13:20, 14:05∼14:10 등)를 정하고, 그 고정된 시간대 내에서 무작위로 측정 시간을 정하고(예: 1분), 빈도를 측정한 후(예: 10:00∼10:05 기간대 중에서 10:01∼10:02 동안 계산) 평균을 내는 것이다.
- 계수 샘플링(tally sampling): 평균을 낼 필요가 없으면 하루 또는 일주일에 일어났던 계수의 합이 그 시간대의 표적 행동이 발생한 총 빈도를 사용한다. 앞의 세 가지는 표적 행동이 정기적으로 매우 높은 빈도를 가지고 나타날 경우에 쓰이나, 만약 표적 행동이 비정기적으로 낮은 빈도를 가지고 나타날 경우(예: 비정기적인 싸움이나 욕설 등) 표적 행동이 나타날 때마다 계수하여 기록한다.

(2) 기초선 측정의 변인

표적 행동의 기초선 측정에서는 네 가지의 변인을 사용한다.

① 빈도(frequency)가 가장 많이 사용되는 변인이다

빈도는 표적 행동이 분별적인 경우(예: 자리 이탈하기, 싸움하기, 발로 차기 등)에 적절하다. 빈도는 다음 4단계를 밟아 측정이 이루어진다. 1단계에서는 적절한 시간표집 방법을 선택한다. 낮은 빈도로 나타나는 행동의 경우에는 계수 표집법을, 높은 빈도로 나타나는 행동의 경우에는 무작위 표집법을 선택한다. 2단계에서는 표적 행동을 계산하는 시간대(time period)를 적절히 선택한다. 3단계에서는 시간대에 발생하는 표적 행동의 수를 계산한다.

4단계에서는 격자 표(grid)에 기록한다.

다음은 빈도를 사용하여 베티(Betty)라는 학생의 표적 행동(교사의 허락 없이 말하기)에 대한 기초선 측정(Stellern, Vasa, & Little, 1976, p. 253)을 한 예이다.

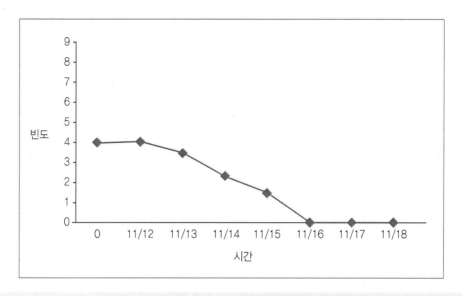

[그림 4-19] 베티(Betty)의 표적 행동에 대한 기초선 측정

[그림 4-19]에서 먼저 개입 이전에 하루에 여러 번 며칠 동안에 걸쳐 표적 행동의 평균 빈도를 낸 후(X축 0, Y축 네모 표시 부분), 11월 16일에 개입이 종료되었고, 그 후에도 몇 번 빈도를 기록한 결과, 그 효과가 계속 유지됨을 발견할 수 있다.

② 비율(rate)을 기초선 측정의 변인으로 사용할 수 있다

비율은 빈도의 경우와 같이 표적 행동이 분별적인 경우에 적절하다. 다만, 일정 시간대에 이루어진 빈도를 그 시간으로 나눈 수치를 변인으로 한다. 따라서 비율은 평균 빈도 값으로서 빈도보다 더 강한 기초선 측정이 되기도 한다. 아울러 시간대가 짧으면(예: 1분, 5분, 1시간 등) 효과적이다.

비율은 다음 4단계를 밟아 기초선 측정이 이루어진다. 1단계에서는 적절한 시간표집 방법을 선택한다. 대개 고정 시간 표집법(fixed time sampling)을 선택한다. 2단계에서는 표적 행동을 계산하는 시간대(time period)를 적절히 선택한다. 3단계에서는 시간대에 발생하는 표적 행동의 수를 계산하고 경과된 시간대 수로 나눈다. 4단계에서는 격자 표(grid)에 기록한다.

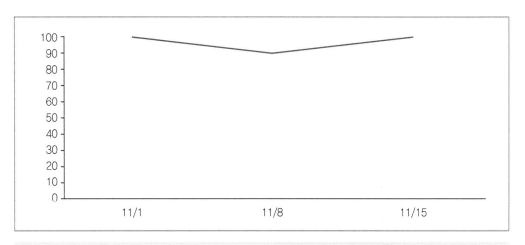

[그림 4-20] 코린(Corine)의 읽기 속도 기초선 측정

[그림 4-20]는 코린(Corine)이라는 학생의 읽기 속도(분당 읽은 단어의 수) 기초선 측정 예이다(Stellern, Vasa, & Little, 1976, p. 254).

③ 퍼센트(percentage)를 기초선 측정의 변인으로 사용할 수 있다

표적 행동이 학생의 학습 진보의 증거인 경우(대부분의 학업적 행동에서의 정확도 퍼센트) 적절하다. 퍼센트는 다음 5단계를 밟아 측정한다. 1단계에서는 적절한 시간표집 방법을 선택한다. 대개 계수 표집법(tally sampling)을 선택한다. 2단계에서는 표적 행동을 계산하는 시간대(time period)를 적절히 선택한다. 3단계에서는 정확한 반응의 빈도를 계산하고

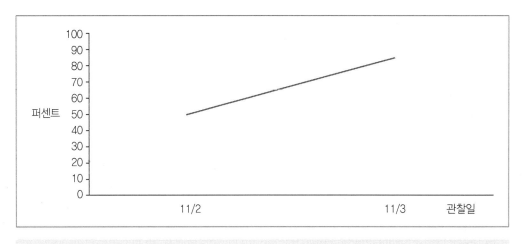

[그림 4-21] 벳시(Betsy)의 두 자리 수의 덧셈 문제 해결 능력에 대한 기초선 측정

기록한다. 아울러 부정확한 반응까지 포함한 전체 빈도도 계산하고 기록한다. 4단계에서는 정확한 반응 빈도를 전체 반응 빈도로 나누고 100을 곱하여 퍼센트를 구한다. 5단계에서는 격자 표에 기록한다.

[그림 4-21]은 벳시(Betsy)의 두 자리 수의 덧셈 문제 해결 능력에 대한 기초선 측정 예이다(Stellern, Vasa, & Little, 1976, p. 254).

11월 2일에 10문제 중 5문제 정답을 내서 문제 해결 능력이 50%에서 11월 3일에 10문제 중 8문제 정답을 내서 80%로 향상을 보이고 있음을 나타내고 있다.

다음 〈표 4-1〉은 벳시의 표적 행동이 주의 집중(워크시트와 눈 맞추기로 정의)인 경우의 예이다(Stellern, Vasa, & Little, 1976, p. 255).

표 4-1 벳시(Betsy)의 표적 행동이 주의 집중인 경우의 예

시간	반응
9:00	+
9:05	○
9:10	+
9:15	+
9:20	+
%	80 %

하루에 5분 단위로 6~10회에 걸쳐 +는 주의 집중, ○는 부주의로 표시하였다. 그리고 주의 집중한 빈도(4회)를 관찰한 시간대의 수(5회)로 나누고 100을 곱하여 80%라는 수치를 얻었다(시간의 80%를 주의 집중함). 이렇게 시간에 기초한 퍼센트 추출은 교사로 하여금 표적 행동을 계산하고 기록하기 위해 계속적으로 관찰하지 않고 주어진 각 5분 시간대에 한 번 빠르게 관찰함으로써 충분히 측정과 기록을 가능하게 한다는 이점이 있다.

④ 기간(duration)을 기초선 측정의 변인으로 사용할 수 있다

퍼센트의 한 변형으로, 표적 행동이 빈번하지 않게 발생하나 장기간 지속되는 경우(예: 손가락 빨기)에 적절하다. 기간은 표적 행동에 임한 시간의 양을 측정하고 기록하기 위해 초시계가 필요하고, 다음 단계를 밟아 기초선 측정을 한다. 1단계에서는 적절한 시간표집 방법을 선택한다. 대개 고정 또는 계수 표집법을 선택한다. 2단계에서는 표적 행동이 계산되는 시간대(time period)를 적절히 선택한다. 3단계에서는 표적 행동에 임한 시간의 양을

측정한다. 4단계에서는 학생 관찰에 경과된 시간의 양을 측정한다(시간대의 길이). 5단계에서는 표적 행동에 임한 시간을 관찰에 경과된 시간으로 나누고 100을 곱하여 퍼센트를 구한다. 예를 들어, 어떤 학생을 15분 동안 관찰했더니 손가락 빨기에 10분을 사용했다면, 그의 퍼센트는 약 67%이다. 6단계에서는 격자 표에 기록한다.

학습부진아들의 학습에 실제적으로 영향을 크게 미치는 교과는 읽기와 수학이다. 다음 두 가지 예는 읽기와 수학 교과에서의 실제 지도에 적용된 기초선 측정의 예이다.

(3) 읽기 교과서에서의 실제 지도에 적용된 기초선 측정의 예

읽기에서는 단어 인식(word recognition), 낭독(oral reading), 독해(reading comprehension)의 세 가지 요소에 대한 능력을 필요로 하는데, 각 요소를 기초선 측정의 방법으로 지도하는 절차의 예는 다음과 같다(Stellern, Vasa, & Little, 1976). 철자 쓰기 지도의 경우도 철자 쓰기의 오류 빈도를 측정하는 것만 다를 뿐 나머지 기초선 측정의 원리는 같다.

① 단어 인식 능력을 지도하기 위한 기초선 측정의 예

단어 인식 능력을 지도하기 위한 기초선 측정의 예는 다음과 같은 단계를 밟을 수 있다.

- 1단계: 지도할 단어들을 열거하고 순서를 매긴다.
- 2단계: 단어 인식 교수를 시작한다(〈표 4-2〉의 우측 칸을 보면 11월 3일에 시작한 것을 나타냄).
- 3단계: 바르게 인식한 경우는 + 표, 인식하지 못한 경우는 ○ 표를 하고, 정확하게 인

표 4-2 단어 인식 능력을 지도하기 위한 기초선 측정의 예

번호	단어	반응						
		11/3	11/4	11/5	11/6	11/7	11/8	11/9
1	his	+	+	+	---	---	---	---
2	live	○	+	+	+	---	---	---
3	was	○	○	○	+	+	+	---
4	street	○	○	○	+	+	+	---
5	just	○	○	○	○	+	+	---
정답 %		20	40	40	80	100	100	100

식한 단어의 비율을 퍼센트로 나타낸다(〈표 4-2〉에서 11월 3일의 경우 5개 단어 중 1개를 인식하여 20%가 되고 있음).

- 4단계: 세 번 이상 정확히 연속적으로 인식한 경우는 - - -로 표시한다(적절한 수는 교사가 결정). 'his'라는 단어의 경우 11월 6일부터는 - - -표시가 기록되어 있다. 따라서 이 단어는 더 이상 지도하지 않음을 나타낸다(Stellern, Vasa, & Little, 1976, p. 257).

② 낭독 능력을 지도하기 위한 기초선 측정의 예

낭독 능력을 지도하기 위한 기초선 측정의 예는 다음과 같은 단계를 밟을 수 있다 (Stellern, Vasa, & Little, 1976, p. 257).

- 1단계: 낭독에서의 오류를 확인한다. 오류는 단어 치환(substitution), 단어 생략 (omissions), 단어 오발음(mispronunciation), 단어 사이에 5초 이상 머뭇거리기의 네 가지로 정의한다.
- 2단계: 적절한 시간표집 방법을 선택한다. 대개 고정 시간 표집법을 사용한다.
- 3단계: 표적 행동(바른 낭독)이 관찰될 적절한 시간대를 선택한다.
- 4단계: 개입 이전 표적 행동의 빈도를 설정한다.
- 5단계: 〈표 4-3〉과 같은 낭독 기록지를 마련한다.
- 6단계: 읽은 전체 단어의 수와 나타난 오류의 수를 계산하여 기록한 후 정확도를 퍼센트로 나타낸다. 〈표 4-3〉에서 200개의 읽은 단어 중 10개 오류가 관찰되었으므로 정확도는 (200-10) / 200 × 100 = 95%이다(표에 누가 기록하여 정확도의 진보를 확인할 수 있음).

표 4-3 낭독 기록지의 예

날짜	회기	책	페이지	읽은 단어	오류	정답 %	시간	분당 읽은 단어
1/5	1	A	14~16	200	10	95	2	100

- 7단계: 분당 읽은 단어의 수를 기록한다. 〈표 4-3〉에서 200개를 2분에 읽었으므로 분당 100개 단어를 읽은 것으로 기록한다. 이에 대한 정보는 누가 기록될 때 낭독의 속도 측면에서의 진보를 확인하는 데 사용된다.

③ 독해 능력을 지도하기 위한 기초선 측정의 예

독해 능력을 지도하기 위한 기초선 측정의 예는 다음과 같은 단계를 밟을 수 있다.

- 1단계: 독해의 네 가지 요소적 능력에 대해 하나씩 질문을 만든다. 그 네 가지 요소는 기억(recall, 읽은 글의 중요한 개념들을 기억해 내는 능력), 계열(sequence, 읽은 글에 나타난 순서로 중요한 개념들을 기억해 내는 능력), 요약(summarization, 읽은 글의 중요 아이디어들을 개념적으로 요약하는 능력), 추론(inference, 읽은 글의 개념들 사이에 존재하는 인과관계를 찾아내는 능력)이다.
- 2단계: 적절한 시간표집 방법을 선택한다. 대개 고정 시간 표집법을 사용한다.
- 3단계: 표적 행동(바른 낭독)이 관찰될 적절한 시간대를 선택한다.
- 4단계: 읽을 재료를 제시하고, 앞의 4개 요소별로 적어도 하나의 질문을 한다.
- 5단계: 질문에 바르게 대답한 경우 + 표를, 바르지 못하게 대답한 경우 ○표를 하고, 정확도를 퍼센트로 나타낸다(Stellern, Vasa, & Little, 1976, p. 258).

표 4-4   독해 능력을 지도하기 위한 기초선 측정의 예

				기억	계열	요약	추론	
날짜	이야기	페이지	단어	1	2	3	4	정답 %
1/31	L	36~38	250	+	+	+	○	75

(4) 수학 교과서에서의 실제 지도에 적용된 기초선 측정의 예

수학 능력을 지도하기 위한 기초선 측정은 다음과 같은 단계를 밟을 수 있다.

- 1단계: 적절한 시간표집 방법을 선택한다. 대개 고정 시간 표집법을 사용한다.
- 2단계: 표적 행동이 관찰될 적절한 시간대를 선택한다.
- 3단계: 수학 과제 검사를 시행하여 정확한 답의 수를 계산한다.
- 4단계: 정확히 해결된 문제의 수를 할당된 문제의 수 또는 해결한 문제의 수로 나누고 정확도를 퍼센트로 나타낸다(〈표 4-5〉에서 15/20×100 = 75%이다).
- 5단계: 필요하면 분당 해결한 문제 수를 기록한다(〈표 4-5〉에서 할당된 문제의 수를 해결하는데 든 시간으로 나누면 20/40 = .5개이다)(Stellern, Vasa, & Little, 1976, p. 258).

표 4-5   **수학 능력을 지도하기 위한 기초선 측정의 예**

날짜	워크시트	문제 수	푼 문제 수	푼 문제 %	정답 수	정답 %	소요 시간	분당 풀이율
1/31	L	20	20	100	15	75	40	.5

7) 변화 동인 투입

(1) 강화와 소거 기법 동원

변화 동인(動因)이란 체계적인 행동 변화를 유도하기 위한 조작적 촉진자(agent)를 말하는데, 강화와 소거라는 행동 수정 기법을 동원한다(Stellern, Vasa, & Little, 1976).

① 강화 기법으로 정적 강화와 부적 강화 기법을 동원한다

정적 강화는 자극이나 사건이 주어졌을 때 표적 행동의 빈도나 반응을 증가시키는 행동 결과이다. 학생이 숙제를 하지 않는 문제행동을 가지고 있을 경우, 교사가 숙제를 해 왔을 때 상을 주거나 칭찬을 하면 숙제를 하는 행동 빈도가 증가하는 것을 예로 들 수 있다. 부적 강화는 자극이나 사건이 감소되거나 제거되었을 때 행동 빈도나 반응을 증가시키는 행동 결과이다. 예를 들어, 차에서 안전벨트를 매지 않고 시동을 걸면 시끄러운 소리가 난다. 이때, 운전자는 안전벨트를 매면 그 소리가 사라지게 됨에 따라 운전자는 안전벨트를 매는 행동을 증가시킨다. 또 하나의 예로, 학생이 자신의 방을 청소하지 않는 문제행동을 보이

면 어머니는 아이에게 자신의 방을 깨끗이 하라고 소위 '잔소리'를 한다. 아이는 그 잔소리를 멈추게 하기 위하여 자신의 방을 깨끗이 치우게 된다. 부적 강화에서는 혐오적인 자극을 사용하며 학생이 이 혐오적 자극 상황에서 벗어나기 위해 행동을 하도록 함에 따라 탈출 조건화(escaping conditioning)라고도 부른다. 부적 강화는 혐오적 자극의 사용으로 인해 바람직하지 못한 정서적 부산물(예: 근심, 짜증, 공포)을 동반할 수 있다.

② 소거 기법을 동원한다

소거는 바람직하지 않은 행동을 약하게 하거나 제거하는 행동 수정 기법으로 지속적인 무시, 둔감화, 역조건화, 약한 혐오적 자극의 사용, 보상 중지, 포만의 방법을 동원한다.

- **지속적인 무시**(continuous ignorance): 바람직하지 않은 행동이 있을 경우(예: 머리를 흔드는 행동), 그 행동을 지속적으로 무시함으로써 그 행동이 줄어들도록 하는 것이다. 무시를 통한 소거 기법을 동원할 때 유의해야 할 사항은 전적으로 그리고 일관되게 무시해야 한다. 예를 들어, 무시했다가 관심을 두는 등의 비일관적인 행동은 효과를 떨어뜨릴 뿐만 아니라 그런 비정규적인 '무시-관심' 패턴은 오히려 간헐적인 정적 강화가 되어 그 행동을 유지시켜 주는 결과를 낳게도 한다. 또 학생을 둘러싼 여러 사람과의 협동적인 통제가 필요하다. 교사가 소거 진행 과정에 있는데, 다른 사람들이 그것을 모르고 학생의 바람직하지 않은 행동을 우연히 강화할 수 있기 때문이다. 따라서 학교에서의 소거 진행은 가정에서도 지속되도록 학교의 전체적 환경과 부모의 훈련과 가정에서 부모 협조까지 동원해서 통제해야 한다. 소거와 관련하여 교사가 잘못 이해하고 있는 것이 학생을 교실 밖으로 내보내 복도에 앉아 있도록 하는 것이다. 이것은 소거를 잘못 적용한 것으로, 학생이 복도에 앉아 있을 때 다른 학생들의 주의를 받을 수 있어 복도에 앉아 있는 것이 오히려 강화가 될 수 있음에 따라 바람직하지 않은 행동의 소거는 어렵게 된다. 이런 방법은 궁극적으로 소거가 일어나야 할 행동(예: 욕하기)의 배경(학급)을 복도라는 특정한 장소로 이동한 것으로 잘못된 것이다.
- **둔감화**(desensitization): 불안이나 공포 관련 문제행동을 제거하는 데 효과적이다. 불안 또는 공포 관련 자극에 점진적으로 노출시키고, 학생이 긍정적으로 대응해 나가는 각 단계를 강화하는 기법인데, 인간의 자아는 그런 자극에 대한 점진적인 노출을 통해 불안이나 공포 반응을 어느 정도 극복할 수 있는 힘을 기르게 되고, 궁극적으로는 효과적으로 그 자극을 처리할 수 있는 능력을 갖는다는 원리에 기초한 것이다. 둔감화

기법을 동원할 때 유의해야 할 사항은 과제 분석의 경우와 같이 행동을 그 부분적 요소들로 나누어 각 부분을 계선적으로 조금씩 제시하면서 각 단계를 정적으로 강화해야 한다는 것이다. 예를 들어, 등교에 대한 공포를 가지고 있는 학생의 경우 자리에서 일어나기, 현관문으로 가기, 밖으로 나가기, 학교로 향해 한 블록 가기, 두 블록 가기, 학교 정문에 들어가기, 학급에 가기, 안으로 들어가 앉기 등과 같은 계선으로 제시하면서 각 단계에서 강화를 통해 둔감화를 이루면 그다음 단계로 진행하도록 한다.

- **역조건화**(counter-conditioning): 상호적 억제(reciprocal inhibition)라고도 불리는데, 바람직하지 않은 행동과 양립 불가능한 행동을 강화함으로써 바람직하지 않은 행동을 제거하는 것이다. 예를 들어, 화내기와 진정하기, 경쟁적 행동과 협동적 행동, 돌아다니기와 독서하기(또는 글쓰기), 군것질하기와 예금하기 등은 양립 불가능한 행동들로서 후자를 강화하여 전자의 문제행동을 제거하는 것이다.

- **약한 혐오적 자극**(aversive stimuli): 약한 벌을 사용하는 것이다. 벌의 사용에 대해 학교 현장에서 논란이 있지만, 약한 혐오적 자극을 사용하는 벌은 종종 바람직하지 않은 행동을 제거하는 기법으로 효과적이다. 혐오적 자극을 사용할 때 몇 가지 사항에 유의해야 한다. 첫째, 혐오적 자극은 학생 개인에게 유의미하게 불쾌한 것이어야 한다. 교사에게만 불쾌한 것이고, 학생에게는 실제로 유쾌한 것일 수 있는 경우 오히려 바람직하지 않은 행동을 강화하는 역효과가 발생한다. 둘째, 교사는 학생이 하는 행동이 바람직하지 않기 때문에 중지해야 한다는 것을 신호할 단서(예: 말이나 표정)를 제공해야 한다. 셋째, 혐오적 자극은 바람직하지 않은 행동이 나타난 직후 제공해야 한다. 그러나 학생이 자기주도적으로 바람직한 행동을 하도록 하기 위해 단서와 혐오적 자극의 제공 빈도는 점진적으로 줄여야 한다. 넷째, 혐오적 자극이 학생에게 근심 또는 공포, 자존심 저하, 공격성 유도, 침잠(withdrawal) 등의 문제를 가져올 수 있는 경우는 피해야 한다. 그렇지 않으면 학생은 교사를 싫어하고 피하는 행동을 학습하고, 교사는 더 이상 행동 수정을 할 수도 없다. 나아가서 학생은 교사를 피하는 행동에 대해 죄책감을 갖게 되어 바람직하지 못한 행동을 더욱 악화시킬 수 있다. 다섯째, 혐오적 자극은 바람직하지 않은 행동의 소거에만 한정해야 하지, 그것을 동반할 수 있는 바람직한 행동까지 소거해서는 안 된다. 예를 들어, 어떤 학생이 절도(theft) 행위를 하지만(바람직하지 않은 행동) 솔직해서 진실을 말하는데(바람직한 행동), 교사는 절도 행위를 소거하기 위해 혐오적 자극을 사용하더라도 진실을 말하는 솔직한 행동까지 소거해서는 안 된다. 따라서 절도 행위는 소거하고 솔직함은 강화하는 변별적인 처치가

필요하다. 아울러 혐오적 자극의 사용은 바람직하지 못한 행동을 멈추기 위해서만 사용하고, 점진적으로 정적 강화로 전환시켜야 한다. 이때 유의해야 할 사항은 바람직하지 못한 행동 대신에 좀 더 수용 가능할 만한 것이 무엇이었는지를 설명해 주고, 그 수용 가능한 행동을 실제로 수행하도록 하고 긍정적으로 강화한다.

- 보상의 중지(withdrawal of rewards): 바람직하지 않은 행동을 보였을 때 교사뿐만 아니라 또래들도 어떤 물질적 보상이나 사회적 보상(관심이나 인정, 승인 등)을 중지한다(준보상을 회수하는 것은 벌로서 보상의 중지와는 다르다). 보상의 제공이 체계적일 때 행동 수정에 효과적이듯 보상의 중지도 체계적일 때 소거에 효과적이다. 그 이유는 비체계적인 보상의 중지는 학생으로 하여금 행동 변화와 그에 따른 보상의 상황을 예상하는 것을 불가능하게 만들기 때문이다.

- 포만(satiation): 개념적으로 무시 기법에 상반되는데, 바람직하지 않은 행동을 계속하도록 허용하여 지루함과 피로를 느껴 그 행동을 소거하도록 하는 기법이다. 포만 기법은 학교에서 사용하기에 논란거리가 있는 동시에 위험하기도 하다. 다음 두 가지 조건의 경우 사용해서는 안 된다. 바람직하지 않은 행동이 위험하고, 해롭고, 불법일 때(예: 흡연)와 바람직하지 않은 행동의 반복이 정적 강화로 바뀔 때이다. 예를 들어, 학급에서 지속적으로 저속한 말을 하여 또래들로부터 인기를 얻을 경우 그런 사회적 승인 및 지위 확보가 정적 강화가 될 경우에는 사용해서는 안 된다. 따라서 포만 기법은 앞의 두 가지 조건을 갖지 않은 신중한 상황에 한해서만 사용해야 한다. 예를 들면, 타자 치기에서 단어 오타를 내는 습관을 보이는 학생의 경우 계속 오타를 내는 것을 허용하도록 하되 그 결과에 대해 피로, 지루함, 무가치함을 느껴 소거하도록 한다.

지금까지의 소거 기법들은 상호 조합되어 큰 효과를 발휘할 수 있다. 예를 들어, 보상의 중지와 역조건화는 조합되어 보다 큰 효과를 발휘할 수 있다.

(2) 종합적인 지원 체제
학습부진아들을 위한 진단-처방 교수 모델이 성공하기 위해서는 종합적인 지원 체제가 필요하다(Mann, Suiter, & McClung, 1987; Prouty & Prillaman, 1970; Stellern, Vasa, & Little, 1976; Valett, 1970; White, 1997).

① 행 · 재정적 지원 체제이다

학교는 교사, 학부모, 지역사회 인사들로 구성된 학습부진 교정위원회를 구성하여 학교의 학습부진을 극복하기 위한 계획을 세우고, 진행 상황을 점검하고, 평가하고, 지원한다. 좀 더 구체적으로 학교는 교사들이 진단-처방 교수 모델을 운영할 전문적 능력을 계발하도록 교사 연수를 통해 지원하고, 학습부진 학생들을 대상으로 진단-처방 교수 모델을 실행하는 데 필요한 예산을 설정하고 재정적으로 지원한다. 지역사회 또는 학부모를 대상으로 교사를 도와 학습부진 학생들을 지도할 자원 인사 틀을 구성하여 지원을 받도록 한다.

② 심리적 지원 체제이다

교사는 학습부진아 교육에 대한 헌신적 신념과 자세를 지녀야 한다. 좀 더 구체적으로 교사는 학습부진아들에게 따뜻하고, 반응적(responsive)이어야 하고, 인간적 통합성과 공감성을 지니고, 인간적으로 민감하게 상호작용을 해야 한다. 그리고 교사는 자신의 사고, 감정, 직관 등을 함양하고 그것들을 학생과 교류하는 데 있어 구별된 자아를 정립하고, 자기 개발에 대한 인식을 가지고 있으며, 역할 모델이 되어야 한다.

③ 환경적 지원 체제이다

진단-처방 교수 모델의 운영을 촉진시키기 위해서는 학교 또는 학급 차원에서의 물리적 시설의 배치가 필요한데, 다음 세 가지 유형이 제시되고 있다. 학교 및 학급의 재정과 시설의 상황적 한계 내에서 적절한 유형을 선택 또는 종합하여 창의적으로 시설을 구비할 필요가 있다.

(3) 스텔런, 바사, 리틀이 제안하는 시설의 구비

스텔런, 바사와 리틀(Stellern, Vasa, & Little, 1976, pp. 240-246)은 다음과 같은 시설의 구비를 제안한다.

① 흥미 센터이다

학습과 행동에서 문제를 보이는 대부분의 학생의 요구를 만족시키며, 교사의 통제가 최대로 가능한 배치로서 다음과 같은 구성을 갖는다.

- **질서 센터(order center)**: 충동적으로 행동하는 학생이 환경을 통제함으로써 자신의 감

정을 통제하는 것을 돕는 코너로서, 학생이 외적 통제가 필요할 때마다 이 코너에서
활동한다.

- **점검표 홀더**(checkmark card holder) **코너**: 점검표를 보관하는 코너로서, 학생들은 매일
  새 점검표를 받고 바람직한 행동의 보상 수단으로 정기적으로 점검을 받도록 한다.
  하루 일과 또는 한 주의 끝 무렵에 학생들이 받은 체크마크(checkmark)의 수에 따라
  흥미를 가지고 있는 물건을 얻도록 한다.
- **타임아웃 영역**(time-out area): 이 코너에는 관심을 끌 만한 모든 자극을 없앤다. 혼란을
  야기하는 학생을 학급에서 이곳으로 격리시키고, 학생이 학습을 재개하고자 할 경우
  학습에 복귀하도록 한다. 이 코너는 학급 외부에 있을 때 가장 효과적이지만, 학급 내
  에 설치할 경우 튼튼한 스크린으로 가리고, 이 코너에 있을 동안 체크마크(checkmark)
  를 받을 권한을 박탈한다.
- **탐색 영역**(exploratory area): 손으로 조작하는 활동(hands-on activities)을 통해 다감각
  적 경험을 제공하는 코너로서, 세 부분으로 구성한다.
  - 과학 코너로서 망원경, 현미경, 동식물, 과학실험 기구 등을 설치한다.
  - 예술 코너로서 물감, 크레용, 종이, 진흙, 모래함, 음악, 다양한 분류 물체(sorting
    objects) 등을 설치한다.
  - 의사소통 코너로서 녹음기, 워키토키, 코드 게임(code games), 순간주의력(기억) 측
    정 장치(tachistoscopes), 통신판매(mail-order) 카탈로그, 일대일 의사소통을 증진시
    킬 가게 활동이나 해전 게임(예: Battleship)과 같은 게임 등을 설치한다.
- **자유 시간 영역**(free-time area): 바람직한 행동을 강화하는 기능을 하는 코너로서, 학
  생들에게 흥미롭고 요구를 만족시킬 물건들을 개설해 놓는다. 계약 학습(contract
  learning)과 함께 사용되면 가장 효과적이다.
- **신체 이미지 영역**(body image area): 신체 이미지란 자신의 신체적 외모, 구조, 능력에
  대한 인식을 말하는데, 문제행동을 지닌 특수 학생들은 신체 이미지에 문제를 가지고
  있어 낮은 자긍심, 보상 행동, 냉담, 학습 문제 등을 일으킨다. 이 코너에서는 신체 이
  미지 과제와 장비(덤블링 매트), 거울, 평행봉, 펀치 백(punching bag), 줄넘기, 적은 무
  게 운동 세트(small weight set), 몸가짐 단장하기(grooming activities), 장식품(vanity) 및
  화장 도구(특히 여학생들에게), 움직임 탐색 도구(movement exploration materials) 등을
  갖추고 신체 이미지를 증진시키는 활동을 한다.
- **개인 열람실 영역**(carrel area): 학습 부스(booth)로서, 주의 집중에 문제가 있는 학생들

이 겪는 학급의 외적 자극들(소음, 빛, 진동 등)을 줄여 주고 학습용으로만(처벌용이 아니라) 사용하도록 한다(타임아웃 영역은 처벌용으로만 사용한다). 주의 집중 문제를 해결할 때까지 사용 시간은 무한정이다(이와는 반대로 타임아웃 코너에서는 시간 한계를 가져야 한다).

- 완전학습 영역(mastery area): 도구교과 영역의 완전학습을 위해 혼자서 독립 학습을 할 수 있는 학생을 위한 코너이다. 각 학생에게 책걸상을 하나씩 배정하되 전체가 13개를 넘지 않도록 배치한다. 전통적으로 책걸상을 사각형 모양으로 배치할 수도 있으나 원형으로 배치하는 것이 더 좋다. 책걸상들이 안쪽으로 향하도록 하여 교사와 교사 보조가 원의 배후를 돌면서 학생의 등 너머로 각 학생의 학습 진보 상황을 모니터할 수 있기 때문이다.

② 학습 센터이다

학습 센터(주요 학습 채널에 의해 정의되는 특징을 지님)를 중심으로 배치하는데, 학습장애를 포함하여 학습부진아들에게 효과적인 설계이다(앞의 흥미 센터 배치는 충동적인 행동 또는 얌전한 행동을 보이는 학생 모두에게 효과적인 것과 대조된다). 전통적인 교수의 맥락에서 완전학습 코너에서 도구교과들을 독립적으로 학습하도록 하고, 교정 학습(remedial work)은 적절한 학습 센터에서 이루어지도록 한다. 덜 전통적인 교수의 맥락에서 학생들의 청각, 시각, 촉각적 학습 채널의 강점을 살리고 약점은 보완한다. 이 경우, 학습 센터는 도구교과의 완전학습을 위한 강화인으로 작용할 수 있다. 다음과 같은 구성을 갖는다.

- 청각 학습 센터: 청각적 투입, 기억, 의미, 언어 산출물 재료로 구성하는데, 듣기 포스트, 워키토키, 기타 전문적 언어 발달 학습자료들(Peabody Language Development Kit, Distar Language materials, Language Masters, matching sound activities, recorder, Auditory Discrimination in Depth Program, GOAL Language program, Goldman-Lynch Sounds and Symbols program 등)을 구비한다.
- 시각 학습 센터: 시각적 투입, 기억, 의미, 시각–운동적 일치 산출물 자료들(Frostig visual-perception materials, pegboards, puzzles, dot-to-dot exercise, etch-a-sketch, mud, sand, finger paints, sandpaper, tachistoscope, felf material, crayon, Fairbanks-Robinson materials, Dubnoff program, Michigan Tracking materials 등)을 구비한다.
- 다중 감각 센터: 일반적 학습 채널 결함을 가진 학생들을 위해 설계되는데 다중적 감

각 재료(multisensory materials)들로 구성되며, 주요 교정적 활동은 추적하기(tracing), 말하기, 보기, 느끼기에 두는데, 사포(sandpaper), 만지는 글자나 숫자(felt letters and numbers), 진흙, 모래, 손가락 프린트(finger prints), 크레용 등을 구비한다.

- 개인 **열람실 영역**: 흥미 센터의 경우와 같으나 많은 학습장애 학생은 소란스러워서 이 코너는 흥미 센터의 경우보다 더 중요하다.

그 외 타임아웃 영역(time-out area), 신체 이미지 영역(body image area), 완전학습 영역 (mastery area)은 흥미 센터 배치의 경우와 같다.

③ 학습 메뉴 배치이다

흥미 센터와 자유 시간 메뉴 영역의 기초 위에 운영하는데, 교사 보조가 없는 상황에서 충동적인 학생 또는 얌전한 학생들에게 가장 적절하다. 완전학습 영역에서 학습을 시키되 자유 영역에서의 메뉴 게시판을 자유롭게 사용하는 것을 강화인으로(교사로부터 스톱워치 를 받아 10분 동안으로 맞추어 놓고) 하는 계약 학습 전략을 적용하면 가장 잘 기능한다. 자유 시간이 끝나면 완전학습 코너로 돌아와서 새로운 학습 계약을 한다. 학생이 문제행동을 일으키거나 비도구교과 문제 해결 과제가 필요하면, 학생은 질서 코너, 신체-이미지 코 너, 또는 타임아웃 영역으로 가도록 한다. 타임아웃 영역의 경우를 제외하고, 비도구교과 적 학습 경험을 필요로 하는 경우 체크마크(checkmark)를 회수하는 벌을 주지는 않는다.

메뉴 게시판은 학생들의 키를 넘는 높이의 구획(partition)을 마련하고 그 폭은 교사의 책 상이 위치한 입구 영역까지 확대한다. 메뉴 게시판에는 자유 시간 영역 내에서 일어나는 자유 시간 활동들을 묘사한 그림들로 구성하는데, 이 그림들은 학생들이 그린 그림들, 잡 지에서 얻은 그림들, 학생들이 카메라로 찍은 사진 등 여러 가지 양식으로 제시될 수 있다. 그 외 질서 센터, 개인 열람실 영역, 타임아웃 영역, 신체 이미지 영역, 완전학습 영역은 흥 미 센터 배치와 같다.

17. 영재아 지도하기

영재아들도 특별한 발달적 요구로 인해 학습부진아들과 같은 특별한 교육 서비스를 필요로 한다. 영재아들은 개인차가 있지만 공통적으로 나타나는 일반적인 특징이 있다

(Davis & Rimm, 2004).

지적으로는 조기에 언어를 습득하고, 사고력이 높고, 사고가 빠르며, 논리적이고, 복잡하고, 추상적인 개념들을 파악해 내는 능력이 높고, 메타인지 능력이 높고, 장시간 집중하는 능력이 높고, 강한 동기와 끈기를 보이고, 자기주도적으로 학습하며, 타인을 즐겁게 하기 위해 동기 유발이 되지 않는 경향이 있다. 학습을 좋아하나 자신들의 개인적 요구를 무시하는 교육과정에 자신들을 가두는 학교와 교사들을 싫어하고, 튜터링(tutoring)에 잘 응하고, 도구를 다루고, 실험하고, 생각하고, 읽고 쓰는 자유를 가지며 홀로 있을 시간을 좋아하고, 새로움과 복잡함을 선호하고, 즉흥적인 순발력이 강하고, 애매모호한 문제 상황을 잘 견딘다.

심리적으로는 보통 사람들보다 더 강한 자아 개념과 자기 주장성이 강하고, 자기 의존적이다. 유머 감각이 높고, 정서적 민감성이 높다. 자신을 통제하는 능력이 높고 성공을 주로 노력과 동기로 돌린다. 그러나 사회적 자아 개념(사회적 자아존중감)이 학업적 자아 개념에 비해 낮은 편이다. 이에 따라 의미 있는 친구 관계를 맺기 힘들어하고, 우울증과 완벽주의와 같은 정서적 문제를 겪는다. 사회적 발달에서 어려움을 겪을 수 있다. 그리고 독립심, 내적 동기, 융통성, 자기 수용력, 타인과 사회에 영향을 주고자 하는 욕망, 주도성, 리더십이 강하다. 영재들은 대체적으로 심리적으로는 건강하지만 상담의 필요가 높다.

도덕적으로는 도덕적 추론 능력이 또래보다 높고, 윤리적이고, 도덕적 이슈에 민감하고, 공감적 능력이 높다. 이에 따라 또래 학생들보다 덜 이기주의적인데, 그 이유는 다른 사람의 관점에서 상황을 볼 수 있는 능력이 있기 때문이다. 즉, 영재들은 어린 나이에 가치 체계를 발달시키고 세련화하고 내면화함으로써 공정한 게임과 정의에 대한 예민한 감각을 가지고 있다. 이에 따라 영재들은 다른 사람의 권리와 감정을 잘 인정하고, 학교에서 반사회적이거나 기타 행동상의 문제를 훨씬 덜 보인다. 그러나 높은 판단력으로 타인을 자신의 이익을 위해 이용하는 '상냥한 속임수'를 보일 수도 있어 조심해야 한다.

영재아 지도는 속진(acceleration)과 심화(enrichment)의 방법을 사용한다. 속진이란 교과의 내용을 빠르게 학습하도록 하는 것이다. 대개 나이 어린 학생들에게 상급 학년의 표준 교육과정을 제공하는 방법을 취한다. 심화는 좀 더 풍부하고 다양한 교육과정을 제공하는 것이다. 표준 교육과정을 깊이가 깊고 폭이 넓도록 재구성하여 제공하는 방법을 취한다. 그러나 어떤 심화 경험이라도 깊이 있고 새로운 토픽을 포함하기 때문에 정규 교육과정에 비해 진보 및 속진 형태를 띤다. 속진과 심화는 중복되는 측면이 있다. 이런 이유로 폭스 (Fox, 1979)는 선행 학습 진도 학급 배치나 학점으로 귀결하는 전략은 속진으로 표준 학년 수준의 활동을 보완하거나 넘어서기는 하나 그런 결과들로 귀결하지는 않는 전략은 심화라고 구분한다.

(1) 영재아 지도 방법: 속진

속진에는 여러 형태의 방법이 있다.

① 초등학교에의 조기 입학이 있다

이 방법은 행정적으로 큰 어려움이 없이 영재들에게 도전감 있는 학습 경험을 할 수 있도록 하는 이점이 있다. 학업 성취에 있어 효과가 있는 것으로 나타나고 있다. 레이놀즈(Reynolds, 1962)는 초등학교에 조기 입학한 500명의 아동들을 4,000명의 정규 아동들과 비교한 결과, 평균적으로 조기 입학 아동들은 학업 성취가 더 우수한 것으로 보고했다. 홉슨(Hobson, 1979)은 초등학교에 조기 입학한 학생들은 고등학교까지 우수한 학업 성취를 보였고, 특별활동에 더 많이 참여하였고, 졸업 때 좀 더 많은 상을 받았고, 대학 진학률이 좀 더 높았다고 보고한다. 맥클러스키, 베이커와 매시(McClusky, Baker, & Massey, 1996)는 캐나다에서 조기 입학하여 다양한 연령대에 이른 54명을 종단 추적하여 조사한 결과, 이들 중 80%의 학업 성취는 탁월하거나 인정할 만하였고, 20%는 저조한 것을 보고하였다. 다만 펠드센(Feldhusen, 1992)의 연구에 의하면 초등학교 조기 입학을 허용할 때는 개인 지능 검사 점수가 130 이상으로 지적 조숙함을 보여야 하고, 눈과 손의 협응(eye-hand coordination) 검사를 통해 적어도 평균적인 지각-운동 기능을 지니고 있어 자르고, 붙이고, 그리고, 쓰는 활동을 할 수 있어야 하고, 독해와 산술 추론이 1학년 2학기 수준 이상이어야 하고, 집단적 활동에 적응력이 있을 정도로 사회적, 정서적으로 성숙해야 하고, 학교 생활을 견딜 수 있도록 건강 상태가 좋아야 하고, 가족이 학업적 성취와 교육에 대해 가치 지향적이어야 하고, 6주 정도의 실험기를 거치도록 하는 것이 좋다.

② 학년 속진(grade skipping)으로 1~2학년 정도를 건너 뛰어 상급 학년으로 월반하는 것이다

일반인들의 우려와는 달리 학년 속진은 사회적 부적응을 불러오지 않으며(Terman & Oden, 1947), 고등학생들의 경우도 속진한 학생들은 다른 학생들보다 모든 영역에서 더 높은 성취를 올렸으며, 더 높은 직업 포부를 가졌고, 유수 대학에 좀 더 많이 진학하고(Brody & Benbow, 1987), 학년을 속진하지 못해 생길 수 있는 지루함, 태만, 좌절, 미성취, 방해적 행동은 학습 동기 증진, 자아 개념의 증진, 학습 태도 및 학업 성취가 향상되었다(Gross,

1999; Rimm & Lovance, 1992).

③ 교과목 속진(subject skipping)으로 상급 학년 학생들과 함께 특정 교과목을 공부하도록 하는 조치이다

교과목 속진은 학년 속진(grade skipping)을 완전 속진(full acceleration)이라고 부르는 것과 구분하여 부분 속진(partial acceleration)이라고 부른다. 교과목 속진은 특별히 수학, 읽기, 언어 등과 같이 특별히 위계가 분명한 교과목에 적절하지만, 다른 모든 교과목에도 적용이 가능하다. 교과목 속진은 특별히 재능을 보이는 교과 영역에 대한 도전감 있는 경험을 제공하는 동시에 다른 영역은 원래 학년 수준의 또래들과 공부하도록 하는 장점이 있다. 반면에 교과목 속진은 종종 학교 현장에서 속진 후에 계속적으로 적절히 도전감 있는 경험을 제공하는 후속 대책을 세우지 못해 이미 학습한 것을 다시 학습하는 사태를 발생시키고는 한다(Davis & Rimm, 2004).

④ 시험에 의한 학점 이수(credit by examination)이다

중등학교에서 영재들이 어떤 코스에 대한 시험을 치루고, 완전 습득이 나타나면 그 코스를 이수한 것으로 간주하고 학점을 부여하는 조치이다. 대학 코스인 경우는 시험에 의해 대학 학점을 이수한 것으로 간주하고 대학에 입학 시에는 선진도 학급에의 배치를 허용한다. 예를 들어, CLEP(College Level Examination Program)의 경우 30개 영역의 교과목(수학, 영어, 경영, 컴퓨터, 간호학, 교육학, 심리학, 외국어 등)에 시험을 개설한다. 90분의 선다형 검사이고, 만약에 대학이 요구하는 경우에는 논술 시험도 치른다.

⑤ 고등학교에서의 대학 코스 개설(college courses in high school)이다

두 가지 유형이 있는데, 그중 이중 등록 프로그램(dual enrollment program)은 고등학교 영재가 하루 중 일부분을 대학 캠퍼스에 가서 하나 또는 그 이상의 코스에 등록하여 학습하도록 한다. 이때 얻은 학점은 후에 그 대학에 입학해서 학점 인정을 받거나 다른 대학으로 전학할 때도 인정받는다. 그리고 이 학점은 취득한 코스를 고등학교 졸업 요건이 되는 관련 코스를 이수한 것으로 인정한다. 또 하나의 유형은 선진도 학급 배치 프로그램[Advance Placement(AP) program]이다. 고등학교 영재들을 위해 대학 수준의 코스를 개설해 주고 시험도 치는데, 영문학, 영작문, 외국어, 화학, 경제학, 음악 이론, 미적분, 심리학, 역사학, 컴퓨터 사이언스, 경영, 정치학, 생물학 등 영역에서 개설한다. 시험은 매년 3월에

2주에 걸쳐 치르는데, 각 코스는 90분 선다형 시험에 90분 에세이다. 코스 이수는 대개 1년을 소요하고, 1,300개가 넘는 대학이 AP 코스를 인정하지만, 최대 인정 코스의 수는 대학마다 다르다.

⑥ 우편을 통한 코스 이수이다

이 유형의 속진은 작은 도시, 농어촌 지역의 영재들에게 특히 필요하다. 우편을 통한 코스 이수는 대학 수학, 대수, 통계, 심리학 입문, 교육심리학, 사회학, 경제학, 인류학, 천문학, 역사학, 외국어 등 대학 학점 전체를 대상으로 할 수 있다. 그러나 대개 교수와 학생의 상호 작용 및 실험실을 사용해야 하는 강좌, 예를 들어 생물학, 물리학, 연설 등은 개설하지 않는다. 여름 방학을 이용하여 독립 학습(independent study)의 형태 또는 정규 고등학교 교육과정과 연계하여 심화학습의 형태로 제시하기도 한다.

⑦ 조기 대학 입학(early admission to college)이다

고등학교 영재들, 심지어는 적은 수이지만 중학교 영재들이 대학에 전업 학생으로 등록하여 공부한다. 고등학교의 이수 과목들은 압축하기(예: 3년의 과정을 2년으로 압축) 또는 융통적인 면제를 통해 이수하여 졸업 조건을 충족한다. 예를 들어, 1983년 California State University는 중학교와 고등학교 영재들을 대상으로 조기 대학 입학 프로그램을 운영했는데(Gregory & March, 1985), 자격 조건은 적어도 14세 이상이어야 했고, Washington Pre-College Test 또는 SAT에서 언어와 수학 영역 점수 중 어느 하나는 80 퍼센티지 이상, 그 나머지는 하나는 50 퍼센티지 이상이어야 했다. 학생들은 처음에는 중학교 또는 고등학교 과정을 이수하면서 대학에 파트타임으로 등록했다. 실패할 경우에도 피해를 최소화하였고, 대학 학점은 미래를 위해 학점은행에 예치될 수 있도록 하였다.

⑧ 국제 바칼로레아 프로그램이다

이 프로그램은 학생들에게 외국어를 포함하여 높은 수준의 코스워크를 제공하고, 지구촌 문제와 관심사를 배우도록 한다. 110개국에 1,310개의 "인정" IB(International Baccalaureate) 프로그램이 개설되어 있고, 이들 중에 1,000개의 프로그램은 16~19세 학생들을 위한 고등학교 프로그램(Diploma Programmes: DP), 중학교 프로그램(Middle Years Program: MYP), 초등학교 프로그램(Primary Years Program: PYP)도 있다.

⑨ 대학에서의 속진 프로그램이다

예를 들어, 미국 존스홉킨스(Johns Hopking) 대학의 SMPY(Study of Mathematically Precocious Youth) 프로그램은 탁월한 수학적 재능을 지닌 7학년들을 선발하여 수학을 빠른 속도로 학습하도록 한다. 학생들은 여름 캠프에 참여하여 하루 5~6시간, 3주간 수업을 받고, 1~2년의 고등학교 대수와 기하 코스를 끝낸다(Stanley, 1991). 듀크(Duke) 대학의 DTIP(Duke Talent Identification Program)는 여름 캠프를 통해 과학, 수학, 엔지니어링, 인문학 코스를 제공하고, 5개 국제 사이트와 3개 국내 사이트에서 코스를 제공한다.

(2) 영재아 지도 방법: 심화

심화에도 여러 방법이 있다.

① 독립 학습과 프로젝트가 대표적이다

독립 학습은 도서관이나 인터넷 또는 리서치 프로젝트에서 학생들이 개인적 관심사를 도서관, 인터넷, 현장 방문, 전화 및 이메일 등을 통해 조사하고 탐구하거나 개발하도록 한다. 그리고 그 결과를 리포트, 비디오, 신문 칼럼 투고, 전시 등의 형태로 발표한다. 독립 프로젝트에서는 과학, 미술, 음악, 창의적 글쓰기, 기타 개별 프로젝트를 수행한다. 과학 실험, 예술 작품을 만들어 전시하거나 창의적 글쓰기 작품은 잡지에 싣기도 하고, 신문 만들기 프로젝트를 통해 면접 기술, 스토리텔링, 사진 찍기, 컴퓨터를 통한 글쓰기와 그림 편집 등의 기술을 배우도록 한다.

② 학습 센터 학습이다

학습 센터는 정규 학급 내에서 또는 별도의 학습자료 센터에서 운영할 수 있는데, 학생들은 자신들의 관심 영역에서 심화학습을 한다. 펠드센(1981)은 학습 센터로 도서관 센터, 수학 센터, 예술 센터, 과학 센터를 제안하고 있는데, 그 외에 외국어, 지리, 역사 등 사회 과학 센터 등을 운영할 수 있다.

③ 현장 견학이다

현장 견학은 학생들이 해결해야 할 문제나 답을 얻기 위한 질문을 가지고 있을 때 가장 효과적이다. 현장 견학은 미리 계획해야 하고, 학생들은 직접 경험과 토론, 사후 평가 및 보고서 작성이 꼭 필요하다(Friedman & Master, 1980).

④ 토요일 프로그램이다

토요일에 여러 가지 심화 경험을 제공한다. 토요일 프로그램은 실제로 소규모 학급의 형태를 띠며 교사, 교수, 대학원생, 지역사회 인사, 학부모 등 다양한 교사진이 운영한다. 퍼듀(Purdue) 대학은 2세에서 고등학생들을 대상으로 40개의 프로그램을 9번의 토요일을 1학기로 하여 제공한다(Feldhusen, 1991; Wood & Feldhusen, 1996). 뉴저지에서는 2세에서 7학년생들에게 약 50개의 1시간 토요일 아침 워크숍을 제공한다(Gifted Child Society, 1990). 토요일 프로그램은 유사한 관심사를 가진 또래들과 함께 도전적이며 지원적인 상호작용을 하게 하고, 좀 더 복잡한 기능과 개념적 수준의 수업을 받게 하고, 정규 학급 시간에서는 제공하지 않은 토픽과 내용 소재들을 다루고, 탐구와 조사 학습 기능을 습득하고, 자신들의 재능을 명료화하고 확인하도록 해 주는 이점이 있다(Feldhusen, 1991; Feldhusen, Enersen, & Sayler, 1992).

⑤ 여름 프로그램이다

방학을 이용하여 다양한 프로그램을 개설한다. NAGC(National Association for Gifted Children)는 여러 여름 프로그램 목록을 소개하는데, 몇 가지 예가 있다. 주에서 제공하는 프로그램이 있다. 주에서 지원하는 기숙형 여름 프로그램으로, 여러 교과 영역에 걸쳐 코스를 개설한다. 2004년 현재 적어도 32개 주에서 43개의 Governor's school을 개설하고 있는데 거의 모든 고등학교 학생을 대상으로 하고, 아이오와(Iowa)주는 12~14세까지도, 메릴랜드(Maryland)주는 4학교까지도 대상으로 한다(Hallowell, 1991). 대학에서 개설하는 여름 프로그램도 있다. 예를 들어, 퍼듀 대학은 네 개 계층의 연령대 학생들을 대상으로 여름 프로그램을 제공한다. PP(Pulsar program)는 고등학교 학생들을 대상으로 한 2주 기숙 프로그램이다. 2002년 프로그램은 American Civil War in the West, Entrepreneurship, Vertinary Medicine, Pop Art, Pharmacy, Electrical Engineering, Movies & Mental Illness였다. SP(Star program)는 7~8학년을 이수한 영재들을 대상으로 한 2주 기숙 프로그램으로 Aeronautical Physics, Pre-Med, Advertising, Forestry, Science Fiction, Machines and Bridges, Sculptures, Prehistoric Biology, Security and Liberty, Suspenseful Spanish 등의 코스를 제공한다. CP(Comet program)는 5~6학년들을 대상으로 한 3주 기숙 프로그램으로 Paint Without Brushes, Aquatic Underworld, Plant Biology, Writing, Civil War Adventure, Contemporary Art, Architectural Geometry, Chemistry, Web Page Design 등의 코스를 제공한다. 그리고 MP(Meteor program)는 3~4학년들을 대상으로 한 3주 기

숙 프로그램으로 Artistic Math, Animation Studio, Phenomenal Physics 코스를 제공한다. 노스웨스턴(Northwestern) 대학의 경우는 해외 학습 프로그램(Study Abroad Programs)의 경우 외국의 가정에서 외국어와 문화를 학습하도록 하는데, 주로 고등학교 학생들에게 제공한다(Limburg-Weber, 2000; Olszweski-Kubilius & Limberg-Weber, 1999). 위스콘신(Wisconsin) 대학의 경우는 CK(College for Kids) 프로그램을 운영하는데, 250명의 5학년 영재들을 대상으로 3주에 걸친 오전 프로그램을 제공하는데, 40개 영역[예: 화학, 호소학(湖沼學, limnology), TV, 사진, 댄스 등]에 걸쳐 코스를 제공하고, 27~28명의 현장 교사들은 각각 10~12명의 아동들을 만나 브레인스토밍, 문제 해결, 평가, 기타 사고 기능들을 연습하고, 그 주의 워크숍에 대해 토론하고, 현장 견학을 한다.

⑥ 멘터링이다

어떤 영역에 있어 높은 수준의 전문성을 가진 전문가와 멘터-멘티의 관계를 갖고 정규 학교 교육과정으로는 갖기 어려운 경험을 쌓도록 하는 것이다. 성인 멘터는 역할 모델, 가이드, 교사, 심지어는 친구의 역할을 하는데, 미성취 영재, 경제적 소외 계층 영재, 여자 영재, 장애 영재들에게 매우 효과적이다(Casey & Shore, 2000; Clasen & Clasen, 2003; Duff, 2000; Goff & Torrance, 1999; Hébert & Olenchak, 2000). 멘터는 대개 어느 영역에서의 전문가가 되는데, 좋은 멘터는 성, 인종, 사회적 배경, 가치 등에서 일치가 있어야 효과적이고, 어떤 전문 영역에 있어 높은 수준의 능력을 지니고 영재들에게 즐겁게 도전적인 경험을 제공해 줄 수 있는 능력을 지닌 사람이어야 한다(Arnold & Subotnik, 1995). 대학생들도 멘터가 될 수 있다. 프릴만과 리처드슨(Prillaman & Richardson, 1989)의 연구에 따르면 8~11학년 영재들을 대상으로 대학생들을 멘터로 하여 12주 동안 방과 후와 주말에 영재들이 관심사를 탐색하는 데 도움을 주도록 하였는데 효과적인 것으로 나타났다. 요즘에는 정보통신 기술의 발달로 인해 온라인 멘터링이 점점 확대되고 있다. 인터넷과 이메일(email)은 온라인 튜터링, 전문가 면담과 코칭 등 멘터와 멘티의 연결을 증진시켜 주고 있다(Duff, 2000).

⑦ 심화활동 경진 대회이다

세계적으로 유명한 경진대회 프로그램들에 참여시키거나 그 내용과 방법을 참고하여 교육청이나 학교 단위에서도 펼칠 수 있다. 몇 가지 유명한 경진대회로 FPS(Future Problem Solving), OM(Odyssey of the Mind), JGB(Junior Great Books), 학업 10종 경기

(Academic Decathlon) 등을 소개할 수 있다.

■ FPS(Future Problem Solving)

FPS는 1975년 폴 토랜스(Paul Torrance)가 조지아 대학(University of Georgia)에서 시작했는데, 주 수준과 국가 수준의 경진대회에서 세계 수준의 경진대회이다. FPS는 다음과 같은 목표를 가지고 있다(Crabbe, 1982).

- 미래를 능동적이고 긍정적으로 다룰 수 있도록 미래에 대한 인식을 좀 더 증진시킨다.
- 창의적인 인물이 되고 분명한 것을 넘어 학습할 수 있도록 한다.
- 의사소통 기능을 증진시키는데, 특히 분명하고 정확하고 설득력 있게 말하고 쓸 수 있는 기능을 증진시킨다.
- 듣고 존경하고 이해하고 타협하는 팀워크 기술을 발달시킨다.
- 문제 해결 모델을 사용하고 일상의 삶에 통합하는 능력을 습득한다.
- 어디서 어떻게 정보를 습득할 것인지를 포함하여 리서치 기술을 발달시킨다.

FPS의 운영 방법은 다음과 같은 절차를 따른다(Davis & Rimm, 2004).

- 5명이 소집단을 이루어 팀을 구성한다.
- 학년별로 3등급화한다: Junior(4~6학년), Intermediate(7~9학년), Senior(10~12학년). K-3 학년을 대상으로 한 Primary Division도 있으나 경연대회를 통해 팀끼리 경쟁하지는 않고, 세 가지의 연습 문제에 참여하고 교사 또는 코치가 전담하여 평가하고 피드백을 제공한다.
- 각 팀은 5개의 문제를 일 년 동안 해결한다. 기존에 출제된 문제의 주제들은 빈곤, 테러리즘, 쓰레기 처리, 학교 중퇴자, 범죄, 약물 남용, 아동 학대, 오존층 파괴, 물 부족, 산성비, 의료기술의 진보, 우주 탐험, 스포츠의 윤리, 땅의 개발 등이었다. 2001~2002년 동안 다섯 가지 토픽의 예로 21세기의 대체에너지원, 추후 100년 동안의 교육 옵션들, 장기 기증, 거주지 파괴와 환경법의 발달, 'dot com' 기업(온라인 비즈니스를 통해 매출을 얻는 기업)이었다. 5개의 문제 중에서 처음 두 문제는 연습용이고, 세 번째 문제가 주 수준에서 채점해서 상위 팀들이 주 수준의 경연대회에 참가한다.

- 주 수준 경연대회에 참가하는 팀들에게 어떤 토픽을 미리 제공하여 각 팀이 조사 활동을 사전에 하게 한 다음, 경연장에서는 문제 시나리오(problem scenario)와 관련된 최근 잡지들과 신문 기사들을 기본적으로 제공한다. 학생들은 추가 자료를 수집하고 격리된 방에서 2시간 동안 문제를 진술하고 해결책을 논술의 형태도 생산해 내고 그 결과를 프레젠테이션 한다. 문제는 창의적 문제 해결 모델(Creative Problem Solving Model; CPS 모델)에 근거하여 해결한다.
- 주 수준 경연대회에서 우승하는 세 팀(각 학년 급별로 한 팀씩)은 세계 FPS 대회에 참여한다.

FPS는 영재들에게 귀중한 교육을 경험하게 해 주고(Torrance & Torrance, 1978), 미성취 영재들에게도 매우 성공적이다(Rimm & Olenchak, 1991). FPS 프로그램 관련 사이트는 www.fpsp.org이다.

■ OM(Odyssey of the Mind)

테드 골리(Ted Gourley)와 샘 미클러스(Sam Micklus)가 창설하였고, FPS와 같이 국가 및 국제 경연 대회이다(Davis & Rimm, 2004). FPS와 같이 창의적인 사고, 문제 해결 능력, 자신감, 대인 간 기능 등을 습득한다. 학생들을 학년별로 4등급으로 나누어 참여한다. Division I(12세 이하 또는 5학년 이하), Division II(15세 이하 또는 8학년 이하), Division III(15세 이상 또는 고등학교 재학생), Division IV(대학생)로 나누고, 각 팀은 7명으로 구성할 수 있지만 5명만 경연대회에 참여한다. Primary Division(K-2)도 있지만, 비경쟁적인 창의적 경험 활동 집단으로 참여한다. 4~5월에 열리는 지역 예선 이전에 수개월에 걸쳐 준비해야 할 장기 과제를 제공하고, 경연 대회에서는 8분에 걸쳐 수행한다. OM 사이트는 http://odysseyofthemind.com이다.

■ JGB(Junior Great Books)

Great Books Foundation이 제공하는 프로그램으로 미국 모든 주(50개 주)와 외국의 많은 나라가 영재교육에 사용하고 있다(Davis & Rimm, 2004). 이 프로그램은 학생들이 문학을 생각하고 해석하도록 능력을 길러 주기 위한 것으로, 책은 현대 문학과 전통 문학으로 구성한다. K-4 학년까지는 동화와 민화를, 4~9학년까지는 명작 동화와 현대 단편 소설을, 고등학교 학생들은 철학, 정치과학, 경제학, 소설 분야의 걸작 들을 다룬다. Junior

Great Books 프로그램은 어휘력, 읽기, 듣기, 해석, 탐구 능력 개발에 효과가 있고, 심리적, 사회적 문제에 대한 인식과 통찰을 높여 주는 것으로 보고하고 있다(Nichols, 1992). Junior Great Books의 사이트는 www.greatbooks.org/progs/junior이다.

■ 학업 10종 경기(Academic Decathlon)

대화 기술, 논술, 연설, 경제학, 언어와 문학, 미술, 수학, 물리학, 사회과학, 10개 영역에 대한 퀴즈대회로 팀 경기이다. 11 또는 12학년 학생을 대상으로 하고, 각 팀은 6명으로 구성하는데 학업 능력에서 상 2명, 중 2명, 하 2명으로 구성한다. 미국의 학업 10종 경기에 대한 정보는 칸스와 라일리(Karnes & Riley, 1996)의 Competitions: Maximizing Your Abilities에서 얻을 수 있다.

이러한 여러 가지 심화의 전략을 활용하여 학교 또는 학급 차원에서 심화 활동으로 전개하는 모델로 학교 심화 모형(Schoolwide Enrichment Model)이 있다(Renzulli & Reis, 1997).

학교 심화 모형은 세 가지 활동을 구성해서 학생에게 심화학습을 시키는 모형이다. 1유형의 활동은 일반적 탐색 학습이다. 학생들이 흥미를 가지고 있는 주제에 대한 내용 지식을 탐구한다. 2유형의 활동은 집단적 훈련이다. 학생들은 여기서 지식을 습득하는 방법을 배운다. 소위 '고기를 잡는 방법'을 가르쳐 주는 곳이다. 학생들은 고등사고력과 학습하는 방법을 익힐 수 있다. 2유형에서 배우는 지식은 1유형의 내용 지식과 구별하여 방법 지식

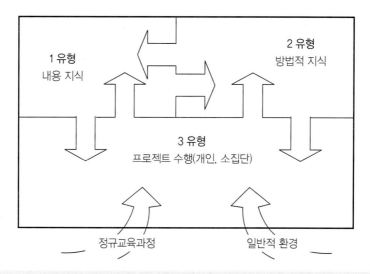

[그림 4-22] 학교 심화 모형(Schoolwide Enrichment Model)

또는 절차 지식이라고 부른다. 이렇게 1유형 학습에서 흥미로운 주제에 대한 내용 지식을 탐색하고, 2유형 학습에서 내용 지식을 처리하는 방법적 지식을 익히고 나면, 3유형 학습에서는 자신이 흥미를 가지고 있는 토픽이나 주제를 탐구하는 프로젝트를 개인별 또는 소집단별로 수행한다. 그리고 앞에서 언급한 일곱 가지의 심화의 방법을 이 과정에서 투입할 수 있다. 예를 들어, 1유형 학습 단계에서는 독립 학습이나 학습 센터 및 현장 견학의 방법을 투입하고, 2유형 학습 단계에서는 토요일, 여름 캠프, 멘터링의 방법을 투입하고, 3유형의 학습 단계에서는 경진 대회의 방법을 도입하는 것이다.

18. 특수아 통합교육 관리하기

특정 장애를 갖고 있는 특수 학생들은 특수 학급에서의 교육 외에도 정규 학급에서의 통합교육을 필요로 한다. 특수 교육 전문가 외에도 의사, 정규 학급의 일반 교사, 카운슬러, 학부모 등 여러 사람의 협력을 필요로 한다. 정규 학급 교사는 특수 학생을 정규 학급 학습 활동에 참여시키고, 여러 전문가와 함께 통합교육을 계획하고, 개입의 상황을 기록하고 관리하는 역할을 한다.

첫째, 정규 학급에 특수아를 보유하고, 이 특수아의 사례를 종합적으로 검토하고 교육을 계획하는 일을 할 때, 다음과 같은 양식이 유용하다(Valett, 1970, pp. 66-67).

사례 검토 회의 요약

학생 이름: 출생지: 일시:

배치 학교: 의뢰인: 연령:

회의 참석자:

1. 배경 요약(학교 이력, 의뢰 이유, 진단 등)

2. 학습 문제의 진단

   1) 교사의 진단

   2) 심리학자의 진단

   3) 학교장의 진단

   4) 기타(의사, 코디네이터, 컨설턴트 등)

3. 현재의 교육 수행 과제

   1) 학급 프로그램과 과제

   2) 부모의 기대와 과제

   3) 기타 학습 프로그램들과 과제

   4) 기타(의사, 코디네이터, 컨설턴트 등)

4. 우선적 교육 목표

   1) 교사의 우선적 교수 목표

   2) 심리학자의 행동적 목표

   3) 학교장–컨설턴트의 교육 목표

5. 추천하는 처방 및 제안

   1) 지도해야 할 특정 과제와 기능

   2) 필요한 교수 자료

   3) 절차

   4) 기타

둘째, 특수아에 대한 교육적 개입 상황을 기록할 때, 다음과 같은 양식이 유용하다 (Valett, 1970, pp. 71-73).

개입 상황 기록

학생 이름:　　　　　　생년월일:
학교:　　　　　　　　교사:

---

1. 의뢰 정보

　① 진단: 교사는 어떻게 문제를 정의하고 있는가?

　② 목표

　　가. 습득 또는 증진시켜야 할 특정 행동은 무엇인가?

　　나. 해제 또는 감소시켜야 할 특정 행동은 무엇인가?

　③ 현재의 수행: 학생의 현재 실제 수행 수준은 어떠한가?

　④ 현재의 프로그램

　　목표를 성취하기 위해 현재 사용하고 있는 프로그램의 구체적인 모습은 어떠한가?

　⑤ 보상

　　학습 동기를 높이기 위해 사용하고 있는 유인 체제는 무엇인가?

2. 개입 프로그램

　① 행동 변화를 위한 전략

　　가. 목표를 성취하기 위한 새 프로그램이나 레슨, 학습 단서, 도구 등은 무엇인가?

　　나. 목표를 성취하기 위해 사용되는 보상과 결과는 무엇인가?

　② 부모의 참여

　　목표를 성취하기 위해 부모는 어떻게 학교와 협력하고 있는가?

　③ 기타 제언

　　목표를 성취하는 데 도움이 될 제언들은 무엇인가?

　④ 기타 개입 조치는?

　⑤ 코멘트

3. 평가

　① 이 개입 프로그램은 언제 효과가 나타났는가?

　② 학생의 행동이 어떤 변화가 나타났는가?

　③ 목표가 어느 정도 성취되었는가?

　④ 학교와 가정의 학습 계획에 추가적인 변화로 어떤 것이 필요한가?

셋째, 특수아에 대한 통합 교육 상황을 일주일간 종합적으로 기록하면서 평가하고 추후 프로그램 개입 여부를 판단하는데, 발렛(Valett, 1970, p. 47)의 학교 통합 기록(School Integration Record)이 유용하다.

학교 통합 기록

학생: 학교: 월/주:

수행	요일	월					화					수					목					금				
	교시	1	2	3	4	…	1	2	3	4	…	1	2	3	4	…	1	2	3	4	…	1	2	3	4	…
과제를 수행할 준비가 되어 있고 정시에 시작함 (1점)																										
과제에 주의를 집중하고 교사와 학급에 협동적임 (1점)																										
과제를 완수함(1점)																										
수행의 정확도와 질 (1에서 5점)																										
일일 종합점수																										
교사의 사인																										

시간 부호				
교시	일	시간	교과	교사
1				
2				
3				
4				
5				
6				

보상

------ 점 =
100 점 =
300 점 =
500 점 =

1000 점 =
기타 :

점수	평정
5	수
4	우
3	미
2	양
1	가

19. 학부모와 교육 파트너십 구축하기

학생의 배움은 학교에서만 이루어지는 것이 아니다. 특히 인성교육의 경우 그러하다. 듀이(Dewey, 1944)는 학생의 인성 발달에 영향을 주는 원천들을 직접적 원천과 간접적 원천으로 나누는데, 가정, 이웃, 사회적 도당(徒黨), 연예 행사장, 경제적 이념들, 갱 집단, 정치적 결정 등이 직접적 원천에 해당하고, 학교, 청소년 단체, 종교적 교육 장소, 대학 등이 간접적 원천에 해당한다. 따라서 듀이의 구분에 의하면 학교는 인성교육에 영향을 주는 간접적인 원천이고, 학교 밖의 여러 사회적 기관이 오히려 직접적인 원천이다. 특별히 가정은 인성교육에 일차적 책임을 지고 있는 곳이다. 이는 역사적으로, 법적으로, 상식적으로 인정하고 있다(Ryan & Bohlin, 1999). 이런 맥락에서 듀이(Simpson, 2011, p. 209 재인용)는 가정의 부모들은 자녀를 지도하는데 '하나의 주요한 요인(a dominant factor)'이 아니라 '주도적 요인(the dominant factor)'으로 보았다. 아고스티노(Agostino, 1998)도 가정을 인성교육을 하는 제1 수준의 장소라고 했다.

이런 맥락에서 볼 때 가정과 학교의 교육 협력 파트너십은 생태학적 체제의 관점(systems-ecological perspective)에서 보아야 한다(Bronfenbrenner, 1989). 이 관점은 학생을 자연주의자(naturalist)가 자연을 보듯 하나의 생태계(ecosystem)로 본다. 즉, 학습자의 생태계에는 가정, 학교, 또래 집단이 있다고 보고 이들은 서로 연계되어 있다고 본다. 이런 배경에서 미국은 1993년 National Governors Conference에서 교육 개혁의 주요 내용 중의 하나로 미국의 모든 학교는 학생의 사회적, 정서적, 학업적 성장을 증진시키는 데 학부모의 관여와 참여 기회를 증진시킬 것을 주문하였다(U.S. Department of Education, 1998). 실제로 학부모의 교육 파트너십에 대한 연구들은 학부모가 학교와 협력하면 학생들의 학업 성취, 학교에 대한 태도, 학급에서의 행동, 교사의 사기 진작에 효과가 있고(Cochran & Dean, 1991; Wright, Stegelin, & Hartle, 2006), 학교의 문화를 긍정적으로 변화시키도록 한다고 보고하고 있다(Epstein, 2001; Epstein et al., 2002; Lambert, 1991).

학부모들은 학교와 교육 파트너십을 형성하고 자녀 양육 및 교육에 기여할 수 있는 부분이 많은데, 엡스타인(Epstein, 1987)은 그것을 다섯 가지 유형으로 분류하였다.

첫째, 자녀의 건강과 안전 문제를 다루는 일이다. 이것은 학부모의 기본적인 의무이기도 한데, 실제로 많은 학부모는 자녀가 학교에 들어갈 준비를 적절하게 마치는 데 필요한 자녀 양육 지식과 기능이 부족하다. 학부모들은 학교로부터 자녀를 각 학년 수준별로 감독하고, 훈육하고, 안내하는 데 필요한 특정 기능들에 대해 교육을 받을 필요가 있다. 그리고 자녀가 학교에서 학습하고 적절히 행동하도록 가정에서의 환경을 긍정적이고 지원적으로 만드는 방법에 대해 교육을 받아야 한다. 그렇게 하여 부모는 자녀의 바람직한 학교생활에 기여할 수 있다.

둘째, 학교의 교육 프로그램과 자녀의 진보에 대해 가정과 학교 사이에 적절한 의사소통을 하는 것이다. 따라서 학교는 학부모와 정확하고, 또 긍정적으로 의사소통할 수 있는 효과적인 체제를 마련해야 한다. 이런 의사소통의 과정과 결과는 자녀의 학교생활을 준비시키고 효과적인 성취로 이어지도록 하는 데 기여한다.

셋째, 학부모들은 학교의 여러 가지 일에 자원봉사자로서 참여하고 관여한다. 학부모들이 학급에서 학생들의 다양하고 광범위한 활동을 지원할 때 자녀의 학업과 인성 발달에 기여할 수 있다.

넷째, 학부모들은 자녀들이 가정에서 과제를 효과적으로 완수하고, 교사와 협동해서 학교 활동을 운영하는 데 참여한다. 학부모와 교사가 협동하는 상황에서 자녀교육은 상승효과를 얻는다.

다섯째, 학부모들은 학교의 경영에 참여한다. 학부모들은 학교 자문위원회 또는 학교나 교육청 수준에서의 여러 위원회나 집단에 소속해서 자녀교육에 대한 의사 결정에 참여한다. 학부모들은 학교 운영을 모니터하고 발전을 위해 제언하는 중요한 역할을 해야 한다. 사람들은 자신의 참여를 가치롭게 여기지 않거나 요구하지 않으면 어떤 일에 열정적으로 참여하기 어렵다. 따라서 학교가 학부모들과 의사 결정의 책임을 공유하는 것만큼 학부모들이 진정성 있게 참여시킬 수 있는 방법도 없다(Epstein, 1991). 아울러 학부모들을 학교 정책 결정에 참여시키는 것은 학교의 의사 결정을 새로운 통찰과 관심사로 융합시킬 가능성을 열어 놓는 것이고, 학교 프로그램을 발전시키고, 재원을 얻고, 정책을 발전시키는 데 있어 지역사회를 활성화하는 수단이기도 하다(Jennings, 1989).

한편, 학부모들은 나름대로의 취미 영역에서 높은 기능을 보유하고 있다. 직장에서의 지식과 경험을 가지고 있고, 다양한 문화의 여러 측면에 대한 이해, 지식, 기능을 보유하고 있다. 이런 능력들이 학교의 교육 파트너십을 통해 투입 가능하도록 하는 것이 학생들의 배움 중심 수업을 지원하는 일이 된다. 특히 고령화 사회로 접어들면서 노인들의 학교 교육에의 참여가 필요하다. 미국의 경우 학부모 학교 자원봉사자들이 점점 줄어 가고 있는 상황에서 노인들은 학교교육에서 자원 봉사자들로 중요한 자원으로 간주되고 있다. 그 이유는 노인들에게서 가용한 경험과 전문성은 매우 풍요롭기 때문이다(Armengol, 1992). 노인 자원봉사자들은 다양한 토픽에 대해 새롭고 독특한 관점을 제공하면서 학급을 생동감 있게 활성화시키고, 대가족 제도의 쇠퇴에 따른 세대 간 간극을 메워 주기도 하여 학생들과 노인들이 상호 가질 수 있는 부정적 고정 관념을 극복하도록 해 준다(Matters, 1990).

학부모와 노인들이 학교와 교육 파트너십을 형성하고 자녀의 긍정적인 자아 발달과 성장을 돕도록 하려면 훈련이 필요한데, 이에 대한 학부모 훈련들은 좋은 성과를 내는 것으로 보고되고 있다(Solomon, 1991). 그리고 학부모와의 교육 파트너십 형성에서 핵심적인 사항은 의사소통을 활발히 전개하는 것이다. 그 방법으로 학부모회, 면담, 뉴스레터들이 보편적으로 채택되고 있다. 보리치(Borich, 2011a)는 이것을 가정과 학교의 연계 기제(family-school linking mechanism)라고 부르며, 학부모-교사 면담, 회의, 가정 방문, 지역 사회 행사에 교사가 참여하기, 뉴스레터 보내기, 전화하기, 교사와 부모 간 편지 전달하기, 학부모의 학급 보조 교사로서 자원 봉사하기, 가정 기반 교육과정(home-based curriculum) 사용하기 등을 들고 있다.

학부모 회의는 대개 1년에 1~2회 정도 여는데, 이때 학부모들의 관심사를 토론 주제로 올려 협의한다. 학부모들은 학교에 대해 많은 관심을 가지고 있다.

에드워즈(Edwards, 2008)에 따르면 학부모들은 자녀의 학업적인 발달 상황뿐만 아니라 사회적, 심리적 적응과 발달 상황에 대해서도 알기를 원하고, 학교 문제를 해결하는 데 도움이 되고 싶어 하고, 학교가 당면한 문제뿐만 아니라 긍정적인 학교의 일들에 대해 듣기를 원하고, 자녀가 연루된 부정적 사고들을 시간이 지난 후에 알기보다는 잠재적 문제성에 대해 미리 알기를 원한다. 자신들의 의견을 학교가 가치롭게 간주하기를 원하고, 교사와의 관계가 덜 형식적이기를 원하고, 교사와의 면담을 정규적으로 자주 하기를 원한다. 학부모들은 공통적으로 회의의 과도한 형식성에 불만을 가지고 있다. 아울러 학교 행정가들과 교사들이 과도하게 업무적이고, 혜택을 베푸는 은인인 체하고(patronizing), 가르치려 한다는 데 불만을 가지고 있다(Lindle, 1989). 그러나 현대 사회에서 학부모 회의는 여성의 취업 확대로 인해 과거처럼 활발하지 못하다. 따라서 정보통신 기술을 활용하여 학부모와의 의사소통을 활성화하는 방법을 찾아야 한다. 예를 들어, 온라인상에 학부모 센터(Parent Centers)를 설치한다. 그리고 학부모들이 센터의 운영 관리진으로 활동하며, 학부모들이 관심사를 표현하고, 학교 프로그램에 대한 정보를 얻고, 비형식적 대화에 참여하도록 한다. 데이비스(Davies, 1991)는 가정방문 프로그램을 운영했는데, 학부모들이 직장이나 기타 제약으로 인해 학교에 접촉하기 어려운 경우 이 프로그램 운영진들이 가정에 전화를 하고, 학교의 기대, 교육과정, 규칙, 요구 사항에 대하여 정보를 제공하고, 가정에서 자녀의 학교 학습활동을 돕는 방법을 자문하고 필요한 자료를 제공한다.

학부모 면담은 어젠다를 준비하고 관련 준비물, 예를 들어 학생의 활동에 대한 작품 예들과 함께 일화 기록 및 포트폴리오를 준비한다. 특별한 상황을 제외하고는 학부모 면담 시 학생이 함께 참여하도록 한다. 학생이 참여하면 학부모와의 면담은 보다 유익하고 개방적인 분위기가 된다(Cangelosi, 2000). 학부모 면담은 되도록 공개된 장소보다는 조용한 장소를 선택하고, 전화벨이나 통화, 기타 다른 사람들로부터 방해를 받지 않도록 한다. 면담 어젠다를 복사하여 교사와 학부모가 하나씩 갖고 어젠다의 내용에 초점을 맞추어 대화를 이어간다. 면담은 자녀의 학교생활에 집중하되 사실적 상황을 전달하고, 자녀의 인격적 측면을 손상시키는 말은 자제한다. 교사는 학부모의 의견을 듣는 데 있어 능동적인 청자(active listener)여야 한다. 그래야 학부모와의 의사소통을 촉진하고 교사도 원하는 메시지를 전달하고, 필요하면 학부모에게 협조할 사항들을 당부할 수도 있고, 추후 학생 지도에 필요한 아이디어를 얻을 수도 있다.

울프와 스티븐스(Wolf & Stephens, 1989)는 학부모와의 면담을 다음과 같은 단계로 진행할 것을 제시한다.

첫째, 라포르(rapport)를 형성한다. 학부모를 환영하고 편안함을 느끼도록 관계를 맺는다. 세상사 중에서 부담 없는 토픽(예: 날씨)에 대해 잠깐 이야기를 나누며 비형식적 분위기를 형성한다.

둘째, 정보를 얻는다. 교사가 능동적인 청자의 자세를 취하면 학부모로부터 자녀 교육에 필요한 정보를 얻을 수 있다. 학부모가 자녀의 학교생활을 어떻게 느끼는지 이야기하도록 한다. 부정적이거나 감정이 담긴 질문들은 피한다. 교사가 학생의 가정 배경에 대해 좀 더 아이디어들을 얻게 되면 학교에서 학생이 성취한 일들을 학부모에게 설명할 때 그 타당성을 높일 수 있다. 아울러 학부모의 자녀에 대한 기대가 무엇인지에 대한 정보도 얻는다.

셋째, 정보를 제공한다. 자녀의 학습을 증진시킬 방법을 제안하면서 시작한다. 그리고 자녀의 진보에 대한 상황들을 검토한다. 교사는 자녀의 학교생활 결과에 대한 부모의 염려를 덜어 주기 위해 모든 준비를 하고 있음을 확인시키려고 노력해야 한다.

넷째, 추후의 면담 여부를 논의한다. 면담 종반부에 면담의 주요 요점들을 검토하고 추가적인 토론이나 행위가 필요한 이슈들이 있는지 묻는다. 면담이 잘 진행되면 감사의 말을 건네는 것으로 충분하다. 그러나 면담에서 문제가 발생하거나 추가적인 면담이 필요하면 추가로 면담 날짜를 정한다. 면담 종료 후 2주 이내에 잡는 것이 좋고, 우호적인 관계를 재설정하고 추가 면담을 계획한다.

뉴스레터는 학교의 상황에 대한 일방적인 공고나 통지가 아니라 학부모의 선의와 이해에 기초하여 협력을 구하는 것이어야 한다. 주별 또는 월별 뉴스레터는 담임교사뿐만 아니라 교과 교사들에도 학부모와의 교육 파트너십을 구축하는 데 필요하다. 다음은 고등학교 역사교사의 주별 뉴스레터이다(Cangelosi, 2000, p. 146).

미국 역사 과목 뉴스레터

역사교사 제이크 베르틀리(Jake Bertolli)　　　　　　　　1권 24호, 3월 셋째 주

되돌아보며

지난 뉴스레터에서는 19세기 후반 미국 산업사회 등장에 대한 단원을 시작했다는 말씀을 드렸습니다. 제가 보기에 대다수의 학생은 이 시기의 산업화에 영향을 준 주요 인물들 몇 사람(예: 카네기, 록펠러)을 배울 때 약간 지루해했습니다. 그러나 학생들 대부분은 노동자와 경영자에 대한 이슈들을 다룬 차시에서는 열정적이었습니다. 특히 아동 노동법을 시행하게 된 계기가 된 여러 가지 문제를 배울 때는 학생들은 더 열정적이었습니다. 지난 금요일에 학생들이 치른 시험을 분석해 본 결과, 대부분 학생들의 성취는 매우 정확한 지표를 보여 주었습니다. 학생들의 시험 성적 평균은 37.3으로 제가 기대했던 것보다 높았습니다.

금주에는

금주에는 미국에 트러스트가 등장한 것을 토론하고 우드로 윌슨(Woodrow Wilson) 대통령 집권기로 넘어갈 것입니다. 미국에서의 기업 환경과 제1차 세계대전 발발 간의 관계가 주요 초점이 될 것입니다. 수업 목표 중의 하나는 여러분의 자녀들이 하나의 사건(예: 미국 내에서 기업을 확장하기로 결정한 것)이 다른 사건(예: 유럽에서의 전쟁에 대한 전략적 계획)에 어떻게 영향을 끼쳤는지를 이해하도록 하는 것입니다.

숙제는 다음과 같습니다. 1) 목요일 수업을 위해 교과서 588~661쪽을 읽고, 2) 목요일 저녁 8시 30분에서 9시 30분 사이에 채널 7번 방송을 보고 수요일 토론을 준비하고, 3) 목요일에 내 줄 워크시트를 완성하여 금요일에 치는 시험지에 첨부하고 4) 금요일 시험을 준비하는 것입니다.

앞으로

다음 주 우리는 19세기 후반 산업과 기업의 팽창에 대해 배운 것을 오늘날의 경제적 상황과 비교할 것입니다. 그다음 주에는 이어서 1920년에 초점을 맞추고 전쟁의 원인들과 평화를 성취하는 방법에 대해 검토할 것입니다.

20. 지역사회를 기반으로 학습하기

전통적으로 학교는 지역사회의 공동기반(common ground)으로서 지역사회의 성인 교육과 상호 교류를 시행해 왔다. 학교는 지역사회에서 사랑받고, 교사들은 지역사회에서 존경받는 주요 인물들이었다(Ryan & Bohlin, 1999). 그러나 사회가 산업사회에 접어들면서 사회 일반인의 교육 수준이 높아졌고, 사회적 기능의 전문적 분화와 복잡성의 증진으로 학교는 지역사회와 점점 멀어져 갔고, 지역사회의 삶과는 독립된 내용 지식과 기능을 가르치는 데 치중해 왔다. 요즘에도 미국의 경우, 학교가 지역사회와 분리되는 현상이 존재하고 있다. 스테인 로건과 파트너스(Stein Rogan & Partners, 2008)에 따르면 미국 교육청의 50% 이상이 지역사회와 연계하는 전략적 해결책들을 가지고 있지 못한 상태이다. 그러나 정보화 사회와 포스트모더니즘 시대에 들어서면서 학교와 지역사회와의 교육협력 파트너십에 대한 요구가 점차로 늘고 있다. 그 이유는 지역사회에 대한 이해, 신뢰, 허용, 지원, 이 네 가지로 무장을 하면 모든 학생의 잠재력을 꽃피울 수 있는 학교를 창조할 기회를 극적으로 증진시킬 수 있기 때문이다(Vollmer, 2010, p. 117).

학교와 지역사회의 관계는 쌍방적인 상호 이익의 관계에 있다. 먼저, 지역사회는 학교교육에 참여함으로써 지역사회의 안정적 구조에 기여할 인물들을 충당할 수 있다. 이 관점은 재생산이론가들인 보울즈와 진티스(Bowles & Gintis, 1976), 부르디외와 파스롱(Bourdieu & Passeron, 1977) 등이 제기하는데, 학교교육은 정치적으로나 구조적으로 사회와 그 사회의 지배적인 이익에 관계하고, 사회 노동 시장의 사회적 분화와 그런 분화를 지지하는 사회의 지배적 이데올로기를 재생산하고 매개하는 역할을 한다. 그리고 그 방법은 학교교육에 참여하거나 자문하여 학교 및 학급의 일상 경험을 기존의 사회적·경제적 질서를 재생산하는 데 필요한 규칙과 의미 그리고 능력을 지도한다. 한편, 학교는 지역사회에 참여함으로써 지역사회의 발전과 변화를 이끌어 낼 수 있다. 이 관점은 급진적 교육이론가들인 프레이리(Freire, 1970), 스테이지 등(Stage et al., 1998), 아로노비츠(Aronowitz, 1993) 등이 제기한다. 학교교육은 학생들이 지역사회의 현상 유지적 기능인으로 사회화시키는 것이 아니라 지역사회에 존재하는 부조리, 불평등, 소외현상을 바로잡고 변형시킨다는 것이다.

이런 학교와 지역사회 연계가 갖는 쌍방적 이익 관계는 초·중등학교 교육의 경우에는 학교가 보다 수혜자적 위치에 있는 것으로 판단된다. 특별히 학교는 급변하는 정보화·세계화 사회에서 학생들이 지닌 다양한 교육적 요구에 부응하는 데 필요한 교수 자원이 그 양과 질적인 측면에서 부족하기 때문에 지역사회의 인적·시설적 자원을 학교의 교육과정과 교수에 투입하여 학생들이 얻을 교육경험의 적절성과 질적 제고를 도모하게 된다(Kolb, 1984; Prast & Viegut, 2015). 이런 이유로 Carnegie Council on Adolescent Development's Task Force on Education of Young Adolescents(1989)는 학교교육이 21세기 사회 변화에 맞추어 변화하는 중요한 방법의 하나로 학교를 지역사회와 연계함으로써 학교는 학생들의 학업적 성공을 위해 지역사회의 인적·물적 자원을 끌어들이고, 그 책임을 공유하는 활동을 할 것을 요구한다. 아울러 학교도 지역사회의 발전을 위해 지역사회에서의 봉사 및 재건 활동에 참여하고, 학교시설을 개방하여 지역사회 주민들에게 생활 편익과 휴식을 제공하는 동시에 교육 및 체육 활동을 포함하여 다양한 지역발전 행사를 여는 지역 커뮤니티 센터로 역할을 할 것을 요청하고 있다.

학교와 지역사회의 교육 파트너십 형성의 주된 목적은 학생들에게 지역사회 기반 학습(community-based learning)을 제공하는 것이다. 지역사회 기반 학습에서는 지역사회의 여러 일터에서의 경험자들이 교육 파트너로 학생교육에 참여하여 학교교육을 넘어 활용되고 있는 지식들을 알려 주고, 학급 밖 지역사회와 연계하는 프로젝트에 참여하여 적용 학습 경험을 갖게 해 준다.

(1) 지역사회 기반 학습이 학생, 교사, 지역사회에 주는 도움

지역사회 기반 학습은 학생, 교사, 지역사회에 모두 도움을 준다.

① 학생들에게는 학습 참여를 증진시킨다

슈레치(Schletchty, 2011)는 지역사회 기반 학습이 학생들의 학습 참여를 증진시키는 이유로 교육과정을 학생들에게 적절하고 경험적인 성격을 띠게 만들기 때문이라고 주장한다. 즉, 학생들로 하여금 지역사회에서 흥미와 관심을 가지고 있는 내용을 선택하여 학습하도록 하기 때문에 학생들은 교육과정에 개인적 의미를 부여하고, 이에 따라 학습에 지속성을 보이고, 성취에 대한 자신감을 갖게 하고, 높은 질의 경험을 갖게 한다. 콜프(Kolb, 1984)도 지역사회 기반 학습이 교육과정 경험의 질을 높이는 것으로 보는데, 그 이유를 구체적 경험, 반성적 관찰, 추상적 개념화, 능동적 실험을 가능하게 하여 교육과정이 경험적 성격을 갖도록 하기 때문이라고 주장한다. 다시 말해, 학생이 무엇인가를 하도록 하여 구체적으로 경험하게 하고, 학생이 자신이 행한 것에 대해 생각하도록 하여 반성적 관찰을 갖게 하고, 학생이 그런 경험을 통해 새로운 아이디어를 창조하도록 하여 추상적 개념화를 형성하도록 하고, 그런 경험을 해석한 것을 실험에 옮기도록 하여 능동적 실험에 임하도록 한다. 예를 들어, 학생들은 지역사회의 농부와 함께 프로젝트를 수행하여 식물을 심고 재배하고 추수하고 시장에 파는 활동을 할 수 있다. 이때 교사는 교육과정 표준 내용들을 이 경험에 조정하여(예: 마진 이익) 학생에게 구체적 경험을 제공하고(구체적 경험), 학생은 자신이 프로젝트에서 수행한 것과 자신의 학습과 지역사회에 준 영향에 대해 반성할 기회를 준다(반성적 관찰). 그리고 학생은 마진 이익을 다른 어떤 것에 사용하는 새로운 방법을 창조하는 활동을 할 수 있다(추상적 개념화). 더 나아가 학생은 마진 이익 개념의 의미를 구성하고 이 경험을 새로운 상황에서 실험하도록 할 수 있다(능동적 실험). 이것을 학자들은 참 학습이라고 하는데, 이미 오래 전부터 듀이(1938), 레빈(Lewin, 1947), 피아제(1954), 플라벨(Flavell, 1979) 등이 지지해 온 것이다. 21세기 정보화 사회에 들어와 이들 선각자들의 주장은 더욱 주목받고 있다. 19세기와 20세기에 걸쳐 교육 체제는 교과의 내용 지식 습득을 중심으로 하였으나 21세기 정보화 사회 교육에서는 급변하는 새로운 도전들에 학생들을 준비시키도록 요구하며, 학생들은 이미 학습한 것을 사용함으로써 의미를 형성하고 이해를 깊게 하는 학습 경험을 하도록 해 주어야 한다(Prast & Viegut, 2015). 그 주요 개념이 참 학습이다.

② 교사와 지역사회에도 도움을 준다

교사들은 지역사회의 전문가들과 함께 교수를 계획하고 실천함으로써 다양한 전문가의 지식과 경험을 배울 수 있으며, 지역사회 리더들 또한 자신들이 속한 조직이나 기관의 문을 넘어 좀 더 넓은 지역사회와 관련 조직이나 기관을 풍요롭게 발달시키게 된다. 지역사회는 종종 그 안에 존재하는 학교들로부터 너무나 멀리 떨어져 있다. 그리고 교육계 외부에 있는 사람들 중에는 교육자들을 이해하지 못하는 사람들이 많이 있고, 교육자들 중에서도 교육계 밖에 있는 사람들의 관점들을 이해하지 못하는 경우가 종종 있다. 지역사회 기반 학습은 교육자들이 지역사회의 전문가들과 그들의 지원을 얻어 학교에서의 교육 활동을 좀 더 현명하게 이끌어 나갈 수 있게 해 주고, 지역사회 전문가들은 학교를 중심으로 지역사회의 발전을 꾀하도록 해 준다.

(2) 학교와 지역사회의 교육 파트너십 형성

학교와 지역사회의 교육 파트너십은 여섯 가지 수준에서 형성할 수 있다(Prast & Viegut, 2015).

① 1수준은 파트너십 이전 단계이다

학교와 지역사회가 서로 존재하고 있다는 것을 아는 수준이다.

② 2수준은 의사소통 단계이다

학교와 지역사회가 서로 이야기하는 수준이다. 예를 들어, 학교는 지역사회의 이벤트를 증진시키고, 기업체는 학교 이벤트의 증진을 돕기 위해 광고지를 배포하는 수준이다.

③ 3수준은 관계 단계이다

학교와 지역사회가 파트너로 함께 일하지만, 활동들은 교육과정이나 교수에까지 연계하지 않는 수준이다. 예를 들어, 학교는 지역사회 이벤트에 합창단을 보내거나 지역사회 서점에서는 학교에 책을 기증하는 수준으로, 학생들의 교육과정에는 내재적인 연계를 갖고 있지 않은 수준이다. 그러나 이런 활동은 학교와 지역사회 간의 관계를 좀 더 유목적으로 설정하는 시작이 될 수 있다.

④ 4수준은 잠재적 교육과정 파트너십 단계이다

학교는 지역사회와의 연계를 도모하는 교육과정을 창조한다. 예를 들어, 국어교사는 지역사회 이벤트에 참여하여 학생들이 부를 노래 목록을 만들어 문학 교육과정 표준을 만족시키고, 과학교사는 지역사회 에너지 회사의 과학 논술 경연대회에 참여할 학생들을 위해 과학 교육과정 표준에 일치하는 교육과정 계획을 하는 수준이다.

⑤ 5수준은 연합 교수 단계이다

지역사회 파트너가 자신들이 가지고 있는 자원들을 학생들의 교육과정을 증진시키기 위해 사용한다. 예를 들어, 약물 오남용 방지 협회는 약물 오남용에 대해 학교 일과 중 학생들을 지도하고, 교사들은 자신들이 학습한 것을 응용할 수 있도록 지역사회 기관에 현장견학을 가는 수준이다.

⑥ 6수준은 완전 협력 단계이다

학교는 지역사회와 교육 파트너십을 상호 이해에 기초하여 만족할 수 있는 정도까지 끌어올린 수준이다.

■ 완전 협력 단계에서의 지역사회 기반 학습의 특성
학교와 지역사회가 연대하는 최고 수준의 단계에서는 다음 세 가지 특성이 나타난다.

• 교육과정을 협동적으로 계획한다. 공동으로 학습목표를 설정하고, 그것을 성취하기 위해 각자가 가진 자원들을 효율적으로 사용하여 새로운 것을 시도할 때 발생할 수 있는 예측 불가능성을 줄인다.
• 각자의 상황에 대한 이해를 증진시킨다. 학교는 지역사회에 존재하는 풍부한 학습 기회와 21세기 일터의 요구들에 대한 이해를 증진시키고, 지역사회 파트너들은 질 높은 교육과정을 계획하는 과정에 대해 그리고 학교의 교수와 학습과정의 복잡성에 대한 이해를 증진시킨다.
• 관계자 각자의 상황에 대한 이해를 증진시킨다. 학생들은 자신들의 학습 욕구를 만족시키는 학습경험을 하고, 교사들은 고등사고 기능들을 촉진시키는 학습경험을 창조하면서 교육과정 표준을 충족시키고, 지역사회 파트너들은 학생들의 능력을 개발하고 능동적인 시민이 되도록 돕는 전문성들을 공유한다.

이와 같은 지역사회 기반 학습은 여섯 번째의 파트너십 단계인 완전 협력 단계에 해당되는데, 다음 세 가지 학습 전략을 통합하면 학생들의 학습 참여를 높이고, 교육과정의 적절성과 경험성을 살리고, 지역사회와도 연계성도 높인다.

■ 완전 협력 단계에서의 세 가지 전략
• 프로젝트 기반 학습이다. 프로젝트 학습은 학생들이 학습하는 내용에 대한 의미 형성은 단순히 내용을 습득하는 것이 아니라 참여함으로써 깊어진다는 관점에 기반하고 있다(Wiggins & McTighe, 2011). 프로젝트 학습을 하려면 교사가 학습경험들을 정렬하는 것이 중요한데, 이는 분절한 조각들을 만드는 방식으로 정렬하지 않고, 큰 수준의 질문을 하나의 단위로 하여 정렬한다(Buck Institute for Education, 2013).
• 장소 기반 학습(place-based learning)이다. 실세계에서 학습할 내용을 경험하여 학생

들은 학습의 적절성을 이해하고 적용하는 능력을 길러 준다는 관점에 기반하고 있다 (Center for Ecoliteracy, 2013). 학생들은 교실 밖으로 나와 자신들이 학습할 내용이 사용되는 장소로 가서 학습한다. 학생들은 자신들이 알고 이해하고 있던 것이 실세계에 적용되는 방법을 학습하게 된다.

• 봉사 학습(service learning)이다. 학생들은 자신들의 봉사 행위들이 세상을 변화시킬 수 있음을 이해하고, 지역사회 발전에 능동적으로 참여하는 시민이 되도록 돕는다 (National Service Learning Clearinghouse, 2013).

다음은 지역사회 기반 학습을 통해 학생들의 참여를 높인 두 가지 사례이다(Prast & Viegut, 2015, pp. 4-5).

코네티컷(Connecticut) 주 하트포드(Hartford) 시는 학생들이 자신들에게 관련 있는 토픽인 폭음(binge drinking)에 대해 1년간 조사하는 활동을 하였다. 미국 내 많은 도시의 학생들과 마찬가지로 하트포드 시에서도 폭음은 일상적인 문제였다. 학생들은 폭음이라는 개념을 추방하는 동시에 자신들의 조사 능력과 문제 해결 기능을 신장시키고자 하였다. 설문과 심층 면담을 통해 학생들은 또래 학생들이 폭음을 하는 상황을 이해하였다. 하트포드 시의 전문 조사 기관인 지역사회 연구소는 콘래드 앤 홀(Conard and Hall) 고등학교 학생들과 협력하여 고등학생들의 폭음 행동에 대한 1년간 조사연구도 도와주었다. 그 결과 학생들은 1년 동안의 조사를 통해 발견한 사실들을 기초로 지역사회의 극장에서 고등학생들의 폭음을 추방하는 연극을 공연하였다.

텍사스(Texas)주 매더 뉴 테크(Manor New Tech) 고등학교는 학생들의 학습 참여를 혁신적으로 높였다. 이 학교를 방문한 U.S. News and World Report의 교육 전문 기자 켈시 쉬이(Kelsey Sheehy)는 "학습에 지루함을 보이면 학습에 참여할 수 없다. 그래서 매더 뉴 테크 고등학교에서는 교사들이 강의하지 않는다!"라고 보도했다. 매더 뉴 테크 고등학교는 학생들의 학습 참여를 높이고 K-12 교육 후의 삶을 준비시키기 위해 학습을 모두 지역사회 기반 프로젝트 학습으로 바꾸었다. 학생들은 교사가 자신들에게 학습할 자료를 제공해 주기를 기다리지 않고 자신의 학습을 스스로 주도하며 문제를 탐구했다. 매더 뉴 테크 고등학교는 전국에서 지역사회 기반 프로젝트 교수를 한 1% 안에 드는 학교가 되었다. 학교는 출석률, 졸업률, 대학입학률을 크게 높였고, 혁신 우수 사례로 전국적인 관심을 끌었다.

(3) 지역사회 기반 학습의 준비 및 실행

프래스트와 비거트(Prast & Viegut, 2015)는 지역사회 기반 학습을 준비하고 실행에 옮기는 틀 또는 단계를 다음과 같이 제시하고 있다.

① 지역사회 기반 학습을 펼치는 데 필요한 인적, 행정적 준비를 한다

먼저 투입 포인트(input point)를 찾아낸다. 즉, 지역사회 기반 학습을 전개할 자연스러운 계기를 찾는다. 예를 들어, 새로운 교수법을 도입하고자 하는 교사가 있거나 기존에 존재하는 파트너십이 있으나 한 단계 상승시킬 필요가 있거나 기존의 교육과정을 변화시킬 의지가 있는지를 찾아 그것을 투입 포인트로 삼는다. 만약에 투입 포인트를 찾지 못하면 지역사회 기반 수업을 할 사람을 찾아내어 리더십을 발휘하도록 권유한다.

다음 프랭클린 초등학교(Franklin Elementary School)의 사례는 투입 포인트를 찾아낸 경우이다(Prast & Vigut, 2015, p. 32).

> 프랭클린 초등학교의 교장 제이미(Jami)는 지역사회 기반 학습에 관심을 가지고 있었다. 그리고 교육청도 지역사회 기반 학습을 장려하는 정책을 펴고 있었다. 교장 제이미는 교육청의 이런 정책에 찬성하고는 있었으나 어떻게 해야 할지에 대해서는 확신이 없었다. 교육청은 제이미가 관심이 있다는 이야기를 듣고 지역사회 기반 학습을 할 용의가 있는지 타진했다. 타진 결과 교육청은 두 개의 투입 포인트를 발견할 수 있었다. 하나는, 교장 제이미가 지역사회 기반 학습을 할 의향이 있다는 것이고, 또 하나는, 교장 제이미는 나름대로 지역사회에서 이미 파트너를 찾아 놓은 상태라는 것이었다. 교육청은 교장 제이미의 이런 상황을 훌륭한 투입 포인트로 확인하였다.

그리고 관련 기관의 의사 결정자들과 회의를 하여 지역사회 기반 학습 프로젝트 수행에 필요한 자원을 승인받았다. 교육청이나 단위학교가 지역사회 기반 학습 프로젝트를 수행하려면 필요한 자원을 확보했다. 이에 프랭클린 초등학교 사례에서는 다음과 같이 의사결정자 회의를 가졌다(Prast & Vigut, 2015, p. 32).

> 교장 제이미는 공장 경영 부장에게 전화를 하여 그 회사의 의사결정권자를 만날 수 있도록 주선을 부탁하였다. 공장 경영 부장은 회사의 부회장을 만날 수 있도록 주선하였고 교장 제이미가 승인을 얻었다. 최고 의사결정권자의 이런 승인은 매우 중요하다. 왜냐하면 지역사회 기

반 학습 프로젝트를 수행하기 위해서는 공장의 참여자들에게 교사들과 만나 교육과정을 개발하고, 함께 교수하는 데 필요한 근무 요건들을 융통성 있게 조정하도록 해야 하기 때문이다.

② 지역사회 기반 학습 교육과정을 개발한다

구체적으로 비전, 목표, 학습경험을 창조한다. 비전 설정은 구체적으로 다음과 같은 단계를 거친다.

- 학교 조직의 신념 체계들을 검토한다.
- 학교 조직의 신념 체계들을 지역사회의 요구에 일치시킨다.
- 목표와 활동 단계를 개발한다.
- 교육 공동체의 모든 구성원에게 현재의 위치와 앞으로 무엇을 해서 어디로 갈지에 대한 이해를 구축한다.
- 학교와 지역사회 간의 협력적 계획을 세울 목표를 개발한다.

비전 설정 단계에서 답을 얻어야 할 중요한 질문들은 다음과 같다.

- 지역사회가 우리 학교를 얼마나 잘 이해하고 있는가?
- 학생들은 학교에서 제공하는 학습 내용의 적절성에 대해 얼마나 잘 이해하고 있는가?
- 학생들이 지역사회에 대해 이해할 것으로 어떤 것들이 있는가?
- 지역사회가 학교에 대해 이해할 필요가 있는 것들은 무엇인가?
- 어떤 경험이 학생들로 하여금 경험을 견고화하고 고등 수준의 사고를 이끌 수 있는가?
- 지역사회 내에 어떤 자원들을 가용하고 그것들은 국가 수준 교육과정과 어떻게 관련되어 있는가?
- 국가 수준 교육과정과 핵심 개념들의 중요성은 무엇이고 학생들은 그것들을 학습하는 데 있어 어떻게 주인의식을 가질 수 있는가?

비전을 설정한 후에는 지역사회 기반 학습 프로젝트의 교육과정 목표와 학습경험들을 개발한다. 프랭클린 초등학교의 경우에 다음과 같이 교육과정 목표들을 설정하였다(Prast & Vigut, 2015, p. 33).

　교장 제이미는 공장에서 파트너로 참여하는 부서장들과 마주앉아 학교가 원하는 바에 대해 토론을 하였는데, 그들은 목표가 분명하지 않다는 것을 알게 되었다. 그들은 각각 학생들에게 도움이 되는 것들로 할 것을 가지고 있었고, 회사가 학교와 어떻게 교류해야만 할지에 대해 고민을 했다. 토론이 주춤거리며 더 나아가지를 못하자, 교사 한 사람이 자신의 교실에서의 수업 계획안에 대해 이야기를 꺼내며 학습활동이라는 아이디어를 드러내었다. 공장 부서장들은 학생들에게 전해 주고자 하는 것들에 대해 아이디어들이 충만했으나, 교사가 그 아이디어들을 수업이라는 렌즈를 통해 분석하자 목표들이 나타나기 시작했다. 첫 번째 회의가 끝나갈 무렵, 공장 부서장들은 제품 아이디어에 대한 잉태에서 판매에 이르기까지의 공정을 담은 여덟 가지 활동을 학습활동으로 제시하였다. 한 주 후 두 번째 회의에서 교사들은 이 여덟 가지 활동 각각을 통해 달성하고자 하는 수학, 국어, 미술, 의사소통, 문제 해결, 기술 교과의 기준들을 찾아냈다. 종국에는 초점이 없었던 브레인스토밍 회의로부터 시작하여 8개의 교육과정 단원과 목표들을 설정했다.

　지역사회 기반 학습의 목표는 K-12의 일관성을 고려하여 설정한다. 지역사회 기반 학습은 학생들이 고등학교 이후에도 성공적으로 삶을 영위하는 데 필요한 기능들을 습득하는 데 목적을 둔다. 따라서 K-12 학생들은 지역사회 기반 학습을 통해 일관된 경험을 하기 때문에 K-12 교육자들 간의 협력적 관계가 중요하다. 이를 위해서 위긴스와 맥타이(Wiggins & McTighe, 1998)는 '역방향 설계(backward design)'를 통해 12학년의 최종적 결과로부터 시작하여 유치원 교육과정까지 내려오는 일관성 있는 접근을 추천한다.
　이런 지역사회 기반 학습의 목표를 설정하고 나면 학습경험을 개발하는데, 통합교육과정적 접근을 통해 지역사회 기반 학습경험을 개발한다.

③ 평가 계획을 세운다

　지역사회 기반 학습 프로젝트의 평가는 프로그램 자체에 대한 평가와 학생 평가를 모두 포함하여 계획한다. 지필평가, 조사, 수행평가, 반성적 일기, 벤치마킹 추적 등 다양한 평가 방법을 동원한다. 프랭클린 초등학교의 경우는 다음과 같이 프로그램 평가 설계를 하였다(Prast & Vigut, 2015, p. 33).

　교장 제이미는 교육 파트너인 공장의 관계자들의 시간 및 자원 투자가 의도했던 목표들을 성취했는지 궁금했다. 교육청에서도 지역사회 기반 학습이 지역사회와 학교와의 관계를 개선하는 데 효과가 있는지 알기를 원했다. 교육청은 학생들이 필요로 하는 것을 배웠는지, 교사들은 교육과정 목표들을 성취하는 수업은 성공적이었는지, 학교가 지역사회 파트너에게 지역사회 기반 학습에서 긍정적인 경험을 갖도록 대우했는지 등에 대해 알기를 원했다. 이에 교사들은 학생들이 의미 있는 학습을 했는지를 알아보기 위해 목표 성취 여부를 평가하는 도구들을 개발하였다. 교육청은 공장 관계자들을 만나 인터뷰를 하고 만족 여부를 점검하였다. 그리고 학교와 공장 간의 협력적 노력을 홍보하기로 하였다. 이런 평가 결과, 학생들은 지역사회 기반 학습에 대해 만족스러운 경험을 하였고, 공장 관계자들은 그 기여에 대해 만족감을 표시하였고, 미래에도 지속적으로 학교와의 파트너십을 형성하겠다는 의지를 밝혔다.

④ 포스터를 만들어 지역사회 기반 학습을 하고 있다는 것을 홍보한다

이 포스터를 프래스트와 비거트(2015)는 '계기판(dashboard)'이라고 불렀는데, 계기판이란 운전석 앞의 계기판에 주행거리 등을 표시하는 것처럼 참여자들의 현황을 숫자로 표시하는 판을 말한다. 즉, 프로그램 조직, 또는 주도적 개혁 주제에서의 성공을 측정한 시각적 표상(포스터)을 말한다. 계기판은 교사들에게 분명한 방향성을 제시하고 비전을 관계자들에게 알리는 의사소통의 촉진자 기능을 한다. 계기판은 부정적 시각을 가진 사람들이 공격을 하거나 실행 시 난관에 부딪혔을 때 도움을 준다. 인터넷을 통한 계기판의 예들을 찾을 수 있다(http://dashboard.ed.gov, Dashboard for Birmingham Public Schools in Beverly Hills, Michigan http://data-dashboard.birmingham.k12.mi.us).

계기판에 포함해야 할 항목으로는 파트너십 지원, 교육적 성취, 프로그램의 유지 가능성, 학생과 지역사회의 참여이다. 각 항목은 설정한 목표를 향해 프로그램 내용의 진보 상황을 평가하고 다음과 같은 증거를 포함한다.

- 전반적인 파트너십의 수
- 교육과정 파트너십의 수
- 등록 상황
- 학생 참여 조사
- 학생들의 출석률
- 점수
- 표적 목표 성취
- 중등 이후 진학 데이터의 변화

• 예산 기부 상황

⑤ 참여자들의 역할과 책임을 공유한다

참여자들은 다음과 같은 질문에 답해 보며 역할을 분담하고 책임을 공유하도록 한다. 일회성의 지역사회 기반 학습 경험을 계획하는 경우 교사 한 사람이 이 모든 역할을 담당하나 그 규모가 크면 전략적인 역할 분담이 필요하다.

• 누가 파트너십의 가능성과 실제 파트너들을 생성하고 맵핑할 것인가?
• 누가 교육과정의 충실성을 담보할 것인가?
• 누가 진보 상황을 추적할 소프트웨어를 찾아 사용할 것인가?
• 누가 파트너들에게 감사할 것인가?
• 누가 파트너들, 교육청, 또는 교육 위원회와 접촉(liaison)을 담당할 것인가?
• 누가 국가 교육과정 표준에 기초하여 평가를 할 것인가?
• 누가 필요한 자원들을 찾아낼 것인가?

⑥ 지역사회 기반 학습을 한 후, 이런 학습을 일회성으로 그치지 않고 계속할 수 있도록 하려면 유지 계획을 세워야 한다

지역사회 기반 학습의 지속성은 학교에는 비전을 확고하게 설정하고, 아이디어를 심고 뿌리내리도록 돕고, 적절한 자원을 공급하면 교수 자원의 변동이 생겨도 학교의 유산으로 남아 일정 궤도에 오르게 되어 그 후에는 새로운 기회의 창을 여는 것이 가능하다. 이를 유지 계획이라고 하는데, 다음과 같은 단계를 거친다(Prast & Vigut, 2015).

• 성공을 부각시킬 수 있는 계획을 세운다. 구성원들의 지역사회 기반 학습에 대한 열정을 증대하는 계획을 세우는데, 중요한 일이 그 성공을 부각시키는 것이다. 사람들은 성공하는 팀에 소속되기를 원하기 때문에 이런 성공 사례를 홍보하면 지역사회 기반 학습은 증진되고 옹호자들도 늘어난다.
• 1년을 세 번으로 나누어 3개월씩 유산을 창조한다. 변화를 최전선을 유지하는 일은 그 경험이 늘 현재적으로 활성화되도록 하고, 그 변화가 학교 체제 속에 안착하기 위해서는 문화의 한 부분이 되도록 해야 한다. 이를 위해 3개월마다 다음과 같은 활동을 하는 사이클을 만들어야 한다.

- 첫 번째 3개월: 새로운 지역사회 파트너십을 육성한다.
- 두 번째 3개월: 파트너십을 실행하고 그 효과를 검증하여 관계를 증진시킨다는 관점에서 형성평가 데이터들을 수집하고 융합하여 지속적으로 변화를 증진시키는 노력을 한다.
- 세 번째 3개월: 파트너십의 성공을 홍보하고 관계자들의 노고를 치하한다. 지역사회 파트너들에게 학교 및 학부모들이 그 기여에 대해 감사하게 여기고 있다는 표현을 하고 미래에도 지속적인 관계 형성이 있었으면 한다는 기대를 전한다.

- 의사소통 계획을 세운다. 지역사회 기반 학습의 취지와 효과, 필요성에 대한 의사소통 라인을 연다. 지역사회 기반 학습을 주도하는 리더는 엘리베이터 스피치(elevator speech), 즉 핵심 사항에 대한 요약본을 준비하여 의사소통하면 조직의 변화를 위해 강력한 영향을 발휘할 수 있다. 지역사회 기반 학습에서 이미 성공을 거둔 학교도 지속적으로 발전시키는 일이 필요하다. 이를 위해 파트너를 기여 수상자로 추천하고, 학교위원회에서 프로젝트를 소개하고, 미디어를 통해 홍보하는 노력이 필요하다.
- 파트너십들을 맵핑한다. 파트너십의 수준을 결정하고 유목화한다. 이것은 지역사회 기반 학습의 유지를 위해 중요하다. 왜냐하면 파트너십이 성장하고 확장되면 파트너들을 경영하는 것은 힘든 작업이기 때문이다. 파트너십의 수준들이 어떤 것들이 있

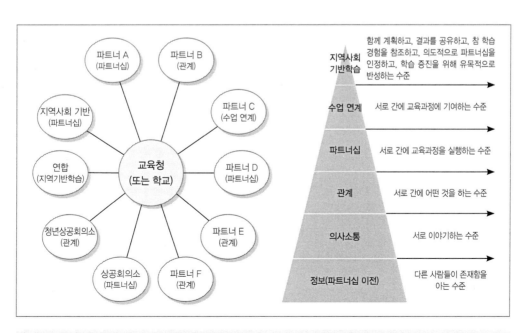

[그림 4-23] 소시오그램과 파트너십 피라미드

고, 파트너들의 자산들이 어떻게 사용될 수 있는지를 찾아냄으로써 파트너 관계를 과도하게 이용하거나 너무 적게 이용하는 것을 방지하며 적절한 수준에서 관리할 수 있게 된다. [그림 4-23]와 같은 파트너십 피라미드를 활용하면 파트너십과 참여의 수준을 정의하는 데 도움을 준다. 이 피라미드를 활용하여 파트너들로 누가 있고, 그들은 누구와 함께 수업에 참여하고, 그들의 역할은 무엇인지에 대한 시각적 표상을 마련하면 어디에 파트너십이 존재하고 있고 어디로 그 파트너십을 어떤 단계로 발전시킬 수 있는지 알 수 있도록 해 준다. 맵핑의 또 다른 방법은 소시오그램(sociaogram)을 활용하는 것이다.

소시오그램은 모레노(Moreno, 1953)가 만든 개념인데, 파트너십 피라미드와 함께 사용되면 시각적으로 기존의 파트너십을 맵핑하도록 해 주고 파트너십의 수준을 알 수 있도록 해 준다. 이 소시오그램을 사용하면 지역사회 기반 학습에 참여하기를 원하는 사람들이 어떤 기회가 있는지 알 수 있다. 예를 들어, 파트너 A는 '파트너십'으로 명명되어 있는데, 완전한 수준의 파트너십으로 승격 조정될 수 있는 잠재력을 가지고 있음을 알 수 있다.

파트너십들은 [그림 4-24]와 같이 스프레드시트를 사용하면 간단히 추적할 수 있고, 능동적인 파트너들을 추적하여 관계자들과 소통할 수 있다.

파트너 기관명	접촉자	파트너십 구축	파트너 학교 담당자	활동 내용	활동 학기
기업 ACME	Elizabeth Parks	수업 연계	Marshall Jackson	자기 주장 능력 기르기	Fall 2013
스미스(Smith) 차 딜러	Langston Phillips	파트너십	Grade 3 @Lakeside School	지역사회 친구 만들기	2013~2014 school year
기업 ACME	Steven Smith	지역사회기반 학습	Marshall Jackson	주식 투자하기	Spring 2013

[그림 4-24] 파트너십 추적 스프레드시트(Prast & viegut, 2015, p. 39)

파트너십 추적 스프레드시트는 교사들이 현재의 파트너십 관계를 이해하는 데 도움을 줄 수 있다. 즉, 파트너들의 강점과 관계 상승 기회를 찾아내도록 해 준다. 예를 들어, 기업 ACME는 두 번 이상 자원들을 기부하도록 요청받았으나 다른 기관들은 요청받은 일이 없다는 것을 알 수 있다. 랭스턴 필립스(Langston Phillips)는 파트너로 참여했으나 교육과정 개발에는 참여하지 않았기 때문에 교육과정 개발까지 좀 더 깊은 수준으로 참여하도록 요청할 수 있다.

- 학교 발전에 대한 생각을 마음에 깊이 새긴다. 질 높은 학교로의 발전을 계획하는 일은 교육자들에게 스스로의 교육 실제에서 변화를 가져오도록 해 준다. 지역사회 기반 학습은 SMART(Strategic and Specific, Measurable, Attainable, Result-oriented, Time bound)로서 발전 목표를 취할 수 있다(Prast & Vigut, 2015). 예를 들어, 현재 진행하고 있는 지역사회 기반 학습의 발전을 위해 논리적인 목표는 "학년도 말에 네 명의 교사가 5개 이상의 성취기준을 중심으로 새로운 지역사회 기반 학습 단원을 개발할 것이다."라고 기대할 수 있다. 그리고 교사들은 이 목표를 학생들의 성취 목표와 연계하여 "이번 학기 말에 85%의 학생들이 수행평가 루브릭에서 3(능숙 단계) 내지 4(탁월 단계)를 성취할 것이라는 목표를 세울 수 있다. 교사들은 기대하는 것을 보여 주는 계기판(dashboard)을 만들고 정기적으로 동료 스태프진과 함께 진보를 평가하며 반복적으로 성찰한다(Strand, 2008). 이런 방법은 모든 프로젝트의 상황을 시각적으로 볼 수 있도록 하고, 리더들에게 행동을 하도록 하는 기억 상기자로서 역할을 한다(Mann, 2010).

⑦ 실행에 옮긴다

지역사회 기반 학습을 실행에 옮길 때 고려해야 할 요인들은 다음과 같다.

- 평범한 것을 실행하고 싶은 유혹을 극복한다. 설정한 비전을 만족시키기 위해 충실하게 계획하고 그것을 만족시킬 물적, 인적, 시간적 자원을 동원한다. 지역사회 기반 학습은 훌륭한 아이디어인데 그것을 외양만 만족시키거나 평범하게 실행하고자 한다면 그것은 좋지 않은 생각이다(Guskey, 2002). 즉, 새 술은 새 부대에 담는 노력이 필요하다.
- 의사소통과 반성의 기회를 자주 갖는다. 실행의 전 과정에서 관계자들과 의견을 교환하는 시간을 자주 갖는다. 관계자들의 참여 수준과 요구들을 형성평가하고, 실행 과정이라고 하더라도 필요하면 계획을 조정하고, 심지어는 차기에 적용할 지역사회 기반 학습의 발전을 위해서 수정도 한다.

- 부정적인 파트너에 유의한다. 일부 파트너는 지역사회 기반 학습의 변화적 요소에 부정적으로 반응하는 경우가 있다. 이들을 적대할 필요는 없으나 학생들의 학습에 부정적인 영향을 미치지 않도록 관계를 굳건하게 유지한다.
- 지역사회 기반 학습의 기능적인 측면들을 축하한다. 파트너들은 때때로 리더가 생각한 만큼 성취하지 못한다. 성공한 것을 인정하고 차기 실행 시에는 좀 더 나아질 수 있도록 계획한다. 학생들에게 필요하듯 교사와 파트너들도 격려가 필요하다. 계획한 만큼 기능하지 못하는 부분이 있으면 그 사실을 포용하고 앞으로 전진해 나간다.

⑧ 평가를 하고 향상 개선 노력을 기울인다

지역사회 기반 학습이 성공하기 위해서는 모든 사람에게 평가 정보를 알리고 향상할 수 있도록 도움을 제공한다. 평가에서 중요한 것은 한 장면보다는 패턴이 중요하다(Senge, 2011). 체계적인 평가는 실제를 변화시키고 궁극적으로 목표를 성취하도록 한다. 지역사회, 교사, 학생에 대한 평가가 필요한데, 〈표 4-6〉은 이 세 가지 대상으로 만들어진 평가 루브릭의 예이다(Prast & Vigut, 2015, pp. 43-45).

표 4-6 지역사회 기반 학습(CBL) 주체에 대한 평가 루브릭

평가대상	탐색 수준	출현 수준	성취 수준	초과 수준
지역사회 파트너 평가	• 학교교육에 참여하는데 흥미를 보인다. • 교사와 전문적 관계를 유지한다. • 학교와 함께 일하는 태도가 긍정적이다.	• CBL에 흥미를 보이고 한두 번 수업에 참여한다. • 파트너의 경험은 긍정적이었으나 결과 공유에서는 한계가 있다. • 파트너의 학교 및 교육청에 대한 인식이 증진되었다.	• 교사와 협력적으로 계획하고 교수함으로써 성공적으로 CBL에 기여한다. • 파트너의 경험이 긍정적이었고 기대했던 결과를 도출해 내었다. • 파트너가 학교 및 교육청, 교육 일반에 대해 좀 더 알게 되었고, 긍정적으로 옹호하였다.	• 성공적으로 CBL에 기여하였고 학교의 장기적인 CBL 발전에 기여하고자 하는 의지를 표명한다. • 파트너의 경험은 긍정적이었고 기대했던 것보다 더 훌륭한 결과를 도출해 내었다. • 파트너의 참여로 인해 학교와 교육청의 열렬한 지지자가 되었다.

교사 평가	• 잠재적 파트너와 긍정적이고 전문적인 관계를 갖고 있다. • CBL을 위한 교육과정 단원을 탐색한다. • 혁신적으로 수업하고자 하는 의욕을 갖고 있다.	• CBL에 흥미를 보이고 파트너와 함께 한두 번 수업을 했다. • CBL에 적절한 교육과정 목표를 찾아내었다. • CBL 개발을 위해 파트너를 찾아내고 의사소통한다. • CBL 경험에 반성하고 의견을 낸다.	• 파트너와 함께 CBL 경험을 협력적으로 계획하고 교수함으로써 성공적으로 마쳤다. • CBL 경험을 통해 다수의 교육과정 목표들을 이수시켜 학생들의 성취를 촉진시켰다. • CBL에 적절한 교육과정 자료에 대한 이해를 갖고 있다. • 의도적으로 CBL 경험에 대해 반성하고 피드백을 구하였다.	• CBL의 근본적 배경에 대해 헌신하고 있다. • 학생의 이해와 성취 증진을 위해 교육과정 목표를 추출하고 조정하는 능력이 탁월하다. • 지역사회와 연계하는 유대 강화 능력이 뛰어나다. • CBL 기능과 경험에 대해 정규적으로 반성하고 정교화한다.
학생 평가	• 자신이 지역사회의 한 부분임을 이해하고 있다. • 지역사회 기관들에 대해 지식을 갖고 있다. • 기존의 전통적인 교육과는 다른 방식으로 학습하기를 원한다.	• CBL 경험에 참여하고 그 목표에 대해 이해하고 있다. • 지역사회 파트너와 그의 전문성을 알고 있다. • CBL 경험이 긍정적이다.	• CBL 경험을 통해 교육과정의 목표들을 성취했다. • 지역사회 파트너와 지역사회에서의 그의 역할에 대해 보다 잘 이해하고 있다. • CBL에 대한 경험이 긍정적이고 학습의 전 과정에서 참여가 능동적이었다.	• CBL 경험을 통해 얻은 지식이 전통적인 학급에서 얻은 지식을 초월한다. • CBL 경험의 결과 여러 지역사회와 깊게 연계를 맺고 학습하고자 하는 의도가 충만하다. • CBL 경험을 통해 학교 정규 교유과정을 초월하여 의미 있는 지식을 습득하고자 한다.

(4) 지역사회 기반 학습의 성공 사례

다음은 지역사회 기반 학습을 성공적으로 이끈 어느 교육청과 학교의 사례이다(Prast & Vigut, 2015, pp. 50-59).

① 지역사회 기반 학습 프로젝트의 출발

Unified School 교육청은 62,000명의 지역사회 주민들의 자녀 교육을 담당하고 있다. 학교교육은 지역사회와 연계하지 못하고 고립된 상태였으며, 재정적으로 불안정하여 학교

관리자들과 교사들의 전직이 빈번하여 안정적인 교사 자원을 확보하는 데도 어려움을 겪어 왔다. 이에 새로 영입한 학교 관리자와 교사는 경험이 부족한 신규교사들로 구성할 수밖에 없었고, 학교의 문화는 긍정적이지 못했다. 교사들은 상호 간에 협력적 관계를 구축하지 못하고 자신의 학급에 고립되어 안주하고 있었다. 변화에 대한 새로운 기회에 대해 '문'을 닫고 있었다. 학생들도 학교에서 얻는 경험의 진부함에 불만을 가지고 있었다. 이런 배경에서 교육청은 지역사회와의 파트너십을 구축하여 교육청의 어려움을 극복하고자 하는 정책을 구상했다. 교육청 관내 학교들의 분위기는 대체로 침체되어 있었으나 변화 지향적인 교사들도 있었다. 특히 남부고등학교(South High School)에 근무하는 네 명의 교사가 변화를 열망하였다.

2012년 겨울 제임스(James, 동료 코치이자 교수 지원 교사), 베스(Beth, 국어과 교사), 론(Ron, 사회과 교사)은 교장 스티븐(Steven)을 찾아가 학교의 침체된 상황을 변화시키기 위해 무엇인가 해야 한다는 의견을 제시하였다. 이 세 명의 교사는 각자가 프로젝트 기반 학습을 운영해 오고 있었고, 교장에게 사회과와 국어과의 간학문적 프로젝트 기반 학습을 시도해 보자고 제안했다. 교장 스티븐이 교사들의 제안에 동의를 했고, 교육청의 협조를 받자고 의견을 제시하였다. 이들은 곧 교육청의 혁신지원 담당자인 켈리(Kelly)에게 연락을 취했고, 켈리는 이들의 아이디어에 동의하였을 뿐만 아니라 교육청이 구상하고 있었던 지역사회 기반 학습으로 그들의 아이디어를 확장할 것을 제안하였다. 세 명의 교사는 국어, 수학, 사회, 과학을 통합하여 네 시간짜리 블록 타임으로 한 수업을 구성했다. 켈리는 이들과 협력하여 학급 당 학생 수, 시간, 교사 자원, 고등학교 수학의 난이도 등과 같은 장애를 제거하는 것을 돕기로 하였다.

지역사회 기반 학습을 2012년 가을학기에 시작하기로 잠정적으로 계획을 하였으나 준비가 덜 되면 연기하기로 하였다. 중학교 과학교사 엘라노어(Eleanor)는 평소 프로젝트 기반 학습에 대한 열정을 가지고 있었기에 이 팀에 참여하기로 하였다. 수학을 포함시키는 것이 마지막 장애로 해결이 어려웠다. 이에 따라 처음에 계획했던 4시간 블록 타임과 네 개 교과를 간학문적 통합하는 프로젝트 기반 학습을 세 시간 블록 타임과 국어, 사회, 과학의 세 개 교과 영역으로 운영하기로 결정하였다.

이 팀의 원래 목표는 교사 중심의 강의를 프로젝트 기반 학습으로 바꾸어 학생 중심 수업을 하는 것이었으나 교육청의 켈리가 이들의 아이디어를 확장했다. 켈리는 "프로젝트 기반 블록 타임을 지역사회 파트너십에 통합하려면 어떤 구조를 만들어야 하는가?"라는 질문을 하였다. 켈리는 지역사회 기반 학습 도입이 교육청의 주요 정책이라고 이야기하면서 그 개념을 설명해 주었다. 교사들은 처음에는 회의적이었지만, 지역사회 기반 학습이라는 개념에 너무 집착하지 않고 프로젝트 기반 학습을 시행하면 충분하리라고 생각했다.

켈리는 지역사회 기반 학습에 대한 교사들의 염려를 주의 깊게 들은 후 그들이 세운 목표들에 대해 질문하였다. "선생님들은 학생들이 할 수 있기를 원하는 것으로 무엇을 생각하고 있는가?" "학생들을 어떻게 참여시킬 것인가?"라는 질문을 하였다. 켈리는 "선생님들이 지금 지역사회와 학교가 파트너십을 형성하도록 할 수 있는 소중한 기회입니다!"라고 이야기한 후, 학생들의 학습을 실세계와 관계를 갖게 하면 할수록 학생들은 학교에서 배우는 내용들의 적절성을 더 많이 인식하게 된다는 것을 이해시켰다. 교사 제임스, 론, 베스, 엘라노어는 지역사회 기반 학습에 대해 좀 더 생각해 볼 시간을 달라고 이야기한 후 켈리와 헤어졌다.

2주 후, 이 교사 팀은 켈리와 만나 국어, 사회, 과학 교과의 9~10학년 교육과정 표준을 반영하는 7개의 학습 단원에 대한 초안을 만들었다. 각 단원은 하나의 핵심적인 지역사회 파트너십을 중심으로 설계했다. 이들은 자신들의 팀을 마을학교라고 부르기로 했다. 남부고등학교의 교장인 스티븐은 이에 대해 "학교 안에 새로운 학교가 있을 수 있는가?"라는 의아심과 함께 염려를 표명했다. 교장 스티븐은 이런 지역사회 기반 학습 시도가 성공하기를 바라고 있었으나 새로운 학교는 학생들의 남부고등학교에 대한 정체성 개념에 혼란을 가져올 것 같아 걱정이 되었던 것이다. 협의 끝에 교장 스티븐과 교사 팀은 남부지역 마을학교(Community-Based Learning at South High School)라고 부르기로 조정했다. 그리고 학생들은 이 지역사회 기반 학습(Community-Based Learning: CBL) 코스로 국어, 사회, 과학 교과를 이수할 수 있도록 하였다.

교사 엘라노어, 베스, 론은 세 교과 영역을 지도할 예정이었으나 수업 코치인 교사 제임스는 팀에서의 역할을 확보하지 못했다. 그러나 교사 제임스는 이 팀에서 가장 열정적인 멤버였고 이 팀은 지역사회 기반 학습의 비전을 교육과정과 일치시키는 전문가로서 제임스가 필요했다. 이에 켈리는 제임스를 지역사회 기반 코디네이터로 임명하고 교육위원회의 승인을 받자고 제안을 하였다. 그리고 교육청에 필요한 예산도 지원 요청하였다.

② 지역사회 기반 학습의 준비

남부고등학교의 지역사회 기반 학습(CBL) 팀은 지역사회 기반 학습의 스케줄을 잡았다. 3월이 시작되자 CBL 팀은 학생들과 학부모들에게 지역사회 기반 학습 프로그램을 실행한다는 것을 홍보했다. 75명의 학생들을 모집하였고, 100명의 학생들이 선택하면서 참여 학생을 추첨했다.

CBL 팀은 지역사회 기반 학습 프로그램의 틀을 개발하기 위해 선행 경험을 지니고 있는 여러 학교를 방문했다. 그러고는 2012년 5월에는 교육청의 켈리와 CBL 팀은 샌프란시스코(San Francisco)에서 열리는 지역사회 학교 심포지엄에 참석했다, 이 심포지엄은 지역사회 기반 학습을 초점으로 하지는 않으나 팀원들은 지역사회 학습 센터(community learning centers)라는 아이디어를 얻을 수 있었다. 지역사회 학습 센터의 목표는 지역사회 구성원들이 교사들과 함께 협력하여 학생들의 정신건강, 안녕, 튜터링, 방과 후 돌봄 서비스 등을 운영하는 것이었다. CBL 팀은 지역사회 학습 센터의 아이디어는 훌륭하였으나 그것을 만들 수 있을 것 같지는 않다는 느낌을 받았다. 켈리는 이 점을 파악하고, CBL 팀이 취할 첫 단계로 학업적인 것임을 인식시키고, 지역사회 기반 학습에 초점을 맞추고 지역사회 파트너들과 연계하여 수업을 하는 데 관심을 둘 것을 주문하였다. 그 후에 지역사회 학습 센터 설립에 대해 생각해 보자고 제안하였다. CBL 팀은 지역사회 학습 센터를 장기적인 비전으로 세우고, 그동안 2012~2013학년도의 지역사회 기반 학습의 교육과정을 창조하는 데 초점을 두기로 하고 여름학기에 스케줄을 세우기 시작했다.

③ 지역사회 기반 학습의 어려움 봉착

학년도가 끝나고 여름 방학을 시작할 무렵, CBL 팀은 두 가지 어려움에 봉착했다. 하나는, 과학교사 엘라노어가 전근을 가게 된 것이고, 늦게 과학교사 카일(Kyle)이 새로운 팀 멤버로 합류하였다. 이에 따라 카일에게 지역 기반 학습의 취지와 방법에 대해 오리엔테이션을 다시 하고 팀워크를 새로이 형성해야만 했다. 또 하나의 어려움은 책무성에 대한 것이었다. 즉, CBL 팀이 지역사회 기반 학습이 성공했다는 것을 어떻게 측정하느냐 하는 것이었다. CBL 팀의 핵심적인 목표는 지역사회의 교육 참여와 학생들의 성취에 두고 있었다. 교육위원회와 다른 교사들은 CBL 팀이 어떻게 지역사회 기반 학습으로 교육과정 표준 내용의 엄격성을 만족시킬 수 있느냐에 대해 질문하기 시작하였다. 교육위원회는 "그런 변화 시도가 어느 정도의 비용이 드느냐?" "어떤 유형의 자원들을 생성하느냐?" "CBL 팀은 학생들의 자기주도적 학습에 참여를 지원하기 위해서 전문성이 있는가? 이를 위해서는 개발과 테크놀로지가 필요한데 이런 수업이 얼마나 성공적일까? 더 많은 학생을 참여시켜야 하는가? CBL 팀이 1년차를 넘어 지역사회 기반 학습을 지속할 수 있을까?" 이런 질문들이 계속 제기되었다.

켈리, 스티븐 그리고 CBL 팀은 성공했다는 것을 증명할 측정 방법을 만들기 위해 작업을 했다. CBL 팀은 학생들의 성취도, 파트너십 형성도, 학생들의 참여를 추적하기로 했다. 그리고 CBL 팀은 각 항목별로 내릴 성공의 정의와 그것을 측정할 질 높은 도구가 필요했다. CBL 팀은 학생들의 성취도를 평가하기 위해 주 수준에서 표준화한 검사를 사용하기로 했다. 그러나 그 표준화 검사를 사용한 평가는 일 년에 한 번만 하고 있었다. 이에 따라 CBL 팀은 학생들의 성공을 매일 판단할 측정 방법이 필요했다. 그래서 학생들이 단원을 끝냈을 때 능숙도를 추적하기 위해 스프레드시트를 만들었다. 그리고 CBL 팀은 목표별로 학생들이 습득한 퍼센티지를 측정하였다. 파트너십 형성도는 재정적 지원과 학업적 지원의 두 유형으로 나누었다. CBL 팀은 지역사회 파트너들 명단을 스프레트시트로 만들고 그들의 기여를 추적했다. 그리고 학생들이 지역사회 기반 학습을 통해 얻은 경험에 대해 어떻게 느끼는지를 평가했다. 켈리는 지역사회 기반 학습에서 학생들의 참여가 핵심적이라는 것과 질 높은 학생 주도적 교육 기회를 제공하면 그 참여가 높아질 것이라고 보았다. 문제는 어떻게 그 참여를 측정할 것인가였다. CBL 팀은 프로그램 내에서의 출석률을 측정하고 학생 설문을 실시할 것을 결정하였다. 설문은 자율성, 흥미와 같은 항목들에 대한 학생들의 생각을 묻는 것이었다. CBL 팀은 학년 초와 학년 말에 설문을 실시하여 학생들의 지역사회 기반 학습에의 참여가 이런 항목들에 대해 변화를 초래하였는지를 조사하기로 결정했다.

④ 교육과정 개발

평가 방법을 계획한 후에는 교사진을 확보하고, 학생 등록을 받았다. 이 일을 2012년 여름 동안 했다. CBL 팀에게 교육과정 골격을 구체화할 시간이 3개월 밖에 남지 않았다. 그러나 혁신에 늘 따르는 필요한 인원과 물자 시설을 마련하는 일 때문에 CBL 팀은 지치기 시작했다. 단원 설계에 대한 대화가 기술적 요구 조건, 공급, 교실 정리 등으로 확대되었다. 이에 따라 CBL 팀은 상호 간의 대화를 자주 재조정하여야만 했다. 이런 노력으로 CBL 팀은 모두 같은 방향으로 대화를 나누고 있다고 생각하였는데 마지막으로 참여하기로 한 과학 교사 카일은 회의를 자주 여는 것에 대해 흥미를 잃고 의사결정을 해야 할 때 회의에 나타나지 않고는 했다. 그리고 카일은 어쩌다 회의에 다시 나타나면 CBL 팀의 방향에 동의하지 않고는 했다. 그러다 7월 말 경, 카일은 결국 팀에서 빠지겠다고 선언했다. 이에 따라 CBL 팀은 교수자원을 다시 조정해야만 했다.

CBL 팀은 우선 한 단원만 구체적으로 잘 설계하여 지역사회 기반 학습의 첫 6주 동안 실행해 보기로 정하였다. 그리고 지역사회의 한 대학에 지역사회 프로젝트를 운영하던 교수를 협력자로 초빙하였다. CBL 팀과 이 협력 교수는 교육과정 표준들을 지역사회 기반 학습경험과 일치시키면서 학생들이 각 교과의 관점에서 지역사회를 탐구하도록 계획하였다. 첫째, 학생들은 지역에서 자생하는 토종 식물과 동물들을 찾아내도록 하였다. 둘째, 학생들이 지역사회 주민들과 대화를 나누고, 이 지역사회에 거주하게 된 동기와 장점을 발견하였는지 알아내도록 하였다. 마지막으로, 학생들은 지역사회 주민을 잘 나타낼 수 있는 장면을 사진으로 찍고 전시회를 열도록 하였다.

　새 학기 개강이 다가옴에 따라 CBL 팀은 매우 지쳐 있었다. 팀원들은 지난 12월부터 쉬지 않고 일했고, 그동안 투자한 시간과 노력에도 불구하고 준비가 잘 안 되었다고 느꼈다. 이에 팀원들은 서로를 격려하며 지속적으로 노력할 것을 다짐하기도 하였다. 학기가 시작되기 일주일 전, CBL 팀은 학생들과 학부모들을 초청하여 지역사회 기반 학습을 시작하는 회의를 가졌다. 그러나 9학년과 10학년 학생들 중 많은 학생은 부모를 동반하여 학교에 오기를 꺼려하였고, 회의로 인해 여름 저녁을 포기해야 하는 것을 원하지 않았다. 그럼에도 불구하고 등록 학생들은 대부분 참석했고, 일단 회의를 시작하자 학생들의 참여 동기는 진작되기 시작했다. CBL 팀은 이런 움직임에 힘을 얻고 계속 일을 추진해 나갔다. 학기가 시작되자, 학생들의 참여는 높아졌고 CBL 팀은 더욱 힘을 얻었다. 지역 방송 매체들도 학교를 방문하였고 학교의 이런 변화 시도를 기사로 다뤘다. 지역사회에서의 재정적 기부도 들어왔고 파트너로 참여할 지역사회의 인적 자원도 늘어났다. 모든 사람이 지역사회 기반 학습의 참여자가 된 것을 즐거워하였다.

05

수업 모델

수업을 넓게 정의하면 "학습을 돕기 위한 노력"(Gagnè & Briggs, 1979, p. 4)이고, 수업 모델이란 "학습을 돕기 위한 전략을 설계하는 것"이다(Joyce, Weil, & Showers, 1992). 이에 이 장에서는 배움 중심 수업에서 빈번하게 활용될 수 있는 수업 모델로 설명식 수업, 협동학습, 토론학습, 프로젝트학습, 창의적 문제해결학습을 중심으로, 1) 의미, 2) 교수학습 절차, 3) 반응 원리 및 지원 체제, 4) 직·간접적인 효과라는 틀로 소개한다.

1. 설명식 수업 모델

1) 의미

설명식 수업은 직접 교수(direct teaching), 체계적 교수(systematic teaching), 명시적 교수(explicit teaching)라고도 한다. 주로 교사가 수업을 주도하기 때문에 교사의 설명, 강의 중심 수업의 성격을 띤다. 바우만(Baumann, 1984, p. 287)은 직접 교수법을 다음과 같이 설명한다.

　　직접 교수법에서 교사는 면대면의 이성적이고 형식적인 태도로 학습할 기능을 설명하고 보여 주고 모델링한다. 여기서 핵심적인 단어는 교사이다. 왜냐하면 학습 상황을 통제하고 수업을 이끌어 가는 사람은 교사이기 때문이다.

　　배움 중심 수업에서 설명식 수업에 대한 오해는 직접 교수는 비효과적이어서 사용하지 말아야 한다는 것이다. 그러나 설명식이라고 해서 학습에 비효과적이지는 않다. 로젠샤인 과 마이스터(Rosenshine & Meister, 1995, p. 147)는 이에 대해 다음과 같이 진술하고 있다.

　　어떤 비평가는 교사가 주도하는 모든 교수는 교사 지배적이고, 군대를 운영하는 식이고, 전제적이라는 이유로 비판을 한다. 불행하게도 이들은 이런 부정적 꼬리표를 성공적이었던 모든 직접 교수에 확장해서 적용한다. …… 그러나 교사의 강의와 설명이 이루어진 후 학생들의 연습을 모델링과 단서 카드로 안내하고 학생들이 스스로 연습의 과정을 점검하는 추수적 과정들이 뒤따르면 …… 직접 교수법을 비효과적인 교수라고 하기 힘들다. 오히려 인지적 전략 교수나 교사 효과성 연구 결과로 볼 때 이는 매우 유용하고 효과적인 교수 전략이라고 해도 타당하다.

　　설명식 수업에서 교사는 멘토, 학생은 멘티의 역할을 한다. 이에 따라 교사는 전문적인 지식과 기능을 소유하고 비전문가인 학생들에게 그것을 전달하는 관계이다. 이에 따라 교사는 학습과제를 선택하고 그 수행을 지시하는 데 있어 핵심적인 역할을 한다. 그리고 수업에서 높은 수준의 지시와 통제를 가한다. 학업 활동이 강조되고, 장난감, 게임, 퍼즐 등과 같은 비학업적 학습재료의 사용뿐만 아니라 자신에 대한 질문이나 개인적 관심사에 대한 대화나 토론과 같은 비학업적인 교사-학생 상호작용도 억제된다. 아울러 교사는 학생들에게 학업적 진보에 대한 기대를 높은 수준으로 갖고, 학생들이 학업적 수월성과 진보에 순기능적인 행동들을 보이도록 요구하면서 학업 과제 수행의 양과 질의 측면에서 좀 더 많은 것을 요구한다.

2) 교수학습 절차

　　설명식 수업은 단계별로 활동 내용들이 제시된다(Borich, 2011a; Brophy, 1988; Brophy & Good, 1986; Evertson, Anderson, Anderson, & Brophy, 1980; Gage, 1978; Joyce, Weil, &

Calhoun, 2004; Rosenshine, 2008).

　수업의 단계는 단위 수업 시간 또는 단위 시간들을 통합한 시간 운영에 공히 적용된다. 다만 달라지는 것은 수업 시간의 차이로 인해 단계별 활동과 내용에서의 분량에서 차이가 있을 뿐이다. 게이지(Gage, 1978)는 이런 단계들을 교수의 예술적 측면을 위한 과학적 기초라고 표현했는데, 예술로서의 교수는 이런 단계들을 어떻게 사용하는가에 있으며, 효과적인 교사들은 이 단계들을 일관석이고 체계적으로 적용하고, 비효과적인 교사들은 그렇지 못한 차이가 있다. 예를 들어, 교사가 학습할 내용을 차시별로 어느 분량으로 어떻게 제시하느냐, 안내된 연습(guided practice)을 어떻게 시행하느냐, 학생들이 저지르는 오류를 어떻게 교정하느냐, 수업의 속도와 길이를 어떻게 조정하느냐, 다양한 능력의 학생에게 어떻게 반응하느냐는 깊은 수준의 교사의 생각, 창의성, 융통성을 요하는 예술의 경지이다.

　설명식 수업의 효과적 교수 단계는 학생들의 학업 성취를 높이는 효과적인 교사들(effective teachers)의 수업 행동에 대한 연구를 통해 큰 틀이 설정되어 제시되고 있다(Rosenshine & Meister, 1995; Rosenshine & Stevens, 1986). 이 연구들은 "교사 효과성" "교사 효과" 또는 "과정−산출" 연구라고도 불리는데 다음과 같은 절차로 실행되었다.

　첫째, 같은 학년을 지도하는 20~30명의 교사들을 샘플로 선정하고, 이들 교사들이 지도하는 학생들에게 읽기, 수학, 또는 흥미 교과에 대해 사전 검사를 하고, 이들 교사들의 학급을 방문하여 여러 가지 수업 행동[예를 들어, 질문의 수와 유형, 제공해 주는 피드백의 빈도, 프레젠테이션과 안내 연습에 사용한 시간, 개인 연습(independent practice)]을 하도록 하는 방법 등이 나타나는 빈도를 조사했다.

　둘째, 다시 사후 검사를 시행하고 사전 검사와의 점수 차이를 통계적으로 분석하여 어떤 교사의 학급에서 가장 큰 점수 차이와 가장 적은 점수 차이를 보였는지 확인하고 향상 점수(gain score)를 결정하였다.

　셋째, 향상 점수가 가장 높은 반과 가장 낮은 반의 교사들이 보인 교수 행동들을 비교하여 효과적인 교사의 행동 특징이 무엇인지 찾아내었다. 예를 들어, 질문의 수와 유형, 학생들이 제시하는 응답의 질, 학생들의 응답에 대한 교사의 반응, 복습 시간, 프레젠테이션 시간, 연습 안내 시간, 개별 및 소집단 학습을 준비시키고 모니터한 시간, 칭찬의 빈도와 유형, 비평의 빈도, 유형, 맥락, 학생들의 주의 집중 시간 등을 비교했다.

　다음 수업의 단계는 이런 효과적인 교사에 대한 연구를 기반으로 제시된 것이다.

(1) 수업의 배경 설정 단계

수업의 오리엔테이션 단계로서, 학습할 내용을 구체적으로 제시하기 전에 본시 수업을 전개하는 데 필요한 사전 활동을 하고 배울 내용에 대해 개관을 해 준다. 좀 더 구체적으로 복습을 하고 본시 수업의 목표 및 절차를 제시하는 활동을 한다.

첫째, 복습 활동에서는 숙제를 검토하고 본시 학습에 필요한 선행지식과 기능을 점검한다. 복습의 이런 활동들은 지식들 간의 네트워크를 강화하여 학습할 내용을 보다 수월하게 학습하도록 해 주는 효과가 있다(Anderson, Evertson, & Brophy, 1979). 효과적인 교수에 대한 연구에서 교사들은 수업 전에 5~8분 정도의 짧은 검토 시간을 가짐으로써 학생은 그날의 수업에 필요한 선행지식과 기능을 가지고 있는지를 확인하는 것으로 나타났다(Rosenshine, 2008). 이런 검토와 점검은 숙제로 내 주었던 내용들을 가지고 질의응답을 하거나 짧은 테스트를 치르거나 학생들끼리 서로 상호 간에 숙제를 교정하거나 학생들이 어려워했거나 오류를 저지른 부분에 대해 질문하도록 하거나 과잉학습(over-learning)이 필요한 사실과 기능에 대해서는 추가적으로 연습시키기 활동을 한다. 예를 들어, American Federation of Teachers(1998)의 읽기 프로그램은 새로운 읽기 학습을 하기 전에 5분 정도 시간을 할애하여 필수 단어 목록을 검토하는 시간을 갖도록 한다. 학생들에게 이전에 읽었던 이야기에 나오는 단어들과 앞으로 읽을 이야기에 나오는 단어 목록을 만들어 제시하고 각 단어를 학생들이 함께 읽도록 하는데, 필요한 경우 읽기가 유창해질 때까지 다시 읽기를 한다. 그 결과 학생들은 150개의 단어 목록을 4분 내에 읽는 것이 가능한 것으로 나타났다.

둘째, 수업의 목표 제시는 본시 학습을 통해 학생들이 도달해야 할 성취 수준을 알려 주어 학생들의 학습에 방향성을 제시하여 학습의 효과성을 높인다. 학생 주도의 간접 교수와는 달리 교사 중심의 설명식 직접 교수에서는 명시적인 수업 목표를 제시하는 것을 선호하고 그 방법으로 행동 목표(behavioral objective)로 진술할 것을 요구한다. 즉, 수업이 끝난 후에 학생들이 학습한 지식과 기능을 객관적으로 학습했다는 것을 증거할 수 있도록 행동적 용어(예: 찾아낸다, 선택한다, 예를 든다, 읽는다, 쓴다, 수행한다 등)로 진술해야 한다. 수업의 목표는 교사가 제시한 후에 학생들과 함께 토론을 하면 학생이 좀 더 수업에 대한 목표를 의식하게 할 수 있다.

셋째, 수업 시간에 해야 할 활동들을 알려 준다. 앞에서 제시한 수업의 목표를 달성하기 위해 하게 될 활동들이 무엇인지 알려 주고, 그 활동에서 학생들이 해야 할 역할과 필요한 학습자료들을 소개한다. 이것은 수업의 절차를 설정하기 위한 것으로 학생들은 수업의 흐름에 대해 알고 그 흐름 속에서 학생들 각자가 대처해야 할 일이 무엇인지 확인시켜 주고 수업 활동에서 나타날 수 있는 낙오나 방황을 방지해 준다.

넷째, 수업 내용을 개관한다. 수업의 개관은 선행조직자의 형태로 제시하는 것이 효과적이다. 왜냐하면 선행조직자는 학습할 내용이 기존의 스키마에 잘 연결되도록 하는 비계(scaffolder)의 역할을 하기 때문이다. 제2장의 정보처리이론에서 설명한 것처럼 선행조직자에는 설명식 조직자와 비교식 조직자 두 종류가 있다(Ausubel, 1960). 수업 내용의 성격에 따라 적절한 선행조직자를 사용한다.

이런 네 가지 활동을 하며 학습의 배경을 설정하는 설명식 수업은 그렇지 않은 경우보다 학생의 학습 참여와 완전학습에서 차이를 나타내는 것으로 보고되고 있다(Anderson, Evertson, & Brophy, 1979; Fisher et al., 1980; Medley, 1977; Medley, Soar, & Coker, 1984; Rosenshine, 1985).

(2) 프레젠테이션 단계

수업에서 다룰 개념이나 기능을 설명해 주고 예들을 제시하거나 시범을 보인다. 학습할 내용이 새로운 개념이면 그 개념의 속성, 규칙이나 정의, 예들을 설명해 주고, 학습할 내용이 새로운 기능이면 기능 수행의 단계를 확인해 주고 각 단계의 예들을 제시해 주며 시범을 보여 준다. 프레젠테이션 단계에서 중요한 것은 교사의 설명이 지닌 면밀함과 질이다. 효과적인 교사는 덜 효과적인 교사보다 새로운 학습 내용을 설명하고 시범으로 보여 주는데 좀 더 많은 시간을 사용한다(Rosenshine, 1985).

프레젠테이션 단계에서 교사는 다음 몇 가지 점에 유념해야 한다.

첫째, 학습 내용을 작은 단계들로 나누어 제시하여 학생들이 한 번에 한 부분씩 습득하도록 한다. 설명식 수업은 계선적인 접근을 하기 때문에 한 단계의 완전학습을 기반으로 그다음 단계의 완전학습으로 이어지도록 하는 것이 중요하다. 따라서 각 단계를 끝낸 후에는 학생들이 완전학습을 하도록 연습의 기회를 준다. 그리고 질문을 통해 학생들의 이해 수준을 점검하고 다음 단계로 넘어간다. 특히 학생이 어리거나 학습 내용이 어려운 경우에 더욱 필요하다.

둘째, 시각적 또는 청각적 표상을 통해 다수의 예를 다양하게 제시한다. 학생들은 다양한 학습양식을 가지고 있기 때문에 이렇게 했을 때 학습 내용이 학생들의 기존 스키마에 연결될 확률이 높고 이해와 전이에도 효과적이다.

셋째, 학습과제를 성공적으로 수행하는 모습을 모델링으로 보여 주고 머릿속에서 일어나는 생각을 이야기해 주면서 실연한다. 이것을 진술 시범이라고도 하는데 교사가 과제 해결의 과정을 말로 진술하면서 수행하는 것을 보여 줌으로써 학생들은 학습과제 수행의 방법을 보다 쉽게 내면화한다.

넷째, 설명의 초점은 한 번에 하나의 토픽에 집중하고, 이탈적이거나 애매모호한 용어를 가능한 사용하지 않는다. 간접적이고 주변석이고 애매모호한 성격의 이야기는 학생들이 초점을 놓치게 만든다(Smith & Land, 1981). 이런 용어나 이야기들은 학습 내용과 무관한 정보들이기 때문이다. 학생이 이런 용어나 이야기에 정신이 팔리면 학습 이탈이 발생할 수 있기 때문이다.

다섯째, 설명을 한 후 학생들의 이해 수준을 점검하고 학생들이 어려워하는 부분은 다시 설명한다. 학생들이 잘못 이해한 것을 수정하지 않고 지나가거나 오답을 할 경우 그냥 정답만 말하고 지나가면 오해를 발생시키고, 추후 학습에 부정적으로 영향을 미치기 때문이다. 효과적인 교사는 비효과적인 교사보다 학생들이 어려워하는 부분을 찾아내고 이해시키는 데 두 배나 많은 시간을 사용하는 것으로 보고되고 있다(Evertson, Anderson, Anderson, & Brophy, 1980; Good & Grouws, 1979; Rosenshine, 1985). 이와는 대조적으로 비효과적인 교사는 설명을 짧게 하고, "질문이 있니?"라고 물은 후 질문이 없는 경우 학생들이 이해했다고 가정하거나 또는 몇 가지 질문을 던져 보고 대개 정답이 나오면 학생들이 이해했다고 판단한다. 학생들의 이해를 점검하기 위해서 설명한 내용에 대해 재진술하라고 요구하거나 질문을 던지거나 요약을 하도록 하거나 다른 학생들이 답한 것에 대한 동의 여부를 묻거나 토론을 통해 학생들이 주고받는 이야기를 분석하는 등의 전략을 사용할 수 있다.

(3) 안내에 따라 연습하기 단계

설명이 끝난 후에는 단계별로 안내에 따라 연습한다. 안내에 따른 연습(guided practice)이란 '구조화 연습(structured practice)'이라고도 하는데, 교사가 학급 전체 또는 소집단을 대상으로 학생들이 학습한 개념이나 기능의 요소 또는 문제 해결의 절차 하나하나를 수행으로 옮기는 연습이다. 이 과정과 결과를 모니터하고 교정하거나 확인해 주며 피드백을 한다.

안내에 따른 연습은 두 가지의 목적이 있다(Hunter, 1982). 하나는, 학생의 이해도를 점검하기 위해서이다. 또 하나는, 연습을 감독하고 안내하여 학생이 오류를 내면화하지 않도록 하기 위해서이다. 짧고, 강력하고, 매우 동기 유발적인 연습 시간을 갖는 것이 연습 시간을 오랫동안 갖는 것보다 더 효과적이다. 소위 전습법보다 분습법의 원리가 설명식 수업에서는 좀 더 효과적이다. 예를 들어, 5~10분의 연습 시간을 하루 또는 며칠에 걸쳐 여러 번 나누어 하는 것이 30~40분의 시간을 1~2회 정도 하는 것보다 더 효과적이다. 특히 어린 학생의 경우에 그러하다.

안내에 따라 연습하기는 교사의 질문과 피드백을 통해 교정하거나 확인을 통해 강화해 준다. 안내에 따라 연습을 할 때 질문이 매우 중요하다. 효과적인 교사는 비효과적인 교사보다 질문을 많이 한다(Stallings & Kaskowitz, 1974). 교사를 대상으로 질문하는 법을 연수한 결과, 학생들의 학업 성취를 더 높였다는 실험 연구들은 교사가 하는 질문의 중요성을 시사하고 있다(Anderson, Evertson, & Brophy, 1979; Good & Grouws, 1979). 아울러 에버슨 등(Evertson et al., 1980)의 중학교 수학 수업에 대한 연구에 의하면 효과적인 교사는 50분 단위 시간에 평균 24개의 질문을 하는 반면, 비효과적인 교사는 평균 8.6개의 질문을 했다. 효과적인 교사는 50분 단위 시간에 과정에 대한 질문(process questions)을 평균 6개를 하는 반면, 비효과적인 교사는 평균 1.3개를 했다.

설명식 수업에서 교사의 안내에 따라 연습할 때 교사가 하는 질문은 다음과 같은 특징을 지녀야 한다.

첫째, 확산적 답보다는 수렴적 답을 요하는 질문을 한다(Rosenshine, 1971, 1985). 수업을 학생이 주도하는 간접 교수에서는 학생의 사고를 확장시키는 확산적 질문을 하지만, 교사가 주도하는 직접 교수에서는 학습 내용이나 기능을 학생이 습득하였는지 여부에 초점을 맞추어 수렴적 사고를 요하는 질문을 한다.

둘째, 모든 학생이 답을 할 기회를 준다(Gage & Berliner, 1998; Rosenshine, 1985). 단순히 손을 들거나 큰 소리를 내는 학생들만 답을 하도록 하지 않는다. 그리고 개인적으로 답을 하거나 일제히 답을 하는 패턴을 번갈아 가면서 질문한다. 일제히 답을 하는 것은 합창적 반응의 형태를 띨 수도 있는데, 이런 반응은 연습을 게임처럼 느끼게 한다. 학생이 일제히 합창하여 답을 맞추어 보는 활동은 교사의 신호에 맞추어서 하면 효과적이다. 그렇지 않으면 일부 빠른 학생만 답을 하게 되고, 다른 학생들은 적절히 연습할 기회를 갖지 못한다.

일제히 답을 하는 것은 설명식 교수에서 학생들의 참여를 위해 필요한 행위이나 학생들에게 지루함을 느끼게 하거나 적극적으로 참여하도록 하는 데 어려움이 있는 단점이 있다. 로젠샤인(2008)은 이를 극복하기 위한 전략으로 답을 옆 친구에게 말해 주기, 종이에 답과 설명을 쓰기, 한두 문장으로 핵심 아이디어를 요약하고 급우들과 의견을 나누기, 작은 손칠판에 답을 쓰고 머리 위로 들어 보여 주기, 한 학생에게 답을 하도록 하고 다른 학생들은 그 답에 동의하는지의 여부를 신호하기 등을 추천한다.

셋째, 교사의 질문에 대한 답은 그 성공 확률이 높아야 한다. 로젠샤인(2008)은 최적의 정답 성공률이 75~80%일 때 성공감과 도전감을 갖도록 한다고 보고한다. 굿과 그라우스(Good & Grouws, 1979)는 효과적인 교사들의 4학년 수학 수업을 관찰한 결과, 교사의 질문은 평균 82%의 정답 성공률을 보인 반면, 비효과적인 교사는 평균 73%의 정답 성공률을 보였다고 보고했다. 교사는 설녕식 수업에서 이 수준의 정답이 나오면 곧바로 새로운 질문을 던진다. 그리고 오답이 부주의하여 나온 것이면 정답을 제공하고 넘어간다. 오답이 이해의 부족에서 나온 것이면 힌트나 단서를 제공하여 이해를 바로잡는다.

넷째, 비학업적 질문(nonacademic questions)은 지양한다(Fisher et al., 1980; Rosenshine, 1985). 즉, 질문은 학업 지향적인 것으로 수업 내용 지식과 기능 습득의 정확성을 판단하는 것이어야 한다. 행동 지향적인 것, 예를 들어 말하는 태도가 옳은지 나쁜지를 묻거나 지적하는 것이어서는 안 된다.

한편 안내에 따라 연습하기에서 질문을 한 후에는 확인 피드백을 제공하고 교정 지도하는 활동을 해야 한다.

학생이 정답을 내고 그것에 대한 자신감을 보일 경우 짧게 "잘했다."라고 칭찬하고 다른 질문을 제시하는 것으로 넘어간다. 그러나 학생이 정답을 내기는 하였으나 자신감이 없을 경우에는 과정에 대한 정보를 피드백으로 제공하는 것이 적절하다. 이것은 답의 질적 측면에 대한 정보를 제공하는 것으로 대개 칭찬을 동반한다(Gage & Berliner, 1998). 예를 들어, "그래, 맞았다. 왜냐하면 ……"이라는 형식으로 정답에 이르기 위해 거친 과정들을 설명해 주는 것이다(Good & Grouws, 1979). 특히 학업 성취 수준이 낮은 학생들이 정답을 내는 경우 다른 학생들의 경우보다 칭찬의 양을 많이 하여 격려할 필요가 있다. 그러나 학업 성취 수준이 낮은 학생들이라도 오답의 경우에는 칭찬을 하지 않는다(Brophy, 1981).

학생이 정답을 내지 못한 경우, 질문을 단순화하고 힌트를 주거나 내용을 다시 교수하는 것이 필요하다. 효과적인 교사는 이 부분에 대해 시간을 많이 사용하는 반면, 비효과적인 교사는 교사가 정답을 이야기하고 다음 질문으로 바로 넘어가고는 한다(Good & Grouws, 1979; Rosenshine, 1985).

(4) 독립 연습 단계

학생은 학교에서 50~75%의 시간을 혼자서 과제를 해결하는 데 보낸다. 학생이 시간을 보다 잘 활용하도록 하려면 교사는 구조적인 연습 상황에서 배운 개념이나 기능을 자기주도적으로 활용해 보도록 해야 한다(Joyce, Weil, & Calhoun, 2004). 이것을 독립 연습 단계라고 하는데, 학생들이 교사의 구조적인 안내에 따른 연습 단계에서 정확도가 85~90% 정도 나타나면 자기주도적으로 열린 상황에서 개별적으로 연습하도록 한다. 특히 복잡한 기능에 숙달하려면 학생은 상당한 양의 독립 연습이 필요하다. 독립 연습을 통해 학생들이 기능 수행에 능숙해지면 학업 과제들을 빠르게, 성공적으로 그리고 자동적으로 수행할 수 있다. 수행의 각 단계를 생각할 필요 없이 이해와 적용에 모든 주의 자원을 할당할 수 있고 과제 해결 능력이 향상된다(Bloom, 1986).

대개 교사들은 독립 연습을 숙제로 내 주는 경우가 많은데, 설명식 수업 후 교실에서도 독립 연습 과제를 제공하고 교실을 순회하면서 점검하고 감독하면서 오류를 줄이도록 개별적인 지도를 할 필요가 있다. 피셔 등(Fisher et al., 1980)은 이렇게 개별적으로 접촉해서 지도하는 최적의 시간을 30초 정도로 본다.

(5) 주별 검토와 월별 검토 단계

학생들의 자기주도적인 연습이 완성되는 것을 돕기 위해 주기적으로 중요 학습 개념과 기능을 검토해 주어야 한다. 왜냐하면 학습자는 새로운 정보를 쉽게 망각하기 때문이다. 따라서 교사가 범하는 오류 중 하나는 새로운 지식이나 기능을 다룬 후 기말고사 때까지 검토하지 않는 것이다(Joyce, Weil, & Calhoun, 2004).

매주, 매월 검토하는 시간을 갖는 것은 기능의 완성과 적용 능력의 향상에 효과적이다(Good & Grouws, 1979). 그 이유는 빈번한 검토는 이전의 학습을 회복시키고 정교화하는 데 기여하고, 지식 구조 간의 네트워크를 강화하고 확장시키고, 자동적 수행을 촉진시키기 때문이다. 쿨리크와 쿨리크(Kulik & Kulik, 1979)는 대학생들을 대상으로 한 연구에서 주말마다 퀴즈를 시행한 집단은 그렇지 않은 학생 집단보다 기말시험에서 우수한 성적을 낸다고 보고했다.

3) 반응 원리 및 지원 체제

(1) 반응 원리

설명식 수업에서 핵심적인 교수 활동은 사전 학습 검토, 본시 학습 프레젠테이션, 안내 연습 실행하기, 피드백과 교정하기, 독립 학습, 주별과 월별 검토이다. 이 활동들은 학생의 학습 속도와 학습 내용의 난이도에 따라 소요되는 시간을 달리할 때 효과적이다. 로젠샤인(2008, p. 242)은 학습 속도가 느린 학생에게는 복습을 늘리고, 프레젠테이션은 줄이고, 안내된 연습과 독립 연습을 늘리는 동시에 학습 속도가 빠른 학생에게는 그 반대로 복습은 줄이고, 프레젠테이션은 늘리고, 안내된 연습과 독립 연습은 줄이는 적응적 교수가 필요하다고 제안했다. 그리고 학습 내용이 어려운 경우에는 프레젠테이션은 짧게 하고, 안내된 연습과 교사가 감독하는 독립 연습 사이클을 순환시키는 것이 효과적이다. 이를 그림으로 나타내면 [그림 5-1]과 같다.

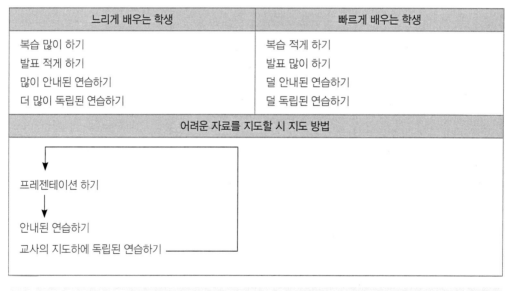

[그림 5-1] 설명식 수업에서 학생 특성에 따른 지도 방법

아울러 설명식 수업을 하기 위해서 교사는 학급 정서나 분위기를 중립적으로 유지한다. 학생의 수행에 대한 비판 등과 같은 부정적인 정서를 동반하는 행동은 학생들의 학업 성취를 저해한다(Rosenshine, 1971; Soar, Soar, & Ragosta, 1971). 그러나 학생의 수행에 대한 칭찬과 같이 긍정적인 정서를 동반하는 행동도 학업 성취에 미치는 효과가 분명하지 않은 것

으로 나타난다(Brophy, 1981). 따라서 대개의 경우 중립적 학급 정서나 분위기 조성이 필요하다.

(2) 지원 체제

설명식 수업은 그 기원이 행동주의 학습이론에 기초하고 있어 학생의 학습 효과를 올리는 지원 체제는 거의 전적으로 교사에게 의존한다(Joyce, Weil, & Calhoun, 2004). 교사는 다음과 같은 지원 체제를 마련하고 제공해야 한다(McDonald & Ellias, 1976; Rosenshine & Stevens, 1986).

첫째, 수업을 하기 전에 미리 학습과제를 정의하고 과제를 정밀하게 분석해야 한다. 좀 더 구체적으로 학생들이 학습할 과제의 목표를 정의하고, 과제를 작은 요소의 과제들로 작게 나누고, 각 요소의 완전학습을 담보할 연습활동을 개발하고, 한 요소에서 다른 요소로 적절하게 전이하도록 전체 학습 상황을 계열화하고, 좀 더 진보된 학습을 하기 전에 선행학습을 성취하도록 하는 것 등의 중요성을 고려한다.

둘째, 수업의 과정에서 교사와 학생들의 상호작용을 강조하며, 모델링, 강화, 피드백, 점진적 접근 등의 기법을 사용하여 명료하고 상세하게 설명을 하는 동시에 질문을 많이 하고, 학생들의 이해 수준을 점검하고, 모든 학생으로부터 반응을 수집하면서 학생들의 이해를 돕는 지원적 활동을 한다.

셋째, 학습할 내용을 작은 단계들로 나누어 제시한 후 학생들에게 연습할 기회를 제공한다. 한 번에 제시되는 학습 내용이 너무 많으면 학생들이 교사의 설명을 따라오지 못하고 흥미를 잃게 된다. 한 단계를 완전학습하고 난 후, 그다음 단계를 제시한다. 연습 초기에는 교사의 안내와 피드백을 동반하는 연습을 시키고, 연습 후반에는 모든 학생에게 높은 수준의 능동적이고 자기주도적인 연습 기회를 제공하고, 주별 또는 월별로 능숙도 수준을 점검하면서 필요한 지원을 한다.

넷째, 학습 내용을 구조화한다. 학습 내용의 구조화란 작은 단계들로 나뉘어진 학습 내용을 제시하는 순서를 말한다. 교과서나 워크북, 또는 교사용 지침서에서 제시되는 순서들은 지도하는 학생들의 능력 수준에 비해 너무 넓을 수 있어 재구성을 통해 단위 수업 시간에 학생들이 쉽게 이해할 수 있을 정도로 작게 나누어 제시해야 한다. 즉, 교사가 학생들의 여러 조건을 고려하여 새롭고, 좀 더 다루기에 용이하도록 순서화해야 한다.

보리치(2011a)는 학습 내용 제시 방법으로 여섯 가지를 제안하고 있다.

- 일반적인 수준에서 상세한 수준의 순서로 제시한다. 예를 들어, 사회과에서 정부의 유형에 대해 수업을 할 때 군주제, 과두제, 민주제 유형을 제시하고 각 유형의 특징을 제시하는 것이다.
- 시작에서 끝으로의 논리적 순서로 제시한다. 예를 들어, 국어과에서 논설문 쓰기를 지도할 때 도입—전개—결론 식으로 각 단계에서 해야 할 일을 제시하는 것이다.
- 전체에서 부분의 순서로 제시한다. 예를 들어, 영어과 문법 수업에서 소유격을 지도할 때 "소유격이 무엇일까?"라고 가장 일반적인 형태로 토픽을 소개하고, 규칙 1[of 구(예: daughter of friend), 아포스트로피(예: friend's daughter)], 규칙 2[복수 s가 붙은 of 구(예: holiday of three days), 아포스트로피(예: three days' holiday)]라는 부분으로 나누어 제시하고, 소유격의 성격과 어떤 관계가 있는지 제시한다.
- 계선적 관계의 순서로 제시한다. 예를 들어, 수학 시간의 대수 수업에서 등식을 풀 때 처음에 곱하기, 그다음 나누기, 그다음 더하기 그리고 마지막으로 빼기를 제시한다.
- 관계의 조합 순서로 제시한다. 예를 들어, 지리 시간에 시장에 내다파는 제품들과 그것들을 시장까지 운송하는 수단들과의 관계를 지도할 때 이 두 개념을 두 축으로 하여 차트를 만들어 보여 주면서 사실(예: 제품의 상대적인 무게), 규칙(제품이 무거울수록 운송 수단은 좀 더 효율적이어야 한다), 행위 계선(먼저 제품의 크기와 무게를 분석하고, 최선의 운송 수단을 선택하기)을 지도한다.
- 비교적 관계의 순서로 제시한다. 예를 들어, 세계 지리 시간에 미국과 영국의 같은 점과 다른 점을 경제, 정치, 법의 원천, 대의 기관의 순서로 제시한다.

4) 직·간접적인 효과

설명식 수업은 학업 성취를 높이는 데 직접적인 교수적 효과가 있는 것으로 보고되고 있다(Fisher et al., 1980; Madaus, Airasian, & Kellaghan, 1980; Rosenshine, 1970, 1971, 1985). 그 주된 이유는 학생의 학업 수행 시간(academic learning time)을 극대화하기 때문이다. 즉, 학생의 학업 과제를 구조화하여 과제 수행 시간을 극대화해서 과제 수행 성공률을 높이고(80% 이상의 완전학습), 학업 성취 증진을 보이도록 하기 때문이다(Joyce, Weil, & Calhoun, 2004). 특별히 잠수함의 승무원이 되는 일과 같이 높은 수준의 정교함을 필요로 하는 영역과 고등 수준의 인지적 전략을 교수할 때 효과가 있는 것으로 밝혀졌다(Dermody, 1988; Palinscar & Brown, 1989). 예를 들어, 설명식 직접 교수 모델을 채택한 DISTAR(Direct

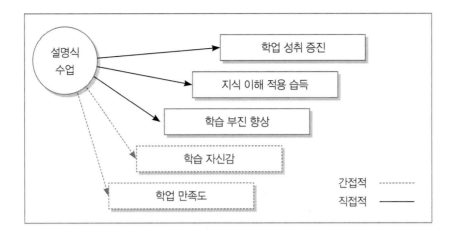

[그림 5-2] 설명식 수업의 효과

Instruction System in Arithmetic and Reading) 프로그램의 경우, 대부분 학습부진 학생들의 성취를 향상시키는 데 성공적이었다(Kennedy, 1978). 보리치(2011a)에 의하면 학습의 내용은 크게 1유형(지식, 이해, 적용에 해당하는 내용)과 2유형(분석, 종합, 평가에 해당하는 내용)의 두 가지 유목으로 분류할 수 있었는데, 설명식 수업은 1유형의 학습에 보다 효과적이다.

설명식 수업의 간접적 효과는 학생들의 학업 성취 증진에 효과가 있음에 따라 학생들의 학업에 대한 자신감 부여, 교과 학습에의 만족도 증진 등이 예상되나 이에 대한 연구는 잘 보고되고 있지 않다.

그 대신 설명식 교수의 간접적 효과로 부정적인 측면들이 많이 보고되고 있다. 그 비판은 주로 교사 중심의 수업임에 따라 그 전제적 성격에 대한 것이다. 예를 들어, 설명식 수업은 한 용기(교사의 머리)에서 다른 용기(학생의 머리)로 내용물을(정보) 쏟아붓는 전제적 수업이라는 비판(Brown & Campione, 1990), 집단 중심적이어서 학생 중심적이지 못하다는 비판(Borko & Wildman, 1986), 고등 수준의 사고의 발달을 희생하고 사실적 지식의 축적에 초점을 둔다는 비판(Edwards, 1981), 시험에 초점을 둔다는 비판, 수동적인 학생을 만든다는 비판 등이다(Becker, 1980). 그러나 이런 비판들은 설명식 수업 모델을 정의, 유형, 교사와 학생의 역할 그리고 반응의 원리와 지원 체제를 바르게 따르면 상쇄할 수 있다. 설명식 수업은 필요할 때 실행하고, 제2 유형의 학습에는 학생 중심의 간접 교수법들을 동시에 활용하면 설명식 수업 모델에 대한 이런 비판은 크게 줄어들 것이다. 결론적으로 설명식 수업은 학생들의 학습을 돕는 데 있어 제한적이기는 하나 중요하다. 다만, 설명식 교수를 할 때 유의할 점은 항상 모든 수업 목표를 대상으로 그리고 모든 학생을 대상으로 사용해서는 안 된다는 점이다. 그럼에도 불구하고 직접 교수법이 효과적이라는 점은 굳건한 경험적 근거를 가지고 있으며 그 효과도 적당한 수준에서 일관되게 인정받고 있다(Joyce, Weil, & Calhoun, 2004).

2. 협동학습 모델

1) 의미

'협동' 혹은 '협력'은 인류의 역사와 함께 시작된 인간의 전형적인 삶의 방식이며 생존 방식이다. 그래서 수업에서 이런 협동이나 협력을 활용하기 시작한 것도 비교적 일찍부터였다.

『탈무드』에서는 "배우기 위해서는 학습 친구를 사귀어야 한다."는 말을 남기고 있고, 1세기경 퀸틸리언(Quintrillion)은 "학생들은 서로 가르치면서 많은 이익을 얻을 수 있다."고 언급한 기록도 있다. 로마 철학자 세네카(Seneca)는 "가르치면 두 배로 배운다."라고 하였고, 17세기경 코메니우스(Comenius)는 "다른 학생을 가르치거나 배움으로써 배움의 효과를 얻는다."고 하였다.

이러한 협력 및 협동을 학교의 수업에 도입한 것은 19세기 후반에 와서이다. 1700년대 랭커스터(Lancaster)와 벨(Bell)이 영국에서 협동 및 협력하는 학습을 적용하였고, 미국에서는 1806년 뉴욕 랭커스터 학교(Lancaster School)를 개교하면서 소개하였다. 1920년대 파커(Parker), 듀이(1938, 1971a), 킬패트릭(Kilpatrick, 1924, 1925) 등의 진보주의 학교에서 프로젝트법(Project Method)을 적용하면서 널리 확산되었다. 특히 1940년대 사회심리학자 도이치(Deutch)의 연구로 새롭게 조명했다. 우리나라에서는 '열린교육'을 하면서 수업 현장에서 호응하기 시작했고, 교사의 설명 중심 수업, 학생의 암기 중심 수업을 극복하고자 하는 의도를 반영하면서 널리 확산되었다. 이런 측면에서 학습이나 수업에서 협동이나 협력은 전통적인 개별 학습과 경쟁적인 학습 구조가 가진 한계를 극복하기 위한 대안으로 인식되면서 케이건(Kagan, 1985), 존슨과 존슨(Johnson & Johnson, 1989), 제이컵과 패리스(Jacobs & Paris, 1987)의 연구들은 수업에서 협력 및 협동의 가치를 지속적으로 조명해 왔다(Johnson, Johnson, & Anderson, 1976).

(1) 주요 개념

① 모둠

학생들은 혼자 학습하기보다는 동료들과 함께 학습하는 것을 비교적 더 좋아하기 때문에 수업에 대한 동기를 불러일으키는 것이 효과적이다.

협력 수업은 2인 이상의 구성원이 만나서 학습하는 모둠을 조직하여 운영한다. 모둠은 학생들 사이의 친분, 제비뽑기, 교사가 상황에 맞춰서 다양하게 구성한다. 중요한 것은 성별, 능력, 성향 등 이질 모둠을 구성할 것인가, 동질 모둠을 구성할 것인가인데, 이는 구성원 간 가르침과 배움의 가능성을 극대화하고 서로의 관계를 증진시키는 방식일 필요가 있다. 모둠은 일정 시간이 지나면 모둠 구성원을 바꾸어 주는 것도 좋고, 짝 활동을 위해 짝수로 구성하는 것이 좋다. 또 모둠원의 역할을 정하기도 하는데, 가령 시간지킴이, 칭찬이, 섬김이, 점검이, 조용이, 기록이, 꼼꼼이, 피드백맨 등 다양하다. 이런 역할도 일정 시간을 주기로 돌아가는 것이 비교적 좋다.

② 협동(cooperation)과 협력(collaboration)

이런 점에서 협동학습(cooperative learning)과 협력학습(collaborative learning)을 구분하기도 한다. 협동학습은 미국을 중심으로 레빈(Lewin), 듀이, 도이치, 존슨 등이 연구로, 협력학습은 영국을 중심으로 비고츠키(Vygotsky), 켈리(Kelly) 등이 연구로 발전해 왔다(Johnson, Johnson, & Anderson, 1976).

표 5-1 협동학습과 협력학습 비교

협동학습	협력학습
• 지향하는 최종 결과를 위해서 협동 요청함	• 지향하는 최종 결과를 위해서 협력을 요청함
• 결과적으로는 'We' 보다 'I'가 돋보일 수 있음	• 결과적으로 함께 하는 'we'만 보여 줌
• 과정에서는 개인보다 집단을 중시함	• 과정에서는 개인의 능력과 기여를 존중함
• 수행 과정에서 협동을 중시함	• 수행 자체에 대한 협력을 중시함
• 과제, 역할, 책임을 공평하게 분배하고 분업하는 경향이 있음	• 과제를 위해 각자 기여하고 서로의 기여를 존중하는 경향이 있음
• 구성원들이 경쟁하는 경우도 허용함	• 참여자 모두 기여하고 각자의 기여를 존중함
• 협동을 촉진하기 위해서 보상과 인센티브 제공을 허용함	• 협력을 촉진하기 위해서 개인의 기여점과 기여도를 강조함

그러나 협동과 협력 모두 교사의 교수보다 학생의 학습을 중시하는 오늘날 학교 수업에서 강조하는 배움의 패러다임에 적절하다. 그래서 교사 중심적이라기보다는 상대적으로 학생을 중심으로 한다. 그리고 무엇보다 수업을 통해서 지식을 습득하면서 동시에 사회적 기술을 습득할 수 있다는 점을 강조한다. 협동 및 협력을 요청하는 수업에서는 학생이 스스로의 공부, 학습, 배움을 통제할 수 있다고 본다.

또 연구자들마다 협력의 목적, 협력하는 방식의 차이 등 강조하는 점이 다소 다르기도 하다(Cohen, 1982). 가령 케이건(1985)은 학생 간 협동을 학습의 한 과정으로 받아들이는 수업을 강조하고, 슬라빈(Slavin, 1980)은 학습 능력이 서로 다른 개인(집단)들이 동일한 목표를 위해 서로 함께 하는 수업을 강조한다. 코헨(Cohen, 1986)은 집단 내 구성원 각자에게 명확하게 과제를 할당하여 함께 참여하는 수업을 강조하였다. 케이건이 함께 하는 것 자체를 강조한다면, 슬라빈은 서로 다른 능력을 가진 두 명 이상의 개인(혹은 집단)을 강조하며, 코헨의 경우 구성원의 능력에 맞는 역할을 강조한다. 그러나 협동학습이든 협력학습이든 둘 다 집단 수업 체제에서 수업이 지향하는 바를 성취하기 위해서 구성원(혹은 집단)이 함께하는 데 중점을 둔다.

③ 상호 의존

협력 수업은 학생들의 상호 협동 혹은 협력을 요청한다는 점에서 상호의존성을 본질로 한다. 이런 학생 간 상호의존성은 긍정적으로 상호 의존하는 '장려 및 격려'와 부정적으로 상호 의존하는 '적대 및 경쟁'을 양극단으로 하는 연속적인 성질의 활동이다. 학생들 간의 상호 의존 활동을 도이치(1949)는 전자를 '협동'으로, 후자를 '경쟁'으로 구분한다. 또 존슨과 존슨(1995)은 '결과적 상호의존성'과 '수단적 상호의존성'으로 구분하고, 결과적인 상호 의존 활동을 위해서 목표와 보상을 제시하고, 수단적인 상호 의존 활동으로 자원, 역할 과제를 제시한다. 공동 목표를 달성하도록 하고, 보상을 통해서 동료들이 서로 돕도록 해야 한다. 이를 위해서 구성원들이 과제, 역할, 가용 가능한 자원을 적절하게 활용해야 한다.

④ 동료학습

협력 수업은 동료들이 하나의 과제를 해결하는 일로, 동료들이 서로 가르치고 배운다는 장점이 있다. 이를 비고츠키(1978)는 '근접발달영역(The Zone of Proximal Development: ZPD)'이라 불렀다. 학생들은 남의 도움 없이 혼자서 문제를 해결할 수 있는 능력인 '실제적 발달 수준'과 성인의 안내나 보다 능력 있는 또래들과 협동하여 해결할 수 있는 능

력인 '잠재적 발달 수준'으로 구분한다. 이 잠재적 발달 수준과 실제적 발달 수준 사이를 근접발달영역이라고 하고, 학습은 이 근접발달영역에서 일어난다고 보았다. 이에 비계 (scaffolding)라는 개념을 도입하여 상호작용을 높여 교육의 효과를 높일 수 있는 방안을 제시했다. 처음에는 성인이나 유능한 또래가 도와주지만, 활동 요령을 알게 되면 도움을 줄일 수 있다. 학생들은 단순히 혼자 힘으로 모든 것을 학습하기 힘들다. 그들이 학습하기 위해서는 조금 너 유능한 또래의 도움이 필요하다. 이 개념들은 협동학습의 근본 원리로 작용하고 있다.

(2) 협력 수업의 유형

1970년대 이후 협력 수업을 실천할 다양한 모형이 발표되었다. 서로 협동을 하도록 하기 위한 '일정한 절차와 그에 따른 활동이 틀을 이룬 모형'이 많이 개발되었다. 존슨이 1999년 현대에 가장 주목받는 협동학습 모형을 〈표 5-2〉와 같이 선정, 제시하였다.

표 5-2　협동학습 모형에 대한 연구

개발 시기	협력 수업 유형
1960년대 중반	존슨과 존슨(Johnson & Johnson)의 Learning Together & Alone(LT)
1970년대 초반	드브리스와 에드워즈(DeVries & Edwards)의 Teams-Games-Tournaments(TGT)
1970년대 중반	샤란과 샤란(Sharan & Sharan)의 Group Investigation(GI)
1970년대 중반	존슨과 존슨의 Constructive Controversy(CC)
1970년대 후반	애론슨과 어소시에이트(Aronson & Associates)의 Jigsaw Procedure
1970년대 후반	슬라빈과 어소시에이트(Slavin & Associates)의 Student Teams Achievement Divisions(STAD)
1980년대 초반	코헨의 Complex Learning Structures(CS)
1980년대 초반	슬라빈과 어소시에이트(Slavin & Associates)의 Team Accelerated Instruction(TAI)
1980년대 중반	케이건의 Cooperative Learning Structures(CS)
1980년대 후반	스티븐스, 슬라빈과 어소시에이트(Stevens, Slavin & Associates)의 Cooperative Integrated Reading & Composition(CIRC)

또 케이건(1985)은 기존의 협동학습 모형이 한 차시 전체를 다루거나 여러 차시에 걸쳐 다루어지기 때문에 익숙하지 못한 교사와 학생들이 협동학습의 장점을 제대로 살리지 못하는 것을 지적했다. 그래서 5분이나 10분 정도의 아주 간단하고 쉬운 협동학습 모형 수십

개를 개발하여 보급함으로써 현장 교사들의 큰 인기를 끌었다. 이렇게 해서 주로 과제를 분담해서 서로 협동하게 하거나 보상을 중심으로 서로 협동하게 하는 방식, 교과를 중심으로 모형들이 꾸준히 발표되어 왔다.

표 5-3 협력 수업 유형

분류	협력 수업 유형
과제 중심 모형	직소우 모형(Jigsaw), 모둠 탐구 모형(GI), 협동을 위한 협동 모형(co-op co-op)
보상 중심 모형	모둠 성취 분담 모형(STAD), 모둠 게임 투너먼트 모형(TGT)
교과 중심 모형	모둠 보조 개별 모형(TAI), 읽기 쓰기 통합 모형, 일화 의사 결정 모형(DME)
케이건 모형	암기 숙달형, 사고력 신장형, 정보 교환형, 의사소통형, 과제 전문화
기타 모형	함께 학습하기 모형(Learning Together), 찬반 논쟁 모형(pro-con), 시뮬레이션 모형, 온라인 협동학습 모형, 짝 점검 모형(Dyads)

따라서 결국 협력 수업은 협력 구성원과 구성원 간 상호작용을 축으로 사사분면에 포진하는 여러 종류가 있다. 협력 수업은 협력만이 절대적 가치를 지니는 것은 아니므로 학습이 일어나는 상황에서의 여러 변수를 고려하여 [그림 5-3]의 네 가지 분면 중 어떤 모습이 적절할지 고려해야 한다.

이 네 가지 분면에서 일어나는 각각의 협력 수업은 구성원과 구성원 간 상호작용의 성격에 따라 다양한 협동의 전략을 활용할 수 있다.

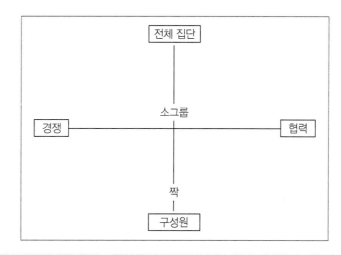

[그림 5-3] 협동과 협력의 정도로 구분하는 협동학습

협력 수업은 수업을 할 때 학생 간 협동과 협력을 도모하여 수업에서 설정한 목표, 미션, 과제들을 최대한으로 잘 수행하는 것으로 지향한다. 한편으로는 수업에서 집단이 추구하는 목표를 달성하는 데 구성원의 협동과 협력을 요청하는 학습 전략이며, 다른 한편으로는 개인의 목표와 동료의 목표를 모두 최대한 성취하는 데 필요한 구성원들 간의 상호작용과 역할들을 상호 보완한다.

2) 교수학습 절차

[TGT 토너먼트 게임]

　모둠별로 공부한 내용을 서로 가르쳐 주면서 복습할 시간을 주고, 각 모둠별로 각자 비슷한 수준의 학생들이 만나 문제를 풀고 각자 획득한 점수를 가지고 자기 원모둠으로 돌아가 각 모둠원이 획득한 점수를 합하여 모둠 점수를 얻는 게임이다. 자칫 지나친 경쟁과 능력별 모둠학습으로 인한 열등감이 들지 않도록 신경을 써야 한다.

- 1단계: 수학 등 단원 공부가 끝난 후 모둠별로 도와가며 단원 복습을 하게 한다. (10분 정도)
- 2단계: 같은 번호의 학생들이 새로운 한 모둠을 이루어 앉도록 한다.
  (만약 8모둠이면 4명씩 두 그룹으로 나눈다.)
- 3단계: 교사는 새로운 모둠 구성 수의 4배 수만큼의 문제지를 나눠 준다.
- 4단계: 순서를 정해 한 명이 문제를 해결한 후 답을 말하면 돌아가면서 답이 맞다고 생각하면 '통과'를, 틀리다고 생각하면 'stop'을 말하고 자기가 생각한 답을 말한 후, 문제지 뒤쪽에 적혀 있는 답을 확인한다.
- 5단계: 문제를 해결한 친구가 답을 맞혔으면 문제 카드를 가져간다. 만약 아무도 정답을 말하지 못한 경우에는 문제 카드를 제일 밑에 넣어 둔다.
- 6단계: 돌아가면서 문제를 다 해결하면 각자 가져간 문제지 수만큼이 자기 점수가 되고, 원래의 모둠으로 돌아가 각자 획득한 점수를 말하고 모둠원 전체의 점수를 합한다.
- 7단계: 보상은 일주일에 한 번씩 게임을 하여 모둠 점수를 모으게 한 후 한 달에 한 번 모둠 보상을 해도 좋고, 가장 많은 점수를 획득한 모둠 점수를 반 전체 보상(학급온도계 등)으로 활용해도 좋겠다.

3) 반응 원리 및 지원 체제

협동학습이론은 소집단 구성원 간의 긍정적 상호작용을 최대화해서 인지적 발달을 도모하는 것을 특징으로 하며, 긍정적 상호작용을 유도할 수 있는 다음과 같은 공통적인 특징들을 가지고 있다.

이에 케이건(1985)은 협력 수업에서 작동하는 원리를 네 가지 제시한다.

- 긍정적 상호의존: 다른 사람의 성과가 나에게 도움이 되고, 나의 성과가 다른 사람에게도 도움이 되게 하여 각자가 서로 의지하는 관계로 만드는 것
- 개인적 책임: 학습과정에 있어 집단 속에서 무임승차를 하지 않도록 개인에 대한 구체적인 역할을 제시하고 그에 대한 책임을 묻는 것
- 동등한 참여: 학습자 모두가 적극적으로 참여할 수 있도록 유도하면서 일부 학생에 의해 독점되거나 아예 참여하지 못하는 학생이 없도록 하는 것
- 동시다발적인 상호작용: 제한된 수업 시간 안에 모든 학생이 참여하기 어려운 현실적 한계를 극복하기 위해 동시다발적인 상호작용을 하게 하는 것. 즉, 여기저기서 학습이 이루어질 수 있도록 하는 것

또 존슨과 존슨(1989)은 협력 수업에서 다섯 가지 학습의 원리를 제시한다.

- 긍정적 상호의존
- 개인적 책임
- 직접적인 상호작용
- 사회적 기술
- 모둠 활동 분석 과정

이런 측면에서 협력 수업의 특징을 다음과 같이 정리할 수 있다.

첫째, 수업의 목표가 구체적이고 학습자들은 목표 인식도가 높다. 학습자들은 자신이 활동해서 얻어야 할 수업목표를 분명히 제시받고, 그 목표를 달성하기 위해 구체적 활동을 한다.

둘째, 학습자들은 긍정적 상호의존성을 가진다. 협력 수업은 구조적으로 동료들끼리 서

로 도와주어야 자신의 목적을 달성할 수 있기 때문에 서로 긍정적으로 의존하게 된다.

셋째, 대면적 상호작용이 있다. 협력 수업에서는 30㎝ 스피치를 강조한다. 즉, 30㎝의 거리에서 말하고 들을 수 있을 정도의 낮은 소리로 서로 얼굴을 맞대고 의사소통을 하라는 것이다. 이것은 소집단 구성원 사이에 물리적으로만 아니라 심리적으로도 공동과제의 성취를 위해 밀접한 상호작용을 유도해야 함을 의미한다.

넷째, '개별적 책무성'이 있다. 협력 수업에서 집단 구성원 개개인은 다른 구성원에 대해 개인적인 의무와 책임을 가지고 있다. 개별적 책무성은 개인이 얻은 점수를 집단 점수에 반영하는 방식과 집단이 수행해야 할 학습과제를 분업화하는 두 가지 방식이 주로 사용된다.

다섯째, 집단목표(집단보상)가 있다. 협력 수업에서는 개인의 목표 달성이 각 집단의 공동 목표 달성 여부에 달려 있으므로 구성원들이 집단의 목표 달성을 위해 동료들을 도와주고 도움을 받으려 하는 등 활발한 긍정적 상호작용을 하게 된다.

여섯째, 동료들 간의 이질적인 팀 구성이 있다. 상호작용을 활발하게 하기 위해서는 한 팀을 이루는 구성원의 질이 다양해야 한다. 인지적 능력의 차이, 남녀의 차이, 문화적 배경의 차이가 많을수록 다양한 관점, 다양한 생각을 가지고 있기 때문에 활발한 토론 등 상호작용이 극대화되며, 이는 인지적-정서적으로 학습자의 지적 성장을 촉진시키는 조건이 된다.

일곱째, 집단과정을 매우 중시한다. 한 단원 혹은 하루의 일과가 끝났거나 며칠에 걸친 하나의 과제가 끝났을 때 반드시 소집단들은 자신들의 활동을 반성하는 시간을 갖게 한다. 이러한 기회 제공으로 학습자들은 개인적으로는 사회적 기능을 발전시키고, 집단적으로는 보다 효율적인 소집단 활동이 가능하게 한다.

여덟째, 충분한 학습시간을 제공한다. 기존의 정해진 수업 시간에 얽매이지 않고 충분한 학습시간을 부여함으로써 학습목표를 달성하는 데 최선을 다하도록 한다.

아홉째, 참여하는 구성원 모두에게 '성공기회의 균등'을 제공한다. 집단 구성원 개개인의 기본적 능력에 관계없이 구성원 누구나 집단의 성공에 기여할 수 있는 기회가 주어지도록 한다.

열 번째, 소집단의 단합을 강조한다. 이를 위해 팀 경쟁을 도모하는 경우가 많다. 소집단 간에 경쟁을 도입함으로써 구성원들의 결속을 다지고 소집단 구성원들의 학습 동기를 촉진시키면 학습이 효과적으로 이루어진다.

열한 번째, 과제의 세분화를 들 수 있다. 소집단 내의 구성원들이 과제를 분담하여 각자 맡은 역할에 충실하도록 함으로써 모든 학습자가 협동학습에 참여하게 하는 효과를 가져온다.

4) 직·간접적인 효과

10여 년 전 우리나라에 협동학습이 소개되면서 한때 교사들은 협동학습 연수에 몰려들었다. 그동안 협동학습은 학교 수업 안에서 학생의 참여를 유발하는 다양한 모습으로 정착되어 왔다.

협력 수업은 무엇보다 학습과정에 있어서 학생들이 각자 자기주도적으로 참여하면서 추구하고 있는 것에 기여하고 있음을 느끼도록 하는 것을 강조한다. 이 과정에서 교사는 학습의 중요한 조력자로서의 역할을 하면서 협력 수업을 구조적, 탈구조적으로 수행해 간다.

일상적인 학교 수업에 비추어볼 때 기존의 조별 학습에서 협동학습으로, 협동학습에서 협력학습으로 개념과 취지가 조금씩 바뀌어 온 것으로 보인다. 이 과정에서 협력 수업 관련 쟁점들도 꾸준히 다루어 왔다. 가령, 구성원 중 한두 사람의 무임승차나 특정 개인에게 과도한 책임을 지게 하는 결과, 보상이 협력을 도와주는가 방해하는가 하는 문제, 집단 구성의 문제, 성취를 높이는가 저해하는가 문제, 기초학습 및 기초학력에 도움이 되는가 여부의 문제 등이다. 따라서 협력 수업을 하는 과정에서 이 수업의 유지 정도, 변용 여부 등에 대해 교사는 학생, 내용, 수업이 일어나는 상황의 다양한 여건과 상태 등에 따라서 탄력적으로 접근해야 한다.

그럼에도 불구하고 협력 수업은 다음과 같은 장점들이 있다([그림 5-4] 참조).

• 다양한 수업을 제공한다. 이 분야에서 창조해서 제시하는 다양한 교수학습 모형 및

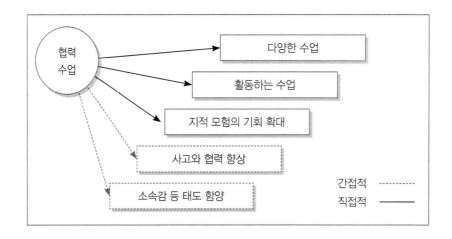

[그림 5-4] 협동학습의 교수 효과

학습의 구조들은 학교 수업을 더 다양한 모습으로 드러내는 전략들의 보물창고이다.

- 활동 중심의 수업으로 변화를 선도한다. 협력 수업에서는 특히 수업 중 학생들이 대체로 신체를 자유롭게 움직인다. 이것은 활동 중심 수업 형태로 변화를 유도하고, 활동을 통해서 내용을 경험하고 체험하게 함으로써 학생의 학습 동기를 높이고, 집중하는 데도 긍정적이다.
- 지적 모험을 할 수 있는 기회를 제공한다. 모둠 속에서는 자신의 의견이나 작품을 내놓기가 상대적으로 쉬우며, 이를 통해서 학생의 숨은 재능을 발휘해 볼 기회를 더 자주 갖게 된다. 작은 재능도 활용할 기회를 가지면서 전체적으로 학생들의 잠재력을 발굴하고 신장시키는 데 기여한다.
- 고등사고력, 타인 배려, 대인관계 능력, 소속감, 자기주도적 학습 등 학습에 필요한 태도를 더불어 함양하도록 해 준다.

3. 토론학습 모델

1) 의미

토의·토론 수업은 1915년 파커(Parker)가 문답법을 개선하여 회화법이라 부른 데서 연유되어 오늘날까지 널리 사용하고 있다. 토의·토론 수업은 문제를 확인하고 쟁점을 부각시켜서 각 주장이 갖는 장단점을 확인하고 합리적이고 실현 가능한 해결책을 찾기 위한 협동학습의 한 형태이다.

토의·토론 학습은 어떤 문제나 사건에 대해 충분히 이해하거나 명확화하기 위해 둘 또는 그 이상의 사람이 모여 그들의 생각과 중요 요소, 관점, 아이디어 등을 언어로 교환한다. 그럼으로써 민주적이고 합리적인 문제 해결 능력 및 자기주도적 학습능력을 신장하고, 민주적이고 비판적인 사고능력을 신장시키는 것을 목적으로 한다.

토의·토론 수업은 하나의 문제에 대해 다양한 의견을 수렴하는 과정을 거쳐서 문제를 해결하고자 할 때 주로 한다. 브레인스토밍 전략을 사용하여 창의적인 의견을 도출하기도 하고, 찬반의 입장이 분명한 사람들이 나서서 갈등적인 설득 과정을 거치기도 한다. 토의·토론 수업은 교사와 학생, 학생과 학생 간의 의사소통 및 문제 해결 과정을 통해서 달성하고자 하는 학습의 성과에 도달하고자 한다.

토의·토론 수업은 하나의 주제 및 문제를 놓고 이를 충분히 명확하게 이해하기 위해서 여러 사람의 생각, 관점, 아이디어를 교환해 보는 과정을 거쳐서 학습한다. 이에 토의·토론 수업을 진행하는 데 주요한 용어를 살펴보면 다음과 같다.

(1) 주요 용어

① 모둠

토의·토론 수업은 혼자 하는 학습이라기보다는 함께하는 학습이다. 특히 토의하고 토론할 주제에 따라 모둠의 구성과 형태도 다양할 수 있다. 가령, 두 사람이 하는 이인 토론이나 찬반팀으로 나눠서 하는 찬반 토론이 있는가 하면, 신문하는 방식이나 소크라테스식의 대화 방식을 사용하는 토의·토론은 1대 다수의 토의·토론이다. 또 토의 토론자와 방청석이 함께 하는 방식도 있다. 배심 토론, 심포지엄식 토론, 온라인 토론 등이다. 따라서 토의·토론 수업은 토의·토론에 참여하는 방식과 형태에 따라 다르지만 집단이 함께하는 모둠 학습을 기반으로 하는 학습의 한 형태이다.

② 의견과 제안

토의·토론 수업에서는 집단 구성원의 주제(혹은 문제)에 대한 의견과 제안이 중요하다. 참여자의 의견과 제안을 자유롭게 개진해야 하는 경우도 있고, 찬−반을 구분해서 의견이나 제안을 의사결정하는 데 중점을 두는 경우도 있다.

토의·토론 과정에서 의견과 제안들을 만나면서 이 과정에 참여하는 학생들은 현재의 사고의 폭을 넓히고 깊게 하는 기회를 얻는다. 나아가서 찬반 토의·토론을 통해서 비판적 사고를, 브레인스토밍처럼 제한 없이 의견이나 제안을 개진하면서 수렴적 사고 혹은 창의적인 사고 기술을 발달시키고, 의사소통 능력을 증진하게 된다.

(2) 유형

토의·토론 수업은 다음과 같은 다양한 형태가 있다.

① 이인 토론: 두 명의 토론자와 한 명의 사회자 역할을 하는 형태인데, 비교적 짧은 시간에 효과적으로 토의하고 토론할 수 있는 논제일 때 하기 적절한 유형이다.

② 직파 토론: 논제에 대하여 긍정 혹은 부정의 관점에서 서로의 논거를 직접 반박하는 방식을 취한다. 양측이 논제의 접근 방법이 다르고 시간이 한정되어 있기 때문에 특

정한 문제 해결안을 선택할 필요성이 강한 경우, 제시된 대안의 이익과 불이익 등에 대해 포괄적인 논점을 다루어야 할 때 적절한 토의·토론 방식이다.

③ 반대 신문식 토론: 긍정 팀과 부정 팀으로 나누어서 서로 반대 입장에서 상대편 토론자에게 질문하여 반박하는 방식이다. 이 방식은 논제에 대한 깊이 있는 논의를 하기에 좋고, 나아가서 부당한 결론 도출을 방지할 수 있다.

④ 배심 토론: 전문적 견해를 가진 몇몇 패널이 있고, 나머지 구성원들은 이들의 토론을 지켜보면서 토론에 참여하는 방식이다. 이 방식은 학생들에게 논제에 대한 관심을 환기시키고 보다 심도 있게 여러 가지 견해를 지켜보도록 할 필요가 있을 때 적절한 토의·토론 방식이다.

⑤ 심포지엄식 토론: 하나의 논제에 대하여 몇몇 전문가가 견해 및 입장을 표명하는 발표를 하고 이들 견해 및 입장에 대해 청중이 질문하면서 진행하는 토의·토론 방식이다. 이 경우 논제에 대한 전문적 견해를 다층적으로 분석하면서 토의하고 토론하기에 좋은 방식이다.

⑥ 버즈 토론: 몇 개의 소집단으로 나눠서 토의·토론한 후, 다시 전체 집단에서 토의·토론하는 방식이다. 다인수 학생을 토론에 보다 적극적이며 능동적으로 참여하도록 이끌며, 대집단 토론으로 심화 발전시킬 때 적절한 토의·토론 방식이다.

⑦ 역할 연기 토론: 문제 및 논제를 극화하여 서로 상반된 역할을 충실하게 수행하도록 해서 논쟁할 수 있도록 안내하는 토의·토론 방식이다. 역할 연기 토론은 논제에 대해 구성원들이 서로 상대의 감정을 충분히 파악하고, 수용하며 나아가서 공감하도록 할 필요가 있을 때 적절한 토의·토론 방식이다.

⑧ 인터넷 토론: 서로 원거리에 있는(공간의 한계를 가진) 사람들이 하나의 논제에 대한 토의·토론이 가능한 방식이다. 공간이 주는 한계를 넘어서 다양한 지역, 다양한 문화, 다양한 관점을 가진 구성원들이 각자의 관점을 개진하고, 그래서 이해의 폭을 넓혀주는 토의·토론 방식이다. 이 토론 방식은 쟁점적인 논제가 있고, 토의·토론의 여건상의 제약들을 극복할 수 있고, 그래서 큰 제약 없이 다양한 사람의 의견을 개진하고 수렴이 가능한 토의·토론 방식이다.

⑨ 논술 토론: 토론을 활용한 논술 수업을 통하여 학생들의 창의적이고 논리적인 글쓰기를 병행하는 방식이다. 논제를 깊이 있게 다룰 수 있고, 토의·토론을 시작하는 처음부터 찬반 논쟁형 패널 토론을 하기에 학생들의 사고가 부족하거나 토의·토론에 익숙하지 않은 학생들이 입을 열지 않을 때 비교적 유용한 토의·토론 방식이다. 학생들

의 논술을 돕기 위해서 시사적인 광고, 사진, 영화, 드라마의 문제 상황 등을 적극적으로 활용하여 의견이나 제안에 대한 아이디어를 자극해 줄 때 더 효과적이다.

⑩ 면접 토론: 면접 응시자들(5~8명)끼리 특정 주제를 놓고 토의나 토론을 벌이는 과정을 면접관이 관찰, 평가할 수 있게 하는 토의·토론 방식이다. 면접 응시자들은 자신의 주장을 독단적으로 내세워 집단 안에서 튀기보다는 동료의 의견이나 제안을 보완하면서 융화해서 토의·토론 주제에 대한 명확한 결과를 함께 이끌어 나갈 수 있는 조직력과 리더십을 보여 주는 것이 중요하다.

2) 교수학습 절차

한국교육개발원(1990)에서 제시하는 토의·토론 수업의 과정은 [그림 5-5]와 같이 단계화하고 있다. 그러나 이와 같은 일반화 과정보다 토의·토론 방식에 따라 적절한 단계를 개발하거나 기존의 단계를 조정해서 사용할 수 있다.

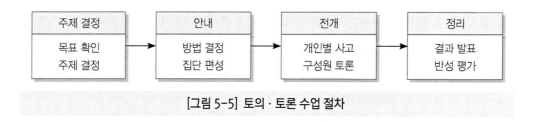

[그림 5-5] 토의·토론 수업 절차

(1) 디즈니 창의성 토론

학생들의 상상력을 길러 주고, 현실감 및 정교성을 길러 주는 좋은 방법이다. 모둠 안에서 자기 의견이 강한 아이들에게 눌려서 자기 의견을 말하지 못하는 경우가 많은데 이 토론 방법은 어떤 의견이어도 좋다는 허용치를 높여 주어 활발한 토론을 만들어 낼 수 있다. 원래 단계는 몽상이, 비판이, 현실이 단계인데 좀 더 아이들에게 맞게 반짝이, 냉철이, 현실이 단계로 이름을 바꾸어 사용하기도 한다.

* 원래 단계 : 몽상이 → 비판이 → 현실이
* 수정 단계 : 반짝이 → 냉철이 → 현실이

다음과 같이 학생들의 토의·토론을 안내해 주는 활동지를 활용할 때 좀 더 적극적으로 토의 · 토론 활동을 시작할 수 있다.

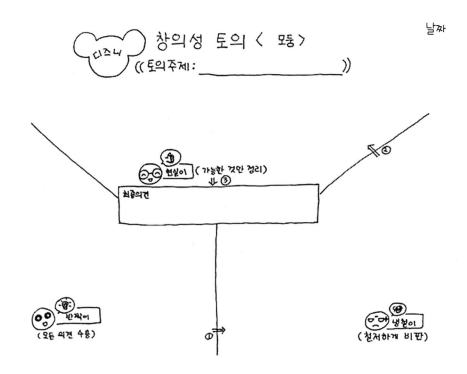

그리고 토의 · 토론한 결과를 다음과 같이 정리해서 발표해 볼 수 있다.

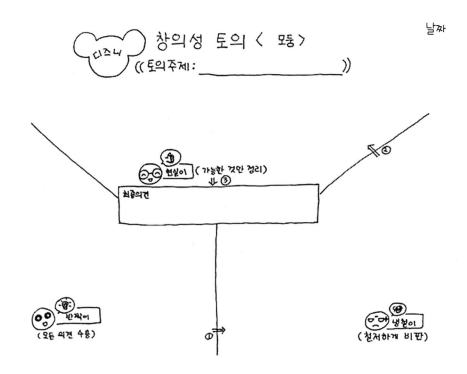

(2) 어항 토의 · 토론

6~8개 의자를 원형으로 배치하고 빈 의자를 한 개 두어 원하는 사람을 참여시키는 방법이다.

이야기를 듣다가 할 말이 생기면 빈 의자에 앉고, 하고자 하는 이야기를 다한 학생은 다시 나와서 바닥에 앉는 방식이다. 꼭 한 번 이상은 의자에 앉는 것을 원칙으로 두기도 한다.

(3) 가치수직선

- 1단계: 개인 칠판에 수직선을 그리고 자신의 위치를 표시한다. −10은 강한 반대, 0은 중립, +10은 강한 찬성을 나타낸다.
- 2단계: 교실 칠판의 수직선에 자신의 의견을 붙임종이에 적어 붙인다.
- 3단계: 1단계 토론으로, 자신의 옆 사람과 의견을 나눈다. 자기와 비슷한 의견을 가진 사람을 만나 자신의 주장을 강화한다.
- 4단계: 2단계 토론으로, 수직선을 반절로 자른 뒤 반절만 이동하여 강한 찬성−중립, 강한 반대−중립이 만나도록 한다.
- 5단계: 3단계 토론으로, 잘린 수직선 반절이 다시 이동하여 강한 찬성−강한 반대, 중립−중립끼리 만나서 의견을 나눈다.

(4) 회전목마

　수업에서 사용하기 좋은 토의 토론 · 방식으로 학생의 참여를 활발히 하게 하는 방법이다. 그리고 빠른 시간 안에 말하고 이해하는 능력을 기르는 데 도움을 주며 잘 듣기, 말하기 등을 통해 의사소통 능력을 키울 수 있다.

- 1단계: 바깥쪽 원과 안쪽 원 똑같은 인원수로 두 개의 원을 만들어 의자를 마주보게 놓아둔다.
- 2단계: 주제를 제시하면 그 주제에 대해 안쪽에 있는 토론자가 의견과 그 이유를 말한다.
- 3단계: 바깥쪽에 있는 토론자는 오른쪽으로 자리를 옮겨 앉아서 들었던 의견을 요약해서 말해 준다.
- 4단계: 바깥쪽에 있는 토론자는 다시 오른쪽으로 자리를 옮겨 앉아서 이전의 두 토론자 의견을 요약해서 말해 준다. 똑같은 활동을 한 번 더 한다. 결국 바깥쪽에 있는 토론자는 처음 만난 토론자의 입장을 계속 보완해서 자료를 수집하는 셈이 된다.
- 5단계: 바깥쪽에 있는 토론자는 세 사람의 의견을 요약해서 발표한다.

(5) 둘 가고 둘 남기

　세 사람이 가고 한 사람이 남을 수도 있고, 그 반대일 수도 있다. 모둠이 함께 결과를 정리하고, 다른 모둠에서 동일한 주제의 결과 정보를 수집해서 자신의 결과물을 완성한다. 다음 모둠에 가서 정보를 얻는 과정에서 흥미를 얻고, 듣는 훈련도 하게 된다. 또 움직이면서 학습하므로 역동적인 수업이 될 수 있다.

- 1단계: 교사는 과제를 제시하고, 개인별 과제를 완수하게 한다.
- 2단계: 모둠별로 의견을 모은다.
- 3단계: 두 사람은 오른쪽 모둠으로 가고, 두 사람은 남는다. 파견된 두 사람은 다른 모둠이 과제를 어떻게 했는지 정보를 얻어오고, 남아 있는 두 사람은 다른 모둠에서 온 친구에게 자신의 모둠 과제를 설명해 준다.
- 4단계: 같은 방향으로 한 번 더 같은 활동을 한다. 두 모둠 정도만 방문하면 충분하다.
- 5단계: 자신의 모둠으로 돌아와 과제를 완성한다.

3) 반응 원리 및 지원 체제

토의·토론 수업은 두 명 이상의 학생이 논제에 대한 의견 및 제안을 나누는 과정에 참여함으로써 논제를 이해하거나 문제를 해결하면서 학습하도록 이끄는 학교 수업의 한 유형이다. 이에 토의·토론 수업에서 학생은 논제에 대한 토의·토론에 자기주도적으로 참여하여 논제를 해결하면서 이 과정에서 관련 지식과 기능 및 태도를 습득하고 내면화할 수 있다. 이런 토의·토론 수업은 다음과 같은 특징을 지닌다.

- 특정 주제에 대해 찬성과 반대의 의견을 가진 학생들의 상반된 구두 발표를 바탕으로 해서 달성하고자 하는 학습 성과를 학생 스스로 발견하여 알게 한다.

- 외부에서 지식을 강제로 주입하는 것이 아니라 학생 개개인의 특성과 경험 그리고 그들의 사고 작용을 최대로 활용하여 학생이 자발적으로 일정한 학습 성과에 도달하도록 한다.
- 개념 학습과 학습자료에 대한 효과적인 이해, 나아가 논거와 자료를 평가하는 능력 등의 비판적 사고력 향상에 기여한다.
- 구두 표현에 의존하는 집단 사고의 과정으로서 원래 학습자 자신만으로는 해결할 수 없는 문제를 서로 의견 교환을 통해 해결함으로써 자유롭게 자신의 의견을 말하고 타인의 의견을 수용하며 협력하는 가운데 탐구정신과 협동정신을 기르게 된다.
- 학생들에게 반성적 사고의 기회를 부여하고 학생 자신의 지식과 경험을 재구성하도록 촉진하며 의사소통 능력을 증진하게 한다.

4) 직 · 간접적인 효과

토의 · 토론 수업에서는 무엇보다 참여자의 의사소통이 원활하다. 토의 · 토론 수업의 성공 여부는 이런 소통의 원활한 정도에 달려 있다고 해도 과언이 아니다. 이외에도 토의 · 토론 수업이 학생의 학습에 미치는 직 · 간접적인 영향들을 제시하면 다음과 같다.

- 하나의 논제에 대해 심도 있게 배운다.
- 의사소통능력과 문제해결능력을 키울 수 있게 된다.

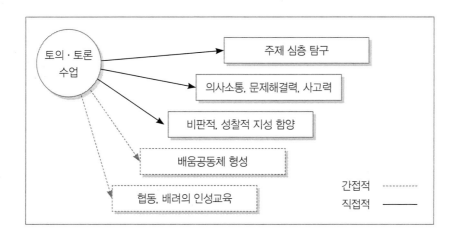

[그림 5-6] 토론학습의 효과

- 과제에 대한 답이나 자신의 생각을 스스로 찾아내고 생각하면서 학습자는 더 이상 수동적인 주체가 아닌 능동적인 주체로 변화되어 비판적 · 성찰적 지성을 함양할 수 있게 된다.
- 혼자가 아닌 공동이 함께 문제를 해결해 가며 비판적 사고력을 갖춘 창의적 인재를 기르도록 한다. 토의 · 토론은 민주적인 문제 해결을 위한 기본적이고 효과적인 방법이기도 하지만, 학생들과 함께 할 수 있는 가장 흥미로운 활동 중의 하나이다. 이는 논리적 사고 능력이 향상되고, 주제에 대한 깊이 있는 학습이 가능하며, 자료를 조사하고 탐구하는 능력이 신장된다.
- 일방적인 교사의 강의식 수업에서 벗어나 세계에 대한 올바른 인식과 정체성을 학생과 교사가 함께 찾아가는 배움의 공동체가 형성될 수 있다. 신뢰하고 경청하며, 주목하고 격려하며, 협동을 통한 교류활동을 하게 된다. 이를 통해 학생은 배운 내용을 성찰해 보고 서로의 의견을 나눠보며 실생활에 적용을 해 보기도 한다.
- 함께 고민하고 서로의 의견을 존중하는 가운데 깊이 있는 인성교육이 가능하다.

4. 프로젝트학습 모델

프로젝트 수업과 관련하여 대표적인 연구자(학자)로 듀이(Dewey, 1972), 킬패트릭(1924), 카츠와 챠드(Katz & Chard, 1979) 등을 들 수 있다.

파커가 퀸시(Quincy)에서 적용한 것은 학습 내용을 학생의 경험 중심으로 통합하거나 학습하고자 하는 곳을 직접 견학하는 활동을 통해 수업하는 형태를 취하는데, 활동 후 느낌을 중심으로 말하기 · 쓰기 학습을 동행한다. 듀이의 실험학교(1896)에서는 교육과정을 전통적인 교과목이 아니라 프로젝트 수업의 형태로 구성하고, 학생의 활동을 중심으로 하는 수업으로 여러 교과를 접목시키는 방식이다. 사이먼의 홈 프로젝트(Home Project)는 1908년 미국 농업학교에서 농업 교과에서 밀재배와 가축사육 등을 학생의 가정 작업으로 과하여 해결하도록 하고 그 결과를 학업성적에 반영하였는데, 이 가정 작업을 홈 프로젝트라 한다. 즉, 홈 프로젝트는 학생이 학교에서 배운 지식을 가정에서 실제로 활용함으로써 살아 있는 지식으로 만드는 하나의 방식이다. 킬패트릭의 '프로젝트법'(우리나라에는 '구안법'이라는 명칭으로 소개되어 왔음)은 프로젝트 수업을 구체화, 체계화한 것으로 프로젝트 수업의 과정을 목적 설정, 계획, 실행, 판단하기 네 단계로 구분하였다. 카츠와 챠드의 프로젝트 활동은 프로젝트에 의한 학습이 아동의 학문적, 인지적, 정서적 발달에 바람직한 영향을 미친다는 점을 확인하고 예전의 프로젝트에 의한 학습 방법을 '프로젝트 접근법(project approach)'이라는 용어로 재조직하였다.

　이 장에서는 킬패트릭의 프로젝트법을 중심으로 학교의 프로젝트 수업을 개괄적으로 제시하고자 한다.

1) 의미

(1) 주요 용어

　프로젝트 수업의 기원은 킬패트릭(1924)의 프로젝트법으로 거슬러 올라간다. 킬패트릭은 1900년대 당시 학교의 수업이 '활발한 학생의 활동에 맞지 않고' '학생이 학습하는 원리에 맞지 않고' '개인적이지도 사회적이지도 못하다'고 성찰하면서 프로젝트법이라는 개념으로 새로운 학교의 수업을 주창하였다(Kilpatrick, 1924, p. 18).

① 프로젝트

　오늘날 프로젝트는 다양한 분야에서 널리 사용하고 있지만, 1900년 초에는 주로 농업과 가정에서 수공 훈련에 사용했던 용어로, 자기가 해야 할 일을 선택하고→ 계획하고→ 실천하는 활동을 가리키는 용어였다(박균섭, 2004). 또 프로젝트의 사전적 의미, 즉 이 용어를 처음 했던 의미는 '계획' '전진'을 뜻했다. 따라서 프로젝트라는 용어로 볼 때 프로젝트 수업에서는 학습자가 학습의 '목적'을 설정하는 것을 무엇보다 강조한다고 할 수 있다.

② 학생의 목적을 추구하는 활동(purposeful activity[1])

　'학생의 목적을 추구하는 활동'이라는 용어는 '제안'과 '활동'의 합성어이지 여러 활동을 일컫는 유형이나 종류로 보기는 어렵다. 즉, 목적을 추구하는 활동이 특정한 종류의 활동은 아니다. 여기서 '활동'이란 경험, 생각, 기획활동 등의 용어로 사용할 수도 있다. 이런 맥

---

[1] 킬패트릭(Kilpatrick, 1918, 1924)이 언급한 'purposeful activity'를 국내에서는 '유목적적인 활동'으로 번역하여 사용하고 있다. 이러한 번역은 통상적으로 '목적이 있는 활동' 또는 '의도적인 활동'으로 생각하기 쉽다. 이것은 수업의 차원에서 볼 때 학습목표로 오해할 가능성이 농후하며, 자칫 목적을 설정하는 주체인 학생을 떠나서 활동의 방향을 안내하는 목적이 되기도 한다. 따라서 킬패트릭의 생각과 의도를 생각하여 본 연구자는 'purposeful activity'를 '목적을 추구하는 활동'으로 번역하고자 한다.

락에서 킬패트릭도 '목적 지향적인 경험(1918, p. 283)' '목적 지향적인 사고(1924, p. 17)' '목적 지향적인 기획(1925, p. 203)' 등으로도 사용하였다. 따라서 프로젝트 수업이란 '목적을 충족시키는 활동' '목적 때문에 하는 활동'으로 보며, 프로젝트 수업에서는 '목적(purpose)'이 활동(activity)에 우선함을 알 수 있다(Kilpatrick, 1925, p. 200).

③ 방법

프로젝트학습에서 방법은 좁은 의미와 넓은 의미의 두 가지가 있다. 하나는, 기존대로 '어떤 것을 어떻게 해야 가장 잘 가르칠까 하는 문제'로 보는 것이다. 다른 하나는, '학습하는 아동을 어떻게 대할 것인가 하는 문제'로 보는 것이다. 학생은 좋든 싫든 한 번에 단 하나를 배우는 것이 아니라 매우 많은 것을 한꺼번에 배운다. 첫 번째 방법의 의미는 좁은 관점이고, 두 번째 의미는 넓은 관점이다(Kilpatrick, 1925, p. 13).

프로젝트 수업에서 방법은 넓은 의미에 더 가깝다. 즉, 방법은 하나의 교육활동으로 하나를 배우는 것이라기보다는 '동시학습'이라는 의미가 더 적절하다(Kilpatrick, 1925, p. 9). 예를 들어, 과학 수업 시간에 학생은 과학 지식뿐만 아니라 과학 교과에 대한 인식, 과학교사에 대한 생각, 과학을 배우는 자신의 태도, 과학 시간에 참가하는 동료들의 태도, 알게 된 것을 정리하는 방식 등을 학습한다. 따라서 프로젝트학습에서 방법이란 학생이 처한 학교의 수업 상황을 종합적으로 고려한다는 의미이다.

종합해 보면, 프로젝트 수업이란 학생이 적절한 목적을 설정하고, 그 목적을 전심전력을 다해 추구하는 활동을 통해서 학생이 총체적으로 학습하는 것이다.

2) 교수학습 절차

수업은 내용과 시간을 씨실과 날실로 조직하는 계획 행위를 필요로 한다. 이에 프로젝트 수업은 어떤 과정으로 펼칠 것인가? 킬패트릭은 프로젝트법에서 프로젝트 수업의 교수학습 단계[2]를 목적 정하기(purposing), 계획하기(planning), 실행하기(executing), 판단하기(judging)의 4단계로 구분하여 제시하고 있다.

---

[2] 각 단계가 모든 유형의 프로젝트에 모두 일률적으로 적용되지 않으며(1924, p. 17), 어떤 단계가 순서대로 진행되기도 하지만 두 단계 또는 그 이상의 단계가 섞여서 진행되기도 한다(1925, p. 204). 여기에서 각 단계가 의미 있게 진행되기 위해서 가장 중요한 요소가 목적이며, 이 목적이 각 단계의 관계를 연결해 준다.

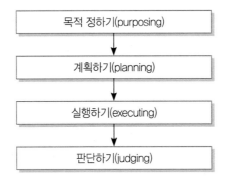

(1) 목적 정하기

프로젝트 수업의 첫 단계는 학습의 목적을 정하는 단계이다. 학생이 목적을 추구하는 활동이라는 점에서 프로젝트 수업에서는 학생이 추구할 '목적'을 정한다. 그래서 이어지는 다음 단계들은 이 단계에서 정해진 '목적'을 실행하는 과정이다.

그럼 누구의 목적인가? 그러나 '학생이 자신의 목적을 정한다.'는 의미를 '학생에게 모든 것을 맡긴다.'라는 의미로 오해하면 프로젝트 수업 자체에 대한 적지 않은 회의감을 불러일으키기 쉽다(신태현, 정광순, 2016, p. 127). 이 질문에 대해 킬패트릭은 '학생'이라고 답하면서 학생이 목적을 정하는 의미를 두 가지로 설명한다.

> 내가 사용해 온 목적 정하기(purposing)라는 단어는 두 가지 의미를 갖는다. 하나는 학생이 원하는 것을 하도록 하는 것(a child's doing what he wishes)이고, 다른 하나는 학생이 하고 있는 것을 원하도록 하는 것(a child's wishing what he does)이다.

첫 번째 의미는 학생이 하기를 원하는 것으로 목적을 정한다면, 교사가 이를 수용하여 학생이 목적으로 정한 것을 실천할 수 있도록 해 주어야 한다. 목적 정하기(purposing)의 두 번째 의미는 학생이 하고 있는 것, 하게 될 것들을 목적으로 수용하게 하는 것이다.

이처럼 학생이 스스로의 목적을 추구하는 활동을 통해 총체적인 학습을 하게 하는 프로젝트 수업의 첫 단계에서 교사는 학생이 선택한 목적을 채택하거나 교사가 제안한 목적을 학생이 수용하여 자신의 목적으로 받아들인 것을 수업활동으로 계획할 수 있다.

(2) 계획하기

프로젝트 수업의 첫 번째 단계에서 설정한 목적을 달성하기 위해 학생이 스스로 또는 교사의 도움을 받아 가능한 방안을 정하고, 계획하고, 필요한 정보들을 수집한다. 즉, 학생 자신이 세운 목적을 인식하여 목적한 바에 필요하다고 판단되는 인적, 물적 자원들을 탐색하고 실행에 옮기기 전에 하는 활동이다. 그리고 프로젝트에 따라 목적이 다양하므로 계획하기 단계의 공식적인 방법이란 있을 수 없으며, 이렇게 마련된 계획은 실행 도중에 수정할 수 있다(최원형, 2003, p. 53)

(3) 실행하기

세 번째 단계는 학생이 사전에 계획한 것을 실행하는 것이다. 아마도 이 단계가 프로젝트 수업에서 학생들이 목적한 바가 활동으로 가장 잘 드러날 것이다. 학생 자신이 사전에 계획한 것을 활동으로 실행하면서 기대하지 못했던 어려움을 맞닥뜨렸을 때 다시 계획을 수정할 수도 있다. 그리고 목적에 의해 실행되는 활동들을 통일성 있게 조직함으로써 사전에 계획하지 않았던 활동들을 이끌어 내기도 한다.

(4) 판단하기

프로젝트 수업의 마지막 단계는 판단하기이다. 학생이 선택한 목적의 달성 정도를 판단한다. 이 단계에는 두 개의 하위 단계―구체적 판단과 일반화가 있다. 하나의 프로젝트를 완수하고 나면 학생들은 일차적으로 '내가 계획한 것을 잘 수행했는가? 내가 하고자 한 것을 얼마나 이루었는가?'를 준거로 구체적 판단을 하면서 자신의 성과를 점검한다. 그러고 나서 '나는 무엇을 배웠지? 무슨 실수를 했지? 다음에는 어떤 측면에서 더 잘 할 수 있을까?' 등의 준거로 자신의 경험을 일반화한다. 그러나 킬패트릭(1924, p. 17, 1925, p. 205)은 판단하기 단계가 프로젝트를 수행한 모든 학생에게 드러나지 않고 학생의 나이가 들수록 여러 단계를 거친 경험을 통해서 나타난다고 말한다.

프로젝트 수업에서 교사는 "학생들이 가치 있는 목적을 설정할 수 있도록 학습의 무대를 만들고 상황을 조절하는" 역할을 해야만 한다.

학교의 수업이란 교과 수업이다. 학교에서는 가르칠 교과들이 있다. 킬패트릭의 주장대로 학교에서 프로젝트 수업을 해야 한다면, 오늘날 학교에서 가르치는 교과를 다음과 같이 구분해서 가르칠 수 있다(Kilpatrick, 1924, p. 16).

첫째, 생산 프로젝트
둘째, 소비 프로젝트

셋째, 문제해결형 프로젝트
넷째, 특별 프로젝트

① 생산 프로젝트(The Producer's Project)

이 타입의 프로젝트 수업은 사회적 삶에서 생산자가 물건을 생산하는 것처럼 학교 수업에서 학생들의 목적이 행동하는 것(to do), 만드는 것(to make) 그리고 결과물이 나오도록(to effect) 하는 데 있다. 이 타입은 생산할 것에 집중한다. 그래서 학생들의 목적을 반영한 아이디어가 구체적으로 어떤 형태를 갖추도록 어떤 재료를 활용하여 결과물이 있는 만들기 활동(예: 배 만들기, 모래성 쌓기, 연 만들기, 음식 만들기, 옷 만들기 등)이나 자신의 생각이나 아이디어가 겉으로 드러나게 표현하는 활동(예: 편지쓰기, 연설하기, 시 쓰기, 교향곡 만들기 등)이 이 타입에 속한다. 이 타입의 프로젝트 수업이 일적으로 목적 정하기, 계획하기, 실행하기, 판단하기 단계가 드러나는 활동이기 때문에 다른 프로젝트 수업보다 학교 수업에 적용과 확산이 용이한 점이 있다.

② 소비 프로젝트(The Consumer's Project)

이 타입은 다른 사람이 생산한 결과물에 미적 즐거움을 경험하는 데 집중한다(Kilpatrick, 1924, p.16). 어떤 방식으로 사용하고 즐기기 위한 것, 소비하기 위한 것이다. 한 소년이 불꽃놀이를 볼 수 있는 기회가 생겼다. 그의 목적은 자신의 눈을 하늘에서 빠르게 올라가는 로켓을 따라가게 하는 것이다. 그가 간절하게 그 불꽃이 터지는 것을 보기 위한 것처럼 생산적이라기보다는 수동적이다. 예를 들어, 이야기 듣기, 교향곡 감상하기, 그림 감상하기, 노래 감상하기 등 우리가 심미적 감상을 위한 활동이 여기에 속한다. 그러나 이런 소비하는 활동으로 다른 사람이 생산한 것을 즐기고, (소비하는 활동을) 취하는 데 매우 적극적이다. 예술가는 그림을 그린다. 이것은 생산자의 프로젝트이다. 나와 다른 사람들이 그것을 보고 즐기는 것은 소비자의 프로젝트이다(Kilpatrick, 1925, p. 347). 음악을 감상하는 활동이 겉으로 드러나는 면에서 프로젝트인지 아닌지의 구분이 불가능할 수도 있다. 아니 대부분의 사람이 무언가를 감상하는 활동을 어떤 것을 생산하는 활동보다 수동적으로 보는 것이 일반적인 현상이지만, 학생의 목적이 겉으로 드러나지 않는 혹은 드러날 수도 있는 소비 프로젝트에서 학생은 단순하게 수동적인 자세로 감상을 하기보다는 미적 경험 활동에 적극적으로 참여하고, 미적 경험 활동을 실행하고, 미적 경험을 즐긴다. 이처럼 목적이 없는 수동적인 감상활동과는 차이가 있는 소비 프로젝트가 학교에서의 프로젝트 수업이 될 수 있다.

③ 문제해결형 프로젝트(Problem Project)

이 타입은 듀이와 맥머리(McMurry) 교수의 연구에 연원을 두고 있는 프로젝트 수업으로, 지적인 궁금증을 풀거나 문제를 해결하는 데 목적을 두는 유형의 수업이다. 그래서 이 타입은 대체로 듀이의 사고 분석 단계를 따르기도 한다(Kilpatrick, 1924, pp. 16-17). 이 타입의 프로젝트 수업은 purpose, 즉 문제를 해결하는 것, 풀기 위한 것으로, 예를 들어 '이슬은 내리는 것인가, 생기는 것인가?' '왜 뉴욕이 필라델피아보다 더 빨리 발전하는가?'와 같은 문제가 어떤 상황에서 발생하여 학생이 그 문제에 대해 궁금증 또는 지적 호기심이 생겨서 그 문제를 해결하려는 목적으로 수업을 한다. 간혹 해결하기 위한 목석이 없는 문제를 떠올릴 수도 있다. 만일 그렇다면 이는 프로젝트가 아니다. 내가 그것을 해결하려는 목적이 있고 그 목적을 추구할 때에만 프로젝트가 된다. 그리고 만일 목적이 사라졌는데도 교사가 여전히 시작한 것의 완성을 요구한다면 그것은 학생에게 과제(task)가 된다.

④ 특별 프로젝트(Special Learning Project)

이 타입은 어떤 특정한 기술과 지식을 획득하는 것에 초점을 둔다. 때로 훈련 프로젝트(Drill Project) 혹은 특정 프로젝트(Specific Learning Project)라고 부르기도 한다. 이 타입에서 목적(purpose)은 어떤 항목(item) 또는 기술이나 지식을 획득하는 것이다(Kilpatrick, 1925, p. 355). 글쓰기, 불어의 불규칙 동사 배우기 등이 이 유형에 해당되며, 생산 프로젝트처럼 목적 정하기, 계획하기, 실행하기, 판단하기 과정으로 수업을 할 수 있다.

3) 반응 원리 및 지원 체제

프로젝트란 '한 명 또는 그 이상의 학생이 원하는 특정 주제를 정하고 이 주제에 대해 깊이 있는 연구를 하는 행위'로 정의한다. 이에 프로젝트 수업이란 학생이 교사와 함께 학습 주제 결정에 참여하여 정해진 주제에 대해 스스로 문제를 해결해 나가고 주제를 탐구하는 과정에서 관련 지식과 기능 및 태도를 습득하고 내면화해 가는 방식이다. 이런 프로젝트 수업은 다음과 같은 특징을 지닌다.

• 목적을 학생의 전인 성장에 둔다.
• 학생을 스스로 학습해 나가는 능동적 · 적극적 주체로 본다.
• 교사를 학생의 학습 관찰자 · 안내자 · 상호 조정자 · 협력자로 본다.

- 수업의 계획과 실행 평가 과정에 교사뿐만 아니라 학생이 참여한다.
- 수업 내용이 실생활과 밀접하게 관련되어 있다.
- 학생은 스스로 창의적으로 새로운 발견을 할 수 있는 기회가 주어지며, 어떤 대상이 나 관심 있는 주제를 직접 체험적으로 탐색할 수 있는 다양한 기회를 갖게 된다.
- 학생 간의 상호과정을 통해 학습이 이루어지며, 뿐만 아니라 교사 그리고 지역 공동 체 내의 다른 사람들, 더 나아가서는 외부 전문가와의 접촉 등 협력학습을 강조한다.

이에 프로젝트 수업에서 교사는 학생이 프로젝트에 참여함으로써 풍부하고 독립적인 성향을 강화하도록 도울 수 있다. 예를 들어, 교사는 학생으로 하여금 그들을 위해 준비된 자료와 설비를 쉽게 보관할 수 있도록 해 준다. 교실에서 논의를 하는 동안 학생들은 그들 스스로를 도울 수 있는 절차를 마음에 되새기게 되며, 교사들의 주의 집중이 어디에서나 이루어진다는 것을 명심하게 된다. 교실에서 논의를 함으로써 학생들은 프로젝트에 대한 정보가 변할 수 있다. 프로젝트 수업을 하는 교실에서는 발전이 이루어지며, 정보의 교류 가 활발하여 학급의 발전에 기여한다. 교사는 또한 학생들이 서로의 작업에 대한 평가를 하도록 돕는 역할을 한다.

4) 직 · 간접적인 효과

이런 프로젝트 수업은 무엇보다 교사와 학생들의 의사소통이 원활해야 한다. 프로젝트 수업의 성공 여부는 교사가 학생이 어느 정도 활동하도록 이끌어 내고 필요한 피드백을 제

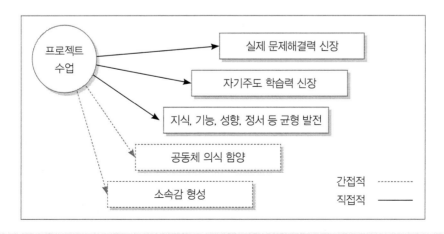

[그림 5-7] 프로젝트학습의 효과

공하는가에 달렸다고 해도 과언이 아니다. 또 프로젝트 수업을 하는 데 시간이 많이 필요하므로 교과 통합형 수업을 설계해서 프로젝트를 수행하는 필요한 충분한 시간을 확보해야 한다. 학생은 자기주도적 학습을 수행해야 한다. 따라서 프로젝트 수업의 성공 여부에 영향을 미치는 요소들을 맥락적으로 살펴보아야 한다. 프로젝트 수업이 가진 장점은 다음과 같다.

- 학생이 스스로의 흥미, 관심, 능력에 따라 활동을 계획하고 전개해 가는 과정에서 프로젝트와 관련하여 지식, 기술, 성향, 감정 등을 균형 있게 발달시킬 수 있다.
- 학생이 수업에 자발적으로 참여하여 실행하기 때문에 학습에 대한 책임감과 자기 주도력을 높일 수 있다.
- 학생들이 수행하는 프로젝트는 주로 실생활과의 관련성이 높기 때문에 실제 문제 해결력이 향상되며, 나아가서 학교에서 학습경험과 학생들의 실제적인 삶이 밀접해진다.
- 학생들이 프로젝트를 수행하는 과정에서 소속감을 길러 주고, 나아가서 공동체 의식을 형성할 기회를 갖는다.

프로젝트 수업에서 이런 장점이 살아나기 위해서는 다음과 같은 단점에 유의해야 한다.

- 프로젝트를 진행하는 동안 많은 시간이 소요될 수 있기 때문에 시간의 낭비가 많을 수 있다.
- 프로젝트에 있어 학생들 간의 선호도와 개인적 능력차가 존재하기 때문에 일부 우수 학생에 독점되는 경향이 나타날 수 있다.
- 문제 해결을 통해 결과를 도출하는 것이기 때문에 문제 해결을 위한 다수 정보 및 자료의 부족 등으로 인해 성공하지 못할 경우가 생길 수도 있다.

프로젝트 수업은 프로젝트의 선정-수행-마무리까지 토의 활동, 조사 활동, 탐구 활동, 발표 및 평가 활동에 이르기까지 학습의 전 과정에서 학생들은 주도적으로 참여하는 수업 모형이다. 이런 점에서 교사가 리더해 온 기존의 수업을 학생이 리더해 가는 수업으로 바꾸도록 적극적으로 돕는다는 점에서 학생의 배움 중심 수업과 그 성격이 부합하는 편이다. 이에 배움 중심 수업을 지향하는 교사들이 프로젝트 수업을 활용한다면 배움 중심 수업의 효과를 좀 더 극대화할 수 있을 것이다.

5. 창의적 문제해결학습 모델

1) 의미

창의적 문제해결력이란 새롭게 유용한 산출물을 생산해 내는 능력을 말한다. 창의적 문제해결력은 곧 창의성을 말하는데, 창의성 교육은 가능한 것인가에 대해서는 두 가지 입장이 있다. 하나는 부정적 입장으로서, 창의성은 일부 뛰어난 인물에게만 타고나는 천부적 입장(Galton, 1870; Kretschmer, 1981), 창의성은 무의도적이고 무의식적인 영감을 통해 얻는 영감적 입장(Koestler, 1976; Kunkel & Dickerson, 1947), 창의적 아이디어는 우연한 행운에 의해 얻는 행운적 입장(Austin, 1978; Mednick, 1962)이 있다. 그러나 현대에 와서는 창의적 잠재력은 모두가 타고나는 기본적 욕구로서 자아실현 욕구의 원천이라는 입장(Maslow, 1976; Rogers, 1954), 창의성은 의식적인 노력의 결과라는 의도적 입장(Feldman, 1993; Maslow, 1968) 그리고 창의성은 교육을 통해 향상될 수 있다는 경험적 입장(Nickerson, 1999)이 널리 수용되고 있다.

이 장에서 창의성은 학생들 모두가 타고나는 기본적 욕구이며 교육을 통해 신장시킬 수 있다는 긍정적 입장을 취하면서 오즈번-파네스(Osborn-Parnes)의 창의적 문제해결(Creative Problem Solving: CPS) 모델(Noller, Parnes, & Biondi, 1976; Parnes, 1981)에 기초하여 창의적 문제해결 수업 모델을 설명하고자 한다. 이 책이 여러 가지 창의적 문제해결 모델 중 CPS 모델을 채택한 이유는 수업이라는 비교적 구조화된 상황에서 가장 적합한 모델이라고 판단되었기 때문이다.

모든 문제 해결의 과정은 문제 상태(given state), 목표 상태(goal state), 통로(path)의 세 가지 요소를 가지고 있다(Wallace, Goldstein, & Nathan, 1990). 즉, 문제가 주어진 상태를 어떤 통로를 거쳐 문제가 해결된 목표 상태로 바꾸는 것이 문제 해결이다. 창의적 문제 해결 과정도 이 세 가지 요소를 포함하고 있으나 일반적인 문제 해결 과정과는 상당히 다르다.

일반적인 문제 해결 과정에서는 잘 정의된 문제(well-defined problem)를 사용하나 창의적 문제 해결 과정에서는 잘 정의되지 못한 문제(ill-defined problem)를 사용한다. 잘 정의된 문제는 대개 단 하나의 답이 나오며, 답을 내는 데 필요한 정보가 문제 내에 모두 주어져 있으며, 그 정보에 정해진 알고리듬을 적용시키면 답을 얻을 수가 있는 종류의 문제이다. 이에 반해, 잘 정의되지 못한 후자의 문제는 문제 해결에 필요한 모든 정보가 문제에서 제공되지 않아 문제 해결자가 추가적인 정보를 수집하여야 하며, 하나 이상의 해답이 가능하고, 그중 어떤 답은 다른 답보다 더 나은 경우를 발생시키는 문제이다. 같은 맥락에서 오즈번(1963, p. 97)도 "예(yes), 아니요(no), 또는 아마도(maybe)"라는 답을 요구하는 문제보다는 '최선의 아이디어'를 요구하는 문제가 창의적 문제 해결에 적절한 문제라고 제시하였다.

문제 해결의 통로도 일반적 문제 해결 과정에서는 대부분 수렴적 사고를 많이 필요로 하나 창의적 문제 해결 과정에서는 수렴적 사고와 함께 확산적 사고를 많이 필요로 한다. 이런 이유로 학자들은 창의적 문제 해결의 통로에서 작용하는 사고의 특징적 성격을 초월적 사고, 환상과 상상, 통찰, 무의식적 사고, 우뇌적 사고, 비범한 연합, 브레인스토밍, 뜨거운 사고(Oech, 1983) 등 여러 가지 용어를 사용하여 기술하고 있다.

그리고 창의적 문제 해결의 목표 상태, 즉 산출물 또는 결과에서는 독창성(originality)과 유용성(utility)이라는 조건을 모두 만족시켜야 한다. 즉, 창의적 산물은 새로운 것이어야 하는 동시에 유용해야 한다는 것이다. 독창성 개념은 통계적 희귀성(statistical infrequency)을 의미하는데, 그 개념 자체로서는 가치중립적(value-neutral)이기 때문에 독창성이 가치를 띠게 되는 것은 사회가 '선한' 의미를 부여할 때이다. 따라서 독창성이 가치를 띠려면 유용성을 동반하여야 한다. 특히 가치를 추구하는 교육의 입장에서는 유용성이 더 중요한 창의적 산물의 준거이다. 한편 유용하기는 하지만 자신에게나 사회에서 독창적이지 못한 산물이 있을 수 있는데, 이런 경우도 역시 창의적이라고 보기 어렵다. 그러므로 창의적 산물의 판단 준거로 독창성과 유용성은 동시에 만족되어야 하며, 이런 관점은 대다수의 학자들이 일반적으로 수용하고 있다(Amabile, 1983; Bruner, 1966; Gardner, 1993; Mednick, 1962; Perkins, 1984). 한편 창의적 산물은 준거 개념 외에 수준의 개념을 필요로 한다. 여기서 수준이란 작품의 새로움과 유용함이 시·공간적으로 확대될 수 있는 정도를 말한다. 창의적인 작품이 시간적인 차원에서 과거에서부터 현재까지 새롭고 유용했으며 그리고 미래까지도 그러하면 그 수준은 높아진다. 또한 공간적인 차원에서도 그 새로움과 유용함이 개인, 지역, 국가, 세계까지 확대됨에 따라 그 수준이 높아진다.

창의적 작품의 수준 개념은 여러 학자에 의해 언급되고 있는데, 기셀린(Ghiselin, 1963)의 하위 수준(lower-level)과 상위 수준(higher-level) 개념, 테일러(Taylor, 1971)의 표현적 창의성(expressive creativity), 기술적 창의성(technical creativity), 발명적 창의성(inventive creativity), 혁신적 창의성(innovative creativity), 출현적 창의성(emergentive creativity) 개념, 매슬로(Maslow, 1976)의 자아실현적(self-actualizing) 창의성과 특별재능(special-talent) 창

의성 개념, 가드너(Gardner, 1993)의 'little C' 창의성 수준과 'big C' 창의성 수준 개념 등이
그 예이다. 이렇게 볼 때, 창의적 작품의 수준 개념은 창의적 작품이란 '창의적이다' 또는
'창의적이 아니다'라는 이분법적인 성격을 가지고 있는 것이 아니고 '조금 창의적이다'에서
'매우 창의적이다'라는 연속체(continuum)의 개념을 지닌 것으로 보아야 한다는 것을 시사
한다. 특히 교육의 맥락에서는 이분법으로서의 수준 개념이 아니라 연속선으로서의 수준
개념이 필요하다. 그렇게 할 때 창의적 작품의 한계를 넓히고 그에 따라 창의성 교육의 가
능성도 넓힐 수 있다.

창의성의 수준의 개념은 창의성의 어원에 비추어 보아도 타당하다. 창의성(creativity)
이라는 말의 라틴 어원을 살펴보면 'creare'에서 온 것으로 '만들다(to make)'라는 의미이
며, 그리스 어원을 살펴보면 'krainein'에서 온 것으로 '충족시키다(to fulfill)'라는 의미이다
(Young, 1985, p. 77). 따라서 창의성은 반드시 어떤 탁월함(excellence), 천재성(giftedness)
의 수준을 말하는 개념은 아니다. 어느 수준에서든지 필요에 따라 만들거나 자신의 요구
를 충족시키는 것을 의미한다고 볼 수 있다. 이런 어원적 의미에서 본다면 학생의 창의
적 표현이나(Dudek, 1974) 가정주부의 창의적 가정 운영이나(Maslow, 1976) 아인슈타인
(Einstein), 피카소(Picasso) 등의 위대한 창의적 작품이나(Taylor, 1971) 모두 독창성과 유용
성의 수준만 다를 뿐 창의적 작품으로 보아야 한다. 특히 교육적 맥락에서는 어떤 작품이
이미 이전에 다른 사람에 의하여 생산되었던 것이라 하더라도 그것이 개인에게 새롭고 유
용한 것이라면 창의적인 행동의 결과라고 보아야 한다(Torrance, 1993).

2) 교수학습 절차

CPS 모델의 단계는 [그림 5-8]과 같이 5단계로 나누어지는데, 이것이 창의적 문제 해결
수업의 절차에 해당된다. 먼저, 학생들은 교사가 제시하는 실생활의 경험을 통해 느끼든
간에 어떤 문제가 나에게 존재하고 있음을 느끼고(문제의 감지), 그에 따른 심리적 불안정
성 또는 혼란을 느끼게 되며, 이를 극복하기 위해 막연한 수준에서나마 해결되기를 원하는
상태(목표)를 설정한다. 이런 상태에서 각 단계를 통과하는데, 각 단계에서 확산적 사고와
수렴적 사고를 교대로 반복하면서 그다음 단계로 진행한다. 문제 해결의 전 과정에서 아
무리 엉뚱한 아이디어들이 나오더라도 비판하지 않고 오히려 상대방의 아이디어 위에 자
신들의 아이디어를 조합하려는 노력을 하게 된다. 이 모델은 학생 개인이 개별적으로 사
용할 수도 있지만 소집단을 이루어 사용할 수도 있다.

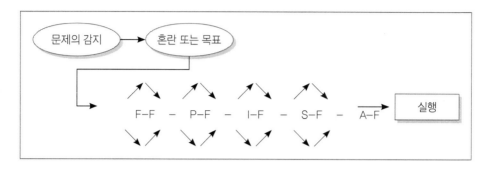

[그림 5-8] 창의적 문제 해결의 과정

(1) 사실 발견 단계

사실 발견(Fact-Finding: F-F) 단계에서는 문제를 좀 더 세밀히 파악하기 위해 정보를 수집하고 분석하는 단계이다. 수업 활동으로는 왜 그 상황이 문제가 될 수 있는지에 대한 배경을 알아내고, 정보를 수집하여 그 상황에서 무엇이 진행되고 있는지 더 잘 이해하는 활동이 일어난다. 교사는 육하원칙(언제, 어디서, 누가, 무엇을, 어떻게, 왜)에 따라 여러 가지 질문을 하거나 학생이 스스로 질문을 하도록 유도한다. 이렇게 질문을 통해 가능한 한 많은 정보를 수집하도록 한 후에는 문제 해결에 필요하다고 생각하는 정보들만 다시 추려 내는 분석 작업을 한다.

(2) 문제 발견 단계

문제 발견(Problem-Finding: P-F) 단계는 문제를 정의하는 단계이다. 제시된 문제를 여러 가지 방향에서 다시 진술해 보도록 한 후 진짜 도전해야 할 문제가 무엇인지를 알아내는 활동이다. 학생이 문제를 잘 정의하기 위해 확산적 사고를 할 수 있도록 돕는다. 이때, 교사는 사실 발견 단계에서 얻은 정보를 바탕으로 "내가 어떻게 하면 ~할 수 있을까?"라는 문구를 사용하여 학생이 구체적으로 자신에게 질문하도록 한다. 예를 들어, 어떻게 하면 차들이 막히지 않고 잘 달리게 할 수 있을까? 어떻게 하면 나무에 오르지 않고 나무의 높이를 잴 수 있을까? 등이다. 이런 확산적 질문을 한 후에 진짜 이것이 문제가 되는가? 이 문제를 해결하면 정말로 문제가 해결되는가? 등의 질문을 하여 최종적으로 해결할 문제를 진술하도록 한다.

(3) 아이디어 발견 단계

아이디어 발견(Idea-Finding: I-F) 단계는 최종 진술한 문제를 해결할 아이디어를 생각해 내는 단계이다. 여러 가지 가능한 모든 방향으로 상상을 함으로써 가능한 해결책을 많이 찾아낸다. 아이디어의 양을 강조하고 한 사람이 생각해 낸 아이디어를 기초로 다른 사람이 아이디어를 내도록 한다. 후반부에는 다시 수렴적 사고를 통해 문제 해결에 최선이라고 생각하는 소수의 아이디어를 추려 낸다.

(4) 해결책 발견 단계

해결책 발견(Solution-Finding: S-F) 단계는 생각한 아이디어들 가운데 최선의 아이디어를 선정하는 단계이다. 먼저 아이디어들을 평가할 기준들, 예를 들어 성공 가능성, 실천 가능성, 소요 경비 등을 기준으로 해결책들을 평가하고 그중에서 최선의 해결책을 선정한다. 표를 만들어 가로축에는 아이디어들을 열거하고 세로축에는 평가 기준들을 열거한 후 아이디어들을 점수를 매기고 최고의 점수를 얻은 아이디어를 해결책으로 선정할 수 있다.

(5) 수용 발견 단계

수용 발견(Acceptance-Finding: A-F) 단계는 최종적으로 선택된 아이디어를 실천에 옮길 행동 계획을 세우는 단계이다. '누가, 언제, 무엇을, 어디서, 어떻게, 왜'의 육하원칙을 사용하여 질문하며 계획을 세우는 것이 도움이 된다. 이렇게 계획을 마련하고 나면 실행으로 옮기는데, 창의적 산물은 이 행동의 결과로 나타난다.

CPS의 5단계는 논리적으로는 계선적이지만 문제 해결의 실제에서는 그렇지 않다. 각 단계가 만족스럽지 못한 경우에는 다음 단계로 나아가기보다는 다시 전 단계로 되돌아가야 하며, 경우에 따라서는 어떤 단계를 건너뛸 수도 있다.

3) 반응 원리 및 지원 제체

창의적 문제해결학습 모델에서 교사는 아이디어 생산의 지식의 전달자보다는 지식 활용의 촉진자로서 역할을 한다. 특히 촉진자로서 학생들의 창의적 동기 및 태도를 형성하는 데 주목해야 한다. 왜냐하면 "필요한 인지능력을 가지고 있는 사람이 실제로 창의적 산물을 생산하느냐 못하느냐는 그가 가지고 있는 동기와 기질적 특징에 달려 있기 때문이다 (Guilford, 1950, p. 444)." 예를 들어, 성취 욕망 또는 성공 기대감, 일에 대한 열정, 일반적 원리 추구성, 질서 추구 욕망, 발견 및 발명 욕망, 독립심 또는 자율성, 자아 충족, 모호한 상황을 견디는 인내심, 취미의 다양성, 자신감, 판단 보류성, 경험과 비평에의 개방성, 집중력, 자아 통제력, 인내심, 순응 압력에의 저항성, 호기심, 유머성, 의미와 이해 추구성 또는 심미성, 색다르거나 복잡한 것을 좋아함, 주장성 또는 설득성, 감정에의 민감성, 활동성 또는 정열성, 이상 추구, 합리성, 책임감, 직관성 또는 즉흥성, 정직성 또는 공정성, 박애심 또는 이타심, 주도성 또는 지도력, 인간적 성숙 또는 정서적 안정감, 근면 또는 성실, 모험적 용기 등이다.

창의적 문제 해결은 잘 정의되지 못한 문제를 다루고 다양한 아이디어를 많이 내는 것을 강조하고 최선의 아이디어를 결정하거나 산물을 생산해 내는 데 초점이 두어지기 때문에 학교의 교과 학습에서 정해진 알고리듬에 의해 문제를 쉽게 해결하는 경우와는 상당히 차이가 있다. 따라서 학생들은 창의적인 문제 해결 과정에서 허다한 실패를 경험하게 되고, 그것을 극복하고 성공하려면 단순한 지식과 기능의 적용을 초월하여 정서와 인성을 포함한 전인적 관여가 요구되기 때문에 교사는 촉진자로서 앞에 열거한 창의적 동기와 태도의 함양에 유의해야 한다.

(1) 반응 원리

창의적 문제 해결 수업에서 교사는 학생 개개인을 창의적 잠재력을 가지고 있고 그것을 발휘하여 자아실현하고 사회에 공헌할 수 있는 인물로 보는 관점을 필요로 한다. 그리고 교과의 지식과 기능을 학습하는 과정에서 그 지식과 기능을 그 자체로서만 습득하기보다는 창의적 문제 해결의 과정에 도움이 되는 기능적 지식과 기능으로 인식하도록 돕는 촉진자의 역할을 해야 한다.

창의적인 인물들에 대한 연구들(Amabile, 1983; Csikszentmihalyi, 1996; Mednick, 1962; Nickerson, 1999; Simonton, 1984; Williams & Stockmyer, 1987)은 어떤 영역에서든지 괄목할 만한 창의적 작품을 만들어 내는 사람들은 거의 그 영역에 대해 풍부한 지식과 높은 기능을 가지고 있는 것으로 보고하고, 이런 이유로 학자들은 영역 특수적 지식과 기능은 창의적 산물을 생산하는 데 필요조건으로 간주하고 있다. 이것은 창의성은 무에서 유를 창조하는 것이 아니라 유에서 유를 창조하는 것을 시사한다. 그러나 창의적 산출물을 생산해 내기 위해서 교과의 지식과 기능은 많은 것보다도 잘 조직화하도록 해야 한다. 그 이유는 장시간을 통해 지식과 기능은 안정적이고 잘 조직화되었을 때 새로운 문제에 대한 응용력이 높아지기 때문이다(Chi & Ceci, 1987). 그리고 영역 특수적 지식과 기능의 습득을 돕는 데 있어 관련 영역에의 표준적인 방법과 지식에 너무 집착하도록 만들어 융통적인 사고를 통한 대안적 접근의 가능성을 보지 못하게 할 수 있다는 점에 유의해야 한다(Frensch & Sternberg, 1989; Perkins, 1984; Simonton, 1984; Taylor, 1993). 영역 특수적 지식이 가져올 수 있는 이런 부정적 기능을 극복하는 방법은 간학문적 접근을 통해 개별 영역의 지식을 연계하며 학습하고 지식을 융통적으로 활용하는 기회를 제공해 주는 일이 필요하다.

(2) 지원 체제

창의적 문제 해결 수업을 지원하는 체제는 창의적 환경을 제공하는 것으로 구성되는데, 물리적 환경, 사회문화적 환경, 심리적 환경으로 나뉜다(Davis, 1986).

창의성을 지원하는 물리적 환경은 시간, 학습 상황, 학습 시설 및 자료 등으로 구성된다. 이 중에서 창의성 발달에 저해가 되는 가장 큰 요인은 시간 부족이다(Van Gundy, 1987). 창의적 문제 해결 수업은 비구조화된 문제를 사용하고 하나의 정답만 있는 것이 아니고 최선의 답을 찾기 위해 다양한 인지적 통로를 탐색해야 하기 때문에 오랜 시간을 필요로 한다. 따라서 40분 또는 50분 단위 시간으로 창의적 문제 해결 수업을 마치기는 어렵기 때문에 블록 단위 수업을 펼칠 필요가 있다. 아울러 학습 상황은 주의 집중을 방해하는 환경을 피하고, 학습 시설 및 자료를 풍부히 갖추어야 한다.

창의성을 지원하는 사회문화적 환경은 자유로운 생각과 아이디어를 존중하는 사회적, 문화적, 제도적 규범과 전통을 설정하는 일을 필요로 한다. 이런 사회문화적 환경은 학급의 안전성을 추구하는 데에는 기능적이나 비융통성과 순응을 학급 체제를 형성하여 개인적 정체성과 창의성의 상실을 가져올 수 있다. 따라서 규범과 전통 그리고 자유로운 생각과 아이디어를 존중하는 두 문화의 조화를 필요로 한다.

창의성을 지원하는 심리적 환경은 실패에 따르는 결과나 타인의 조롱에 대한 두려움이 없이 창의적인 아이디어를 자유롭게 전개하는 학급 분위기를 조성하는 일을 필요로 한다. 로저스(Rogers, 1954, 1961)는 이런 분위기를 심리적 안전(psychological safety)이 있는 환경이라고 제시하며, 이를 위해서는 세 가지 조건을 만족시켜야 한다고 주장한다. 첫째, 학생 개개인을 그의 현재적 상황과 관계없이 자아실현할 수 있는 인물로 성장할 수 있다고 보는 무조건적인 긍정적 관점(unconditional positive regard)을 갖는 것이다. 둘째, 공감적 이해(emphatic understanding)이다. 교사들은 대개 교사로서의 '교육적 공식에 따라' '마음의 가면'을 쓰고 학생들과 상호작용하는 경향이 있다. 이것은 교사와 학생이 인간 대 인간으로서의 가식없는 접촉을 방해한다. 공감적 이해는 교사가 형식적이고 기계적인 교사가 아니라 인간으로서 솔직하고 진실되게 학생과 상호작용하면서 학생의 입장에서 이해하는 것이다. 셋째, 외적 평가 체제의 부재(lack of external comparison)이다. 즉, 학생들을 외적 평가 준거를 통해 상대적으로 비교하지 말고 학생 개개인의 장점과 단점을 살펴 장점은 살리고 단점을 보완하려는 인간 중심적 평가 관점을 갖는 것이다.

4) 직 · 간접적인 효과

창의적 문제 해결 수업 모델의 통로로 오즈번-파네스의 CPS 모델을 소개하였다. 이 모델을 소개한 이유는 학교의 수업이라는 구조화된 상황에 적절하고 창의적 사고를 필요로 하는 여러 가지 상황에 공히 적용될 수 있는 모델로 판단했기 때문이다. 그러나 이 통로에는 창의적 문제 해결의 목적과 용도에 따라 다른 창의적 사고 기법의 단계들을 채택할 수 있다. 예를 들어, 에베를레(Eberle, 2008)의 스캠퍼(SCAMPER) 기법, 드 보노(de Bono, 1985)의 육색모자 기법, 고든(Gordon, 1961)의 시네틱스 기법 등을 사용할 수 있다. CPS 모델은 전 세계적으로 창의적 사고력 증진에 효과적이라고 많은 연구를 통해 입증된 방법이고(Parnes, 1981), 최근까지도 계속해서 수정 · 발전시키고 있다.

창의적 문제 해결 수업은 학교 및 일상생활에서 융통적이고 창의적 사고를 하는 습관을 형성시켜 주고, 그 과정에서 창의적 동기와 태도를 기르도록 해 주는 간접적 효과가 있다. 아울러 교육의 지식과 기능을 창의적 문제 해결에 투입함으로써 학교에서 배우는 내용들에 대한 기능적 가치를 인식하게 되어 학습에 대한 흥미를 증진시킬 수 있다. 특별히 창의적 문제해결학습은 학생 개개인의 정신적 건강 상태를 증진시키는 효과가 있다(Maslow, 1976; Rogers, 1954, 1961). 창의성은 인간이 타고나는 탐구적 본능이며 그 본능이 만족되면 정신적으로 건강한 사람이 되기 때문이다. 이렇게 건강한 정신을 지닌 창의적 인물은 더 나아가 자아를 실현하고 사회 발전에 공헌할 수 있는 인물이 된다.

5개 교수 모델은 모든 교과에 적용될 수 있는 영역 일반적인(domain-general) 모델들이다. 그러나 교과에 따라 그 사용의 빈도가 다를 수는 있을 것이다. 교과는 크게 문과(국어, 사회, 역사 등)와 이과(수학, 과학, 기술 등) 유형으로 나눌 수 있는데, 문과형 교과에서는 협동, 토론, 프로젝트, 창의적 문제해결학습을 통해 경험 중심의 상호작용을 강조하는 간접적 접근을 자주 취하고, 이과형 교과에서는 교사 주도의 설명식 교수 모델을 사용하여 교과서, 워크북, 문제 해결 적용 및 활용을 강조하는 직접적인 접근을 취하는 경향이 높다.

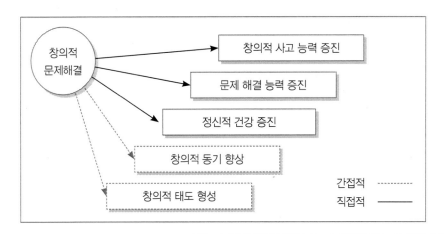

[그림 5-9] 창의적 문제해결학습의 효과

그러나 이런 차이는 강조와 비중의 차이일 뿐 상호 배타적이지는 않다(Borich, 2011a).

지금까지 5개 수업 모델에 대해 살펴보았는데 어떤 수업 모델을 동원하든지 가장 효과적인 교수법은 몇 가지 공통점을 지니고 있다(Borich, 2011b, p. 115).

첫째, 학생들의 주의를 집중시키는 도구를 사용한다. 예를 들어, 도전적인 질문, 시각적 재료 또는 예들을 가지고 수업을 시작하는 것이다.

둘째, 열정적이고 활동적이다. 예를 들어, 교사는 학생들과 눈을 마주치고, 목소리의 높이와 성량을 다르게 하고, 새로운 과제를 부여하고 순회하며 지도한다.

셋째, 프레젠테이션의 방법을 다양하게 한다. 예를 들어, 다양한 미디어를 사용하여 설명하고, 질문하고, 연습할 기회를 제공하고, 토론하고, 개별학습과제를 제시하는 등 학생이 정보를 처리하는 방법을 다양하게 한다.

넷째, 강화의 방법을 다양하게 사용한다. 보너스 점수를 주고, 토큰을 주고, 말로 칭찬하고, 좋아하는 독립 학습 기회를 제공하는 등 다양한 방법으로 강화를 한다.

다섯째, 다양한 유형의 질문을 한다. 그리고 학생에게 다양한 답을 탐색하도록 한다. 예를 들어, 수렴적 사고 또는 확산적 사고를 요하는 질문을 하고 그에 대한 답을 유도하고, 명료화하고, 방향을 다시 설정하여 탐색하도록 한다.

여섯째, 학생들의 아이디어를 수용하여 수업의 여러 측면에 반영하고 기여하도록 한다. 예를 들어, 직접 교수로 계획했던 수업의 어떤 부분에서 간접 교수법을 동원하여 학생들이 조사나 탐구 또는 제작 활동을 하도록 한다.

보리치(2011b, p.129)는 〈표 5-4〉와 같이 여섯 가지 효과적인 수업의 특징을 가지고 교사들이 서로 간의 수업을 관찰하고 수업의 전문성을 높이고자 할 때 사용할 만한 체크리스트를 제시하였는데, 배움 중심 수업 교사들이 서로의 수업을 살펴보고 수업 전문성 향상을 위해 사용하면 좋을 것이다.

표 5-4 **수업 관찰 체크리스트**

교사의 행동			관찰됨	관찰 안 됨	관찰 기회 없었음
1. 주의 집중 도구들을 사용하기				바로 본시 학습 내용으로 들어감	
2. 눈 마주치기, 목소리 조절, 제스처를 사용하여 열정과 활동성을 보이기				활력이 없음. 특히 수업 초기에 그러함. 몇몇 학생에게만 이야기하고 있음	
3. 여러 가지 미디어를 사용하여 교수 활동을 다양화하기			핸드아웃을 사용하고, 구어에서 문어 사용으로 변화함		
4. 강화의 방법을 다양화하기					칭찬을 몇 번 사용했으나, 충분히 관찰할 시간이 부족했음
5. 다양한 유형의 질문과 탐색 사용하기	질문	확산적	두 가지를 다 사용하나 수업의 후반부에는 확산적 유형을 더 많이 사용함		
		수렴적			
	탐색	유도	학생이 답을 한 후 그 답을 명료화하도록 요구함		
		명료화			
		방향 재설정			
6. 학생의 아이디어를 수업에 반영하기			학생의 아이디어를 일부 반영하여 수업 방법을 변형함		

06

수업의 목표와 평가의 일치

　배움 중심 수업은 수업의 목표와 평가가 일치할 때 효과적으로 이루어질 수 있다. 평가는 유형의 측면에서 선다형, 논술형, 수행형 등으로 나뉘고, 평가 결과의 채점 방식의 측면에서 규준 지향 평가(상대평가)와 준거 지향 평가(절대평가)로 나뉜다. 요즘 학교 현장에서는 배움 중심 수업과 관련하여 성장 지향 평가의 도입이 활발히 논의되고 있다. 그런데 성장 지향 평가와 관련하여 교사들이 갖고 있는 오해 중의 하나는 성장 지향 평가는 선다형 객관식 문제 유형과 규준 지향 채점 방식을 배제한다고 생각하는 것이다. 선다형 평가는 오랜 전통을 가지고 있으며 그 효율성과 객관성이 증명된 평가 유형이고, 규준 지향 채점 방식은 학생들의 능력을 상대적인 관점에서 파악하는 데 큰 장점이 있다.

　성장 지향 평가는 평가의 유형이나 채점 방식과 관련이 있는 것이 아니라 그것을 어떻게 사용하느냐와 관련이 있다. 즉, 선다형 문제나 규준 지향 채점을 통해 얻은 평가 정보를 학생 개개인이 지닌 소질과 적성을 살리는 개별화 교육에 활용하느냐 그렇지 못하느냐에 관련이 있다. 오히려 성장 지향 평가와 밀접하게 관련이 있는 것은 수업의 목표에 맞게 평가를 하는 일이다. 이것은 평가의 타당성 문제로서 평가에서 매우 근본적이다. 지능에 대한 연구 초기에 영국의 골턴(Galton)은 사람의 지능을 측정하기 위해 머리 둘레를 쟀다. 이것은 지능을 타당하게 측정하지 못한 것이며 또한 지능 발달에 필요한 정보를 제공해 주지 못하는 방식이다. 학생의 배움을 증진시키려면 수업의 목표를 성취했는지를 타당하게 평가해야 하며 그 결과에 따라 평가 정보를 학생의 배움에 피드백하여 활용해야 한다. 즉, 수업의 목표-평가가 일치해야 학생의 배움에 효과적이다.

이 장에서는 수업의 목표로는 어떤 것들이 있으며, 각 목표에 맞는 평가 방식으로는 어떤 것들이 있는지 소위 수업의 목표와 평가의 일치(alignment)에 대한 내용을 소개한다.

1. 목표의 종류

목표란 "교육의 과정을 통해 학생에게 기대하는 변화를 명시적으로 표현한 것이다(Anderson & Krathwohl, 2001, p. 3)." 목표는 교육이라는 행위를 이성적이고 의도적으로 만드는 데 기여한다. 교사가 어떤 목표를 선택하는 행위는 이성적인 판단을, 또 그 목표를 성취하기 위해 수업을 설계하고 실행하는 행위는 의도적인 판단을 요하기 때문이다. 목표는 이 진술의 구체성의 수준에 따라 세 종류로 구분된다(Anderson & Krathwohl, 2001).

첫째, 총체적 목표(global objectives)이다. 이 목표를 성취하는 데는 상당한 시간과 교수를 필요로 한다. 그만큼 복잡하고 다면적인 학습의 결과를 추구한다. 폭넓게 진술하고, 다수의 좀 더 명시적 목표들을 포괄함에 따라 '목적(goals, purpose, aims)'이라고도 불린다. 예를 들어, "학생들이 학습 준비도를 갖추고 학교에 입학하도록 한다." "학생들은 4, 8, 12학년에 도전적인 교과 내용에 대한 습득 능력을 보여 주고 승급한다." "학생들은 마음을 잘 사용하여 책임 있는 민주시민, 지속적인 학습자, 생산적인 경제인들이 되도록 한다." 등이다. 미래의 비전으로 좋은 교육에서 바람직하다고 판단하는 것을 폭넓게 진술한다. 총체적 목표는 미래에 되어야 할 것으로 교육자와 학생들이 추구해야 할 지향점을 제공한다.

둘째, 교육 목표(educational objectives)이다. 이 목표는 총체적 목표가 교수활동을 계획할 때 사용하기 어렵기 때문에 총체적 목표를 교수에 반영하기 위해 좀 더 초점화하고 경계를 설정하여 그 형태를 쪼개어 놓은 것이다. 예를 들어, "음악 악보를 읽을 능력을 기른다." "다양한 사회적 데이터 유형들을 해석할 능력을 습득한다." "가설과 사실을 구분할 능력을 학습한다." 등이다. 타일러(Tyler, 1950)의 교육 목표 구조에 비추어 보면 행동(읽고, 해석하고, 구분하고)과 내용(음악 악보, 사회적 데이터, 가설과 사실)을 진술한다. 교육 목표는 동사로 학생이 수행할 인지적 과정을, 명사로 학생이 습득하거나 구성할 지식을 진술한다. 따라서 "주 표준 고등학교 능력 수준 검사를 통과한다."라는 목표는 교육 목표가 아니다(Anderson & Krathwohl, 2001). 교육 목표는 목표의 연속선상에서 중간 수준에 해당된다. 즉, 총체적 목표보다는 좀 더 구체적이고, 일상의 교실 수업에서 필요한 차시 목표들보다는 좀 더 일반적이다.

셋째, 수업 목표(instructional objectives)이다. 매우 특정한 내용 영역에서 일상의 학습의 단면들에 초점을 맞춘다. 교수와 평가에 초점을 맞춘 목표로서 교육 목표가 좀 더 명시적으로 진술된다. 예를 들어, "네 가지의 공통적 구두점을 구별한다." "한 자리 수의 덧셈을 한다." "미국 독립 운동을 촉발시킨 세 가지 원인을 들 수 있다." 등이다.

이 세 종류의 목표가 지닌 차이를 정리하면 다음과 같다(Anderson & Krathwohl, 2001, p. 17).

표 6-1 목표 수준

구분	총체적 목표	교육 목표	수업 목표
범위	광범위함	중간 수준임	좁음
학습시간	1년 또는 그 이상	몇 주 또는 몇 달	몇 시간 또는 며칠
목적 또는 기능	비전의 제시	교육과정 설계	수업 계획
사용의 예	다년간의 교육과정 계획		

교과교육과정을 포함하여 대부분의 표준교육과정들은 일반적 기대 수준을 제공하기 위해 총체적 목표를 제시하는 동시에 교육 목표도 제시하여 교육과정 단원을 설계할 안내 지표의 역할을 하도록 한다. 그러나 수업 목표의 설정은 교사에게 그 권한이 있다. 왜냐하면 전국의 교사들이 지도하는 학급의 학생들은 사회문화적 배경과 개인차가 있어 교사만이 학급의 학생들에게 적절한 수업 목표를 설정할 수 있는 위치에 있기 때문이다.

2. 수업 목표 분류 체계의 유용성

앤더슨과 크라트홀(Anderson & Krathwohl, 2001)은 블룸(Bloom)의 교육 목표 분류 체계를 수정·보완하여 신 교육목표 분류 체계를 제시하였는데, 이는 주로 수업 목표에 관한 것이다.

이 수업 목표의 분류 체계에 대한 이해는 교사들에게 다음과 같은 여섯 가지의 유용성을 제공한다(Anderson & Krathwohl, 2001).

첫째, 학생의 관점에서 교육 목표들을 검토하도록 도와준다. 특정 목표를 성취하기 위해 학생들이 알아야 하고, 할 수 있어야 하는 것이 무엇인지를 검토하도록 도와준다.

둘째, 교육적 가능성의 파노라마를 고려하도록 도와준다. 특히 고등 수준의 목표들을 교육할 가능성을 높여 준다. 학교교육의 많은 부분이 사실적 지식을 기억하는 활동인데, 이것을 개념적 지식, 절차적 지식, 메타인지 지식으로 확장하고, 인지과정도 기억을 넘어 이해, 적용, 분석, 평가, 창조로까지 확장시켜 준다.

셋째, 목표에 내재해 있는 지식과 인지적 과정 사이의 필연적 관계를 볼 수 있도록 해 준다.

넷째, 양질의 평가 문항을 짧은 시간에 작성하도록 도와준다. 템플릿을 통해 문항을 찾아내고 교과 내용에 따라 약간씩 수정할 수 있다.

다섯째, 목표, 교수 방법, 평가 간의 일관성 유무를 쉽게 파악하도록 해 준다. 목표는 교수 방법과 평가를 유도한다.

여섯째, 교육에서 사용하는 다양한 용어를 더 잘 이해하게 해 준다. 인지적 과정에 대한 용어들에 친숙하도록 해 주어서 의사소통을 용이하게 해 준다.

특별히 수업 목표 분류 체계는 배움 중심 수업과 관련해서 갖는 유용성이 있는데, 학생이 성취할 지식과 인지적 과정뿐만 아니라 최적의 수업과 평가의 방법을 지시해 준다는 점이다. 예를 들어, 다음 두 목표를 생각해 보자.

목표 ① 유리수와 무리수를 구별한다.
목표 ② 미국 소설가들과 영국 소설가들의 주요 작품명을 안다.

목표 ①은 개념적 지식을 분석하는 목표이고, 목표 ②는 사실적 지식을 기억하는 목표이다. 이 두 목표는 분석과 기억이라는 서로 다른 인지적 기능을 포함하기 때문에 수업 활동도 다르게 이루어져야 한다. 즉, 목표 ①의 수업은 유목으로 분류하는 활동들로 구성한다. 좀 더 구체적으로 학생들이 유목과 분류에 초점을 맞추도록 하고, 적절한 유목을 형성하도록 예시와 예시가 아닌 것들을 제시한다. 좀 더 큰 유목과 관계 지어 특정한 유목들을 파악할 수 있도록 하고, 그 큰 유목의 맥락 내에서 특정 유목들 사이의 중요한 차이들을 강조한다(Tennyson, 1995). 그러나 목표 ②의 수업은 사실들을 기억하는 활동들로 구성한다. 좀 더 구체적으로 기억할 특정 사실들을 상기시키고(예: 플롯이나 등장인물이 아니라 작품 이름들), 사실적 지식을 암기하도록 돕기 위해 기억 전략(예: 리허설)과 기법(예: 기억술)을 알려 주고, 기억 전략과 기법을 통해 암기하는 연습을 하도록 한다(Pressley & Van Meter, 1995).

아울러 이 두 목표는 다른 평가 방법을 필요로 한다. 목표 ①의 평가는 숫자 목록을 제시하고(수업 시간에 다루지 않은 숫자들로 모두가 유리수이거나 모두가 무리수인 숫자 목록), 다음과 같은 질문들을 한다. "이 숫자 목록에 있는 수들은 유리수인가 무리수인가?" "그 이유는 무엇인가?" "어떻게 하면 숫자들을 다른 수 체계의 예들로 바꿀 수 있을까?" 즉, "유리수이면 무리수로, 무리수이면 유리수로 바꾸려면 어떻게 해야 하는가?"라는 질문을 한다. 이 개념적 지식을 분석하는 능력을 평가하는 것은 다음 두 가지 특징이 있다. 첫째, 사용하는 예들, 또는 예들의 목록은 수업 시간이나 교과서에서 다루지 않은 것들이어야 한다. 그 이유는 기억이 아니라 이해를 측정하기 위해서이기 때문이다. 둘째, 앞의 세 가지 평가 질문 유형은 근본적으로 개념적 지식을 분석하는 모든 목표를 평가하는 데 공히 적용하는 청사진이 된다. 그러나 목표 ②의 평가는 수업 시간이나 교과서에서 다룬 미국과 영국의 소설가들의 주요 작품명을 제시하고(이해가 아니라 기억이 목표이기 때문에), 대개 연결형(matching) 문제(좌측에 소설명들, 우측에는 소설가 이름들)를 해결하도록 한다.

이것을 목표-교수-평가의 일치라고 하는데, 이런 일치가 없으면 배움 중심 수업은 비효과적이다.

3. 수업 목표 분류 체계의 구조

수업 목표는 동사와 명사를 포함한 진술문이다. 동사는 학생이 수행할 인지적 과정을, 명사는 학생이 습득하거나 구성할 지식을 진술하여 목표는 인지적 과정과 지식의 두 가지 차원을 지닌다. 목표들은 복잡성과 추상성을 기준으로 연속선상에 정렬할 수 있다. 앤더슨과 크라트홀(2001)이 블룸의 교육 목표 체계를 수정 보완하여 새롭게 제시한 목표 체계에서 인지적 차원은 기억하기, 이해하기, 적용하기, 분석하기, 평가하기, 창조하기로 구분하는데, 앞에서 뒤로 갈수록 복잡해진다. 그리고 지식적 차원은 사실적, 개념적, 절차적, 메타인지 지식이라는 네 가지 유형으로 구분하는데, 앞에서 뒤로 갈수록 그 추상성의 수준이 점점 높아진다. 일찍이 타일러(1950, p. 30)는 "목표를 진술하는 가장 유용한 형태는 학생들이 발달시킬 행동의 종류와 그 행동이 작용할 내용에 비추어 표현한다."라고 주장한다. 신 분류체계에서 동사(인지적 과정)는 행동에, 명사(지식)는 내용에 해당한다(p. 12).

앤더슨과 크라트홀(2001)이 블룸의 교육 목표를 수정한 체계는 다음과 같다.

표 6-2 신 교육목표 분류 체계의 구조

구분	인지적 과정 영역					
	기억하기	이해하기	적용하기	분석하기	평가하기	창조하기
사실적 지식						
개념적 지식						
절차적 지식						
메타인지 지식						

1) 지식 영역

〈표 6-2〉의 좌측 컬럼이 보여 주듯이 지식 영역은 네 가지로 분류한다(Anderson & Krathwohl, 2001).

(1) 사실적 지식

사실적 지식(factual knowledge)은 구분 가능한 독립적인 내용 요소들이다. 즉, "정보의 조각들"로 용어에 대한 지식과 특정 세부사항들(details)과 요소들(elements)에 대한 지식으로 구성한다(Bloom, Englehart, Hill, Furst, & Krathwohl, 1984).

사실적 지식은 전문가들이 자신들의 학문 영역에 관해 의사소통하고, 이해하고, 조직하기 위해 사용하는 기본 요소들이기 때문에 학생들도 학문에 친숙해지고 관련 문제들을 해결하려면 이 요소들을 알아야 한다. 이 기본 요소들은 대개 어떤 구체적 지시 대상(referents)과 연합된 상징들이거나 중요한 정보를 전달하는 '상징의 줄(strings of symbols)'들로, 대개의 경우 비교적 낮은 수준의 추상성을 지닌다. 기본 요소들은 매우 많아 학생들이 특정 학문 영역의 그것들을 모두 학습하는 것은 불가능하고, 그것은 심지어 전문가들도 마찬가지이다. 따라서 교육적 목적을 위해 선택이 필수적이다.

사실적 지식은 특정성(specificity)의 특징이 있는 요소 또는 자체적으로 가치를 지니고 있는 요소나 정보의 조각들로서 두 가지 종류가 있다.

① 용어에 대한 지식(knowledge of terminology)이다

특정한 언어적, 비언어적 명칭(labels)과 상징(예: 단어, 숫자, 신호, 그림 등)이다. 각 학문의 명칭과 상징은 그 학문의 기본 언어로서 전문가들은 그것들로 의사소통하고 사고를 전개해 나간다. 예를 들어, 알파벳에 대한 지식, 과학적 용어에 대한 지식, 세포의 부분에 대한 명칭, 회화의 어휘에 대한 지식, 중요한 회계 용어에 대한 지식, 지도와 차트에 표상으로 사용하는 표준적인 상징에 대한 지식, 단어 발음을 지시하는 상징에 대한 지식이다.

② 특정 세부사항과 요소들에 대한 지식(knowledge of specific details and elements)이다

특정한 사건, 위치, 사람, 날짜, 정보원 등과 같이 개별적이고 분별적인 지식으로 매우 특정적인 정보(예: 어떤 역사적 사건에 대한 날짜나 어떤 현상의 크기 등)일 수도 있고, 대략적 정보(예: 어떤 사건이 발생한 시대, 어떤 현상의 일반적인 크기 순서)일 수도 있다. 각 학문의 특정 사실들과 요소들도 전문가들이 의사소통하고 사고를 전개해 나가는 기본적 정보가 되는데, 용어에 대한 지식과 다른 점은 용어는 일반적으로 학문 영역 내에서의 관습이나 동의를 표상하지만, 특정 사실과 요소들은 그런 관습이나 동의가 아닌 다른 방식으로 이루어진 발견들을 나타내고, 용어의 경우와 같은 것은 사실과 요소들도 무수히 많아 그 중요성에 대한 판단이 필요하다는 것이다. 사실과 요소들에 대한 지식 예로, 특정 문화와 사회에 대한 주요 사실들, 건강, 시민성, 기타 인간적 요구와 관심사에 중요한 실제적 사실들에 대한 지식, 뉴스에서의 좀 더 중요한 이름, 장소, 사건들에 대한 지식, 정부의 문제에 대한 사실들을 제시하고 해석하는 데 있어서 어떤 저자의 명성에 대한 지식, 여러 나라의 주요 생산품과 수출품에 대한 지식, 현명한 구매에 필요한 신뢰로운 정보원에 대한 지식 등이다.

(2) 개념적 지식

개념적 지식(conceptual knowledge)은 좀 더 복잡하고 조직화된 지식의 형태들에 대한 지식이다. 분류, 유목, 원리와 일반화, 이론, 모델, 구조에 대한 지식으로 구성된다.

개념적 지식은 분류와 유목 그리고 그것들 간의 관계에 대한 지식으로 좀 더 복잡하고, 추상적이고, 조직화된 형태의 지식으로 세 가지 유형이 있다.

① 분류와 유목에 대한 지식(knowledge of classifications and categories)이다

특정한 유목, 구분, 분야, 정렬로서 현상을 구조화하고 체계화하는데 사용한다. 이 지식은 특정 요소 간의 연계를 형성하기 때문에 사실적 지식과 다르고, 새로운 요소들을 발견하고 다루는 데 사용하며, 전문가들이 사고하고 문제를 해결하는 방식을 반영한다.

학생들은 사실적 지식보다 분류와 유목에 대한 지식 형성에 좀 더 어려움을 갖는데, 그 이유는 다음과 같다. 첫째, 분류와 유목에 속하는 많은 지식은 사실적 지식에 비해 임의적(arbitrary)이고, 인위적인(artificial) 형태의 지식으로 전문가들에게만 탐구의 도구와 기법으로 가치 있게 간주되는 것이기 때문이다. 둘째, 학생이 일상의 삶에서 교과의 분류와 유목 체계를 전문가들의 수준만큼 정교한 수준으로 알지 못해도 기능하기 때문이다. 셋째, 사실적 지식들 간의 연계를 형성해야 하기 때문이다. 넷째, 분류와 유목은 조합되어 좀 더 큰 분류와 유목으로 형성되기 때문에 학습이 좀 더 추상적이기 때문이다.

분류와 유목에 대한 지식의 예로, 문학 유형의 다양성에 대한 지식, 기업 소유의 다양한 형태에 대한 지식, 문장의 품사(예: 명사, 동사, 형용사 등)에 대한 지식, 여러 지질학적 시기에 대한 지식 등을 들 수 있다.

② 원리와 일반화에 대한 지식(knowledge of principles and generalizations)이다

분류와 유목의 상호적 관계에 대한 지식으로 그 학문 내의 현상들을 연구하고 문제를 해결하는 데 주도적으로 사용된다. 전문가들의 시금석은 의미 있는 패턴(일반화)을 인지하고 쉽게 활성화하여 현상을 기술하고, 예측하고, 설명하고, 가장 적절한 행위를 결정하는 능력이다(Bransford, Brown, & Cooking, 1999). 원리와 일반화에 대한 지식의 예로, 특정한 문화에 대한 주요 일반화에 대한 지식, 물리의 근본적 법칙들, 인간 삶의 과정과 건강에 적절한 화학의 원리들, 국제 경제와 국제 친선을 위한 외국 무역 정책이 주는 시사점들, 학습에 관여하는 주요 원리들, 연방주의 정책의 원리들, 산수 계산의 기본 원리들이다.

③ 이론, 모델, 구조에 대한 지식(knowledge of theories, models, and structures)이다

원리 및 일반화들을 함께 연결 지어 복잡한 현상, 문제, 내용을 분명하고 조화롭고 체계적으로 조망하도록 하는 지식으로 가장 추상화된 형태의 지식이다. 다양한 학문이 현상을 탐구하고 기술하고 이해하고 설명하고 예측하는 데 사용하는 여러 패러다임, 인식론, 이론, 모델들에 대한 지식이다. 특정 학문 영역의 전문가들은 여러 이론, 모델, 구조를 알고 있기도 하지만 그것들의 상대적 강점과 약점을 알고, 그것들 중의 어느 하나의 관점 내에서 보기도 하고 그것들의 외부에서도 보기도 한다.

이론, 모델, 구조에 대한 지식의 예로, 화학 이론들의 기초로서 화학적 원리들 간의 상호 관계에 대한 지식, 의회의 전반적 구조에 대한 지식(예: 조직, 기능), 지역 자치 단체의 기본

적인 조직에 대한 지식, 진화 이론의 형성에 대한 지식, 지리의 판 구조론에 대한 지식, 유전자 모델에 대한 지식(예: DNA) 등이다.

(3) 절차적 지식

절차적 지식(procedural knowledge)은 어떤 것을 행하는 방법에 대한 지식이다. 기능과 알고리듬, 테크닉과 방법론에 대한 지식, 어떤 특정 영역과 분야에서 어떤 것을 언제 행할지를 결정하고 정당화하는 데 사용하는 준거에 대한 지식들이다.

절차적 지식은 어떤 것을 행하는 방법론에 대한 지식이고, 또 그 어떤 것이라는 것은 상투적인 연습을 완수하는 것에서 복잡한 문제를 해결하는 것까지 다양하다. 절차적 지식은 종종 일련의 단계를 취하고, 기능, 알고리듬, 테크닉과 방법 등으로 구성되는데 종합적으로 절차라고 칭하며(Alexander, Schallet, & Hare, 1991; Anderson, 1983; DeJong & Ferguson-Hessler, 1996; Dochty & Alexander, 1995), 그런 절차들 가운데 어떤 것을 사용할지를 결정하는 준거에 대한 지식, 일명 조건적 지식(conditional knowledge)도 포함한다(Bransford, Brown, & Cocking, 1999).

사실적 지식 및 개념적 지식은 지식의 'what' 또는 산출물(product)에 해당한다면, 절차적 지식은 지식의 'how' 또는 과정(process)에 해당한다. 다음에 설명할 메타인지는 여러 교과 영역을 가로지르는 좀 더 일반화된 전략들에 대한 지식인 반면, 절차적 지식은 매우 교과 특정적인 성격을 띤다(예: 수학의 방정식 알고리듬, 과학의 실험 설계, 사회과의 지도 읽기 및 고고학적 사물의 연대를 추정하기, 언어에서 문법적으로 정확한 문장 생성하기 등). 사실적 지식 및 개념적 지식은 절차적 지식을 통해 형성되는데, 그것을 생성하는 절차는 고정적일 경우도 있고, 매 단계마다 의사결정을 해야 하는 경우도 있으며, 그 결과도 고정적이거나 유동적일 경우도 있다.

절차적 지식의 유형으로는 세 가지가 있다.

① 교과 특정적 기능과 알고리듬(subject-specific skills and algorithms)이다

예를 들어, 수채화를 그리는 데 사용하는 기능에 대한 지식, 구조적 분석에 기초하여 단어의 의미를 파악하는 데 사용하는 기능에 대한 지식, 방정식을 푸는 여러 알고리듬에 대한 지식, 고공 점프를 수행하는 데 사용되는 기능에 대한 지식이다.

② 교과 특정적인 테크닉과 방법(knowledge of subject-specific techniques and methods)이다

교과 특정적인 문제 해결에 대한 일반적 방법론이다. 교과 특정적인 기능과 알고리듬이 어떤 고정된 결과를 얻는 절차인데 비해, 이 절차는 이미 사전에 결정된 답이나 해결책으로 이어지도록 하지는 않는다. 예를 들어, 과학에서 일련의 방식으로 과학 문제를 해결하는 일반적 설계 방법의 경우, 여러 요인에 의해 귀결되는 실험 설계는 다양해질 수 있어 그 결과도 좀 더 열려 있고 고정적이지 않다. 교과 특정적인 테크닉과 방법에 대한 지식은 학자들의 관찰, 실험 또는 발견의 직접적인 결과라기보다는 대개 학자들의 합의, 동의 또는 학문적 규범(norms)의 결과이다. 이런 지식은 전문가들이 학문 내에서 사고하고 문제를 해결하는 방식을 반영하는 것으로, 과학자들의 일반적인 과학적 방법을 사회적 상황과 정치 문제를 포함하여 다양한 상황에 적용하면 과학적 사고방식을 적용하는 것이고, 수학자들의 수학화(mathematization) 방법을 백화점 계산대에서 줄을 설 경우, 각 줄에서 기다리고 있는 사람의 수, 각 사람의 구입한 물건의 수를 고려하여 줄을 선택하는 데 사용하면 이는 수학적 사고 방법을 적용하는 것이다. 이 절차적 지식의 예를 들면, 사회과학에 적절한 조사 연구법에 대한 지식, 과학자들이 문제 해결책을 구하기 위해 사용하는 테크닉, 건강에 대한 개념들을 평가하기 위해 사용하는 방법에 대한 지식, 문학 비평에서 사용하는 방법론들에 대한 지식 등이다.

③ 적절한 절차를 사용하는 시기를 결정하는 준거에 대한 지식(knowledge of criteria for determining when to use appropriate procedures)이다

절차를 사용하기 전에 그 절차를 언제, 어디서 사용해야 하는지에 대한 지식이 필요하다. 전문가들은 그들의 지식을 언제 어디에 적용할지에 대한 준거적 지식(조건화된 지식)을 가지고 있는 것이 특징인데, 교과마다 그 준거는 다르다. 예를 들어, 어떤 유형의 에세이를 쓸 것인지(예: 설명문, 논설문)를 결정하는 준거에 대한 지식, 대수 등식을 해결하기 위해 어떤 방법을 사용할지 결정하는 준거에 대한 지식, 특정 실험을 통해 수집된 데이터들을 어떤 통계적 절차를 통해 분석할 것인지 결정하는 준거에 대한 지식, 수채화에 바람직한 효과를 내기 위해 어떤 테크닉을 적용할 것인지 결정하는 준거에 대한 지식 등이다.

(4) 메타인지 지식

메타인지 지식(metacognitive knowledge)은 인지에 대한 일반적 지식과 자신의 인지에 대한 인식 지식이다. 전략적 지식, 인지적 과제에 대한 지식과 맥락과 조건에 대한 지식,

자신에 대한 지식 등으로 구성된다. 예를 들어, 교과서의 한 단원을 독해하는 전략과 이해 정도를 모니터하고 점검하는 전략에 대한 지식, 독해 과제를 수행하는 데 있어 자신의 강점과 약점에 대한 적절한 지식 및 그 완수를 위한 자신의 동기 수준을 활성화하는 데 필요한 지식, 어떤 문제를 해결하는 데 관여하고 있는 상황적, 조건적, 문화적 지식을 말한다. 학생들은 이런 메타인지 지식을 가지고 있음으로 인해 학습에 여러 가지 효과를 낼 수 있다. 독해 전략에 대한 지식을 가진 학생들은 속도를 조정하거나 전혀 다른 접근을 사용함으로써 독해 과제를 해결하는 접근을 변화시킬 수 있다. 그리고 과제의 상황적, 조건적, 문화적 지식의 경우, 학생이 교사가 평가를 할 때 선다형 문제만 사용하고, 선다형은 논술형과는 달리 정보에 대한 실제적 기억이 아니라 정답에 대한 인지 수준만 요구한다는 것을 안다면 시험에 전략을 수립하는 방법에 대하여 다르게 접근하도록 영향을 줄 수 있다.

플라벨(Flavell, 1979)은 메타인지에 대한 고전적 논문에서 메타인지는 전략, 과제, 개인적 변인들에 대한 지식으로 구성된다고 주장했는데, 그 후 많은 수정과 보완이 이루어졌으며, 앤더슨과 크라트홀(2001)의 목표 체계에서는 학습과 사고에 대한 전략적 지식, 인지적 과제와 전략 사용의 시기와 장소에 대한 지식, 수행의 인지적, 동기적 요소들과 관련한 자신에 대한 지식으로 구성하고 있다. 메타인지는 자신의 인지와 전략 사용에 대한 지식과 자신의 사고를 조절하는 능력으로 구성되는데, 앤더슨과 크라트홀(2001)의 신 교육목표 체계에서는 자신의 인지와 전략에 대한 지식을 메타인지 지식에 포함시키고, 자신의 인지에 대한 조절은 앞으로 소개할 기존의 여섯 가지 인지적 과정을 통해 통제될 수 있다고 보아 별도의 인지적 과정으로는 배치시키지 않았다. 그리고 메타인지를 신 교육목표 분류학에 포함시킨 배경은 사실적, 개념적, 절차적 지식은 교과 내용에 대한 것이지만, 메타인지 지식은 인지에 대한 지식과 여러 교과와 관련하여 자기 자신에 대한 지식으로 다르기 때문이었다.

메타인지 지식은 세 가지로 구분한다(Anderson & Krathwohl, 2001).

① 전략적 지식(strategic knowledge)이다

다양한 과제와 교과 내용에 걸쳐 적용하는 학습 전략, 사고와 문제 해결에 대한 일반적 전략에 대한 지식을 말한다.

학습 전략들은 연습 전략, 정교화 전략, 조직 전략으로 나뉜다(Weinstein & Mayer, 1986). 연습 전략(rehearsal strategies)이란 기억할 단어나 용어를 반복적으로 암송하는 전략, 정교화 전략(elaborative strategies)이란 기억술, 말 바꿔서 쓰기(paraphrasing), 요약하기 등의 전략, 조직 전략(organizational strategies)이란 개요화하기(outlining), 개념망 또는 인지적 지도 만들기, 노트 필기하기 등의 전략을 말한다. 사고와 문제 해결 전략들은 문제 해결 시 사용하는 일반적인 발견법(heuristics, 예: 수단-목표 분석, 거꾸로 작업하기 등), 귀납적 사고 및 연역적 사고 전략들[예: 논리적 진술의 타당성 평가하기, 주장에서의 순환성(circularity) 피하기, 다양한 정보원으로부터 적절한 추론을 이끌어 내기 등]로 구성된다.

② 인지적 과제에 대한 지식(knowledge of cognitive tasks, including contextual and conditional knowledge)이다

플라벨(1979)은 인지적 과제들은 난이도가 다르고 상이한 인지적 전략을 필요로 한다고 주장했다. 예를 들어, 기억 과제(recall task)는 인식 과제(recognition task)보다 어렵다. 기억 과제는 기억을 능동적으로 탐색해서 적절한 정보를 회생해 내야 하지만, 인식 과제는 제시된 대안들을 구별하고 적절한 것을 선택하면 되기 때문이다. 따라서 인지적 과제에 대한 지식은 언제, 왜, 어떤 전략을 사용해야 하는지를 알려 주게 되는데, 이를 조건적 지식이라고 한다(Paris, Lipson, & Wixson, 1983). 아울러 인지적 과제에 대한 지식은 맥락 또는 문화적 배경에 따라 달라질 수 있다는 지식을 포함한다. 예를 들어, 학급에서의 문제 해결 전략이 사회의 직장에서의 것과 다를 수 있다는 것을 아는 것이다.

인지적 과제에 대한 지식의 예로, 기억 과제가 인지 과제보다 일반적으로 인지적 요구가 높다는 것을 아는 지식, 일차적 정보에 해당하는 책은 일반적인 교과서나 유행하는 책보다 이해하기 더 어렵다는 것을 아는 지식, 단순한 기억 과제(예: 전화번호 기억하기)는 연습 전략만 필요로 한다는 것을 아는 지식, 요약하기나 바꾸어 말하기 같은 정교화 전략은 이해 수준을 높이는 전략이라는 것을 아는 지식, 일반적인 문제 해결 발견법은 적절한 과제 특정적인 지식이나 절차적 지식이 부족할 때 유용한 전략이라는 것을 아는 지식, 전략을 사용하는 시기, 방법 및 이유에 대해서는 문화적 배경이 작용한다는 것을 아는 지식 등이다.

③ 자신에 대한 지식(self-knowledge)이다

플라벨(1979)은 자신의 인지적 측면과 정의적 측면에 대한 지식은 메타인지의 중요한 요소라고 보았다. 자신의 인지적 측면에 대한 지식은 인지와 학습과 관련하여 자신의 강점과 약점에 대한 인식, 자신에 대한 지식 기반의 폭과 깊이에 대한 인식, 자신이 선호하는 일반적 전략 유형에 대한 인식 등을 포함한다. 자신의 정의적 측면에 대한 지식은 사회적 인지주의의 연구를 통해 다음 세 가지가 중요한 것으로 나타났다(Pintrich & Schunk, 1996).

- 자기효능감으로 특정 과제를 수행할 자신의 능력에 대한 판단이다.
- 목표 또는 이유로 특정 과제를 수행하는 목적이나 이유에 대한 신념(예: 학습을 위한 학습인가, 성적을 위한 학습인가)을 말한다.
- 가치와 흥미로 특정 과제가 지닌 가치와 그것에 대한 개인의 선호(흥미)에 대한 지각을 말한다.

전문가들은 이런 인지적 측면과 정의적 측면의 자신에 대한 지식의 정확성이 높으면 적절하게 문제 해결 전략들을 채택하고 수행 과정에서 좀 더 적응적인 방법으로 임하여 성공률을 높인다고 본다.

자신에 대한 지식의 예로, 자신이 어떤 영역에서는 지식이 있으나 다른 어떤 영역에서는 그렇지 못하다는 것을 아는 지식, 자신은 어떤 상황에서는 한 가지 유형의 전략에만 의존하는 경향이 있다는 것을 아는 지식, 특정 과제를 수행하는 자신의 능력을 정확하게 아는 지식, 과제를 수행하는 자신의 목표에 대하여 아는 지식, 과제에 대한 자신의 흥미를 아는 지식, 어떤 과제의 상대적 유용성에 대한 자신의 판단에 대한 지식 등이다.

메타인지 지식에 대한 평가 또한 지필평가가 아니라 학급에서 활동적 맥락에서 토론과 학생들 간의 상호 비교를 통해 이루어져야 한다. 메타인지의 세 하위 영역적 지식은 정답에 대한 상이한 관점이 존재하여 평가가 어렵다. 단 하나의 정답은 거의 존재하지 않고 정답에 대한 학생 개인차가 존재할 수 있다.

앤더슨과 크라트홀(2001)은 그것을 다음과 같이 자세히 지적하고 있다.

- 전략적 지식의 경우, 일반적 전략에 대한 어떤 지식들은 '정답'일 수 있다. 예를 들어, 기억의 일반적 전략에 대해 묻는 경우 두문자의 사용(use of acronym)은 정답이다. 그러나 이 지식을 새로운 상황에 적용하도록 요청하면 여러 가지 가능한 방식이 있을 수 있어 정답이 없다.
- 인지적 과제에 대한 지식의 경우, 기억 과제가 인지 과제보다 더 어렵다는 것은 정답이나 일반적인 인지 전략들이 적용될 수 있는 방식을 변화시키는 많은 조건, 상황, 배경, 문화가 존재하기 때문에 이런 것들에 대한 지식이 없이 평가 과제에 대한 정답을 명시화하는 것은 어렵다.
- 자신에 대한 지식의 경우, 자신의 인지적, 정의적 측면에 대한 지식은 개인마다 다르고 심지어는 오류일 수 있는 경우도 있어(예: 저녁에 피자를 먹으면 다음날 시험을 잘 볼

수 있다는 생각) 정답을 정하기가 더욱 어렵다.

지금까지의 네 가지 지식 영역과 하위 유형에 대한 설명을 요약하면 〈표 6-3〉과 같다 (Anderson & Krathwohl, 2001, p. 29).

표 6-3 신 교육목표 분류 체계의 지식 영역과 하위 유형

지식 영역과 하위 유형	예
1. 사실적 지식–학문에 친숙해지거나 학문 내 문제를 해결하기 위해 일아아 할 기본적인 요소	
1.1 용어에 대한 지식	기술적 어휘, 음악적 상징
1.2 세부사항들과 요소들에 대한 지식	주요 자연적 자원들, 신뢰할 만한 정보원
2. 개념적 지식–학문의 기본적 요소들이 함께 기능하도록 하는 좀 더 큰 구조로 묶는 기본 요소들 간의 관계	
2.1 분류와 유목에 대한 지식	지질학적 시기, 기업 소유의 형태
2.2 원리와 일반화에 대한 지식	피타고라스 공리, 수요와 공급의 원리
2.3 이론, 모델, 구조에 대한 지식	진화 이론, 의회의 구조
3. 절차적 지식–어떤 것을 행하는 방법, 탐구의 방법과 기능, 알고리듬, 테크닉 그리고 방법을 사용하는 준거	
3.1 교과 특정적 기능과 알고리듬에 대한 지식	수채화로 그림 그리는 기능, 정수 나눗셈 알고리듬
3.2 교과 특정적 테크닉과 방법에 대한 지식	인터뷰 기법, 과학적 방법
3.3 언제 적절한 절차를 사용할지를 결정하는 준거에 대한 지식	언제 뉴턴의 두 번째 법칙을 포함하는 절차를 적용할지를 결정하는 준거, 비즈니스 비용을 추정하는 어떤 특정 방법을 사용하는 타당성을 판단하는 준거
4. 메타인지 지식–일반적인 인지에 대한 지식과 자신의 인지에 대한 인식과 지식	
4.1 전략적 지식	교과서의 교과 내용 단원의 구조를 포착하는 하나의 수단으로서 개요화하는 지식, 발견법을 사용하는 지식
4.2 적절한 맥락적, 조건적 지식을 포함한 인지적 과제에 대한 지식	특정 교사들이 시행하는 시험 유형에 대한 지식, 상이한 과제들이 지닌 인지적 요구에 대한 지식
4.3 자신에 대한 지식	에세이를 비평하는 지식은 개인적으로 강점이지만 에세이를 쓰는 것은 개인적으로 약점이라는 지식, 자신의 지식 수준에 대한 인식

2) 과정 영역

과정 영역(인지적 기능)은 다음과 같이 여섯 가지로 분류한다(Anderson & Krathwohl, 2001). 인지적 기능들은 탈맥락적으로 그 자체에 대한 연구 및 지도가 가능하다. 그러나 맥락적 상황에 적용할 때는 그 구체적 모습이 달라진다. 예를 들어, 계획하기라는 인지적 기능은 문제 해결을 위한 방법론을 구안하는 것으로 범교과적인 공통점이 있지만, 각 교과에서 계획하기가 실제로 이루어지는 모습은 교과마다 상당히 다르다. 예를 들어, 문학에서 에세이를 쓸 계획과 수학 문제 해결 계획과 과학 실험 계획은 상이하다(Baker, O'Neil, & Linn, 1993; Bransford, Brown, & Cocking, 1999; Hambleton, 1996; Mayer, 2003; Pressley & Woloshyn, 1995; Smith, 1991).

① 기억하기(remember)

장기 기억으로부터 적절한 지식을 찾아내는 것으로 정보를 보유하는 데 필요한 기초적인 인지 과정이다. 두 가지 인지 과정으로 구성된다. 하나는, 인지하기(recognizing)로 확인하기(identifying)라고도 하는데 어떤 역사적 사건의 날짜를 인식하거나 문학 작품명을 보고 작가의 이름을 인식하는 것이다. 또 하나는, 상기하기(recalling)로 회복하기(retrieving)라고도 하는데 제시된 내용과 일치하는 정보를 장기 기억에서 찾아내는 것이다. 예를 들어, 어떤 역사적 사건의 이름을 보고 그것이 일어난 날짜를 상기해 내는 것이다.

② 이해하기(understand)

구어적, 문어적, 도해적 의사소통을 포함한 메시지로부터 의미를 구성한다. 이해하기는 다음 일곱 가지 인지 과정으로 구성한다. 첫째, 해석하기(interpreting)로 말과 기록을 다른 말로 바꾸어 표현하는(paraphrase) 것이다. 둘째, 예를 들기로(exemplifying)로 다양한 미술 양식의 예를 드는 것이다. 셋째, 분류하기(classifying)로, 예를 들어 정신병의 사례들을 분류하는 것이다. 넷째, 요약하기(summarizing)로 어떤 내용에 대한 짧은 요약문을 쓰거나 말을 하는 것이다. 다섯째, 추론하기(reasoning)로 예들을 통해 원리들을 추론하는 것이다. 여섯째, 비교하기(comparing)로 어떤 역사적 사건을 현대의 상황과 비교하는 것이다. 일곱째, 설명하기(explaining)로 어떤 역사적 사건의 원인들을 설명하는 것이다.

③ 적용하기(apply)

어떤 절차를 주어진 상황에 실행하거나 사용하는 것이다. 다음 두 가지 인지 과정으로 구성된다. 하나는, 집행하기(executing)로 정수를 정수로 나누는 것이다. 또 하나는, 활용하기(implementing)로 어떤 상황에 뉴턴의 제2의 법칙을 적절하게 사용하는 것이다.

④ 분석하기(analyze)

내용을 구성 부분들로 쪼개고, 부분들끼리 그리고 전체 구조나 목표에 어떻게 관계를 맺고 있는지 결정하는 것이다. 분석하기는 세 가지 인지 과정으로 구성된다. 첫째, 구별하기(differentiating)로 수학 문장제 문제에서 제시된 숫자 중에서 적절한 숫자와 부적절한 숫자를 구별하는 것이다. 둘째, 조직하기(organize)로 어떤 역사 기술에서의 증거를 어떤 특정한 역사적 설명을 지지하거나 기각하는 증거로 구조화하는 것이다. 셋째, 귀인하기(attribute)로 어떤 작가의 에세이에 나타난 관점을 그의 정치적 관점으로 돌리는 것이다.

⑤ 평가하기(evaluate)

준거와 표준에 기초하여 판단하는 것이다. 평가하기는 두 가지 인지적 과정으로 구성된다. 첫째, 점검하기(checking)로 어떤 과학자의 결론이 관찰된 데이터로부터 도출된 것인지 결정하는 것이다. 둘째, 비평하기(critiquing)로 문제를 해결하는데 두 가지 방법 중 어느 것이 더 좋은 것인지 판단하는 것이다.

⑥ 창조하기(create)

요소들을 조합하여 논리 정연하거나 기능적인 전체를 형성하거나 요소들을 새로운 패턴이나 구조로 재조직하는 것이다. 다음 세 가지 인지적 과정으로 구성된다. 첫째, 생성하기(generating)로 어떤 관찰된 현상을 설명하기 위해 가설을 만들어 내는 것이다. 둘째, 계획하기(planning)로 어떤 역사적 사건에 대한 조사 보고서를 계획하는 것이다. 셋째, 생산하기(producing)로 어떤 목적을 충족시킬 산출물을 만들어 내는 것이다.

지금까지의 여섯 가지 인지 과정과 하위 유형에 대한 설명을 요약하면 〈표 6-4〉와 같다(Anderson & Krathwohl, 2001, p. 31).

표 6-4 신 교육목표 분류 체계의 인지 과정과 하위 유형

인지 과정과 하위 유형	인지 과정과 예
1. 기억하기– 장기 기억으로부터 적절한 지식을 회복하기	
1-1. 인지하기	역사적 사건들이 일어난 날을 인지하기
1-2. 상기하기	역사적 사건들이 일어난 날을 상기해 내기
2. 이해하기–문어, ㅜ어, 시각적 의사소통을 포함하여 수업에서 전달된 메시지로부터 의미를 구성해 내기	
2-1. 해석하기	연설이나 기록을 다른 말로 바꾸어 표현하기
2-2. 예를 들기	다양한 미술 양식의 예를 제시하기
2-3. 분류하기	주요 정신 질환의 사례를 분류하기
2-4. 요약하기	어떤 사건의 줄거리를 요약하기
2-5. 추론하기	예들로부터 문법적 원리를 추론하기
2-6. 비교하기	어떤 역사적 사건을 현대의 상황과 비교하기
2-7. 설명하기	프랑스의 18세기 주요 사건들의 원인들을 설명하기
3. 적용하기– 주어진 상황에서 어떤 절차를 수행하기	
3-1. 집행하기	정수를 정수로 나누기
3-2. 활용하기	어떤 상황에 뉴턴의 제2법칙이 적절한지 결정하기
4. 분석하기–재료를 구성 요소들로 쪼개고 부분들이 상호 간에, 그리고 전체 구조나 목적에 어떤 관계를 맺고 있는지 결정하기	
4-1. 구별하기	수학 문장제 문제에서 적절한 숫자와 부적절한 숫자를 구별하기
4-2. 조직하기	역사적 기술에서의 증거를 특정 역사적 설명에 대한 찬반의 증거로 구조화하기
4-3. 귀인하기	어떤 에세이 저자의 관점을 그의 정치적 입장에서 결정하기
5. 평가하기– 준거나 표준에 기초하여 판단을 내리기	
5-1. 점검하기	어떤 과학자의 결론이 관찰된 데이터에 기초했는지 결정하기
5-2. 비평하기	어떤 문제를 해결하는 두 가지 방법 중 최선의 것을 판단하기
6. 창조하기–일관적이거나 기능적인 전체를 형성하기 위해 요소들을 함께 묶거나 요소들을 새로운 패턴 또는 구조로 재조직하기	
6-1. 생성하기	어떤 관찰된 현상을 설명하기 위해 가설들을 생성하기
6-2. 계획하기	어떤 역사적 토픽에 대해 리서치 보고서를 계획하기
6-3. 생산하기	어떤 생물 종의 서식지를 특정 목적을 위해 짓기

4. 수업 목표와 평가의 일치

배움 중심 수업은 평가가 수업의 목표와 일치할 때 효과적이다. 배움 중심 수업에서의 평가는 어떤 평가 유형과 채점 방식(예: 전통적인 지필식 선다형 평가와 상대평가)을 배제하는 것이 아니라 수업의 목표에 적절한 평가 유형을 선택하고, 그 평가의 결과를 학생의 성장과 발달을 위해 학생 지도에 피드백하는 것이 관건이다.

앤더슨과 크라트홀(2001)의 신 교육목표 분류 체계에서 수업의 목표와 평가를 일지시키는 일은 지식의 유형이 아니라 인지 과정(인지적 기능)에 기초하고 있다. 수업을 공장에서 제품을 생산하는 일에 비유하면 지식의 유형은 재료이며 인지적 과정은 틀이다. 따라서 재료가 진흙이든 플라스틱이든 철이든 최종 산출물은 틀이 삼각형이냐 사각형이냐 또는 원이냐에 따라 그 형태를 결정한다. 수업에서의 평가도 최종 산출물을 점검하는 일이기 때문에 목표와 평가의 일치는 주로 인지 과정에 기초하게 된다.

다음은 인지 과정 6개 영역과 19개 하위 유형별로 평가의 방법을 일치시키는 예이다.

1) 기억하기

장기 기억으로부터 적절한 지식을 찾아내는 것으로 인지하기(확인하기)와 상기하기(회복하기)라는 두 가지 하위 과정으로 구성되는데, 각각에 적절한 평가 방법은 다음과 같다.

(1) 인지하기

인지하기는 확인하기라고도 불리는데, 제시된 내용과 일치하는 정보를 장기 기억에서 인식하는 것이다. 예를 들어, 역사적 사건의 날짜를 인지해 내기, 문학 작품명을 보고 작가의 이름을 인지해 내는 것이다. 평가 방법은 진위형, 연결형, 선다형을 취하는데, 그 예는 다음과 같다.

① 진위형의 예
한국전쟁이 발생한 날짜는 1950년 6월 25일이다. (참, 거짓)
② 연결형의 예
좌측에는 역사적 사건들의 이름이 적혀 있고, 우측에는 그 사건들이 발생한 날짜가

적혀 있다. 서로 관계되는 것끼리 연결하시오.

③ 선다형의 예

오각형의 면은 몇 개인가? (　　　　)

① 4　　　　② 5　　　　③ 6　　　　④ 7

(2) 상기하기

상기하기는 회복하기라고도 불리는데, 제시된 내용과 일치하는 정보를 장기 기억에서 찾아내는 것이다. 평가하는 방법으로는 학생들에게 단도직입적으로 정답을 묻거나 힌트를 좀 더 자세히 제공하고 물을 수도 있다. 이를 반응형 평가라고 하는데, 다음의 예이다.

① 볼리비아(Bolivia)의 주요 수출품은 무엇인가?

(　　　　　　　　　　　　　　　　　　　　　)

②『토지』라는 소설을 지은 작가는 누구인가?

(　　　　　　　　　　　　　　　　　　　　　)

③ $3.7 \times 8 =$ (　　　　　　　　)

2) 이해하기

구어적, 문어적, 도해적 의사소통을 포함한 메시지로부터 의미를 구성하는 것인데, 새로운 정보를 기존에 습득하고 있던 인지적 구조와 연계를 형성하여 좀 더 확장된 인지적 구조를 구성하는 과정이다. 해석하기, 예를 들기, 분류하기, 요약하기, 추론하기, 비교하기, 설명하기의 일곱 가지 하위 유형이 있다. 각 하위 유형별 평가 방법은 다음과 같다.

(1) 해석하기

해석하기는 번역하기(translating), 바꾸어 말하기(paraphrasing), 표상하기(representing), 명료화하기(clarifying)라고도 불리는데, 한 표상 형태의 정보를 다른 형태의 정보로 바꾸는 것이다. 예를 들어, 단어들을 단어들로, 그림을 단어들로, 단어들을 그림으로, 수들을 단어들로, 음악 악보를 악음으로 바꾸는 것이다.

해석하기의 수업 목표의 예를 들면, "링컨의 게티즈버그의 연설을 자신의 언어로 바꾸어 말한다."(사회과), "광합성 작용을 그림으로 나타낸다."(과학과), "단어로 된 수 문장들을 방정식으로 나타낸다."(수학과) 등이다.

평가 방법은 한 표상 형태를 제시하고 다른 형태로 표현하도록 하는 구성형(constructed response) 또는 선다형을 취하는데, 기억이 아니라 이해를 측정하기 위해서는 학습 때 배운 내용과는 다른 새로운 내용으로 제시한다.

구성형 평가 문항의 예로 "우편물을 보낼 때 처음 1Kg까지는 1,000원 그리고 추가 1kg당 500원이다. 총액을 T로, Kg의 수는 K로 표시하여 방정식을 써라."라고 지시문을 제시하고 답안을 쓸 여백을 제시한다. 선다형 평가 문항의 경우는 앞 문제에 대한 답지를 4개 정도의 답지로 제시하고 선택하도록 한다.

(2) 예시하기

예시하기는 어떤 일반적인 개념이나 원리에 대한 예를 제시하거나 정의하는 것이다. 예시하기의 목표의 예는 "인상파 미술 양식에 해당하는 작품들을 든다."(미술과), "다양한 유형의 화학 복합물의 예들을 든다."(과학과), "이등변 삼각형을 정의한다."(수학과) 등이다.

평가 방법은 개념이나 원리를 제시하고 예를 직접 적도록 하는 구성형이나 답지를 제공하고 선택하도록 하는 선다형을 취한다.

(3) 분류하기

분류하기는 어떤 특정 사례가 어떤 유형에 속하는지를 인지하는 것이다. 분류하기를 하려면 특정 사례들과 개념(또는 원리)에 모두 어울리는 특징이나 패턴을 탐지하는 능력을 필요로 한다. 분류하기는 앞의 예시하기와는 상보적 관계이다. 예시하기는 일반적 개념이나 원리로 시작하여 특정 사례를 발견하는 것인 데 반해, 분류하기는 그 반대이다.

분류하기 수업 목표의 예로, "선사 시대의 동물들의 종을 분류한다."(과학과), "수들을 여러 유형으로 분류한다."(수학과) 등이다.

평가 방법은 사례들을 제시하고 직접 분류하도록 하는 구성형이나 답지 중에서 선택하는 선다형을 취할 수 있다.

(4) 요약하기

요약하기는 일반화(generalizing), 추상화(abstracting)라고도 불리는데, 제시된 정보를 대표하는 단일한 진술문을 만들거나 일반적인 주제를 추출하는 것이다(예: 극에서의 어떤 장면이 지닌 의미를 구성해 내거나 글의 주제를 결정해 내기).

요약하기의 수업 목표의 예는 "프랑스 혁명에 대한 영화를 보고 요약한다."(역사과), "유명 과학자들의 글을 읽고 그들의 주요 업적으로 요약한다."(과학과) 등이다.

평가 방법은 글을 제시하고 그 글의 제목을 붙이도록 하는 구성형이거나 제시된 답지에서 선택하도록 하는 선다형을 취한다.

(5) 추론하기

추론하기는 추정하기(extrapolating), 보간(補間)하기(interpolating), 결론 내리기(concluding)라고도 불리는데, 그 다음 단계인 분서이라는 인지적 과정의 하위 과정인 귀인하기(attributing)와는 다음 두 가지 점에서 다르다. 첫째, 귀인하기는 저자의 관점이나 의도를 결정하고자 하는 실용적 이슈에 전적으로 초점을 맞추나 추론하기는 제시된 정보에 기초한 어떤 패턴을 귀납적으로 추론하는 데 초점을 맞춘다. 둘째, 귀인하기는 저자의 관점이나 의도를 결정하기 위해 행간을 읽어야만 하는 상황에 적용가능하나 추론하기는 추론되어야 할 것에 대한 기대를 제공하는 배경에서 발생한다.

추론하기 수업 목표의 예로 "영어의 단수 명사와 복수 명사의 예들을 보고 복수 명사 표시 방법의 원리를 파악한다."(영어과), "두 변인의 수치 변화를 보고 방정식을 만든다."(수학과) 등을 들 수 있다.

추론하기 평가 방법은 완성 과제, 유추 과제, 특이 과제(oddity task)의 형식을 취한다. 완성 과제에서는 일련의 항목들을 제시하고 다음에 어떤 항목이 올지를 묻는다. 예를 들어, 일련의 수들을 제시하고 마지막으로 어떤 수가 올지를 기록하도록 한다. 유추 과제에서는 "A is to B as C is to D"의 형태를 사용하여 D로 무엇이 적절한지 묻는다. 예를 들어, "국가 : 대통령 = 도 : (   )"의 형식을 사용한다. 특이 과제에서는 세 개 이상의 항목을 제시하고 그중에서 어울리지(속하지) 않는 것을 찾게 한다. 예를 들어, 세 가지 물리 문제를 제시하되 두 문제는 같은 원리를, 나머지 하나는 다른 원리에 해당하는 문제를 제시한다.

(6) 비교하기

비교하기는 대조하기(contrasting), 매칭하기(matching), 맵핑(mapping)이라고 불리기도 하는데, 둘 또는 그 이상의 사물, 사건, 아이디어, 문제, 상황 간의 유사점과 차이점을 파악하는 것이다. 비교하기에 성공하려면 한 물체, 사건, 아이디어의 요소들과 패턴들과 다른 물체, 사건, 아이디어의 그것들과 일대일 대응을 발견해야 한다. 추론하기(예: 친숙한 상황에서 규칙을 추출하기) 및 실행하기(예: 규칙을 덜 친숙한 상황에 적용하기)와 함께 사용되면 비교하기는 유추하기에 기여하게 된다.

비교하기 수업 목표의 예로, "미국 독립전쟁이 집안 내에서의 싸움이나 친구들끼리의 논쟁과 유사한 점을 안다."(사회과), "전기회로가 파이프를 통해 흐르는 상수도 체제와 비슷한 점을 안다."(과학과) 등이다.

평가 방법으로는 맵핑(mapping)의 형태를 취하여 하나의 사물, 아이디어, 문제, 상황의 각 부분이 다른 그것의 부분들과 어떻게 상응하는지를 묻는 형식을 취한다. 예를 들어, 전기회로에서의 부분들이 상수도 시스템에서의 부분들과 어떻게 유사한지 설명하도록 한다. 앞에서와 마찬가지로 구성형과 선다형 문제 형식을 취할 수 있다.

(7) 설명하기

설명하기는 어떤 체제의 인과관계 모델을 구성하는 것이다. 즉, 어떤 체제의 각 부분 또는 어떤 연쇄적인 주요 사건에서의 각 변화가 다른 부분이나 사건에 어떻게 영향을 주는지 설명하는 것이다. 모델은 과학에서와 같이 형식적인 이론으로부터 유도되거나 인문학과 사회과학에서와 같이 조사 또는 경험에 근거한다.

설명하기 수업 목표의 예로, "미국 독립 전쟁의 원인과 결과를 설명한다."(사회과), "옴(Ohm)의 법칙으로 제2의 배터리가 회로에 추가될 때의 속도 변화를 설명한다."(과학과), "온도의 변화가 어떻게 번개의 형성에 영향을 주는지 설명한다."(과학과) 등이다.

평가 방법은 이유대기(reasoning), 수리하기[또는 중재하기(troubleshooting)], 재설계하기(redesigning), 예측하기(predicting)의 형태를 취한다.

첫째, 이유대기 평가 형식은 어떤 사건에 대한 이유를 대도록 하는 것이다. 예를 들어, "공기 펌프를 위로 들어 올리면 자전거 타이어에 공기가 들어가는 이유는 무엇인가?"라고 물음으로써 학생들은 "펌프의 내부가 외부보다 공기 압력이 적기 때문"이라는 원리로 설명하도록 한다.

둘째, 수리하기(또는 중재하기) 평가 형식은 무엇이 잘못되어 어떤 체제가 기능을 제대로 못하는지 진단하도록 하는 것이다. 예를 들어, "공기 펌프질을 여러 번 했는데도 공기가 나오지 않는다. 무엇이 잘못 되었는가?"라고 질문함으로써 학생들은 "실린더에 구멍이 났다든가, 아니면 밸브가 열린 상태에서 고착이 되었다."라는 등의 설명을 제시하도록 한다.

셋째, 재설계하기 평가 형식은 어떤 목표를 달성하기 위해 체제를 변화시키도록 요구하는 것이다. 예를 들어, "자전거 공기 타이어 펌프가 좀 더 효율적으로 기능하도록 하려면 어떻게 변화시켜야 하는가?"라고 질문을 함으로써 학생들은 펌프의 부분들을 바꾸어 기능을 향상시키는 상상을 해야 한다. 예를 들어, "피스톤과 실린더 사이에 윤활유를 칠한다."라고 설명하도록 한다.

넷째, 예측하기 평가 형식은 체제의 한 부분을 바꾸면 다른 부분에서의 변화에 어떤 영향을 줄 수 있는지 답하도록 한다. 예를 들어, "자전거 공기 타이어 펌프에 있는 실린더의 직경을 크게 하면 어떤 일이 발생할까?"라고 질문을 함으로써 학생들은 펌프에 대한 정신적 모델을 조작하여 펌프를 통해 움직이는 공기의 양이 실린더의 직경이 커짐에 따라 많아질 수 있는지를 생각해 보아야 한다.

3) 적용하기

적용하기는 어떤 절차를 주어진 상황에 실행하거나 사용하는 것이다. 연습이란 학생이 이미 알고 있는 적절한 절차를 사용하는 과제이고, 문제란 어떤 절차를 사용할지 처음에는 모르기 때문에 적절한 해결책을 찾아야 하는 과제이다. 연습의 경우에는 어떤 절차를 사용할 것인가만 결정하기 때문에 절차적 지식에 해당하나 문제의 경우에는 문제 그 자체에 대한 이해와 기존 절차의 수정을 필요로 하기 때문에 개념적 지식이 절차적 지식에 선행하여 필요하게 된다. 적용하기에는 두 가지 하위 인지 과정이 존재하는데, 집행하기(executing)와 활용하기(implementing)가 있다. 집행하기는 연습의 경우에 해당하고, 활용하기는 문제의 경우에 해당한다.

(1) 집행하기

집행하기는 친숙한 과제에 기존에 알고 있던 절차를 기계적으로 적용하여 수행하는 것이다. 친숙한 과제는 이미 절차가 적절한지를 선택하는 데 충분히 단서를 제공하기 때문에 테크닉이나 방법론의 사용보다는 기능이나 알고리듬의 사용과 좀 더 밀접하게 연계되어 있다. 기능이나 알고리듬은 두 가지의 특징을 지닌다. 첫째, 일반적으로 고정된 순서를 따르는 일련의 단계로 구성된다. 둘째, 이런 단계들이 정확하게 수행되면 그 결과는 이미 사전에 결정된 정답으로 이어지게 된다. 집행하기 목표의 예로, "정수를 정수로 나누기한다."(수학과), "밀도=질량/부피라는 공식을 사용하여 밀도를 구한다."(과학과) 등을 들 수 있다. 평가 방법은 절차를 수행하여 답을 내도록 하는 것인데 반응형이나 선다형을 취한다.

(2) 활용하기

활용하기는 친숙하지 않은 과제에 당면하여 문제의 유형과 성격을 이해하고 기존의 절차들 중에서 선택하고 그것을 수정하거나 이용하여 문제를 해결하는 것이다. 이에 따라 활용하기는 이해하기와 창조하기라는 인지적 과정과도 연계되어 있고, 개념적 지식(모델, 이론, 구조를 이용한 문제에 대한 이해)과 절차적 지식 모두를 필요로 하고, 기능이나 알고리즘보다는 테크닉과 방법론과 관계를 맺고 있다.

테크닉과 방법론은 다음 두 가지의 특징을 지닌다. 첫째, 고정된 순서에 따르는 일련의 단계라기보다는 '흐름도(flow chart)'와 같아 중간중간에 '의사결정 시점들'을 필요로 한다. 둘째, 절차를 정확하게 수행했다고 해서 하나의 고정된 정답에 이르는 것은 아니다. 이렇게 특정하게 고정된 절차가 부재한 경우 이론, 모델, 구조와 같은 개념적 지식을 활용하여 가능한 절차를 선택하고 수정하고 적용하여 최선의 답을 찾아야 한다.

활용하기 수업 목표의 예로, "개인이 당면하는 여러 가지 재정적 문제를 해결하는 방법을 안다."(수학과), "차를 구입하기 위해 최선의 경제적 패키지를 선택하는 방법을 안다.", "어떤 연구 과제를 수행하기 위해 가장 효과적이고, 효율적인 연구 방법을 구안한다."(사회과 또는 과학과) 등이다.

평가 방법은 친숙하지 않은 덜 구조화된 문제를 제시하고 필요한 절차를 제시하거나 수정하여 제시하도록 하는 형식을 취한다.

4) 분석하기

분석하기는 내용을 구성 부분들로 쪼개고 부분들이 어떤 관계를 맺고 있는지 그리고 전체 구조와도 어떻게 상호관계를 맺고 있는지 파악하는 것이다. 분석하기는 그 자체로 하나의 기능으로 목적을 가지고 있지만, 이해하기를 연장시키고, 평가하기나 창조하기의 선행 조건이 된다. 분석하기의 세 가지 하위 인지 과정으로 구별하기, 조직하기, 귀인하기가 있다.

(1) 구별하기

구별하기는 전체를 구성하고 있는 부분들을 그 중요성이나 적절성에 비추어 가려내는 것으로 분별하기(discriminating), 선택하기(selecting), 초점화하기(focusing)로도 불린다. 분석하기의 하위 기능인 구별하기가 이해하기의 하위 기능인 비교하기와 다른 점은 구별하기는 구조적 조직의 관점에서 부분들의 관계를 중요성이나 적절성의 측면이라는 보다 큰 맥락을 사용하여 가려내는 것이 다르다. 예를 들어, 구별하기에서는 사과와 오렌지를 구별할 때 그 부분들 중 씨앗을 기준으로 가리는 것이 적절하고, 색깔이나 모양을 기준으로 가리는 것은 적절치 않은 기준이 된다. 그러나 비교하기에서는 이 세 가지가 모두 적절한 비교 기준이 될 수 있다.

구별하기 수업 목표의 예로, "조사 보고서의 주요한 요점들을 찾아낸다."(사회과), "글에서 번개가 형성되는 과정에 대한 주요 단계들을 찾아낸다."(과학과), "수학 문장제 문제에서 적절한 수와 부적절한 수를 구별해 낸다."(수학과) 등이다.

평가 방법은 반응형이나 선다형을 취하는데, 학생들이 절차와 답을 발견하는 것을 드러내 보여 줄 수 있도록 구성한다.

(2) 조직하기

조직하기는 주어진 정보의 요소들을 확인하고 그것들이 전체를 이루는 데 어떻게 기여하는지를 찾아 요소들을 체계적이고 일차적인 연계 체제로 형성하는 것으로 구조화하기(structuring), 통합하기(integrating), 일관성을 발견하기(finding coherence), 개요화하기(outlining), 해부하기(parsing) 등으로 불리기도 한다. 대개 구별하기와 함께 사용되어 처음에는 중요하거나 적절한 요소들을 찾아낸 후, 그 요소들을 하나의 일관된 전체로 조직하는 데 기여한다.

조직하기 수업 목표의 예로, "역사적 사건에 대한 글을 어떤 주장을 지지하고 반박하는 글로 조직한다."(역사과), "기본 통계학에 대한 글을 읽고 통계 용어, 공식, 사용 조건에 대한 표를 만든다."(수학과) 등을 들 수 있다.

평가 방법은 반응형이나 선다형을 취하는데, 학생들이 주어진 정보를 구조화하도록 요구하게 된다.

(3) 귀인하기

귀인하기는 주어진 정보에 기저하고 있는 관점, 가치, 의도를 확인하는 것이다. 이해하기의 하위 기능인 해석하기는 제시된 정보의 의미를 파악하는 것이나 분석하기의 하위 기능인 귀인하기는 이런 기본 이해를 넘어 그 정보의 의도나 관점을 추론하는 것으로 해체(deconstruction)의 과정을 필요로 한다.

귀인하기 수업 목표의 예로, "이야기의 등장인물이 취한 일련의 행위에 기저하고 있는 동기를 파악한다."(국어과), "아마존 열대 우림 지역에 대한 보고서를 읽고 저자는 환경론자인지 개발론자인지 파악한다."(사회과) 등을 들 수 있다.

평가 방법은 반응형이나 선다형을 취하는데, 학생들이 정보를 제시하고 저자의 관점, 의도 등을 파악하여 답을 하거나 답지를 선택하도록 한다.

5) 평가하기

평가하기는 준거와 표준에 기초하여 판단을 내리는 것이다. 준거는 대개 질(quality), 효과성(effectiveness), 효율성(efficiency), 일관성(consistency)이 되고, 표준은 양적(양이 충분한가?), 질적(충분히 훌륭한가?) 측면을 지닌다. 우리가 하는 모든 판단은 준거와 표준에 기초한 것이 아니기 때문에 여기서 말하는 평가적인 성격을 지니고 있는 것은 아니다. 예를들어, 어떤 사례가 어떤 유목에 속하는지 결정하거나 두 사물이 비슷한지 아니면 다른지 결정하는 학생들의 판단 활동은 평가가 아니다. 평가하기의 두 가지 하위 인지 과정으로 점검하기와 비평하기가 있다.

(1) 점검하기

점검하기는 어떤 기능이나 산출물이 지닌 내적 불일치나 오류를 검사하는 것으로 검사하기(testing), 탐지하기(detecting), 모니터하기(monitoring), 조정하기(coordinating)라고도 불린다. 예를 들어, 결론이 전제로부터 나온 것인지, 데이터가 가설을 지지하는지, 제시된 내용들이 상호 간에 모순되는 부분들을 지니고 있는지 검사하는 것이다. 다음에 설명할 창조하기의 하위 기능인 계획하기와 앞에서 설명한 적용하기의 하위 기능인 활용하기 함께 쓰일 때, 점검하기는 계획이 얼마나 잘 기능하는지 결정하는 데 기여하게 된다.

점검하기 수업 목표의 예로, "정치적 연설문을 읽고 논리적 불일치와 오류를 파악해 낸다."(사회과), "과학 실험 보고서를 읽고 결론이 관찰한 데이터와 일치하는지 파악한다."(과학과) 등을 들 수 있다.

평가 방법은 반응형이나 선다형을 취하는데, 학생들은 내용의 불일치와 오류를 파악해 내어 답을 내거나 답지를 선택하도록 한다.

(2) 비평하기

비평하기는 어떤 기능이나 산출물을 외적 준거와 표준(external critera and standards)에 기초하여 판단하는 것으로 판단하기(judging)라고도 불리며 비판적 사고의 핵심이 된다. 예를 들어, 산성비 문제에 대해 제시된 해결책의 장점을 효과성과 비용의 측면에서 판단하는 것이다.

비평하기 수업 목표의 예로, "사회적 문제에 대한 해결책들을 효과성과 효율성의 측면에서 평가한다."(사회과), "제시된 가설이 합리적인지 평가한다."(과학과), "두 수학 모델 중 어느 것이 문제 해결에 더 효과적인지 평가한다."(수학과) 등을 들 수 있다.

평가 방법은 반응형이나 선다형을 취하는데, 학생들은 외적 준거를 사용하여 평가하는 진술을 하도록 하거나 답지를 선택하도록 한다.

6) 창조하기

창조하기는 요소들을 통합하여 일관성이 있거나 기능적인 전체를 형성하는 것으로, 앞의 다섯 가지 인지 과정과 하위 기능들의 총합적 사용을 요구한다. 독창적인 산출물을 생산하는 것이 창의성의 준거라고 주장하는 학자들이 있으나 여기서 창의성은 독창성을 격려하지만 학생이 내용들을 어떤 의미 있는 전체로 만들어 내는 것을 보다 중시하고, 그것이 개인에게 새로운 경험이어서 그의 이전 지식 세계를 새로이 구성하고 확장시키면 충분하다. 세 가지 하위 인지 과정으로 생성하기, 계획하기, 생산하기가 제시되고 있다.

(1) 생성하기

확산적 사고를 통해 문제를 표상하여 어떤 준거를 만족시키는 대안이나 가설을 형성하는 것으로 가설 세우기(hypothesizing)라고도 불린다. 앞에서 설명한 이해하기의 인지적 기능들도 생성적 과정으로 포함하지만, 수렴적인 성격을 지닌다(즉, 어떤 단일한 의미를 도출하기). 그러나 여기서의 생성하기는 확산적 성격을 지니는 것에 차이가 있다(즉, 다양한 가능성을 도출하기).

생성하기 수업 목표의 예로, "사회 문제를 해결하는 유용한 해결책을 다수 만들어 낸다."(사회과), "관찰된 과학적 현상에 대한 가설을 다수 생성한다."(과학과), "정답을 얻기 위한 대안적 방법을 다수 생성한다."(수학과) 등을 들 수 있다.

생성하기의 평가 방법은 선다형이 불가능하기 때문에 반응형으로 답하도록 하고, 학생들이 제시한 대안들의 수, 합리성, 실용성, 효과성 등을 평가한다.

(2) 계획하기

문제 해결을 위한 계획을 세우는 것으로 설계하기(designing)라고도 한다. 계획하기 수업 목표의 예로, "어떤 역사적 사건에 대한 조사 계획서를 설계한다."(역사과), "과학적 현상에 대한 가설들을 검증할 계획을 설계한다."(과학과), "어떤 기하학적 도형의 넓이를 측정할 계획을 설계한다."(수학과) 등을 들 수 있다.

계획하기 평가 방법 역시 선다형이 불가능하기 때문에 반응형으로 답하도록 하고, 제시된 문제에 대한 해결 계획을 합리성, 조건의 만족성, 효과성의 측면에서 평가한다.

(3) 생산하기

문제 해결을 위해 만든 계획을 실행하는 것으로 구성하기(constructing)라고도 한다. 생산하기 수업 목표의 예로, "어떤 역사적 사건에 대한 조사 계획서를 작성한다."(역사과), "어떤 동물의 거주지를 설계한다."(과학과), "극을 위한 무대를 만든다."(국어과) 등을 들 수 있다.

생산하기 평가 방법 역시 선다형이 불가능하기 때문에 반응형을 취하고 생산한 결과를 문제의 조건들과 관련하여 평가한다.

5. 단원의 수업 목표와 교수 활동을 개발하는 예

배움 중심 수업은 교사 차원에서의 교육과정 재구성을 요하는데, 앤더슨과 크라트홀 (2001)의 신 교육목표 분류학을 이용하면 단순한 사실적 지식과 하위 수준의 인지적 과정인 기억 수준을 넘어 고등 수준의 지식(개념적, 절차적, 메타인지 지식)과 인지적 과정(기억, 이해, 적용, 분석, 평가, 창조)들로 단원의 수업 목표들을 다양하게 추출하고 교수 활동을 구안하여 학생들의 배움을 극대화할 수 있다.

1) 수업 목표 추출의 예

다음의 예는, 과학과 수업에서 옴의 법칙을 가지고 교수 단원을 설계할 때 11개의 다양한 고등 수준의 수업 목표를 추출해 낼 수 있음을 보여 준다(Anderson & Krathwohl, 2001, pp. 89-92).

첫째, 지식 차원에서 학생들이 습득해야 할 지식을 〈표 6-5〉와 같이 추출해 낼 수 있다.

표 6-5 옴(Ohm)의 법칙 단원의 지식 영역과 목표 지식

지식 영역	목표 지식
1. 사실적 지식	전류(current, 암페어로 측정), 전압(voltage, 볼트로 측정), 저항(resistance, Ohm으로 측정)에 대한 지식
2. 개념적 지식	전기 회로(배터리, 전선, 전구로 구성)라는 개념적 체제로서 요소들 간의 인과 관계에 대한 지식[배터리가 추가되면 전압은 증가하고, 전선에서의 전자 흐름을 증진시킨다(전류의 증가)].
3. 절차적 지식	옴의 법칙인 '전압=전류 × 저항'을 사용하여 수치를 계산하는 절차
4. 메타인지 지식	옴의 법칙을 암기하는 기억술 전략 사용하기, 옴의 법칙 학습과 적용에 대한 나름대로의 목표 설정하기 등에 대한 지식

둘째, 앞의 네 가지 지식을 인지적 과정과 연결하면 〈표 6-6〉과 같이 11가지의 다양한 고등 수준의 수업 목표가 설정될 수 있다.

표 6-6 옴(Ohm)의 법칙 단원의 인지적 과정 수업 목표의 예

인지적 과정	수업 목표의 예
1. 사실적 지식 회생하기	전류, 전압, 저항의 측정 단위가 무엇인지 회생하기(A-1)
2. 개념적 지식 회생하기	전기 회로의 구조를 그림으로 기억을 더듬어 그리기(B-1)
3. 절차적 지식 회생하기	옴의 법칙을 적용하는 단계를 기억하기(C-1)
4. 메타인지 지식 회생하기	"When stuck in a hole, stop digging(실패한 접근을 고수하지 말고 다른 전략을 찾아라)"이라는 문제해결 전략을 회생하기(D-1) -학생이 문제 해결에서 난관에 부딪혔을 때 이 전략 구호를 회생하도록 하기
5. 사실적 지식 해석하기	전류, 전압, 저항이라는 용어를 자신의 말로 정의하기(A-2)
6. 개념적 지식 설명하기	전기 회로에서 변화가 일어나면(예: 직렬로 연결한 배터리 두 개를 병렬로 연결하면) 전류에 어떤 영향을 미치는지 설명하기(회로의 구조를 그림으로 기억을 더듬어 그리기)(B-2)
7. 절차적 지식 집행하기	옴의 법칙을 적용하여 전류와 저항의 수치가 주어졌을 때 전압을 계산해 내기(C-3)
8. 개념적 지식 구별하기	옴의 법칙을 적용하는 문장제 문제에서 어느 정보(예: 전구의 와트, 전선의 굵기, 배터리의 볼트)가 저항 값을 계산해 내는 데 필요한지 파악하기(B-4)

9. 절차적 지식 점검하기	옴의 법칙을 사용하는 문제를 해결할 때 기존에 성공적으로 사용했던 해결책(worked—out solution)이 적절한지 검토하기(C−5)
10. 메타인지 지식 비평하기	옴의 법칙을 사용하는 문제를 해결할 때 자신의 현재 이해 수준에 맞는 계획을 선택하기(D−5)
11. 개념적 지식 생성하기	배터리를 바꾸지 않고도 회로의 전구 밝기를 높이는 대안적인 방법들을 생성하기(B−6)

이 11가지의 다양한 수업 목표를 앤더슨과 크라트홀(2001)의 목표 분류체계에 위치시키면 〈표 6−7〉과 같다.

표 6-7 옴(Ohm)의 법칙 단원의 수업 목표 상황표

지식 영역	인지적 과정 영역					
	기억하기	이해하기	적용하기	분석하기	평가하기	창조하기
A. 사실적 지식	×	×				
B. 개념적 지식	×	×		×		×
C. 절차적 지식	×		×		×	
D. 메타인지 지식	×				×	

수업 목표들은 때로는 정확하게 분류하기가 어려워 종종 추론을 통해 추출해 내야 한다. 수업 목표 분류가 어려운 이유는 다음 두 가지이다(Anderson & Krathwohl, 2001).

첫째, 진술되는 목표가 동사와 명사 외에 다른 수사적 진술들이 포함되어 있어 혼란을 줄 수 있기 때문이다. 예를 들어, "지역사회에서 수요와 공급의 법칙 예들을 제시할 수 있다."의 경우, 동사는 "예를 제시한다(give examples)"이고 명사는 "수요와 공급의 법칙"이다. 따라서 이 목표는 개념적 지식(conceptual knowledge)을 이해하는(understanding) 목표에 해당된다. 그러나 '지역사회에서'라는 진술 부분은 예들을 선택하는 조건을 설명한 것일 뿐 목표 분류에 중요한 사항이 아님에도 불구하고 혼란을 줄 수 있다. 또 하나의 예로, "적절한 구어와 문어 형태의 준거를 만족시킬 독창적 작품을 생산한다."라는 목표의 경우, 동사는 '생산하다'이고 명사는 '준거'이다. 따라서, 이 목표는 개념적 지식(conceptual knowledge)을 창조하는(create) 목표에 해당한다. 그러나 "적절한 구어와 문어 형태의"라는 진술 부분은 준거의 의미를 명료화하는 것일 뿐 목표 분류에 중요한 사항이 아님에도 혼란을 줄 수 있다.

둘째, 진술된 목표에서 동사가 의도하는 인지적 과정의 측면이 모호하고, 명사도 의도하는 지식의 측면이 모호한 경우가 있어 혼란을 줄 수 있기 때문이다. 예를 들어, "물질의 변화와 그 변화의 원인을 기술한다(describe)."라는 목표의 경우, "기술한다"라는 말은 상기한 것, 해석한 것, 설명한 것, 또는 생산한 것 등 서로 다른 종류의 인지적 과정을 의미를 담고 있어 어느 것을 기술하라는 말인지 모호하다. 또 하나의 예로 "신문과 잡지에 실린 사설들을 평가할 수 있다."라는 목표의 경우, 동사는 평가(evaluate)라는 인지적 과정을 명시하지만, 명사에 해당하는 사설은 지식의 어떤 유형을 언급하는 것이 아니라 단지 학습자료에 해당할 뿐이다. 이 경우, 학생들이 사설 평가에 사용할 준거들은 편견의 존재 또는 부재, 관점의 명료성, 주장의 논리성 등 평가 준거의 유목에 해당하는 개념적 지식이라고 추정할 수는 있어 개념적 지식을 평가하는 목표에 해당한다고 볼 수 있다. 이와 같이 "목표를 분류하는 일은 추론을 필요"로 하는 경우가 많다.

2) 수업 활동 추출의 예

과학과 수업에서 "전류(electricity)와 자기(magnetism)의 법칙(렌츠의 법칙이나 옴의 법칙)을 활용하여 여러 가지 문제를 해결한다."라는 목표가 있을 때, 이것은 개념적 지식의 적용 중 활용하기(implementing)에 해당하는 교육 목표이다. 다음은 앤더슨과 크라트홀(2001, pp. 97-101)의 신 교육목표 분류학에 따라 이 목표를 가지고 수업 목표와 수업 활동들을 추출해 내는 예이다.

먼저, 지식 차원에서 학생들이 과학적 법칙을 활용하여 여러 가지 과학 문제를 해결하려면 적어도 세 가지의 지식이 필요하다는 것이 분석될 수 있다.

- 해결해야 할 문제의 유형을 결정하는 능력(개념적 지식)이다.
- 문제 해결에 적절한 법칙을 선택하여 구현하는 능력(절차적 지식)이다.
- 문제 해결책을 계획하고 점검하고 수정하는 능력(메타인지 지식)이다.

따라서 교수 활동은 개념적 지식(즉, 문제 유형에 대한 지식), 절차적 지식(즉, 문제를 해결하기 위해 밟아야 할 단계에 대한 지식), 메타인지 지식을 습득하도록 하는 데 두어야 한다.

그리고 인지적 과정 차원에서 볼 때 이 세 가지 활동의 동사는 결정하고 선택하고 적용하기인데, 결정하기는 어떤 것이 어떤 유목에 속하는지 결정하는 것으로 이해하기의 분류하기에 해당하고, 선택하기는 분석하기의 구별하기에 해당하고, 활용하기는 적용하기의 실행하기에 해당한다. 따라서 교수 활동은 학생들이 분류하기, 구별하기, 실행하기에 참여하도록 돕는 활동으로 구성되어야 한다. 그리고 실행하기는 종종 그 과정에서 여러 가지 선택을 해야 하기 때문에 학생들은 그 과정을 점검하고 그 결과를 비평하는 활동이 포함되어야 할 필요가 있다(평가하기의 점검하기와 비평하기에 해당).

교수 활동에 대한 이런 분석을 종합하면 교수 활동은 세 가지 지식, 즉 개념적 지식, 절차적 지식, 메타인지 지식의 발달을 도모할 기회를 주어야 하며, 여섯 가지 인지적 과정, 즉 상기하기, 분류하기, 구별하기, 실행하기, 점검하기, 비평하기를 포함시켜야 하는데 이것들은 기억하기, 이해하기, 적용하기, 분석하기, 평가하기라는 5대 인지적 과정 영역을 걸치는 것이다. 이것을 표로 나타내면 〈표 6-8〉과 같다(Anderson & Krathwohl, 2001, p. 100).

표 6-8 수업 목표의 위치와 교수 활동 상황표

지식 영역	인지적 과정 영역					
	기억하기	이해하기	적용하기	분석하기	평가하기	창조하기
1. 사실적 지식						
2. 개념적 지식		활동 1	수업 목표	활동 2	활동 7	
3. 절차적 지식			활동 3		활동 6	
4. 메타인지 지식	활동 4		활동 5			

수업 목표: 전류와 자기의 법칙(렌츠의 법칙이나 옴의 법칙)을 활용하여 여러 가지 문제를 해결한다.

활동 1: 학생들이 문제 유형을 분류하는 것을 돕는 활동
활동 2: 학생들이 적절한 문제를 선택하는 것을 돕는 활동
활동 3: 학생들이 적절한 절차를 실행하도록 돕는 활동
활동 4: 학생들이 메타인지 전략들을 상기하도록 돕는 활동
활동 5: 학생들이 메타인지 전략들을 실행하는 것을 돕는 활동
활동 6: 학생들이 절차의 실행을 점검하도록 돕는 활동
활동 7: 학생들이 자신들의 해결책의 정확성을 비평하도록 돕는 활동

6. 수업 목표에 대한 비판과 정해

목표를 정해 놓고 수업을 하는 것에 대한 비판이 있다.

첫 번째 비판은 학생들이 얻는 중요한 학습 결과들은 명시적인 목표만 얻어지는 것이 아니기 때문에 암시적 이해와 열린 상황의 역할을 고려하지 못한다는 것이다(Armstrong, 1989; Dunne, 1988; Marsh, 1992).

이에 대한 정해는 학생들이 공동적으로 습득할 것을 기대하는 학습 경험과 학생 개개인 별로 특수한 학습을 기대하는 학습 경험과는 다른 것이라는 개념을 갖는 것이다. 수업 목표는 전자에 관한 것이다. 비록 교육적 상황에서는 후자의 개인 특수적인 학습 경험으로부터도 학습이 항상 일어나지만, 그런 것들은 미리 사전에 명시화하는 것은 실제적으로 불가능하다. 즉, 의도되지 않았던 학습 결과에도 중요한 것들이 많이 있다는 것은 부인할 수 없지만, 중요한 학습 결과들이 모두 사전에 진술될 수는 없다는 것이다. 그렇다고 해서 그런 상황이 의도된 결과로서 중요한 학습 경험을 명시화하는 노력을 억제할 필요도 없고 또 그렇게 해서는 안 되는 것이다.

두 번째 비판은 명시적인 교육 목표는 모든 학생의 학습 결과를 동일하게 만드는 닫힌 성격을 지니고 있다는 것이다(Eisner, 1979). 이 주장은 아이스너(Eisner)의 표현 목표(expressive objectives)라는 개념에서 제기되는 비판인데, 앞에서 언급한 첫 번째 비판과 관련이 있다.

표현 목표는 학생들이 학습할 것을 사전에 명시하지 않고 단지 해야 할 활동만을 명시함으로써(박물관 방문하기, 극 보기, 고전 음악 듣기 등) 그 안에서 학생들이 개인별로 독특하게, 다양하게 학습하도록 해야 한다는 것이다. 이런 의미에서 표현 목표는 처방적인(prescriptive) 성격이 아니라 환기적인(evocative) 성격을 지니고 있어 목표가 활동을 선행하면서 지시하는 것이 아니라 활동으로부터 도출되는 특징을 지니고 있다. 표현 목표에서는 활동에 참여함으로써 무엇이 기대되는가를 사전에 진술되지 않는 것이어서 어떤 교과에 그리고 좀 더 복잡한 인지적 형태의 학습(예: 창의적 글쓰기, 시, 예술 작품 해석 등)이나 가치의 해석이 다양하여 대중의 동의가 필요한 영역(예: 사회교과, 성교육, 종교, 정치 등)과 같이 명시적 목표 진술이 어려운 경우에 적용 가능성이 높으며, 학습에 대한 방향은 제시하지만 특정한 도착점(destination)은 제공하지 않는다.

따라서 의도된 목표가 같고, 같은 교수를 제공해도 모든 학생이 같은 학습 결과를 보이

는 것은 아니라는 점에서 모든 목표는 표현 목표라고 할 수 있다. 요즘에 수행평가 또는 참
평가가 강조되고 있는데, 이 평가는 동일한 평가 과제에 대해 다양한 수용 가능한 반응을
생산하도록 하는 것으로써 표현 목표의 의도를 반영하고 있다. 명시적 교육 목표 주장자
들은 총체적 목표나 수업 목표보다는 교육 목표에 이런 유형의 평가를 적용하는 것이 더
적절하다는 것과 교육 목표는 표현 목표가 의도하는 독특하고 다양한 학생의 결과를 배제
하는 것은 아니라고 본다. 명시적 교육 목표가 적용되기 어려운 경우가 있다 해도 목표가
교수에서 차지하는 위치의 중요성에 비추어 볼 때, 그런 문제들은 극복되어야 할 것이지
명시적 목표의 사용을 회피할 것은 아니라고 주장한다.

07

배움 중심 수업을 위한 검사 도구와 기록 양식

배움 중심 수업은 학습자들이 학습 상황에 가져오는 여러 가지 학습 조건을 고려하여 학생 모두가 최적의 학습경험을 갖도록 돕는 교수 활동이다. 이에 교사가 배움 중심 수업을 하려면 학습자 개개인과 학급에서 이루어지는 학생들 간의 역동성에 대한 정보를 수집하고 기록하여 수업의 여러 상황에서 활용해야 한다. 이 장에서는 학습자 개개인에 대한 정보를 얻는 도구와 관찰 및 기록 방법을 소개한다. 그리고 교사의 배움 중심 수업 오리엔테이션에 대한 자기 점검 도구에 대해 살펴본다.

1. 학습자에 대한 정보를 얻는 도구

이 절에서는 학습자 개개인의 학습 및 발달 상황, 개인적 신상, 기본 욕구, 선호하는 강화인, 학습양식, 다중 지능 발달 상황에 대한 정보를 얻는 도구들을 소개한다.

1) 학습 및 발달 상황 설문지

다음 설문지는 학생 개개인의 가정환경, 흥미, 학습 상황, 진로 포부에 대한 정보를 얻는 도구이다(McCombs & Miller, 2007, pp. 150-152).

학습 및 발달 상황 설문지

- 이름: 학년:
- 형제자매(이름과 나이)
  1.
  2.
  3.
- 누구와 함께 살고 있나요?
- 애완동물은?
- 좋아하는 것은?
  음식 :
  영화 :
  음악 :
  식당 :
  간식 :
  TV 프로그램 :
- 공부 또는 숙제를 평균적으로 일주일에 몇 시간 정도 하나요? _____시간
- 좋아하는 과목과 이유는?
  1.
  2.
  3.
- 다음 중에서 잘하는 것을 1~10점(10점이 가장 높은 점수)까지 점수를 매겨 보세요.

  읽기 _____   운동 _____   창의성 _____

  쓰기 _____   연극 _____   미술 _____

  말하기 _____   시간관리 _____   필기 _____

  듣기 _____   협동하기 _____   음악 _____

  과학 _____   지도력 _____   독립심 _____

수학 _____   친구 사귀기 _____

- 현재 방과 후에 참여하고 있는 것은 무엇이고, 일주일에 몇 시간 하나요?

    1.   (시간)

    2.   (시간)

    3.   (시간)

- 아르바이트 일

    – 어디에서 아르바이트 하나요? (   )

    – 일주일에 평균 근로 시간은 어떻게 되나요? (   )

    – 맡은 역할은 무엇인가요? (   )

    – 여유시간이 있다면 누구와 함께 하고 싶은가요? (   )

    – 여유시간이 있다면 무엇을 하고 싶은가요? (   )

- 여유시간에 친구와 보내고 싶나요, 아니면 혼자 보내고 싶나요? 그 이유는 무엇인가요?

    (   )

- 지역사회 봉사활동에 참여하는 것이 있나요? (   )

    – 자발적으로 자원한 것 (   )

    – 가족과 함께 의무적으로 하는 것 (   )

    – 그 이외에 것 (   )

- 고등학교 졸업 후 계획은 무엇인가요? (   )

    – 대학을 간다면 어떤 전공을 선택할 것인가요? (   )

    – 일을 한다면 어떤 분야에서 하고 싶은가요? (   )

    – 그 외에 다른 것을 한다면 어떤 것을 하고 싶은가요? (   )

- 현재의 수업 일정은 어떻게 되나요?

수업 전   지도교사 (   )

1교시   지도교사 (   )

2교시   지도교사 (   )

3교시   지도교사 (   )

4교시   지도교사 (   )

5교시   지도교사 (   )

6교시   지도교사 (   )

7교시   지도교사 (   )

2) 자기소개 설문지

다음 설문지는 학생의 간략한 자기소개를 통해 학생에 대한 개인적 정보를 얻는 도구이다(McCombs & Miller, 2007, pp. 43-44).

자기소개 설문지

- 이름: _____ 학년: _____
- 나의 별명은 (   )이다.
- 나의 형제자매의 수는 (   )명이다.
- 내가 학교에서 좋아하는 것은 (   )이다.
- 내가 좋아하는 교과는 (   )이다.
- 내가 좋아하는 책은 (   )에 대한 것이다.
- 기회가 주어진다면 (   )에 대해 배우고 싶다.
- 나는 좋은 선생님은 (   )을 해 주시는 분이라고 생각한다.
- 나는 좋은 학교는 (   )을 해 주는 곳이라고 생각한다.
- 나는 (   ) 할 때 가장 잘 배운다.
- 나는 장차 (   )이 되고 싶다.
- 나는 나를 다음과 같은 사람이라고 생각한다.

_____

_____

_____

_____

_____

_____

---

3) 학년 초 학생 간 상호 교류 활동지

다음 활동지는 저학년 학생들을 대상으로 학생들끼리 서로 자기를 소개하고 교류하도록 하는 도구이다(McCombs & Miller, 2007, p. 147).

※ 여러분 스스로 다음 빈칸을 채우세요. 그리고 여러분이 모르는 다른 사람을 찾으세요. 다른 사람과 여러분의 〈창의적인 이름표〉를 바꾸어 읽어 보세요. 상대방의 〈창의적인 이름표〉를 보고 상대방에 대해 생각한 것을 자유롭게 이야기해 보세요. 눌 다 이야기하고 나면 필요한 경우 상내방이 잘못 알고 있는 것을 이야기해 주세요.

창의적인 이름표

내가 잘하는 것을 그리세요.	내가 좋아하는 것(즐겨 하는 것)을 그리세요.
내가 가치있다고 생각하는 것을 그리세요.	나를 설명할 수 있는 4개의 단어를 쓰세요.

4) 기본 욕구 평정척

학생들은 근본적으로 여섯 가지의 기본적 욕구를 가지고 있다. 학습이 학생들의 지속적인 성장과 발달에 기여하도록 하려면 적절한 교육을 통해 이런 욕구들을 만족시켜 주어야한다. 다음은 교사가 학생들의 심리적 · 교육적 요구를 얼마나 만족시키고 있는지에 대해스스로 점검하고 학생 개개인의 교육에 활용하는 평정척이다(Valett, 1970, pp. 10-11).

기본 욕구 영역	매우 부족	부족	보통	만족	매우 만족
6. 자기 가치 • 현실적인 자신감과 독립심 • 개인적 장점과 약점에 대한 수용 • 개인적 가치와 존엄에 대한 인식					
5. 사회적 역량 • 사회적 책임감과 이타심 • 개인적 자기 통제의 권리와 의무에 대한 윤리적 의식 • 또래집단과의 상호작용 및 수용					
4. 지적 숙달도 • 기초 학습 기능에서의 상대적 역량감 성취 • 문제상황을 분석하기, 평가하기, 판단하기 • 발달적 · 문화적 경험과 지식 습득 기회					
3. 창의적 표현 • 확산적이고 융통적인 아이디어 표현 • 즐거움 표현 • 감각의 탐색과 발달					
2. 사랑 • 우호적이고 지속적인 상호적 관계 • 또래와의 감각 운동적 자극 추구와 상호작용 • 또래에 대한 인간적 관심					
1. 신체적 안전감 • 신체적 건강과 기초적인 자기 충족적 기능 • 양호한 섭식 건강 • 양호한 의식주 상태					

학생의 우선적 욕구에 대한 교사의 의견

5) 강화 관련 선호도 조사지

학생 개개인이 선호하는 것과 선호하지 않는 것에 대한 정보는 학생의 행동 변화를 도모하는 처방을 내리는 데 중요하다. 다음은 학생 개개인 강화 선호도를 조사하는 설문지이다(Stellern, Vasa, & Little, 1976, pp. 166-168).

강화 관련 선호도 설문지

이름: _____   날짜: _____

1. 만약 기회가 주어진다면 집에서 지금보다 더 많이 하고 싶은 활동은 무엇인가요? 세 가지만 적어 보세요.
   ①
   ②
   ③
2. 방학 때 가장 하고 싶은 것이 무엇인가요?

   　　　　　　　여름 방학　　　　　　　　　　　　　겨울 방학
   ①
   ②
   ③
3. 읽고 싶은 것은 무엇인가요?
   ①
   ②
   ③
4. 취미 또는 좋아하는 활동은 무엇인가요?
   ①
   ②
   ③
5. 하고 싶은 게임은 무엇인가요?
   ①
   ②
   ③

---

6. 내가 한 일 중 자랑할 만한 업적은 무엇인가요?

　　①

　　②

　　③

7. 집에서 현재 내가 가지고 있지 않은 것들 중에서 앞으로 기회가 주어진다면 가지고 싶은 것은 무엇인가요?

　　①

　　②

　　③

8. 학교에서 집으로 가지고 갈 수 있었으면 하는 것은 무엇인가요?

　　①

　　②

　　③

9. 성인 중에서 닮고 싶은 사람은 누구인가요? (　　　　　　　　　　　)

　　그 사람과 무엇을 하고 싶은가요? (　　　　　　　　　　)

10. 다른 사람이 내게 줄 수 있는 최고의 상은 무엇인가요? (　　　　　　　　　)

11. 나중에 성인이 되면 무엇이 되고 싶은가요? (　　　　　　　　)

12. 나에게 벌을 가장 심하게 주는 사람은 누구인가요? (　　　　　　　　)

　　어떻게 벌을 주나요? (　　　　　　　　)

　　나에게 효과적이었나요? (　　　　　　　　)

　　다른 벌로 어떤 것들이 사용되었나요? (　　　　　　　)

　　그중 어떤 벌이 나에게 효과적이었나요? (　　　　　　　)

13. 학교에 계신 어른들 중에 누구를 좋아하나요? (　　　　　　　　)

14. 학교에서 어느 때 기분이 나쁜가요? (　　　　　　　)

15. 내가 어려움에 처하게 되면 아버지는 어떻게 해 주시나요? (　　　　　　　)

16. 내가 진정으로 원하는 것은 무엇인가요? (　　　　　　　)

17. 내가 아버지를 기쁘게 해 드릴 때 아버지는 어떻게 해 주시나요? (　　　　　　)

18. 내게 기회가 주어진다면 진정으로 하고 싶은 것은 무엇인가요? (　　　　　)

19. 내가 무슨 대가를 치르더라도 피하고 싶은 것은 무엇인가요? (　　　　　)

20. 어머니와 가장 하고 싶은 것은 무엇인가요? (　　　　　　　)

21. 내가 하는 것 중에서 우리 선생님을 가장 괴롭게 만드는 무엇인가요? (　　　　)

22. 쉬는 날에 내가 즐기는 활동이나 놀이는 무엇인가요? (　　　　　　)

23. 내가 학교에서 잘했을 때 우리 선생님이 해 주셨으면 하는 것은 무엇인가요? (　　　　)

| 24. 힘이 많이 들더라도 내가 얻고 싶은 것은 무엇인가요? (　　　　　) |
| 25. 나는 무엇을 할 수 없을 때 화가 나나요? (　　　　　) |
| 26. 내가 어려움에 처할 때 어머니는 어떻게 대해 주시나요? (　　　　　) |
| 27. 우리 선생님이 하지 않으셨으면 하는 것은 무엇인가요? (　　　　　) |
| 28. 아버지와 함께 가장 하고 싶은 것은 무엇인가요? (　　　　　) |
| 29. 내 형제(또는 자매)들과 함께 하고 싶은 것은 무엇인가요? (　　　　　) |

6) 학습양식 설문지

학생의 배움은 가능한 학생이 가장 잘 학습하는 양식을 고려하여 수업이 펼쳐질 때 효과적이게 된다. 다음은 학생의 학습양식을 조사하는 세 가지 설문 방법이다.

(1) 톰린슨(Tomlinson)의 학습양식 설문지

톰린슨(2005)의 다음과 같은 학습양식 설문지는 초등학교 학생들에게 적절한 도구이다.

학습양식	예	아니요
1. 나는 조용할 때 공부가 가장 잘된다.		
2. 나는 공부할 때 다른 사람들이 옆에서 시끄럽게 이야기하는 것을 무시할 수 있다.		
3. 나는 책상에 앉아서 공부할 때 가장 잘된다.		
4. 나는 방이나 마루에 엎드려서 공부할 때 가장 잘된다.		
5. 나는 누가 시키지 않아도 스스로 공부한다.		
6. 나는 선생님이나 부모가 시킬 때만 공부한다.		
7. 나는 일단 숙제를 하게 되면 그것이 끝날 때까지 다른 일은 하지 않는다.		
8. 나는 과제를 하다가 어려움에 처하게 되면 과제를 끝마치지 못할 때가 있다.		
9. 선생님이 과제를 주시면 선생님이 제시해 준 절차를 정확히 따르는 것을 좋아한다.		
10. 선생님이 과제를 주시면 내가 스스로 그것을 완수하는 절차를 만들어 시행한다.		
11. 나는 홀로 공부하는 것을 좋아한다.		
12. 나는 공부할 때 친구나 소집단과 함께 하는 것을 좋아한다.		
13. 나는 과제를 할 때 무제한적으로 시간을 들여 끝내는 것을 선호한다.		
14. 나는 과제를 할 때 시간을 정해 놓고 하는 것을 선호한다.		
15. 나는 움직이고 돌아다니면서 공부하는 것을 좋아한다.		

(2) 정보처리이론으로 본 학습양식 설문지

코넬(Connell, 2005)은 학생들이 정보를 처리하여 학습하는 양식을 청각 주도, 시각 주도, 촉각–운동적 주도의 세 가지로 나눈다. 학습양식은 서로 간에 우열적 개념이 있는 것이 아니라 단지 두뇌의 선호 성향을 나타내는 것이다. 각 문항을 읽고 가장 자신과 비슷하다고 생각하는 답변에 동그라미를 표시하도록 한다.

1. 새로운 것을 어떻게 배우고 싶나요?
   ① 선생님의 설명을 먼저 듣는 것
   ② 선생님의 시연을 보는 것
   ③ 내가 먼저 해 볼 때 공부가 가장 잘된다.

2. 실내에서 자유 시간에 가장 하고 싶은 것은 무엇인가요?
   ① 재미있는 책, 만화책, 또는 잡지 읽기
   ② 페인트칠, 색칠하기, 그림그리기나 스케치하기
   ③ 레고나 블록 쌓기 또는 춤추기

3. 주말에 가장 하고 싶은 것은 무엇인가요?
   ① 친구와 전화나 메신저로 대화하기
   ② 악기 연주, 미술활동 또는 음악 감상
   ③ 운동하기

4. 전화번호를 기억하는 가장 좋은 방법은 무엇인가요?
   ① 전화를 걸 때 전화번호를 반복해서 소리 내어 말하기
   ② 숫자를 머릿속으로 그려보기
   ③ 숫자를 공중에서 써보기

5. 영화를 볼 때 가장 좋아하는 것은 무엇인가요?
   ① 주인공들이 서로에게 하는 말
   ② 의상, 풍경, 특수효과
   ③ 영화를 보는 동안의 내 느낌

6. 이야기를 읽을 때 다음 중 어떤 일이 생기나요?
   ① 단어의 의미를 생각한다.
   ② 내가 읽고 있는 것에 대해 머릿속으로 그림을 그려본다.
   ③ 등장인물이 느끼는 감정을 느낀다.

7. 낯선 동물을 누군가에게 묘사할 때 어떤 방법을 선호하나요?
   ① 말로 설명한다.
   ② 그림으로 그린다.
   ③ 내 몸으로 동물을 따라 한다.

8. 무언가를 가장 잘 이해하는 방법은 무엇인가요?
   ① 생각하기
   ② 보기
   ③ 시도하기

9. 시간을 사용하는 가장 좋아하는 방법 중 하나는 무엇인가요?
   ① 음악 듣기
   ② 컴퓨터로 비디오 게임하기
   ③ 쇼핑하기

10. 누군가를 처음 만날 때 가장 많이 기억하는 것은 무엇인가요?
   ① 그 사람이 말한 것
   ② 그 사람이 입고 있던 것
   ③ 그 사람이 행동한 것 또는 내가 느낀 것

[채점 방식] 각 항목의 모든 점수를 합산하여 여기에 기록하세요.
a's (청각적 학습자): (   )개 × 10 점 _____점
b's (시각적 학습자): (   )개 × 10 점 _____점
c's (운동감각적 학습자): (   )개 × 10 점 _____점

[자신의 학습양식 진단]
어떤 사람은 한 가지 강력한 학습양식을 가지고 있고, 어떤 사람은 거의 비슷하게 강한 두 가지 학습양식을 가지고 있을 것이며, 또 다른 사람들은 세 가지 모두를 사용하여 배웁니다. 당신은 어떤 쪽인가요?

코넬(2005, pp. 129-131)은 각 학습양식이 우세한 학생들을 위해 적절한 교수 전략들을 제시한다.

① 청각적 학습양식이 우세한 학생들에게는 다음과 같은 교수 전략들이 필요하다.
• 글을 읽힌 후 교사의 질문에 글로 쓰거나 말로 반응하도록 한다.
• 책의 중요한 단락들을 소리 내어 읽도록 한다.
• 책의 내용을 녹음한 테이프를 듣도록 하고 동시에 노트 필기하도록 한다.
• 라디오 토크 프로그램을 듣도록 하고 얼마나 잘 들었는지 평가한다.
• 다른 학생들이 말하는 것을 듣고 의사소통 기술을 증진시키도록 한다.
• 다른 사람들과 토론하고 자신의 생각을 명료화하도록 한다.
• 모르는 단어를 보게 되면 그 단어를 소리 내어 읽도록 격려한다.
• 토론에 적극 참여하도록 한다.

- 소집단 활동에서 프레젠테이션 또는 내레이션을 맡도록 한다.
- 친구들에게 지시할 때 글로 쓰는 대신 말로 소리를 내어 표현하도록 한다.
- 음악을 들을 때 가사와 악곡을 별도로 듣는 노력을 하도록 한다.
- 공부를 할 때 산만해지지 않도록 조용한 장소에서 하도록 한다.
- 어떤 것을 기억하려고 할 때 단계별 또는 계선적 방식으로 상기해 내는 노력을 하도록 한다.
- 자신의 감정을 다른 사람들에게 이야기할 때 단어들을 사려 깊게 사용하도록 한다.
- 다른 사람들의 감정을 이해하기 위해 어조에 귀 기울이도록 한다.
- 악곡에 시를 붙이도록 하고 시의 단어들과 함께 비트를 듣도록 한다.
- 다른 사람들과 토론하고 자신의 생각을 명료화하도록 한다.

② 시각적 학습양식이 우세한 학생들에게는 다음과 같은 교수 전략들이 필요하다.
- 문학적 글을 읽고 느낀 점을 이미지로 창조하거나 그려 내도록 한다.
- 소집단 활동에서 일러스트레이터 또는 미술가로 역할을 하도록 한다.
- 친구들에게 지시할 때 개요도를 만들고 글로 지시문을 쓰도록 한다.
- 공부할 때 크레용, 색연필, 형광펜을 사용하여 중요한 부분들은 줄을 치며 하도록 한다.
- 글을 읽을 때 지도나 그래프들을 조심스럽게 관찰하고 정보를 얻도록 한다.
- 공부할 때 마음속에 생기는 시각적 이미지에 주목하여 장기 기억에 정보를 저장하도록 한다.
- 다른 사람들의 신체 표현에 주목하여 그들의 감정을 이해하도록 한다.
- 느끼는 감정이나 그림이나 지각을 만화로 표현하도록 한다.
- 읽은 내용을 그래프나 그림으로 표현하여 기억에 도움이 되도록 한다.
- 여러 가지 구체물을 사용하여 새로운 수학 개념들을 학습하도록 한다.
- 음악을 들을 때 가사와 악곡을 별도로 듣는 노력을 하도록 한다.
- 컴퓨터 그래픽을 배우고 파워포인트 프레젠테이션을 만들도록 한다.

③ 운동감각적 학습양식이 우세한 학생들에게는 다음과 같은 교수 전략들이 필요하다.
- 문학적 글을 읽고 느낀 점을 행위 또는 드라마로 표현하도록 한다.
- 교사의 설명을 들을 때 노트를 하면서 듣도록 한다.
- 느끼는 감정에 주목하여 관련 정보를 기억에 저장하도록 한다.

- 공부할 때 쉬는 시간을 자주 갖도록 한다.
- 소집단에서 활동할 때 시범적 수행을 하는 역할을 맡긴다.
- 과제를 수행할 때 모빌, 디오라마, 포스터 등과 같은 것들을 만들 기회를 준다.
- 단어를 암기하려고 할 때 주위를 걸으며 단어를 소리 내어 말하도록 한다.
- 책 속의 주요 등장인물들을 역할 놀이로 시연하도록 한다.
- 책을 읽은 내용에 대한 이해를 인형 놀이로 시연하도록 한다.
- 블록과 구체물을 사용하여 수학 개념들을 습득하도록 한다.
- 컴퓨터 손–눈 협응 게임 또는 움직임–시뮬레이션 게임을 사용하여 학습하도록 한다.
- 컴퓨터 그래픽을 배우고 파워포인트 프레젠테이션을 만들도록 한다.

코넬(2005, pp. 129-134)이 제시한 각 학습양식이 우세한 학생들을 위한 교수 전략들을 표로 요약하면 다음과 같다.

청각적 학습양식	시각적 학습양식	운동감각적 학습양식
• 강의하기 • 소리 내어 읽기 • 파닉스에 초점 두기 • 토론 이끌기 • 소집단 토론 허용하기 • 수업이 끝날 때 학습한 것 공유하는 시간 갖기(학생이 수업 중에 성취한 것을 말로 나누기) • 논쟁하기 • 구두로 발표하기 • 낭독하기 • 주제와 관련된 연주하기 • 박자와 리듬 듣기 • 연설문 기록하기 • 학생들을 짝 지어 서로 가르쳐 주도록 하기	• 그래픽 조직자 활용하기 • 강의 시간에 OHP, 파워포인트 사용하기 • 학생들이 함께 읽을 수 있도록 강의에 관한 유인물 제공하기 • 개념도 보여 주기 • 시각적 상상력 가르치기 • 자료 제시를 위해 그래프와 차트 사용하기 • 영화와 뉴스 보여 주기 • 학생들이 그림으로 반응하도록 허용하기(글로 된 설명/요약을 덧붙여서) • 연설문, 노랫말, 시가 적힌 글을 복사하여 제공하기 • 컬러코드 사용하기	• 역할극하기 • 시 낭송하기, 연설문 낭독하기, 노래 부르기 • 가능한 모든 수업 시간에 손으로 조작할 수 있는 자료 제공하기 • 감정과 직감을 표현하기 • 유물(역사적인 시대와 관련된 화석, 의상 등) 소개하기 • 주제와 관련된 식품 제공하기(연령에 따라 학생들이 준비하거나 가져올 수 있다.) • 발표 자료와 보고서에 모형과 실물을 포함시키기 • 학생들에게 수행하거나 큰 소리로 읽기 위한 활동극 부과하기 • 현장 답사하기 • 노트 필기하는 방법 가르치기 • 무용하기 • 프로젝트 삽화를 위한 사진 찍기

학생의 이런 학습양식의 차이를 수업에서 고려하면 학생의 배움이 효과적인데, 코넬 (2005, pp. 135-137)은 2~4학년 학생들을 대상으로 한 과학과 국어의 통합 수업에서 앞의 세 가지 학습양식을 고려하는 예를 다음과 같이 보여 주고 있다.

토픽: 천둥과 번개

목표

1. 과학과 수업 목표

  1) 천둥과 번개의 정의를 내린다.

  2) 역사적 관점에서 천둥과 번개에 대해 토론한다.

  3) 천둥의 여러 가지 소리를 확인해 낸다.

  4) 천둥과 번개의 원인을 안다.

  5) 번갯불이 번쩍이고 천둥소리가 나기까지의 시간을 계산하는 방법을 안다.

  6) 번개가 생성되는 원인을 안다.

  7) 번개의 네 가지 유형을 확인해 낸다.

2. 국어과 수업 목표

  1) 교사와 함께 패트리샤 폴라코(Patricia Polacco)의 『Thunder Cake』이라는 작품을 읽는다.

  2) 주디 블룸(Judy Blume)의 『Otherwise Known as Sheila the Great』라는 작품을 개별적으로 읽는다.

  3) 인터넷 웹 퀘스트(Web Quest)를 사용하여 천둥과 번개에 대해 살펴본다.

3. 통합 수업 목표

  1) 책과 인터넷 웹 퀘스트를 통해 얻은 천둥과 번개에 대한 정보를 통합한다.

  2) 모든 사람은 공포를 가지고 있음을 인정하는 것을 배운다.

  3) 공포를 극복하는 법을 배운다.

교수 – 학습자료

1. 책: 『Thunder Cake』, 『Otherwise Known as Sheila the Great』

2. 이전에 만들거나 구입한 천둥 케이크와 우유(또는 주스)

3. 천둥 케이크를 만드는 레시피

4. CD 플레이어와 "왕과 나" CD 1편

5. "Whistle a Happy Tune"이라는 노래의 가사

6. 천둥을 시뮬레이션 할 종이 백 여러 개

7. 번개를 시뮬레이션 할 전등 여러 개

8. 천둥과 번개에 대한 웹 퀘스트를 조사할 컴퓨터 인터넷

청각적 자극 활동

1. 폭풍우와 번개의 여러 유형으로 인해 느끼는 공포에 대해 토론하기

2. 『Thunder Cake』 책에 나오는 새로운 용어들에 대해 토론하기

3. 교사가 읽어 주는 『Thunder Cake』의 내용을 듣기

4. 폭풍우로 인한 공포를 극복하는 방법에 대해 토론하기

5. 천둥과 번개에 대한 설명식 수업에 참여하기

6. 천둥과 번개에 대해 토론하기

7. 〈왕과 나〉의 "When I feel afraid"라는 노래의 가사를 소리 내어 읽기

시각적 자극 활동

1. 『Thunder Cake』 책에 나오는 그림들을 보기

2. 『Thunder Cake』, 『Otherwise Known as Sheila the Great』 작품을 읽기

3. 천둥과 번개에 대한 시뮬레이션 시범을 보고 번개와 천둥 사이의 시간을 초 단위로 계산하기

감각 운동적 자극 활동

1. Thunder Cake를 먹기[노란색의 천둥 번개와 함께 초콜릿 케이크, 초콜릿 당의(icing)]

2. 〈왕과 나〉의 "When I feel afraid"라는 노래의 가사를 듣고 노래하기

3. 천둥과 번개를 실연해 내기(act out)

청각, 시각, 감각 운동적 자극의 종합 활동

1. 소집단에서 공포에 대해 토론하고 느낀 점을 글로 쓰기

2. 공포를 극복해 내는 방법에 대해 쓰기

3. 공포와 그 극복 방법을 보여 주는 포스터를 만들기

4. 소집단별로 공포에 대해 프레젠테이션 하고 학급에 포스터로 만들어 걸기

(3) 뇌 편향 검사 도구

인간의 뇌는 좌반구와 우반구로 나뉘어 서로 다른 방식으로 작용한다. 뇌 과학 연구는 학생의 인지 양식에 좌뇌, 우뇌, 중뇌 편향적 사고가 존재한다고 보고한다. 수업은 이런 뇌 편향적 사고에서의 강점을 살리고 약점은 보완하는 방향으로 이루어질 때 배움에 효과적이다.

코넬(2005)에 따르면 좌뇌는 계선적으로 행동을 모니터하고, 시간, 계선, 세부 사항들, 질서에 대한 인식을 담당한다. 청각적 정보의 수용과 언어적 표현을 담당하고, 단어, 논리, 분석적 사고, 읽기, 쓰기에 전문화되어 있고, 경계를 짓고 옳고 그름의 구별을 담당하고, 규칙과 마감일을 알고 존중한다. 우뇌는 새로움에 민감하고, 거짓말과 농담을 구별하고, 전체 그림을 이해하는 기능을 한다. 음악, 미술, 시각 및 청각적 활동, 시각 및 운동적 활동에 전문화되어 있고, 읽고 대화할 때 정신적 이미지를 형성하고, 직관적이고 정서적인 반응들을 담당하고, 관계를 형성하고 유지한다. 중뇌적 사고자는 좌뇌나 우뇌로 편향된 특징을 보이지 않고 있고, 강점이 좌뇌와 우뇌에 고루 퍼져 있다. 그리고 좌뇌나 우뇌의 편향적인 사람들보다 과제를 수행하는 데 있어 좀 더 융통적이고, 균형적이고, 문제를 보는 관점이 다양한 특징이 있으나 우유부단한 측면이 있다.

다음은 크레인(Crane, 1989)과 코넬(2005)의 뇌 편향 검사 도구이다.

① 크레인의 ASCS(Alert Scale of Cognitive Style) 검사 도구

※ 다음 21개의 문항을 읽고, 자신을 가장 잘 표현하고 있는 것을 하나 선택하시오.

1. A: 위험을 무릅쓰는 것을 즐긴다.

   B: 위험을 회피하는 편이다.

2. A: 익숙한 일을 늘 새로운 방식으로 하는 것을 좋아한다.

   B: 익숙한 방식이 문제가 없으면 바꾸지 않는다.

3. A: 하나의 일을 마치지 않고 여러 일을 시작한다.

   B: 하던 일을 끝마쳐야 새로운 일을 시작한다.

4. A: 일을 할 때 상상력을 활용하지 않는 편이다.

   B: 어떤 일을 하든지 상상력을 항상 활용한다.

5. A: 다음에 일어날 일을 알려면 분석을 해야 한다.

   B: 다음에 일어날 일을 감각적으로 알 수 있다.

---

6. A: 어떤 문제를 해결하기 위한 최선의 방법을 하나만 찾고자 애쓴다.

   B: 어떤 문제에 대한 가능한 여러 가지 답을 찾고자 애쓴다.

7. A: 내 생각은 머릿속에 스쳐가는 그림과 같다.

   B: 내 생각은 머릿속에 스쳐가는 단어와 같다.

8. A: 다른 사람이 시도하지 않은 새로운 아이디어를 수용한다.

   B: 다른 사람들보다 새로운 아이디어에 대해 의문을 갖는 편이다.

9. A: 다른 사람들은 내가 일을 어떻게 조직하는지 이해하지 못한다.

   B: 다른 사람들은 내가 일을 잘 조직한다고 생각한다.

10. A: 나는 자기조절을 잘하는 편이다.

    B: 나는 주로 기분에 따라 행동한다.

11. A: 시간 계획을 세워 일한다.

    B: 시간 계획을 세우지 않고 일한다.

12. A: 어려운 결정을 할 때 알고 있는 것을 근거로 선택한다.

    B: 어려운 결정을 할 때 느낌을 근거로 선택한다.

13. A: 쉬운 일을 먼저하고 중요한 일은 나중에 한다.

    B: 중요한 일을 먼저 하고 쉬운 일은 나중에 한다.

14. A: 새로운 상황에 처하면 많은 아이디어가 떠오른다.

    B: 새로운 상황에 처하면 어떤 아이디어도 떠오르지 않는다.

15. A: 나는 삶에서 많은 변화와 다양성을 가져야 한다고 생각한다.

    B: 나는 순서적이고 잘 계획된 삶을 살아야 한다고 생각한다.

16. A: 근거를 통해 어떤 일이 옳은지 알 수 있다.

    B: 근거가 없더라도 어떤 일이 옳은지 알 수 있다.

17. A: 일을 마치는데 주어진 시간을 나눠서 일을 한다.

    B: 마감시간에 임박하여 일을 하는 것을 좋아한다.

18. A: 모든 물건을 정해진 장소에 보관한다.

    B: 하는 일에 따라 물건을 보관하는 장소가 다르다.

19. A: 나만의 계획을 따라야 한다.

    B: 다른 사람의 계획을 따를 수 있다.

20. A: 나는 매우 융통성 있고 예측 불가능한 사람이다.

    B: 나는 일관되고 안정적인 사람이다.

21. A: 새로운 과제가 주어지면 나만의 해결방법을 찾고자 한다.

    B: 새로운 과제가 주어지면 최선의 방법이 무엇인지 다른 사람들로부터 듣고 싶어 한다.

[채점 및 판정 방식]

1, 2, 3, 7, 8, 9, 13, 14, 15, 19, 20, 21번 문항에서 A 답에 1점,

4, 5, 6, 10, 11, 12, 16, 17, 18번 문항에서 B 답에 1점을 주어 합산하시오.

[자신의 인지 스타일 진단] 모든 점수를 합산했을 때

0~4점: 강한 좌뇌 우세형

5~8점: 보통의 좌뇌 우세형

9~13점: 중뇌형

14~16점: 보통의 우뇌형

17~21점: 강한 우뇌형

② 코넬의 뇌 편향 검사 도구

※ 다음 12개의 문항을 읽고, 자신을 가장 잘 표현하고 있는 것을 하나 선택하시오.

1. 나는 독서를 할 때 종종 내 머릿속의 단어를 듣는다. (좌)

　　　내 마음속에서 읽는 것을 본다. (우)

　　　두 가지 모두 보고 듣는다. (중)

2. 나는 길을 안내할 때 주로 어떻게 그곳에 도착하는지 말로 설명한다. (좌)

　　　주로 지도를 그려 설명한다. (우)

　　　지도도 그리고 말로도 설명한다. (중)

3. 나는 학교가 아닌 곳에 있을 때 친구에게 이메일을 보내는 것을 좋아한다. (좌)

　　　운동을 하는 것을 좋아한다. (우)

　　　두 가지(이메일, 운동) 모두를 좋아한다. (중)

4. 나는 학교에서 작업을 할 때 그리거나 색칠하는 활동을 좋아한다. (좌)

　　　글 쓰는 활동을 좋아한다. (우)

　　　그리기와 글쓰기 모두를 좋아한다. (중)

5. 나는 단어를 외울 때 소리 내어 반복하여 읽는다. (좌)

　　　글씨 자체(활자)를 기억한다. (우)

　　　두 가지 방법 모두 사용한다. (중)

6. 나는 선생님께서 말로 설명하실 때 가장 잘 이해한다. (좌)

　　많은 그림, 도표, OHP(overhead) 자료들을 사용할 때 가장 잘 이해한다.(우)

　　언어와 그림자료를 모두 사용할 때 가장 잘 이해한다. (중)

7. 나는 약속시간까지 가야 할 때 거의 정시에 도착한다. (좌)

　　종종 늦는다. (우)

　　때로는 늦고, 때로는 정시에 도착한다. (중)

8. 나는 자유시간에 독서하는 것을 좋아한다. (좌)

　　블록이나 점토로 만드는 것을 좋아한다. (우)

　　독서도 좋아하고, 만들기도 좋아한다. (중)

9. 나는 자유시간에 좋아하는 책을 읽는 것을 좋아한다. (좌)

　　함께 퍼즐 맞추는 것을 좋아한다. (우)

　　독서와 퍼즐 맞추기 모두 좋아한다. (중)

10. 나는 들은 것을 잘 기억한다. (좌)

　　본 것을 잘 기억한다. (우)

　　본 것과 들은 것을 모두 잘 기억한다. (중)

11. 나는 태양계를 묘사하기 위해 태양계에 관해 글로 쓰는 것을 좋아한다. (좌)

　　태양계의 모빌을 만드는 것을 좋아한다. (우)

　　두 가지 방법을 모두 좋아한다. (중)

12. 나는 과제를 수행할 때 주로 혼자서 작업하는 것을 좋아한다. (좌)

　　주로 그룹 활동을 하는 것을 좋아한다. (우)

　　혼자서 하는 것과 그룹으로 하는 것을 모두 좋아한다. (중)

[채점 및 판정 방식] 각 응답에서 좌, 우, 중의 개수를 세어 기록하시오.

좌(좌뇌형) = (　　　　)개

우(우뇌형) = (　　　　)개

중(중간형) = (　　　　)개

[자신의 뇌 편향성 진단]

한 뇌 영역에서 6~8개의 선호도를 보인다면 해당 뇌 편향 성향이다.

한 뇌 영역에서 8~12개의 선호를 보인다면 매우 강한 해당 뇌 편향 성향이다.

7) 다중 지능 발달 상황 설문지

전통적으로 지능은 IQ 개념에 기초하여 논리 · 수학적 지능을 중시한다. 학교의 교과들은 주로 논리 · 수학적 지능을 다루기 때문에 IQ가 높은 학생들이 학교의 교과 성적에서 높은 성취를 올리는 경향이 있다. 그러나 가드너(Gardner, 1983, 1993, 2006)의 연구는 인간의 지능을 논리 · 수학적 지능 외에도 여러 가지 지능이 있음을 밝힘으로써 인간 지능의 다양성에 대한 개념을 널리 알렸다. 배움 중심 수업에서는 학생 개개인의 다중 지능 발달 상황이 서로 다름을 파악한 후, 강점 지능은 살리고 약점 지능은 보완하는 노력이 필요하다.

(1) 매켄지의 다중 지능 발달 상황 자기 점검 설문지

※ 다음 설문 문항들을 읽고, 자기 자신을 가장 잘 설명한다고 생각하는 것에 ∨ 표를 하시오. 각 영역의 설문이 끝날 때마다 표시한 개수를 합계하여 점수를 매기시오.

[채점 및 판정 방식]
이 설문은 학생 개인이 지금 현재 자신의 다중 지능 선호도에 대해 알아본 것입니다. 다음의 _____에 자신의 점수를 적으시오.

_____ 영역 1 = 자연친화적 지능
_____ 영역 2 = 음악 지능
_____ 영역 3 = 논리−수학 지능
_____ 영역 4 = 실존 지능
_____ 영역 5 = 대인 관계 지능
_____ 영역 6 = 신체−운동 지능
_____ 영역 7 = 언어 지능
_____ 영역 8 = 자기 성찰 지능
_____ 영역 9 = 공간 지능

[자신의 다중 지능 진단]
나의 강점 지능은 (60점에서 100점): _____
나의 중간 지능은 (50점에서 40점): _____
나의 약점 지능은 (30점에서 0점): _____

(2) 코넬(2005)의 다중 지능 검사 설문지

코넬의 CMIQR(Connell Multiple Intelligence Questionnaire for Children)은 학생들의 강점, 중간, 약점 지능을 파악하여 1년의 수업 계획을 세우는 기초자료로 활용할 수 있다. 예를 들어, 자연적 지능이 높은 학생들에게는 교외 활동을 많이 계획하고, 존재적 지능과 개인 내 지능이 높은 학생들에게는 좀 더 영감적이고 자기반성적인 활동들을 계획할 수 있다.

※다음 설문 문항들을 읽고, 자기 자신을 가장 잘 설명한다고 생각하는 것에 ∨ 표를 하시오.

영역 1

_____ 나는 라디오나 CD로 노래를 듣는 것을 좋아한다.

_____ 나는 TV로 뮤직비디오를 보는 것을 좋아한다.

_____ 나는 음악콘서트에 가서 라이브 음악을 듣는 것을 좋아한다.

_____ 나는 곡, 랩, 또는 멜로디를 쉽게 생각해 낼 수 있다.

_____ 나는 음악 수업, 가창 수업을 듣거나 악기를 연주한다.

_____ 나는 새로운 노래를 쉽게 배울 수 있다.

_____ 나는 노래하는 것을 좋아한다.

영역 2

_____ 나는 미술 수업을 좋아한다.

_____ 나는 그림그리기, 색칠하기 그리고 진흙으로 만드는 것을 좋아한다.

_____ 나는 퍼즐 맞추기를 즐긴다.

_____ 나는 블록, 레고 모델을 사용하여 무엇인가 만드는 것을 좋아한다.

_____ 나는 비디오 게임을 하는 것이 재미있다.

_____ 나는 잘 생각하기 위해 마음속에 그림을 만들어 낼 수 있다.

_____ 나는 옷, 자동차 그리고 머리스타일과 같은 것들의 다름을 잘 알아차린다.

영역 3

_____ 나는 책, 잡지 그리고 만화책을 읽는 것을 좋아한다.

_____ 나는 어휘력이 좋고, 새로운 단어를 배우는 것을 좋아한다.

_____ 나는 친구들에게 이메일을 쓰는 것을 즐긴다.

_____ 나는 글쓰기를 좋아한다.

_____ 나는 단어 게임들을 좋아한다.

_____ 나는 나의 생각과 아이디어를 글로 보관하는 것이 재미있을 것이라고 생각한다.

_____ 나는 친구들과 전화 통화하는 것을 좋아한다.

영역 4

_____ 나는 동물들과 놀고, 그들을 돌보는 것을 좋아한다.

_____ 나는 동물원, 공원, 수족관에 가는 것을 좋아한다.

_____ 나는 밖에 나가 있는 것을 좋아한다.

_____ 나는 밖에서 산책하고, 걷거나 달리는 것을 좋아한다.

_____ 나는 천둥번개, 비, 눈 그리고 햇빛과 같은 자연의 변화를 관찰하는 것을 좋아한다.

_____ 나는 재활용하는 것을 돕고 우리의 자연을 보호한다.

_____ 나는 나무, 바위, 꽃, 새, 벌레, 다람쥐와 같은 나의 환경에 세심한 주의를 기울인다.

영역 5

_____ 나는 과학실험을 하는 것과 과학박물관에 가는 것을 좋아한다.

_____ 나는 산수와 수학 문제 풀이가 재미있다.

_____ 신비한 것을 푸는 일은 재미있다.

_____ 숫자는 나에게 정말로 흥미롭다.

_____ 나는 체스나 많이 생각해야 하는 컴퓨터 게임을 좋아한다.

_____ 나는 과학과 수학에 대한 TV 프로그램을 좋아한다.

_____ 나는 수학 문제를 암산으로 풀 수 있고, 좋은 성적을 얻을 수 있다.

영역 6

_____ 나는 춤추는 것을 좋아한다

_____ 나는 야구, 축구, 하키, 럭비와 같은 스포츠를 하는 것을 좋아한다.

_____ 나는 모델을 만들거나 구슬 장식, 바느질, 서양식 매듭짓기, 목공을 좋아한다.

_____ 나는 연극이나 제스처 놀이 하는 것을 즐긴다.

_____ 나는 무엇인가를 생각할 때 움직이는 것을 좋아한다.

_____ 나는 무술, 테니스, 달리기, 조깅, 자전거 타기, 스케이트 타기, 체조와 같은 활동을 좋아한다.

_____ 나는 때때로 어떤 것을 실제로 해 보기 전에도 그것에 대한 답을 알 수 있다.

영역 7

_____ 나는 친구들과 함께 있는 것을 좋아한다.

_____ 나는 도움이 필요한 사람을 돕는 것을 좋아한다.

_____ 나는 사람과 그들의 삶에 대한 책을 읽거나 영화를 보는 것을 좋아한다.

_____ 나는 다른 사람들이 어떻게 느끼는지를 잘 파악할 수 있다.

_____ 나는 집이나 학교에서 다른 사람들과 함께 활동을 계획하고 실행에 옮기는 것을 재미있어 한다.

_____ 나는 혼자 있는 것보다는 다른 사람들과 함께 시간을 보내는 것이 더 좋다.

_____ 나는 학급 토론 시간에 이야기하는 것을 좋아한다.

영역 8

_____ 나는 스스로 하는 것을 좋아한다.

_____ 나는 다른 학생들과 같이 하는 것보다 혼자서 과제를 하는 것이 더 낫다.

_____ 나는 문제로 여겨지는 것에 대해 생각하거나 쓰면서 시간 보내기를 좋아한다.

_____ 나는 컴퓨터 게임을 좋아한다.

_____ 나는 나의 느낌이 무엇인지에 대해 예민하고 잘 파악한다.

_____ 나는 나의 생각이나 느낌을 일기나 저널에 쓰는 것을 좋아한다.

_____ 나는 무엇이 나에게 좋은 것인지, 좋지 않은 것인지를 안다.

[채점 및 진단 방식]

각 영역에서 당신이 응답한 문항의 수를 세어 보세요. 당신이 체크한 영역은 여러 영역에서 어떤 지능이 강하고 약한지를 보여 줍니다. 5개 이상을 획득한 영역은 매우 강한 영역, 3~4개는 중간 영역, 3개보다 적은 경우는 개발해야 할 영역을 나타냅니다.

_____ 1영역 (음악적 지능)   _____ 5영역 (수학적 지능)

_____ 2영역 (미술적 지능)   _____ 6영역 (신체적 지능)

_____ 3영역 (언어적 지능)   _____ 7영역 (관계적 지능)

_____ 4영역 (자연적 지능)   _____ 8영역 (자기반성적 지능)

8) 성격 유형에 따른 진로 탐색 검사지

학생들의 성격을 검사하는 도구로 마이어스 브릭스 성격 유형(Myers-Briggs Type Indicator: MBTI)이 있는데, 심혜숙과 임승환(1997)이 번역한 버전은 다음과 같고, 한국 MBTI 연구소는 그 채점 방식, 성격 유형에 대한 설명 및 성격 유형별 진로 분야를 추천하고 있다(출처: 한국 MBTI연구소, http://www.mbti.co.kr).

MBTI 성격유형 검사지

학번: _____   이름: _____

1. 성격검사의 목적
모든 사람의 얼굴과 발가락의 형태가 다르듯이 우리의 개성도 각자 다릅니다. 우리가 사람들의 각각 다른 얼굴에 대해 가치판단을 할 수 없듯이 우리의 개성도 옳거나 그르다는 가치판단을 할 수 없습니다. 이 설문지를 작성하는 목적은 여러분 자신의 성격 유형에 대한 윤곽을 여러분에게 제공하자는 것이며, 그것이 다른 사람의 것과 다를 수 있다는 것을 이해하기 바랍니다.

2. 성격검사할 때의 유의사항
다음 항목들은 a와 b의 짝으로 배열되어 있고 각 쌍 중에서 어느 한 항목이 여러분이 좋아하거나 그렇지 못한 것입니다. 여러분의 선호도를 0~5까지 점수를 주어 나타내 주십시오.

영역 1
_____ 나는 같은 특성에 따라 사물을 분류하는 일을 즐긴다.

_____ 나는 환경 관련 문제들을 중요하게 여긴다.

_____ 나는 가벼운 등산(하이킹)이나 야영(캠핑)활동이 즐겁다.

_____ 나는 정원을 가꾸는 일이 즐겁다.

_____ 나는 국립공원을 지키고 보존하는 것이 중요하다고 생각한다.

_____ 나는 위계에 맞게 체계화한 것이 이해하기 쉽다.

_____ 내 삶에서 동물은 중요한 것이다.

_____ 우리 집은 제대로 재활용을 하고 있다.

_____ 나는 생물학, 식물학, 동물학 등을 공부하는 것이 즐겁다.

_____ 나는 야외에서 많은 시간을 보낸다.

_____ 영역 1의 합계
_____ 영역 1의 점수 = 합계 × 10

영역 2
_____ 나는 반복되는 유형(패턴)을 쉽게 파악한다.
_____ 나는 소음이나 음에 쉽게 집중할 수 있다.
_____ 나는 박자에 맞추어 움직이는 것이 쉽다.
_____ 나는 항상 악기를 연주하는 것에 흥미를 느낀다.
_____ 나는 시의 운율에 흥미를 느낀다.
_____ 나는 운을 맞추는 방법으로 암기하고는 한다.
_____ 라디오나 텔레비전을 들으면서 집중하는 일은 어렵다.
_____ 나는 많은 종류의 음악을 듣는다.
_____ 보통 연극보다는 뮤지컬이 더 재미있다.
_____ 나는 노래의 가사를 기억하는 것이 쉽다.
_____ 영역 2의 합계
_____ 영역 2의 점수 = 합계 × 10

영역 3
_____ 나는 내 물건들을 잘 정리 정돈해 놓는다.
_____ 나는 단계별로 차근차근 일하는 것이 좋다.
_____ 나는 문제를 해결하는 것이 쉽다.
_____ 나는 무질서한 사람들을 보면 마음이 답답해진다.
_____ 나는 암산을 빠르게 잘할 수 있다.
_____ 나는 논리적인 퍼즐 맞추기가 재미있다.
_____ 나는 확실하지 않고 의심스러운 것들이 있는 상태로는 일을 할 수 없다.
_____ 나는 구조적으로 일을 할 때 잘할 수 있다.
_____ 나는 컴퓨터 스프레드시트나 데이터베이스로 일하는 것이 좋다.
_____ 나는 제대로 이치에 맞게 이해할 수 없는 일이 싫다.
_____ 영역 3의 합계
_____ 영역 3의 점수 = 합계 × 10

영역 4

_____ 전체적인 상황에서 내 역할이 무엇인지 아는 것이 중요하다.

_____ 나는 삶에 대해서 토론하는 것이 즐겁다.

_____ 나는 종교를 중요하게 생각한다.

_____ 나는 예술 작품을 감상하는 것이 좋다.

_____ 나는 마음을 편안하게 해 주거나 사람들을 화해시키는 일이 보람 있다고 생각한다.

_____ 나는 아름다운 자연 경관을 보러 가는 것을 좋아한다.

_____ 나는 고대와 현대 철학자들의 말들을 읽는 것을 좋아한다.

_____ 나는 가치를 납득할 수 있다면 새로운 것을 배우는 일이 더 쉬워진다.

_____ 나는 이 우주에 또 다른 지적인 생물체가 있는지 궁금하다.

_____ 나는 역사와 고대 문화를 공부하면 내 관점이 넓어지는 것을 느낀다.

_____ **영역 4의 합계**

_____ **영역 4의 점수 = 합계 × 10**

영역 5

_____ 나는 다른 사람과 교류하면서 배울 때 잘 배울 수 있다.

_____ 나는 사람이 많을수록 즐겁다.

_____ 나는 다른 사람들과 함께 모둠을 만들어 공부할 때 공부가 잘된다.

_____ 나는 다른 사람과 온라인 대화를 하는 것이 즐겁다.

_____ 나는 정치에 참여하는 것은 중요한 일이라고 생각한다.

_____ 나는 텔레비전이나 라디오에 나오는 토크쇼를 보고 듣는 것이 즐겁다.

_____ 나는 다른 사람과 협동하면서 일하는 것을 잘하는 편이다.

_____ 나는 혼자 일하는 것을 싫어한다.

_____ 나는 동아리 활동을 좋아한다.

_____ 나는 사회적 현안이나 논점들에 관심이 많다.

_____ **영역 5의 합계**

_____ **영역 5의 점수 = 합계 × 10**

영역 6

_____ 나는 직접 내 손으로 무언가를 만드는 것을 좋아한다.

_____ 나는 오랫동안 가만히 앉아 있는 것이 힘들다.

_____ 나는 야외에서 놀거나 스포츠를 즐기는 것이 좋다.

_____ 나는 말이 아닌 몸짓으로 생각을 전달하는 것이 중요하다고 생각한다.

_____ 나는 몸이 건강해야 마음도 건강하다고 생각한다.

_____ 나는 공예활동을 하면 즐겁게 시간이 빨리 지나간다.

_____ 나는 춤은 아름답다고 생각한다.

_____ 나는 도구를 이용해서 일을 하는 것을 좋아한다.

_____ 나는 활동적으로 사는 편이다.

_____ 나는 직접 해 보면서 배우는 편이다.

_____ **영역 6의 합계**

_____ **영역 6의 점수 = 합계 × 10**

영역 7

_____ 나는 읽기라면 모두 좋아한다.

_____ 나는 메모를 하면 외우거나 이해하기 쉬워진다.

_____ 나는 편지나 이메일을 통해서 친구와 연락하는 것을 잘한다.

_____ 나는 내 생각을 다른 사람에게 설명하는 것이 쉽다.

_____ 나는 일기를 쓴다.

_____ 나는 십자말풀이나 섞은 철자 맞추기와 같은 단어 퍼즐이 재미있다.

_____ 나는 글쓰기를 할 때 즐겁다.

_____ 나는 말장난이나 철자섞기, 두음바꾸기와 같은 말놀이를 좋아한다.

_____ 나는 외국어에 관심이 많다.

_____ 나는 토론이나 연설을 해 보고 싶다.

_____ **영역 7의 합계**

_____ **영역 7의 점수 = 합계 × 10**

영역 8

_____ 나는 내 도덕적 신념이 무엇인지 잘 알고 있다.

_____ 나는 어떤 주제에 감정적으로 끌리는 바가 있을 때 배우기가 쉽다.

_____ 나는 공평함을 중요하게 생각한다.

_____ 나는 태도에 따라 학습 방식도 달라진다.

_____ 나는 사회적 정의에 관심이 있다.

_____ 나에겐 혼자 일하는 것도 모둠으로 일할 때만큼 효과가 있다.

_____ 무언가 함께 하기 위해선 내가 왜 그것을 해야 하는지 이유를 알아야 한다.

_____ 나는 믿을 수 있는 일에는 최선을 다해서 노력한다.

_____ 나는 다른 사람을 돕는 일을 좋아한다.

_____ 나는 옳지 않은 일을 바로잡는 일에는 기꺼이 참여한다.

_____ 영역 8의 합계

_____ 영역 8의 점수 = 합계 × 10

영역 9

_____ 나는 마음속으로 어떤 생각을 그려볼 수 있다.

_____ 나는 방의 물건을 다시 배치해 보는 일이 즐겁다.

_____ 나는 다양한 방법으로 예술활동을 하는 것을 좋아한다.

_____ 나는 시각적으로 정리된 자료를 이용하면 기억을 더 잘할 수 있다.

_____ 나는 행위 예술이 매우 즐거울 수 있으리라 생각한다.

_____ 나는 도표나 그래프를 그리는 일에 스프레드시트를 즐겨 사용한다.

_____ 나는 3차원 퍼즐이 즐겁다.

_____ 나는 뮤직 비디오 보는 일을 무척 좋아한다.

_____ 나는 머릿속에 떠오른 시각적 장면을 표현해 낼 수 있다.

_____ 나는 지도나 청사진을 읽는 일을 잘한다.

_____ 영역 9의 합계

_____ 영역 9의 점수 = 합계 × 10

0점은 그 항목에 부정적이거나 반대 항목에 강한 선호도를 나타내는 것을 말하며, 5점은 그 항목을 아주 좋아하거나 반대 항목을 싫어할 때입니다. 두 항목에 대한 점수의 합은 반드시 5점이 되어야 합니다(예: 0과 5, 1과 4, 2와 3 등).

반드시 선생님의 지시에 따라 진행하되 공란으로 비워 두는 일은 없어야 합니다. 만약 시간이 모자라 배점을 못하는 항목이 있다면 체크를 한 후 나중에 점수를 기록해 주기 바랍니다. 각 문항의 a, b 항목에 0~5까지를 점수를 부여하되 두 점수의 합이 반드시 5점이 되어야 합니다.

지시가 있기 전까지 다음 장으로 넘기지 마십시오.

※ 반드시 선생님의 지시에 따라 진행하십시오.

1. 다음 문항은 모두 32개의 항목으로 구성되어 있습니다.

2. 잘 이해가 안 되는 항목이 있더라도 직감으로 느껴지는 대로 점수를 배분해 주십시오.

성격유형 간이검사

1a   나는 행동에 집착하고 활동과 행동을 지향한다.

1b   나는 생각에 집착하고 사고와 생각들을 지향한다.

2a   일반적인 개념을 통해 새로운 것을 배운다.

2b   모방과 관찰을 통해 새로운 사실을 배운다.

3a   나는 진실을 목표로 삼는다. 나의 이성으로 더 결정을 내린다.

3b   나는 조화를 목표로 삼는다. 나의 감정으로 더 결정을 내린다.

4a   나의 인생에 적응할 수 있기를 원하며 어떤 경험이든 하기를 원한다.

4b   나의 인생이 결정되어 있고 인생에 나의 의지를 반영하는 것을 선호한다.

5a   쉽게 주의가 산만해진다.

5b   집중을 잘한다.

6a   전통적인 것과 이미 친숙한 것들의 진가를 인정하며 즐긴다.

6b   새로운 것과 남다른 경험들의 진가를 인정하며 즐긴다.

7a   비합리적인 논리를 금방 알아낸다.

7b   사람들이 언제 도움을 필요로 하는지 금방 알아낸다.

8a   나는 그 어떤 것도 놓치지 않도록 나의 삶을 가능한 한 융통성 있게 유지한다.

8b   나는 계획된 순서대로 정착된 삶을 위하여 일한다.

9a   혼자 있을 수 있는 사적인 영역을 즐긴다.

9b   많은 일이 생기는 대중적인 영역을 즐긴다.

10a   상상력이 풍부한 행동을 한다.

10b   실제적으로 행동한다.

11a   논리적인 원칙에 따라 세상만사가 이루어지기를 기대한다.

11b   세상이 개인차를 인정해 주기를 기대한다.

12a   참을성이 있으며 적응능력이 있다.

12b   나 자신을 통제하며 결단성이 있고 엄하다.

13a   외부의 사건이나 질문에 대응하기 전에 생각할 시간을 갖는다.

13b   외부의 사건이나 질문에 대하여 신속하게 대응한다.

14a   자료가 제시하고 있는 도전과 미래의 기회들을 알고 싶어 한다.

14b   자료의 실제적이고 현실적인 적용을 알고 싶어 한다.

15a   사교적이고 친근감이 있고 또한 때로는 시간 보내기형의 이야기를 나눈다.

15b   짧고 요약된 의사소통을 선호한다.

16a 변화의 가능성을 생각하면서 입장을 임시적인 것으로 간주한다.

16b 명확하게 언급하면서 입장과 결정에 대해 단언을 내린다.

17a 말로 혹은 얼굴을 맞대고 의사소통하기보다는 글로 하는 것을 더 선호한다.

17b 글로 의사를 전달하기보다는 얼굴을 맞대고 말로 하는 것을 더 선호한다.

18a 우선적으로 나의 통찰과 개념, 생각들을 제시한다.

18b 우선적으로 내가 지닌 증거, 사실, 세부사항 그리고 사례들을 제시한다.

19a 다른 사람들의 약점을 본다.

19b 다른 사람들의 장점을 본다.

20a 결과와 성취지향적인 의사소통을 한다.

20b 선택성과 우연성을 지향하는 의사소통을 한다.

21a 개인적인 정보들을 쉽게 말한다.

21b 개인적인 정보들을 이야기하기를 망설인다.

22a 자유롭게 은유와 유추를 사용한다.

22b 세부적인 서술을 빈번하게 사용한다.

23a 논리적이고 객관적인 토론을 생각해야 할 자료로 인식한다.

23b 사람들의 감정과 정서들을 생각해야 할 자료로 인식한다.

24a 모임에서 빗나가는 토론을 좋아하지 않는다.

24b 모임에서 토론이 옆길로 새는 것에 대해 마음을 두지 않는다.

25a 새로운 인간관계를 시작할 때 조심성을 보인다.

25b 새로운 인간관계를 쉽게 시작하며 조심성을 많이 보이지 않는다.

26a 나의 인간관계에 대해 절대적인 것으로써 예견 가능성을 추구한다.

26b 나의 인간관계에 있어서 변화란 절대적인 중요성을 가지는 것으로 평가한다.

27a 인간관계에 대해 논리적인 이유를 규명한다.

27b 인간관계에 대해 나의 개인적인 이유를 규명한다.

28a 두 사람 간의 관계에서 문제가 일어날 때에 문제를 다룬다.

28b 두 사람 간의 관계에 대한 문제를 다루기 위해 시기를 정해 놓기를 원한다.

29a 나는 많은 친구들과 우정을 나누는 것을 좋아한다.

29b 적은 수의 친구들과 깊은 관계를 맺기를 좋아한다.

30a "이상적인 관계"에 대해 백일몽을 꾸며 현실을 간과한다.

30b 백일몽을 꾸기는 하나 관계에서 나타나는 현실은 알고 있다.

31a 나의 관심을 개인적인 말과 행동을 통해 표현한다.

31b 나의 관심을 보다 감정을 배제한 상태로 표현한다.

32a　사교적인 모임의 일정에 따르는 활동들을 해야 할 당위성을 느낀다.

32b　사교적인 모임의 일정에 따르는 활동들에 관심을 덜 느낀다.

33a　나의 개인적인 공간과 시간을 쉽게 다른 사람들과 나눈다.

33b　나의 개인적인 공간과 많은 사적인 시간을 필요로 한다.

34a　관계에 있어서 명확한 역할과 기대를 지니고 있다.

34b　역할이나 기대 등은 언제나 타협이 가능한 것으로 믿는다.

35a　나의 인간관계를 손상시킬 수도 있는 부정적인 면들로부터 회피한다.

35b　나의 인간관계에 도움이 될 만한 심세한 감정들을 무시한다.

36a　함께 일함으로써 나의 인간관계를 구축한다고 간주한다.

36b　업무는 나의 인간관계를 침범하는 것으로 간주한다.

37a　집중할 수 있는 조용함을 추구한다.

37b　행동 지향적인 다양한 업무를 추구한다.

38a　이전에 내가 얻은 작업 경험이 나타내는 것보다는 좀 다르게 일을 한다.

38b　이전에 내가 습득한 작업 경험을 활용한다.

39a　나의 업무의 기본으로 논리와 분석을 사용한다.

39b　업무의 기본으로 개인의 가치기준들과 더불어 다른 사람의 견해도 포함시킨다.

40a　불시에 생기는 업무를 처리할 수 있을 때에 최선을 다한다.

40b　나의 일을 계획할 수 있고 계획하는 일을 할 수 있을 때에 최선을 다한다.

41a　심사숙고를 통해 나의 생각을 발전시킨다.

41b　토의를 통해 나의 생각을 발전시킨다.

42a　새로운 기술을 배우려고 하기보다는 이미 알고 있는 기존의 기술을 적용한다.

42b　도전이나 혁신과 관련되는 새로운 기술을 배우는 것을 즐긴다.

43a　다른 사람들을 엄격하게 다루며 관리한다.

43b　다른 사람들과 동감하면서 그들과 관리하고 관여한다.

44a　더 많은 정보를 수집하기 위해 결정에 얽매이는 것을 거부한다.

44b　가능성을 희박하게 보며, 일단 결정을 내리면 만족한다.

45a　일의 진행에 종종 변화가 필요하며 외부 사건들을 찾아다닌다.

45b　나의 일에 집중하고 외부 사건들은 안중에 없다.

46a　사물들을 구체적으로 언급하는 것을 좋아한다.

46b　사물을 일반적으로 언급하는 것을 좋아한다.

47a　업무를 최대한 효과적으로 해내기 위해 조화를 필요로 한다.

47b　조화롭지 않아도 잘 지낼 수 있으며 여전히 업무를 효율적으로 잘 해낸다.

48a   신속하게 결정하고 마감하려 한다.

48b   결정을 미루며 가능성을 찾는다.

3. 성격유형 진단 채점표

아래의 해당되는 칸의 각 항목에 대해 당신이 적은 점수를 옮겨 적으십시오. 당신의 점수를 올바른 위치에 옮겨 적었는지 a, b를 다시 체크해 보고 점수를 합쳐 합계란에 기록해 주십시오.

범주1				범주2				범주3				범주4			
E		I		S		N		T		F		J		P	
문항	점수	문항	점수	문항	점수	문항	점수	문항	점수	문항	점수	문항	점수	문항	점수
1a	( )	1b	( )	2b	( )	2a	( )	3a	( )	3b	( )	4b	( )	4a	( )
5b	( )	5a	( )	6a	( )	6b	( )	7a	( )	7b	( )	8b	( )	8a	( )
9b	( )	9a	( )	10b	( )	10a	( )	11a	( )	11b	( )	12b	( )	12a	( )
13b	( )	13a	( )	14b	( )	14a	( )	15b	( )	15a	( )	16b	( )	16a	( )
17b	( )	17a	( )	18b	( )	18a	( )	19b	( )	19a	( )	20a	( )	20b	( )
21a	( )	21b	( )	22b	( )	22a	( )	23b	( )	23a	( )	24a	( )	24b	( )
25b	( )	25a	( )	26a	( )	26b	( )	27a	( )	27b	( )	28b	( )	28a	( )
29a	( )	29b	( )	30b	( )	30a	( )	31b	( )	31a	( )	32a	( )	32b	( )
33a	( )	33b	( )	34a	( )	34b	( )	35b	( )	35a	( )	36a	( )	36b	( )
37b	( )	37a	( )	38b	( )	38a	( )	39a	( )	39b	( )	40b	( )	40a	( )
41b	( )	41a	( )	42a	( )	42b	( )	43a	( )	43b	( )	44b	( )	44a	( )
45a	( )	45b	( )	46a	( )	46b	( )	47b	( )	47a	( )	48a	( )	48b	( )
합산	( )	합산	( )	합산	( )	합산	( )	합산	( )	합산	( )	합산	( )	합산	( )

※ 유의사항

1) 미처 점수 배정을 못한 항목을 완성하십시오.

2) 지시가 있기 전까지는 다음 장으로 넘기지 마십시오.

4. 성격유형에 대한 해설

그러면 이제 아래의 표에 당신의 각 항목별 합계 점수를 옮겨 적으십시오.

범주1		범주2		범주3		범주4	
E	I	S	N	T	F	J	P

※ 채점표에 나타난 약자(대문자)는 다음을 나타냅니다.

E : 외향적(extroversion)	I : 내향적(introversion)
S : 감각적(sensing)	N : 직관적(intuition)
T : 이성적(thinking)	F : 감성적(feeling)
J : 판단 지향적(judging)	P : 인식 지향적(perceiving)

♠ 외향적(E)인 사람은 인간과 사물의 외면적인 세계를 지향하는 반면,

　내향적(I)인 사람은 생각과 감정의 내면적 세계를 지향힌다.

♠ 감각적(S)인 사람은 세부사항을 면밀히 조사해 보는 반면,

　직관적(N)인 사람은 큰 문제에 집중하기를 좋아하는 경향이 있다.

♠ 사고적(T)인 사람은 어떤 일을 논리적이고 객관적으로 판단하기를 원하는 반면,

　감정적(F)인 사람은 보다 주관적인 바탕 위에서 어떤 결정을 내리기를 선호한다.

♠ 판단 지향적(J)인 사람은 단호하고 확실한 목표를 정한 일을 추진하기를 좋아하며,

　인식 지향적(P)인 사람은 융통성이 있고, 보다 많은 정보를 얻고자 하는 경향이 있다.

※ 4가지 선호지향

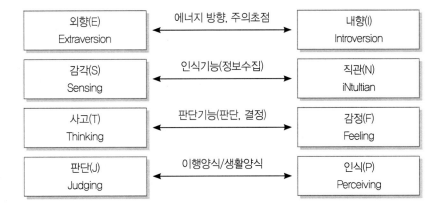

MBTI의 16가지 성격유형(특징)

성격유형	특 징
ISTJ (소금형)	신중하고 조용하며 집중력이 강하고 매사에 철저하다. 구체적, 체계적, 사실적, 논리적, 현실적인 성격을 띠고 있으며, 신뢰할 만하다. 만사를 체계적으로 조직화시키려고 하며 책임감이 강하다. 성취해야 한다고 생각하는 일이면 주위의 시선에 아랑곳하지 않고 꾸준하고 건실하게 추진해 나간다.

ISFJ (권력형)	조용하고 친근하고 책임감이 있으며 양심 바르다. 맡은 일에 헌신적이며 어떤 계획의 추진이나 집단에 안정감을 준다. 매사에 철저하고 성실하고 정확하다. 기계 분야에는 관심이 적다. 필요하면 세세한 면까지도 잘 처리해 나간다. 충실하고 동정심이 많고 타인의 감정에 민감하다.
ISTP (백과사전형)	차분한 방관자이다. 조용하고 과묵하며 절제된 호기심을 가지고 인생을 관찰하고 분석한다. 때로는 예기치 않게 유머 감각을 나타내기도 한다. 대체로 인간관계에 관심이 없고 기계가 어떻게, 왜 작동되는지 흥미가 많다. 논리적인 원칙에 따라 사실을 조직화하기를 좋아한다.
ISFP (성인군자형)	말없이 다정하고 친절하고 민감하며 자기 능력을 뽐내지 않고 겸손하다. 의견의 충돌을 피하고 자기 견해나 가치를 타인에게 강요하지 않는다. 남 앞에 서서 주도해 나가기보다 충실히 따르는 편이다. 일하는 데에도 여유가 있다. 왜냐하면 목표를 달성하기 위해 안달복달하지 않고 현재를 즐기기 때문이다.
INFJ (예언자형)	인내심이 많고 독창적이며 필요하거나 원하는 일이라면 끝까지 이루려고 한다. 자기 일에 최선의 노력을 다한다. 타인에게 말없이 영향력을 미치며, 양심이 바르고 다른 사람에게 따뜻한 관심을 가지고 있다. 확고부동한 원리원칙을 중시한다. 공동선을 위해서는 확신에 찬 신념을 가지고 있다.
INTJ (과학자형)	사고가 독창적이며 창의력과 비판적 분석력이 뛰어나며 내적 신념이 강하다. 독립적이고 단호하며 때때로 문제에 대하여 고집이 세다. 자신과 타인의 능력을 중요시하며 목적 달성을 위하여 온 시간과 노력을 바쳐 일한다.
INFP (잔다르크형)	정열적이고 충실하나 상대방을 잘 알기 전까지는 이를 드러내지 않는 편이다. 학습, 아이디어, 언어, 자기 독립적인 일에 관심이 많다. 어떻게 하든 이루어내기는 하지만 일을 지나치게 많이 벌리려는 경향을 가지고 있다. 남에게 친근하기는 하지만, 많은 사람을 동시에 만족시키려는 부담을 가지고 있다. 물질적 소유나 물리적 환경에는 별 관심이 없다.
INTP (아이디어형)	조용하고 과묵하다. 특히 이론적 과학적 추구를 즐기며, 논리와 분석으로 문제를 해결하기를 좋아한다. 주로 자기 아이디어에 관심이 많으나 사람들의 모임이나 잡담에는 관심이 없다. 관심의 종류가 뚜렷하므로 자기의 지적 호기심을 활용할 수 있는 분야에서 능력을 발휘할 수 있다.
ESTP (활동가형)	실질적인 문제 해결에 능하다. 근심이 없고 어떤 일이든 즐길 줄 안다. 기계 다루는 일이나 운동을 좋아하고 친구 사귀기를 좋아한다. 적응력이 강하고 관용적이며, 보수적인 가치관을 가지고 있다. 긴 설명을 싫어한다. 기계의 분해 또는 조립과 같은 실제적인 일을 다루는 데 능하다.

ESFP (사교형)	사교적이고 태평스럽고 수용적이고 친절하며, 만사를 즐기는 형이기 때문에 다른 사람들로 하여금 일에 재미를 느끼게 한다. 운동을 좋아하고 주위에 벌어지는 일에 관심이 많아 끼어들기 좋아한다. 추상적인 이론보다는 구체적인 사실을 잘 기억하는 편이다. 건전한 상식이나 사물뿐만 아니라 사람들을 대상으로 구체적인 능력이 요구되는 분야에서 능력을 발휘할 수 있다.
ESTJ (사업가형)	구체적이고 현실적이고 사실적이며, 기업 또는 기계에 재능을 타고났다. 실용성이 없는 일에는 관심이 없으며 필요할 때 응용할 줄 안다. 활동을 조직화하고 주도해 나가기를 좋아한다. 타인의 감정이나 관점에 귀를 기울일 줄 알면 훌륭한 행정가가 될 수 있다.
ESFJ (친선도모형)	마음이 따뜻하고 이야기하기 좋아하고, 사람들에게 인기가 있고 양심 바르고 남을 돕는 데에 타고난 기질이 있으며 집단에서도 능동적인 구성원이다. 조화를 중시하고 인화를 이루는 데 능하다. 항상 남에게 잘해 주며, 격려나 칭찬을 들을 때 가장 신바람을 낸다. 사람들에게 직접적이고 가시적인 영향을 줄 수 있는 일에 가장 관심이 많다.
ENFP (스파크형)	따뜻하고 정열적이고 활기에 넘치며 재능이 많고 상상력이 풍부하다. 관심이 있는 일이라면 어떤 일이든지 척척 해낸다. 어려운 일이라도 해결을 잘하며 항상 남을 도와줄 태세를 가지고 있다. 자기 능력을 과신한 나머지 미리 준비하기보다 즉흥적으로 덤비는 경우가 많다. 자기가 원하는 일이라면 어떠한 이유라도 갖다 붙이며 부단히 새로운 것을 찾아 나선다.
ENTP (발명가형)	민첩하고 독창적이고 안목이 넓으며 다방면에 재능이 많다. 새로운 일을 시도하고 추진하려는 의욕이 넘치며, 새로운 문제나 복잡한 문제를 해결하는 능력이 뛰어나며 달변이다. 그러나 일상적이고 세부적인 면은 간과하기 쉽다. 한 일에 관심을 가져도 부단히 새로운 것을 찾아 나간다. 자기가 원하는 일이면 논리적인 이유를 찾아내는 데 능하다.
ENFJ (언변능숙형)	주위에 민감하며 책임감이 강하다. 다른 사람들의 생각이나 의견을 중히 여기고, 다른 사람들의 감정에 맞추어 일을 처리하려고 한다. 편안하고 능란하게 계획을 내놓거나 집단을 이끌어 가는 능력이 있다. 사교성이 풍부하고 인기있고 동정심이 많다. 남의 칭찬이나 비판에 지나치게 민감하게 반응한다.
ENTJ (지도자형)	열성이 많고 솔직하고 단호하고 통솔력이 있다. 대중 연설과 같이 추리와 지적 담화가 요구되는 일이라면 어떤 것이든 능하다. 보통 정보에 밝고 지식에 대한 관심과 욕구가 많다. 때로는 실제의 자신보다 더 긍정적이거나 자신 있는 듯한 사람으로 비칠 때도 있다.

성격유형별 진로 분야

성격유형	특 징
ISTJ (소금형)	명확한 직무능력과 인내와 정확성과 조직력을 요하는 분야, 과업 지향적이고 현실에 기반을 둔 분야 – 사무직, 관리직, 법률, 회계, 엔지니어, 대행업자, 화학, 교육, 훈련, 사업, 은행감독원, 세무조사원 등
ISFJ (권력형)	정확성과 조직성을 요하며, 반복적으로 연결되는 일상의 일과 타인의 관심과 관찰력이 필요한 분야 – 교사, 비서, 사회사업, 물리치료사, 의학, 종교계, 경호원, 서비스업 등
ISTP (백과사전형)	실제적인 생산관리 분야, 해결해야 할 새롭고 긴박한 일을 처리하고 자신의 독립성이 보장되는 직업 분야 – 기계, 응용과학, 스포츠, 기술자, 측량기사, 상업 디자이너, 교정직, 사무원, 법률, 통계, 경제, 판매 등
ISFP (성인군자형)	개방되어 있고 다른 사람들과 쉽게 어울릴 수 있는 직업 분야, 실제적인 행동 기술을 활용할 수 있는 분야 – 예술인, 성직자, 교직자, 요리사, 정원사, 간호사, 지질학자, 사회사업, 서비스업, 체육인 등
INFJ (예언자형)	자율성과 창의성을 인간교육에서 발휘하는 분야, 직관력과 사람 중심의 가치를 중시하는 분야 – 심리학자, 상담사, 성직자, 교직, 저술활동, 연구자문, 의사, 순수예술, 건축가, 사회사업가 등
INTJ (과학자형)	직관력과 통찰력, 이론의 논리성을 탐색하는 분야 – 컴퓨터 프로그래머, 기술자, 사업분석가, 행정가, 철학, 엔지니어, 건축사, 자연과학자, 법조인 등
INFP (잔다르크형)	다른 사람들의 성장을 도모시키는 분야, 인간 이해와 인간 복지에 기여할 수 있는 분야 – 소설가, 연예인, 사회사업가, 성직자, 교수직, 저널리스트, 예술가, 정신과 의사, 건축가 등
INTP (아이디어형)	추상적 개념과 논리적인 문제 해결이 개입되는 분야, 사고와 논리를 활용할 수 있는 분야 – 분석자, 논리학자, 수학자, 철학자, 과학자, 건축가, 작가, 신문방송인, 통계, 연구, 컴퓨터 분야 등
ESTP (활동가형)	정확한 사실 파악 능력, 논리와 분석능력, 적응력을 발휘할 수 있는 분야, 활동적이거나 연장이나 재료를 다루는 분야 – 전문 세일즈, 요식업, 건축업, 부동산, 무역업, 언론, 신용조사, 은행 경영자, 개인 서비스업 등
ESFP (사교형)	사람들과 만나고 상호작용하는 분야, 순응을 요하고 실제적인 능력을 필요로 하는 분야 – 여행사, 유흥사업, 서비스, 판매, 영화, 프로듀서, 정치가, 연예인, 중재자, 비서직, 간호사, 교직, 건축업자 등
ESTJ (사업가형)	조직 안에서 책임을 맡고 실제적인 일을 처리하는 분야, 현실적, 체계적, 논리적인 분야 – 행정, 관리직, 자기 사업, 제조 생산업, 건설, 판매관리자, 공장 감독자, 변호사, 재무담당 감독자 등

ESFJ (친선도모형)	인화를 도모하는 분야, 규칙과 규정을 잘 따르고 의무와 봉사를 하는 분야, 행동을 요구하는 분야 - 자원봉사, 세일즈, 교직, 인력개발관리, 사회사업, 상담, 서비스업, 보건 종사자, 성직자 등
ENFP (스파크형)	사람들과 상호작용이 요구되고 상황이 변화하는 분야, 분석적인 일의 분야 - 홍보활동가, 정치인, 판매요원, 배우, 예술가, 상담사, 성직자, 저널리스트, 광고, 경영 등
ENTP (발명가형)	자율성과 다양성이 제공되는 분야, 도전성이 있고 단조롭지 않은 일의 분야 - 발명가, 과학자, 신문방송인, 언론인, 컴퓨터분석가, 기업가, 감사관, 사업설계분석, 엔지니어 등
ENFJ (언변능숙형)	나에 대한 기대치가 있고, 나의 공로를 인정해 주며, 업무 능력의 성장과 발전을 격려받을 수 있는 분야 - 지도자, 통솔자, 정책가, 활동가, 지휘관, 커뮤니케이션 분야, 보건 의료 분야, 컨설팅 분야 등
ENTJ (지도자형)	독립적인 프로젝트를 추진할 수 있는 분야, 추진력과 통찰력, 분석력을 활용할 수 있는 분야 - 설계, 법률, 경영관리, 군대장교, 지휘관, 자영업, 건축, 토목, 세일즈관리자, 컴퓨터 전문가 등

2. 학습자의 학습 및 발달 상황 기록 양식

배움 중심 수업에서는 학습자에 대한 정보를 기록하고 수업 상황에 피드백하는 동시에 그 결과 또한 기록하여 상급 학년으로 이관할 때 학습자의 배움이 일관적이고, 지속적이고, 효과적이게 된다. 이 절에서는 학생의 하루 및 주별 학습 상황 기록 양식과 종합적인 누가 기록 양식인 탤런트 프로파일 양식을 소개한다.

1) 일일 학습 행동 기록 양식

다음 일일 학습 행동 기록 양식은 학생 개인의 하루 학습 상황을 기록하는 데 활용된다. 교사가 다인수 학급에서 학생 개개인에 대한 일일 학습 행동을 기록하는 일은 쉽지 않은 일이다. 따라서 일일 학습 행동 기록 양식은 학습부진아, 영재아, 학교 생활 부적응아 등 학급 내에서 교사의 특별 관심과 지도가 필요한 학생들에게 필요할 것이다. 교사는 이들에게 진단과 처방을 통해 나타나는 학교생활에서의 행동 변화를 기록하고 일관된 교육을 펼치는 데 도움을 줄 수 있다. 발렛(Valett, 1970, p. 44)은 이런 목적을 위해 다음과 같이 일
일 학습 행동 기록 양식을 제시하고 있다. 양식 내 세부 내용은 학생의 특징과 목적에 따라
수정 · 보완될 수 있다.

일일 학습 행동 기록 양식

학생: _____ 교사: _____ 날짜: _____

과제	태도			정확도					
	주의 부족	열심히 임함	과제 완수	정답수	오답수	평가			
						부족 (0)	보통 (1)	우수 (2)	최우수 (3)
사회적 행동									
다른 사람의 권리 존중(줄서기, 차례지키기, 때리지 않기)									
다른 사람의 소유물 존중(학급 청결 유지, 물건 훔치지 않기)									
다른 사람의 감정 존중(욕하지 않기, 예의바르고 친절하기)									
다른 사람과 친구 되기(협동하기, 손을 들기, 남을 돕기)									
집에서의 행동									
보상 내용	획득 점수								
	총점								

2) 주별 학습 행동 기록 양식

발렛(1970, p. 28)은 더 나아가 교사가 학생들의 수행을 1주 동안 기록한 후 점수화하는 양식을 제시했는데, 개별학생들의 학습 수행을 보상하거나 수정하는 데 사용할 수 있다. 다음은 발렛의 원래 양식을 보다 간편화한 양식으로 그 예시이다. 이 양식에서 학생 김철수는 9월 3주(14~18일)의 학습 수행에서 점차 진보하고 있음을 알 수 있다.

학생: 김철수   교사: 이영희   날짜: 9월 14~18일

일일 학습과제	요일	월				화				수				목				금			
	학습 행동	B	W	C	E	B	W	C	E	B	W	C	E	B	W	C	E	B	W	C	E
	점수	1	1	1	1-5	1	1	1	1-5	1	1	1	1-5	1	1	1	1-5	1	1	1	1-5
책 읽고(책 27권, 6-9 단원) 독해 문제에 답하기		1		1	2	1	1	1	5	1	1	1	2	1			1	1	1	1	2
철자법 학습(8단원)		1	1	1	3					1	1	1	3					1	1	1	5
사회과 워크북 학습						1	1		2					1	1	1	3	1	1	1	5
수학문제풀기(p.100-110)		1	1	1	3	1	1	1	2	1	1	1	3	1	1	1	4	1	1	1	5
줄넘기하기(25번 시도에서 성공적으로 넘는 회수 늘리기)		1	1		1	1	1		1	1	1		3	1	1	1	4	1	1	1	4
일일 점수		4	3	3	9	4	4	2	10	4	4	3	11	4	3	3	12	5	5	5	21
총계		19				20				22				22				36			

금주의 점수: 110

교사의 평가: 금주는 열심히 학습하여 그 수행이 진보하고 있음.

※

B: Began을 의미하며 학생이 정시에 학습과제를 시작하면 1점을 준다.

W: Work를 의미하며 학생이 학습과제에 주의를 기울이고, 지시에 따라 능동적으로 임하면 1점을 준다.

C: Complete를 의미하며 학생이 학습과제를 끝내면 그 질의 고하를 막론하고 1점을 준다.

E: Evaluation을 의미하며 학생이 수행한 학습과제의 질과 양을 고려하여 1점(가)에서 2점(양), 3점(미), 4점(우), 5점(수)까지 점수를 준다.

3) 탤런트 프로파일 양식

탤런트 프로파일(talent profile)은 "학생의 K-12학년 동안 학교, 가정, 지역사회의 활동을 통해 어떤 가치 있는 인간 활동 영역에서 이룬 탁월한 성취를 기술하고 시각적으로 종합한 누가 기록이다(Kay, 2001, p. 46)." 케이(Kay)에 의하면 탤런트 프로파일은 세 가지 특징이 있다. 첫째, 광범위함(broadness)으로 교과, 체육, 예능 등 어떤 영역이든지 탁월한 성취를 기록한다. 둘째, 포괄성(comprehensiveness)으로 학교, 가정, 지역사회, 종교 단체 등 학생이 이룩한 탁월한 성취를 기록한다. 셋째, 종합성으로 학생에 대한 정보를 한곳에 모아 놓을 뿐만 아니라 요약을 제공하여 재능 영역, 종단적 경향, 수월성의 변화에 대한 정보를 제공한다. 케이(2001)의 탤런트 프로파일은 학생들의 강점을 살려 주고 약점은 보완하는 배움 중심 수업의 취지에 적절하다. 탤런트 프로파일은 재능 프로파일과 성취 프로파일로 구성되는데, 우리나라 종합 생활부 기록 양식의 개선에 많은 시사를 제공한다.

(1) 재능 프로파일

재능 프로파일은 학생의 타고난 능력에 대한 검사 측정치나 일화 기록적 사건의 결과들을 기록하는 부분이다. 예를 들어, 지능, 창의성, 사회적 능력, 정의적 능력, 신체적 능력에 대한 것들이다. 다음은 어느 4학년 학생의 재능 프로파일의 기록 예로서, 인지 능력 검사와 창의성 검사에서 그 점수가 보통에서 우수까지의 수준으로 나타난 것을 기록한 것이다(Kay, 2001, p. 49).

기술적 기록: 재능 프로파일

학생:

년도	학년	영역	수준	능력에 대한 기술
1997	2	지능	보통	120 언어 인지능력 검사
			우수	134 수리 인지능력 검사
			보통	123 비언어 인지능력 검사
			우수	131 인지능력 검사 종합
		창의성	우수	길포드(Guilford)의 창의성 검사

(2) 성취 프로파일

성취 프로파일은 학생이 다양한 영역에서 성취한 업적을 기록하는 부분이다. 학업 성취(국어, 수학, 사회, 과학), 예술(음악, 미술, 무용, 연극, 글쓰기), 리더십, 의사소통, 게임, 실과/기술, 스포츠 영역에서의 업적을 기록한다. 다음은 앞의 4학년 학생의 성취 프로파일을 기록한 예이다.

기술적 기록: 성취 프로파일

학생:

년도	학년	영역	수준	능력에 대한 기술
1996	1	예술(쓰기)	2위	PTA 문학작품 쓰기 대회
1997	2	읽기와 쓰기	96퍼센타일	DRP 읽기 표준화 학력 검사
		수학	99퍼센타일	IOWA 수학 표준화 학력 검사
		음악	1위	교내 음악 감상 대회
		미술	우수	지역사회 미술 대회
		문학	3위	도내 문학작품 감상문 쓰기 대회
		문학	작품출연	교육청 시 쓰기 대회
1998	3	학업 성취	참가	EXPAND 영재프로그램 참가
		읽기	99퍼센타일	DRP 읽기 표준화 학력 검사
		수학	98퍼센타일	IOWA 수학 표준화 학력 검사
		무용	우수	전국 발레 경진대회
		음악	1위	교내 음악 감상 대회
		음악	1위	교육청 피아노 경진대회
		음악	공연	Allegro 오케스트라 초청 피아노 공연[Ballad(Burgmuller곡), Let There Be Peace(본인 작곡), Sonata in C & K545 1st movement(Mozart곡), Solfegietto(Bach 곡)]
		문학	3위	도내 문학작품 감상문 쓰기 대회
		스포츠	참가	축구팀의 일원으로 여름 순회 경기 참가
1999	4	학업 성취	참가	EXPAND 영재프로그램 참가
		문학	우수	도내 OM(세익스피어 부문) 경진대회
		음악	시작	비올라 학습
		음악	참여	교내 겨울 피아노 콘서트 합창단에 참여
		음악	1위	교내 음악 감상 대회

음악	참여	Music & Allegro 오케스트라 아카데미
음악	공연	뮤직 아카데미 피아노 리사이틀 아동 콘서트[Lyric Pieces Op 12#1(E. Grieg곡), Waltz−Lyric Pieces Op 12#2(E. Grieg곡), Faculty of Ramapo College 콘서트Variations of an Italian Aria(베토벤곡)]
스포츠	참가	축구팀(MW Wildcats)의 일원으로 여름 순회 경기 참가

3. 교사의 배움 중심 수업의 실제에 대한 진단 도구

배움 중심 수업은 교사가 얼마나 배움 중심 수업 오리엔테이션을 가지고 있는가에 따라 영향을 받는다. 다음 두 가지 검사 도구는 교사의 배움 중심 수업 신념, 실제, 전문성, 단원 설계 점검 도구이다.

1) 교사의 배움 중심 수업 신념 점검 도구

우리나라의 배움 중심 수업 개념을 미국에서는 "학습자 중심 교육(Learner-Centered Education)"이라는 이름으로 연구해 왔다(McCombs, 2001, 2003; McCombs & Lauer, 1997; McCombs & Whisler, 1997). 학습자 중심 교육을 연구해 왔던 학자들은 K-20의 교육자들이 자신의 교육의 실제 모습이 얼마나 학습자 중심의 실제에 부응하는지 스스로 평가하는 도구로 ALCP(Assessment of Learner-Centered Practices)를 개발하였다.

ALCP는 교사들이 배움 중심 수업에 대한 자신의 신념 및 교육의 실제를 스스로 진단하는 도구로 사용될 수 있다. 이 도구는 교사들의 능력을 평가하는 것도 아니고, 교수 절차에 대한 '요리책'도 아니다(McCombs & Miller, 2007, pp. 26-29). ALCP는 비위협적인 자기 진단 평가 도구이고, 교사 자신의 배움 중심 수업에 대한 전문성 개발 도구이고, 교사가 얼마나 배움 중심 수업 오리엔테이션을 가지고 있는가를 점검하는 데 사용될 수 있다. 또한 전문적 학습 공동체를 통해 교사들끼리 상호 간에 전문성을 공유하고 개발하는 토론과 반성의 기회를 제공하는 장점이 있다(McCombs & Miller, 2007, pp. 103-105).

※ 다음 15개의 문항들을 읽고, 각 문항에 대해 자신이 얼마나 동의하는지 또는 동의하지 않는지를 표시하시오. 각 문항에 대해 오랫동안 생각하지 말고 즉시적으로 느끼는 판단에 기초하여 답하시오. 한 문항도 빼놓지 말고 15개 문항 모두에 대해 답하시오.

A= 전혀 동의하지 않는다.   B = 약간 동의하지 않는다.   C = 어느 정도 동의한다.   D = 매우 동의한다.

1. 학습을 극대화하려면 학생이 자신의 감정과 신념을 자유롭게 이야기하도록 도와야 한다.	A	B	C	D
2. 학습을 거부하는 학생을 가르치는 것은 불가능하다.	A	B	C	D
3. 교사는 감정이 아무리 상해 있더라도 학생이 그것을 모르는 편이 좋다.	A	B	C	D
4. 시간을 가지고 학생을 돌보며 관계를 맺는 것이 학생의 성취에 중요하다.	A	B	C	D
5. 문제아들을 대할 때 감정이 상하고 당혹스러운 것은 어쩔 수 없는 일이다.	A	B	C	D
6. 학생들에게 질문을 유도하고 방향을 제시해 주지 않으면 학생들은 답을 얻지 못할 것이다.	A	B	C	D
7. 학습에 흥미가 없는 학생도 동기를 갖도록 도울 수 있다.	A	B	C	D
8. 교사가 아무리 노력해도 변화시킬 수 없는 학생은 있는 법이다.	A	B	C	D
9. 교사는 교과에 대한 지식을 갖추는 것이 중요하다.	A	B	C	D
10. 교사가 학생들을 개인적으로 알면 학생의 학습 동기는 더 높아진다.	A	B	C	D
11. 능력은 타고나기 때문에 능력을 타고나지 않은 학생들은 능력을 타고난 학생들보다 발전하기 어렵다.	A	B	C	D
12. 교사가 지도할 수 있는 가장 중요한 것들 중 하나는 학생이 학급 규칙을 따르고, 행할 것을 행하도록 하는 것이다.	A	B	C	D
13. 교사와 학생의 관계가 권위적이기보다 인간적일 때 학생의 학습을 더 촉진시킬 수 있다.	A	B	C	D
14. 피드백을 해 주어도 자신의 실수를 파악하지 못하는 학생이 있다.	A	B	C	D
15. 교사는 학생이 무엇을, 어떻게 배우는지에 대해 책임이 있다.	A	B	C	D

[채점 및 판정 방식]
1. A: 1점, B: 2점, C: 3점, D: 4점으로 계산한다.
2. 아래 세 가지 하위 척도의 루브릭 점수에 비추어 자신의 신념 수준을 점검한다.
   척도 1: 학습자, 학습, 교수에 대한 학습자 중심 신념(문항 1, 4, 7, 10, 13)
        점수: (5개 문항 합산 점수) / 5
        표준점수: 3.2 (이 점수 이상이면 배움 중심 지향성이 강함)

> 척도 2: 학습자에 대한 비학습자 중심 신념 (문항 2, 5, 8, 11, 14)
>   점수: (5개 문항 합산 점수) / 5
>   표준점수: 2.3 (이 점수 이하이면 배움 중심 지향성이 강함)
> 척도 3: 학습과 교수에 대한 비학습자 중심 신념 (문항, 3, 6, 9, 12, 15)
>   점수: (5개 문항 합산 점수) / 5
>   표준점수: 2.4 (이 점수 이하이면 배움 중심 지향성이 강함)

2) 교사의 배움 중심 수업에 대한 학생의 인식 검사

교사의 배움 중심 수업의 실제 모습에 대한 학생들의 인식은 교사와 다를 수 있다. 교사는 이에 대한 학생들의 인식을 조사하고 배움 중심 수업의 실제를 발전시키는 데 사용할 수 있다. 다음 교사의 배움 중심 수업 실제에 대한 학생용 인식 검사 도구는 학습자 중심 수업 10개 지표(McCombs & Miller, 2007, pp. 103-105)를 가지고 저자가 14개 문항으로 구성한 것이다.

※ 이 검사는 선생님이 얼마나 배움 중심의 수업을 펼치는지를 평가하는 도구입니다. 다음 14개의 문항들을 읽고, 여러분의 생각을 표시하시오. 각 문항에 대해 오랫동안 생각하지 말고 즉시적으로 느끼는 대로 답하시오. 한 문항도 빠뜨리지 말고 14개 문항 모두에 대해 답하시오.

A = 그렇다   B = 보통이다   C = 그렇지 않다

1. 우리 선생님은 내가 공부할 내용을 정할 수 있게 해 주신다.	A	B	C
2. 우리 선생님은 내가 공부할 방법을 정할 수 있게 해 주신다.	A	B	C
3. 우리 선생님은 내가 공부할 시간을 정할 수 있게 해 주신다.	A	B	C
4. 우리 선생님은 나의 공부에 대해서는 내가 책임을 져야 한다고 자주 말씀하신다.	A	B	C
5. 우리 선생님은 내가 원하는 것을 가르쳐 주신다.	A	B	C
6. 우리 선생님은 내가 하자고 하는 것을 가르쳐 주신다.	A	B	C
7. 우리 선생님은 내가 하기는 어렵지만 할 수 있는 공부할 문제(숙제)를 주신다.	A	B	C
8. 우리 선생님은 우리가 교실의 규칙을 만들고 지키도록 해 주신다.	A	B	C

9. 우리 선생님은 우리에게 친구들과 친하게 지내라고 말씀하신다.	A	B	C
10. 우리 선생님은 우리에게 선생님과도 친하게 지내자고 말씀하신다.	A	B	C
11. 우리 선생님은 나의 생각과 친구의 생각이 서로 다른 것이 당연하다고 말씀하신다.	A	B	C
12. 우리 선생님은 내가 공부하면서 '해냈다' 또는 '배웠다'는 느낌을 갖도록 해 주신다.	A	B	C
13. 우리 선생님은 우리가 친구와 경쟁하기보다는 서로 도우며 공부하도록 이끄신다.	A	B	C
14. 우리 선생님은 내가 실수를 해도 괜찮다고 하신다.	A	B	C

[채점 및 판정 방식]

1. A: 3점, B: 2점, C: 1점으로 계산하여 총점을 낸다.

3) 교사의 배움 중심 수업 전문성 진단 도구(INTASC, 1992)

Interstate New Teacher Assessment and Support Consotium(INTASC)는 1992년에 열 가지 표준을 만들어 신입 교사들의 자격 검증의 기반으로 삼아 적용할 것을 제시했는데 (www.ccsso.org/intascst.html), 수업 관련 지식, 성향, 수행의 세 가지 분야를 포함하고 있다. 신입 교사뿐만 아니라 경력 교사들에게도 교사들의 배움 중심 전문성 진단 도구의 항목으로 활용할 수 있을 것이다.

A = 그렇다   B = 보통이다   C = 그렇지 않다

1. 지도할 교과의 주요 개념, 탐구 도구, 구조를 이해하고 교과의 이런 측면들이 학생들에게 의미 있는 경험이 되도록 학습 경험을 창조한다.	A	B	C
2. 학생들이 어떻게 학습하고 성장하는지를 이해하고 그들의 지적, 사회적, 인격적 성장을 지원할 학습 경험을 제공한다.	A	B	C
3. 학생들이 학습에 접근하는 방식들이 어떻게 다른지 이해하고 다양한 학생에게 적합화된 교수 기회를 창조한다.	A	B	C
4. 학생들이 비판적 사고 능력, 문제 해결 능력, 수행 능력을 발달시킬 수 있도록 격려하는 다양한 교수 전략을 이해하고 사용한다.	A	B	C

5. 개인별, 집단별 동기와 행동을 이해하고 긍정적인 사회적 상호작용, 학습에의 능동적 참여, 자기 동기력을 격려하는 학습 환경을 창조한다.	A	B	C
6. 효과적인 언어적, 비언어적, 미디어를 통한 의사소통 기법을 이해하고 학급 내에서 능동적인 탐구와 협동 그리고 지원적 상호작용을 증진시킨다.	A	B	C
7. 교사는 교과의 지식, 학생, 지역사회 그리고 교육과정 목표들에 기반하여 교수를 계획한다.	A	B	C
8. 형식적, 비형식적 평가 전략을 이해하고 학생들의 지속적인 지적, 사회적, 신체적 발달을 평가하고 담보한다.	A	B	C
9. 자신의 선택이 다른 사람들에게(학생, 학부모, 학습 공동체에서의 다른 전문가들) 미치는 결과를 지속적으로 평가하고 자신의 전문성을 향상시킬 기회를 능동적으로 찾아 반성하고 실천한다.	A	B	C
10. 학교의 동료들, 학부모들, 지역사회의 기관들과 관계를 증진시켜 학생들의 학습과 안녕을 지원한다.	A	B	C

[채점 및 판정 방식]

1. A: 3점, B: 2점, C: 1점으로 계산하여 총점을 낸다.

4. 교사의 배움 중심 단원 설계 점검 도구

배움 중심 수업을 위해서는 교사가 단원을 재구성하거나 개발하는 활동을 자주 하게 된다. 컬런, 해리스와 힐(Cullen, Harris, & Hill, 2012, p.106)은 단원을 개발했을 때 그것이 어느 정도나 학습자 중심으로 되었는지 7개의 개념적 설계 요소를 가지고 점검하는 매트릭스를 개발했는데, 이 도구는 교사가 스스로 자신이 재구성하거나 개발한 단원이 얼마나 배움 중심으로 설계되었는지를 점검하는 데 활용할 수 있다.

설계 요소	설계 요소의 내용	그렇다	보통이다	그렇지 않다
회기	주요 개념들을 다시 점검할 기회를 제공한다.	A	B	C
통합	통합적 학습 기회를 제공한다. 교과의 내용을 그대로 다루지 않고 문제나 이슈를 중심으로 조직하고, 학습 전략, 탐구 기능, 의사소통, 비판적 사고, 문제해결 기능 등을 다룬다.	A	B	C
풍요	심층적 학습 전략을 통합적으로 다루어 수행, 프로젝트, 포트폴리오, 비판적 사고, 자기 평가, 반성, 실천적 응용을 강조한다.	A	B	C
관계	여러 배경 간에 지식의 전이가 가능하도록 하여 학습경험의 정점화를 도모한다.	A	B	C
공동체 형성	협동, 팀 형성, 봉사 학습, 능동적 학습 기회를 제공하여 협력과 협동을 지원하고 격려한다.	A	B	C
권한 공유	교사의 권한을 학생과 공유하여 학생들의 의견과 선택을 수업 계획에 반영하고 학생들이 역량을 발휘할 가교를 다수 제공한다.	A	B	C
평가	교육과정 전체에 걸쳐 평가하고, 학생들이 여러 배경에 지식을 적용하는 능력을 평가하고, 평가를 교수의 내재적인 요소로 강조한다.	A	B	C

[채점 및 판정 방식]
1. A: 3점, B: 2점, C: 1점으로 계산하여 총점을 낸다.

참고문헌

김대권(2013). 바로 지금 협동학습!. 서울: 즐거운 학교.

김세영(2014). 초등교사의 교육과정 리터러시에 관한 실제적 접근. 한국교원대학교 초등교육학과. 박사학위논문. 미간행출판물.

김정원(1997). 초등학교 수업에 관한 참여관찰 연구. 서울대학교 대학원. 박사학위논문.

류방란(2003). 초등학교 교실 수업의 변화와 유지-아동의 활동과 수업 진행 속도를 중심으로. 교육학연구, 41(3), 47-67.

박균섭(2004). 일제 강점기 듀이 교육론 이해 양상에 관한 고찰. 교육철학, 25, 21-41.

박광철(2010). 협력놀이. 서울: 즐거운 학교.

서근원(2009a). 수업에서의 소외와 실존: 교육인류학의 수업 이해. 경기: 교육과학사.

서근원(2009b). 아이의 눈으로 수업보기: 교육적 실천으로서의 교육인류학의 수업 이해, 청주교대 교육연구원 2차 학술대회 자료집, pp. 63-96.

손우정(2012). 배움의 공동체. 서울: 해냄.

신태현, 정광순(2016). 킬패트릭의 Project Method로 본 학교수업의 모습 성찰. 통합교육과정연구, 10(3), 119-139.

신태현, 정광순(2017). 교사의 실천적 지식에 대한 성찰적 탐구. 교육과정연구, 35(3), 157-179.

심혜숙, 임승환(역)(1997). 성격유형과 삶의 양식. 서울: 한국심리검사연구소.

유승희(2001). 초등교사를 위한 프로젝트 접근법. 서울: 양서원.

이경원(2014). 교육과정 콘서트. 서울: 행복한 미래.

이상우(2012). 살아있는 협동학습. 서울: 시그마프레스.

이상우(2012). 협동학습, 교사를 바꾸다. 서울: 시그마프레스.

이윤미, 정남주, 이길화, 하늘빛, 박미영, 원혜진, 서정아, 박현혜, 정광순(2015). 교과서 너머 교육과정 마주하기. 서울: 살림터.

이정선(2004). 초등학교 수업 중 진도 나가기의 유형과 사회적 맥락. 교육인류학연구, 7(1). 131-173.

이종각(1997). 교육인류학의 탐색. 강원: 하우.

이종각(1988). 교육인류학의 탐색. 강원: 하우.

이혁규(2008). 수업, 비평의 눈으로 읽다. 서울: 우리교육.

전성연 외(2010). 협동학습 모형 탐색. 서울: 학지사.

정광순(2012). 교사의 교육과정에 대한 문해력. 통합교육과정연구 6(2), 109-132.

정광순(2015). 왜, 프로젝트 수업인가. 교육부 발간. 행복한 교육 6월호. 48-50.

정광순, 김세영(2014). 교사, 교육과정을 만나다. 서울: 강현출판사.

정문성 외(2011) 함께해서 즐거운 협동학습. 서울: 테크빌닷컴(주)

정문성(2008). 토의·토론 수업방법. 경기: 교육과학사.

정문성(2013). 토의·토론 수업 방법56. 경기. 교육과학사.

정지선, 정선미, 강충열(2014). 사고력 교육의 명시적 교수 모델 개발. 통합교육과정연구, 8(1), 127-165.

조영달(1999). 한국 교실수업의 이해. 서울: 집문당.

최원형(2003). 교육과정이론. 도서출판 원미사.

하늘빛, 조현정, 장지원, 임경민, 이윤미, 이길화, 원혜진, 박영미, 노현주, 김한라, 곽정숙, 정남주, 정광순(2017). 역사 수업을 부탁해. 서울: 살림터.

한국교육개발원(1990). 초등학교 수업 방법의 개선을 위한 문화기술적 연구. 서울: 한국교육개발원.

한국심리학회(2003). 현대 심리학 이해. 서울: 학문사.

한국MBTI 연구소. http://www.mbti.co.kr

Adams, J. A. (1976). *Learning and memory*. Homewood, IL: Dorsey Press.

Adams, R., & Biddle, B. J. (1970). *Realities of teaching: Exploring with videotape*. NY: Holt, Rinehart, & Winston.

Agostino, V. R. (1998). Community, character, and schooling. In T. Rusnak (Ed.), *An integrated approach to character education* (pp. 125-136). NY: Macmillan Publishing Company.

Alexander, P., Schallet, D., & Hare, V. (1991). Coming to terms: How researchers in learning and literacy talk about knowledge. *Review of Educational Research, 61*, 315-343.

Amabile, T. M. (1983). The social psychology of creativity: A componential conceptualization. *Journal of Personality and Social Psychology, 45*, 357-376.

American Federation of Teachers (1998). *Building on the best learning from what works: Seven promising reading and English language arts program.* American Federation of Teachers, Washington, DC.

Anderson, J. R. (1983). *The architecture of cognition.* Cambridge, MA: Harvard University Press.

Anderson, J. R. (1990). *Cognitive psychology and its implications* (2nd ed.). Hillsdale, NJ: Erlbaum.

Anderson, L. W. (1995). Theories and models of teaching. In L. W. Anderson (Ed.), *International Encyclopedia of teaching and teacher education* (2nd ed.) (pp. 89-91). NY: Pergamon.

Anderson, L. M., Evertson, C. M., & Brophy, J. E. (1979). An experimental study of effective teaching in first grade reading groups. *Elementary School Journal, 79*(4), 191-223.

Anderson, L. W., & Krathwohl, D. R. (2001). *A taxonomy for learning, teaching, and assessing: A revision of Bloom's taxonomy of educational objectives.* NY: Addison Wesley Longman, Inc.

Andre, T., & Phye, G. D. (1986). Cognitive learning and education. In G.D. Phye and T. Andre (Eds.), *Cognitive classroom learning: Understanding thinking and problem solving* (pp.1-19). NY: Academic Press.

APA Work Group of the Board of Educational Affairs (1997). *Learner-centered psychological principles: A framework for school reform and redesign.* Washington, DC: American Psychological Association.

Arem, C. A., & Zimmerman, B. J. (1976). Vicarious effects on the creative behavior of retarded and nonretarded children. *American Journal of Mental Deficiency, 81,* 289-296.

Ariav, T. (1988). Growth in teachers' curriculum knowledge through the process of curriculum analysis. Annual meeting of the American Educational Research Association.

Ariav, T. (1991). Growth in teachers' curriculum knowledge through the process of curriculum analysis. *Journal of Curriculum and Supervision, 6*(3), 183-200.

Armengol, R. (1992). Getting older and getting better. *Phi Delta Kappan, 73*(6), 467-470.

Armstrong, D. G. (1989). *Developing and documenting the curriculum.* Boston: Allyn & Bacon.

Arnold, K., & Subotnik, R. (1995). Mentoring the gifted: A differentiated model. *Educational Horizons, 73,* 118-123.

Aronowitz, A. (1993). Paulo Freire's radical democratic humanism. In P. McLaren & P. Leonard (Eds.), *Paulo Freire: A critical encounter.* NY: Routledge.

Atkinson, R. C., & Shiffrin, R. M. (1968). Human memory: A proposed system and its control processes. In K.W. Spence & J.T. Spence (Eds.), The psychology of learning and motivation, Vol.2, (pp.90-197). NY: Academic Press.

Atwood, V., & Wilen, W. (1991). Wait time and effecitve social studies instruction: What can research in science education tell us? *Social Education, 55*, 179-181.

Austin, J. H. (1978). *Chase, chance, and creativity*. NY: Columbia University Press.

Ausubel, D. P. (1960). The use of advance organizers in the learning and retention of meaningful verbal material. *Journal of Educational Psychology, 51*, 267-272.

Ausubel, D. P. (1968). *Educational psychology: A cognitive view*. NY: Holt, Rinehart & Winston.

Ausubel, D. P., & Youssef, M. (1963). The role of discriminability in meaningful parallel learning. *Journal of Educational Psychology, 54*, 331-336.

Ayers, W. (1986). Think about teachers and the curriculum. *Harvard Educational Review, 56*(1), 49-51.

Baddeley, A. D., & Hitch, C. (1974). Working memory. In G.H. Bower (Ed.), *The psychology of learning and motivation*: Vol. 8. NY: Academic Press.

Baker, E. L., O'Neil, H. F., & Linn, R. L. (1993). Policy validity prospects for performance-based assessment. *American Psychologist, 48*, 1210-1218.

Bandura, A. (1965). Influence of models' reinforcement contingencies on the acquisition of imitative responses. *Journal of Personality and Social Psychology, 1*, 589-595.

Bandura, A. (1971). *Social learning theory*. Upper Saddle River, NJ: Prentice Hall.

Bandura, A. (1977). *Social learning theory*. Englewood Cliffs, NJ: Prentice-Hall.

Bandura, A. (1978). The self-esteem in reciprocal determinism. *American Psychologist, 33*, 344-358.

Bandura, A. (1982). Self-efficacy mechanism in human agency. *American Psychologist, 37*, 122-147.

Bandura, A. (1986). *Social foundations of thought and action: A social cognitive theory*. Englewood Cliffs, NJ: Prentice-Hall.

Bandura, A. (1993). Perceived self-efficacy in cognitive development and functioning. *Educational Psychologist, 28*(2), 117-148.

Bandura, A., Grusec, J. E., & Menlove, F. L. (1966). Observational learning as a function of symbolization and incentive set. *Child Development, 37*, 499-506.

Bandura, A., & Harris, M. B. (1966). Modification of syntactic style. *Journal of Experimental Child Psychology, 4*, 341-352.

Bandura, A., & McDonald, F. J. (1963). The influence of social reinforcement and the behavior of models in shaping children's moral judgments. *Journal of Abnormal and Social Psychology, 67*, 247-281.

Bandura, A., & Schunk, D. H. (1981). Cultivating competence, self-efficacy, and intrinsic interest through proximal self-motivation. *Journal of Personality and Social Psychology, 41*, 586-

598.

Barr, R. B., & Tagg, J. (1995). *From teaching to learning: A new paradigm for undergraduate education.* Change, November-December, 13-25.

Batsche, G. M., & Knoff, H. M. (1994). IBullies and their victims: Understanding a pervasive problem in the schools. *School Psychology Review, 23,* 165-174.

Baumann, F. (1984). The effectiveness of a direct instruction paradigm for teaching main idea comprehension. *Reading Research Quarterly, 20*(1), 93-115.

Baumrind, D. (1971). Current patterns of parental authority. *Developmental Psychology Monograph, 4*(1), 2-10.

Beane, J. (1996). On the shoulders of giants! : The case for curriculum integration. *Middle School Journal, 28*(1), 6-11.

Becker, W. C. (1980). Teacher behaviors related to the mathematical achievement of young children. *Journal of Educational Research, 73*(6), 336-40.

Ben-Peretz, M. (1990). *The teacher curriculum encounter: freeing teachers from the tyranny of texts.* Albany: State University of New York Press. 정광순, 김세영 역(2014). 교사, 교육과정을 만나다. 서울: 강현 출판사.

Berman, P., & McLaughlin, M. (1976). Implementation of educational innovation. *Educational forum, 40*(3), 345-370.

Berliner, D. (1979). Tempus educare. In P. Peterson & H. Walberg (Eds.), *Research on teaching concepts: Findings and implications*(pp.1201-1235). Berkley, CA: McCutchan.

Berliner, D., & Biddle, B. (1995). *The manufactured crisis: Myth, fraud, and the attack on America's public schools.* NY: Addison-Wesley.

Bernard, B. (1993). Fostering resiliency in kids. *Educational Leadership, 51*(3), 44-48.

Berne, E. (1966). *Principles of group treatment.* NY: Oxford University Press.

Bloom, B. S. (1976). *Human characteristics and school learning.* NY: McGraw Hill.

Bloom, B. S. (1986). Automaticity. *Educational Leadership, 56,* 70-77.

Bloom, B. S., Englehart, M.D., Furst, E. J., Hill, W. H., & Krathwohl, D. R. (1956). *Taxonomy of educational objectives: Handbook 1: Cognitive Domain.* NY: David Mckay.

Bloom, B., Englehart, M., Hill, W., Furst, E., & Krathwohl, D. (1984). Taxonomy of educational objectives: The classification of educational goals. *Handbook I: Cognitive domain.* NY: Longman Green.

Boekaerts, M., Pintrich, P. R., & Zeidner, M. (2000). *Handbook of self-regulation.* San Diego: Academic Press.

Borich, G. D. (2011a). *Effective teaching methods*. Upper Saddle River, NJ: Prentice Hall, Inc.

Borich, G. D. (2011b). *Observational skills for effective teaching*. Boston, MA: Pearson Education, Inc.

Borko, H., & Wildman, T. (1986). Recent research on instruction. Beginning teacher assistance program. Department of Education, Commonwealth of Virginia, Richmond, Virginia.

Bourdieu, P., & Passeron, J. (1977). *Reproduction in education, society, and culture*. Berverly Hills, CA: SAGE Pubilication Ltd.

Bowles, S., & Gintis, H. (1976). *Schooling in capitalist America*. NY: Basic Books.

Brandes, B. (1986). *Academic honesty: A special study of California students*. Sacramento: Bureau of Publications, California State Department of Education.

Bransford, J. D., Brown, A. L., & Cocking, R. R. (1999). *How people learn: Brain, mind, experience, and school*. Washingto, DC: National Research Council.

Brandt, R. (1998). *Powerful learning*. Alexandria, VA: Association for Supervision and Curriculum Development.

Brendtro, L., & Long, N. (1995). Breaking the cycle of conflict. *Educational Leadership, 52*, 52–56.

Bringuier, J. C. (1980). *Conversations with Jean Piaget* (B.M. Gulati, Trans.). Chicago: University Chicago Press.

Broadbent, D. E. (1958). *Perception and communication*. London: Pergamon.

Brody, L. E., & Benbow, C. P. (1987). Accelerative strategies: How effective are they for the gifted? *Gifted Child Quarterly, 31*, 105–110.

Bronfenbrenner, V. (1989). Ecological systems theory. In R. Vasta (Ed.), *Annals of child development* (pp.187-251). Greenwich, CT: JAI Press.

Brophy, J. E. (1981). Teacher praise: A functional analysis. *Reivew of Educational Research, 10*, 245-252.

Brophy, J. (1988). Research linking teacher behavior to student achievement: Potential implications for instruction of Chapter 1 students. *Educational Psychologist, 23*(3), 235-238.

Brophy, J. E., & Good, T. L. (1986). Teacher behavior and student achievement. In M.C. Wittrock (Ed.), *Handbook of research on teaching* (3rd ed., pp. 328-375). NY: Macmillan.

Brophy, J., & Evertson, C. (1976). *Learning from teaching: A developmental perspective*. Boston: Allyn & Bacon.

Brown, G. (2001). *Questioning in the secondary school*. NY: RoutledgeFalmer.

Brown, A., Bransford, J., Ferrara, R., & Compione, J. (1983). Learning, remembering, and understadning. In P.H. Mussen, J. Flavell, & E. markman (Eds.), Handbook of child psychology: Vol. 3. *Cognitive development* (pp. 77-166). NY: Wiley.

Brown, A. L., & Campione, J. C. (1990). Interactive learning environment and the teaching of science and mathematics. In M. Gardner et al. (Eds.), *Toward a scientific practice of science education*. HIllsdale, NH: Erlbaum.

Brown, G., & Edmondson, R. (1984). Asking questions. In E. Wragg (Ed.), *Classroom teaching skills* (pp. 97-119). NY: Nichols.

Brown, G., & Wragg, E. (1993). *Questioning*. London: Routledge.

Bruner, J. S. (1966). *Toward a theory of instruction*. Cambridge, Mass.: Harvard University Press.

Buck Institute for Education (2013). Project based learning for the 21st century. http://www.bie.org/

Caine, R. N., & Caine, G. (1997). Education on the edge of possibility. Alexandria, VA: Association for Supervision and Curriculum Development.

Calabrese, R. L., & Noboa, J. (1995). The choice for gang membership by Mexican-American adolescents. *High School Journal, 78*(4), 226-235.

Campbell, C., & Kryszewska, H. (1992). *Learner-centered teaching*. Oxford: Oxford University Press.

Candy, P. C. (1991). *Self-direction for lifelong learning*. San Francisco: Jossey-Bass.

Cangelosi, J. S. (2000). *Classroom management strategies: Gaining and maintaining students' cooperation*. NY: John Wiley & Sons, Inc.

Canter, L., & Canter, M. (1976). *Assertive discipline: A take-charge approach for today's educator*. Seal Beach, CA: Canter & Associates.

Canter, L., & Canter, M. (1981). *Assertive discipline follow-up guidebook*. Los Angeles, CA: Canter & Associates.

Canter, L., & Canter, M. (1992). *Assertive discipline: Positive behavior management for today's schools*. Santa Monica, CA: Lee Canter & Associates.

Cantrell, R. P., & Cantrell, M. L. (1993). Countering gang violence in American schools. *Principal, 73*, 6-9.

Carnegie Council on Adolescent Development's Task Force on Education of Young Adolescents (1989). *Turning Points: Preparing American Youth for the 21st Century*. Washington DC: Carnegie Council on Adolescent Development.

Carvalho, H. (2009). Active teaching and learning for a deeper understadning of physiology. *Advances in Physiology Education, 33*(2), 132-133.

Casey, K. M. A., & Shore, B. M. (2000). Mentor's contributions to gifted asdolescents affective, social, and vocational development. *Roeper Review, 22*, 227-230.

Center for Ecoliteracy (2013). Teach: Place-based learning. http://www.ecoliteracy.org/strategies/ place-based-learning.

Chaille, C. (2007). *Constructivism across the curriculum in early childhood classrooms.* Boston: Allyn & Bacon.

Chapman, W. (1991). The Illinois experience: State grants to improve schol through parent involvement. *Phi Delat Kappan, 72*(5), 355-358.

Chi, M. T. H., & Ceci, S. J. (1987). Content knowledge: Its role, representation, and restructuring in memory development. In H. W. Reese (Ed.), *Advances in child development and behavior* (Vol.20., pp. 91-142). Orlando, FL: Academic Press.

Chuska, K. (2003). *Improving classroom questions: A teacher's guide to increasing student motivation, participation and higher level thinking.* Bloomington, IN: Phi Delta Kappa Educational Foundation.

Clarke, B. (1994). *Growing up gifted.* NY: Macmillan.

Clasen, D. R., & Clasen, R. E. (2003). Mentoring the gifted and talented. In N. Colangelo & G.A. Davis (Eds.), *Handbook of gifted education* (3rd ed., pp. 254-267). Boston: Allyn & Bacon.

Coates, B., & Hartup, W.W. (1969). Age and verbalization in observational learning. *Developmental Psychology, 1,* 556-562.

Cochran, M., & Dean, C. (1991). Home-school relations and the empowerment process. *Elementary School Journal, 91,* 261-270.

Cohen, M. (1982). *Effective schools: Accumulating evidence.* American Education, 13-16.

Cohen, E. G. (1986). *Designing groupwork: Strategies for the heterogeneous classroom.* NY: Teachers College Press.

Collins, V. (2005). *Improving achievement for students in poverty: A forum.* Presentation at the annual meeting of the Association for Supervision and Curriculum Development, Orlando, FL.

Connell, J. D. (2005). *Brain-based strategies to reach every learner.* NY: Scholastic Teaching Resources.

Corey, S. (1940). The teachers out-talk pupils. *School Review, 48,* 745-752.

Corno, L. (1986). The metacognitive control components of self-regulated learning. *Contemporary Educational Psychology, 11,* 333-346.

Corno, L., & Snow, R. (1986). Adapting teaching to individual differences among learners. In M.C. Wittrock (Ed.), *Handbook of research in teaching* (pp. 605-629). Upper Saddle River, NJ: Merrill/Prentice Hall.

Crabbe, A. B. (1982). Creating a brighter future: An update on the Future Problem Solving program. *Journal for the Education of the Gifted, 5*, 2-9.

Craik, F. I. M., & Lockhart, R. S. (1972). Levels of processing: A framework for memory research. *Journal of Educational Psychology, 11*, 671-684.

Crane, L. (1989). *Alert scale of cognitive style.* Kalamazoo, MI: Department of Communication, Western Michigan University.

Csikszentmihalyi, M. (1996). *Creativity: Flow and the psychology of discovery and invention.* NY: Harper Collins.

Cuban, L. (1987). Culture of teaching: A puzzle. *Educational Administration Quarterly, 23*(4), 25-35.

Cullen, R., Harris, M., & Hill, R. R. (2012). *Learner-centered curriculum: Design and implementation.* San Francisco, CA: Jossey-Bass.

Damasio, A. (1994). *Descarte's error: Emotion, reason, and the human brain.* NY: Grosset/ Putnam.

Daniels, H. (1994). *Literature circles: Voice and choice in the student-centered classroom.* ME, York: Stenhouse Publishers.

Daniels, V. I. (1998). How to manage disruptive behavior in inclusive classrooms. *Teaching Exceptional Children, 30*, 26-31.

Dantonio, M., & Beisenherz, P. (2000). *Learning to question, questioning to learn: Developing effective questioning practices.* Boston: Allyn & Bacon.

Dansereau, D. (1985). Learning strategy research. In J. W. Segal, S.F. Chipman, & R. Glaser (Eds.)(Vol.1), *Thinking and learning skills: Relating instruction to research* (pp. 209-239). Hillsdale, NJ: Lawrence Erlbaum Associates, Publishers.

David, J. (2008). What research says about project-based learning. *Educational Leadership, 65*(5), 80-82.

Davies, D. (1991). Schools reaching out: Family, school and community partnerships for student success. *Phi Delta Kappan, 72*(5), 376-382.

Davis, G. A. (1986). Creativity is forever. Dubuque, Iowa: Kendall/Hunt Publishing Company.

Davis, H. A. (2006). Exploring the contexts of relationship quality between middle school students and teachers. *Elementary School Journal, 106*(3), 193-224.

Davis, G. A., & Rimm, S. B. (2004). *Education of the gifted and talented.* Boston, MA: Pearson Education, Inc.

de Bono, E. (1985). *Six thinking hats.* London: Penguin Book.

Dean, C. Hubbell, E., Pitler, H., & Stone, B. J. (2012). *Classroom in struction that works: Reserach-based strategies for increasing student achievement.* Alexandria, VA: ASCD.

Deci, E. L., & Ryan, R. M. (1991). A motivational approach to self: Integration in personality. In R. Dienstbier (Ed.), *Nebraska symposium on motivation, Vol. 38. Perspectives on motivation* (pp. 237-288). Lincoln: University of Nebraska Press.

Deffenbaugh, S. A. (1976). Commercially-produced skills management systems based on the diagnostic-prescriptive model; Modular sequence: *Diagnostic-prescriptive teaching of reading.* ED 128764.

DeJong, T., & Ferguson-Hessler, M. (1996). Types and qualities of knowledge. *Educational Psychologist, 31,* 105-113.

Dempster, F. N. (1981). Memory span: Sources of individual and developmental differences. *Psychological Bulletin, 89.* 63-100.

Dermody, M. (1988). Metacognitive strategies for development of reading comprehension for younger children, Paper presented at the annual meeting of the American Association of colleges for Teacher Education. New Orleans, Louisiana(ERIC Document Reproduction Service No. Ed292070).

Dewey, J. (1913). *Interest and effort in education.* NY: Houghton Mifflin Company.

Dewey, J. (1933). *How we think.* Boston: Heath.

Dewey, J. (1938). *Logic: The theory of inquiry.* USA: Henry Holt and Company.

Dewey, J. (1944). *Democracy and education: An introduction to the philosophy of education.* NY: The Free Press.

Dewey, J. (1938). *Experience and education.* NY: Macmillan.

Dewey, J. (1969). Learning as problem solving. In D. Vandenberg (Ed.), *Teaching and learning* (pp. 24-31). Urbana, IL: University of Illinois Press.

Dewey, J. (1971a). *The child and the curriculum.* Chicago, IL: The University of Chicago Press.

Dewey, J. (1971b). *The school and society.* Chicago, IL: The University of Chicago Press.

Dewey, J. (1972). The psychological aspect of the school curriculum. In J. A. Boydston & F. Bowers (Eds.), *The early works of John Dewey 1882-1898*: vol. 5(pp. 164-176). Car bondale: Southe Illinois University Press.

Dickmann, M., & Stanford-Blair, N. (2009). *Mindful leadership: A brain-based framework.* Thousand Oaks, CA: Corwin.

Dochty, F., & Alexander, P. (1995). Mapping prior knowledge: A framework of discussion among researchers. *European Journal of Psychology in Education, 10,* 224-242.

Doyle, W. (1992). Curriculum and pedagogy. In P. W. Jackson (Ed.), *Handbook of research on curriculum* (pp. 486-516). NY: Macmillan.

Doyle, T. (2011). *Learner-centered teaching: Putting the research on learning into practice.* Sterling, VA: Stylus Publishing, LLC.

Drake, S. M. (1993). *Planning integrated curriculum: The call to adventure.* Alexandria, VA: Association for Supervision and Curriculum Development.

Dryfoos, J. (2000). The mind-body-building equation. *Educational Leadership, 57*(6), 14–17.

Dudek, S. Z. (1974). Creativity in young children: attitude or ability. *The Journal of Creative Behavior, 8*(1), 282–292.

Duff, C. (2000). *Online mentoring.* Educational Leadership, 49–52.

Duncker, K. (1945). On problem solving. *Psychological Monographs, 58*(Whole No. 270).

Dunne, J. (1988). Teaching and the limits of technique: An analysis of the behavioral objectives model. *The Irish Journal of Education, 22*(2), 66–90.

Durkin, D. (1979). What classroom observations reveal about reading comprehension. *Reading Research Quarterly, 14*, 481–538.

Dweck, C. S. (1975). The role of expectations and attributions in the alleviation of learned helplessness. *Journal of Personality and Social Psychology, 31*, 674–685.

Dweck, C. S. (1989). Motivation. In R. Glaser & A. Lesgold (Eds.), *The handbook of psychology and education* (pp. 187–239). Hillsdale, NJ: Erlbaum.

Dykman, B. , & Reis, H. (1979). Personality correlates of classroom seating position. *Journal of Educational Psychology, 71*, 346–354.

Eberle, B. (2008). SCAMPER: *Creative games and activities for imagination development.* TX: Prufrock Press Inc.

Edwards, C. H. (1980). The relationship between type of teacher reinforcement and student inquiry behavior in science. *Journal of Research in Science Teaching, 17*, 337–341.

Edwards, C. H. (1981). A second look at direct instuction. *High School Journal, 64*, 166–69.

Edwards, C. H. (2008). *Classroom discipline and management.* Hoboken, NJ: John Wiley & Sons, Inc.

Eisner, E. W. (1983). The art and craft of teaching. *Educational Leadership, January*, 5–13.

Eisner, E. W. (1979). *The educational imagination.* NY: Macmillan.

Elliott, E. E. , & Dweck, C. S. (1988). Goals: An approach to motivation and achievement. *Journal of Personality and Social Psychology, 54*(1), 5–12.

Elkind, D. (1976). *Child development and education: A Piagetian Perspective.* NY: Oxford University Press.

Elkind, D. (2000). Developmentally appropriate practice: Philosophical and practical implications. In F. W. Parkay & G. Hass (Eds.), *Curriculum planning: A contemporary approach* (7th ed.)

(pp. 107-113). Needham, Heights: Allyn & Bacon.

Emmer, E., Evertson, C., Clements, B., & Worksham, M. (1997). *Classroom mangagement for secondary teachers.* Upper Saddle River, NJ: Prentice Hall.

Epstein, J. L. (1987). What principals should know about parent involvement. *Principal, 66*(3), 6-9.

Epstein, J. L. (1991). Paths to partnerships: What we can learn from federal, state, district, and school initiatives. *Phi Delta Kappan, 72*(5), 345-349.

Epstein, J. L. (2001). *School, famliy and community partnerships: Preparing educators and improving schools.* Boulder, CO: Westview Press.

Epstein, J. L., Sanders, M., Simmon, B., Salinas, K., Jansorn, N., & Van Voorhis, F. (2002). *School, family, and community partnerships: Your handbook for action.* Thousand Oaks, CA: Corwin.

Esbensen, F. A., Deschenes, E. P., & Winfree, L. T. Jr. (1999). Differences between gang girls and gang boys: Results from a multisite survey. *Youth and Society, 31*(1), 27-53.

Espelage, D. L., Mebane, S. E., & Swearer, S. M. (2004). Gender differences in bullying: Moving beyond mean level differences. In D. L. Espelage & S. M. Swearer (Ed.), *Bulling in American schools: A social-ecological perspective on prevention and intervention*(pp. 15-36). Mahwah, NJ: Erlbaum.

Evertson, C. E., Anderson, C., Anderson, L., & Brophy, J. (1980). Relationships between classroom behaviors and student outcomes in junior high mathematics and English classes. *American Educational Research Journal, 17,* 43-60.

Evertson, C. M. (1995). Classroom rules and routines. In L. Anderson (Ed.), *International encyclopedia of teaching and teacher education* (2nd ed., pp. 215-219). Tarrytown, NY: Elsevier Science.

Evertson, C. M., & Anderson, L. M. (1979). Beginning school. *Educational Horizons, 57,* 164-168.

Feden, P., & Vogel, R. (2003). *Methods of teaching: Applying cognitive science to promote student learning.* Boston, MA: McGraw-Hill.

Feldhusen, H. J. (1981). Teaching gifted, creative, and talented students in an individualized classroom. *Gifted Child Quarterly, 25,* 108-111.

Feldhusen, J. F. (1991). Saturday and summer programs. In N. Colangelo & G. A. Davis (Eds.), *Handbook of gifted education* (pp. 197-208). Boston: Allyn & Bacon.

Feldhusen, J. F. (1992). Talent identification and development in education. *Gifted Child Quarterly, 36,* 123.

Feldhusen, J. F., Enersen, D. L., & Sayler, M. F. (1992). Challenging the gifted through problem solving experiences-design and evaluation of the COMET program. *Gifted Child Toady, 15*(4), 49-54.

Feldman, D. H. (1993). Creativity: Creams, insights, and transformation. In A. Rothenberg, & C. Hausman (Eds.), *The creativity question* (pp. 271-297). Durham, NC: Duke University Press.

Finkel, D. (2000). *Teaching with your moth shut.* Portsmouth, NH.: Boynton/Cook.

Fisher, C. W., Berliner, D. C., Filby, N. N., Marliave, R., Cahen, L. S., & Dishaw, M. M. (1980). Teaching behaviors, academic learning time, and student achievement: An overview. In C. Denham & A. Liberman (Eds.), *Time to learn* (pp. 7-32). Washington, DC: National Institute of Education.

Flavell, J. (1979). Metacognition and cognitive monitoring: A new era of cognitive-developmental inquiry. *American Psychologist, 34*(10), 906-911.

Fors, S.W., Crepaz, N., & Hayes, D.M. (1999). Key factors tha protect against health risks in youth: Further evidence. *American Journal of Health Behavior, 23*, 368-380.

Fosnot, C. (2005). *Constructivism: Theory perspectives and practice.* NY: Teachers College Press.

Fox, L. H. (1979). Programs for the gifted and talented: An overview. In A. H. Passow (Ed.), *The gifted and talented* (pp. 104-126). Chicago: National Society for the Study of Education.

Fox, D. (1983). Personal theories of teaching. *Studies in Higher Education, 8*(2), 151-163.

Fox, D. S. (1994). Promoting resiliency in students. *Thrust for Educational Leadership, 24*, 34-38.

Freedman, M. (1993). *The kindness of strangers: Adult mentors, urban youth, and the new volunteerism.* San Francisco: Jossey-Bass.

Freire, P. (1970). *Pedagogy of the oppressed.* NY: Herder & Herder.

Frensch, P. A., & Sternberg, R. J. (1989). Expertise and intelligent thinking: When is it worse to know better? R. J. Sternberg (Ed.), *Advances in the psychology of human intelligence* (pp. 157-188). Hillsdale, NJ: Erlbaum.

Friedman, J. M., & Master, D. (1980). School and museum: A partnership for learning. *Gifted Child Quarterly, 25*, 42-48.

Furth, H. (1980). *The world of grownups: Children's conceptions of society.* NY: Elsevier North Holland.

Gage, N. L. (1978). *The scientific basis of the art of teaching.* NY: Teachers College Press.

Gage, N. L., & Berliner, D. (1998). *Educational psychology.* Boston: Houghton Mifflin.

Gagnè, R. M. (1974). *Essentials of learning for Instruction.* Hillsdale, IL: Dryden.

Gagnè, R. M. (1984). Learning outcomes and their effects: Useful categories of human performance. *American Psychologist, 37*(4), 377-385.

Gagnè, R. M. (1985). *The conditions of learning* (4th ed.). NY: Holt, Rinehart, & Winston.

Gagnè, R. M., & Briggs, L. J. (1979). *Principles of instructional design* (2nd ed.). NY: Holt, Rinehart, & Winston.

Gall, M. (1984). Synthesis of research on questioning. *Educational Leadership, 42,* 40-47.

Galton, F. (1870). *Hereditary genius: An inquiry into its laws and consequences.* NY: Scribners.

Garcia, P. A. (1994). Creating a safe school climate. *Thrust for Educational Leadership, 24,* 22-24.

Gardiner, L. F. (1998). Why we must change: The research evidence. *Thought and Action, Spring,* 71-87.

Gardner, H. (1983). *Frames of mind: The theory of multiple intelligences.* NY: Basic Books.

Gardner, H. (1993). *Multiple intelligences: The theory in practice.* NY: Basic Books.

Gardner, H. (2006). *Multiple intelligences: New Horizons.* NY: A Member of the Perseus Books Group.

Gathercoal, F. (2001). *Judicious discipline.* San Francisco, CA: Caddo Gap Press.

Gerst, M. S. (1971). Symbolic coding processes in observational learning. *Journal of Personality and Social Psychology, 19,* 7-17.

Ghiselin, B. (1963). Ultimate criteria for two levels of creativity. In C. W. Taylor, & F. Barron (Eds.), *Scientific creativity: Its recognition and development* (pp. 30-43). NY: John Wiley & Sons. Inc.

Gianeola, S. P. (2000). Adolescent behavior problems: Peer pressure "is" all it is cracked up to be. *A paper presented at the annual conference of the American Educational Research Association.* New Orleans, LA.

Gifted Child Society (1990). *The Saturday workshop: Activities for gifted children and their parents.* Glen Rock, NJ: Author.

Ginott, H. G. (1972). *Teacher and child.* NY: Avon Books.

Glaser, R., & Chi, M. (1988). Overview. In M. Chi., R. Glaser, & M. J. Farr (Eds.), *The nature of expertise* (pp. xvii-xxv). Hillsdale, NJ: Erlbaum.

Glasser, W. (1977). Ten steps in good discipline. *Today's Education, 66*(4), 61-63.

Glatthorn, A.A., & Foshay, A.W. (1991). Integrated curriculum. In A. Lewy (Ed.), *The international encyclopedia of curriculum* (pp. 160-162). NY: Pergamon Press, Inc.

Goff, K., & Torrance, E. P. (1999). Discovering and developing giftedness thorough mentoring. *Gifted Child Today, 22*(3), 14-15.

Gold, S. R., & Cundiff, G. (1980). Increasing the frequency of daydreaming. *Journal of Clinial*

Psychology, *36*, 116-121.

Goldsmith, M., Greenberg, C. L., Robertson, A., & Hu-Chan, M. (2003). *Global leadership: The next generation*. Upper Saddle River, NJ: Prentice Hall.

Goleman, D. (1994). *Emotional intelligence: Why it matter more than IQ*. NY: Bantam.

Goleman, D. (1998). *Working with emotional intelligence*. NY: Bantam.

Good, T. (1980). Classroom expectations: Teacher-pupil interactions. In J. H. McMillan (Ed.), *The social psychology of school learning* (pp. 70-122). NY: Academic.

Good, T. L., & Brophy, J. E. (1986). *Educational psychology*. NY: Longman.

Good, T. L., & Brophy, J. E. (1987). *Looking in classrooms* (4th ed.). New York: harper & Row.

Good, T. L., & Grouws, D. A. (1979). The Missouri mathematics effectiveness project. *Journal of Educational Psychology, 71*, 143-155.

Gordon, J. J. (1961). *Synetics: The development of creative capacity*. Manhattan: Harper & Brothers.

Gordon, T. (1974). T. E. T.: *Teacher effectiveness training*. NY: Peter H. Wyden.

Gordon, T. (1989). *Discipline that works: Promoting self-discipline in children*. NY: Penguin.

Graham, S., & Weiner, B. (1983). Sone educational implications of sympathy and anger from an attributional perspective. In R. Snow & M. Farr (Eds.), *Aptitude learning and instruction: Conative and affective policy analysis* (pp.199-221). Hillsdale, NJ: Erlbaum.

Gredler, M. E. (1992). *Learning and instruction: Theory into practice* (2nd ed.). NY: Macmillan Publishing Company, Inc.

Gredler, M. E. (2001). *Learning and instruction: Theory into practice* (4th ed.). NY: Macmillan Publishing Company, Inc.

Green, T. F. (1969). The concept of teaching. In D. Vandenberg (Ed.), *Teaching and learning* (pp. 5-14). Urbana, IL: University of Illinois Press.

Greenfield, P. M. (1984). A theory of the teacher in the learning activities of everyday life. In R. Rogoff & J. Lave (Eds.), *Everyday cognition: Its development in social context* (pp. 117-138). Cambridge, MA: Harvard University Press.

Greeno, J. G. (1980). Trends in the theory of knowledge for problem-solving. In D. Tuman, & F. Rief (Eds.), *Problem-solving and education: Issues in teaching and research* (pp. 9-23). Hillsdale, NJ: Erlbaum.

Gregory, E. H. (1984). Search for exceptional academic achievement at California State University, Los Angeles. *Gifted Child Quarterly, 28*, 21-24.

Gregory, E. H., & March, E. (1985). Early entrance program at California State University, Los

Angeles. *Gifted Child Quarterly, 29*, 83–86.

Gross, M. U. M. (1999). Small poppies: Highly gifted children in early years. *Roeper Review, 21*, 207–214.

Grusec, J., & Mischel, W. (1966). Model's characteristics as determinants of social learning. *Journal of Personality and Social Psychology, 21*, 149–158.

Guetzloe, E. (1994). Risk, resilience, and protection. *Journal of Emotional and Behavior Problems, 3*(2), 2–5.

Guilford, J. P. (1950). Creativity. *American Psychologists, 5*(9), 444–454.

Guskey, T. (2002). Does it make a difference Evaluating professional development. *Educational Leadership, 59*(6), 45–51.

Hallowell, K. (1991). Recruitment and selection procedures of governor's schools: A national survey. *Sociology of Education, 60*, 63–72.

Hambleton, R. K. (1996). Advances in assessment models, methods, and practices. In D. C. Berliner & R.C. Calfee (Eds.), *Handbook of educational psychology* (pp. 899–925). NY: Macmillan.

Hannaford, C. (1995). *Smart moves: Why learning is not all in your head.* Arlington, VA: Great Ocean Publishers.

Hardiman, M. (2003). *Connecting brain research with effective teaching.* Lanham, MD: The Scarecrow Press.

Harris, T. A. (1967). *I'm Ok-you are OK.* NY: Avon Books.

Hattie, J. (2009). *Visible learning: A synthesis of over 800 meta-analyses relating to achievement.* NY: Routledge.

Haynes, H. (1935). The relation of teacher intelligence, teacher experience and type of school to type of questions. *Unpublished doctoral dissertation.* George Peabody College for Teachers, Nashville, TN.

Hazler, R. (1999). Bystanders: An overlooked factor in peer abuse. *The Journal for the Professional Counselor, 11*(2), 11–21.

Hébert, T. P., & Olenchak, F. R. (2000). Nurturing social and emotional development in gifted teenagers thorough young adult literature. *Roeper Reivew, 22*, 167–171.

Hergenhahn, B. R. (1982). *An introduction to theories of learning* (2nd ed.). Englewood Cliffs, NJ: Prentice-Hall.

Hergenhahn, B. R. (1988). *An introduction to theories of learning* (3rd ed.). Englewood Cliffs, NJ: Prentice-Hall.

Herrnstein, R. J., & Murray, C. (1994). *The bell curve: Intelligence and class structure in American life.* NY: Free Press.

Hilgard, E. R. (1956). *Theories of learning.* Appleton-Century-Crofts.

Hill, N. K. (1980). *Scaling the heights: The teacher as mountaineer. Chronicle of Higher Education,* June, 16, p. 48.

Hobson, J.R. (1979). High school performance of underage pupils initially admitted to kindergarten on the basis of physical and psychological examinations. In W. C. George, S. J. Cohn, & J. C. Stanley (Eds.), *Educating the gifted: Acceleration and enrichment* (pp. 162-171). Baltimore: Johns Hopkins University Press.

Hohn, R. L. (1995). *Classroom learning and instruction.* NY: Longman Publishers USA.

Holland, C. J., & Kobasigawa, A. (1980). Observational learning: Bandura. In G. M., Gazda, & R. J. Corsini, (Eds.), *Theories of learning: Comparative approach* (pp. 370-403). Itasca, IL: F. E. Peacock Publishers, Inc.

Holley, C. D., Dansereau, D. F., McDonald, B. A., Garland, J. C., & Collins, K. W. (1979). Evaluation of a hierarchical mapping technique as an aid to prose processing. *Contemporary Educational Psychology, 4,* 227-237.

Horne, A., Orpinas, P., Newman-Carlson, D., & Bartolomucci, C. L. (2004). Elementary school bully busters program: Understanding why children bully and what to do about it. In D. L. Espelage & S. M. Swearer (Eds.), *Bullying in American schools: A social-ecological perspective on prevention and intervention* (pp. 297-325). Mahwah, NJ: Erlbaum.

Hunter, M. (1982). *Mastery teaching.* EI Segundo, CA: TIP publication.

Ingram, J. B. (1979). *Curriculum integration and lifelong education.* NY: Pergamon Press Inc.

Interstate New Teacher Assessment and Support Consotium(INTASC)(1992). www.ccsso.org/intascst.html

Jacobs, J. E., & Paris, S. G. (1987). Children's metacognition about reading: Issues in definition, measurement, and instruction. *Educational Psychologist, 22*(2 & 4), 255-278.

Jackson, P. W. (1968). *Life in classrooms.* NY: Holt, Rinehart & Winston.

Jarolimek, J., & Foster, C. D. (1995). *Teaching and learning in the elementary school.*(6th ed.) NY: Macmillan Publishing Company.

Jennings, W. B. (1989). How to organize successful parent advisory committees. *Educational Leadership, 47*(2), 36-41.

Jensen, E. (2000). *Brain-based learning: The new science of teaching and training.* San Diego, CA: The Brain Store.

Johnson, D. W., & Johnson, R. T. (1989). *Cooperation and competition: Theory and research.* Edina, MN: Interati on Book Co.

Johnson, K, R., & Laying, T. V. J. (1992). Breaking the structuralist barrier: Literacy and numeracy with fluency. *American Psychologists, 47,* 1475-1490.

Johnson, D. W., Johnson, R. T., Anderson, D. (1976). The effects of coorperative vs. individualized instruction on student prosocial behavior, Attitudes toward learning, and achivevement. *Journal of Educational Psychology, 68,* 446-452.

Johnson, D., & Myklebust, H. (1967). *Learning disabilities: Educational principles and practices.* NY: Grune & Stratton.

Jones, F. H. (1987). *Positive classroom discipline.* NY: McGraw-Hill.

Joyce, M., & Tailman, J. (1997). *Making the writing and research connection with I-Search process.* NY: Neal-Schuman Publishers.

Joyce, B., Weil, M., & Showers, B. (1992). *Models of teaching.* Boston, Mass: Allyn and Bacon.

Joyce, B., Weil, M., & Calhoun, E. (2004). *Models of teaching.* NY: Pearson Education, Inc.

Kagan, S.(1985). *Cooperation learning resources for teachers Reverside,* CA: Univ. of California at Reverside.

Kaltrala, H. R., Rimpela, M., Rantanen, P., & Rimpela, A. (2000). Bullying in school: An indicator of adolescents at risk for mental disorders. *Journal of Adolescence, 23*(6), 661-674.

Kamii, C., & DeVries, R. (1978). *Physical knowledge in preschool children.* Englewood Cliffs, NJ: Prentice-Hall.

Kantowitz, B. H., & Roediger, H. L. (1980). Memory and information processing. In G. M., Gazda & R. J. Corsini (Eds.), *Theories of learning: Comparative approach* (pp. 332-369). Itasca, IL: F. E. Peacock Publishers.

Karabenick, S. A. (1998). *Strategic help seeking: Implications for learning and teaching.* Mahwah, NJ: Erlbaum.

Karnes, F. A., & Riley, T. L. (1996). *Competitions: Maximizing your abilities.* Waco, TX: Prufrock Press.

Katona, G. (1967). *Organizaing and memorizing: Students in the psychology of learning and teaching.* NY: Hafner.

Katz, L. G., & Chard, S. C. (1979). *Engaging Children's Mind: The Project Approach.* NJ: Ables Publishing Corporation Norwood.

Katz, L. G., & Chard, S. C. (1992). *Engaging children's Minds: The Project approach.* NJ: Ablex Publishing Corporation Norwood.

Kay, S. I. (2001). A talent profile for facilitating talent development in schools. *Gifted Child Quarterly, 45*(1), 45-53.

Keith, S., & Martin, M. E. (2005). Cyber-bullying: Creating a culture of respect in a cyber world. *Reclaiming Children and Youth, 13*(4), 224-228.

Kelly, R. (2000). Working with WebQuests: Making the web accessible to students with disabilities. *Teaching Exceptional Children, 32*(6), 4-13.

Kennedy, M. (1978). Findings form follow-through planned variation study. *Education Researcher, 7*(6), 3-11.

Kephart, N. (1971). *The slow learner in the classroom.* Columbus, OH: Merrill Publishing.

Kilpatrick, W. H. (1918). *The project method*(pamphlet). NY: Teachers College.

Kilpatrick, W. H. (1924). *The project method: The use of the purposeful act in the educative process.* NY: teachers college, columbia university.

Kilpatrick, W. H. (1925). *Foundations of method: Informal talks on teaching.* New York: The Macmillan Co.

King, A. (1992). Comparison of self questioning, summarizaing, and notetaking-review as strategies for learning from lectures. *American Educational Research Journal, 29*, 303-323.

King, A., Staffieri, A., & Adelgais, A. (1998). Mutual peer tutoring: Effects of structuring tutorial interaction to scaffold peer learning. *Journal of Educational Psychology, 90*, 134-152.

Koffka, K. (1935). *Principles of Gestalt psychology.* NY: Harcourt Brace.

Köhler, K. (1929). *Gestalt psychology.* NY: Horace Liveright.

Kolb, D. (1984). *Experiential learning: Experience as the soursce of learning and development.* Upper Saddle River, NJ: Prentice Hall.

Kolb, B., & Whishaw, I.Q. (1986). *Fundamentals of human neuropsychology.* San Francisco: Freeman.

Koestler, A. (1976). Bisociation in creation. In A. Rothenberg, & C. Hausman (Eds.), *The creativity question*(pp. 108-113). Durham, NC: Duke University Press.

Kretschmer, E. (1981). *The psychology of men of genius.* NYC: Harcourt.

Krisberg, B., & Austin, J. (1993). *Reinventing juvenile justice.* Newbury Park, CA: Sage.

Kunkel, F., & Dickerson, R. (1947). *How character develops.* NYC: Scribners.

Lambert, N. (1991). Partnerhsips of psychologists, eductors, community-based agency personnel, and parents in school redesign. *Educational Psychologist, 26*, 185-198.

Lambert, L. (2000). The new physical education. *Educational Leadership, 57*(6), 34-38.

Larkin, J. (1980). Teaching problem solving in physics: The psychologica laboratory and the practical classroom. In D. Tuman, & F. Rief (Eds.), *Problem-solving and education: Issues in teaching and research* (pp. 111-125). Hillsdale, NJ: Erlbaum.

Latham, G. (1985). *Defining time in a school setting.* Presentation in PDK/UASCD Confernece, Salt Lake City, UT.

Laub, J., & Lauritzen, J. L. (1998). The interdependence of school violence with neighbourhood and family conditions. In D. S. Elliott, B. A. Hamburg, & K. R. Williams (Eds.), *Violence in American school*(pp. 127-155). Cambridge, MA: Cambridge University Press.

Lee Canter & Associates. (1994). *Preventing conflict and violence in the classroom videotape,* Santa Monica, CA: Author.

Lester, F., Garafolo, J., & Kroll, D. (1989). *The role of metacognition in mathematical problem solving: A study of two grade seven classes.* Final report to the National Science Foundation of NSF project MDR 85-50346.

Lewin, K. (1947). Frontiers in group dynamics: Concept, method and reality in social science: Social equilibria and social change. *Human Relations, 1*(5), 5-40.

Limburg-Weber, L. (1999/2000). Send then packing: Study abroad as an option for gifted students. *Journal of Secondary Education, 11*(2), 43-51.

Lindle, J. C. (1989). What do parents want from principals and teachers? *Educational Leadership, 47*(2), 12-14.

Lindquist, B., & Molnar, A. (1995). Children learn what they live. *Educational Leadership, 52,* 50-51.

Macomber, L. (1977). Some implications of Jean Piaget's theory for the education of young children. In M. Apple & S. Goldberg (Eds.), *Topics in cognitive development. Vol. 1. Equilibration: Theory, research, and application* (pp. 151-163). NY: Plenum.

Macrorie, K. (1988). *The I-Search paper.* NH, Portsmouth: Boynton/Cook Publishers.

Madaus, G.F., Airasian, P.W., & Kellaghan, T. (1980). *School effectiveness: A review of the evidence.* NY: McGraw-Hill.

Mann, D. (2010). *Creating a lean culture: Tools to sustain lean conversations.* NY: Productivity Press Taylor & Francis Group.

Mann, P. H., Suiter, P. A., & McClung, R. M. (1987). *Handbook in diagnostic-prescriptive teaching.* Boston: Allyn and Bacon, Inc.

Marsh, C. (1992). *Key concepts in understanding curriculum.* London: The Falmer Press.

Maslow, A. H. (1968). *Toward a psychology of being.* NY: Van Nostrand Reinhold Company.

Maslow, A.H. (1976). Creativity in self-actualizing people. In A. Rothenberg, & C.R. Hausman (Eds.), *The creativity question*(pp. 86-92). Durham, NC: Duke University Press.

Matters, L. (1990). *Intergenerational relations: Older adults and youth.* Columbia, MO: Center on Rural Elderly.

Mayer, R. E. (1979). Can advance organizers influence meaningful learning? *Review of Educational Research, 49*(2), 271-383.

Mayer, R. E. (2003). *Learning and instruction.* Upper Saddle River, NJ: Pearson Education, Inc.

Mazur, J. E. (1986). *Learning and behavior.* Englewood Cliffs, NJ: Prentice-Hall, Inc.

McCarthy, B. (1996). *About learning.* Barrington, IL: Excel.

McClusky, K. W., Baker, P. A., & Massey, K. J. (1996). A twenty-four year longitudinal look at early entrance to kindergarten. *Gifted and Talented International, 11,* 72-75.

McCombs, B. L. (2004). The learner-centered psychological principles: A framework for balancing a focus on academic achievement with a focus on social and emotional learning needs. In J. E. Zins, R. P. Weissberg, M. C. Wang, & J. Walberg (Eds.), *Building academic success on social and emotional learning: What doe the research say?* (pp. 23-39). NY: Teachers College Press.

McCombs, B. L. (2001). Self-regulated learning and academic achievement: A phenomenological view. In B. J. Zimmerman & D. H. Schunk (Eds.), *Self-regulated learning and acdemic achievement: Theoretical perspecives*(pp. 583-607). Mahwah, NJ: Erlbaum.Volume.

McCombs, B. L. (2003). Providing a framework for the redesign of K-12 eduction in the context of current educational reform issues. *Theory Into Practices, 42*(2), 93-101.

McCombs, B. L., & Lauer, P. A. (1997). Development and validation of the learner-centered battery: Self-assessment tools for teacher reflection and professional development. *The Professional Educator, 20*(1), 1-21.

McCombs, B. L., & Miller, L. (2007). *Learner-centered classroom practices and assessments: Maximizing student motivation, learning, and achievement.* Thousand Oaks, CA: Corwin Press.

McCombs, B. L., & Whisler, J. S. (1997). *The learner-centered classroom and school: Strategies for increasing student motivation and achievement.* San Francisco: Jossey-Bass.

McDonald, F. J., & Ellias, P. (1976). *Executive summary report.* DHEW Beginning teacher evaluation study. Phase II, 1973-74. National Institute of Education, US Department of Health, Education, and Welfare, Washington, DC.

McKeown, M. G., & Curtis, M. E. (1987). *The nature of vocabulary acquisition.* Hillsdale, NJ: Erlbaum.

Medley, D. M. (1977). *Teacher competence and teacher effectiveness.* Washington, D.C.:

American Association of Colleges of Teacher Education.

Medley, D. M., Soar, R. S., & Coker, J. G. (1984). *Measurement-based evaluation of teacher performance.* NY: Longman.

Mednick, S. F. (1962). The associative basis of creativity proecess. *Psychological Review, 69*(3), 220-232.

Mercer, N. (2002). Developing dialogues. In C. Wells & C. Claxton (Eds.), *Learning for life in the 21st century: Socio-cultural perspectives on the future of education.* Oxford: Blackwell.

Miller, G. A. (1956). The magical number seven, plus or minus two: Some limits on our capacity for processing information. *Psychological Review, 63*, 87-97.

Miller, P. H., & Weiss, M. G. (1981). Children's attention allocation: Understanding of attention and performance of the incidental task. *Child Development, 52*, 1183-1190.

Mills, M. (2001). *Challenging violence in schools.* Philadelphia, PA: Open University Press.

Moon, T. R., Callahan, C. M., & Tomlinson, C. A. (2003). Effects of state testing programs on elementary schools with high concentrations of student poverty-Good news or bad news? *Current Issues in Education, 6*(8), 1-3.

Moreno, J. L. (1953). *Who shall survive? Foundations of sociometry, group psychotherapy, and sociodrama.* Beacon, NY: Beacon House.

Mortimore, P. (1993). The positive effects of schooling. In M. Rutter (Ed.), *Psychological disturbances in young people: Challenges for prevention*(pp. 333-363). Cambridge, MA: Cambridge University Press.

Moustakas, C. (1967). *Creativity and conformity.* Toronto: Can Norstrand Reinhold Company.

Mowrer, O. H. (1960). *Learning theory and behavior.* NY: John Wiley.

Mullin-Rindler, N. (2003). *Relational aggression and bullying: It's more than just a girl thing.* Wellesley, MA: Center for Research on Women.

NAGC(National Association for Gifted Children). www.nagc.org/summer/into/html

National Service Learning Clearinghouse (2013). What is service learning? http://www.servicelearning.org/what-is-service-learning.

Neisser, U. (1967). *Cognitive psychology.* NY: Appleton-Century-Crofts.

Nicholls, J. G. (1978). The development of the concepts of effort and ability, perception of academic attainment, and the understanding that difficult tasks require more ability. *Child Development, 49*, 800-814.

Nichols, T. M. (1992). The Junior Great Books program. *Gifted Child Today, 15*(5), 50-51.

Nickerson, R. S. (1999). Enhancing creativity. In A. Rothenberg, & C. Hausman (Eds.), *The creativity question*(pp. 392-430). Durham, NC: Duke University Press.

Nishina, A. R. (2004). A theoretical review of bulling: Can it be eliminated? In C. F. Sanders & G. D. Phye (Eds.), *Bullying: Implications for the classroom* (pp. 35-62). San Diego, CA: Elsvier Academic Press.

Noddings, N. (2005). What does it mean to educate the whole child? *Educational Leadership, 63*(1), 6-11.

Noller, R, B, Parnes, S. J., & Biondi, A. M. (1976). *Creative Actionbook*. NY: Charles Scribner's Sons.

Norman, D. A. (1980). Cognitive engineering and education. In D. T. Tuma & F. Rief (Eds.), *Problem solving and education: Issues in teaching and research* (pp. 97-107). Hillsdale, NJ: Lawrence Erlbaum Associates, Inc.

O'Connell, P., Pepler, D., & Craig, W. (1999). Peer involvement in bullying: Insights and challenges for intervention. *Journal of Adolescence, 22*(4), 437-452.

Oech, R. (1983). *A whack on the side of the head: How to unlock your mind for innovation.* NY: Warner Books, Inc.

Olszweski-Kubilius, P., & Limberg-Weber, L. (1999). Designs for excellence: A guide to educational program options for academically talented middle & secondary students. Evanston, IL: *Center for Talent Development*, Northwestern University.

Olweus, D. (1991). Bully/victim problem among school children: Basic facts and effects of a school-based intervention program. In D. J. Pepler & K. H. Rubins (Eds.), *The development of childhood aggression* (pp. 411-446). Mahwah, NJ: Lawrence Erlbaum.

Orpinas, P., & Horne, A. M. (2006). *Bully prevention: Creating a positive school climate and developing social competence.* Washington, DC: American Psychological Education.

Osborn, A. F. (1963). *Applied imagination.* NY: Charles Scribner's Sons.

Paivio, A. (1971). *Imagery and verbal processes.* NY: Holt, Rinehart & Winston.

Paliscar, A. S., & Brown, A. L. (1984). *Reciprocal teaching of comprehension-fostering and monitoring activities.* Cognition and Instruction, 1, 117-175.

Palinscar, A. S., & Brown, A. L. (1989). Instruction for self-regulated learning. In L. Resnick, & L. E. Kloper (Eds.), *Toward the thinking curriculum: Current cognitive research.* Arlington, VA: Association for Supervision and Curriculum.

Palmer, T. (1992). *The re-emergence of correctional intervention.* Newbury Park, CA: Sage.

Panitz, T. (1996). A definition of collaborative vs cooperative learning. Retrived January 24, 2007, from Deliberations web site: http://go9.co/y

Paris, S., Lipson, M., & Wixson, K. (1983). Becoming a strategic reader. *Contemporary Educational Psychology, 8*, 293-316.

Parnes, S. J. (1981). *Magic of your mind.* Buffalo, NY: Bearly Limited.

Pearce, J. (2002). What can be done about bullying? In M. Elliott (Ed.), *Bullying: A practical guide to coping for schools* (pp. 74-91). London: Pearson Education.

Peeples, F., & Loeber, R. (1994). Do individual factors and neighbourhood context explain ethnic differences in juvenile delinquency? *Journal of Quantitative Criminology, 10*, 141-157.

Penfield, W. (1952). Memory mechanism. A. M. A. *Archives of Neurology and psychiatry, 67*, 178-198.

Perkins, D. N. (1984). *Creativity by design.* Educational Leadership, September, 18-25.

Phillips, D. (2000). *Constructivism in education.* Chicago: National Society for the Study of Education, The University of Chicago Press.

Piaget, J. (1954). *The construction of reality in the child.* NY: Basic Books.

Piaget, J. (1967). *Six psychological studies* (E. Duckworth, Trans.). NY: Random House.

Piaget, J. (1970a). Piaget's theory. In P. H. Mussen (Ed.), *Carmichael's manual of psychology* (pp. 703-732). NY: Wiley.

Piaget, J. (1970b). *Structuralism.* NY: Basic Books.

Piaget, J. (1970c). *Science of education and the psychology of the child.* NY: Orion.

Piaget, J. (1977). Problems in equilibration. In M. Appel & S. Goldberg (Eds.), *Topics in cognitive development: Vol. 1. Equilibration: Theory, research, and application* (pp. 3-13). NY: Plenum.

Piaget, J. (1985). *The equilibration of cognitive structures.* Chicago: University of Chicago Press.

Piaget, J., & Inhelder, B. (1969). *The psychology of the child* (H. Weaver, Trans.). NY: Basic Books.

Pintrich, P. R., & Schunk, D. H. (1996). *Motivation in education: Theory, research, and applications.* Englewood Cliffs, NJ: Merrill Prentice-Hall.

Porter, A. (1993). School delivery standards. *Educational Researcher, 22*, 24-30.

Power, B., & Hubbard, R. (1999). *Living in the questions: A guide for teacher-researchers.* Portland, ME: Stenhouse.

Prast, H. A., & Viegut, D. J. (2015). *Community-based learning: Awakening the mission of schools.* Thousand Oaks, CA: Corwin.

Pressley, M., & Woloshyn, V. (1995). *Cognitive strategy instruction.* Cambridge, MA: Brooklin Books.

Pressley, M., & Van Meter, P. (1995). Memory: Teaching and assessing. In L. W. Anderson (Ed.), *International encyclopedia of teaching and teacher education*(pp.439-444). Oxford, UK: Pergamon Press.

Pressley, M., & McCormick, C.B. (1995). *Advanced educational psychology for educators, researchers, and policy makers.* NY: Harper Collins.

Prillaman, D., & Richardson, R. (1989). The William and mary mentoship model: College students as a resource for the gifted. *Roeper Review, 12,* 114-118.

Prouty, R.W., & Prillaman, D. (1970). Diagnostic teaching: A modest proposal. *The Elementary School Journal, 70*(5), 265-270.

Pufall, P. B. (1988). Functions in Piaget's system: Some notes for constructors of microworlds. In G. Forman, & P. B. Pufall (Eds.), *Constructivism in the computer age* (pp. 15-35). Hillsdale, NJ: Erlbaum.

Pulaski, M. A. S. (1980). *Understanding Piaget: An introduction to children's cognitive development.* NY: Harper & Row.

Redfield, D., & Rousseau, E. (1981). A meta-analysis of experimental research on teacher questioning behavior. *Review of Educational Research, 51,* 237-245.

Reis, S., & Renzulli, J. (1992). Using curriculum compacting to challenge the above average. *Educational Leadership, 50*(2), 51-57.

Renzulli, J. S. (1977). *Enrichment triad model: A guide for developing defensible programs for the gifted and talented.* Mansfield, CT: Creative Learning Press.

Renzulli, J. S., & Reis, S. M. (1997). *The school-wide enrichment model: A how-to-guide for educational excellence.* Mansfield Center, CT: Creative Learning Press.

Reynolds, M. C. (Ed.)(1962). *Early admission for mentally advanced children.* Washington, DC: Council for Exceptional Children.

Richardson, J. (1972). Stimulus selection in associative learning. In C. P. Duncan, L. Sechrest, & A. W. Melton (Eds.), *Human memory: Festschrift for Benton*(pp. 155-187). J. Underwood. NY: Appleton-Centry-Crofts.

Richardson, V. (1997). Constructivist teaching and teacher education: Theory and practice. In V. Richardson (Ed.), *Constructivist teacher education: Building new understandings* (pp. 3-14). Washington, DC: Falmer Press.

Rigby, K. (2000). Effects of peer victimization in schools and perceived social support on adolescent well-being. *Journal of Adolescence, 23*(1), 57-68.

Rigby, K., & Slee, P. (1999). Suicidal ideation among adolescent children involved in bully-victim problems and perceived social support. *Suicide and Life Threatening Behavior, 29*(2), 119-130.

Rimm, S. B., & Lovance, K. J. (1992). How acceleration may prevent underachievement syndrome. *Gifted Child Today, 15*(2), 9-14.

Rimm, S. B., & Olenchak, F. R. (1991). How FPS helps underachieving gifted students. *Gifted Child Quarterly, 32*, 353-359.

Rodriguez, E. R. (2005). *Using creative, enriched instruction to advance African American students' achievement.* Paper presented at the annual meeting of the Association for Supervision and Curriculum Development, Orlando.

Rogers, C. R. (1954). Toward a theory of creativity. *ETC: A Review of General Semantics, 11*(4), 249-260.

Rogers, C. R. (1961). *On becoming a person.* Boston: Houghton Mifflin.

Rosenshine, B. (1970). The stability of teacher effects upon student achievement. *Review of Educational Research, 40*, 647-662.

Rosenshine, B. (1971). *Teaching behaviors and student achievement.* London: National Foundation for Educational Research.

Rosenshine, B. (1985). Direct instruction. In T. Husen & T.N. Postlethwaite (Eds.), *International Encyclopedia of Education* (pp. 1395-1400). Oxford: Pergamon Press.

Rosenshine, B. (2008). Systematic instruction. In T. L. Good (Ed.), *21st century education: A reference handbook* (Vol.1)(pp. 235-243). Thousand Oaks, CA: Sage Publication, Inc.

Rosenshine, B., & Meister, B. (1995). Direct instruction. In L. W. Anderson (Ed.), *International encyclopedia of teaching and teacher education* (pp. 143-154). NY: Elsvier Science Inc.

Rosenshine, B., & Stevens, R. (1986). Teaching functions. In M. C. Wittrock (Ed.), *Handbook of research on teaching.* NY: Macmillan.

Rosenthal, T. L., & Bandura, A. (1978). Psychological modeling: Theory and practice. In S. L. Garfield, & A. E. Begia (Eds.), *Handbook of psychotherapy and behavior change: An empirical analysis* (2nd ed.) (pp. 621-658). NY: Wiley.

Rowe, M. B. (1974). Reflections on wait-time: Sone methodological questions. *Journal of Research in Science Teaching, 11*, 263-279.

Rowe, M. B. (1987). Wait time: Slowing down may be a way of speeding up. *American Educator, 11*(1), 38-43, 47.

Ruble, D. N., & Rhales, W. S. (1981). The development of children's perceptions and attributions about their social world. In J. harvey, W. Ickes, & R. Kidd (Eds.), *New directions in attribution research* (pp. 3-26). Hillsdale, NJ: Elrbaum.

Rudduck, J. (1987). Can school-based curriculum development be other than conservative? In N. Sabar, J. Rudduck, & W. Reid (Eds.), *Partnership and autonomy in school-based curriculum development* (pp. 80-83). Sheffield: University of Sheffield School of Education.

Rumelhart, D. E. & Ortony, A. (1977). The representation of knowledge in memory. In R. C. Anderson, R. J. Sapiro, & W. E. Montagnue (Eds.), *Schooling and the acquisition of knowledge* (pp. 99-136). Hillsdale, NJ: Erlbaum.

Renzulli, J. S., & Reis, S. M. (1997). *The Schoolwide enrichment model: A how-to guide for educational excellence.* Connecticut: Creative Learning Press, Inc.

Ryan, K., & Bohlin, K. E. (1999). *Building character in schools: Practical ways to bring moral instruction to life.* San Francisco, CA: Jossey-Bass.

Salt Lake City School District (1992). SMILES(Senior Motivators in Learning and Educational Services). Unpublished manuscript ERIC Document Reproduction Service No. ED 346 983.

Sampson, R., & Laub, J. (1993). *Crime in the making: Pathways and turning points through life.* Cambridge, MA: Harvard University Press.

Sampson, R., & Lauritsen, J. (1994). Violent victimization and offending: Individual-situational, community-level risk factors. In A. J. Reiss Jr. & J. A. Roth (Eds.), *Understanding and preventing violence: Social influences*(Vol. 3. pp. 1-114). Washington, DC: National Academy Press.

Sarason, S. (1990). *The predictable failure of educational reform.* San Francisco, CA: Kossey-Boss.

Savage, T. V. (1991). *Discipline for self-control.* Englewood Cliffs, NJ: Prentice Hall.

Schlechty, P. (2011). *Engaging students: The next level of working on the work.* San Francisco, CA: Jossey-Bass.

Schmidt, R. F. (1985). *Foundations of neurophysiology* (3rd ed.). NY: Springer-Verlag.

Schrumpf, E., Crawford, D., & Usadel, H. (1991). *Peer mediation: Conflct resolution in schools.* Champaign, IL: Research Press.

Schunk, D. H. (1987). Peer models and children's behavioral change. *Review of Educational Research, 57*(2), 149-174.

Schunk, D. H., & Hansen, A. (1985). Peer models: Influence on children's self-efficacy and achievement. *Journal of Educational Psychology, 77*(3), 313-322.

Schwab, E. C., & Nusbaum, H. C. (1986). *Pattern recognition by humans and machine: Vol 1. Speech perception.* NY: Academic.

Seligman, M. E. P. (1975). *Helplessness.* San Francisco: Freeman.

Senge, P. (2011). *Summary: The fifth discipline*. Kennett Square, PA: Soundview Executive Books Summaries. www.summary.com

Shaffer, D. R. (1993). *Developmental psychology: Childhood and adolescence*. CA: Brooks/Cole.

Shuell, T. J., & Lee, C. Z. (1976). *Learning and instruction*. Monterey, CA: Brooks/Cole Publishing Company.

Simonton, D. K. (1984). *Genius, creativity, and leadership*. Cambridge, MA: Harvard University Press.

Simpson, D. J. (2011). Neo-Dewcyan moral education. In J. L. DeVitis & T. Yu (Eds.), *Character and moral education* (pp. 207-226). NY: Peter Lang.

Skinner, B. F. (1935). Two types of conditioned reflex and a pseudotype. *Journal of General Psychology, 12*, 66-77.

Skinner, B. F. (1953a). Are theories of leaning necessary? *Psychological Review, 57*, 193-216.

Skinner, B. F. (1953b). *Science and human behavior*. NY: Macmillan.

Skinner, B. F. (1963). Operant behavior. *American Psychologist, 13*, 951-958.

Skinner, B. F. (1968). *The technology of teaching*. NY: Appleton-Century-Crofts.

Skinner, B. F. (1986). Programmed instruction revisited. *Phi Delta Kappan*, October, 103-110.

Skinner, B. F. (1989a). *Recent issues in the analysis of behavior*. Columbus, OH: Merrill.

Skinner, B. F. (1989b). The origins of cognitive thought. *American Psychologist, 4*(1), 13-18.

Slavin, R. (1991). Are cooperative learning and untracking harmful to the gifted? *Educational Leadership, 60*, 471-499.

Smith, M. U. (Ed.) (1991). *Toward a unified theory of problem solving: Views from the content domains*. Hillsdale, NJ: Erlbaum.

Smith, L., & Land, M. (1981). Low-inference verbal behaviors related to teacher clarity. *Journal of Classroom Interaction, 17*, 37-42.

Soar, R. S., Soar, R. M., & Ragosta, M. (1971). *Florida climate and control system: Observer's manual*. Gainsville: Institute for Development of Human Resources, University of Florida.

Solomon, Z. P. (1991). California's policy on parent involvement: State leadership for local initiatives. *Phi Delta Kappan, 72*(5), 359-362.

Solomon, D., Battistich, V., Watson, M., Schaps, E., & Lewis, C. (2000). A six district study of educational change: Direct and mediated effects of the Child Development Project. *Social Psychology of Education, 4*(1), 3-51.

Sperling, G. (1960). The information available in brief visual presentation. *Psychological Monographs*(whole no. 498), 74.

Stage, F. K., Muller, P. A., Kinzie, J., & Simmons, A. (1998). Creating learner-centered classrooms: What does learning theory have to say. ASHE-ERIC Higher Education Report No. 4. Washington, DC: ERIC Clearinghouse on Higher Education and the Association for the Study of Higher Education.

Stallings, J. A., & Kaskowitz, D. (1974). *Follow-through classroom observation*. Menlo Park, CA: SRI International.

Stanley, J. C. (1991). An academic model for educating the mathematically talented. *Gifted Child Quarterly, 35*, 36-42.

Stein Rogan & Partners (2008). The "digital disconnect" disconnected communities are impeding district, school and student success. Stein_Rogan Partners, LLC. http://digitaldisconnect.net/SWS_ResearchSummary.pdf.

Stellern, J., Vasa, S. F., & Little, J. (1976). *Introduction to diagnostic-prescriptive teaching and programming*. Glen Ridge, NJ: Exceptional Press.

Sternberg, R. (1985). *Beyond IQ: A triarchic theory of human intelligence*. Cambridge, MA: Cambridge University Press.

Stevenson, C. (1992). *Teaching ten to fourteen year olds*. NY: Longman.

Stipek, D. J. (1981). Chidren's perceptions of their own and their classmate's ability. *Journal of Educational Psychology, 73*, 404-410.

Strand, R. (2008). *The stakeholder dashboard*. Sheffield, UK: Greenleaf Publishing.

Strange, M., & Allington, R. L. (1977). Use the diagnostic prescriptive model knowledgeably. *The Reading Teacher, 31*(3), 290-293.

Sulzer-Azaroff, B. (1995). *Behavioristic theories of teaching*. In L.W. Anderson (2nd ed.), *International encyclopedia of teaching and teacher education* (pp. 96-101). NY: Pergamon.

Sutton, J., Smith, P. K., & Swettenham, J. (1999). Social cognition and bullying: Social inadequacy or skilled manipulation? *British Journal of Developmental Psychology, 17*, 435-450.

Swartz, R. J., Costa, A. L., Beyer, B. K., Reagan, R., & Kallick, B. (2008). *Thinking-based learning*. NY: Teachers College Press.

Sylwester, R. (1995). *A celebration of neurons: An educator's guide to learn*. Alexandria, VA: Association for Supervision and Curriculum Development.

Taba, H. (1962). *Curriculum development: Theory and practice*. NY: Harcourt, Brace & World, Inc.

Tauber, R. (1990). *Classroom management from A to Z*. Chicago: Holt, Rinehart & Winston.

Taylor, I. A. (1971). A transactional approach to creativity and its implications for education. *Journal of Creative Behavior, 5*(3), 190-198.

Taylor, C. W. (1993). Various approaches to and definitions of creativity. In R. J. Sternberg (Ed.), *The nature of creativity: Contemporary psychological perspectives* (pp. 99-121). NY: Cambridge University Press.

Tennyson, R. D. (1995). Concept learning: Teaching and assessing. In L.W. Anderson (Ed.), *International encyclopedia of teaching and teacher education* (2nd ed.), (pp. 457-463). Oxford, UK: Pergamon Press.

Terman, L. M., & Oden, M. H. (1947). Genetic stuides of genius: Vol. 4. *The gifted child grows up*. Stanford, CA: Stanford University Press.

Terrace, H. S. (1963). Errorless transfer of a discrimination across two continua. *Journal of the Experimental Analysis of Behavior, 6*, 223-232.

Thorndike, E. L. (1906). *The principles of teaching: Based on psychology*. NY: Seiler.

Thorndike, E. L. (1912). *Education, A first book*. NY: Macmillan.

Thorndike, E. L. (1913). *Educational psycholog: The original nature of man*. NY: Teachers College Press.

Thorndike, E. L. (1922). *The psychology of arithematic*. NY: Crowell-Collier and Macmillan.

Thorndike, E. L. (1924). Mental discipline in high school studies. *Journal of Educational Psychology, 15*, 1-22, 83-98.

Thorndike, E. L. (1931). *Human learning*. NY: Century.

Tobin, K. (1987). The role of wait-time in higher cognitive level learning. *Review of Educational Research, 57*, 69-95.

Tomlinson, C. A. (2005). *How to differentiate instruction in mixed-ability classrooms* (2nd ed.). Upper Saddle River, NJ: Pearson Education, Inc.

Torok, W. C., & Trump, K. S. (1994). Gang intervention: Police and school collaboration. *FBI Law Enforcement Bulletin, 63*, 13-17.

Torrance, E. P. (1993). The nature of creativity as manifest in its testing. In R. J. Sternberg (Ed.), *The nature of creativity: Contemporary psychological perspectives* (pp. 43-75). NY: Cambridge University Press.

Torrance, E.P., & Torrance, J.P. (1978). The 1977-1978 future problem-solving program: Interscholarstic competition and curriculum project. *Journal of Creative Behavior, 12*, 87-89.

Tulving, E. (1985). How many memory systems are there? *American Psychologist, 40*, 385-398.

Tyack, D., & Tobin, W. (1994). The grammar of schooling: Why has it been so hard to change? *American Educational Research Journal, 31*(3). 453-479.

Tyler, R. W. (1950). *Basic principles of curriculum development*. University of Chicago Press.

U.S. Department of Education, Office of Educational Research and Development, Education Resources Information Center (1998). Goals 2000: Reforming education to improve student achievement. Washington, DC: Author.

Valett, R. E. (1970). *Effective teaching: A guide to diagnostic-prescriptive task analysis*. Belmont, CA: Fearson Publishers.

Van Gundy, A. B. (1987). *Creative problem solving*. NY: Quorum Books.

Van Horn, K. L. (1982). The Utah pupil/teacher self-concept program: Teacher strategies that invite improvement of pupil and teacher self-concpet. *A paper presented at the annual meeting of the American Educational Research Association*, NY.

Vollmer, J. (2010). *Schools cannot do it alone: Building public support for America's public schools*. Fairfield, IA: Enlightenment Press.

Vorrath, H., & Brendtro, L. (1985). *Positive career culture*. Hawthorne, NY: Aldine du Gruyter.

Vygotsky, L. S. (1966). Development of the higher mental functions. In A. N. Leont'ev, A. R. Luria, & A. Smirnol (Ed.), *Psychological research in the U.S.S.R.* Vol.1 (pp. 11-45). Moscow: Progress.

Vygotsky, L. S. (1977). The development of higher psychological functions. *Soviet Psychology, 16*, 60-73.

Vygotsky, L.S. (1978). *Mind in society: The development of higher psychological processes*. Cambridge, MA: Harvard University Press.

Vygotsky, L. S. (1979). Consciousness as a problem in the psychology of behavior. *Soviet Psychology, 17*(4), 3-35.

Vygotsky, L. S. (1988). Development of higher mental functions during the transitional age. In R. W. Reber (Ed.), *The collected works of L.S. Vygotsky* (pp. 83-149). NY: Plenum.

Walberg, H. J. (1990). *Productive thinking and instruction: Assessing the knowledge base*. Phi Delta Kappan, February, 470-478.

Walker, H. M., Colvin, G., & Ramsey, E. (1995). *Antisocial behavior in school strategies and best practice*. Pacific Grove, CA: Brooks/Cole.

Walker-Barnes, C. J., & Mason, C. A. (2001). Perceptions of risk factors for female gang involvement among African American and Hispanic women. *Youth and Socity, 32*(3), 303-336.

Wallace, M. (2000). Nurturing nonconformists. *Educational Leadership, 57*(4), 44-46.

Wallace, P. M., Goldstein, J. H., & Nathan, P. E. (1990). *Introduction to psychology*. Dubuque, IA: Wm.C. Brown Publishers.

Watson, M., & Benson, K. (2008). Creating a culture for character. In M. J. Schwartz (Ed.), *Effective character education: A guidebook for future educators* (pp. 48-91). NY: McGraw Hill Higher Education.

Weimer, M. (2013). *Learner-centered teaching: Five key changes to practice*. San Francisco, CA: Jossey-Bass.

Weiner, B. (1972). *Theories of motivation from mechanism to cognition*. Chicago: Markham.

Weiner, B. (1976). *An attributional theory of motivation and emotion*. NY: Springer-Verlag.

Weiner, B. (1979). A theory of motivation for some classroom experiences. *Journal of Educational Psychology, 71*, 3-25.

Weiner, B. (1985). An attributional theory of achievement motivation and emotion. *Psychological Review, 92*(4), 548-573.

Weiner, B., Graham, S., Stern, P., & Lawson, M. (1982). Using affective cues to infer causal thoughts. *Developmental Psychologist, 18*, 278-286.

Weinstein, C. (1979). The physical environment of the school: A review of the research. *Review of Educational Research, 49*, 577-610.

Weinstein, C. E., & Mayer, R. (1986). The teaching of learning strategies. In M. C. Wittrock (Ed.), *Handbook of research on teaching* (pp. 315-327). NY: Macmillan.

Weinstein, C. E., Palmer, D. R., & Hanson, G. R. (1995). *Perceptions, Expectations, Emotions, & Knowledge about College Inventory(PEEK)*. Clearwater, Fla: H & H.

Weinstein, C. E., Schulte, A. C., & Palmer, D. R. (1987). *LASSI: Learning and Study Skills Inventory*. Clearwater, Fla: H & H.

Welch, M., Park, R., Widaman, K., & O'Neil, R. (2001). Linkage between children's social and academic competence: A longitudinal analysis. *Journal of School Psychology, 39*, 463-482.

Werner, F., & Smith, R. (1989). *Overcoming the odds: High-risk children from birth to adulthood*. NY: Cornel University Press.

Wertheimer, M. (1945). *Productive thinking*. NY: Harper.

Wertheimer, M. (1980). Gestalt theory of learning. In Gazda, G. M., & Corsini, R. J. (Eds.), *Theories of learning: Comparative approach* (pp. 208-251). Itasca, IL: Peacock Publishers, Inc.

Wertsch, J. V. (1985). *Vygotsky and the social formation of the mind*. Cambridge, MA: Cambridge University Press.

White, W.F. (1997). The diagnostic prescriptive model for teaching clinically. *Journal of Instructional Psychology, 25*(2), 145-147.

Wiggins, G. P., & McTighe, J. (1998). *Understanding by design*. Alexandria, VA: ASCD.

Wiggins, G.P., & McTighe, J. (2011). *Understanding by design: Creating high quality units*. Alexandria, VA: ASCD.

William Crain(송길연, 유봉현 역) (2006). 발달의 이론. 서울: 시그마프레스

Williams, R. H., & Stockmyer, J. (1987). *Unleashing the right side of the brain: The LARC creativity program*. Lexington, Massachusetts: The Stephen Greene Press.

Winne, P. H., & Hadwin, A. F. (1998). Studying as self-regulated learning. In A.D. Hacker, J. Dunlosky, & A.C. Graesser (Eds.), *Metacognition in educational theory and practice* (pp. 277-305). Mahwah, NJ: Lawrence Erlbaum Associates.

Wiske, M. (1997) (Ed.). *Teaching for understanding: Linking research with practice*. San Francisco: Jossey-Bass.

Wolf, J. S., & Stephens, T. M. (1989). Parent/teacher conferences: Finding a common ground. *Educational Leadership, 47*(2), 28-31.

Wolfgang, C. H. (1995). *Solving discipline problems: Methods and models for today's teachers*. Boston, MA: Allyn & Bacon.

Wood, B., & Feldhusen, J. F. (1996). *Creative special interest programs for gifted youth: Purdue's Super Saturday serves as successful model*. Gifted Child Today, July/August, 22-25.

Wood, D., Bruner, J. S., & Ross, G. (1976). The role of tutoring in problem-solving. *Journal of Child Psychology and Psychiatry, 17*, 89-100.

Wragg, C. (2001). *Questioning in the primary school*. NY: RoutledgeFalmer.

Wright, K., Stegelin, D., & Hartle, L. (2006). *Building family, school and community partnerships*. Upper Saddle River, NJ: Prentice Hall.

Young, J. G. (1985). What is creativity? *Journal of Creative Behavior, 19*(2), 77-87.

Yussen, S. R., & Levy, V. M. Jr. (1975). Effects of warm and neutral models on the attention of observational learners. *Journal of Experimental Child Psychology, 20*, 66-72.

Zajonic, R. (1980). Feeling and thinking: Preferences need no inferences. *American Psychologist, 35*, 151-175.

Zimmerman, B. J., & Rosenthal, T. L. (1974). Observational learning and rule-governed behavior by children. *Psychological Bulletin, 81*, 29-42.

Zimmerman, B. J., & Schunk, D. H. (1997). *Self-regulated learning: From teaching to self-reflective practice*. NY: Guilford Press.

Zull, J. (2002). *The art of changing the brain: Enriching the practice of teaching by exploring the biology of learning*. Sterling, VA: Stylus Publishing.

찾아보기

내용

저자 소개

강충열(Kang Choong-youl)

1974년 서울교육대학 졸업(A.S.)
1986년 University of Maryland-Asian Division(심리학 학사)
1990년 University of Wisconsin-Madison(교육심리학 석·박사, 학습론 전공)
서울 시내 초등학교 교사
김영삼 문민정부 교육개혁위원회 전문위원
한국교원대학교 제1대학 학장
현 한국교원대학교 교수
   한국통합교육과정학회 학회장
   한국교원대학교 교원능력개발센터장
   한국교원대학교 학습부진전문가연수센터장
   한국교원대학교 학교혁신연구지원센터장

〈주요 저·역서 및 논문〉
『교육과정 리더십』(공역, 학지사)
『학교혁신의 이론과 실제』(공저, 지학사)
『창의 인성 교육의 이론과 실제』(공저, 학지사) 등
「창의성 교육모델」
「초·중등학교 통합적 인성교육모델 탐색」
「초·중등 혁신지향적 학교문화탐색」 외 다수

정광순(Jeong Gwang-sun)

1989년 한국교원대학교 초등교육과 졸업(A.S.)
2001년 한국교원대학교 대학원(교육학 석사, 초등교육학 전공)
2004년 한국교원대학교 대학원(교육학 박사, 초등교육과정 전공)
경상남도 교육지원청 관내 4개 초등학교 교사
2007 개정, 2009 개정, 2015 개정 교육과정 개발위원
University of Alberta(Canada) 교사발달센터 연구원
현 한국교원대학교 교수

〈주요 저 · 역서〉
『초등교육이란 무엇인가』(공저, 교육과학사)
『가르친다는 것의 의미』(공역, 학지사)
『학교에서 무엇을 가르쳐야 하는가』(공역, 학지사)
『교사, 교육과정을 만나다』(공역, 강현출판사)
『교육과정에 기초한 초등통합교과 지도』(저, 양서원)
『교과서 너머 교육과정 마주하기』(공저, 살림터) 외

배움 중심 수업
Learner-Centered Instruction

2019년 1월 15일 1판 1쇄 발행
2020년 2월 20일 1판 2쇄 발행

지은이 • 강충열 · 정광순
펴낸이 • 김진환
펴낸곳 • ㈜ 학지사

　　　　04031 서울특별시 마포구 양화로 15길 20 마인드월드빌딩
대표전화 • 02-330-5114　　팩스 • 02-324-2345
등록번호 • 제313-2006-000265호

홈페이지 • http://www.hakjisa.co.kr
페이스북 • https://www.facebook.com/hakjisa

ISBN 978-89-997-1721-5 93370

정가 25,000원

이 도서의 국립중앙도서관 출판시도서목록(CIP)은 서지정보유통지
원시스템 홈페이지(http://seoji.nl.go.kr)와 국가자료공동목록시스템
(http://www.nl.go.kr/kolisnet)에서 이용하실 수 있습니다.
(CIP 제어번호: CIP2018038922)

출판 · 교육 · 미디어기업 학지사

간호보건의학출판 학지사메디컬 www.hakjisamd.co.kr
심리검사연구소 인싸이트 www.inpsyt.co.kr
학술논문서비스 뉴논문 www.newnonmun.com
원격교육연수원 카운피아 www.counpia.com